DEUTERO
NOMY

신명기 II

A New Translation with
Introduction
and Commentary
DEUTERONOMY

김영욱

솔로몬

신명기 주해
신명기 II

2016년 10월 20일 초판 1쇄 발행
2024년 8월 25일 초판 2쇄 발행
지은이 | 김영욱
펴낸이 | 박영호
펴낸곳 | 도서출판 솔로몬

주소 | 서울시 동작구 사당로 143
전화 | 599-1482
팩스 | 592-2104
직영서점 | 596-5225

등록일 | 1990년 7월 31일
등록번호 | 제 16-24호

ISBN 978-89-8255-552-7 03230

필자를 신학자의 길로 인도해 주신

故 정훈택 교수님을 추모하면서

이 주석을 헌정합니다.

"본문으로 말하게 하라"

나는 이 주석을 쓰면서
항상 생각한 것이
"본문으로 말하게 하라"라는 명제이다.
주석자는 본문 아래에 서서
본문의 권위에 순종하며
그 의미를 잘 드러내야할 책임이 있을 뿐이지
본문 위에 서서
그 본문을 비평할 권한은 없는 것같다.

머리말

이 주석을 쓰면서 나의 스승인 코넬리우스 하우트만C. Houtman이 "주석을 쓰는 것은 끝이 없는 작업"이라는 말을 다시 한 번 실감했다. 이제 두 번째 발걸음을 내딛는데 무려 13년이 걸렸기 때문이다. 신명기 2권이 늦어진 이유는 계속되는 강의와 교회의 사역으로 인하여 시간을 낼 수가 없었기 때문이다. 학기 중에는 시간을 낼 수 없어서 여름과 겨울 방학을 이용하여 연구를 진행할 수밖에 없었지만 마침내 2권이 나왔다. 이 신명기 주석이 하나님의 말씀을 깊이 연구하고자 하는 목사들과 신학생들 그리고 성도들에게 큰 유익이 되었으면 좋겠다.

신명기 3권이 언제 나올지 알 수 없지만 빠른 시간 안에 나오기를 하나님께 기도한다. 이 주석을 저술하는데 박형욱 목사는 교정과 참고문헌을 찾는데 도움을 주었다. 그리고 이 책을 쓰는 동안에 끊임없이 나를 위해 기도하고 격려해준 아내 한상애에게 감사의 마음을 전한다.

나에게 신명기 주석을 쓸 수 있는 여건과 건강과 지혜를 주신 하나님께 영광을!

2016년 9월 12일 분당에서

정언正言 김영욱

차례

● 12장

● 13장

약어표

AB	The Anchor Bible
ABD	The Anchor Bible Dictionary
ABR	Australian Biblical Review
ACEBT	Amsterdamse Cahiers voor Exegese en Bijbelse Theologie
Aharoni	Y. Aharoni, *The Land of the Bible*, London, 1962.
AJSL	American Journal of Semitic Languages and Literature
AnBib	Analecta Biblica Investigationes Scientificae in Res Biblicas
ANET	Ancient Near Eastern Texts relating to the Old Testament
ASTI	Annual of the Swedish Theological Institute
ASV	American Standard Version
ATD	Das Alte Testament Deutsch
BA	Biblical Archaeologist
BAR	Biblical Archaeology Review
BASOR	Bulletin of the American Schools of Oriental Research
BBR	Bulletin for Biblical Research
BDB	F. Brown S. R. Driver C. A. Briggs, A Hebrew and English Lexicon of the Old Testament, Oxford, 1953
Bertholet	A. Bertholet, *Deuteronomium*, KHC, Leipzig, 1899.
BET	Beiträge zur biblischen Exegese und Theologie
Bib	Biblica
BibBh	Bible Bhashyam
BibInt	Biblical Interpretation
BKAT	Biblischer Kommentar Altes Testament
BHQ	Biblia Hebraica Quinta
BHS	Biblia Hebraica Stuttgartensia
BHT	Beiträge zur historischen Theologie

BK	Bibel und Kirche
BN	Biblische Notizen
BR	Biblical Research
BS	Bibliotheca Sacra
BSac	Bibliotheca Sacra
BSt	Biblische Studien
Buber	M. Buber-F. Rosenzweig, *Das Fünf Büher der Weisung*, Darmstadt, 1984.
BZ	Biblische Zeitschrift
BZAW	Beihefte zur Zeitschrift für die alttestamentliche Wissenschaft
Calvin	J. Calvin, *Commentaries on the Four Last Books of Moses. Harmony of Exod., Lev., Deut., Nume.*, I, II, III, IV, Grand Rapids.
CB OTS	Coniectanea Biblica Old Testament Series
CBQ	Catholic Biblical Quarterly
CJB	The Complete Jewish Bible
Colloq	Colloquium
COT	Commentaar op het Oude Testament
CQR	Church Quarterly Review
Christensen	D. L. Christensen, *Deuteronomy 1-11*, WBC, Texas, 1991, *Deuteronomy 1:1-21:9*, WBC, Nashville, 2001.
Craigie	P. C. Craigie, *The Book of Deuteronomy*, NICOT, Grand Rapids, 1976
CTJ	Calvin Theological Journal
de Vaux	R. de Vaux, *Ancient Israel. Its Life and Institutions*, London,1962.
Driver	S. R. Driver, *A Critical and Exegetical Commentary on Deuteronomy*, ICC, Edinburgh, 1978.
EHAT	Exegetisches Handbuch zum Alten Testament
Ehrlich	A. B. Ehrlich, *Randglossen zur Hebräischen Bibel Textkritisches, Sprachliches und Sachliches II. Deuteronomium*, Hildesheim, 1968.

EIN	Einheitsübrsetzung
ELB	Revidierte Elberfelder
ELO	Unrevidierte Elberfelder
ESV	English Standard Version
ET	Expository Times
ETL	Ephemerides Theologicae Lovanienses
EvQ	The Evangelical Quarterly
EvT	Evangelische Theologie
FARG	Forschungen zur Anthropologie und Religionsgeschichte
FBJ	French Bible Jerusalem
Fox	E. Fox, *The Five Books of Moses*, London, 1995.
FRLANT	Forschungen zur Religion und Literatur des Alten und Neuen Testaments
FS	Festschrift
Ges-B	W. Gesenius - F. Buhl, *Hebräisches und aramäisches Handwörterbuch ber das Alte Testament*, Leipzig, 1921[17]
Ges-K	W. Gesenius - E. Kautzsch, *Hebräische Grammatik*, Leipzig, 1909[28]
GThT	Gereformeerd Theologisch Tijdschrift
GTJ	Grace Theological Journal
HAL	W. Baumgartner et. al., *Hebräisches und aramäisches Lexikon zum Alten Testament*, Leiden, 1967-1996
HAR	Hebrew Annual Review
HAT	Handbuch zum Alten Testament
HBT	Horizons in Biblical Theology
HCOT	Historical Commentary on the Old Testament
HK	Handkommentar zum Alten Testament
Hoffmann	D. Hoffmann, *Das Buch Deuteronomium*, Berlin, 1913.
Holwerda	B. Holwerda, *Exegese Oude Testament, Deuteronomium* I, II, Kampen, 1957, 1958.
HS	Hebrew Studies

HSAT	Die Heilige Schrift den Alten Testament
HSM	Harvard Semitic Monographs
HTR	Harvard Theological Review
HTS	Harvard Theological Studies
HUCA	Hebrew Union College Annual
IBS	Irish Biblical Studies
ICC	The International Critical Commentary
IDB	The Interpreter's Dictionary of the Bible
IDBSup	The Interpreter's Dictionary of the Bible Supplementary Volume
IEJ	Israel Exploration Journal
IKZ	Internationale Katholische Zeitschrift
Int	Interpretation
IOS	Israel Oriental Studies
JAJ	Journal of Ancient Judaism
JAOS	Jounal of the American Oriental Society
JBL	Journal of Biblical Literature
JBQ	The Jewish Bible Quarterly
JES	Journal of Ecumenical Studies
JETS	Journal of the Evangelical Theological Society
JJS	Journal of Jewish Studies
JNES	Journal of Near Eastern Studies
JNSL	Journal of Northwest Semitic Languages
Joüon-M	P. Joüon - T. Muraoka, A Grammar of Biblical Hebrew, Roma, 1991.
Josephus	H. St. J. Thackeray - R. Marcus - L. H. Feldman, Josephus with an English Translation, London/Cambridge Mass. 1926-1965; Ant. = Antiquitates Judaicae
JQR	Jewish Quarterly Review
JSOT	Journal for the Study of the Old Testament
JSOTS	Journal for the Study of the Old Testament Supplement Series

JSS	Journal of Semitic Studies
JTS	Journal of Theological Studies
JTSoA	Journal of Theology for Southern Africa
Junker	H. Junker, *Das Buch Deuteronomium*, Bonn, 1933.
KAT	Kommentar zum Alten Testament
KD	Kerygma und Dogma
KEH	Kurzgefasstes exegetisches Handbuch zum Alten Testament
Keil-Delitzsch	C. F. Keil-F. Delitzsch, *The Pentateuch* III, Grand Rapids, 1983.
KHC	Küzer Hand-Commentar zum Alten Testament
KJV	King James Version
KV	Korte Verklaring
Labuschagne	C. J. Labuschagne, *Deuteronomium* I^A, I^B, II, III, POT, Nijkerk, 1987, 1987, 1990, 1997.
LEI	Leidse Vertaling
LUO	Luther Bibel
LUT	Revidierte Lutherbibel
Luther	Luther's Works, vol. 9, *Lectures on Deuteronomy*, J. Pelikan, ed., Saint Louis, 1960.
LUV	Lutherse Vertaling
NAB	The New American Bible
NAS	New American Standard Bible
NAU	New American Standard Bible 1995
NBG	Nederlands Bijbelgenootschap
NEB	New English Bible
NedTTs	Nederlands theologisch tijdschrift
NET	New English Translation
NIB	New International Version (BR)
Nielsen	E. Nielsen, *Deuteronomium*, HAT, Tübingen, 1995.
NIV	New International Version (1984 US)
NJB	The New Jerusalem Bible
NJPS	New Jewish Publication Society of America

NKJ	New King James Version
NKZ	Neue kirchliche Zeitschrift
NICOT	The New International Commentary on the Old Testament
NovT	Novum Testamentum
NRS	New Revised Standard Bible
NTT	Nederlands Theologisch Tijdschrift
OBO	Orbis biblicus et Orientalis
OTL	Old Testament Library
OTS	Oudtestamentische Studien
PAAJR	Proceedings of the American Academy of Jewish Research
PEQ	Palestine Exploration Quarterly
Perlitt	L. Perlitt, *Derteronomium*, BKAT V1, V2, V3, Neukirchen-Vluyn, 1990, 1991, 1994.
Phillips	A. Phillips, *Deuteronomy*, Cambridge, 1973.
Philo	F. H. Colson G. H. Whitaker, Philo with an English translation, London/Cambridge Mass. 1929-1962
POT	De Prediking van het Oude Testament
PzB	Protokolle zur Bibel
11Qtemple	The Temple Scroll. A Critical Edition with Extensive Reconstructions, edited by Elisha Qimron, Jerusalem, 1996
RB	Revue Biblique
ResQ	Restoration Quarterly
RevExp	Review and Expositor
RevQ	Revue de Qumran
RGG	Religion in Geschichte und Gegenwart, third edition
Ridderbos	J. Ridderbos, *Deuteronomium* I, II, KV, Kampen, 1950, 1951.
RIMA	The Royal Inscriptions of Mesopotamia Assyrian Periods
RIMB	The Royal Inscriptions of Mesopotamia Babylonian Periods
RSV	Revised Standard Version
SBAB	Stuttgarter Biblische Aufsatzbände Altes Testament
SBLDS	Society of Biblical Literature Dissertation Series

SBLMS	Society of Biblical Literature Monograph Series
SBS	Stuttgarter Bibel Studien
SCL	Schlachter
SCH	German Schlachter Version
Schneider	D. Schneider, *Das fünfte Buch Mose*, Wuppertal, 1986.
SEA	Svensk Exegetisk Arsbok
Sem	Semitica
SJOT	Scandinavian Journal of the Old Testament
ST	Studia theologica
Staerk	W. Staerk, *Das Deuteronomium*, Leipzig, 1894.
Steuernagel	C. Steuernagel, *Deuteronomium, Josua, Einleitung zum Hexateuch*, HK, Göttingen, 1900.
SVT	Supplements to Vetus Testamentum
SVV	Statenvertaling
TBT	The Bible Today
TGl	Theologie und Glaube
THAT	Theologisches Handwörterbuch zum Alten Testament
ThB	Theologische Bücherei
THGD	J. W. Wevers, *Text History of the Greek Deuteronomy*, Göttingen, 1978.
ThLZ	Theologische Literaturzeitung
Thompson	J. A. Thompson, *Deuteronomy*, Leicester, 1974.
ThZ	Theologische Zeitschrift
Tigay	J. H. Tigay, *The JPS Torah Commentary Deuteronomy*, Philadelphia, 1996.
TNK	JPS Tanakh
TOB	French Traduction Oecumenique de la Bible
TRE	Theologische Realenzyklopädie
TUAT	Texte aus der Umwelt des Alten Testaments
TWAT	Theologisches Wörterbuch zum Alten Testament
TWNT	Theologisches Wörterbuch zum Neuen Testament

TynB	Tyndale Bulletin
UF	Ugarit - Forschungen
von Rad	G. von Rad, *Das fünfte Buch Mose Deuteronomium*, ATD, Göttingen, 1968.
VT	Vetus Testamentum
Waltke-O	B. K. Waltke and M. O'Connor, *An Introduction to Biblical Hebrew Syntax*, Indiana, 1990.
WBC	Word Biblical Commentary
Weinfeld	M. Weinfeld, *Deuteronomy 1-11*, AB, New York, 1991.
Wevers	J. W. Wevers, *Notes on the Greek Text of Deuteronomy*, Atlanta, 1995.
WMANT	Wissenschaftliche Monographien zum Alten und Neuen Testament
WTJ	The Westminster Theological Journal
WuD	Wort und Dienst
YLT	Young's Literal Translation
ZAW	Zeitschrift für die alttestamentliche Wissenschaft
ZDPV	Zeitschrift des deutschen Palästina-Vereins
ZKTh	Zeitschrift für Katholische Theologie
ZThK	Zeitschrift für Theologie und Kirch

일러두기

- 이 책에서 사용된 신명기 본문은 필자가 히브리어를 직접 한글로 번역한 것이다.
- 한글 개역 개정은 이스라엘의 고유한 하나님의 이름인 4자음 문자 '아도나이'(יהוה)를 '여호와'로 음역했는데 이것은 바른 음역이 아니다. 또한 최근에 많은 학자들이 이 이름의 모음을 추측하여 '야웨' 혹은 '야훼'로 읽는데 이것 역시 확인된 것은 아니다. 따라서 이 책에서는 유대인들이 읽었던 전통을 따라 '아도나이'로 음역했다.
- 학자들의 견해를 참고했을 경우 이름을 밝혔다. 자주 사용된 이름은 이 책의 앞에 있는 약어표에 있는 신명기 주석의 해당 장 절이나 관련된 책을 의미한다. 또한 약어표에 나오지 않는 학자들의 이름은 각 항목마다 뒤에 수록한 참고 문헌에 있는 책이나 논문을 말한다.

DEUTERONOMY

신명기 9장

A New Translation with
Introduction
and Commentary

DEUTERONOMY

D E U T E R O N O M Y

신명기 9장

Deuteronomy 9

내용/구조

9장의 내용과 구조는 크게 두 부분으로 나눠진다. 먼저는 가나안 땅 정복이다(9:1-6). 가나안 땅의 거민들은 강하고 성벽은 아주 튼튼하다. 특히 거인 족속인 아낙 자손들이 살고 있다. 하지만 하나님은 이스라엘로 이 땅을 정복하게 하신다. 그런데 이스라엘 백성이 가나안 땅을 점령한 후에 그들은 자기들의 의Self Righteousness 때문에 그 땅을 정복했다고 착각할 수 있다. 이러한 생각에 대하여 모세는 반대한다.

두 번째는 모세는 이스라엘 백성은 의로운 백성이 아니라 목이 뻣뻣한 백성이라고 선언한다. 그들은 목이 뻣뻣해서 이곳에 오는 동안 하나님의 명령에 거역하며 불순종했다. 모세는 그 불순종의 역사를 말한다(9:7-29). 특히 시내 산에서 금송아지를 만들어 아도나이께 반역했던 사건을 길게 기술한다. 그리고 막간의 삽입처럼 광야에서 이스라엘이 범죄 했던 다른 사건들을 짧게 서술하고 나서 모세는 다시 시내 산에서 금송아지를 만든 반역 사건으로 돌아온다. 하나님이 금송아지를 만든 이스라엘을 진멸하겠다고 하시자 모세는 그들을 위해 중보 기도한다.

9장은 이스라엘이 요단강을 건너 가나안 땅을 정복하려는 시점에서 가나안 땅을 정복한 후의 상황을 미리 내다보고 있다. 하나님이 가나안 땅을 선물로 주셨는데 그 선물을 받고 나서 이스라엘 사람들이 자기들이 의로워서 선물을 받은 줄 착각할 수 있다. 이러한 착각에 대하여 모세는 이스라엘의 과거의 역사를 상기시키고 있다. 이스라엘은 결코 의로운 백성이 아니다. 오히려 목이 곧은 백성이다. 모세는 미래의 상황을 가정하면서 과거를 회상하고 있다.

이 장의 구조는 위에서 말한 것처럼 크게 두 부분(1-6절과 7-29절)으로 나눌 수 있지만 더 세분화 시키면 다음과 같다.

1. 가나안 땅을 주신 이유(9:1-6)
2. 금송아지를 만든 죄(9:7-21)
3. 이스라엘의 다른 반역 사건들(9:22-24)
4. 모세의 중보기도(9:25-29)

위 분석에서 알 수 있듯이 9장에서 가장 많은 지면을 차지하는 것은 금송아지를 만든 사건이다. 금송아지 사건이 7-21절에 길게 서술되어 있고 이 사건 때문에 모세가 이스라엘을 위하여 기도한 내용이 25-29절에 나온다.

금송아지 사건은 출애굽기 32-34장에 자세하게 나온다. 출애굽기에서는 모세가 시내 산에서 내려오기 전에 이스라엘을 위하여 중보 기도하였고(출 32:11-14) 다시 두 번째 시내 산에 올라가서 이스라엘을 위하여 기도하였다(출 34:9). 신명기는 모세가 시내 산에서 내려와서 회고형식으로 산에서 이스라엘과 아론을 위하여 기도한 것을 말한다(신 9:18-20). 그리고 그 기도 내용을 자세하게 기록하고 있다(신 9:25-29). 신명기는 이 두 곳에서 모세가 이스라엘을 위하여 기도한 것을 말하는데 9:18-20은 두 번째 40일 금식 기간임이 분명하고 9:25-29은 첫 번째 40일 금식 기간인지 아니면 두 번째 금식 기간인지 명확하지 않다.

1. 가나안 땅을 주신 이유(9:1-6)

"들으라 이스라엘아"로 시작하는 이 본문은 출애굽 후세대가 요단강을 건너 가나안 땅을 정복할 것이라고 말한다. 가나안 땅의 상황은 출애굽 세대가 정복하려고 했던 때와 같이 여전히 변함이 없다. 성벽은 높고 아낙 자손들이 그 땅에 살고 있다(9:1-2; 참고. 민 13:28-33).

거인 족속과 튼튼한 성벽을 보고 이스라엘 자손은 마음에 어떻게 이 땅을 정복할 수 있을까 하는 질문을 던질 수 있다. 이스라엘이 절대적으로 불리한 전쟁 상황이다. 왜냐하면 이스라엘은 숫자가 많은 큰 민족이 아니라 작은 민족이기 때문이다(신 7:7). 모세는 이 상황에 대하여 하나님이 "삼키는 불"로서 앞서 전진하실 것을 말한다(9:3). 이스라엘의 하나님 아도나이께서 앞서 가셔서 아도나이의 전쟁을 수행하신다.

아도나이께서 이스라엘로 가나안 땅을 정복하게 한 후에 이스라엘은 마음속으로 이렇게 생각할 수 있다. 하나님께서 이스라엘에게 가나안 땅을 주신 이유는 "나의 의 때문"이라고. 우리가 의롭기 때문에 아도나이께서 우리를 이 땅으로 인도하여 정복하게 하셨다고. 하지만 모세는 이러한 생각을 단호하게 거부한다. 그리고 하나님이 이스라엘에게 가나안 땅을 주신 이유를 두 가지로 밝힌다. 첫째 가나안 족속들이 악했기 때문이다. 둘째 하나님께서 이스라엘 조상들에게 하신 약속을 성취하기 위해서이다(9:4-5).

모세는 이스라엘은 의로운 백성이 아니라 오히려 목이 뻣뻣한 백성이라고 규정한다. 하나님의 말씀에 잘 순종하는 백성이 아니라 불순종하는 백성이다.

1-6절의 핵심 단어는 "알다"와 "의"이다. 이스라엘은 아낙 자손이 강하다는 사실을 잘 알고 있었다(2). 하지만 그들이 꼭 알아야 할 사실은 아도나이 하나님이 그들 앞서 가시는 삼키는 불이라는 것이다(3). 그리고 이스라엘은 아도나이께서 이스라엘의 "의" 때문에 가나안 땅을 주신 것이 아니라는 사실을 알아야 한다(6).

번역

1 들으라 이스라엘아, 네가 오늘 요단을 건너려고 한다,
들어가기 위하여, 점령하기 위하여,
너보다 강하고 큰 민족들을, 크고 하늘 위로 요새화 된 성들을.
2 거대하고 큰 민족, 아낙의 아들들,
너, 너는 알았다 그리고 너, 너는 들었다,
누가 아낙의 아들들 앞에 서겠는가?
3 그리고 오늘 너는 알아야 한다,
아도나이 너의 하나님, 너의 앞서 건너가시는 그는 삼키는 불이시라는 것을,
그, 그는 그들을 멸망시키실 것이며,
그, 그는 그들을 너희 앞에 복종시키실 것이다.
그리고 너는 그들을 점령할 것이며, 너는 그들을 신속히 멸망시킬 것이다,
아도나이께서 너에게 말씀하신 대로.
4 너는 네 마음에 말하지 말라,
아도나이 너의 하나님이 너의 앞에서 그들을 몰아내셨을 때, 말하기를,
나의 의 때문에 아도나이께서 나를 데려오셨다, 이 땅을 점령하기 위하여,
그러나 이 민족들의 악 때문에 아도나이께서 너 앞에서 그들을 점령하게 하셨다.
5 너의 의 때문에 그리고 너의 마음의 정직 때문에
네가 그들의 땅을 점령하기 위해 들어가는 것이 아니다,
그러나 이 민족들의 악 때문에

아도나이 너의 하나님이 그들을 너 앞에서 쫓아내신다,
그리고 아도나이께서 너의 조상들에게, 아브라함에게, 이삭에게, 그리고 야곱에게
맹세하신 그 말씀을 세우기 위하여.
6 그리고 너는 알아야 한다 너의 의 때문에 너의 하나님 아도나이께서
너에게 이 좋은 땅을 점령하도록 주시는 것이 아니라는 것을,
왜냐하면 너는 목이 뻣뻣한 백성이기 때문이다.

주해

1 들으라[1)] 이스라엘아, 네가 오늘 요단을 건너려고 한다,
들어가기 위하여, 점령하기 위하여,
너[2)]보다 강하고[3)] 큰 민족들을, 크고 하늘 위로 요새화 된 성들을.

본문 비교

1) 마소라 사본은 "들으라"가 2인칭 단수인데 반하여 탈굼 네오피티와 탈굼 프쉬도 요나단은 2인칭 복수이다.
2) 70인경, 테오도치온, 탈굼 네오피티, 탈굼 프쉬도 요나단은 "너희"로 복수형이다.
3) 70인경은 *καὶ ἰσχυρότερα μᾶλλον ἢ ὑμεῖς*인데 반하여 아퀼라는 *καὶ οστόινα ὑπὲρ σὲ*로 읽는다.

히브리어는 "들으라"는 명령형이 먼저 나와서 강조한다(개역 개정은 "이스라엘아 들으라"). 명령형 "들으라"는 히브리어 쉐마(שׁמע)로 목적어 없이 사용되었다(참고. 신 6:4, 9:1, 20:3, 27:9). 목적어 '법규들과 법령들을'이 사용된 곳은 신명기 4:1과 5:1이다. "들으라"는 '순종하라'는 의미를 담고 있다. 이스라엘은 모세가 설교하는 말씀을 듣고 순종해야 한다.

"오늘"은 모세의 설교를 듣는 청중들의 현재적인 상황을 강조한다(신명기 I. 서론 '9. 오늘' 참고).

"요단을 건너려고 한다"는 현재 분사형으로 '지금 막 건너려고 하는' 상태를 말한다. 신명기의 전체적인 분위기를 설명한다. 이스라엘은 지금 요단강을 건너 약속의 땅을 점령하기 위하여 군사적인 공격을 감행하려고 준비하고 있다. 또한 이 단어는 이스라엘 군대가 주둔해 있는 지리적인 위치를 말한다. 이스라엘은 지금 요단 동편 모압 땅에 진을 치고 있다(신 1:5). 이런 상황에 있는 이스라엘을 향해 모세는 "들어라" 하고 설교하고 있다.

이스라엘이 왜 요단강을 건너려고 하는지를 두 개의 부정사구 "들어가기 위하여, 점령하기 위하여"가 설명하고 있다. 두 개의 부정사구들 사이에는 접속사 '그리고'가 없다. '들어가서 점령하기 위하여'이다. 이스라엘은 가나안 땅에 '들어가기 위하여' 그리고 그 땅을 '점령하기 위하여' 요단강을 건너가려고 한다. 이스라엘은 "너보다 강하고 큰 민족들을, 크고 하늘 위로 요새화 된 성들을 점령하기 위하여" 그 땅에 들어가는 것이다.

이스라엘이 점령하려고 하는 그 땅에는 "너보다 강하고 큰 민족들"이 살고 있었다. 그들은 또한 "크고 하늘 위로 요새화 된 성들"을 소유하고 있다.

가나안 민족들은 강하고 숫자가 많은 민족들이다(참고. 신 7:1). 그들은 또한 외적의 침입에 맞서서 자신을 보호할 튼튼한 성벽도 갖추고 있다. 형용사 "큰"이 '민족'과 '성'에 모두 사용된 것이 인상적이며 '강하고'는 숫자가 '많은'의 뜻도 갖고 있다. "하늘 위로 요새화 된 성들"에서 전치사 '위로'는 의역이다. 직역은 '하늘에'이다. "요새화 된"은 '가까이 가기 어려운' 또는 '다가갈 수 없는'의 뜻을 갖고 있다. 즉 가까이 접근할 수 없게 방벽으로 요새화 된 성을 뜻한다.

가나안 족속들은 이스라엘 보다 숫자도 많고 강했을 뿐만 아니라 성벽도 튼튼했다. 이스라엘이 1차 가나안 정복을 시도했을 때, 12명의 정탐꾼들은 가나안 민족들이 강하고 튼튼한 성벽을 갖고 있다고 보고했다. 갈렙과 여호수아를 제외한 10명의 정탐꾼들은 가나안 민족들의 '강함'을 거듭 강조했다(민 13:28, 31). 하지만 가나안 땅 정복의 강경파인 갈렙과 여호수아는 가나안 땅을 정복하러 가자고 주장했다. 그때, 10명은 그 땅을 점령할 수 없다는 부정적인 견해를 나타냈다. 그 이유는 "그 백성을 치지 못하리니 그들은 우리보다 강하니라"였다(민 13:31). 특히 키가 큰 거인들이 있음을 계속 말했다(민 13:32, 33). 그들의 키가 얼마나 크던지 10명의 정탐꾼들은 스스로를 메뚜기에 비유했다. "거기서 네피림 후손인 아낙 자손의 거인들을 보았나니 우리는 스스로 보기에도 메뚜기 같으니 그들이 보기에도 그와 같았을 것이니라"(민 13:33). 10명의 정탐꾼의 눈에는 거인 족속과 요새화 된 성벽만이 보였고 하나님의 능력은 보이지 않았다. 이들은 현실만을 바라보았다. 현실보다 더 크신 하나님을 바라볼 믿음의 눈이 없었다.

2 거대하고 큰[1] 민족, 아낙의 아들들,
너, 너는 알았다 그리고 너, 너는 들었다,
누가 아낙의 아들들[2] 앞에 서겠는가?

본문 비교

1) 70인경은 "거대하고 많고 큰"으로 숫자가 "많은"이라는 형용사가 더 있다. 탈굼 옹켈로스와 탈굼 네오피티는 히브리어 "큰"을 "강한"으로 번역한다.
2) 히브리어 "아낙의 아들들"을 탈굼 옹켈로스는 "거인의 아들들", 탈굼 네오피티는 "아낙의 아들들, 거인들", 그리고 탈굼 프쉬도 요나단은 "에프론의 아들들, 거인들"로 읽는다. 아람어 성경들은 아낙 자손을 거인족으로 설명한다. 특히 요나단은 아낙 자손을 "에

프론의 아들들"로 소개하는 것이 특이하다. "거인들"을 '용사들' 또는 '전사들'로 해석하기도 한다.

직역은 이해하기가 어렵기 때문에 쉽게 풀어서 번역해 보면 "너는 거대하고 큰 민족, 아낙의 아들들을 알았다 그리고 너는 '누가 아낙의 아들들 앞에 서겠는가' 하는 말을 들었다"이다. "하는 말을"은 이해를 위해 넣어준 표현이다.

"거대하고 큰 민족"은 덩치가 있고 키가 큰 것을 의미한다. 이들은 "아낙의 아들들"이다. "아낙"은 '목이 긴'을 뜻한다. 아낙의 후손들로 거인 족속이다(신 1:28). 아람어 성경들은 아낙 자손을 '전사' 또는 '용사'로 소개한다. 아낙 자손은 헤브론에 살고 있었다(민 13:22). 12명의 정탐꾼들은 가나안 땅에서 아낙 자손들을 보았다(민 13:28, 33; 신 1:28). 아낙 자손과 같이 큰 민족들인 에밈(신 2:10), 르바임(신 2:11), 삼숨밈(신 2:20-21)도 가나안 땅에 있었다.

여호수아가 가나안 땅을 정복할 때 아낙 족속을 전멸시켰기 때문에 이스라엘 땅에는 아낙 사람들이 없었고 가사와 가드 그리고 아스돗에 남아 있었다(수 11:21-22). 아낙 족속을 몰아낸 사람은 가나안 땅 정복에 강경파였던 믿음의 사람 갈렙이었다. 갈렙은 아낙 사람들 가운데 가장 큰 아르바 족속이 사는 헤브론을 기업으로 요구하여 그들을 쫓아내고 그 땅을 점령하였다(수 14:12-15; 15:13-14; 21:11; 삿 1:20).

히브리어는 2인칭 단수 '너'가 강조되었다. "너, 너는 알았다 그리고 너, 너는 들었다." 이스라엘이 아낙 자손들에 대하여 익히 들어서 잘 알고 있었다는 것을 말한다. "너는 거대하고 큰 민족, 아낙의 아들들을 알았다"라는 의미이다. 이스라엘은 아낙 자손의 명성을 잘 알고 있었다.

"누가 아낙의 아들들 앞에 서겠는가?"에서 "서겠는가"는 히브리어 히트파엘 형으로 '누가 아낙의 아들들 앞에 자신을 세우겠는가?'라는 뜻이다. 아낙을 대항하여 누가 용감하게 자원해서 나서겠는가? 즉 '누가 아낙의 아들들을 대항하여 서겠는가?'이다. 이러한 의미로 전치사 "앞에"를 '대항하여'로 번역하는 성경들이 있다(LEI, LUV, EIN, LUO, SCH, NIB, NIV). 개역 개정은 "누가 아낙 자손을 능히 당하리요"로 번역했다. 그리고 "이르기를...하거니와"라는 표현을 넣어주었다.

이스라엘이 가나안 땅을 정복하는데 있어서 걸림돌은 거인들인 아낙 자손이었다. 이들을 대항하여 전쟁한다는 것은 승산이 없는 게임이라는 생각이 들 수 있다. 이스라엘은 이러한 말들을 이미 들었다. 그리고 이미 아버지 세대가 아낙 자손들 때문에 가나안 전쟁에서 실패해서 40년을 광야에서 보내지 않았는가! 모세는 이스라엘이 이미 알고 있고 들었던 사실을 상기시켜 주고 있다.

3 그리고 오늘 너는 알아야 한다,
아도나이 너의 하나님, 너의 앞서 건너가시는 그는 삼키는 불이시라는 것을,
그, 그는 그들을 멸망시키실 것이며,
그, 그는 그들을 너희 앞에 복종시키실 것이다.
그리고 너는 그들을 점령할 것이며,[1)] 너는 그들을 신속히[2)] 멸망시킬 것이다,[3)]
아도나이께서 너에게 말씀하신 대로.

본문 비교

1) 70인경과 벌게이트는 "너는 그들을 점령할 것이며"를 생략했다.
2) 70인경의 일부 사본(B 527)은 "신속히"를 생략했다. 랄프 편집도 "신속히"를 생략했다. 하지만 베버 편집에는 "신속히"(ἐν τάχει)가 있다.
3) 사마리아 오경의 히브리어는 마소라 사본과 문법이 다르다. 마소라는 והאבדתם 히필형인데 반하여 사마리아 오경은 ואבדתם 칼형이다.

"그리고"(개역 개정은 "그리고"를 생략한다)를 '그러나'로 번역해 주면 2절과 3절은 대조를 이룬다.

[2] 거대하고 큰 민족, 아낙의 아들들,
너, 너는 알았다 그리고 너, 너는 들었다,
누가 아낙의 아들들 앞에 서겠는가?
[3] 그러나 오늘 너는 알아야 한다,
아도나이 너의 하나님, 너의 앞서 건너가시는 그는 삼키는 불이시라는 것을,

2절에서 "너는 알았다"(ידעת)는 칼 완료형으로 이스라엘이 아낙 자손을 잘 알고 있었던 사실을 말한다. 3절의 "너는 알아야 한다"(ידעת)는 칼 완료 와우 연속법으로 '너는 알 것이다'로도 번역할 수 있다. 이스라엘은 거인족인 아낙 사람들을 잘 알고 있었다. 그러나 이제 이스라엘은 이스라엘 앞서 가시는 하나님은 "삼키는 불"이라는 것을 알아야 한다. 가나안 땅에서 거인 족을 몰아내고 이스라엘에게 기업의 땅을 주실 수 있는 분이 아도나이 하나님이시라는 것을 인식해야 한다.

3절은 2절의 "누가 아낙의 아들들 앞에 서겠는가?" 하는 말에 대한 응답이다. 가나안 땅에 거인인 아낙 자손들이 있다면 이스라엘에게는 "삼키는 불"이신 아도나이 하나님이 있다. 하나님이 이스라엘 앞에서 먼저 전진해 나가신다.

흥미로운 것은 "앞"이라는 단어이다. 사람들은 이렇게 말하고 묻는다. "누가 아낙의 아들들 앞에 서겠는가?" 여기에 대하여 모세는 이스라엘의 하나님은 "너의 앞서 건너가시는 그는 삼키는 불"이라고 답변한다. 아낙 자손이 거인족이며 강하기 때문에 아낙 자손 앞에 설 민족들이 없다고 생각하지만 이스라엘 민족 앞에는 하나님이 계셨다. 모세는 앞서 가시는 하나님을 강조한다. 출애굽 세대의 스파이들이 가나안 땅을 정탐하고 온 후에 이스라엘은 가나안 땅에 올라가기를 거부했다.

성이 튼튼하고 아낙 자손들이 살고 있다는 보고를 들었기 때문이다. 이때 모세는 앞서 가시는 하나님을 설교했다(신 1:30, 33). 그러나 출애굽 세대는 모세의 말을 믿지 않았다.

히브리어 어순은 "너는 알아야 한다"가 먼저 나와서 강조하고 있다. 문맥에 따라 "그러나 오늘 너는 알아야 한다"를 현대 역본들은 대부분이 명령형 '너는 알라'로 번역한다(ASV, ESV, KJV, NAS, NIB, NIV, NKJ, EIN, ELB, ELO, NBG, 개역 개정 역시 "오늘 너는 알라"). 명령형으로 번역하면 '그러므로 너는 오늘 아도나이 너의 하나님, 너의 앞서 건너가시는 그는 삼키는 불이시라는 것을 알라'라는 의미이다.

"너의 앞서 건너가시는"은 요단강을 건너가는 것을 의미한다. 하나님께서 이스라엘 앞에서 요단강을 건너가신다. 여호수아의 지도아래 이스라엘은 요단강을 건넜다. 그때 레위인들이 언약궤를 메고 백성들 앞서 건너갔다. 언약궤가 앞장서서 요단강을 건널 때 요단강이 갈라져서 이스라엘 백성이 요단강을 건너갔다(수 3장).

아도나이 하나님은 이스라엘 앞에서 요단강을 건넜을 뿐만 아니라 이스라엘이 광야를 여행할 때 역시 앞서서 장막 칠 곳을 찾으셨다(신 1:30, 33을 보라).

인칭 대명사 3인칭 남성 단수 "그"(הוּא)는 3번 사용되어 두드러진다. "그"는 "아도나이 너의 하나님"을 지칭한다. 아도나이 하나님이 이스라엘을 위하여 행하시는 행동을 잘 보여주고 있다.

> 아도나이 너의 하나님,
>
> 너의 앞서 건너가시는 그는 삼키는 불이시라는 것을,
>
> 그, 그는 그들을 멸망시키실 것이며,
>
> 그, 그는 그들을 너희 앞에 복종시키실 것이다.

"삼키는 불"은 아도나이 하나님의 속성을 설명한다(신 4:24을 보라).

하나님이 나타나실 때 불이 자주 나타났다(신 4:11을 보라). 불은 신현(theophany)의 동반현상으로 나타났다. 에스겔은 소명을 받을 때 아도나이의 영광의 형상을 아주 구체적으로 보았다. 에스겔의 환상가운데 나타난 아도나이의 영광의 형상에서 불이 강조되었다(겔 1:4). 보좌에 앉으신 아도나이는 사람의 모양과 같은데 불이 특징을 이룬다. "그 허리 위의 모양은 단 쇠 같아서 그 속과 주위가 불같고 내가 보니 그 허리 아래의 모양도 불같아서 사방으로 광채가 나며"(겔 1:27). 다니엘도 보좌에 앉은 분을 묘사하는데 불을 강조한다. "내가 보니 왕좌가 놓이고 옛적부터 항상 계신 이가 좌정하셨는데 그의 옷은 희기가 눈 같고 그의 머리털은 깨끗한 양의 털 같고 그의 보좌는 불꽃이요 그의 바퀴는 타오르는 불이며 불이 강처럼 흘러 그의 앞에서 나오며"(단 7:9-10).

"삼키는 불"은 가나안 족속들을 심판하시는 불로 설명한다(개역 개정은 "맹렬한 불과 같이"로 번역한다). 아도나이는 "그들을 멸망시키실 것이며" "그들을 복종시키실 것이다." 가나안 민족들을 멸망시키며 복종시키는 주체는 3인칭 단수 "그"로서 하나님의 행동을 강조하고 있다. 하나님이 가나안 족속을 진멸시키며 몰아낼 것이다. 하나님께서 가나안 정복에 선봉에 서실 것이다.

"그리고 너는 그들을 점령할 것이며"에서 "그리고"는 '그러므로'의 뜻이다. "삼키는 불"로 이스라엘 앞서서 가시는 하나님께서 가나안 족속들을 멸망시키신다. '그러므로' 이스라엘은 "그들을 점령할 것이며 너는 그들을 신속히 멸망시킬 것이다." 하나님이 행동하신 결과로 이스라엘이 가나안 땅을 점령하고 아낙자손들을 멸망시킬 수 있다. 가나안 땅에는 거인족속들이 살고 있지만 "삼키는 불"이신 하나님이 이스라엘 앞서 나가셔서 그들을 진멸하시며 쫓아내신다.

"아도나이 너의 하나님"이 행동의 주체로서 강조되었지만 결국 구체적인 행동을 해야 하는 것은 이스라엘이다. 이스라엘은 앞서 가시는 하나님을 따라 순종해야 한다. 세 번의 "그"와 두 번의 "너"를 주의해서 보아야 한다. 결국 이스라엘이 가나안 땅을 정복해야 한다. 하나님과 이스라엘이 합동하여 약속의 땅을 점령한다.

"아도나이께서 너에게 말씀하신 대로"에서 "말씀하신"은 피엘형으로 강조의 의미가 있다. 하나님께서 이스라엘에게 가나안 땅을 주시겠다고 약속하셨다. 하나님은 이 약속을 따라서 행동하신다. 그러나 이 약속을 실제 실행해야 하는 것은 이스라엘이다. 하나님의 약속을 이루기 위하여 이스라엘은 가나안 전투에 임해야 한다. 하나님의 약속은 약속을 믿고 실천하는 자들에게 이루어진다. 하나님의 약속은 자동이 아니다. 이스라엘의 순종이라는 실천을 필요로 한다.

4 너는 네 마음에 말하지 말라,
아도나이 너의 하나님이 너의 앞에서[1] 그들을[2] 몰아내셨을 때[3], 말하기를,
나의 의 때문에 아도나이께서 나를 데려오셨다, 이 땅을[4] 점령하기 위하여,
그러나 이 민족들의 악 때문에[5] 아도나이께서[6] 너 앞에서 그들을 점령하게 하셨다.

본문 비교

1) 마소라 사본은 "너의 앞에서"(מלפניך)인데 반하여 사마리아 오경은 전치사 레'(ל)'가 없다(מפניך).
2) 70인경은 "이 민족들을"이다.
3) 마소라 사본과 사마리아 오경은 단어가 다르다. 마소라의 "몰아내셨을 때"(בהדף)는 '몰아내다'(הדף)의 칼 부정사 연계형이지만 사마리아 오경은 다른 단어 '몰아내다'(נדף)이 히필형(בהדיף)을 쓰고 있다(참고. 신 6:19).
4) 70인경은 "이 좋은 땅을"로 번역한다.
5) 70인경, 벌게이트, 시리아 역은 "그러나 이 민족들의 불경건 때문에"로 읽는다.

6) 탈굼 네오피티는 "주의 말씀"이 가나안 족속을 점령하게 했다고 설명한다.

가나안 땅 정복 후에 이스라엘 사람들이 혹시 생각할 수 있는 것을 가정하고 있다. 이와 비슷한 생각은 이미 신명기 8:17에서 나타났었다. 이스라엘이 가나안 땅을 정복한 후에 큰 부를 얻는다. 그때 이스라엘이 마음속으로 이렇게 생각할 수 있다. "나의 힘과 나의 손의 능력이 나에게 이 부를 얻게 했다." 이러한 생각에 대하여 모세는 단호하게 아도나이께서 이스라엘에게 부를 얻을 수 있는 능력을 주셨으며 이스라엘의 조상들에게 하신 언약을 이루기 위함이라고 말한다(신 8:18). 이와 유사한 생각이 이 절에서(9:4) 나타난다.

"네 마음에 말하지 말라"는 '생각하지 말라'는 의미이다. "아도나이 너의 하나님이 너의 앞에서 그들을 몰아내셨을 때, 말하기를, 나의 의 때문에 아도나이께서 나를 데려오셨다"라고 생각하지 말라는 것이다.

여호와께서 이스라엘 보다 강한 가나안 족속들을 몰아내신 것은 "나의 의" 즉 이스라엘의 의로움 때문이 아니다. 가나안 땅 정복에 있어서 이스라엘은 "자기 의"self righteousness를 내세울 것이 없다.

"데려오셨다"는 히필 형으로 하나님의 사역을 강조한다. 하나님께서 가나안 땅을 점령하기 위하여 이스라엘을 데려오셨다. 주어가 아도나이인 것에 주목하라.

"그러나"가 여호와께서 이스라엘을 가나안 땅으로 데려오신 이유를 잘 설명해 주고 있다. "이 민족들의 악 때문에" 아도나이께서 이스라엘로 가나안 땅을 점령하게 하셨다.

두 개의 전치사 " 때문에"(ב)가 대조를 이루어 이스라엘이 가나안 땅을 점령할 수 있었던 이유를 잘 설명한다. 또한 두 번의 '점령하다'는 하나는 부정사 연계형으로 아도나이께서 이스라엘을 데려 오신 목적을 설명한다. "이 땅을 점령하기 위하여 아도나이께서 나를 데려오셨다."

두 번째 "점령하게 하셨다"는 히필 분사 형으로 아도나이의 사역을 강조한다.

나의 의 때문에 아도나이께서 나를 데려오셨다, 이 땅을 점령하기 위하여,

그러나 이 민족들의 악 때문에 아도나이께서 너 앞에서 그들을 점령하게 하셨다.

하나님께서 가나안 민족들을 몰아내신 이유는 그들의 악함 때문이었다. 이 사실은 성경 곳곳에서 강조하고 있다(창 15:16; 레 18:24-25, 27-28).

5 너의 의 때문에 그리고 너의 마음의 정직[1] 때문에

네가 그들의 땅을 점령하기 위해 들어가는 것이 아니다,[2]

그러나 이 민족들의 악 때문에

아도나이 너의 하나님이[3] 그들을 너 앞에서 쫓아내신다,

그리고 아도나이께서[4] 너[5]의 조상들에게, 아브라함에게, 이삭에게, 그리고 야곱에게

맹세하신 그 말씀[6]을 세우기 위하여.

본문 비교

1) 70인경은 "너의 마음의 기룩" 또는 "너의 마음의 경건"(τὴν ὁσιότητα τῆς καρδίας σου)으로 번역한다. 아퀼라는 히브리어 "정직"을 문자적으로 번역한다(εὐθύτητα). 오리겐의 헥사플라는 이것을 지적하고 있다.
2) 히브리어는 '-아니다'(לֹא)가 한 번 사용된 반면 70인경은 부정어를 두 번 사용한다(οὐχὶ διὰ τὴν δικαιοσύνην σου οὐδὲ διὰ τὴν ὁσιότητα τῆς καρδίας σου). 두 번째 부정어는 첨가된 것이다.
3) 사마리아 오경과 70인경은 "너의 하나님"을 생략한다.

4) 사마리아 오경과 70인경은 "아도나이께서"를 생략한다.

5) 70인경은 "너희"로 복수이다.

6) 70인경은 "말씀"을 "언약"으로 번역했다. 랄프Rahlfs 편집은 "그의 언약"이지만 베버Wevers 편집은 "언약"이다. 베버는 대중적인 사본 B가 "그의"를 덧붙였다고 지적한다. 주님께서 그의 언약을 세우신다는 것을 명확히 하기 위해서 덧붙였다(Wevers, 160; *THGD*, 122).

전치사 "때문에"(ב)의 사용이 두드러진다. 4절의 "나의 의 때문에"는 5절에서 "너의 의 때문에"와 "너의 마음의 정직 때문에"로 나오며 4절의 "이 민족들의 악 때문에"는 5절에서 다시 사용되었다.

4 나의 의 때문에 아도나이께서 나를 데려오셨다, 이 땅을 점령하기 위하여,
그러나 이 민족들의 악 때문에 아도나이께서 너 앞에서 그들을 점령하게 하셨다.
5 너의 의 때문에 그리고 너의 마음의 정직 때문에
네가 그들의 땅을 점령하기 위해 들어가는 것이 아니다,
오히려 이 민족들의 악 때문에
아도나이 너의 하나님이 그들을 너 앞에서 쫓아내신다,

먼저 이스라엘의 가나안 정복은 그들의 의로움 때문이 아니라고 명확하게 선언한다. 더 나아가 그들의 "마음의 정직"도 아니다. "정직"은 '곧은,' '똑바른'을 의미한다. 마음에 굽은 것이 없는 똑바른 상태이다. 모세는 지금 이스라엘은 의롭지 않고 마음이 올바르지 않다고 지적한다.

이스라엘이 가나안 땅에 들어가는 목적은 "점령하기 위해"로 나타난다. '점령하다'는 단어가 이 장에서 계속 나타나고 있다(1, 3, 4, 5). 이스라엘의 가나안 땅 정복은 이스라엘의 윤리적인 의로움 때문이 아니다.

"그러나"(כי)는 앞 절과의 반전을 인도한다. 이스라엘의 가나안 정복을 가나안 민족들의 악함 때문으로 밝힌다. 하나님이 가나안 민족들을

심판하신 이유는 그들의 죄악 때문이었다. 하나님께서 아브라함에게 가나안 땅을 주시기로 약속하셨을 때에, 하나님은 가나안 땅의 족속의 죄악 때문에 그들을 쫓아내실 것을 이미 지적하셨다(창 15:16).

이스라엘이 가나안 땅을 정복할 수 있는 외부적인 이유는 가나안 민족들의 죄악이다. 그렇지만 이것이 전부는 아니다. 더 본질적인 이유는 하나님의 약속이다.

"맹세하신 그 말씀"은 하나님이 이스라엘의 족장들에게 가나안 땅을 주기로 한 약속을 의미한다(자세한 설명은 1:8을 보라). 하나님은 아브라함에게 가나안 땅을 주기로 약속하셨다(창 12:1, 7; 15:7). 이 약속은 이삭에게(창 26:2-3) 그리고 야곱에게(창 28:13) 반복되었다. 이삭과 야곱은 아브라함 약속의 계승자였다. 하나님은 모세에게 자신을 소개하실 때, 아브라함과 이삭과 야곱의 하나님으로 자신을 계시하시는데(출 3:6) 이것은 하나님의 약속이 아브라함, 이삭 그리고 야곱에게 계승되었기 때문이다. 70인경은 "맹세하신 그 말씀"을 "언약"으로 이해한다.

"그 말씀을 세우기 위하여"는 하나님의 약속을 성취하기 위한 것이다. 하나님께서 이스라엘을 가나안 땅으로 인도하여 그 땅을 정복하게 하시는 본질적인 이유를 말한다. 이스라엘의 가나안 땅 정복은 하나님의 약속이 성취된 것을 보여준다. 이는 하나님의 역사적인 행동이다. 이러한 하나님의 행동은 약속을 잊지 않으시고 기억하시며 지키시는 하나님의 신실하심을 보여준다.

약속과 성취는 이스라엘 역사를 이끌어가는 동인으로 하나님은 이스라엘의 조상들에게 하신 약속을 성취하기 위하여 역사 속에 찾아오시며 간섭하신다. 하나님은 그의 약속을 성취하기 위해 역사 속에서 행동하시며 역사를 섭리해 나가신다. 하나님이 약속하신 말씀이 역사 속에서 현실화 되는 것이다. 이 약속과 성취는 창세기부터 여호수아까지의 역사를 잘 보여준다. 하나님이 아브라함에게 가나안 땅을 주겠다고 약속하신 것이 여호수아 때에 이루어졌다. 여호수아가 이스라엘을 이끌고 가나안 땅을 점령함으로 그 약속이 성취된 것이다. 역사는 하나님의 말씀이 성취되는 장소이다.

6 그리고 너는 알아야 한다[1] 너의 의 때문에 너의 하나님 아도나이께서
너에게 이 좋은 땅을 점령하도록 주시는 것이 아니라는 것을,
왜냐하면 너는 목이 뻣뻣한 백성[2]이기 때문이다.

본문 비교

1) 70인경은 "오늘"을 첨가했다.
2) 탈굼 네오피티는 "교훈을 받기에 목이 뻣뻣한 백성"이라고 설명한다.

"그리고 너는 알아야 한다"(וידעת)는 칼 완료 와우 연속법이다. 3절의 "너는 알아야 한다"(וידעת)와 같은 단어이다. 3절에서도 목적절과 함께 사용되었다. 문맥의 의미를 살려서 "그러므로 너는 알라"로 번역하는 현대 역본들이 많다(ASV, ESV, KJV, NAS, NIV, NKJ, ELB, ELO, LUO, LUV, NBG, SVV). '그러므로 너는 너의 의 때문에 너의 하나님 아도나이께서 너에게 이 좋은 땅을 점령하도록 주시는 것이 아니라는 것을 알라'는 의미이다. 개역 개정의 번역은 약간 이상하다. "그러므로 네가 알 것은" 하고 번역한다.

3절에서 이스라엘은 아도나이께서 거인 족속인 아낙 사람들을 삼키는 불이라는 것을 알아야 했다. 그리고 6절에서 이스라엘은 가나안 땅을 정복할 수 있는 이유는 그들의 의로움이 아니라는 사실을 잘 알아야 한다. 계속 "너의 의 때문에"라는 표현이 나오고 있다(4, 5, 6절).

이스라엘은 의로운 백성이 아니다. 오히려 그들은 "목이 뻣뻣한 백성"이다. "목이 뻣뻣한"은 '목이 딱딱한,' '목이 경직된'을 뜻한다. 즉 고집이 세고 완고하다는 것이다. 하나님의 말씀에 잘 순종하지 않는 백성

을 말한다. 특이한 사실은 2절의 아낙은 '목이 긴' 백성을 의미하는데 이스라엘은 '목이 뻣뻣한' 백성이다. 이스라엘은 거인족처럼 목이 길지는 않았지만 딱딱한 목을 가지고 있었다. '목이 뻣뻣한 백성'과 함께 불순종하는 사람들을 가르치는 표현으로 "마음과 귀에 할례를 받지 못한 사람들"이 있다(행 7:51).

하나님이 이스라엘을 목이 뻣뻣한 백성으로 부른 것은 금송아지를 만든 사건 때문이다. 모세가 시내 산 정상에서 하나님이 거주하실 성막을 만드는 법을 받느라고 하산이 늦어지고 있었다. 그러자 시내 산 아래에서는 이스라엘이 아론에게 "우리를 인도할 신을 만들라"고 주문했다(출 32:1). 백성들의 요구에 아론이 금으로 송아지 형상을 만들어 "애굽 땅에서 인도하여 낸 너희의 신"이라고 선언했다(출 32:4). 그리고 이스라엘 백성이 화목제와 번제를 드리며 금송아지 우상을 숭배했다. 이것은 십계명의 1-2 계명을 어긴 것이며 시내 산에서 맺은 언약을 파기하는 행동이었다. 하나님은 이런 이스라엘을 보시고 그들을 "목이 뻣뻣한 백성"으로 규정하셨다(출 32:9; 33:3, 5; 34:9).

이스라엘이 하나님의 명령을 잘 지키며 순종할 때 의로운 백성이 될 수 있다(신 6:25). 그러나 그들은 하나님의 명령에 불순종하는 목이 단단한 백성 즉, 마음이 완악한 백성이었다.

2. 금송아지를 만든 죄(9:7-21)

이 장의 핵심은 이스라엘이 금송아지를 만든 죄와 여기에 대한 반응인 하나님의 진노이다. 모세는 이스라엘이 결코 의로운 백성이 아니라고 선언한다. 오히려 그들은 목이 뻣뻣한 백성이다(6, 13). 이스라엘은 하나님의 말씀을 듣는데 완고하며 고집이 센 백성이라는 의미이다.

모세는 이스라엘이 완고한 백성이라는 사실을 금송아지 사건을 들어서 논증한다. 출애굽 때부터 이스라엘은 하나님의 말씀을 듣는데 고집이 셌다. 이러한 사실은 금송아지 사건과 광야에서 반역한 다른 사건들에서 나타난다.

이스라엘은 목이 뻣뻣한 백성으로 금송아지를 만들어 아도나이께 반역한다. 이스라엘의 행위에 대하여 하나님은 화를 내셨다. 하나님의 감정적인 반응이 계속 나온다. "너의 하나님을 화나게 했던 것," "너희는 아도나이께 반역하고 있다"(7). "너희는 아도나이를 화나게 했다"(8). "아도나이께서 너희에게 노하셨다"(8). 그리고 아도나이는 금송아지를 직접 만든 아론에게도 감정적인 반응을 보이셨다. "아론에게 아도나이께서 심히 화를 내셨다"(20).

아도나이의 감정적인 반응은 이스라엘을 멸망시키려는 계획으로 나타난다. 이스라엘을 진멸한 후의 계획도 세우시고 모세에게 이렇게 말씀하신다. "나를 홀로 내버려 두라, 그리고 내가 그들을 전멸시키겠다"(14).

모세가 시내 산에서 십계명의 두 돌 판을 받는 동안에 아론이 산 아래에서 금송아지를 만들었다. 금송아지를 만든 것은 십계명의 1-2 계명을 어긴 것이며 언약을 파기한 행위이다. 그래서 모세는 언약이 깨졌음을 즉각적으로 인식하고 두 돌 판을 깨뜨렸다.

모세가 언약의 두 돌 판을 받은 것과 이스라엘이 황금 송아지를 만든 사건은 '사십 낮과 사십 밤'이라는 표현과 밀접하게 관련되어 9장과 10장의 구조를 형성하고 있다(N. Lohfink, *Hauptgebot*, 214-215; Weinfeld, 427).

1. 9:9-10: 모세는 언약의 두 돌 판을 받기 위해 '사십 주야'를 금식했다. 아도나이 하나님이 시내 산에서 말씀하신 십계명을 친히 기록하여 모세에게 주셨다.
2. 9:11-17: 모세의 '사십 주야' 금식이 끝났을 때 이스라엘이 금송

아지를 만들어 언약을 깨뜨렸다.

3. 9:18-21: 모세는 두 번째 '사십 주야' 금식 기간 중에 아론과 백성을 위하여 중보 기도한다.

4. 9:25-10:5: 모세는 두 번째 '사십 주야' 금식 기간 중에 백성을 위해 중보 기도한다. 하나님이 두 번째 돌 판과 궤를 만들라고 말씀하심으로 언약이 회복되었다.

5. 10:10-11: 모세는 두 번째 '사십 주야' 기간 중에 이스라엘을 위해 중보 기도한다. 그리고 하나님은 가나안 땅으로의 여행을 준비하라고 하신다.

번역

7 기억하라, 너는 잊지 말라,
네가 광야에서 아도나이 너의 하나님을 화나게 했던 것을,
네가 이집트의 땅에서 나왔던 날로부터 너희가 이 장소에 오기까지,
너희는 아도나이께 반역하고 있다.
8 그리고 호렙에서 너희는 아도나이를 화나게 했다,
그리고 아도나이께서 너희에게 노하셨다, 너희를 멸망시키기 위하여.
9 내가 그 산에 그 돌들의 판들을 취하기 위해 올라갔을 때,
아도나이께서 너희와 함께 맺었던 그 언약의 판들을,
그리고 내가 그 산에 사십 낮과 사십 밤을 머물렀다,
내가 빵을 먹지 않았고 물을 마시지 않았다.
10 그리고 아도나이께서 나에게 하나님의 손가락으로 쓰신 그 두 돌들의 판들을
주셨다.
그리고 그것들 위에 아도나이께서 너희에게 말씀하셨던 그 모든 말씀들과 같이,
그 산에서 그 불 가운데서 그 집회의 날에.
11 그리고 이것이 사십 낮과 사십 밤의 끝에 일어났다,
아도나이께서 나에게 그 두 돌들의 판들을, 그 언약의 판들을 주셨다.

12 그리고 아도나이께서 나에게 말씀하셨다, 일어나라, 속히 내려가라 여기에서,
왜냐하면 네가 이집트에서 데리고 나왔던 너의 백성이 부패했기 때문이다,
그들이 내가 그들에게 명령했던 그 길로부터 속히 떠났다,
그들이 그들을 위해 녹여 만든 상을 만들었다.
13 그리고 아도나이께서 나에게 말했다, 말하기를,
내가 이 백성을 보았다, 그리고 보라, 이는 목이 뻣뻣한 백성이다.
14 나를 홀로 내버려 두라, 그리고 내가 그들을 전멸시키겠다,
그리고 내가 그들의 이름을 하늘 아래에서 없애겠다,
그리고 내가 너를 그 보다 더 많고 강한 민족으로 만들겠다.
15 그리고 내가 돌아섰고 그 산에서 내려왔다, 그리고 그 산은 불에 타고 있었다,
그리고 그 언약의 두 판들은 나의 두 손위에 있었다.
16 그리고 내가 보았다, 그리고 보라 너희가 너희 하나님 아도나이께 범죄하였다,
너희가 너희를 위하여 녹여 만든 송아지 상을 만들었다,
너희가 아도나이께서 너희에게 명령하셨던 그 길로부터 속히 떠났다.
17 그리고 내가 그 두 판들을 붙잡았다,
그리고 내가 그것들을 나의 두 손에서 던졌다,
그리고 내가 그것들을 너희 눈앞에서 깨뜨렸다.
18 그리고 내가 아도나이 앞에 엎드렸다, 처음과 같이, 사십 낮과 사십 밤을,
내가 빵을 먹지 않았다 그리고 내가 물을 마시지 않았다,
너희가 범죄 했던 너희의 모든 죄 때문에,
아도나이의 눈에 악을 행함으로, 그를 노엽게 하여.
19 왜냐하면 내가 그 노염과 아도나이께서 너희를 진멸하기 위하여
너희에 대하여 화를 내셨던 그 분노 앞에서 두려워했기 때문이다,
그리고 아도나이께서 나를 들으셨다, 그때에도.
20 그리고 아론에게 아도나이께서 심히 화를 내셨다, 그를 진멸하기 위하여,
그리고 내가 아론을 위해 또한 기도했다, 그때에.
21 그리고 너희가 행했던 너희의 죄를, 그 송아지를 내가 취했다,

그리고 내가 그것을 불로 태웠다,

그리고 내가 그것을 으깼다, 잘 갈아서, 먼지로 분쇄하기까지,

그리고 내가 그것의 먼지를 그 산에서 내려가는 시내로 던졌다.

주해

7 기억하라,[1] 너는 잊지 말라,

네가 광야에서 아도나이 너의 하나님을 화나게 했던 것을,

네가[2] 이집트의 땅에서[3] 나왔던 날[4]로부터 너희가 이 장소에 오기까지,

너희는 아도나이께 반역하고 있다.

본문 비교

1) 한 히브리어 사본, 사마리아 오경, 시리아 역과 벌게이트는 "그리고"를 첨가한다.
2) 사마리아 오경, 70인경과 시리아 역은 2인칭 남성 복수이다.
3) 70인경, 벌게이트, 시리아역은 "이집트에서"이다.
4) 탈굼 네오피티는 "이집트의 땅에서 너희가 구속되어 나왔던 날"로 설명한다.

1절은 "들으라"는 명령형으로 그리고 7절은 "기억하라"는 명령형으로 시작한다. 접속사 '그리고'가 없이 "너는 잊지 말라"는 표현이 뒤따라 나온다. '기억하라, 잊지 말라'는 강한 경고이다. 모세는 이스라엘을 목이 뻣뻣한 백성이라고 규정했다. 이제 모세는 왜 이스라엘이 목이 곧고 불순종하는 백성인가를 설명한다. 그래서 광야의 사건을 "기억하라"고 명령하는 것이다. 개역 개정은 접속사 '그리고'를 넣어서 "잊지 말고 기억하라"로 번역했다.

"기억하라"는 과거의 일을 생각하라는 것이다. 모세는 이스라엘이 과거의 일을 잘 기억하기를 원한다. 신명기에서 '기억하다'라는 동사의

사용을 살펴보면 이스라엘은 이집트에서 노예였다는 것과 하나님이 이집트에서 그들을 구원했다는 사실을 기억하기를 원했다(신 5:15; 15:15; 16:12; 24:18, 22). 모세는 이 구절에서(9:7) 출애굽 후세대에게 광야에서 하나님을 화나게 했던 일을 기억하라고 말한다. 광야에서 아도나이 하나님께 반역했던 일을 기억함으로 다시는 그런 일을 행하지 말라는 의미이다. 즉 출애굽 후세대는 출애굽 세대의 반역 사건을 타산지석으로 삼으라는 것이다.

"너는 잊지 말라"는 목적절을 갖고 있다. "너는 네가 광야에서 아도나이 너의 하나님을 화나게 했던 것을 잊지 말라"이다(Waltke-O, 180).

"화나게 했던"은 히필형(사역형)으로 이스라엘이 아도나이를 자극해서 화가 나게 한 것이다. 이스라엘이 광야에서 방랑하면서 아도나이 하나님의 화를 유발한 행위를 말한다. "광야에서"는 이스라엘이 아도나이를 화나게 한 장소를 의미한다. "이집트의 땅에서 나왔던 날로부터 너희가 이 장소에 오기까지"는 이스라엘이 아도나이를 화나게 한 기간을 뜻한다.

"이 장소에 오기까지"는 요단 동편 즉 모압 땅을 의미한다(신 1:5). 지금 이스라엘은 모압 땅에서 요단강을 건너기 위해 준비하고 있고(신 9:1) 모세는 이곳에서 출애굽 후세대에게 율법을 다시 설명하고 있다.

"반역하고 있다"는 히필(사역형) 분사형으로 계속적인 행위를 의미한다. 이스라엘은 반복해서 아도나이께 반항하고 있는 것이다. 70인경은 이 의미를 잘 살려서 "너희는 불순종하기를 계속했다"로 번역한다. 이스라엘은 하나님을 믿지 않았기 때문에 계속 하나님께 불순종한 것이다. 이스라엘의 반역의 역사는 민수기에 잘 나온다.

8 그리고 호렙에서 너희는 아도나이를 화나게 했다,
그리고 아도나이께서 너희에게 노하셨다, 너희를 멸망시키기 위하여.

“호렙에서”는 이스라엘이 아도나이께 반역했던 구체적인 장소를 설명한다. 광야에서 이스라엘이 아도나이를 화나게 했던 일을 기억하라고 말한 모세는 이제 더 상세하게 호렙 산에서 일어났던 일을 언급한다.

“화나게 했다”는 이스라엘이 아도나이를 자극했던 행위를 설명한다. 7절의 “화나게 했던”과 같은 단어이다. 주어가 7절에서는 2인칭 단수 “너”이었던 반면에 8절에서는 2인칭 복수 “너희”이다.

“그리고”는 ‘그러므로’ 또는 ‘그래서’의 의미로서 상반절과 하반절의 논리적인 연결을 보여준다. 이스라엘이 아도나이를 화나게 했다. ‘그래서 아도나이께서 너희에게 노하셨다’는 뜻이다.

“노하셨다”는 이스라엘의 행위에 대한 아도나이의 감정적인 반응이다. 호렙 산에서 이스라엘이 아도나이의 화를 자극했기 때문에 “아도나이께서 너희에게 노하셨다.”

“너희를 멸망시키기 위하여”는 아도나이께서 진노하신 목적을 설명한다. 이스라엘 반역 행위는 아도나이의 화를 자극했고 그 진노는 이스라엘을 진멸시키기에 충분했다. 아도나이께서 이스라엘 대하여 얼마나 화가 나셨는지를 보여준다.

9 내가 그 산에 그 돌들의 판들을 취하기 위해 올라갔을 때,
아도나이께서 너희와 함께 맺었던 그 언약의 판들을,
그리고 내가 그 산에 사십 낮과 사십 밤을 머물렀다,
내가 빵을 먹지 않았고 물을 마시지 않았다.

“그 산에”는 8절의 “호렙”을 의미한다. 호렙은 시내 산의 다른 이름으로 모세가 아도나이께 십계명의 두 돌 판을 받았던 산을 말한다.

모세가 호렙 산에 올라간 목적은 “언약의 판들을 취하기 위해”이다. “그 돌들의 판들”은 “그 언약의 판들”로 동격이다. “내가 그 산에 올라갔을 때, 취하기 위하여 그 돌들의 판들을, 그 언약의 판들을”이다. 모

세는 아도나이께 언약의 돌 판을 받기 위하여 호렙 산에 올라갔다. "그 돌들의 판들"은 대마소라(Mm)에 따르면 4번 나온다(신 9:9, 10, 11, 왕상 8:9). ("돌 판들"에 대한 설명은 4:13절의 주해를 참고. "언약"에 대해서는 신명기 I. 서론 '6. 언약의 갱신'을 참고).

"아도나이께서 너희와 함께 맺었던 그 언약의 판들"에서 "아도나이"와 "너희" 즉 이스라엘은 언약의 두 당사자들이다. 하나님은 호렙 산에서 이스라엘과 언약을 맺으셨다. 이 언약을 통해서 아도나이는 이스라엘의 하나님이 되고 이스라엘은 하나님의 백성이 된 것이다. 이 사건은 출애굽기 24장에 자세히 기록되어 있다. 모세는 언약의 파트너인 이스라엘을 대표하여 돌 판을 받기 위해 호렙 산에 임재하신 하나님께 올라갔다. 그 산에는 하나님의 임재를 나타내는 구름과 불이 있었다(출 24:17-18).

모세는 호렙 산에서 사십 주야를 머물렀다. 출애굽기의 설명에 따르면 모세는 호렙 산에서 십계명이 쓰여 있는 두 돌 판과 하나님이 거주하실 성막을 만드는 법을 하나님께로 받았다(출 25-31장). 성막을 만드는 법을 받느라고 사십일을 호렙 산에서 머물렀다. 모세는 하나님께로부터 성막에 관한 법규를 받을 때 빵을 먹지 않았고 물도 마시지 않았다.

10 그리고 아도나이께서 나에게 하나님의 손가락[1]으로 쓰신 그 두 돌들의 판들을 주셨다,
그리고 그것들 위에 아도나이께서 너희에게[2] 말씀하셨던 그 모든 말씀들과 같이,[3]
그 산에서[4] 그 불 가운데서[5] 그 집회의 날에.[6]

본문 비교

1) 탈굼 네오피티는 "능력의 손가락"으로 번역했다.

2) 마소라 사본의 "너희에게"(עמכם)를 사마리아 오경은 "너희에

게"(אליכם)로 읽는다. 전치사가 다르다.

3) 한 히브리어 사본, 70인경, 시리아 역 그리고 벌게이트는 "같이"(כ)를 생략한다. 70인경을 번역해 보면 "그리고 그것들 위에 주님께서 너희에게 그 산에서(집회의 날에 - 참고. 본문 비교 6) 말씀하셨던 모든 말씀들이 기록되었다"이다. 전치사 "같이"를 생략했기 때문에 이런 번역이 가능하다. 특히 "기록되었다"는 수동태 동사로서 마소라 사본에 없는 단어이다.

4) 일부 70인경 사본은 "그 산에서"를 생략한다.

5) 70인경은 "불 가운데서"를 생략한다(위의 3)의 70인경 번역을 보라).

6) 70인경의 랄프 편집은 "불 가운데서"를 생략하고 "그 산에서 집회의 날에"인데 반하여 베버 편집은 "그 산에서"이다.

"그 두 돌 판들"은 하나님께서 직접 쓰신 것이다. 십계명의 독특한 점은 바로 하나님께서 직접 나타나셔서 직접 말씀하셨으며 직접 십계명을 써 주셨다는 사실이다.

"쓰신"은 돌에 '새겨진'을 의미한다. 하나님은 그의 손가락으로 직접 돌 판들 위에 십계명을 새겨주셨다.

"그것들 위에"는 '두 돌 판들 위에'를 의미한다. 주동사가 없기 때문에 동사 '~이다'be를 넣어서 히브리어 어순을 따라 "그리고 그것들 위에 그 모든 말씀들과 같이 (있었다)"로 번역할 수 있다. 여기서 "그 모든 말씀들과 같이"(ככל הדברים)는 '그 모든 말씀들과 일치하여' 또는 '그 모든 말씀들에 따라서'의 뜻이다. 즉 하나님께서 직접 말씀하신 그 모든 말씀들과 같은 말씀들이 두 돌 판에 기록되어 있었다. 모세가 하나님께 받은 두 돌 판에는 호렙 산에서 아도나이께서 이스라엘과 언약을 맺었던 날에 선포하셨던 그 말씀이 정확하게 기록되어 있었다.

"그 모든 말씀들과 같이" 다음에 관계 대명사(אשר)가 나와서 그 모든 말씀들이 누가 누구에게 언제 어디서 어떻게 말해진 것인지를 설명하고 있다.

누가 누구에게: "아도나이께서 너희에게 말씀하셨던 그 모든 말씀들과 같이,"

어디서 어떻게 언제: "그 산에서 불 가운데서 그 집회의 날에."

"불 가운데서"는 4:12의 주해를 참고하시오.

11 그리고 이것이 사십 낮과 사십 밤의 끝에 일어났다,
아도나이께서 나에게 그 두 돌들의 판들[1]을, 그 언약의 판들을 주셨다.

본문 비교

1) 사마리아 오경은 "돌들의 판들"을 생략한다.

"이것이 일어났다"는 '이것이 발생했다,' '이것이 있었다'로 아도나이께서 모세에게 언약의 두 돌 판을 주신 일이 있었던 것을 의미한다.

"사십 낮과 사십 밤"이 다시 나와서 강조하고 있다. 모세가 호렙 산에 올라가서 머무른 날은 40일이었다. 40일이 끝났을 때 하나님께서 모세에게 언약의 두 돌 판을 주셨다.

"그 언약의 판들"은 십계명이 기록되어 있는 돌 판을 의미한다. 9절에서와 같이 십계명을 언약이라고 부르고 있다. "언약의 판들"이라는 표현은 신명기 9:9, 11, 15절에 발견되고 "증거의 판들"은 출애굽기 31:18; 32:15에 나온다. 이 판들의 재료는 돌이다(탈굼 프쉬도 요나단은 '대리석'이라고 설명한다). 하나님이 친히 율법과 명령을 그 돌 판위에 써 주셨다. 이 말씀들은 "율법"으로(출 24:12), "언약의 말씀"으로 그리고 "십계명"으로 불린다(출 34:28).

12 그리고 아도나이께서 나에게[1] 말씀하셨다, 일어나라, 속히 내려가라 여기에서,

왜냐하면 네가[2] 이집트에서[3] 데리고 나왔던 너의 백성이 부패했기[4] 때문이다.
그들이 내가 그들에게 명령했던 그 길로부터 속히 떠났다.
그들이 그들을 위해 녹여 만든 상[5]을 만들었다.

본문 비교

1) 탈굼 네오피티는 "모세에게"를 첨가했다.
2) 탈굼 옹켈로스와 프쉬도 요나단은 "내가 데리고 나왔던"으로 읽는다.
3) 70인경은 "이집트의 땅에서"이다.
4) 70인경은 "부패했다"(שׁחת)를 '법 없이 행동했다'(ἠνόμησεν)로 번역했다. 아퀼라와 테오도치온은 히브리어와 같이 '부패했다'(διέφθειρεν)로 읽는다.
5) 두 개의 히브리어 사본들과 사마리아 오경은 "송아지 상"으로 읽는다.

아도나이께서 모세에게 말씀하신 내용이다. '그리고'가 없는 두 개의 명령형 "일어나라, 내려가라"가 아도나이 명령의 생동감을 표현한다. 모세는 두 돌 판을 받기 위하여 이미 호렙 산 정상에 올라와 있었다(9). 모세는 지금 산 아래에서 일어난 일을 모른다. 그는 아도나이의 말씀을 통해서 산 아래에서 발생한 일을 알게 된다.

"여기에서"는 호렙 산 정상을 의미한다. 하나님은 모세에게 그 산 위에서 빨리 내려가라고 재촉하신다.

"왜냐하면"은 하나님이 모세에게 빨리 내려가라고 명령하신 이유를 설명한다. 개역 개정은 접속사 "왜냐하면"(כי)을 생략하여 번역했다.

하나님은 이스라엘을 "네가 이집트에서 데리고 나왔던 너의 백성"이라고 하신다. 모세는 이스라엘의 지도자로서 이스라엘을 이집트에서 데리고 나왔다. “데리고 나왔던”(הוצאת)은 ‘나오다’(יצא)의 히필형(사역 능동)으로 모세가 이스라엘을 이집트에서 ‘데리고 나온’ 행위를 뜻한다. 동사 ‘나오다’(יצא)는 이스라엘이 이집트에서 탈출해 나온 사건을 나타낼 때 자주 사용되었다(출 32:11; 신 9:26, 29). 이스라엘이 이집트에서 구원받은 사건을 말하는 동사들 가운데 하나이다.

동사 “데리고 나왔던”(הוצאת)의 사용이 흥미롭다. 하나님은 이 구절에서 모세에게 “네가 이집트에서 데리고 나왔던 너의 백성”이라고 부른다. 탈굼 프쉬도 요나단은 “너의 이름으로 일컬음을 받은 그 백성”이라고 설명하고 있다. 하지만 26절과 29절에서 모세는 하나님께 “당신이 이집트에서 강한 손으로 데리고 나왔”다고 말하며 “당신의 백성”이라고 말한다. 하나님과 모세는 서로 상대에게 이스라엘을 데리고 나왔다고 말하며 서로 “너의 백성” 그리고 “당신의 백성”이라고 부르는 것이 인상적이다.

이스라엘이 “부패했기”는 ‘타락하다,’ ‘썩다,’ ‘망하다’는 뜻이다. 하나님은 이스라엘이 우상을 만든 것을 부패했다고 말한다(신 4:16). 우상을 만드는 행위는 영혼이 타락한 것이며 사람의 정신이 부패한 것이다. 역사 속에서 살아계셔서 이스라엘을 이집트에서 구원해 주신 하나님을 생각하지 않았기 때문이다. 살아계신 능력의 하나님을 잊어버리고 생각도 없고 말도 하지 못하고 구원할 능력도 없는 금이나 돌 또는 나무와 같은 물질로 형상을 만들어 신으로 섬기기 때문이다.

“명령했던 그 길”은 우상을 만들지 말고 숭배하지 말라는 말씀이다. 하나님은 호렙 산에서 직접 임재 하셔서 이스라엘에게 우상을 숭배하지 말 것을 명령하셨지만(신 4:16-18; 5:7-9) 이스라엘은 처음부터 하나님의 명령에 불순종했다. 이스라엘은 하나님과 우상을 섬기지 않기로 언약을 맺었다. 하지만 그들은 그 언약을 잊어버리고 하나님의 명령으로부터 “속히 떠났다.” “속히”라는 표현이 강조되었다. 이스라엘이 타락해서 하나님이 말씀하신 그 길에서 빨리 돌아선 것이다.

"그들이 그들을 위해 녹여 만든 상을 만들었다." 이것은 이스라엘이 금송아지를 만든 것을 뜻한다(21절). 모세가 호렙 산에 올라가서 40일을 머물며 하나님으로부터 율법을 받았다. 특별히 모세는 하나님께서 이스라엘 가운데 거하실 성막에 관한 규례를 받고 있었다. 하지만 모세가 호렙 산에서 내려오는 것이 늦어지자 이스라엘 백성이 아론에게 찾아와 "우리를 위하여 우리를 인도할 신을 만들라"고 요청했다(출 32:1). 아론이 이스라엘 백성에게 금 귀걸이를 가져오라고 해서 그 금을 녹여 송아지를 만들었다(출 32:2-8). 이렇게 금송아지를 만든 것은 이스라엘 백성이 "우리를 위하여" 만들라고 한 요청에 따라 만들어졌다. 아론이 송아지를 만든 후에 이스라엘은 "이는 너희를 애굽 땅에서 인도하여 낸 너희의 신"(출 32:4)으로 선포한다. 그리고 아론은 "내일은 여호와의 절일"(출 32:5)이라고 말한다. 이스라엘은 그들을 인도할 신이 필요했다. 이 말들을 생각해 보면, 아론과 이스라엘은 아도나이를 송아지 형상으로 생각했다는 것을 알 수 있다. 그렇다면 여기서 질문이 생긴다. 아론과 이스라엘은 왜 아도나이를 송아지 형상으로 만들었느냐 하는 것이다.

이 질문은 우선 이스라엘이 이집트에서 살았다는 것을 고려해야 한다. 송아지는 이집트에서 잘 알려진 우상 숭배였기 때문이다. 이집트에서 소 아피스(Apis)는 강함과 다산 그리고 풍부의 상징이었다. 고대 근동에서도 소 숭배가 만연하였다. 두 번째는 아도나이께 드리는 번제물로 소가 사용되었다는 것이다(출 24:5, 29:3). 세 번째는 성전 기구인 놋바다를 받치고 있는 짐승은 소이었다(왕상 7:25). 마지막으로 에스겔이 본 아도나이의 영광의 형상을 생각해 볼 수 있다(겔 1장). 아도나이의 보좌를 떠받치고 있는 네 생물 가운데 하나가 소 형상이었다(겔 1:10). 이스라엘이 이집트에서 오랫동안 생활했다는 역사를 생각하면 이스라엘이 이집트의 소 숭배의 영향을 받았다고 추측할 수 있을 것이다. 하지만 소가 에스겔이 본 네 생물가운데 하나였다는 점도 흥미롭다. 이런 저런 추측이 가능하지만 출애굽기나 신명기 본문은 아론이 왜 아도나이를 소의 형상으로 만들었는지에 대한 구체적인 설명은 없다는 사실이다. 학자들의 추측은 가능성이 있는 제안일 뿐이다. 본문은 이 점에 대해서 침묵하고 있다. 중요한 사실은 소 형상을 만듦으로 이스라엘이 아도나이의 명령을 어겼다는 것이다. 이스라엘이 시내 산에서 하늘에서 말씀하시는 아도나이의 음성을 들었고 불을 보았다. 하나님은 이런 체험을 한 이스라엘에게 형상을 만들지 말라고 명령하셨다(출 20:22-23). 그런데 이스라엘은 이 명령을 어기고 송아지를 만들어 범죄한 것이다.

이스라엘은 시내 산에 임재하신 하나님을 직접 목격하였다. 하나님은 불과 구름가운데 임하셔서 불 가운데서 말씀하셨다. 이스라엘의 지도자인 아론과 장로 70인은 하나님을 보면서 먹고 마셨다(출 24:9-11,17). 이스라엘은 직접 하나님의 임재를 체험해 놓고도 40일을 기다리지 못하고 우상을 만들었다.

우상은 그것을 만들려고 하는 사람을 위하여 만드는 것이다. 그래서 십계명에서 "너는 너를 위해 새긴 우상"을 만들지 말 것을 명령하고 있다(신 5:8). 하나님은 이 구절에서도 "그들이 그들을 위해" 우상을 만들었다고 지적하고 있다.

우상은 만드는 사람 자신이 원하는 것 즉, 바람을 형상으로 표현한 것이다. 자신이 원하는 것을 형상화 시켜 놓고 그 앞에서 원하는 것을 빌고 있다. 이스라엘은 그들의 지도자가 늦게 내려오자 불안해했다. 그들을 "인도할" 자가 없어졌기 때문이다. 그래서 이스라엘은 그들을 위해 인도할 신을 만들라고 아론에게 요청한 것이다.

이 땅위에 있는 우상들은 모두 그 만든 사람을 위해 존재한다. 사람들은 마음속에 소원이 있다. 사업이 잘 되었으면 좋겠고 건강했으면 좋겠다. 자녀들이 모두 성공했으면 좋겠다. 이런 소원들이 성취되기를 빌 대상을 만드는 것이다. 그래서 우상을 만들고 우상을 숭배한다. 결국 우상은 사람 마음에 있는 욕심을 형상화한 것이다. 이러한 우상 숭배 행위는 신을 만들어 자기 마음대로 조종하려는 인간의 욕망을 드러낸다. 결국 우상 숭배는 자기중심적인 행위로서 "자기를 위하여" 우상을 만드는 것이다.

13 그리고 아도나이께서 나에게 말했다,[1] 말하기를,

내가 이 백성을 보았다,[2] 그리고 보라, 이는 목이 뻣뻣한 백성이다.

본문 비교

1) 70인경은 여기에 "내가 너에게 몇 번이고 말했다"(λελάληκα πρὸς σὲ ἅπαξ καὶ δὶς)를 덧붙였다. 시리아역은 "말하기를"을 생략한다.
2) 아람어 성경들은 하나 같이 "내가 보았다"라는 표현을 사용하지 않는다. 탈굼 옹켈로스는 "이것이 내 앞에서 드러났다," 탈굼 네오피티는 "이 백성의 완악함이 내 앞에서 명백해졌다," 그리고 탈굼 프쉬도 요나단은 "이 백성의 어리석은 행동들이 내 앞에서 드러났다"로 해석한다.

아도나이의 말씀이 12절에 이어 다시 나온다. 이 말씀은 이스라엘 백성이 금송아지를 만든 행위에 대한 아도나이의 논평이다.

"내가 보았다"와 "보라"라는 단어가 인상적이다. 하나님은 이스라엘의 행위를 다 보고 계셨다(참고. 시 139:1-4). 하나님은 이스라엘이 왜, 누가, 어떻게 금송아지를 만들었는지 그 과정을 다 지켜보고 계셨다.

하나님은 이 땅의 일들에 관심이 있어서 다 보고 듣고 계신다. 하나님은 모세를 부르실 때, 모세에게 나타나셔서 이스라엘의 고통을 다 보고 계셨고 그들을 구원할 계획을 갖고 계신다고 말씀하셨다. "여호와께서 이르시되 내가 애굽에 있는 내 백성의 고통을 분명히 보고 그들이 그들의 감독자로 말미암아 부르짖음을 듣고 그 근심을 알고"(출 3:7).

또한 역대기 기자는 하나님은 이스라엘뿐만 아니라 온 땅을 보고 계신다고 말하고 있다. "여호와의 눈은 온 땅을 두루 감찰하사 전심으로 자기에게 향하는 자들을 위하여 능력을 베푸시나니"(대하 16:9).

"목이 뻣뻣한 백성"(6절 참고)은 하나님이 이스라엘 백성이 금송아지를 만든 것을 보고 평가한 말씀이다(참고. 출 33:3, 5). 하나님의 백성으로 선택된 이스라엘은 처음부터 불순종하는 백성이었다. 이스라엘이 하나님의 백성이 된 데에는 자랑할 것이 없다. 하나님은 그들의 뛰어난 윤리적, 도덕적인 덕을 보고 선택한 것이 아니었다(참고. 신 7:6-11). 모세는 계속 이스라엘이 가나안 땅을 점령하는 것은 그들의 의 때문이 아니라고 강조했다(신 9:4-6). 그들은 처음부터 의로운 백성이 아니라 목이 곧은 백성이었다. 이스라엘의 의는 하나님이 주신 계명을 지킬 때, 순종할 때 나오는 것이다(신 6:25).

14 나를 홀로 내버려 두라,[1] 그리고 내가 그들을 전멸시키겠다,[2]
그리고 내가 그들의 이름을 하늘 아래에서 없애겠다,
그리고 내가 너를 그 보다 더 많고 강한 민족[3]으로 만들겠다.

본문 비교

1) 아람어 성경들은 "나를 홀로 버려두라"를 모세에게 기도를 그만두라고 명령한 것으로 해석한다. 탈굼 프쉬도 요나단은 "나에게 너의 기도를 멈추라," 탈굼 네오피티는 "내 앞에서 그들을 위해 자비를 구하는 것을 삼가라" 그리고 탈굼 옹켈로스는 "내 앞에서 너의 간구를 멈추라"로 해석한다.
2) "나를 홀로 내버려 두라 그리고 내가 그들을 전멸 시키겠다"를 70인경은 접속사 '그리고'를 생략하고 히브리어 히필 미완료 동사 '내가 전멸 시키겠다'를 부정사로 "그들을 멸망시키도록 나를 허락하라"(*ἔασόν με ἐξολεθρεῦσαι αὐτούς*)로 번역했다.

3) 70인경은 "크고 강하고 많은 민족"으로 읽는다.

이스라엘이 금송아지를 만든 행위에 대한 하나님의 심판 의지가 표현되었다. "나를 홀로 내버려 두라"는 히필(사역 능동) 명령형이다. '나로부터 떠나라,' '나를 버려두라'는 뜻이다. 즉 '나를 말리지 말라'는 의미이다. 개역 개정은 "나를 막지 말라"로 번역한다(신 9:14). 출애굽기 32:10에서는 여기서 사용한 동사와 다르지만 그 의미는 같다. "그리고 이제 홀로 두라" 즉 방해하지 말고 혼자 있게 하라는 것이다. 개역 개정은 "그런즉 내가 하는 대로 두라"로 의역했다(출 32:10).

모세가 어떻게 하나님을 말렸는지는 18-20절에 잘 나타난다. 모세는 이스라엘을 위한 40일 금식 기도를 통하여 하나님 심판을 말리고 있었다. 그래서 아람어 성경들은 모두 기도를 그만두라고 번역하고 있다.

하나님께서 왜 모세에게 말리지 말라고 하시는지 다음 구절들에서 점진적으로 설명한다. 금송아지를 만든 이스라엘에 대한 하나님의 심판 의지는 "그리고 내가 그들을 전멸시키겠다,"에서 나타난다. 다음 구절은 하나님의 심판 의지를 더 구체적으로 밝힌다. "내가 그들의 이름을 하늘 아래에서 없애겠다." 더 나아가 이스라엘 백성을 진멸한 후에 하나님이 하나의 대안을 제시하신다. 이스라엘 백성 대신에 모세를 통하여 더 숫자가 많고 강한 민족을 만들겠다고 하신다. 하나님의 명령에 불순종하는 이스라엘 백성을 심판하시고 순종하는 모세를 통해 새로운 백성을 만들 계획을 갖고 계신다.

이스라엘이 가데스 바네아에서 가나안 땅을 점령하라는 하나님의 명령에 불순종하고 반역했을 때에도 하나님은 이스라엘을 쳐서 멸하고 모세를 더 크고 강한 나라로 만들려고 하셨다. 그러나 그때에도 모세의 기도를 들으시고 이스라엘을 용서하셨다(민 14:11-20).

15 그리고 내가 돌아섰고 그 산에서 내려왔다, 그리고 그 산은 불에 타고 있었다,

그리고 그 언약의 두 판들은[1] 나의 두 손위에 있었다.

본문 비교

1) 70인경은 "언약의"를 생략한다. 하지만 대다수 70인경 사본들(A F M V)은 "증거의"(τῶν μαρτυρίων, 참고. 출 31:18; 32:15)가 있다. 아퀼라는 "언약의"(τῆς συνθήκης)를 갖고 있다. 오리겐의 헥사플라(Hexapla)는 "언약의"(τῆς διαθήκης)를 넣어 마소라 사본과 같게 하였다.

하나님은 모세에게 "일어나라, 속히 내려가라"고 명령하셨다(12절). 이제 모세는 그 명령에 따라 호렙 산을 내려온다. 모세가 산에서 내려올 때 "그 산은 불에 타고 있었다." "불에 타고 있었다"는 칼 분사형으로 모세가 내려오는 동안에도 계속 산이 불에 타고 있었다. 하나님이 호렙 산에 계속 임재 해 계셨다는 것을 보여주고 있다. 다른 한 편으로 불은 하나님께서 이스라엘에 대하여 진노하고 계심을 보여준다(14절). 하나님은 가나안 땅을 점령하기 위하여 "맹렬한 불"과 같이 진격하실 것을 말씀하셨다(3절). 그러나 그 "맹렬한 불"이 지금 우상을 만들어 숭배한 이스라엘을 향하여 타고 있는 것이다.

모세가 산에서 내려올 때 모세의 손에는 하나님과 이스라엘이 맺은 언약이 쓰여 있는 "언약의 두 판들"이 있었다. 하지만 산 아래의 이스라엘은 금송아지를 만들어 언약을 깨뜨렸으며 십계명의 1-2 계명을 어겼다.

하나님은 호렙 산에 계속 임재 해 계시고 모세의 손에는 이스라엘과 맺은 언약의 십계명이 기록되어 있는 두 돌 판이 있었다. 그럼에도 불구하고 이스라엘은 모세가 산에서 내려오는 동안을 기다리지 못하고 금송아지를 만들었다. 모세가 40일 동안 호렙 산에 있었다는 것을 생각해 보면 이스라엘의 인내심은 그렇게 길지 못했다. 이스라엘 백성은 모세가 산위에 올라갈 때 불이 있음을 보았다(출 24:17). 그리고 이스라엘의 지도자들은 하나님과 언약을 맺었을 때 하나님을 보면서 언약의 식사를 했었다(출 24:11). 이스라엘은 직접 하나님의 영광을 보았음에도 불구하고 모세가 산에서 내려오는 40일을 기다리지 못하고 우상을 만들어 범죄 했다. 눈으로 본 것도 금방 잊어버리는 인간의 나약함을 적나라하게 보여준다.

하나님을 믿는 자는 하나님을 기다려야 한다. 기다림은 힘들고 어렵지만 기다림은 믿음의 한 부분이다. 하나님께 기도하는 자는 하나님을 기대하고 기다려야 한다. 조급함을 버려야 한다. 이스라엘이 인내하지 못하고 금송아지를 만든 그 순간에도 하나님은 시내 산에서 불로 임재해 계셨고 이스라엘을 다 보고 계셨다.

16 그리고 내가 보았다, 그리고 보라[1] 너희가 너희 하나님 아도나이께 범죄하였다,
너희가 너희를 위하여 녹여 만든 송아지[2] 상을 만들었다,
너희가 아도나이께서 너희에게 명령하셨던 그 길로부터 속히[3] 떠났다.

본문 비교

1) 70인경은 히브리어의 "그리고 내가 보았다 그리고 보라"를 "내가 보았다"(καὶ ἰδὼν ὅτι)로 읽는다. 따라서 분사로 ὅτι 절을 갖고 있다. 시리아 역과 벌게이트 역시 "내가 보았다"로 읽는다.
2) 70인경은 "송아지"를 생략한다. 하지만 일부 70인경 사본들(A F M V)는 "송아지"(μοσχον)을 덧붙인다.
3) 일부 사마리아 오경의 사본들과 70인경은 "속히"를 생략한다. 오리겐의 헥사플라Hexapla는 "속히"(ταχύ)를 표기하고 있다.

"그리고 내가 보았다 그리고 보라"는 모세가 산 아래로 내려와서 이스라엘 백성들이 만든 금송아지를 본 것을 말한다. 개역 개정은 "보라"

를 생략하여 "내가 본즉 너희가 너희의 하나님 여호와께 범죄하여"로 번역했다.

이 구절은 13절과 유사하다. 13절에서는 하나님이 이스라엘 백성의 행동을 본 것을 말하는 반면 16절에서는 모세가 이스라엘의 금송아지를 본 것을 말한다.

> 내가 이 백성을 보았다, 그리고 보라, 이는 목이 뻣뻣한 백성이다(13).
>
> 내가 보았다, 그리고 보라 너희가 너희 하나님 아도나이께 범죄하였다(16).

"그리고 보라"는 독자들의 시선을 금송아지를 만든 이스라엘의 행동으로 이끈다. 이스라엘의 행위를 주목해서 보라는 것이다. 이스라엘 백성의 행동은 죄로 규정된다. "너희가 너희 하나님 아도나이께 범죄하였다." 여기서 "범죄하였다"(חטא)는 '목표를 맞추지 못하다,' '옳은 길로 또는 의무를 행하지 않다'를 말한다. 여기서는 아도나이께 대한 행동이 잘못된 것을 말한다. 아람어 탈굼 프쉬도 요나단은 "너희가 어리석게 행동했다"라고 설명한다.

이스라엘이 범죄한 행동은 "너희가 녹여 만든 송아지 상을 만들었다"로 나타난다. 이것은 12절의 "그들이 그들을 위해 녹여 만든 상"이 무엇인지를 더 구체적으로 설명하고 있다. 이스라엘이 만든 우상은 송아지 형상이었다. 이것은 십계명의 1-2계명을 어긴 것이다.

그래서 다음 구절에서 "너희가 아도나이께서 너희에게 명령하셨던 그 길로부터 속히 떠났다"라고 설명한다. 이스라엘의 범죄는 하나님이 명령한 그 길로부터 떠난 것이다. "명령하셨던 그 길"은 당연히 십계명을 의미한다. 하나님이 1-2계명에서 어떤 형상도 만들지 말고 우상을 숭배하지 말라고 하셨는데 이스라엘은 금송아지를 만들어서 하나님의 명령에 반역한 것이다.

"속히"라는 단어의 반복적인 사용에 주목하라(12절). 이스라엘은 모세가 호렙 산에 있는 40일 동안을 참지 못했다. 하나님의 영광을 직접 보았음에도 불구하고 40일을 기다리지 못하고 금송아지를 만들었다. 하나님과 시내 산에서 언약을 맺은 지 40일 만에 금송아지를 만들어 그 언약을 깨뜨려 버리고 말았다. 이스라엘 백성은 인내심이 없을 뿐만 아니라 조급했다.

> [17] 그리고 내가 그 두 판들을 붙잡았다,
> 그리고 내가 그것들을 나의 두 손에서 던졌다,
> 그리고 내가 그것들을 너희 눈앞에서 깨뜨렸다.[1)]

본문 비교

1) 아람어 탈굼 프쉬도 요나단은 이 구절 끝에 다음과 같은 흥미로운 해설을 덧붙인다. "너희가 보는 동안에, 그 돌 판들이 깨졌을 때 그 문자들은 날아갔다." 돌 판 위에 기록되어 있던 십계명의 문자들이 날아갔다고 설명한 것이다.

이스라엘 백성이 금송아지를 만든 것을 본 모세의 반응이다. 모세의 행동이 점진적으로 구체적인 행위로 나아간다: "붙잡았다," "던졌다," "깨뜨렸다." 모세는 하나님과 맺은 언약의 계명들이 기록되어 있는 두 개의 돌 판을 들고 내려왔다. 두 돌 판은 어떻게 생겼는지 자세한 기록이 없지만 크기는 짐작할 수 있다. 모세가 두 손으로 들고 내려온 것을 보면 아마도 성인 남성이 들고 다닐 수 있는 사이즈였을 것이다. 그래서 모세는 두 돌 판을 던져서 깨뜨릴 수 있었다.

돌 판을 깨뜨렸다는 것은 언약이 깨졌다는 것을 의미한다. 십계명을 분석해 보면 1계명과 2계명은 사실 우상 숭배 금지에 대한 내용이다. 따라서 이 두 계명을 같은 계명으로 묶을 수 있을 것이다. 그렇다면 십계명에서 가장 많은 지면을 차지하는 계명은 우상 숭배 금지 계명과 안식일 계명이다. 십계명에서 가장 강조하는 계명들이다(더 자세한 내용은 5장 참고).

특히 1-2계명이 가장 중요하다. 이스라엘의 하나님 아도나이 외에는 다른 신을 섬기지 말라는 것이다. 이스라엘이 아도나이와 언약을 맺었을 때, 이스라엘은 하나님의 백성이 되며 아도나이는 이스라엘의 하나님 아도나이가 되는 것이다. 이스라엘은 하나님과 언약을 맺은 하나님의 백성으로서 하나님만을 사랑하며 섬겨야 한다. 그런데 지금 이스라엘은 금송아지를 만들어 언약을 깨뜨렸다. 하나님과의 관계에 위기가 찾아왔다. 하나님 백성으로서의 신분이 위협을 받고 있다. 그래서 모세가 언약의 두 돌 판을 던져서 깨뜨린 것이다. 모세는 하나님과 이스라엘 사이에 언약이 깨졌다는 것을 인식했다. 하나님께서 언약이 깨졌다는 것을 아시고 이스라엘을 진멸하고 모세를 통하여 새로운 백성을 만들 것이라고 말씀하지 않았는가!(14절).

이스라엘이 금송아지를 만듦으로 언약은 깨졌다. 아도나이와 이스라엘 사이에 맺은 시내 산 언약은 이스라엘이 언약을 파기함으로 처음부터 오래가지 못했다.

18 그리고 내가 아도나이 앞에 엎드렸다,[1)] 처음과 같이,[2)] 사십 낮과 사십 밤을,
내가 빵을 먹지 않았다 그리고 내가 물을 마시지 않았다,
너희가 범죄 했던 너희의 모든 죄[3)] 때문에,
아도나이[4)]의 눈에 악[5)]을 행함으로, 그를 노엽게 하여.

본문 비교

1) 70인경은 히브리어의 "내가 엎드렸다"를 "내가 간구했다"(ἐδεήθην)로 기도한 것으로 더 구체적으로 해석한다(시리아역과 탈굼 프쉬도 요나단 역시).

2) 70인경은 히브리어의 "처음과 같이"를 "처음과 같이 다

시"(δεύτερον καθάπερ καὶ τὸ πρότερον)로 더 정확하게 표현한다.

3) 일부 히브리어 사본들(V$^{\text{ken 18, 69, 107, 170, 196}}$), 사마리아 오경, 70인경, 벌게이트, 시리아 역 그리고 탈굼 역들은 "죄들"로 복수이다.

4) 일부 히브리어 사본은 "너의 하나님"(אלהיך)을 덧붙인다. 70인경은 "너희의 하나님"(τοῦ θεοῦ ὑμῶν)으로 읽는다(L은 ἡμῶν, B는 τοῦ θεοῦ).

5) 탈굼 네오피티는 이 "악"을 "몹시 싫고 혐오스러운 것"으로 해석한다.

17절은 모세가 이스라엘 백성에게 행한 태도이며 18절은 모세가 하나님을 향하여 취한 태도를 말한다.

"그리고 내가 아도나이 앞에 엎드렸다"(ואתנפל)는 히트파엘(재귀형)로 '내가 아도나이 앞에 나 자신을 던졌다'는 뜻이다. 이 단어는 이 장에서 세 번 나온다(18, 25절에 두 번). 모세가 왜 엎드려 있었는지는 다음 구절들에서 명확해진다. 모세는 이스라엘이 금송아지를 만든 행위 때문에 하나님 앞에서 40일 동안 금식을 한다. 그래서 70인경은 모세가 기도한 것으로 해석한다. 모세는 빵을 먹지도 않았고 물도 마시지 않았다. 처음 40일을 빵을 먹지 않고 물도 마시지 않은 것은 언약의 두 돌 판을 받기 위해서였다(9절). 하지만 두 번째 40일 금식은 이스라엘의 범죄 때문이었다. 70인경은 두 번째라고 명확하게 말한다.

"너희의 모든 죄 때문에"(על כל חטאתכם)에서 유대인 번역(TNK)은 "모든"(כל)를 '큰 잘못 때문에'because of the great wrong로 번역한다(Weinfeld 역시 이 번역을 취한다). 여기서 "모든 죄"는 당연히 이스라엘이 만든 금송아지를 의미한다. 이 죄는 하나님 앞에서 큰 죄, 큰 과오, 큰 잘못임이 분명한다.

"아도나이의 눈에"(בעיני יהוה)는 전치사 '베'(ב)를 강조하여 번역하면 '아도나이의 눈들 안에'이다. 이 표현은 하나님이 이스라엘의 범죄를 보시고 하신 말씀 "내가 이 백성을 보았다, 그리고 보라, 이는 목이 뻣뻣한 백성이다"(13절)을 생각나게 한다. 아도나이는 호렙 산 정상에서 모세와 이야기를 나누는 중에도 이스라엘이 금송아지를 만든 행동 하나, 하나를 다 보고 계셨다.

"아도나이의 눈"은 구약 성경에서 자주 발견되는 표현이다(창 38:7; 레 10:19; 민 32:13; 신 4:25; 9:18; 12:25, 28; 17:2; 21:9; 31:29). 사사기에서 "이스라엘 자손이 여호와의 목전에 악을" 행했다는 표현은 반복되어 나타난다(2:11; 3:7,12; 4:1; 6:1; 10:6; 13:1). 여기서 "여호와의 목전에"는 히브리어로 '아도나이의 눈에' 또는 '아도나이의 눈 안에'이다. 이스라엘이 '악을 행했다'는 것은 우상 숭배를 의미한다. 이스라엘이 바알 숭배에 빠져 반복해서 아도나이를 격노케 하였다. 특별히 열왕기에서 '아도나이의 눈'은 왕들을 평가하는 형식으로 사용된다. 아도나이의 눈은 왕들이 좋은 행동을 하는지 악한 행동을 하는지 다 보고 계셨다. 개역 개정은 대부분 "여호와 보시기에"로 번역했다(왕상 15:11; 22:43; 왕하 12:2; 14:3; 15:3; 16:2; 18:3; 22:2). 더 자세한 설명은 다음 글을 참고하라(김영욱, "좋은 왕과 나쁜 왕에 대한 열왕기 저자의 평가 기준," 『열왕기상 어떻게 설교할 것인가』, 두란노 HOW 주석, 서울, 2008, 50-54).

"아도나이의 눈에 악을 행함으로, 그를 노엽게 하여"에서 이스라엘 백성이 악을 행한 결과는 "그를 노엽게 하여"이다. 이스라엘이 금송아지를 만든 행위는 하나님의 화를 자극하는 계기가 되었다.

"아도나이의 눈에 악을 행함으로, 그를 노엽게 하여"는 두개의 부정사 구들이다:

לַעֲשׂוֹת הָרַע בְּעֵינֵי יְהוָה לְהַכְעִיסוֹ. 여기서 לַעֲשׂוֹת는 동사 '행하다' עשׂה의 칼 부정사 연계형으로 '행함으로'의 뜻을 갖는다. לְהַכְעִיסוֹ는 동사 '화나다' כעס의 히필 부정사 연계형으로 접미사 '그를'(ו)를 가지고 있다. 두 번째 부정사 לְהַכְעִיסוֹ 앞에 접속사 '그리고'가 없다. 따라서 이 부정사를 해석하기가 쉽지 않다. 왈키와 오코너는 두 번째 부정사를

결과로 해석하여 "아도나이 눈에 악을 행함으로 그러므로 그를 화나게 했다"로 번역한다(Waltke-O, 607).

"그를 노엽게 하여"라는 표현에서 하나님은 감정이 있다는 사실을 알 수 있다. 하나님은 화를 내시며 진노하신다. 하나님은 이스라엘의 행동에 대하여 불쾌한 감정을 표현하신다. 이것을 보면 하나님은 사람의 태도와 행동에 대하여 하나님의 감정을 드러내신다는 사실을 알 수 있다. 특히 이스라엘 백성이 광야에서 하나님의 명령을 어기며 계속 불평할 때 하나님은 이스라엘에 대하여 진노하시며 그들을 심판하셨다(민 11-14장). 하나님은 인간의 말과 행동에 감정적인 반응을 나타내신다. 우리는 하나님은 인간의 말과 행동에 따라 그대로 반응하신다는 사실을 기억해야 한다.

19 왜냐하면[1] 내가 그 노염과 아도나이께서 너희를 진멸하기 위하여
너희에 대하여 화를 내셨던 그 분노 앞에서 두려워했기 때문이다.
그리고 아도나이께서 나를 들으셨다,[2] 그때에도.

본문 비교

1) 히브리어는 접속사 '키'(כִּי)로 시작하여 다음에 칼 완료형 동사 '내가 두려워했다'(כִּי יָגֹרְתִּי)가 나오는데 반하여 70인경은 접속사 '키' 대신에 '그리고'(καὶ)로 문장을 시작하여 형용사와 현재 동사로 '그리고 내가 두려워한다(καὶ ἔκφοβός εἰμι)이다.
2) 탈굼 네오피티는 "나의 기도의 소리를 들으셨다"로 해석한다.

접속사 "왜냐하면"이 18절과의 연관성을 설명한다. 모세가 아도나이 앞에서 엎드려 40일 동안 빵도 먹지 않고 물도 마시지 않고 이스라엘을 위하여 간구한 이유를 설명하는 것이다.

모세가 40일 동안 금식한 이유는 하나님의 '노염과 분노'를 두려워

했기 때문이다. 하나님의 감정적인 상태를 표현한다. 이 문장의 히브리어는 "그 분노" 뒤에 관계대명사 절이 뒤따라 나온다. 그 관계대명사 절을 빼고 번역하면 다음과 같다. "왜냐하면 내가 그 노염과 그 분노 앞에서 두려워했기 때문이다."(Waltke-O, 373). 개역 개정은 "그 노염과 그 분노"를 "심히 분노하사"로 번역했다. 하나님의 영광을 직접 본 모세는 하나님의 분노를 두려워했다(참고. 히 12:21). 하나님의 노염과 분노가 매우 심했기 때문이다. 하나님의 노염과 분노는 이스라엘을 멸망시키겠다는 하나님의 말에서 나타났었다(14절). 이것을 보면 하나님께서 우상숭배를 얼마나 싫어하시는지를 알 수 있다.

"그 분노" 뒤에 관계 대명사 절이 하나님의 분노를 자세하게 설명한다. 아도나이께서 이스라엘에게 화를 내신 것은 "너희를 진멸하기 위하여"였다. 우상 숭배의 끝이 결국 파멸이라는 것을 보여준다. 바알브올의 사건에서도 살펴보았듯이 우상을 섬긴 자들은 다 망했으나 아도나이께 붙어 있던 자들은 다 살았다(신 4:3-4). 또한 우리는 이스라엘과 유다가 가나안 땅에서 망한 이유도 우상 숭배 때문이었음을 상기해야 한다. 십계명의 우상숭배 금지 계명은 어떤 이론적이며 논리적인, 추상적이며 철학적인 명령이 아니라 이스라엘이 삶속에서 실천해야 할 명령이다.

하나님의 혹독한 분노가운데 모세는 이스라엘 백성을 위하여 40일 동안 금식하였다. 결국 하나님은 모세의 간구를 들으셨다. "그리고 아도나이께서 나를 들으셨다, 그때에도"에서 "그리고"를 '그러나'로 번역해 주면 하나님의 진노와 모세의 간구가 큰 대조를 이룬다. 하나님이 크게 진노하셨음에도 불구하고 모세의 기도를 들으셨다. 개역 개정은 "내 말을 들으셨고"로 해석한다. "그때에도"는 모세가 과거를 회고하고 있음을 보여준다.

20 그리고 아론에게 아도나이께서 심히[1] 화를 내셨다, 그를 진멸하기 위하여,

그리고 내가 아론을 위해 또한 기도했다,[2] 그때에.

본문 비교

1) 70인경의 한 사본(B)은 "아도나이께서 심히"를 생략했다.

2) 탈굼 네오피티는 "내가 기도했고 자비를 구했다"로 설명한다.

아도나이의 진노의 대상은 19절에서 이스라엘 백성이었다. 그리고 여기서는 아론이 아도나이의 진노의 대상이다. 히브리어 어순은 "그리고 아론에게"가 먼저 나와 아론을 강조하고 있다. 아도나이는 아론에게 "심히 화를 내셨다." 화를 내시는 목적은 "그를 진멸하기 위하여"이다. 아론을 죽이시려는 것이다.

하나님은 이스라엘에 대하여 화를 내시는 목적은 "너희를 진멸하기 위하여"였다(19절). 여기서는 "그를 진멸하기 위하여"였다. 즉 아론을 진멸하기 위함이었다.

이때 모세는 아론을 위하여 기도한다. 19절의 "아도나이께서 나를 들으셨다"는 더 구체적으로 "기도했다"로 나타난다. "그리고 내가 아론을 위해 또한 기도했다"에서 "그리고"를 "그러나" 번역하면 아도나이의 진노와 모세의 기도가 대조를 이룬다. 아론을 위해 기도한 것은 아론을 위해 중재한 것을 말한다. 즉 모세가 아론을 위해 좋게 말한 것이다.

21 그리고 너희가 행했던 너희의 죄[1]를, 그 송아지를 내가 취했다,[2]
그리고 내가 그것을 불로 태웠다,
그리고 내가 그것을 으깼다, 잘 갈아서, 먼지로 분쇄하기까지,[3]
그리고 내가 그것의 먼지를 그 산에서 내려가는 시내로 던졌다,

본문 비교

1) 마소라의 단수 "너희의 죄"(חטאתכם)를 사마리아 오경은 복수

"너희의 죄들"(חטאתיכם)로 읽는다(시리아역 역시). 탈굼 프쉬도 요나단은 "죄"를 "너희의 어리석은 행동"으로 해석한다.

2) 70인경은 "내가 취했다"에 목적어 "그것을"(ἔλαβον αὐτὸν) 덧붙인다.

3) 히브리어 "먼지로 분쇄하기까지"(עד אשר־דק לעפר)를 70인경은 두 개의 절로 "이것이 가루가 될 때까지"(ἕως οὗ ἐγένετο λεπτόν)와 "그리고 이것이 먼지같이 되었다"(καὶ ἐγενήθη ὡσεὶ κονιορτός)로 해석한다.

이 구절의 동사들 "내가 취했다," "내가 태웠다," "내가 으깼다," "내가 던졌다"는 금송아지에 대한 모세의 행동을 연속적으로 보여준다. 접속사 "그리고"가 모세의 행동을 연결하여 잘 드러내 준다.

먼저 모세는 금송아지를 취했다. 두 개의 목적어 "너희의 죄를, 그 송아지를"은 접속사 '그리고'가 없이 나온다. 이스라엘의 죄는 금송아지를 만든 것이다. 우상을 만들고 숭배하는 것은 하나님이 가장 싫어하시는 행위이다. 모세는 그 송아지를 가져다가 "불로 태웠다." 여기 "불"은 아도나이의 임재를 나타내는 "불"(15절)과 단어는 같지만 다른 종류로 실재적인 불이다. 금송아지는 불로 태울 수 있다. 아론은 모세에게 금송아지를 만든 방법이 불로 녹여서 조형했다고 말했다(출 32:4, 24).

"그리고 내가 그것을 으깼다, 잘 갈아서"는 '그때, 내가 그것을 으깼다, 철저하게 갈아서'라는 의미이다(Waltke-O, 592). 모세는 금송아지를 불로 태운 후에 그 남은 것을 잘게 부스러뜨렸다. 먼지같이 아주 미세하게 으깨버렸다. 모세가 금송아지를 철저하게 파괴했음을 보여준다. 그리고 그 가루를 시내 산에서 흘러내려가는 물에 뿌려 버렸다. 모세는 이스라엘이 하나님과 맺은 언약을 파괴한 금송아지를 흔적도 없이 없애 버렸다. 죄의 잔재를 밀끔히 씻어 버렸다.

모세가 금송아지 우상을 없애버린 순서는 출애굽기 32:20에 나타난다. 출애굽기에 따르면 모세가 금송아지를 가루로 만들어 물에 뿌렸고 그 물을 이스라엘 자손에게 마시게 했다고 설명한다. 하지만 신명기에는 우상 가루를 뿌린 물을 마시게 했다는 기록은 나오지 않는다.

모세가 금송아지 우상을 파괴한 순서는 이스라엘 역사에서 우상 파괴의 모델이 되었다. 후에 아사 왕은 아세라 상을 찍어 기드론 시냇가에서 불살랐다(왕상 15:13). 요시아 왕이 종교 개혁을 단행할 때에 그는 아세라 상을 불살라 빻아서 가루로 만들었다(왕하 23:6). 그는 우상의 제단을 빻아서 그 가루를 기드론 시내에 쏟아 버렸다(왕하 23:12). 또한 그는 여로보암이 벧엘에 세운 제단과 산당을 불사르고 빻아서 가루로 만들었고 아세라 목상을 불살랐다(왕하 23:15).

3. 이스라엘의 다른 반역 사건들(9:22-24)

이스라엘이 금송아지를 만든 사건(9:7-21)과 모세가 이스라엘을 위하여 중보 기도한 사건(9:25-29) 사이에 이스라엘이 광야에서 저지른 다른 반역 사건들이 기록되었다. 4개의 사건들로서 이스라엘이 출애굽해서 광야를 여행할 때 저지른 것들이다. 다베라(민 11:1-3), 맛사(출 17:1-7), 기브롯 핫다아(민 11:4-15, 31-35절)와 가데스 바네아(민 13-14장)의 사건들이다. 이 사건들 역시 이스라엘이 하나님께 불순종하는 목이 뻣뻣한 백성이라는 모세의 주장을 뒷받침하기 위한 것이다.

번역

22 그리고 다베라에서, 그리고 맛사에서, 그리고 기브롯 핫다아와에서
너희가 아도나이를 화나게 했다.
23 그리고 아도나이께서 너희를 가데스 바네아에서 보냈을 때, 말하기를,
올라가라 그리고 점령하라 내가 너희에게 주었던 그 땅을,

그러나 너희는 너희 하나님 아도나이의 명령을 거역했다.

그리고 너희가 그를 믿지 않았고 너희가 그의 음성을 듣지 않았다.

24 너희는 아도나이께 거역했다.

내가 너희를 알았던 날로부터.

주해

22 그리고 다베라에서, 그리고 맛사에서, 그리고 기브롯 핫다아와에서

너희가 아도나이[1)]를 화나게 했다.

본문 비교

1) 70인경의 랄프Rahlfs 편집은 "주님을 너희의 하나님을"(κύριον τὸν θεὸν ὑμῶν)인데 반하여 베버Wevers 편집은 "주님을"(κύριον)이다. 오리겐의 헥사플라Hexapla는 "너희의 하나님을"(τὸν θεὸν ὑμῶν)에 의구표를 붙였다.

모세는 이스라엘이 호렙 산에서 금송아지를 만든 것 외에 이스라엘이 아도나이를 화나게 했던 다른 행위들을 열거한다. 모세는 이스라엘이 "이집트의 땅에서 나왔던 날로부터 너희가 이 장소에 오기까지" 행했던 반역 행위들을 말하고 있다(7절).

먼저 언급된 장소는 "다베라"이다. 이스라엘이 광야를 여행하던 중에 아무 이유 없이 하나님을 원망했다. 하나님이 원망을 들으시고 "아도나이의 불"을 보내어 이스라엘을 불태웠다. 이 심판이 나타난 곳을 "다베라"(불타는)로 이름 붙여졌다(민 11:1-3). 불은 하나님의 임재를 나타내기도 하며 하나님의 심판을 의미하기도 한다.

두 번째는 "맛사"이다. 맛사는 '시험'이라는 의미이다. 이스라엘이 르비딤에 도착했을 때 마실 물이 없었다. 그때 이스라엘 백성이 모세에게 마실 물을 요구하며 "아도나이께서 우리 중에 계신가 안 계신가"를

시험한 곳이다(출 17:1-7). 더 자세한 설명은 신명기 6:16을 참고하라.

세 번째는 "기브롯 핫다아와"이다. "기브롯 핫다아와"는 '탐욕의 무덤' 또는 '욕망의 무덤'이라는 의미이다. 이스라엘이 만나에 싫증을 내고 고기를 요구하였다. 고기를 요구한 이 사건을 "그들 중에 섞여 사는 다른 인종들이 탐욕을 품으매"(민 11:4)로 설명한다. 이스라엘 백성들과 같이 출애굽을 한 다른 민족으로, "욕심을 낸 백성"이 있었다(민 11:34). 이들의 탐욕과 원망에 이스라엘이 감염되어 하나님을 원망하며 불평한 것이다. 탐욕을 품은 이들은 만나를 싫증내며 이집트에 있었을 때에 다양한 음식, 생선, 오이, 참외, 부추, 파와 마늘을 먹었다고 불평하며 원망하였다. 쉽게 말하면 이스라엘은 하나님께 음식이 다양하지 않다고 불평한 것이다. 이들의 요구에 하나님은 메추라기를 주셨다. 그들이 메추라기 고기를 먹을 때에 하나님이 탐욕을 품은 사람들을 재앙으로 치셨다. 그래서 그곳의 이름이 기브롯 핫다아와(탐욕의 무덤)이다. 이곳은 이스라엘이 시내 광야 다음에 진을 친 곳이다(민 33:16-17).

위의 세 장소들은 모두 이스라엘이 하나님을 향하여 불평하며 원망한 사건들이다. 이스라엘은 가나안 땅을 향하여 행진하던 중에 마실 물이 없고 먹을 고기가 없었다. 이때 그들은 하나님을 향하여 겸손하게 마실 것과 먹을 것을 구한 것이 아니라 불평하며 하나님을 원망하였다. 이 일이 하나님을 자극하며 하나님의 진노를 불러 일으켰다. 우리는 이스라엘이 하나님을 자극하며 화를 불러일으킨 사건이 계속 반복되었다는 사실에 주목해야 한다. 이스라엘은 가나안 땅으로 여행하면서 계속 하나님을 신뢰하지 않았고 하나님의 명령에 불순종했다.

왜냐하면 가나안 땅으로의 여정은 쉽지 않았기 때문이다. 광야는 사람이 생존하기 어려운 장소이다. 먹을 것과 마실 것이 부족했으며 잠자리도 불편했다. 하나님의 약속이 실현되기 위해서는 현실의 어려운 삶을 견뎌야 했으며 광야를 지나며 마실 것과 먹을 것이 부족한 상황을 통과하며 나아가야 했다. 이스라엘의 광야 역사는 하나님의 약속은 자동적으로 성취되지 않는다는 것을 보여준다. 하나님의 약속은 현실 가운데에서 인내하며 기다리며 기도하는 자에게 성취된다.

23 그리고 아도나이께서 너희를 가데스 바네아에서 보냈을 때, 말하기를,
올라가라 그리고 점령하라 내가 너희에게 주었던[1] 그 땅을,
그러나 너희는 너희 하나님 아도나이의 명령[2]을 거역했다,
그리고 너희가 그를[3] 믿지 않았고 너희가 그의 음성을 듣지 않았다.

본문 비교

1) "주었던"(נתתי)의 히브리어는 칼 완료형인데 반하여 70인경은 현재형 *δίδωμι*이다. 70인경의 일부 사본들(A M)은 *ἐγω δίδωμι*로 읽는다.
2) "명령"(פי)의 문자적인 번역은 '입'이다. 70인경은 "주의 말씀"(*τῷ ῥήματι κυρίου*)으로 읽는다. 심마쿠스와 테오도치온은 "주의 입"(*τῷ στόμα κυρίου*)으로 번역했다. 탈굼 네오피티는 "명령의 입"(פם גזירת)으로 해석한다.
3) 탈굼 네오피티는 "주의 말씀의 거룩한 이름을"(בשם מימרה דייי קדישה) 믿지 않았다고 설명한다.

모세는 이스라엘이 가데스 바네아에서 가나안 땅을 점령하라는 하나님의 명령을 거역한 사건을 말한다.

이스라엘이 광야를 여행할 때 계속해서 불평하며 원망했다. 위에 거론한 세 사건들 외에도 그들은 먹을 것이 없어서(출 16장), 고라 자손의 일로(민 16:41-50), 모세의 지도권에 대한 미리암과 아론의 반항 사건으로(민 12장), 길이 험해서(민 21:4-10) 하나님과 모세에게 불평하며 원망했다.

이스라엘이 시내 산을 떠나 가나안 땅을 향하여 가는 여행에서 이스

라엘은 계속 불평하며 원망한다(민 11-14장). 계속되는 이스라엘의 반역은 가나안 땅을 점령하라는 하나님의 명령을 거역함으로 절정에 이르렀다. 이스라엘은 가나안 땅을 주시려는 하나님의 구속 계획에 반역한다(민 13-14장).

"올라가라 그리고 점령하라 내가 너희에게 주었던 그 땅을"에서 명령형이 두 번 사용되었다. 이 명령형은 '너희는 올라가라 그리고 너희는 점령하라'이다. 가데스 바네아 반역 사건은 신명기 1: 19-46에 자세하게 기록되었다. 이때 하나님은 이스라엘에게 "그들과 그들 후의 그들 자손들에게 주기로 맹세하였던 그 땅을 점령하라"(신 1:8) 그리고 "보라 아도나이 너의 하나님이 너의 앞에 그 땅을 두었다, 올라가라 점령하라"(신 1:21)고 분명하게 명령하셨다.

흥미롭게 이스라엘이 점령해야 할 땅은 "내가 너희에게 주었던 그 땅을"이다. 동사 "주었던"(נתתי)은 칼 완료형이다. 하나님은 이미 그들에게 땅을 주신 것이다. 그들은 이제 올라가서 점령하기만 하면 된다. 하나님의 명령에 순종하기만 하면 그 땅을 그들의 기업으로 차지할 수 있다.

"그러나 너희는 너희 하나님 아도나이의 명령을 거역했다." "그러나"(ו)가 이스라엘의 행동이 하나님의 명령과 반대였다는 사실을 보여준다. 이스라엘은 하나님의 의도와 명령에 반대로 움직였다. "명령"(פי)은 '입'을 의미한다. 아도나이의 입에서 나온 명령이라는 뜻이다. "거역했다"는 이스라엘이 하나님의 명령을 듣지 않았다. 불순종 한 것을 설명한다. 참으로 이스라엘은 다루기 힘든 백성이었다. 그들은 반항적이며 완고한 백성이었다. 하나님의 명령을 우습게 생각하는 거칠고 반역하는 백성이었다. 그래서 하나님도 "내가 이 백성을 보았다, 그리고 보라, 이는 목이 뻣뻣한 백성"이라고 규정하셨다(9:13).

"그리고 너희가 그를 믿지 않았고 너희가 그의 음성을 듣지 않았다." 두 개의 부정어 "않았다"(לא)가 눈에 띈다. 점진적 평행법이 두드러진 문장이다.

“그리고 너희가 그를 믿지 않았다,
그리고 너희가 그의 음성을 듣지 않았다.”

이스라엘이 하나님을 ‘믿지 않은 것’은 구체적으로 ‘하나님의 음성을 듣지 않은 것’이다. ‘음성을 듣지 않은 것’은 위의 문장 “너희는 너희 하나님 아도나이의 명령을 거역했다”를 의미한다. 이스라엘은 가나안 땅에 ‘올라가서 점령하라’는 하나님의 명령을 거역했다. 이스라엘의 불신앙이 나타난 것이다.

“믿지 않았다”에서 ‘믿다’(אמן)는 ‘굳게 서다’ 또는 ‘신뢰하다’의 의미이다. 즉 이스라엘은 하나님이 그 땅을 주셨다는 말을 믿지 않았다. 하나님은 이미 그 땅을 주었다. 그래서 이스라엘이 가나안 땅 앞까지 와 있었던 것이다(신 1:20). 위에서 지적했듯이 “올라가라 그리고 점령하라 내가 너희에게 주었던 그 땅을”에서 “주었던”은 완료형이다. 하나님은 이미 이스라엘에게 그 땅을 주셨지만 이스라엘이 그 약속위에 ‘굳게 서지’ 못했다. 그 말씀을 ‘신뢰하지’ 못했다. 출애굽 세대가 왜 가나안 땅을 점령하지 못했는지를 설명해주는 결정적인 이유이다(신 1:32). 출애굽 세대는 가나안 땅을 준다는 하나님의 약속을 믿지 않았다. 그들에게는 믿음이 없었다. 결국 그들의 믿음대로(?) 출애굽 세대는 가나안 땅을 점령하지 못하고 광야를 방랑하는 심판을 받았다. 불신앙의 대가는 너무나 처참하며 가혹했다.

이스라엘은 하나님의 약속을 믿지 못하자 목적을 상실한다. 그들은 가나안 땅을 정복하여 그곳에서 살 것을 바라보며 출애굽 했다. 그러나 이스라엘이 하나님의 말씀 위에 서지 못하자 그들은 나아가야 할 방향을 상실하고 광야를 헤매다 죽었다. 하나님의 말씀을 믿지 못하면 삶의 목표를 잃어버리게 된다는 것을 기억해야 한다.

[24] 너희는 아도나이께 거역했다,

내가 너희를 알았던[1] 날로부터.

본문 비교

1) 사마리아 오경은 마소라의 "내가 알았다"(דעתי)를 "그가 알았다"(דעתו)로 읽는다. 70인경은 과거 수동태로 "그가 너희에게 알려졌다"(ἐγνώσθη ὑμῖν)로 해석한다. 심마쿠스와 테오도치온은 사마리아 오경과 같이 "그가 너희를 알았다"(ἔγνω ὑμᾶς)로 읽는다.

다시 "거역했다"는 동사가 등장한다. 23절의 "명령을 거역했다"와 동일한 단어이다. 이스라엘은 아도나이에게 '불순종했다' 또는 '반항했다'는 의미이다. 아도나이의 명령에 불순종하는 것은 그에게 반역하는 것이다. 이 말씀은 오늘날에도 그대로 적용할 수 있다. 하나님은 우리에게 성경을 주셨다. 그 말씀을 통하여 하나님의 뜻을 우리에게 알려 주셨다. 이 말씀을 무시하며 지키지 않는 것은 하나님께 반역하는 행위이다.

"내가 너희를 알았던 날로부터"는 모세가 이스라엘을 알았던 날 동안을 의미한다. 모세는 지도자로서 이스라엘을 이집트에서 구원하여 가나안 땅으로 인도하면서 이스라엘의 모든 반역들을 지켜보았다. 모세는 그가 체험한 반역 사건들을 위에서 나열하였다.

4. 모세의 중보기도(9:25–29)

이제 본문은 다시 금송아지 사건으로 돌아온다. 하나님은 금송아지를 만들어 언약을 배반하고 파기한 이스라엘을 진멸하려고 계획하였다. 이때 모세는 아론을 위하여(20절) 그리고 이스라엘을 위하여 중보기도한다(25-29절). 이스라엘을 위한 모세의 중보 기도는 세 가지 내용에 근거한다.

첫째, 모세는 비록 이스라엘이 범죄 했지만 그들은 하나님의 강한 손으로 이집트에서 인도해 낸 하나님의 백성이라고 말한다(26, 29절). 둘째, 모세는 이 백성의 죄를 보지 마시고 그들의 조상인 아브라함과 이삭과 야곱을 기억해 달라고 요청한다. 이스라엘의 조상들을 기억하시고 그들의 후손인 이스라엘 백성을 용서해 달라는 것이다. 셋째, 이집트 사람들의 조롱을 언급한다. 하나님은 이스라엘을 약속의 땅으로 인도할 능력이 없고 이스라엘을 미워해서 광야에서 죽이려고 인도해 냈다고 말하지 않도록 해달라고 간구한다.

이스라엘을 위한 모세의 기도는 가데스 바네아에서도 있었다. 이스라엘이 가데스 바네아에서 가나안 땅을 점령하라는 아도나이의 명령에 불순종하며 아도나이에 대하여 원망하며 반항했다. 그러자 하나님은 이스라엘을 진멸하시고 모세를 더 강하고 큰 나라로 만들겠다고 하셨다. 이때 모세는 이스라엘을 위하여 중보 기도했다. 모세가 이스라엘을 위하여 중보 할 때, 그는 두 가지 이유를 들었다. 첫째, 하나님이 이스라엘을 전멸시키면 다른 나라 백성들이 아도나이는 이스라엘을 가나안 땅으로 인도할 능력이 없어서 광야에서 이스라엘을 죽였다고 말한다는 것이다. 둘째, 모세는 아도나이의 성품은 노하기를 더디 하시며 인자가 많아서 죄를 용서하시는 분이라고 말한다(민 14:15-18). 모세는 이 두 가지 이유를 들어 이스라엘을 용서해 달라고 간구했다.

번역

25 그리고 내가 아도나이 앞에 엎드렸다, 사십 낮과 사십 밤을, 내가 엎드렸을 때, 왜냐하면 아도나이께서 너희를 진멸시킬 것이라고 말했기 때문이다.

26 그리고 내가 아도나이께 기도했다 그리고 내가 말했다, 오 주 아도나이여,
멸망시키지 마옵소서 당신의 백성을 그리고 당신의 기업을,
당신이 당신의 위대함으로 구속 하셨던,
당신이 이집트에서 강한 손으로 데리고 나왔던.

27 기억하소서 당신의 종들을, 아브라함을, 이삭을, 그리고 야곱을,
돌이키지 마소서 이 백성의 완고함에, 그리고 그의 악함에, 그리고 그의 죄에.
28 당신이 거기에서 우리를 데리고 나온 그 땅이 말하지 않도록,
아도나이께서 능력이 없기 때문에,
그가 그들에게 말했던 그 땅으로 데리고 가기 위한,
그가 그들을 미워했기 때문에,
그가 그들을 광야에서 죽이기 위하여 데리고 나왔다.
29 그리고 그들은 당신의 백성과 당신이 데리고 나온 당신의 기업입니다.
당신의 큰 능력으로 그리고 당신의 뻗은 팔로.

주해

25 그리고 내가 아도나이 앞에 엎드렸다,[1)] 사십 낮과 사십 밤을, 내가 엎드렸을[1)] 때,
왜냐하면 아도나이께서 너희를 진멸시킬 것이라고 말했기 때문이다.

본문 비교

1) 70인경은 히브리어의 "내가 엎드렸다"를 "내가 간구했다"(ἐδεήθην)로 모세가 기도한 것으로 해석한다(18절 참고). 탈굼 옹켈로스는 마소라와 같이 번역하지만 탈굼 프쉬도 요나단은 "나는 기도에 엎드렸다"로 그리고 탈굼 네오피디는 "나는 자신을 기도에 엎드렸고 긍휼을 간구했다"로 번역한다.

"내가 아도나이 앞에 엎드렸다"(ואתנפל)는 히트파엘(재귀형)로 '내가 아도나이 앞에 나 자신을 던졌다'는 뜻이다. 모세가 40일 동안 하나님 앞에 엎드려 있었던 이유는 이스라엘의 범죄를 용서해 달라고 간청하기 위해서였다(18절 참고). "내가 엎드렸다"는 동사가 뒤에 다시 한 번 더 나왔다. 이 단어는 관계 대명사 '아쉐르'(אשר)로 연결되어 나와서

번역하기가 쉽지 않다. 개역 개정은 "내가 엎드렸다"를 한 번 번역했다.

"왜냐하면"이 모세가 하나님 앞에 40일 동안 엎드려 있었던 이유를 설명한다. 아도나이께서 이스라엘을 "진멸시킬 것이라고 말했기" 때문이었다. 아도나이의 의도와 계획을 표현한 것이다. 금송아지를 만든 것은 하나님의 진노를 자극했으며 하나님은 이스라엘을 전멸시킬 계획을 세우셨다(14, 19, 20절).

"말했기 때문이다"는 하나님의 의도와 계획을 모세에게 말한 것이다. 유대인 번역은 '아도나이께서 너희를 멸하기로 결심했기 때문이다'because the LORD was determined to destroy you로 번역한다(NJPS). 베버는 여기의 '말하다'(אמר)를 '생각하다'로 해석한다. 즉 '마음에 말하다' 또는 '그 자신에게 말하다'로 아도나이께서 이스라엘을 멸망시키기로 생각했다는 것이다(Wevers, 171).

26 그리고 내가 아도나이께[1] 기도했다 그리고 내가 말했다, 오 주 아도나이여,[2]
멸망시키지 마옵소서 당신의 백성을 그리고 당신의 기업을,[3]
당신이 당신의 위대함으로[4] 구속 하셨던,
당신이 이집트[5]에서 강한 손으로[6] 데리고 나왔던.

본문 비교

1) 70인경은 "하나님께"(πρὸς τὸν θεὸν)이다.
2) 히브리어의 "오 주 아도나이여"(אדני יהוה)를 70인경은 "주여, 주여, 신들의 왕이여"(κύριε κύριε βασιλεῦ τῶν θεῶν)로 읽는다. "신들의 하나님"(θεος τῶν θεῶν)이라는 표현은 발견되지만(신 10:17; 시 135:2) "신들의 왕이여"는 마소라 사본에 없는 독특한 표현이다(참고. 신 3:24). 70인경은 에스더 4:17에 마소라에 없는 긴 본문을 덧붙이고 있는데, 4:17r에 βασιλεῦ τῶν θεῶν이라는 표현을 갖고 있다.

3) 히브리어의 "당신의 기업을"(נחלתך) 70인경의 랄프 편집은 "당신의 몫을"(τὴν μερίδα σου)로 그리고 베버 편집은 "당신의 기업을"(τὴν κληρονομίαν σου)로 번역한다.
4) 70인경은 "당신의 큰 힘으로"로 읽는다.
5) 70인경은 "이집트의 땅"으로 해석한다.
6) 사마리아 오경은 "당신의 그 강한 손으로"이다. 70인경은 히브리어에 없는 표현을 첨가하여 "당신의 큰 힘으로 그리고 당신의 강한 손으로 그리고 당신의 높은 팔로"(ἐν τῇ ἰσχύι σου τῇ μεγάλῃ καὶ ἐν τῇ χειρί σου τῇ κραταιᾷ καὶ ἐν τῷ βραχίονί σου τῷ ὑψηλῷ) 해석한다.

모세가 40일 동안 금식하면서 기도했던 내용이다. 26절부터 29절까지 모세의 기도가 기술되었다. 기도는 하나님께 말하는 것이다. 그래서 "내가 아도나이께 기도했다"고 나온다. 기도의 대상이 명확하다.

대마소라(Mm)에 따르면 "주 아도나이"(אדני יהוה)는 토라와 시가서에 8회 나온다(창 15:2, 15:8, 신 3:24, 9:26, 시 69:7, 71:5, 73:28, 71:16). "오 주 아도나이여"(אדני יהוה)는 모세가 하나님을 부른 호칭이다. "주"(אדני)의 히브리어 발음은 '아도나이'이며 '주인'(lord, master)의 뜻이다. 모세는 요단 동편의 땅을 정복한 후에 아도나이께 기도했다. 모세도 요단강을 건너 가나안 땅으로 들어가게 해달라고 요청했다. 그때 모세는 "오 주 아도나이여"하고 하나님을 불렀다(신 3:24).

"아도나이"(יהוה)로 번역된 단어는 4자음 문자(자음이 4개이기 때문)로 된 이스라엘 하나님의 고유한 이름이다. 이스라엘의 고유한 하나님의 이름을 유대인들이 잘 부르지 않고 이 이름만 나오면 '아도나이'로 불렀기 때문에 그 모음이 소실되었다.

"멸망시키시 마옵소서"가 모세의 중요한 기도 내용이다. 하나님께서 모세에게 이스라엘을 진멸시키겠다고 말했기 때문에(14, 25절) 모세는

40일 동안 금식 기도를 한 것이다.

"당신의 백성을 그리고 당신의 기업을"은 이스라엘을 의미한다. 모세는 이스라엘을 멸망시키지 말 것을 간구한다. 위에서 지적했듯이(12절) 하나님은 모세에게 이스라엘을 "네가 이집트에서 데리고 나왔던 너의 백성"이라고 불렀다. 여기서 모세는 이스라엘을 "당신의 백성" 그리고 "당신의 기업"으로 부르고 있다. "기업"은 '상속 재산' 또는 '물림 재산'을 의미한다. 개역 개정은 "주의 백성 곧 주의 기업"으로 의역했다.

하나님은 시내 산에서 이스라엘에게 언약을 제안할 때, 이스라엘이 하나님의 "말을 잘 듣고 내 언약을 지키면" 세상의 모든 민족들 가운데서 하나님의 소유가 될 것을 약속했었다(출 19:5-6). 이스라엘이 이 언약 제안을 받아들임으로 시내 산 언약이 체결되었다(출 24장). 하지만 그 언약은 체결되자마자 이스라엘이 금송아지를 만들어 깨어졌다.

모세는 이스라엘을 "당신의 백성" 그리고 "당신의 기업"으로 부른다. 사실 아도나이께서 이스라엘을 이집트에서 구원하실 때에 이미 이스라엘은 하나님의 백성으로 불렸다. 그래서 하나님은 계속 모세를 통하여 바로에게 "내 백성"을 보내라고 말씀하셨다(출 7:4, 16; 8:1, 20, 21, 22, 23; 9:1, 13, 17; 10:3, 4). 하나님은 이스라엘을 이집트에서 구원하실 때 이미 하나님의 백성으로 선택하신 것이다. 출애굽 사건을 통하여 하나님은 이스라엘을 하나님의 백성으로 선택하셨다(신 4:37; 7:8). 이스라엘은 하나님의 거룩한 백성이며 보배로운 백성이었다(신 7:6). 이 땅위에 모든 백성들과 구별된 백성이었다. 모세는 이 점을 상기시키는 것이다.

히브리어 어순에 따르면 "당신의 기업을" 다음에 관계 대명사 '아쉐르'(אשר)로 인도되는 두 개의 절이 나온다. 이 두 개의 문장들은 "당신의 기업"을 수식해 준다. 따라서 이런 의미이다. "멸망시키지 마옵소서 당신의 백성을 그리고 당신이 당신의 위대함으로 구속 하셨던 당신의 기업을, 당신이 이집트에서 강한 손으로 데리고 나왔던 (당신의 기업을)." 히브리어에는 "당신의 기업을"이 한 번 나온다. 두 개의 관계 대명사 절이 "당신의 기업"을 수식해 주고 있다.

두 개의 관계 대명사 절들은 히브리어의 특징인 평행법을 잘 보여주고 있다.

> 당신이 당신의 위대함으로 구속 하셨던 당신의 기업을,
>
> 당신이 이집트에서 강한 손으로 데리고 나왔던 (당신의 기업을).

"당신이"는 아도나이를 뜻하는 것으로서 이스라엘을 이집트에서 구원한 주체가 누구인지를 잘 드러내고 있다. 개역 개정은 "당신"을 "주"로 그리고 "당신의 백성"과 "당신의 기업"을 "주의 백성"과 "주의 기업"으로 의역했다.

두 개의 전치사 구 "위대함으로"와 "강한 손으로"는 하나님이 이스라엘을 이집트에서 구원한 수단을 표현한다. "위대함으로"는 '큰'이라는 뜻으로 하나님의 위엄과 큰 능력을 의미한다. 이 단어는 "강한 손으로"와 평행을 이룬다. "강한 손"은 하나님의 능력을 상징한다. 모세는 하나님이 이스라엘을 이집트에서 구원한 큰 능력을 "강한 손으로" 표현한다(신 4:34; 5:15; 7:19; 11:2).

"구속하셨던"과 "데리고 나왔던"이 이스라엘의 구원을 표현하는 동사들이다. 이스라엘이 이집트에서 탈출한 것이 큰 구원 사건이었다. 하나님이 역사 속에 개입하신 사건이었다. 이스라엘의 역사가 독특한 점이 바로 이것이다. 하나님이 이스라엘 역사 속에 들어오셔서 행동하셨다. 이러한 이유 때문에 이스라엘 역사가 구원 역사라고 불리는 것이다.

> 27 기억하소서 당신의 종들을,[1] 아브라함을, 이삭을, 그리고 야곱을,
>
> 돌이키지 마소서 이 백성의 완고함에,[2] 그리고 그의 악함에, 그리고 그의 죄에.[3]

본문 비교

1) 70인경은 "당신의 종들" 뒤에 히브리어에 없는 관계 대명사 절 "당신이 당신 자신에게 맹세했던 종들"(τῶν θεραπόντων σου οἷς ὤμοσας κατὰ σεαυτοῦ)이 나온다(참고. 출 32:13).

2) 탈굼 네오피티는 "이 백성의 그들의 완고함에"로 읽는다.

3) 탈굼 옹켈로스, 탈굼 네오피티, 탈굼 프쉬도 요나단은 "그의" 대신에 "그들의 악함에 그리고 그들의 죄에"로 읽는다. 특히 탈굼 네오피티는 부정어를 앞에 첨가하여 "그들의 악함도 (보지) 마시고 그들의 죄도 (보지) 마소서"(ולא לחוביהון ולא לסורחניהון)로 번역했다. 히브리어의 "악함"과 "죄"는 단수인데 반하여 70인경과 아람어 성경들은 복수이다.

"기억하소서"(זכר)는 칼 명령형으로 '생각해주소서' 또는 '마음에 되불러 오소서'의 뜻을 갖는다. 모세는 이스라엘을 위해 중보 기도하면서 마치 하나님이 이스라엘을 잊어버리신 것 같이 이스라엘의 조상들을 생각해 달라고 요청한다. 왜냐하면 하나님이 이스라엘을 멸망시키려고 계획했기 때문이다.

모세는 7절에서 이스라엘 백성에게 광야에서 아도나이를 화나게 했던 일을 '기억하라'고 말했다. 여기서 모세는 다시 하나님께 이스라엘의 조상들을 '기억해 달라'고 간구한다. 7절과 27절 모두 명령형이다.

"당신의 종들을"에서 전치사 '레'(ל)가 사용되었다. 이 전치사는 '아브라함'과 '이삭'과 '야곱'에 다 나온다. 이 전치사는 '종들에 관하여, 아브라함에 관하여, 이삭에 관하여 그리고 야곱에 관하여' '생각하소서 또는 기억하소서'라는 의미도 갖는다. 모세는 이스라엘의 조상들인 아브라함, 이삭, 야곱을 거론하는 이유는 하나님이 그들과 맺은 언약을 기억해 달라는 것이다. 하나님이 조상들에게 하신 언약은 일방적이다. 하나님이 아브라함에게 많은 후손과 가나안 땅을 주신다고 약속했기 때문이다.

모세가 조상들을 언급하는 다른 이유는 하나님이 불타는 가시나무에서 모세에게 자신을 계시하실 때, 조상들의 이름을 언급했기 때문이기도 하다. 하나님은 모세에게 나타나셔서 자신을 소개하실 때 "나는 네 조상의 하나님이니 아브라함의 하나님, 이삭의 하나님, 야곱의 하나님이니라"로 말씀하셨다(출 3:6). 또한 하나님은 모세에게 소개한 아브라함과 이삭과 야곱의 하나님이라는 이름을 "나의 영원한 이름이요 대대로 기억할 나의 칭호니라"고 하셨다(출 3:15).

아브라함, 이삭 그리고 야곱이라는 이름에는 하나님의 약속이 나타난다. 모세에게 자신을 소개하신 하나님은 조상들에게 나타나셔서 가나안 땅을 아브라함의 후손들에게 주시기로 약속하셨던 하나님이다. 하나님은 아브라함에게 나타나셔서 "나는 전능한 하나님이다"고 소개하시고 많은 후손과 가나안 땅을 주시겠다고 약속하셨다(창 17:1-8). 또한 하나님은 이삭에게 나타나셔서 "나는 너의 아버지 아브라함의 하나님이다"고 소개하시고 후손을 번성케 해 주시겠다고 약속하셨다(창 26:24). 하나님은 야곱에게 나타나셔서 "나는 여호와 너의 조상 아브라함의 하나님 그리고 이삭의 하나님이다"고 소개하시며 자손과 땅에 대한 약속을 하셨다(창 28:13-15).

"돌이키지 마소서"(אל תפן)는 '돌아보지 마소서,' '유의하지 마소서'라는 뜻으로 이스라엘이 저지른 죄악을 눈감아 달라는 것이다. 즉 이스라엘이 금송아지를 만든 것을 보지 말아 달라고 요청한다.

이스라엘이 금송아지를 만든 행위를 세 가지의 단어들 "완고함," "악함," "죄"로 표현하고 있다. 하나님의 명령을 거역한 고집 센 이스라엘의 상태를 말한다. 이스라엘은 마치 길들여지지 않는 짐승처럼 그들의 마음은 완고했다.

이 구절은 "기억하소서"와 "돌이키지 마소서"가 평행을 이룬다. 또한 "당신의 종들"과 "이 백성"이 대조를 이룬다. 이스라엘의 조상들은 하나님의 말씀에 순종하며 하나님의 언약을 믿었다. 그러나 그 후손들은 하나님의 명령에 불순종하며 시내 산에서 맺은 언약을 깨뜨렸다.

이스라엘의 조상인 세 명의 이름 - 아브라함과 이삭과 야곱 - 그리고 이스라엘 백성의 잘못에 대한 세 개의 표현이 - 완고함과 악함과 죄 - 평행을 이루고 있는 것이 특이하다.

28 당신이 거기에서 우리를 데리고 나온[1] 그 땅이[2] 말하지 않도록,
아도나이께서 능력이 없기 때문에,[3]
그가 그들에게 말했던 그 땅으로 데리고 가기 위한,[4]
그가 그들을 미워했기 때문에,
그가 그들을 광야에서 죽이기 위하여 데리고 나왔다.

본문 비교

1) 마소라는 "당신이 우리를 데리고 나온"(הוצאתנו)인데 반하여 쿰란 사본(1QDeut[a])은 "그가 우리를 데리고 나온"([ו]יוצאנ)이다.
2) 사마리아 오경은 "그 땅의 백성"(עם הארץ)이며 70인경은 "그 땅의 거주자들"(οἱ κατοικοῦντες τὴν γῆν)이다. 마소라 히브리어 "그 땅이 말하지 않도록"은 문법적인 문제가 있다. 왜냐하면 주어가 3인칭 여성 단수 "그 땅"인데 반하여 동사 '말하다'(יאמרו)는 3인칭 남성 복수 '그들이 말하다'이기 때문이다. 만일 70인경의 "그 땅의 거주자들"이 주어이면 히브리어의 3인칭 남성 복수가 잘 맞는다. 시리아 역, 탈굼 역들 그리고 벌게이트는 70인경과 일치한다.
3) 일부 히브리어 사본들(V[ken 9, 69])과 사마리아 오경은 마소라의 מבלי를 מבלתי로 읽는다.
4) 사마리아 오경은 마소라의 להביאם을 להביא אתם으로 읽는다.

"우리를 데리고 나온 그 땅"은 이집트를 의미한다. 그러므로 "그 땅이 말하지 않도록"은 이집트 사람들이 이스라엘의 멸망에 대하여 말하지 않도록 해 달라는 것이다. 하나님은 열 재앙을 행하심으로 이집트에서 이스라엘을 데리고 나왔다. 그런데 그 이스라엘이 광야에서 멸망한다면 이집트 사람들이 분명히 수군거릴 것이며 하나님을 비웃을 것이다. 그렇게 되지 않게 해달라고 모세가 하나님께 요청하는 것이다.

이스라엘이 광야에서 멸망한다면 이집트 사람들이 이렇게 말할 것이다. "아도나이께서 능력이 없기 때문에" 이스라엘을 멸망시켰다(참고. 민 14:16). 여기서 "능력"은 "그가 그들에게 말했던 그 땅으로 데리고 가기 위한 능력"을 의미한다. 즉 아도나이께서 이스라엘에게 약속했던 가나안 땅으로 인도해 갈 능력이 없어서 이스라엘을 멸망시켰다는 것이다. 그렇게 되면 하나님의 명성에 누가 된다. 모세는 하나님의 명성과 명예에 심각한 상처가 날 것이라고 말한다.

모세는 이스라엘이 광야에서 멸망한다면 이집트 사람들이 하나님을 비웃을 것이라고 말한다. 첫째는 하나님의 능력이 없다는 것이다. 둘째는 하나님이 이스라엘을 미워했다고 말한다. "그가 그들을 미워했기 때문에, 그가 그들을 광야에서 죽이기 위하여 데리고 나왔다." 이 말은 이스라엘이 가데스 바네아에서 하나님을 향하여 원망할 때 했던 말을 상기시킨다(신 1:27). 이집트 사람들의 말에 따르면 하나님이 이스라엘을 이집트에서 탈출시킨 이유는 광야에서 이스라엘을 죽이려고 데리고 나왔다는 것이다. 모세의 기도에는 논리가 있다.

29 그리고 그들은 당신의 백성과 당신이 데리고 나온[1] 당신의 기업입니다.
당신의 큰 능력으로[2] 그리고 당신의 뻗은 팔로.[3]

본문 비교

1) 사마리아 오경은 "이집트에서" 그리고 70인경은 "이집트의 땅에

서"(ἐκ γῆς Αἰγύπτου)를 덧붙인다.

2) 70인경(B)는 "당신의 강한 손으로"를 첨가한다(참고. 출 32:11).

3) 마소라 사본은 페투카(פ)를 두어 단락을 나누고 있다.

히브리어는 동사가 없이 "그리고 그들은 당신의 백성 그리고 당신의 기업"으로 여기에 동사 '~이다'로 넣어서 "그들은 당신의 백성 그리고 당신의 기업입니다"이다. "당신의 기업" 뒤에 관계 대명사 절 "당신이 데리고 나온"이 따라온다.

하나님의 능력을 나타내는 두 개의 전치사 구들 "당신의 큰 능력으로, 그리고 당신의 뻗은 팔로"과 두 개의 명사들 "당신의 백성과 당신의 기업"이 평행을 이루고 있다.

모세는 다시 이스라엘을 "당신의 백성과 당신의 기업"이라고 말한다(참고. 26절). 그리고 하나님이 이집트에서 능력으로 출애굽 시킨 백성이라는 것을 상기시킨다. 하나님이 열 재앙으로 이스라엘의 역사에 개입하셨다. 하나님이 인간 역사에 뚫고 들어오셔서 개입하신 것이다. 하나님이 직접 역사 속에서 행동하신 것을 말한다. 이러한 일은 세계 역사 속에서 일어난 적이 없는 일이다(참고. 신 4:34). 모세는 하나님께서 이렇게 구원하신 백성이 당신의 기업이며 당신의 백성임을 기억해 달라고 기도하고 있다.

참고 문헌

김영욱, "좋은 왕과 나쁜 왕에 대한 열왕기 저자의 평가 기준," 『열왕기 상 어떻게 설교할 것인가』, 서울, 2008, 50-54.

Bailey, L. R., "The Golden Calf," *HUCA* 42 (1971), 97-115.

Begg, C. T., "The Destruction of the Calf," in *Das Deuteronomium*,

Leuven, 1985, 208-251.

——, "The Destruction of the Golden Calf Revisited," in *Deuteronomy and Deuteronomic Literature*, Leuven, 1997, 469-480.

——, "The Function of Josh 7,1-8,29 in the Deuteronomistic History," *Bib* 67 (1986), 320-333.

Braulik, G., "Die Funktion von Siebenergruppierungen im Endtext des Deuteronomiums," in *Ein Gott - Eine Offenbarung*, Würzburg, 1991, 37-50.

——, "'Die Wort' (*hadd^{e}b□rîm*) in Deuteronomium 1-11," in "*Gerechtigkeit und Recht zu üben" (Gen 18,19): Studien zur altorientalischen und biblischen Rechtsgeschichte, zur Religionsgeschichte Israels und zur Religionssoziologie*, Wiesbaen, 2010, 200-216.

Brichto, H. C., "The Worship of the Golden Calf: A Literary Analysis of a Fable on Idolatry," *HUCA* 54 (1983), 1-44.

Coats, G. W., "The Golden Calf in Psalm 22," *HBT* 9 (1987), 1-12.

Erlandsson, S., "The Wrath of YHWH," *TynB* 23 (1972), 111-116.

Fensham, F. C., "The Burning of the Golden Calf and Ugarit," *IEJ* 16 (1966), 191-193.

Geus, C. de, "The Profile of an Israelite City," *BA* 49 (1986), 224-227.

Janzen, J. Gerald, "The Character of the Calf and Its Cult in Exodus 32," *CBQ* 52 (1990), 597-607.

Kline, Meredith G., "The Two Tables of The Covenant," *WTJ* 22 (1959), 133-146.

Lewy, I., "The Story of the Golden Calf Reanalysed," *VT* 9 (1959), 318-322.

Mazar, A., "The 'Bull Site' - An Iron Age I Open Cult Place," *BASOR* 247 (1982), 27-42.

McConville, J. G., "Retribution in Deuteronomy: Theology and Ethics," *Int* 69 (2015), 288-298.

Miller, P. D., "Fire in the Mythology of Canaan and Israel," *CBQ* 27 (1965), 256-261.

Lohfink, N., *Das Hauptgebot*, AnBib 20, Rome, 1963.

———, "Deuteronomium 9,1-10,11 und Exodus 32-34. Zu Endtextstruktur, Intertextualität, Schichtung, und Abhängigkeit," in *Gottes Volk am Sinai*, Gütersloh, 2001, 41-87.

Motzki, H., "Ein Beitrag zum Problem des Stierkultes in der Religionsgeschichte Israels," *VT* 25 (1975), 470-485.

Noth, M., "Zur Anfertigung des 'Goldenen Kalbes'," *VT* 9 (1959), 419-422.

O'connell, R. H., "Deuteronomy IX 7-X 7, 10-11: Panelled Structure, Double Rehearsal and the Rhetoric of Covenant Rebuke," *VT* 42 (1992), 492-509.

Peckham, B., "The Composition of Deuteronomy 9:1 - 10:11," in *Word and Spirit*, Willowdale, 1975, 3-59.

Sasson, J. M., "The Worship of the Golden Calf," in *Orient and Occident*, AOAT 22, Neukirchen-Vluyn, 1973, 151-159.

Schmitt, H. C., "Redaktion des Pentateuch im Geiste der Prophetie," *VT* 32 (1982), 170-189.

Seters, J. van, "Confessional Reformulation in the Exilic Period," *VT* 22 (1972), 448-459.

Talstra, E., "Deuteronomy 9 and 10. Synchronic and Diachronic Observations," in *Synchronic or Diachronic?* Leiden, 1995, 187-210.

Venema, G. J., "Why Did Moses Destroy 'The Golden Calf'? Four Reading of Deuteronomy 9:21 and Exodus 32:20," in *The Rediscovery of the Hebrew Bible*, Maastricht, 1999, 39-49.

Zipor, M. A., "The Deuteronomic Account of the Golden Calf and its Reverberation in Other Parts of the Book of Deuteronomy," *ZAW* 108 (1996), 20-33.

DEUTERONOMY 신명기 10장

A New Translation with
Introduction
and Commentary

DEUTERONOMY

D E U T E R O N O M Y

신명기 10장

Deuteronomy 10

내용/구조

이 장은 크게 두 부분, 1-11절과 12-22절까지로 나눌 수 있다. 첫 부분인 1-11절은 언약이 회복된 것을 보여준다. 하나님의 명령에 따라 모세는 두 돌 판을 만들어서 산에 오른다. 하나님은 그 돌 판에 십계명을 다시 써 주셨고 모세는 그 돌 판을 위한 한 궤를 만들어 그 안에 보관했다(1-5). 이후 이스라엘이 언약궤와 함께 여행한 여정을 간략하게 그리고 있다. 이 부분은 마치 삽입된 것 같은 느낌을 받는다. 아론이 죽고 그의 아들 엘르아살이 제사장 직분을 이어받았다. 그리고 레위 지파는 다른 지파와 구별되어 언약궤를 섬기게 되었다(6-9). 다시 사십 일 동안 모세가 시내 산에 있었던 것을 말한다. 하나님은 모세에게 이제 길을 떠나 가나안 땅을 향하여 여행하라고 하신다. 가나안 땅 정복을 위한 여행 준비를 명하신 것이다(10-11).

두 번째 부분은 단순하다. 이스라엘의 하나님 아도나이께서 이스라엘에게 요구하는 것이 무엇인지를 설명한다. 질문과 답변 형식으로 주어진다. 이 부분은 이스라엘이 황금 송아지를 만들어서 아도나이 하나님을 반역한 것과 대조되고 있다(12-22).

이 장을 더 세분화시켜 분석해 보면 다음과 같다.

1. 새로운 두 돌 판과 궤(10:1-5)
2. 아론의 죽음과 엘르아살의 제사장 직분 계승(10:6-7)
3. 언약궤를 위하여 레위 지파를 구별함(10:8-9)
4. 백성을 가나안 땅으로 인도하라(10:10-11)
5. 이스라엘에 대한 하나님의 요구(10:12-22)

1. 새로운 두 돌 판과 궤(10:1-5)

첫 번째 돌 판은 하나님이 직접 만들고 그 위에 십계명을 써 주셨다. 하지만 그 돌 판들은 이스라엘이 금송아지를 만들었을 때 모세가 던져 깨뜨렸다. 이것은 이스라엘이 우상 숭배를 했기 때문에 언약이 파기된 것을 의미한다. 그 후에 하나님은 모세에게 첫 번째 돌 판과 같은 두 돌 판을 만들어서 산으로 올라오라고 하신다. 그리고 그 두 돌 판들을 보관할 한 나무 궤를 만들 것을 명령하신다. 궤는 싯딤 나무(아카시아 나무)로 만들어졌다. 모세가 새로운 돌 판을 만들어 산에 올라가자 하나님은 그 판에 처음과 같은 십계명의 말씀을 기록하여 주셨다. 이것은 금송아지에 의해 깨어진 언약이 회복된 것을, 재 보증된 것을 의미한다. 모세는 산에서 그 돌 판들은 가지고 내려와서 나무 궤에 넣어 보관했다.

번역

1 그때에, 아도나이께서 나에게 말했다,
너를 위하여 두 돌 판들을 처음과 같이 깎아라,
그리고 나에게 그 산으로 올라오라,
그리고 너는 너를 위하여 나무 궤를 만들어야 한다.

2 내가 그 판들 위에 그 말씀들을 쓸 것이다,
그것들은 네가 깨뜨렸던 그 첫 판들 위에 있었다,
그리고 너는 그것들을 그 궤 안에 두어야 한다.
3 그리고 내가 아카시아 나무 궤를 만들었다,
그리고 내가 두 돌 판을 깎았다 처음과 같이,
그리고 내가 그 산으로 올라갔고 나의 손안에 두 판들이 있었다.
4 그리고 그가 그 판들 위에 첫 기록과 같이 썼다,
아도나이께서 너희에게 말씀하셨던 열 개의 말씀들을,
그 산에서 그 불 가운데서, 그 모임의 날에,
그리고 아도나이께서 나에게 그것들을 주셨다.
5 그리고 내가 돌아섰고 그 산에서 내려왔다,
그리고 내가 그 판들을 내가 만들었던 그 궤 안에 두었다,
그리고 그것들이 아도나이께서 나에게 명령하셨던 대로 거기에 있었다.

주해

1 그때에, 아도나이께서 나에게 말했다,
너를 위하여 두 돌 판들을 처음과 같이 깎아라,
그리고 나에게 그 산으로 올라오라,
그리고 너는 너를 위하여 나무 궤[1]를 만들어야 한다.

본문 비교

1) 탈굼 네오피티는 "언약 궤"(ארון דקים)로 번역했다.

"그때에"는 금송아지 사건 때를 의미한다(참고. 9:20). 금송아지 사건으로 인하여 아도나이와 이스라엘 사이의 언약 관계에 심각한 위기를 맞았다. 그러나 모세의 중보 기도를 통하여 이 언약 관계는 다시 회복되었다. 아도나이는 이제 모세에게 다시 언약을 회복시킬 것을 말씀하

신다. 언약의 회복은 아도나이께서 언약의 돌 판을 만들어 오라는 명령에서 나타난다. 왜냐하면 모세가 두 돌 판을 던져 깨뜨렸기 때문이다.

“깎아라”(פסל)는 명령형으로 ‘새겨라,’ ‘파라’는 의미이다. 아도나이께서 모세에게 돌을 깎아서 두 개의 판을 만들 것을 명령하신다. 이것은 언약의 내용인 십계명을 쓸 돌 판이다. 아도나이께서 다시 십계명을 주실 의향을 보이신다. 언약이 다시 회복될 것을 나타낸다.

“처음과 같이”는 모세가 처음에 받았던 두 돌 판의 모양과 크기를 말한다. 같은 모양과 크기로 돌 판을 깎으라는 것이다. 물론 내용도 첫 것과 같은 내용이 들어갈 것이다.

“그 산으로”는 시내 산을 의미한다. “올라오라”는 시내 산 정상으로 올라오라는 것이다. 모세가 처음에 두 돌 판을 받아서 시내 산에서 내려올 때 아도나이는 여전히 그 산에 불 가운데 임재 해 계셨다(신 9:15). 이스라엘을 위하여 중보 기도를 했던 모세는 아도나이와 이스라엘 사이의 중재자로서 다시 시내 산에 올라간다. 아도나이께서 시내 산에 불로 강림하셨을 때 이스라엘은 아도나이를 두려워해서 감히 산에 올라갈 수가 없었다. 이때 모세가 아도나이와 이스라엘 사이에서 중재자 역할을 감당했다. 아도나이의 말씀을 듣고 이스라엘에게 전해 주었다(신 5:5). 성막이 지어지기 전까지 모세는 계속 하나님의 말씀을 듣기 위해 시내 산을 올라갔고 그 말씀을 이스라엘에게 전해주기 위해서 산에서 내려 왔다.

“나무 궤”는 두 돌 판을 넣어 둘 나무로 만든 상자를 의미한다. 이 궤는 다시 “언약 궤”로 불린다(10:8). 모세는 출애굽 후세대에게 율법을 설명한 후에 그 율법을 두루마리에 써서 이 궤 옆에 두었다(신 31:26).

“만들어야 한다”(ועשית)는 와우 연속 칼 완료형이지만 문맥에 따라 명령형 “만들라”로 번역할 수 있다. 개역 개정을 비롯한 많은 현대 역본들이 명령형으로 번역한다. 하지만 70인경은 이것을 미래 직설법 ποιήσεις로 번역했다.

2 내가 그 판들 위에 그 말씀들을 쓸 것이다,
그것들은 네가 깨뜨렸던 그 첫 판들 위에 있었다,
그리고 너는 그것들을 그 궤 안에 두어야 한다.

두 개의 관계 대명사가 나오는 절이다. 위의 번역은 관계 대명사를 끊어서 번역한 것이다. 이것을 연결해서 번역하면 다음과 같다. "내가 그 판들 위에 네가 깨뜨렸던 그 첫 판들 위에 있었던 그 말씀들을 쓸 것이다."

"그 판들"은 모세가 다시 만든 두 번째 돌 판들을 의미한다. 아도나이께서 다시 두 번째 돌 판들 위에 말씀을 쓰실 것을 말씀하신다. "쓸 것이다"는 '새길 것이다'라는 뜻이다. 돌 위에 말씀들을 새기는 것이다. "그 말씀들"은 당연히 십계명을 의미한다.

"그것들은" "말씀들"을 의미한다. 첫 돌 판들 위에 십계명이 기록되어 있었다. 아도나이는 그 말씀들을 그대로 두 번째 돌 판들 위에 써 주실 것이다. 이것은 깨졌던 언약 관계가 다시 회복될 것을 뜻한다.

"네가 깨뜨렸던"은 시내 산에서 내려온 모세가 금송아지를 보고 두 돌 판을 던져서 깨뜨렸던 것을 말한다(9:16-17). 언약의 돌 판이 깨짐으로 인하여, 이스라엘의 우상숭배로 인하여 아도나이와 이스라엘 사이에 맺었던 언약이 깨졌다.

"그것들을"은 아도나이께서 십계명을 다시 써 주실 돌 판들을 말한다. 모세가 두 번째로 만든 돌 판들이다. 이것들을 나무로 만든 궤 안에 넣어 둘 것을 말씀하신다. 십계명의 보관 장소는 나무로 만든 상자이다.

3 그리고 내가 아카시아 나무 궤를 만들었다,
그리고 내가 두 돌 판을 깎았다 처음과 같이,
그리고 내가 그 산으로 올라갔고 나의 손안에[1] 두 판들이 있었다.

본문 비교

1) 70인경은 "나의 손들 위에"로 읽는다.

"아카시아 나무 궤"는 '아카시아 나무로 궤를 만들었다'는 의미이다. 아카시아 나무는 조각목으로 번역되었으며 성막의 각종 기구들, 언약궤, 언약궤를 메는 채(출 25:13), 상(출 25:23), 성막 널판(출 26:15)과 성막 기둥(출 26:32)을 만들 때에 사용되었다.

모세는 여기서 자신이 두 돌 판을 위한 나무 궤를 만들었다고 말한다. 하지만 출애굽기의 기록에 따르면 브살렐이 궤를 만들었다(출 37:1). 그리고 궤를 만든 시간도 문제가 된다. 모세는 여기서 두 번째 돌판을 깎아서 시내 산에 올라가기 전에 궤를 만들었다고 말한다. 하지만 출애굽기에 따르면 하나님께서 모세에게 두 번째 시내 산으로 올라오라고 하셨을 때에 궤에 대한 언급은 없었다. 십계명을 다시 쓸 돌 판을 깎아서 올라오라고 하셨다(출 34:1). 출애굽기는 모세가 두 번째 돌 판에 십계명을 받아 가지고 시내 산에서 내려온 후에 브살렐이 만들었다고 설명한다(출 34:29-37:1). 신명기와 출애굽기의 이러한 차이점 때문에 과연 누가 언제 궤를 만들었는가 하는 질문이 생겨난다.

역사 비평학에 근거한 학자들은 이 차이를 문서상의 차이로 받아들였다(Driver, 118). 다른 이는 이 차이점을 조화시키는 것은 열매가 없었다고 말하며 출애굽기와 신명기의 문맥은 신학적인 차이점 때문이라고 말한다. 출애굽기는 시내 산에서 회막에서의 정기적인 예배로의 신학적 관심의 이동이 있다. 반면에 신명기는 이스라엘이 금송아지를 만들어 반역함으로 이스라엘이 하나님의 언약의 파트너로서 적당한가에 대한 신학적 관심이 있다고 말한다. 두 본문의 차이는 신학적 목적의 차이에서 기인한다(J. C. McConville, *Deuteronomy*, 187-188).

위의 실명에도 불구하고 다른 학자들은 궤를 누가 만들었는지에 대하여 다양한 의견을 제시한다. 칼 델리취는 언약 궤는 성소가 세워지기 전에 만들어지지 않았으며 성소가 봉헌 되었을 때 두 돌 판은 언약 궤에 안치되었다(출 40:20)는 점을 상기시킨다(Keil-Delitzch, 340). 크리스텐슨은 모세가 어떤 설계도를 따라 만들었고 실제적인 작업은 장인 브살렐이 했을 것이라고 말한다(Christensen, 193). 와인펠드는 출애굽기의 설명은 제사장의 설명을 선호하여 모세가 궤를 만든 것을 숨기고 있다고 말한다. 하지만 그는 출애굽기 33:7에 궤에 대한 암시가 있다고 생각한다. "모세가 항상 장막을 취하여 진 밖에 쳐서"에서 '장막을...쳐서'에서 히브리어는 '그리고 그가 그것을 위하여 쳤다'(ונטה לו)이다. 여기서 '그것을 위하여'(לו)의 '그것을' 궤로 해석한다. 그렇다면 와인펠드에 따르면 궤는 이미 만들어져 있었다(Weinfeld, 417). 라이트는 실제 궤는 브살렐이 만들었고 여기서 모세는 창시자initiator로서 언급되었다 말한다(C. Wright, *Deuteronomy*, NIBC 4, Massachusetts, 1996, 141).

출애굽기와 신명기의 차이점을 설명하기 위해서는 먼저 신명기에 나오는 표현 "궤"의 사용에 주목해야 한다. 신명기에 "궤"는 모두 8번 나온다. 이 가운데 4번은 단순히 "궤"로 나오며(10:1, 2, 3, 5) 나머지 4번은 "언약 궤"로 나온다(10:8, 31:9, 25, 26).

단순히 "궤"로 나오는 본문은 모세가 궤를 만들었다고 말한다. 모세는 두 번째 돌 판을 깎아서 시내 산에 올라가기 전에 아카시아 나무로 궤를 만들었다. 그리고 시내 산에서 내려온 후에 두 돌 판을 궤에 넣어서 보관했다(10:3, 5). 모세가 만든 궤는 단순한 기능을 한다. 두 돌 판을 보관하는 것이다. 모세가 궤를 만든 것은 아도나이의 명령을 따라서 만들었으며(10:1) 두 돌 판을 궤에 넣은 것도 아도나이의 명령에 따른 것이다(10:2).

모세는 아도나이의 명령에 따라서 궤를 만들었다. 그렇다면 궤의 크기를 알고 있었다는 말이 된다. 출애굽기의 연대기 순서에 따르면 궤를 만들라는 명령은 모세가 첫 번째 돌 판을 받으러 올라갔을 때 주어졌다. 또한 그 궤에 돌 판을 넣어두라고 하셨다(출 25:10-22). 따라서 모세는 두 번째 돌 판을 받으러 올라가기 전에 이미 "궤"의 크기와 용도를 알고 있었다는 결론이 나온다. 아도나이께서 모세에게 두 번째 돌 판을 받으러 오기 전에 궤를 만들라는 명령은 자연스럽다. 모세가 두 번째 돌 판을 받아 가지고 내려오면 그 돌 판을 보관할 곳이 있어야 한다. 그래서 먼저 궤를 만들라고 하신 것이다. 하지만 이 궤는 단순히 두 돌 판을 보관하는 기능만 하였다. 그래서 신명기 10:1-5에서 나무로 만든 "궤"로만 나오는 것이다.

이 궤를 아마도 브살렐이 완성했을 것이다. 여기에 금을 입히고 금으로 그룹을 만들어 언약궤를 만들었다(출 37:1-9). 이 완성된 언약궤는 하나님의 임재의 처소로서 이스라엘 예배의 중심지가 되었다. 레위 인들이 이 언약궤를 메었으며 이곳에서 아도나이를 섬기며 그의 이름으로 백성을 축복했다.

이러한 설명이 자연스러운 것은 신명기의 다른 곳에 나오는 "언약궤"라는 표현을 살펴보면 알 수 있다. 레위 인들이 "언약 궤"를 메었으며 그들이 아도나이 앞에서 서서 섬기며 아도나이의 이름으로 백성을 축복하였다(신 10:8). 이 "언약 궤" 옆에 모세가 쓴 율법 책을 보관했다(신 31:9, 25, 26). 이제 "언약궤"는 이스라엘 예배의 중심적인 역할을 한다. 하나님의 임재의 처소이며 대제사장이 하나님의 말씀을 듣는 장소이며 백성을 위하여 속죄하는 장소이다. 백성들이 언약궤에 나아와 예배를 드리는 처소로서 종교적인 기능을 하고 있다(비교 G. von Rad, "Zelt und Lade," in *Gesammelte Studien zum Alten Testament*, München, 1961, 112).

4 그리고 그가 그 판들 위에 첫 기록과 같이 썼다,
아도나이께서 너희에게[1] 말씀하셨던 열 개의 말씀들을,
그 산에서 그 불 가운데서, 그 모임의 날에,[2]
그리고 아도나이께서 나에게 그것들을 주셨다.

본문 비교

1) 마소라 사본은 "너희에게"(אליכם)인데 반하여 일부 히브리어 사본들과 사마리아 오경은 '너희와 함께'(עמכם)으로 읽는다. 아람어 성경들인 탈굼 옹켈로스, 탈굼 네오피티, 탈굼 프쉬도 요나단 역시 '너희와 함께'(עמכון)이다.

2) 70인경은 "그 모임의 날에"를 생략한다(참고. 9:10). 오리겐의 헥사플라(Hexapla)는 의구표와 함께 "그 모임의 날에"(ἐν τῇ ἡμέρα τῆς ἐκκλησίας)를 넣어 마소라 사본과 같게 한다.

이 구절을 다시 번역해 보면 다음과 같다. "그리고 그가 그 판들 위에 첫 기록과 같이 아도나이께서 그 산에서 그 불 가운데서 그 모임의 날에 너희에게 말씀하셨던 열 개의 말씀들을 썼다, 그리고 아도나이께서 나에게 그것들을 주셨다."

"그가 썼다"는 '그가 새기다' 또는 '그가 파다'로 아도나이께서 두 돌판 위에 쓰신 것을 의미한다. 두 번째 돌 판 위의 십계명 역시 첫 번째 돌 판과 같이(신 5:22) 아도나이께서 직접 써 주셨다. 모세는 이 점을 강조한다.

"첫 기록과 같이"는 모세가 깨버린 첫 번째 돌 판에 썼던 것을 의미한다. "같이"(כ)는 '~처럼,' '~에 따라서'로 두 번째 돌 판 위의 십계명은 '첫 번째 썼던 것처럼,' 또는 '첫 번째 썼던 것에 따라서'이다. 즉 첫 번째 돌 판에 썼던 것과 똑같은 말씀이다.

"첫 기록과 같이"는 다시 "열 개의 말씀들"로 설명되었다. "열 개의 말씀들"은 십계명으로 아도나이께서 직접 선포하신 말씀들이다(신 4:13). 십계명은 신명기 5장에 자세하게 기록되어 있다.

십계명은 언제, 어디서, 어떻게 주어졌는지를 설명한다. 장소는 "그 산에서" 즉 시내 산에서이며, 아도나이께서 어떠한 방법으로 말씀하셨는지는 "그 불 가운데서" 그리고 언제 말씀하셨는지는 "그 모임의 날에"로 설명한다. "그 불 가운데서"는 아도나이께서 임재하신 것을 의미한다.

"그 모임의 날에"는 특별한 목적을 갖고 모인 집회의 날이다. 시내 산에서 이스라엘이 아도나이의 말씀을 듣기 위해 모인 날을 의미한다. 아도나이는 직접 시내 산에 불 가운데 임하셔서 이스라엘에게 십계명을 말씀하셨다(참고. 신 4:10).

"아도나이께서 나에게 그것들을 주셨다." 두 돌 판을 만든 것도 모세이고(3절) 그 것을 다시 받아 가지고 산에서 내려온 것도 모세이다. 모세는 하나님의 율법을 받아서 이스라엘에게 가져온 자이다.

> 5 그리고 내가 돌아섰고 그 산에서 내려왔다,
> 그리고 내가 그 판들을 내가 만들었던 그 궤 안에 두었다,
> 그리고 그것들이 아도나이께서 나에게 명령하셨던 대로 거기에 있었다.

모세의 계속적인 행동이 묘사되었다. 모세는 두 돌 판을 아도나이께 받아서 산에서 내려왔다. 그리고 그 두 돌 판들을 자신이 만든 궤 안에 보관하였다. 궤는 두 돌 판을 보관하는 기능을 한다. 이 궤는 이스라엘과 함께 광야를 여행하고 가나안 땅으로 들어왔다. 후에 솔로몬이 성전을 짓고 나서 궤를 예루살렘 성전으로 옮겼다. 그때 언약 궤 안에 두 돌 판들 외에 아무것도 없었다고 증언한다(왕상 8:9).

2. 아론의 죽음과 엘르아살의 제사장 직분 계승(10:6-7)

5절에서 모세는 궤를 만들어 그 안에 두 돌 판을 보관했다. 이 이야기는 10절에 자연스럽게 연결된다. 따라서 6-9절은 삽입된 본문이다. 개역 개정 역시 괄호 안에 이 본문을 넣어 두었다.

이 단락(6-7)은 대제사장 아론이 죽고 그의 아들 엘르아살이 그 직분을 계승한 내용을 담고 있다.

번역

6 그리고 이스라엘 아들들이 브에롯 브네야아간에서 모세라로 출발했다,
거기서 아론이 죽었고 거기에 장사되었다,
그리고 그의 아들 엘르아살이 그 대신에 제사장이 되었다.
7 거기에서 그들이 굿고다로 출발했다,
그리고 굿고다에서 물의 시내들의 땅 욧바다로.

주해

6 그리고 이스라엘 아들들이 브에롯 브네야아간에서 모세라로 출발했다,[1)]
거기서 아론이 죽었고 거기에 장사되었다,
그리고 그의 아들 엘르아살이 그 대신에 제사장이 되었다.

본문 비교

1) 사마리아 오경은 6절이 아주 짧다. "그리고 이스라엘 아들들이 모세롯에서 출발했다 그리고 그들이 브네야아간에서 진쳤다." 사마리아 오경은 약간 변경된 지명이 나온다. 이스라엘의 여행이 "모세롯"(**מסרות**)에서 "브네야아간"(**בני יעקן**)으로 나아간 반면 미소라 사본은 "브에롯 브네야아간"(**בארת בני יעקן**)에서 "모세라"(**מוסרה**)로 나아갔다(참고. 민 33:31-32). 사마리아 오경은 민수기의 여행 일지를 따르고 있다.

아람어 성경가운데 탈굼 프쉬도 요나단은 여기에 흥미로운 설명을 덧붙이고 있다. 이곳을 아말렉과 싸운 장소로 소개한다. 이때 이스라엘 백성은 그 전쟁을 원하지 않았기 때문에 이집트로 돌아가려고 했다. 그

들은 여행해 온 여섯 개의 지역을 뒤돌아갔다. 레위인들은 그들을 추격했고 그들을 살해했다. 모두 여덟 집안이 살육을 당했다. 이들의 슬픔은 아론이 죽어서 장사지낸 슬픔과 같았다고 설명하고 있다.

만일 신명기의 "브에롯 브네야아간"과 민수기의 "브네야아간"이 그리고 신명기의 "모세라"와 민수기의 "모세롯"이 같은 장소이라면 왜 신명기의 여행 일지는 민수기의 여행 일지와 반대인지를 탈굼 프쉬도 요나단이 설명하고 있는 것이다. 하지만 이 장소들이 동일한 곳인지는 확실하지 않다.

1-5절은 두 번째 돌 판과 궤에 대하여 말하더니 갑자기 6절부터 이스라엘이 광야를 여행한 여정을 설명한다. 그래서 학자들은 6-9절을 삽입처럼 생각한다. 왜냐하면 6-9절을 생략하고 5절 다음에 10절을 읽어도 자연스럽게 연결될 수 있기 때문이다. 개역 개정도 가로로 묶어 놓고 있음에 주목하라.

6-7절은 두 가지 점에서 문제점이 나타난다. 첫째는 1-5절은 1인칭이 나오는데 반하여 6-7절은 이스라엘을 지칭하기 위하여 3인칭이 사용되었다. 인칭의 변화는 6-7절이 마치 삽입된 것처럼 보인다. 둘째는 이스라엘의 여행 일지는 신명기와 민수기 사이에 차이를 보인다. 6-7절에서 이스라엘은 "브에롯 브네야아간"에서 "모세라," "굿고다," "욧바다"로 여행했다. 하지만 민수기는 "모세롯"에서 "브네야아간," "홀하깃갓," "욧바다"로 나아갔다(33:31-33). 여기에 대하여 일부 학자들은 여행 일정에 대한 다른 전통이 있다고 생각하거나(Driver, 118-120) 자료의 차이에서 기인하거나(Weinfeld, 419) 화자narrator가 다르기 때문이라고 설명하기도 한다(Tigay, 105).

하지만 6절에서 아론은 모세라에서 죽어 장사되었다고 말한다. 아론의 죽음은 9장의 금송아지 사건과 밀접한 관련이 있다. 시내 산에서 금송아지를 만들었을 때 하나님은 아론을 죽이시려고 했다(9:20). 하지만 그때 모세는 아론을 위해 기도했고 그 기도의 응답으로 아론은 시내 산에서 죽지 않고 모세라까지 여행에 동행할 수 있었다. 6-9절의 이스라엘 여행 여정의 기록은 금송아지 사건과 아론의 죽음 사이를 설명하기 위해서 여기에 기록해 놓은 것이다(참고. Craigie, 200-201, Keil-Delitzch, 340-342).

"출발했다"는 '떠났다,' '여행했다'의 뜻으로 이스라엘의 여행 여정을 설명한다. 7절에서도 이 단어가 사용되어 이스라엘의 여행 경로를 말하고 있다.

"브에롯 브네야아간"(בארת בני יעקן)이 어디 있는지 정확하게 알 수 없다. '브네'(בני)가 '아들들'이기 때문에 '야아간의 아들들'로 번역할 수 있다. '야아간 아들들의 브에롯'이다("Beeroth of the sons of Jaakan" - Young의 번역 YLT). '브에롯'(בארת)을 '우물'(באר)로 번역하여 '야아간의 아들들의 우물들'로 번역하기도 한다("wells of the sons of Jaakan" - Keil-Delitzch, 341 그리고 Tigay, 418, "Brunnen der Jaakansöhne" - Buber 그리고 "Putten van de Jaäkanieten" - Labuschagne I[B], 224). 민수기의 여행 일지에 따르면 이스라엘은 "브네야아간"(בני יעקן)에 머물렀다(민 33:31). 신명기의 "브에롯 브네야아간"과 민수기의 "브네야아간"이 같은 장소인지 알 수 없다

"모세라"(מוסרה) 역시 정확한 장소가 어디인지 알 수 없다. 민수기에서는 "모세롯"(מסרות)이 나오는데 이는 여성 복수이다. "모세라"(מוסרה)의 복수일 수도 있다(민 33:30-31, Driver, 119). 하지만 "모세라"(מוסרה)의 단어 끝의 '헤'(ה ָ)는 "모세르"(מוסר)를 향한 방향을 지시할 수 있다(Ges-K § 90 h). 이렇게 되면 "모세롯"이 "모세르"의 복수인지 명확하지 않다. 따라서 이 지명들이 동일한 곳을 말하는지 아니면 다른 장소를 의미하는지 알 수 없다.

"거기서 아론이 죽었고 거기에 장사되었다." "모세라"는 아론이 죽

은 장소이다. 그런데 민수기에 따르면 아론은 "호르 산"에서 죽었다(민 33:38-39; 20:22-29). 이것을 보면 "모세라"는 "호르 산"의 한 장소일 것이다. 아론은 금송아지의 사건 때에 아도나이의 진노의 대상이었다. 아도나이께서 아론을 죽이려고 하셨다(신 9:20). 이때 모세는 아론을 위하여 기도하였고(신 9:20) 하나님의 응답을 받아 아론은 시내 산에서 죽지 않았다. 아론이 "모세라"에서 죽었다는 진술은 모세의 기도에 대한 아도나이의 응답이다(Craigie, 200). 아론 대신에 그의 아들 엘르아살이 제사장 직분을 계승했다는 사실은 하나님의 은혜가 계속 이어지고 있다는 것을 보여준다.

7 거기에서 그들이 굿고다로 출발했다,
그리고 굿고다에서 물의 시내들의 땅 욧바다로.[1)]

본문 비교

1) 사마리아 오경의 6절은 짧았다. 하지만 7절은 매우 길다. 히브리어를 번역해 보면 다음과 같다. "거기에서 그들은 출발했고 굿고다에 진쳤다. 거기에서 그들은 출발했고 욧바다에, 흐르는 시내들의 땅, 진쳤다. 거기에서 그들은 출발했고 에시온 게벨에 진쳤다. 거기에서 그들은 출발했고 신 광야에 진쳤다. 그곳은 가데스이다. 거기에서 그들은 출발했고 호르 산에 진쳤다. 거기서 아론이 죽었고 장사되었다. 그리고 그의 아들 엘르아살이 그 대신에 제사장이 되었다."
6-7절에서 사마리아 오경이 제시하는 여행 경로는 모세롯, 브네야아간, 굿고다, 욧바다, 에시온 게벨, 신 광야 즉 가데스, 호르 산 순이다. 이 순서는 정확하지는 않지만 민수기 33:30-39의 순서를 따른 것이다. 사마리아 오경은 민수기의 여행 여정과 동일시한다.

"굿고다"(הגדגדה)가 어느 장소인지 정확하게 알 수 없다. 민수기의 순서에 따르면 "홀하깃갓"(חר הגדגד)이다(민 33:32). 두 지명이 같은 곳인지 확인할 수 없다.

"욧바다"(יטבתה)는 아카바 만의 엘랏에서 남쪽의 약 70마일 정도 떨어진 타베Tabeh와 동일시되기도 하지만(Weinfeld, 420) 역시 확인할 수 없는 장소이다. 민수기에서 동일한 장소 지명으로 나온다(민 33:33).

"물의 시내들의 땅"은 우기 때에 흐르는 시내들 즉, 와디가 있는 곳을 의미할 것이다. "욧바다"는 아마도 와디가 있는 계곡 근처의 지역일 것이다.

3. 언약궤를 위하여 레위 지파를 구별함(10:8-9)

하나님은 언약궤를 위하여 레위인들을 구별하셨고 그들에게 언약궤를 운반과 보관을 일임하셨다. 레위인들은 이스라엘에서 종교적 일을 담당하기 위하여 선택된 지파였다.

번역

8 그때에, 아도나이께서 레위 지파를 구별하셨다.
아도나이의 언약궤를 운반하기 위하여,
아도나이 앞에 서기 위하여, 그를 섬기기 위하여,
그리고 그의 이름으로 축복하기 위하여 이 날까지.
9 그러므로 레위에게 몫이 그리고 그의 형제들과 함께 기업이 없다,
아도나이 그가 그의 기업이다,
아도나이 너의 하나님이 그에게 말씀하셨던 것 같이.

주해

8 그때에, 아도나이께서 레위 지파를 구별하셨다,[1]
아도나이의 언약궤를 운반하기 위하여,
아도나이 앞에[2] 서기 위하여,[3] 그를[4] 섬기기 위하여,
그리고 그의 이름으로 축복하기 위하여 이 날까지.

본문 비교

1) 탈굼 프쉬도 요나단은 아도나이께서 레위 지파를 구별한 이유를 다음과 같이 설명한다. "그들이 그의 이름을 위하여 그의 영광을 위하여 살해하도록 질투하였기 때문이다." 이 같은 설명은 출애굽기 32:26-29을 의식한 해설이다.
2) 벌게이트는 "그 앞에서"(coram eo)이다.
3) 일부 사마리아 오경 사본들, 쿰란 사본(2QDeut[c]), 벌게이트, 시리아 역은 "그리고 서기 위하여"로 읽는다.
4) 70인경은 "그를"을 생략하고 "섬기기 위하여"로 읽는다. 오리겐의 헥사플라Hexapla는 의구표와 함께 "그를"(αὐτῷ)을 넣어주었다.

"구별하셨다"는 '분리하다,' '떼어놓다'이다. 하나님은 세상의 모든 백성들로부터 이스라엘을 하나님의 소유로 구별하셨다(레 20:24, 26). 그리고 이스라엘의 12지파들 가운데서 하나님은 레위 지파를 따로 구별하셨다. 레위 지파는 특별한 목적을 위하여 구별되었다. 하나님이 레위 지파를 구별하신 목적은 4개의 부정사 연계형에서 잘 나타난다.

첫째는 "아도나이의 언약궤를 운반하기 위하여" 즉, 언약궤를 나르는 임무이다. 언약궤는 금 고리 넷이 달려 있어서 채로 양쪽 고리에 꿰어서 궤를 멜 수 있었다(출 25:12-14). 이런 임무를 맡은 사람은 레위인들 가운데 고핫 사람들이었다(민 3:30-31). 이들이 언약궤를 메서 옮겼다(민 4:15). 이들은 레위인이자 제사장들이었다(신 31:9, 25). 특히 이

스라엘 백성이 요단강을 건널 때 언약궤를 멘 제사장들이 앞장섰다(수 3:14-17).

둘째는 "아도나이 앞에 서기 위하여"이다. 레위인들은 "아도나이 앞에" 설 수 있는 자들이다. 즉 아도나이께 가까이 갈 수 있도록 선택받은 자들이다. 이스라엘이 광야를 행진할 때 친 진을 보면 이스라엘 백성들이 구분되어 있는 것을 알 수 있다. 이스라엘은 언약궤를 중심으로 진을 쳤다. 성막에 즉 아도나이 앞에 가장 가까이 다가 갈 수 있는 사람은 대제사장이며 그 다음이 제사장과 레위인들이다. 그 다음에는 이스라엘의 12지파 사람들이며 그 다음이 부정한 자들과 이방인들이다. 이 순서를 보면 레위인들이 아도나이 앞에 가장 가깝게 설 수 있었다.

셋째는 "그를 섬기기 위하여"이다. '섬기는 것'은 '봉사하는 것'을 의미한다. 즉 레위인들은 아도나이를 위해 일하는 사람들이다. 성막과 성막의 기구들을 관리하는 것에서부터(민 1:50) 제사장 아론을 시종 드는 일(민 3:6; 18:2), 성막에서 일하는 것(민 8:24-26) 그리고 아도나이께서 선택하신 장소에서 섬기는 것(신 18:5-7)을 포함하고 있다. 이러한 레위인의 섬김은 이스라엘을 대신하여 아도나이를 섬기는 것이다(민 16:9).

마지막으로 "그의 이름으로 축복하기 위하여"이다. 백성을 축복하는 것을 의미한다. 제사장들은 아도나이의 이름으로 백성을 축복했다(신 21:5). 또한 대제사장 아론과 그의 아들들 역시 백성을 축복했다. 대제사장의 축복은 아도나이의 이름으로 행해졌다. 대제사장은 아도나이께서 백성에게 복을 주시기를, 지켜 주시기를, 은혜 베풀어 주시기를 그리고 평강 주시기를 간구했다(민 6:23-27).

9 그러므로 레위에게 몫이 그리고 그의 형제들과 함께 기업이 없다,
아도나이 그가 그의 기업이다,[1]
아도나이 너의 하나님이 그에게 말씀하셨던 것 같이.[2]

본문 비교

1) 탈굼 옹켈로스와 탈굼 프쉬도 요나단은 "주님께서 그에게 주신 선물이 그의 몫이다"라고 말한다. 탈굼 네오피티는 "주님의 예물이 그의 유산이다"고 설명한다.
2) 70인경은 "아도나이 너의 하나님이" 생략되었다. "그가 그에게 말씀하셨던 것 같이"(καθὰ εἶπεν αὐτῷ)이다. 오리겐의 헥사플라는 마소라 사본과 같이 하기 위하여 "주 너의 하나님"(κύριος ὁ θεός σου)을 표기하고 있다.

"몫"은 분배 재산의 한 부분을 그리고 "기업"은 소유로서 물림 재산 즉, 상속 재산을 뜻한다. 히브리어 어순은 "그러므로 레위에게 몫과 기업이 그의 형제들과 함께 없다"로 여기서 "몫"은 "기업"과 평행을 이루면서 레위인이 약속의 땅에서 받을 땅이 없음을 의미한다. 레위인들 뿐만 아니라 대제사장 아론 역시 기업이 없었다. 아론은 가나안 땅에서 취할 몫이 없었지만 아도나이 자신이 아론의 기업이 되신다고 선언하셨다(민 18:20). 레위인 역시 아도나이께서 그들의 기업이었다.

"그의 형제들"은 레위의 형제들로서 이스라엘의 12지파를 의미한다. 이스라엘의 12지파들은 하나님이 약속하신 땅 가나안에 들어가서 각 지파의 가정대로 땅을 차지했다. 하지만 레위 지파는 기업의 땅을 소유하지 못했다.

"아도나이 그가 그의 기업이다." 레위 지파의 기업은 아도나이 자신이었다(참고. 민 18:20). 레위 인들은 아도나이를 위하여 성막에서 일하였다. 그 대가로 레위인은 이스라엘 백성이 드리는 십일조를 취할 수 있었다. 십일조가 레위인들의 성막의 일에 대한 보수이며 기업이다. 이것은 하나님이 레위인에게 세운 영원한 규례이다(민 18:21-24). 그들은 가나안에서 기업이 없다. 눈에 보이는 기업의 땅은 없었지만 눈에 보이지 않는 하나님이 기업이었다.

"말씀하셨던 것 같이"는 '말씀하셨던 대로' 또는 '말씀하셨던 것처럼'이다. 하나님은 제사장과 레위인들이 가나안 땅에서 기업을 차지하지 못할 것을 말씀하셨다(신 18:1-2).

4. 백성을 가나안 땅으로 인도하라(10:10-11)

모세가 두 번째 사십일 금식을 마치고 아도나이의 명령을 따라 이제 가나안으로 향하는 여행을 준비한다. 이제 이스라엘은 시내 산을 떠나 약속의 땅으로 출발한다. 이 본문은 5절과 자연스럽게 연결되고 있다.

번역

10 그리고 내가 처음 날들과 같이 그 산에 서있었다, 사십 낮과 사십 밤을,
그리고 아도나이는 나를 들으셨다 그때에도 역시,
아도나이는 너를 멸망시키기를 원하지 않았다.
11 그리고 아도나이는 나에게 말했다,
일어나라, 여행을 가라 그 백성 앞에서,
그리고 그들이 들어 갈 것이며 점령할 것이다,
내가 그들에게 주기로 그들의 조상들에게 맹세했던 그 땅을,

주해

10 그리고 내가 처음 날들과 같이[1] 그 산에 서있었다, 사십 낮과 사십 밤을,
그리고 아도나이는 나를[2] 들으셨다 그때에도 역시,
아도나이는 너를[3] 멸망시키기를 원하지 않았다.[4]

본문 비교

1) 70인경은 "처음 날들과 같이"를 생략한다.

2) 탈굼 옹켈로스와 탈굼 프쉬도 요나단은 "나의 기도"이며 탈굼 네오피티는 "나의 기도 소리"로 읽는다.
3) 70인경은 "너희를"로 복수이다.
4) 마소라 사본은 "-않았다"(לא)가 문장 처음에 나온다. 일부 히브리어 사본들, 쿰란 사본(2QDeut[c]), 사마리아 오경, 70인경, 시리아역 그리고 벌게이트는 여기에 "그리고 -않았다"(ולא)로 나온다.

모세는 다시 호렙 산의 경험을 회고하고 있다. 이 절은 9:25-29의 내용과 잘 연결된다.

"내가 그 산에 서있었다"는 '내가, 내가 그 산에 서있었다'로 '나'를 강조하고 있다. 하나님이 임재 해 계신 호렙 산에 서 있었던 사람은 모세였다. 하나님께 가장 가까이 간 사람이다. 아론과 이스라엘이 금송아지를 만들어서 아도나이를 진노하게 했을 때에 모세는 하나님과 이스라엘 사이의 중재자로 있었다. 그는 이스라엘이 죄를 위해 중보기도를 하고 있었다. 모세는 이 점을 강조한다. 모세는 중재자로서, 중보자로서 호렙 산에 서있었다.

모세가 호렙 산에 아도나이 앞에 서있었던 것은 두 번째이다. 첫 번째 사십일은 하나님이 주시는 언약의 두 돌 판을 받기 위해서 있었다. 두 번째 사십일은 두 돌 판 위에 써 주시는 십계명을 받기 위해서 그리고 이스라엘을 위해 기도하기 위해서 있었다.

"아도나이는 나를 들으셨다 그때에도 역시"는 모세가 이스라엘을 위해 기도한 것이 응답되었다는 것을 의미한다(참고. 9:19). 모세의 중보기도는 9:25-29에 잘 나타나 있다. 이 기도에 대한 응답을 뜻한다.

"아도나이는 너를 멸망시키기를 원하지 않았다." 모세의 중보기도의 결과이다. 아도나이는 모세의 기도를 들으시고 "너를" 즉 이스라엘을 멸망시키는 것을 원하지 않았다. 이스라엘이 금송아지를 만들어 아도나이를 자극했다. 아도나이는 이스라엘을 진멸하려고 하셨으나(9:8,

19) 모세의 기도를 들으셨다.

[11] 그리고 아도나이는 나에게 말했다,
일어나라, 여행을 가라[1)] 그 백성[2)] 앞에서,
그리고 그들이 들어 갈 것이며 점령할 것이다,[3)]
내가 그들에게 주기로 그들의 조상들에게 맹세했던 그 땅을.

본문 비교

1) 히브리어 "일어나라, 여행을 가라"(קום לך למסע)는 문자적으로 '일어나라, 가라 여행을 위하여'이다. 이것을 70인경은 단지 두 개의 명령형 "가라, 떠나라"(βάδιζε ἄπαρον)로 읽는다. 하지만 아퀼라(ἀνάστηθι σαυτῷ εἰς ἄπαρσιν), 심마쿠스(πορεύου εἰς τὸ ἀπαίρειν), 테오도치온(ἀναστὰς πορεύου εἰς ἄπαρσιν)은 마소라와 같지만 사용한 단어는 서로 다르다.
2) 한 히브리어 사본, 사마리아 오경 그리고 70인경은 "이 백성"(העם הזה)이다. 오리겐의 헥사플라는 "이 백성"에 의구표를 붙여 놓았다.
3) 70인경은 명령형 "그들로 들어가게 하라 그리고 점령하게 하라"(εἰσπορευέσθωσαν καὶ κληρονομείτωσα)로 해석한다.

"그리고 아도나이는 나에게 말했다." 모세에게 임한 신적 명령을 소개한다. 모세는 아도나이와 직접 소통을 하며 아도나이의 명령을 받는 자였다. 모세는 아도나이의 말씀의 통로자이며 아도나이의 말씀을 백성에게 드러내는 자였다. 모세는 계시의 매개체이며 통로였다.

"일어나라, 여행을 가라 그 백성 앞에서"는 아도나이의 명령이다. 신적 명령이 직접 인용되어 나오고 있다. "일어나라, 여행을 가라"(קום לך למסע)는 '일어나라, 가라 여행을 위하여' 또는 '여행에'로 번역할 수 있다. 두 개의 명령형이 연이어 나온다. 이스라엘의 광야 여행은 아도

나이의 명령에 의하여 이루어졌다. 호렙 산에서 떠나라는 명령에 대하여 신명기 1:6-8을 참고하라.

"그 백성 앞에서"는 백성 앞에서 백성을 인도하라는 의미이다. 즉 모세에게 이스라엘 백성을 인도하여 약속의 땅으로 행진할 것을 말한다. 개역 개정은 "일어나서 백성보다 먼저 길을 떠나라"로 번역하여 다른 뉘앙스를 주고 있다.

"그리고 그들이 들어 갈 것이며 점령할 것이다." 이 절은 앞의 명령과 관련해서 '일어나라, 여행을 가라, 그들이 들어 갈 수 있도록 그리고 점령할 수 있도록'이라는 의미를 갖는다. 즉 이스라엘이 약속의 땅에 들어가기 위해 그리고 그 땅을 점령하기 위해 일어나서 여행을 떠나라는 뜻이다. 그래서 70인경은 명령형으로 "그들로 들어가게 하라 그리고 점령하게 하라"로 해석하고 있다.

"내가 그들에게 주기로 그들의 조상들에게 맹세했던 그 땅을." '그 땅을' 뒤에 관계 대명사(אשׁר)로 인도되는 절이다. 그 땅은 아도나이께서 이스라엘의 조상들, 아브라함과 이삭과 야곱에게 주기로 약속한 땅이다(1:8과 3장 서론을 참고).

5. 이스라엘에 대한 하나님의 요구(10:12-22)

이스라엘은 이집트에서 출애굽 한 후부터 계속 하나님께 반역했다(9:7-29). 특히 이스라엘의 반역은 시내 산에서 금송아지를 만듦으로 최정점에 이르렀다(9:12-13). 이제 하나님은 이스라엘이 과거의 불순종과 반역의 태도를 버리고 미래에는 하나님께 순종하는 태도를 갖기를 바라고 있다(10:12-16). 하나님이 이스라엘에게 요구하는 것은 근본적인 태도이다. 부정사 구로 표현된 이 요구들은 준 시적인 문장들이다. 아도나이를 두려워하며 그를 사랑할 것을 요구한다(12). 이 요구에 대한 답변(13, 16, 20)과 이 요구를 하시는 하나님(14-15, 17-18, 21-22)이 누구인지 어떤 일을 하셨는지를 기술한다.

이스라엘에게 전적인 순종과 충성을 요구하는 아도나이는 모든 신들의 신이시며 모든 주인들 가운데 주인이시다. 그는 이스라엘을 위하여 놀라운 일을 행하시는 하나님이시기 때문이다(10:17-22).

[번역]

12 그리고 이제, 이스라엘아,
아도나이 너의 하나님이 너에게 요구하는 것이 무엇이냐?
오직 아도나이 너의 하나님을 두려워하는 것, 그의 모든 길들 안에 걷는 것,
그리고 그를 사랑하는 것
그리고 온 너의 마음과 온 너의 영혼으로 아도나이 너의 하나님을 섬기는 것,
13 아도나이의 명령들과 내가 너에게 오늘 명령하는 법규들을 지키는 것,
너에게 선을 위하여.
14 보라, 너의 하나님 아도나이께 하늘들 그리고 하늘들의 하늘들,
땅과 그 안에 있는 모든 것.
15 아도나이는 오직 너의 조상들을 기뻐하셨다, 그들을 사랑하기를,
그리고 그가 그들 후에 그들의 씨를 선택하셨다,
모든 백성들로부터 너희를, 이 날과 같이
16 그리고 너희는 너희 마음의 포피를 제거해야 한다,
그리고 더 이상 너희 목을 굳게 해서는 안 된다.
17 왜냐하면 아도나이 너희의 하나님, 그는 신들의 신 그리고 주들의 주,
그 하나님, 그 큰 자, 그 강한 자, 그리고 그 두려운 자,
그는 얼굴을 들지 않으시며 그는 뇌물을 취하지 않으시기 때문이다.
18 그는 고아와 과부에게 정의를 행하시며,
그는 나그네를 사랑하며, 그에게 빵과 옷을 주기를.
19 그리고 너희는 나그네를 사랑해야 한다,

왜냐하면 너희는 이집트의 땅 안에서 나그네들이었기 때문이다.
20 너는 너의 하나님 아도나이를 두려워해야 한다. 너는 그를 섬겨야 한다.
그리고 너는 그에게 붙어 있어야 하고 너는 그의 이름으로 맹세해야 한다.
21 그는 너의 찬양이며 그는 너의 하나님이다.
그는 너에게 너의 눈들이 보았던 이 크고 놀라운 일들을 행하셨다.
22 너의 조상들은 칠십 명으로 이집트로 내려갔다.
그러나 이제 아도나이 너의 하나님이 너를 하늘의 별들과 같이 많게 하셨다.

주해

12 그리고 이제, 이스라엘아,
아도나이 너의 하나님이 너에게 요구하는 것이 무엇이냐?
오직 아도나이 너의 하나님을 두려워하는 것, 그의 모든 길들 안에 걷는 것,[1]
그리고 그를 사랑하는 것[2]
그리고 온 너의 마음과 온 너의 영혼으로 아도나이 너의 하나님을 섬기는 것,

본문 비교

1) 탈굼 네오피티와 탈굼 프쉬도 요나단은 "그 앞에서 옳은 모든 길 안에서 걷는 것"이라고 말한다.
마소라의 히브리어 어순에는 부정사 연계형 "걷는 것"(ללכת)이 먼저 나오며 접속사가 없다(사마리아 오경, 쿰란 사본들, 70인경 역시). 하지만 다른 히브리어 사본들($V^{Ken\ 5,\ 84}$), 70인경 일부 사본들(B +), 시리아 역, 벌게이트는 접속사 "그리고"를 가지고 있다.
2) 탈굼 네오피티는 "율법의 가르침을 사랑하는 것"이라고 설명한다.
1-11절까지는 한 문단으로 모세가 호렙 산에서 두 번째 돌 판을 받아서 궤에 안치한 것과 이스라엘이 여행했던 경로를 짧게 설명했다. 하지만 12절부터는 새로운 문단이 시작하고 있다. 마소라 사본도 11절과 12절 사이에 페투카(פ)가 있어 새로운 문단이 시작됨

을 보여주고 있다.

12절은 "그리고 이제"라는 말로 새로운 문장을 소개한다. 개역 개정은 이 단어들을 생략했다. 호격 "이스라엘아"는 독자들에게 새로운 변화를 말하고 있다. 4:1에서도 "그리고 이제 이스라엘아"하고 3장과는 다른 새로운 내용을 소개했었다.

먼저 "아도나이 너의 하나님이 너에게 요구하는 것이 무엇이냐?"는 질문이 나온다. 그리고 이 질문에 대한 답변들이 12-13절에서 5개의 부정사 연계형으로 주어지고 있다.

2인칭 "너의 하나님이 너에게"라는 표현이 인상적이다. 하나님과 이스라엘의 밀접한 관계를 표현한다. 이스라엘은 아도나이와 언약을 맺은 하나님의 백성이다. 하나님께서 언약을 맺은 이스라엘에게 언약의 말씀이 새겨져 있는 십계명을 주셨다. 모세가 깨뜨렸던 돌 판을 다시 회복시켜 주심으로서 이스라엘을 다시 언약의 백성으로 맞아 주셨다. 이제 금송아지 사건으로 깨어졌던 언약이 다시 회복된 이스라엘에게 아도나이께서 요구하는 것, 바라는 것이 무엇이냐고 질문한다.

미가서 6:8에 비슷한 질문이 나온다. 직접 번역해 보면 "사람아, 선한 것이 무엇이냐, 그리고 아도나이께서 너에게 찾으시는 것이 무엇이냐?"이다. 이 질문에 대한 답변은 3개의 부정사 연계형으로 주어졌다. "공의를 행하는 것 그리고 인자를 사랑하는 것 그리고 겸손히 너의 하나님과 함께 걷는 것"이다.

"아도나이 너의 하나님이 너에게 요구하는 것이 무엇이냐"는 질문에 "오직"이라는 말로 답변이 주어진다. "오직"(כי אם)은 '-외에는' 또는 '단지'로 번역할 수 있다. 동사가 없기 때문에 '-이다'는 동사를 넣어서 "단지 아도나이 너의 하나님을 두려워하는 것이다. 그의 모든 길들 안에 걷는 것이다. 그리고 그를 사랑하는 것이다. 그리고 너의 온 마음과 너의 온 영혼으로 아도나이 너의 하나님을 섬기는 것이다."로 이해할 수 있다. 또는 '아도나이 너의 하나님을 두려워하는 것 외에는' 아무 것도 없다는 의미이다.

5개의 부정사 구들이 연이어 나오고 있다. 먼저 "아도나이 너의 하나님을 두려워하는 것"이 나온다. 2인칭 "너의 하나님"에 주목하라. 이스라엘은 이제 언약의 백성으로 아도나이 하나님과 밀접한 관계에 있다.

이스라엘은 언약의 하나님을 두려워해야 한다. 부정사 연계형 "두려워하는 것"(ליראה)은 동사 '두려워하다'(ירא)의 칼 부정사 연계형에 어미음(ה)를 첨가한 것으로 신명기 4:10, 5:29, 6:24, 14:23, 17:19, 28:58, 31:13에 나온다. 위의 모든 구절에서 아도나이 하나님을 두려워하는 것을 말하고 있다. 이스라엘(4:10, 14:23)과 그들의 자녀들(31:13)은 아도나이를 두려워하는 것을 배워야 하며 왕 역시 율법을 쓰고 읽음으로서 아도나이를 두려워하는 것을 배워야 한다(17:19).

두려움은 감정적인 것이다. 여기서 하나님을 존경하며 숭배하며 경외하는 것으로 나아간다. 하나님을 두려워하는 것은 예배자의 기본적인 감정이다. 하나님을 두려워해야 하나님을 예배하며 섬긴다. 더 나아가 하나님의 말씀을 지켜 행한다. 사람이 하나님을 두려워하지 않는다면 하나님의 존재 자체를 부정하는 것으로 나아간다. 이런 사람은 하나님의 계명을 지키지 않을 것이며 자기 마음대로 행동하며 살아갈 것이다.

두 번째로 아도나이께서 이스라엘에게 요구하는 것은 "그의 모든 길들 안에 걷는 것"이다. 대마소라(Mm)에 따르면 이 표현은 신명기 10:12, 11:22, 여호수아 22:5, 열왕기상 8:58에 4번 나온다. "그의 모든 길들"은 아도나이의 길을 의미한다. 길은 단순히 사람이 따라 걷는 길을 의미하는 것이 아니라 아도나이를 경외하며 사랑하며 그가 명령한 모든 계명을 따라 살아가는 삶의 양식을 뜻한다. 아도나이를 향한 감정과 태도가 실세 삶 속에서 윤리적, 도덕적인 행동으로 나타나는 모든 것을 의미한다. 삶의 모든 방향과 행동을 말한다. "걷는 것"(ללכת)은

'걷다,' '오다,' '가다'(הלך)의 칼 부정사 연계형이다. 이 부정사 연계형은 신명기에서 두 종류로 나타난다. 먼저 아도나이의 길 안에 '걷는 것' 즉, 아도나이의 길을 따르는 것을 의미하는 것으로 8:6, 10:12, 11:22, 30:16에 나온다. 하지만 다른 신을 따라 걷는 것 즉, 다른 신을 따라 가는 것을 의미하는 것으로 11:28, 28:14, 29:17(개역 18절)에 나타난다. 여기서 다른 신은 이스라엘 주변에 있는 다른 민족의 신들 즉, 이방신을 의미한다.

세 번째로 아도나이께서 이스라엘에게 원하는 것은 "그를 사랑하는 것"이다. "그를"은 당연히 아도나이를 의미한다. "사랑하는 것"(לאהבה)은 '사랑하다'(אהב)의 칼 부정사 연계형에 어미음(ה)를 첨가한 것이다. 이 부정사 연계형은 신명기 10:12, 15, 11:13, 22, 19:9, 30:6, 16, 20에 나온다. 언약의 파트너인 이스라엘은 아도나이를 사랑해야 한다. 이 부정사는 조건문에 나오기도 한다. 이스라엘이 아도나이를 사랑하면 하나님은 이스라엘에게 곡식의 풍성함과 물질적 복을 약속하신다(11:13-15). 이스라엘이 아도나이를 사랑하면 하나님은 가나안의 모든 백성을 이스라엘 앞에서 쫓아내실 것이며 그 땅을 이스라엘에게 소유로 주실 것이다(11:22-25). 이스라엘이 아도나이를 사랑할 때 가나안 땅에서 생존하며 복을 받는다(30:16,20).

아도나이를 사랑하라는 것은 신명기의 중요한 명제이다. 이 주제는 신명기의 '쉐마 이스라엘' 본문(6:4-9)에서 잘 나타났다 이스라엘은 유일신 아도나이를 온 마음과 온 영혼과 온 힘으로 사랑해야 한다. 아도나이를 사랑하는 방법은 아도나이께서 주신 명령을 지키는 것이다(참고. 신 6:4-9). 하나님은 아도나이를 사랑하는 자들에게 인자를 베푸신다. 아도나이를 사랑하는 자들은 아도나이의 계명을 지키는 자들이다(신 5:10).

네 번째로 아도나이께서 이스라엘에게 요구하는 것은 "온 너의 마음과 온 너의 영혼으로 아도나이 너의 하나님을 섬기는 것"이다. 쉐마 이스라엘(6:4-9) 본문에서 아도나이를 사랑하라는 명령에 "온 너의 마음으로 그리고 온 너의 영혼으로 그리고 온 너의 힘으로" 할 것을 말했다. 그런데 여기서는 "온 너의 마음과 온 너의 영혼으로 아도나이 너의 하나님을 섬길" 것을 말하고 있다. 즉 마음을 다하고 영혼을 다하여 하나님을 섬기라는 것이다. "섬기는 것"(לעבד)은 동사 '섬기다,' '일하다,' '예배하다'(עבד)의 칼 부정사 연계형이다. 이 부정사 연계형은 신명기 29:17(개역 개정 18절)에 한 번 나오는데 이스라엘이 아도나이를 떠나서 다른 신들을 섬길 것을 염려하는 문장에서 나온다.

아도나이를 섬기는 것은 이스라엘이 출애굽 했을 때부터 강조되었다. 모세는 바로에게 나아가 이스라엘은 광야로 삼일 길쯤 들어가서 아도나이를 섬겨야 한다고 주장했다(출 4:23, 7:16, 8:1, 20, 9:1, 13, 10:3, 26). 바로가 이 주장에 대하여 반항하자 하나님은 열 재앙으로 이집트를 치셨다. 결국 바로는 모세의 주장대로 이스라엘을 아도나이를 섬기라고 보내 주었다(출 12:31). 출애굽은 더 큰 목표를 향해 나아가는데 아도나이를 섬기는 것이 출애굽의 원대한 목표였다. 이스라엘은 바로를 섬기는 것이 아니라, 바로를 위해 노동하는 것이 아니라 아도나이를 섬겨야 했다. 그들은 시내 산에 도착해서 아도나이와 언약을 체결했는데 이 언약은 아도나이 한 분만을 섬길 것을 약속한 것이다. 그래서 십계명에 아도나이 외에는 다른 신을 섬기지 말 것을 명령하고 있다(신 5:7-9).

13 아도나이의 명령들[1]과 내가 너에게 오늘 명령하는 법규들을 지키는 것,[2]
너에게 선을 위하여.[3]

본문 비교

1) 사마리아 오경, 70인경과 시리아 역은 "너의 하나님"(אלהיך)을 덧붙인다.

2) 마소라 히브리어는 접속사 없이 부정사 연계형이 "지키는 것"(לִשְׁמֹר)이 먼저 나온다. 하지만 사마리아 오경, 시리아 역 그리고 벌게이트는 접속사 "그리고"를 여기에 덧붙였다.

3) 70인경은 히브리어 "너에게 선을 위하여"(לְטוֹב לָךְ)을 목적절 "이것이 너에게 좋게 하기 위하여"(ἵνα εὖ σοι ᾖ)로 번역한다.

다섯 번째로 아도나이께서 이스라엘에게 요구하는 것은 "아도나이의 명령들과 내가 너에게 오늘날 명령하는 법규들을 지키는 것"이다. "명령들"은 '계명들'이며 "법규들"은 '법령들'을 뜻한다. 이는 모세가 시내 산에서 아도나이께 받아서 이스라엘에게 말한 법들이다. "오늘 명령하는"이라는 말이 인상적이다. 모세가 이스라엘에게 아도나이의 법을 선언하는 시점을 말한다(신명기 I. 서론의 "오늘" 참고). "지키는 것"(לִשְׁמֹר)은 동사 '지키다'(שׁמר)의 칼 부정사 연계형이다. 아도나이의 명령을 지키는 것은 순종하는 것을 의미한다. 이 부정사 연계형은 신명기 4:2, 6:2, 10:13, 13:19, 15:5, 17:19, 24:8, 28:1, 13, 15, 45, 30:10, 32:46에서 발견된다. 대부분이 아도나이의 명령과 법령을 지키는 것에 대하여 말하고 있다. 이스라엘 백성뿐만 아니라 이스라엘 왕 역시 아도나이의 토라의 모든 말씀을 지켜야 한다(17:19). 이 동사의 사용을 보면 아도나이의 말씀을 듣고 지키는 것이 중요하다. 실천을 강조한다. 말씀은 어떤 철학적 토론거리도 아니며 이성적 변증도 아니다. 유다가 망할 때 유다 백성은 그들에게 율법이 있음을 자랑했다(렘 8:8). 유다 백성은 호렙 산에서 아도나이께서 직접 써 주시고 직접 말씀해 주신 율법을 소유한 것을 자랑했다. 하지만 예레미야는 유다 백성이 율법을 소유했지만 그들은 율법을 알지 못한다고 비난했다(렘 8:7). 유다 백성은 율법을 소유한 것에 대단한 자부심이 있었지만 그 율법을 지키지 않았다. 그래서 예레미야는 그 유명한 성전 설교에서 유대인들이 십계명을 지키지 않으면서 성전에 들어와서 구원받았다고 말하는 것을 날카롭게 지적했다(렘 7:8-11). 사도 바울 역시 유대인들이 율법을 소유하고 있음을 자랑했지만 그들이 율법을 지키지 않는 이율배반적인 태도를 비난했다. 바울은 율법을 소유하는 것이 아니라 지키는 것이 중요하다는 것을 강조한다(롬 2:17-29).

"너에게 선을 위하여"(לטוב לך)는 '너의 선을 위하여' 즉, '너에게 좋은 것'을 의미한다. 이 표현은 왜 이스라엘이 '하나님을 두려워하며 그의 길 안에서 살아야 하며 그를 사랑하며 섬기며 그의 명령을 지켜야' 하는 이유를 설명한다. 하나님이 요구하는 것들을 행하는 것이 '이스라엘에게 좋기' 때문이다. 아도나이께서 요구하는 삶을 살 때 이스라엘은 '선' 즉, '좋은'(טוב) 상태를 유지할 수 있다. 70인경은 이것을 목적절 "이것이 너에게 좋게 하기 위하여"로 번역한다. 개역 개정은 "네 행복을 위하여"로 번역한다.

12-13절에서 하나님이 이스라엘에게 요구하는 것은 다섯 개의 부정사 연계형으로 답변되었다. 이 다섯 개의 부정사는 내면적이며 감정적인 것들 '두려워하는 것'과 '사랑하는 것' 그리고 외면적이며 행동으로 표현되어야 할 것들 '섬기는 것,' '걷는 것'과 '지키는 것'이 있다. 하나님이 하나님의 백성 이스라엘에게 요구하는 것은 내면적인 것과 외면적인 모두를 포함한다. 즉 하나님을 예배하는데 있어서 사람의 마음과 행동이 일치하기를 바라신다.

14 보라, 너의 하나님 아도나이께 하늘들 그리고 하늘들의 하늘들,
땅과 그 안에 있는 모든 것.

"보라." 문장 초두에 나와 독자들의 주목을 끌고 있다. 아도나이 하나님이 이스라엘에게 요구하는 것은 12-13절에 설명되었다. 이제 아도나이 하나님과 하늘과 땅과의 관계를 설명한다. 개역 개정은 "보라"를

생략하고 번역하였다.

"너의 하나님 아도나이께"(ליהוה אלהיך)에서 동사가 없기 때문에 '-이다'는 동사를 넣어 "너의 하나님 아도나이께 있다" 또는 "너의 하나님 아도나이께 속했다"로 번역할 수 있다. 즉 "하늘들 그리고 하늘들의 하늘들, 땅과 그 안에 있는 모든 것이 너의 하나님 아도나이께 있다"는 뜻이다. 하늘과 땅이 하나님께 속해 있다는 사실을 말한다. 문장 초두의 "보라"는 이 사실을 강조하고 있는 것이다.

"하늘들 그리고 하늘들의 하늘들"에서 "하늘들"(שׁמים)은 복수 형태이나 일반적으로 '하늘'로 번역한다. 하지만 여기서는 "하늘들의 하늘들"이라는 표현이 나오기 때문에 모두 복수로 번역했다. "하늘들의 하늘들"은 가장 높은 하늘을 의미한다(왕상 8:27; 대하 2:5(6); 대하 6:18; 느 9:6; 시 68:34(33); 148:4).

"땅과 그 안에 있는 모든 것"은 이 세상에 속한 모든 것을 의미한다. 하나님은 하늘과 땅을 창조하셨다. 모든 만물이 하나님께로부터 기원했다. 하나님의 소유권이 여기서 나타난다. 하나님은 우주 만물의 주관자이며 주권자이다.

15 아도나이는 오직[1)] 너의 조상들을[2)] 기뻐하셨다, 그들을 사랑하기를,
그리고 그가 그들 후에 그들의 씨를 선택하셨다,
모든 백성들로부터 너희를, 이 날과 같이.

본문 비교

1) 마소라 사본, 쿰란 사본들(4QPhyl[k], 4QMez[c], XQPhyl[l]), 사마리아 오경, 70인경은 "오직"(רק)이지만 쿰란 사본(8QPhyl)은 רק 대신에 על כן "그러므로"를 갖고 있다.

2) 쿰란 사본(8QPhyl), 70인경과 시리아 역은 "너희의 조상들을"이다. "오직"(רק)은 문장 처음에 나와서 14절의 "하늘들 그리고 하늘들의

하늘들, 땅과 그 안에 있는 모든 것"과 관련이 있다. 하늘과 땅의 모든 것 가운데서 아도나이는 "오직 너의 조상들만을 기뻐하셨다"는 의미이다.

"기뻐하셨다"(חשק)는 '마음을 기울이고 있다,' '호의를 갖고 있다'이다. 아도나이는 '너의 조상들만을, 그들을 사랑하기를 기뻐하셨다' 또는 '너의 조상들만을, 그들을 사랑하는데 호의를 갖고 있다'는 의미이다. 여기서 조상들은 아브라함, 이삭, 야곱을 의미한다.

"그리고 그가 그들 후에 그들의 씨를 선택하셨다." "그리고"는 '그러므로' 또는 '그 결과로'의 의미이다. 하나님이 이스라엘만을 기뻐하시며 사랑하신 결과는 선택으로 나타났다. "그들 후에 그들의 씨를"은 '조상들 후에 조상들의 후손을' 의미한다. 아브라함과 이삭과 야곱의 후손을 뜻한다. 이것은 다시 "모든 백성들로부터 너희를"로 설명되었다.

"선택하셨다"(ויבחר)는 형태는 미완료이지만 와우 연속법으로 완료를 뜻한다. '선택하다'는 '뽑다,' '선별하다'이다(선택에 대해서는 서론 '12. 이스라엘, 하나님의 선택된 백성' 참고). 하나님은 이 땅의 많은 백성들 가운데 아브라함의 후손을 선택하셨다. 이스라엘에 대한 하나님의 특별한 사랑이 엿보이고 있다. 우주 만물의 창조주이며 주관자이신 하나님은 이 땅의 많은 민족들 가운데 특별히 이스라엘만을 기뻐하셨고 사랑하셨다. 이스라엘에게만 마음을 기울이고 계셨던 것이다.

이스라엘은 세계의 모든 민족들 가운데서 하나님에 의해 선택된 백성이라는 자부심이 충만한 민족이다. 이 선민사상이 이스라엘을 지탱해준 정신적 지주이다. 유다가 AD 70년에 로마에 의해 망한 후에 유대인들은 온 세계에 디아스포라로 흩어져 살면서 그들의 신분을 잊지 않았다. 이스라엘은 하나님의 의해 선택된 백성이라는 이 선민사상이 그들의 정체성을 유지했으며 그들의 종교, 문화, 언어, 역사를 간직하게 했다. 그 결과 2차 세계대전 후에 이 세상에 한 독립국가로 다시 태어나게 만들었다.

16 그리고 너희는 너희 마음의 포피를[1] 제거해야 한다,
그리고 더 이상 너희 목을 굳게 해서는 안 된다.

본문 비교

1) 70인경은 "너희 마음의 단단함"(τὴν σκληροκαρδίαν ὑμῶν) 그리고 탈굼 옹켈로스는 "너희 마음의 어리석음"(טפשות לבכון)으로 번역한다. 탈굼 네오피티도 "너희 단단함 또는 어리석음의 포피"로 해석한다. 탈굼 프쉬도 요나단은 "너희 마음의 완고함"으로 설명한다.

"그리고"는 '그러므로' 또는 '그래서'의 의미를 갖는다. 하나님께서 모든 민족들 가운데서 이스라엘만을 사랑하사 선택하셨다. 그러므로 그들은 마음의 표피를 제거해야 한다.

"너희는 제거해야 한다"(מלתם)는 동사 '-에게 포피를 자르다,' '-의 할례를 행하다'(מול)의 칼 완료형으로 '너희는 할례를 행해야 한다'이다. 하지만 이 동사는 문맥의 의미를 살려서 명령형 '그러므로 너희 마음의 포피를 제거하라' 또는 '할례를 행하라'고 번역하기도 한다(Waltke-O, 532). 많은 현대 번역본들은 명령형으로 번역한다(LEI, LUV, NBG, SVV, ASV, CJB, ESV, KJV, NAS, NIB, NIV, NKJ, TNK, ELB, ELO, LUO, SCH, SCL).

15절에서 아도나이는 이스라엘의 조상들을 기뻐하셨고 그들의 후손을 선택하셨다고 말했다. 이스라엘의 기원은 하나님이 아브라함을 선택하신 것으로 올라간다. 하나님은 아브라함을 부르시고(창 12:1-3) 그와 언약을 맺으셨다(창 15:18). 하나님은 아브라함에게 후손을 주실 것을 약속하셨다. 그 약속을 확증하기 위하여 아브라함에게 할례를 받을 것을 명령하셨다(창 17장). 할례는 아브라함의 후손이라는 표시이며 하나님의 언약 백성이라는 증거였다. 그런데 신명기는 육신적인 할례를 말하지 않고 마음의 할례를 강조한다. 하나님께 순종할 것을 말하고 있

다(참고. 겔 36:26; 롬 2:28-29).

"너희 마음의 포피"(ערלת לבבכם)는 비유적인 표현이다. "포피"는 '할례를 받지 않은'이라는 뜻으로 남성 성기의 귀두를 둘러싸고 있는 가죽을 의미한다. 이와 같이 마음을 둘러싸고 있는 가죽이 있다는 것이다. 즉 마음이 단단하다는 것이다. 마음이 고집스럽고 순종하지 않는 상태를 의미한다. 마음의 포피를 제거하라는 것은 불순종을 버리고 아도나이를 사랑하며 그의 계명에 순종하는 것을 말한다(위의 사본비교를 참고하라. 참고. 레 26:41; 신 30:6). 예레미야는 이스라엘에게 회개를 촉구하면서 가증한 것을 버리고 아도나이께 돌아오라고 설교했다. 이때 그는 유다와 예루살렘 거민들에게 '마음 가죽'을 베어버릴 것을 권고했다(렘 4:4). 에스겔 선지자는 이방인들은 마음과 몸에 할례를 받지 않은 자들이라고 말한다(겔 44:7, 9). 이와 유사한 표현으로 할례 받지 못한 귀가 있고(렘 6:10) 할례 받지 못한 입이 있다. 모세는 "나는 입이 둔한 자"라고 말하는데 이것은 히브리어로 '할례 받지 못한 입'이다(출 6:12, 30).

"그리고 더 이상 너희 목을 굳게 해서는 안 된다"에서 히브리어 동사(לא תקשו)는 미완료이다. 하지만 부정 명령은 부정어와 미완료형을 사용하기 때문에 이 문장을 명령형으로 읽을 수 있다. "그리고 더 이상 너희 목을 굳게 하지 말라" 또는 "뻣뻣하게 하지 말라"이다. 더 이상 완고하게 고집부리지 말라는 뜻이다. 뻣뻣한 목에 대해서는 신명기 9:6, 13의 주석을 참고하라. 개역 개정은 명령으로 "다시는 목을 곧게 하지 말라"로 번역했다.

17 왜냐하면, 아도나이 너희의 하나님, 그는 신들의 신[1] 그리고 주들의 주,[2]
그 하나님, 그 큰 자, 그 강한 자,[3] 그리고 그 두려운 자,
그는 얼굴을 들지 않으시며[4] 그는 뇌물을[5] 취하지 않으시기 때문이다.

본문 비교

1) 탈굼 옹켈로스와 프쉬도 요나단은 "재판장들의 하나님"이다.
2) 탈굼 옹켈로스와 프쉬도 요나단은 "왕들의 주"이다.
3) 한 히브리어 사본, 사마리아 오경, 70인경, 시리아 역, 벌게이트는 "그리고 강한 자"로 "그리고"를 갖고 있다.
4) 70인경은 "그는 얼굴을 놀라워하지 않는다"(οὐ θαυμάζει πρόσωπον)로 번역했다. 아퀼라는 동사를 '들다'(ἀρεῖ)로 그리고 테오도치온은 '취하다'(λήψεται)로 읽는다.
   탈굼 네오피티는 여기에 "재판에서"를 덧붙여 "그는 재판에서 얼굴을 들지 않으신다"이다.
5) 탈굼 네오피티는 "돈의 뇌물"로 설명한다.

17-18절은 아도나이를 설명한다. 이스라엘에게 아도나이를 사랑하며 그의 계명을 지키며 마음과 힘을 다하여 아도나이를 섬길 것을 요구하신(12-13) 아도나이가 누구인지를 밝힌다. 이스라엘을 선택해서 마음에 할례를 받으라고 명령하신(15-16) 아도나이를 말한다.

"왜냐하면"(כִּי)은 이유를 설명하고 있다. 이스라엘이 마음의 할례를 받고 목을 곧게 하지 말아야(16절) 할 이유를 말한다.

"그는 신들의 신 그리고 주들의 주"에서 동사가 없기 때문에 '-이나'는 동사를 넣어 "그는 신들의 신 그리고 주들의 주이다"로 번역할 수 있다. 즉 '가장 높은 하나님 그리고 최고의 주'란 뜻이다.

14절에서 "하늘들 그리고 하늘들의 하늘들, 땅과 그 안에 있는 모든 것"은 하나님께 속했다고 주장했다. 우주만물이 하나님께로부터 기원했으며 하나님께 모든 주권이 있음을 밝혔다. 이제 다시 아도나이 하나님은 이 땅위의 모든 신들과 모든 주들 가운데 가장 뛰어나신 분임을 말한다. 아도나이 하나님은 가장 높으신 분이며 가장 뛰어나신 분이다. 시편 기자는 이렇게 노래한다. "신들 중에 뛰어난 하나님께 감사하라 그 인자하심이 영원함이로다 주들 중에 뛰어난 주께 감사하라"(시 136:2-3). 또한 다니엘이 느부갓네살 왕의 꿈을 설명해주자 그는 다니엘의 하나님을 "너희 하나님은 참으로 모든 신들의 신이시요 모든 왕의 주재"(단 2:47)라고 고백한다.

"그 하나님, 그 큰 자, 그 강한 자, 그리고 그 두려운 자"는 지고하신 하나님의 속성을 말한다. 여기도 동사가 없다. 따라서 "그 하나님은 그 큰 자, 그 강한 자 그리고 그 두려운 자이다"로 번역할 수 있다. "그 큰 자"(הגדל)는 '그 위대한 자' 그리고 "그 강한 자"(הגבר)는 '그 강력한 자'이다. "그 두려운 자"(הנורא)는 동사 '두렵다'(ירא)의 니팔 분사형에 정관사가 있어 '그 무서운 자'이다.

히브리어는 "그 두려운 자" 후에 관계 대명사(אשׁר)가 있어 다음 절을 인도하고 있다. 관계 대명사를 살려서 번역해 주면 "그는 얼굴을 들지 않으시며 그는 뇌물을 취하지 않으시는 그 두려운 자"로 번역할 수 있다.

"그는 얼굴을 들지 않으시며"(לא ישא פנים)에서 동사 '들다'(נשׂא)는 '들어 올리다'이다. 여기서 다양한 의미가 나온다. '그는 얼굴을 들지 않는다'는 것은 '그는 얼굴을 보지 않는다,' '그는 얼굴을 취하지 않는다'는 뜻이다. 즉 "사람을 외모로 보지 아니하시며"(개역 개정), "그는 편애(불공정)를 보이지 않으신다"(NAS, NIV, NKJ). 하나님은 사람의 얼굴이나 인체를 보지 않으신다. 어떤 한 사람을 특별히 편애하거나 편파적이어서 공의를 훼손하는 분이 아니다(참고. 신 1:16-17; 16:19). 탈굼 네오피티는 하나님은 재판에서 사람의 외모를 보지 않는다라는 의미로 해석한다(참고. 본문 비교 4).

"그는 뇌물을 취하지 않으신다." "뇌물"은 재판관을 매수하는데 사용하는 '선물'이다. 하나님은 최고의 재판관이시다. 그는 재판을 할 때 사람처럼 뇌물을 받고 공의를 져버리는 분이 아니다. 사람은 뇌물을 받지만 하나님은 뇌물을 받지 않으신다.

18 그는 고아와[1] 과부에게[2] 정의를 행하시며,

그는 나그네[3]를 사랑하며, 그에게 빵과 옷을 주기를.

본문 비교

1) 쿰란 사본들(4QPhyl[k] 4QMez[b] XQPhyl[l])은 접속사 "그리고" 없이 "고아, 나그네"로 읽는다. 이것은 신명기 27:19와 유사하다.
2) 70인경은 여기에 "개종자"(προσηλύτῳ)를 덧붙인다.
3) 70인경은 "나그네"를 "개종자"(τὸν προσήλυτον)로 읽는다.

17절과 연결되어 계속 하나님을 설명하고 있다. 두 개의 칼 분사 "행하시며"와 "사랑하며"는 17절의 "두려운 자"와 평행을 이룬다. 하지만 "두려운 자"는 니팔 분사이며 정관사를 가지고 있다.

"정의"(מִשְׁפָּט)는 기본적으로 '재판'을 뜻하지만 모세의 '법령'을 의미할 때도 사용되는 단어이다(더 자세한 설명은 4:1을 참고). '정의'와 유사하게 '공평' 또는 '공의'로도 번역한다. "정의를 행하시며"에서 보듯이 정의는 구체적인 행위와 관련되었다. 여기서 정의는 "고아와 과부에게" 더 나아가 "나그네"에게 행동하는 것으로 나타난다.

"고아"는 '아버지가 없는 자'를 말한다. "과부"는 남편이 죽어 남편이 없는 자이다. 이스라엘에서는 만 20세 이상의 남자들이 법적인 책임을 진다. 고아와 과부는 아버지와 남편이 없기 때문에 이러한 법정 후견인이 없는 자들이다. 즉 보호자가 없는 것이다. 사회적, 법적인 책임을 돌봐줄 사람이 없는 약자들이다. 하나님은 정의를 행하는 분이신데 특별히 고아와 과부에게 관심을 갖고 정의를 행하신다(시 146:9). 하나님은 고아와 과부의 기도를 들으시며 그들을 학대하며 괴롭히는 자들에게 심판하실 것을 분명히 밝히신다(출 22:22-24). 고아와 과부는 법정 후견인이 없기 때문에 하나님이 그들의 법정 후견인과 보호자가 되신다. 하나님은 자신을 "고아의 아버지이며 과부의 재판장"이라고 소

개하신다(시 68:5). 하나님은 사회의 소외된 자들에게 특별한 긍휼과 사랑을 베푸신다.

율법에는 사회의 약자들에 대한 법들이 많이 있는데 특히 고아와 과부, 객과 레위인에 대한 규정들이 많이 있다. 먼저 고아의 재판을 부당하게 처리하지 말 것을 명령하고 있다(신 24:17). 객, 고아와 과부의 재판을 왜곡하는 자들은 저주받을 것을 선언하신다(신 27:19). 농산물을 수확할 때 고아와 과부를 위하여 약간씩 남겨둘 것을 말한다(신 24:19-21). 고아, 과부, 레위인 그리고 객은 가난한 자들로서 구제의 대상이었다. 매 삼년 십일조로 그들을 구제할 것을 말한다(신 14:28-29). 이스라엘 사회의 축제인 칠칠절과 초막절에 고아, 과부, 레위인 그리고 객은 특별한 관심을 갖고 초청하여 함께 즐거워해야 할 사람들이었다(신 16:9-12, 14). 위의 율법 규정들을 보면 이스라엘의 법이 사회의 약자 보호에 많은 관심을 쏟고 있음을 알 수 있다.

"그는 나그네를 사랑하며, 그에게 빵과 옷을 주기를"에서 "그에게"는 "나그네"를 의미한다. "주기를"을 칼 부정사 연계형으로 "그는 그(나그네)에게 빵과 옷을 주기를 사랑하며"란 뜻이다.

"나그네"(גֵּר)는 잠시 머무는 '체류자'를 의미한다. 이스라엘 인들을 지칭하는 형제와 대조를 이루는 단어로서 외국인을 말한다(더 자세한 설명은 1:16의 주석을 참고). 하나님은 고아와 과부 그리고 나그네(체류자)를 사랑하신다. 이들은 사회 약자이기 때문에 하나님의 특별한 관심과 보호를 받는 자들이다. 하나님의 사랑은 구체적으로 빵과 옷을 주시는 행동으로 나타난다. 하나님은 말만 하시는 분이 아니라 구체적인 행동을 하신다. 인간이 살아가는데 가장 필요한 빵과 옷을 주신다. 여기서 '옷'은 통으로 짠 '망투'와 같은 옷으로 외투이다. 긴 옷이기 때문에 잘 때 덮고 자기도 한다.

70인경은 "나그네"를 유대교로 "개종한 자"로 번역했다. 70인경에서 "개종자," "고아" 그리고 "과부" 이 셋은 사회 약자로 신명기에 11번 나온다(10:18; 14:28; 16:11, 14; 24:17, 19, 20, 21; 26:12, 13; 27:19. *BHQ*, 80, *THGD*, 97).

19 그리고 너희는 나그네를[1] 사랑해야 한다,
왜냐하면 너희는 이집트의 땅 안에서 나그네들[1]이었기 때문이다.

본문 비교

1) 70인경은 "개종자"이다.

여기서 "그리고"는 '그러므로,' '그래서'의 뜻이다. "나그네"는 정관사가 있어 "그 나그네"이다. 하나님은 이스라엘 사회에서 머무는 "나그네"를 사랑하셨다(18절). '그래서' 이스라엘 역시 "나그네"를 사랑해야 한다. 이스라엘의 나그네 사랑은 하나님의 나그네 사랑을 모방하는 것이다. 하나님은 이스라엘에게 하나님의 성품을 닮아가기를 바라고 계신다. 이스라엘은 하나님을 사랑해야 한다. 그 하나님 사람은 이웃을 향한 사랑으로 드러나야 한다.

접속사 "왜냐하면"(כי)이 이스라엘이 나그네를 사랑해야 할 이유를 설명한다. 이스라엘 역시 이집트 땅에서 나그네로 살았기 때문이다(출 23:9). 과거 자신들의 신분을 기억하면서 현재 이스라엘 내에 들어와 사는 나그네에게 친절하게 대할 것을 명령하고 있다.

20 너는 너의 하나님 아도나이를 두려워해야 한다,[1] 너는 그를 섬겨야 한다,[2]
그리고 너는 그에게 붙어 있어야[2] 하고 너는 그의 이름으로 맹세해야 한다.

본문 비교

1) 사마리아 오경과 70인경은 "그리고"를 갖고 있다.

2) 탈굼 네오피티는 "그 앞에서 너희는 기도해야 한다"(קדמוי תהוון

מצליין)로 읽는다.

3) 마소라 히브리어와 쿰란(4QMez[b])는 "너는 붙어 있어야 한다"(תדבק)인데 쿰란(8QPhyl)은 "너는 가까이 해야 한다"(תקרב)이다. 쿰란 옹켈로스는 "너는 그의 두려움에 가까이 해야 한다"(לדחלתיה תתקרב) 그리고 쿰란 프쉬도 요나단는 "너희는 그의 두려움에 가까이 해야 한다"(בדחלתיה תתקרבון)로 읽는다. 탈굼 네오피티는 "너희는 그의 법의 가르침에 붙어 있어야 한다"(באולפן אורייתה תתבקון)이다.

이 절은 신명기 6:13과 유사하지만 6:13에는 "너는 그에게 붙어 있어야 하고"가 나오지 않는다.

히브리어는 두 개의 목적어 "너의 하나님 아도나이를"과 "그를"이 문장 첫머리에 나와서 강조하고 있다. 목적어가 먼저 나와 이스라엘이 누구를 두려워해야 하는지 그리고 누구를 섬겨야 하는지 그 대상을 명확하게 하고 있다.

19절에서 주어는 2인칭 복수 "너희"였는데 반하여 여기서는 2인칭 단수 "너"이다. 신명기에서 자주 나타나는 현상이다.

"두려워해야 한다"는 '경외해야 한다'로도 번역할 수 있다. 이것은 아도나이께서 이스라엘에게 요구하는 첫 번째 것이었다(12절).

"섬겨야 한다"는 '예배해야 한다'로도 번역할 수 있다. 아도나이께서 이스라엘에게 요구한 네 번째 것이었다(12절). 이스라엘은 마음과 뜻을 다하여 아도나이를 예배해야 한다.

"붙어 있어야 하고"(תדבק)는 '너는 가까이 있어야 한다' 또는 '너는 착 달라붙어 있어야 한다'이다. 연합해 있는 것을 의미한다. 이 문장 역시 "그에게"가 먼저 나와 이스라엘이 누구와 굳게 연합해야 하는지를 설명한다(사세힌 설명은 4:4을 참고).

"너는 그의 이름으로 맹세해야 한다." 구약에서 사람들 사이에 서로 맹세하는 모습은 쉽게 찾아 볼 수 있다(창 21:24; 25:33; 47:31). 더 나아가 아도나이의 이름으로 맹세하는 것은 허락되었다(신 6:13). 아도나이의 이름으로 맹세하는 경우를 우리는 아브라함에게서 볼 수 있다. 그는 늙은 종에게 이삭을 위해 아브라함의 고향에 가서 아내를 데려올 것을 맹세하게 하였다. 그 종은 아브라함의 허벅지 밑에 손을 넣고 맹세를 하였다(창 24:2-3). 여리고 성을 정탐한 정탐꾼들도 기생 라합을 살려주기로 아도나이의 이름으로 그녀와 맹세하였다(수 2:12). 하지만 성경은 아도나이의 이름으로 거짓 맹세하는 것을 금지한다. 이는 아도나이의 이름을 모독하는 것이기 때문이다(레 18:12). 또한 이방 신들의 이름으로 맹세하는 것 역시 금지되었다(수 23:7).

21 그는 너의 찬양[1]이며 그는 너의 하나님이다.
그는 너에게 너의 눈들이[2] 보았던 이[3] 크고 놀라운[4] 일들을 행하셨다.

본문 비교

1) 70인경은 "너의 자랑" 또는 "너의 위엄"(καύχημά σου)으로 흥미롭게 번역했다.
2) 쿰란(8QPhyl)은 "너희의 눈들로"이다.
3) 쿰란(8QPhyl)과 시리아 역은 "이"(האלה)를 생략한다
4) 70인경은 "영광스러운"(τὰ ἔνδοξα)으로 번역한다.

"그는 너의 찬양이며 그는 너의 하나님이다"는 동사가 없는 문장으로 "그는 너의 찬양 그리고 그는 너의 하나님"이다. 이 문장 뒤에 관계대명사(אשר)가 하반절을 인도한다. 관계 대명사를 살려서 번역해 보면 다음과 같다. "그는 너의 찬양이며 그는 너에게 너의 눈들이 보았던 이 크고 놀라운 일들을 행하셨던 너의 하나님이다."

"너의 찬양"(תהלתך)은 하나님이 이스라엘 찬양의 대상이심을 말한

다. 유대인 번역은 "너의 영광"your glory으로 해석했다(JPS, TNK). 70인경은 "너의 자랑" 또는 "너의 위엄"으로 설명했다.

"너의 하나님"은 "아도나이 너의 하나님"(229회)이란 표현으로 신명기에서 많이 나타난다(신명기 I. 서론 '11. 유일신론' 참고). 아도나이는 이스라엘의 하나님이다. 이것은 언약의 내용이다. 아도나이는 이스라엘과 언약을 맺음으로 이스라엘의 하나님 아도나이가 되셨고 이스라엘은 하나님의 백성이 되었다. 이런 친밀한 관계는 "너의 하나님"으로 표현되었다.

"너의 눈들이 보았던"은 하나님의 행동이 역사 속에서 이루어졌던 사실을 강조한다. 이스라엘은 하나님이 광야에서 그들을 인도하여 데려왔던 것을 보았다(신 1:31). 이스라엘은 하나님이 요단 동편의 두 왕 시혼과 옥에게 행하셨던 일들도 보았다(신 3:21). 뿐만 아니라 바알 브올 사건 때에 하나님께서 행하신 일들도 목격했다(신 4:3). 더 나아가 이스라엘은 하나님이 시내 산에서 강림하여 직접 말씀하시는 것도 보았다(신 5:24). 신명기는 반복해서 이스라엘이 하나님의 역사를 친히 보았다고 강조하고 있다(11:7; 29:2, 3). 그러므로 이스라엘은 그들은 보았던 것을 잊지 않도록 주의해야 한다(신 4:9).

이스라엘은 하나님이 역사 속에서 그들을 구원하시기 위해 행하시는 행동들을 직접 목격했다. 그들은 역사 속에서 하나님의 행동을 경험하고 체험한 것이다. 하나님은 역사 속에서 말씀하시고 행동하신다. 그의 백성을 구원하시기 위해 직접 일하신 것이다. 그 하나님이 오늘도 살아계셔서 이 세상 역사를 통치하시며 역사 속에서 일하신다.

"크고 놀라운 일들"은 위에서 열거한 일들을 포함한다. 하나님은 크신 분이며(10:17) 그가 하시는 일 역시 크고 위대하다. 모세에게 하나님은 시내 산에서 "큰 불"가운데 강림하셔서(5:25; 18:16) "큰 음성"으로 불 가운데서 말씀하신 분이시다(5:22). 그는 큰 이적을 이집트에게 행하셔서(6:22; 26:8; 29:3) 이스라엘을 구원하셨다. 하나님의 말씀에 불순종하는 이스라엘에게 "큰 진노"를 쏟으시는 분이시기도 하다(29:24, 28).

"놀라운"은 '두려운,' '위엄 있는'의 뜻이다. 하나님이 이스라엘을 위해 역사 속에서 행하신 모든 일들은 큰 경외감을 불러일으키는 일들이다(참고. 4:32-34).

"너에게"(אתך)는 문맥상 '너를 위하여'로 해석하는 것이 좋다. 하나님은 이스라엘을 위해 크고 두려운 일을 행하셨던 것이다.

22 너의 조상들은 칠십 명[1]으로 이집트로 내려갔다,
그러나 이제 아도나이 너의 하나님이 너를 하늘의 별들과 같이 많게 하셨다.

본문 비교

1) 70인경의 일부 사본들(A F V)은 "75명"이다. 이는 70인경의 창세기 46:27과 출애굽기 1:5과 일치한다. 물론 히브리어는 이 두 곳에서도 "70명"이다. 신약의 누가는 70인경을 받아들여 이집트에 내려간 숫자가 75명이었다고 밝힌다(행 7:14). 70인경이 75명인 이유는 므낫세의 아들 마길과 마길의 갈라드 그리고 에브라임의 아들들 수탈람과 탐 그리고 수탈람의 아들 에돔을 넣기 때문이다(창 46:20).

히브리어 어순은 "70명으로"가 먼저 나와서 강조한다. "70명으로"는 '70명의 사람으로'이다. "70명"과 "많게"가 대조적이다. 이전에는 70명이 내려갔는데 "그러나 이제" 하나님이 이스라엘을 "하늘의 별들과 같이 많게" 만드셨다는 것이다. 하나님의 약속이 성취되었음을 밝힌다. 하나님은 아브라함에게 그의 후손을 하늘의 별과 같이 많게 해주실 것을 약속하셨다(창 15:5; 22:17). 이제 그 약속이 이루어진 것이다(신 1:10). 하나님은 약속하신 것을 꼭 이루시는 신실하신 분이시다.

참고 문헌

Alt, A., "Gedanken Über das Königtum Jahwes," in *Kleine Schriften zur Geschichte des Volkes Israel* I, München, 1953, 345-357.

Begg, C. T., "The Tables (Deut. x) and the Lawbook (Deut. xxxi)," *VT* 33 (1983), 96-97.

Blacketer, R. A., "Smooth Stones, Teachable Hearts: Calvin's Exegetical Interpretation of Deuteronomy 10:1-2," *CTJ* 34 (1999), 36-63.

Braulik, G., "Die Liebe zwischen Gott und Israel. Zur theologischen Mitte des Buches Deuteronomium," *IKZ* 41 (2012), 549-564.

Fretheim, T. E., "The Ark in Deuteronomy," *CBQ* 30 (1968), 1-14.

Gruber, M. I., "The Many Faces of Hebrew נשׂא פנים lift up the face," *ZAW* 95 (1983), 252-260.

Gutmann, J., "The History of the Ark," *ZAW* 83 (1971), 22-30.

Haag, H., "Das "Buch des Bundes" (Ex 24,7)," in *Wort Gottes in der Zeit*, Düsseldorf, 1973, 22-30.

Haran, M., "The Disappearance of the Ark," *IEJ* 13 (1963), 46-58.

Hempel, J., "Zur Septuaginta-Vorlage im Deuteronomium," *ZAW* 73 (1961), 87-96.

Herrmann, S., "Grenzen der Toleranz im Alten Testament. Die Bücher Deuteronomium, Jeremia und Hiob," in *Glaube und Toleranz*, Gütersloh, 1982, 180-190.

Jones, R. C., "Deuteronomy 10:12-22," *Int* 46 (1992), 281-285.

Lapsley, J. E., "Feeling Our Way: Love for God in Deuteronomy," *CBQ* 65 (2003), 350-369.

Lemche, N. P., "'Israel in the Period of the Judges' - The Tribal League in Recent Research," *ST* 38 (1984), 1-28.

Manley, G. T., "A Problem in Deuteronomy," *EvQ* 27 (1955), 201-204.

Niehaus, J., "PA'AM 'EHAT and the Israelite Conquest," *VT* 30 (1980), 236-238.

Nielsen, E., "Some Reflections on the History of the Ark," in *Law, His-*

tory and Tradition, KØbenhavn, 1983, 59-70.

Oden, R. A., "BA'AL SAMEM and 'EL" *CBQ* 39 (1977), 457-473.

Krapf, T., "Traditionsgeschichtliches zum Deuteronomischen Fremdling-Waise-Witwe-Gebot," *VT* 34 (1984), 87-90.

Rücker, H., "Warum wird 'ahab (lieben) im Alten Testament selten zur Bezeichnung für Nächstenliebe gebraucht?" in *Dein Wort Beachten*, Leipzig, 1981, 9-15.

Spieskermann, H., "Mit der Liebe im Wort. Ein Beitrag zur Theologie des Deuteronomiums," in *Liebe und Gebot: Studien zum Deuteronomium*, Göttingen, 2000, 190-205.

Spero, R. S., "After All, the Lord Does Not Ask for Much," *JBQ* 36 (2008), 153-1556.

Tanner, B. L., "Deuteronomy 10:12-22," *Int* 55 (2001), 60-63.

Tillesse, G. M, de, "Sections 'Tu' et Sections 'Vous' dans le Deuteronome," *VT* 12 (1962), 29-87.

Toit, P. R. du, "Enkele Riglyne vir 'n Preek uit Deuteronomium 10-11," *Acta Theologica* 15 (1995), 93-101.

Veijola, T., "Bundestheolgie in Dtn 10,12-11,30," in *Liebe und Gebot: Studien zum Deuteronomium*, Göttingen, 2000, 206-221.

Wanke, G., "Zu Grundlagen und Absicht prophetischer Sozialkritik," *KD* 18 (1972), 2-17.

Weinfeld, M., "Jeremiah and the Spiritual Metamorphosis of Israel," *ZAW* 88 (1976), 17-56.

Wilson, I., "Merely a Container? The Ark in Deuteronomy," in *Temple and Worship in Biblical Israel*, London, 2005, 212-249.

DEUTERO
NOMY

신명기 | 11장

A New Translation with
Introduction
and Commentary

D E U T E R O N O M Y

D E U T E R O N O M Y

신명기 11장

Deuteronomy 11

내용/구조

모세는 앞의 10:12-13, 16, 20에서 하나님이 이스라엘에게 요구하는 것이 무엇인지를 밝혔다. 이제 이스라엘은 하나님의 요구에 따라서 그들의 하나님 아도나이를 사랑하고 그가 이스라엘에게 모세를 통하여 준 율법을 들어야 한다. 가나안 땅에서의 이스라엘의 미래는 이러한 하나님의 요구에 대한 그들의 순종에 달려있다. 그들이 하나님의 법에 순종함으로 가나안 땅에서 번영을 누릴 것인가 아니면 불순종함으로 하나님의 심판을 받아 진멸될 것인가? 이 장은 아도나이의 요구가 반복되어 나타나면서(1, 8, 13, 22, 32) 이스라엘 과거와 미래를 묘사한다.

반복해서 나타나는 아도나이의 요구(1, 8, 13, 22, 32)를 따라서 이 장은 다음과 같이 구조를 나눌 수 있다.

1. 과거에 하나님이 이스라엘에게 행하신 일(11:1-7)
2. 이집트 땅과 가나안 땅의 비교(11:8-12)
3. 가나안 땅 안에서 번영과 멸망(11:13-17)
4. 말씀을 손목의 기호와 미간의 표로 삼아야 한다(11:18-21)

5. 가나안 땅 정복(11:22-25)

6. 그리심 산에서 축복을 에발 산에서 저주를 선언하라(11:26-32)

위의 구조 분석에서 흥미롭게도 하나님의 요구는 이스라엘의 역사적 사건과 관련이 있으며 그들의 미래와도 연결된다(Craigie, 207-211). 이스라엘은 하나님이 그들에게 요구하는 것에 왜 순종해야 하는지를 역사적인 사건들을 통해서 배우는 것이다.

1. 아도나이의 요구: "너는 아도나이 너의 하나님을 사랑해야 한다, 그리고 너는 그의 의무와 그의 법규들과 그의 법령들과 그의 계명들을 모든 날들에 지켜야 한다."(1).

실례: 하나님이 이스라엘을 위하여 과거에 행하신 사건들을 예로 들고 있다. 이스라엘에게 법령을 지키라고 요구하시는 분은 이스라엘을 이집트에서 구원하신 하나님이다(2-4). 또한 광야에서 다단과 아비람이 하나님의 대리자인 모세와 아론을 반역했을 때, 하나님은 땅을 열어서 하나님의 명령에 분순종한 다단과 아비람의 집을 삼키는 심판을 행하셨다(6).

2. 아도나이의 요구: "너희는 내가 오늘날 너에게 명령하는 모든 명령을 지켜야 한다"(8a).

실례: 아도나이의 명령을 잘 지키며 순종할 때 이스라엘은 가나안 땅을 점령하고 그 땅에서 번영을 누릴 수 있다. 가나안 땅은 이집트의 땅과 비교되는 곳이다. 이집트는 씨를 뿌리고 그 밭에 발로 물을 댄다. 인간의 기술을 사용하여 농사를 짓는 곳이다(10). 다단과 아비람은 모세에게 이집트의 땅을 '젖과 꿀이 흐르는 땅'이라고 말했다(민 16:13). 이집트 땅은 인간의 기술에 의존하는 곳인 반면에 가나안 땅은 그렇지 않다. 가나안 땅은 하늘에서 내리는 비를 흡수하는 땅이다. 하나님이 관심을 갖고 보살피는 땅이다(11-12).

3. 아도나이의 요구: "만일 너희가 내가 오늘날 너희에게 명령하는

나의 명령들을 확실히 듣는다면, 아도나이 너희 하나님을 사랑하고, 그를 너희 온 마음과 온 영혼으로 섬기며"(13).

실례: 이스라엘이 아도나이의 명령에 순종하면 하나님은 하늘에서 비를 주신다. 농사가 잘 되며 소출이 풍부해진다. 이집트 땅은 인간의 기술에 의존해서 땅의 소출을 얻었지만 가나안 땅은 전적으로 이스라엘의 순종에 달려있다. 이스라엘이 아도나이의 명령에 순종할 때 하나님이 비를 주신다. 이스라엘의 번영은 법에 순종하는 것에 달려있다. 그러나 반대로 이스라엘이 법에 순종하지 않고 다른 신을 섬길 때, 율법의 1-2계명을 불순종할 때, 하나님은 비를 주시지 않는다. 결국 이스라엘은 가나안 땅에서 망하게 된다.

4. 이 구절들은 아도나이의 명령을 어떻게 구체적으로 실천할 것인가를 설명한다. 아도나이의 말씀에 순종하기 위해서는 1) 마음에 말씀을 두어야 한다. 2) 손목에 기호로 그리고 미간에 표로 삼아야 한다. 3) 자녀에게 항상 가르쳐야 한다. 4) 문에 말씀을 기록해야 한다. 이렇게 말씀에 철저하게 순종할 때 가나안 땅에서 장수하며 번영할 수 있다. 하나님의 말씀이 이스라엘의 미래 번영과 밀접한 관련이 있다.

5. 아도나이의 요구: "만일 너희가 내가 너희에게 명령하는 이 모든 명령을 확실히 지키면, 그것을 행하며, 너희 하나님 아도나이를 사랑하며, 그의 모든 길들 안에 걸으며 그리고 그에게 붙어 있으며,"(22). 아도나이의 요구는 다시 조건 절로 나온다.

실례: 이스라엘이 법에 잘 순종하며 아도나이를 사랑할 때 그들은 가나안 땅을 정복할 수 있고 가나안 땅의 주민들이 이스라엘을 두려워하며 떨게 된다.

6. 이 본문은(11:26-32) 1-11장의 결론임과 동시에 12-26장의 법 조항들의 서론 역할을 하고 있다. 모세는 이스라엘 앞에 복과 저주를 두었다. 이스라엘이 법에 순종하면 복을 받을 것이고 법에 순종하지 않으면 저주를 받을 것이다. 이스라엘은 복과 저주를 가나안 땅에 들어가서

의식가운데 엄숙하게 선언하여야 한다. 그리심 산에서 복을 말하고 에발 산에서 저주를 선포한다.

흥미롭게도 신명기의 구체적인 법 조항들은(12-26장)은 복과 저주의 본문(11:26-32과 27-28장) 사이에 놓여있다. 신명기 27-28장은 그리심 산의 복과 에발 산의 저주를 더 자세하게 말한다. 이러한 구조는 이스라엘이 개인적으로나 국가적으로나 아도나이의 명령에 순종할 때 복을 받고 번영하지만 불순종 할 때는 저주와 멸망을 받는다는 사실을 강조한다. 이스라엘 앞에 복과 저주가 놓여 있다. 이스라엘은 복을 선택해야 한다.

1. 과거에 하나님이 이스라엘에게 행하신 일(11:1-7)

먼저 아도나이의 요구 "너희 하나님을 사랑해야 한다"와 "그의 계명들을 지켜야 한다"가 나온다(1). 이스라엘의 과거 역사적 사건들을 통해서 아도나이의 은혜와 진노를 설명한다. 아도나이의 요구를 잘 지킬 때, 그들은 복과 은혜를 받는다. 이것을 출애굽 사건으로 보여준다(2-4). 반대로 아도나이의 요구를 지키지 않을 때 그들은 저주와 멸망을 받는다. 이것은 다단과 아비람의 반역 사건을 통해 보여준다(6).

2절의 "너희는 오늘날 알아야 한다"가 핵심 동사이다. 지금 모세의 설교를 듣고 있는 이스라엘은 과거에 하나님이 이스라엘에게 행하셨던 출애굽의 역사와 광야에서 있었던 하나님의 일들과 다단과 아비람이 행했던 반역 행위들을 알아야 한다. 이러한 역사적 사건들을 통해서 이스라엘은 교훈을 얻어야 한다.

모세는 출애굽과 광야 여정에서 일어난 일들을 경험한 세대는 오늘 설교를 듣고 있는 이스라엘이지 그들의 후손들이 이니라는 점을 명확히 짚어준다(2, 7). 즉 과거 역사를 통해서 하나님의 큰일을 보고 경험한 이스라엘은 아도나이의 명령에 순종해야 할 의무가 있다는 것이다.

번역

1 그리고 너는 아도나이 너의 하나님을 사랑해야 한다,
그리고 너는 그의 의무와 그의 법규들과 그의 법령들과
그의 계명들을 모든 날들에 지켜야 한다.
2 그리고 너희는 오늘날 알아야 한다, 너희 아들들과 함께 하지 않았다는 것을,
그들은 알지도 못했고 보지도 못했다 아도나이 너희 하나님의 훈계를,
그의 위대함을, 그의 강한 손과 그의 뻗은 팔을,
3 그리고 그의 징조들을, 그리고 그가 이집트 가운데서 행하신 그의 행위들을,
이집트의 왕 바로에게 그리고 그의 모든 땅에게,
4 그리고 그가 이집트의 군대에게, 그의 말들과 병거에게, 행하신 일을,
어떻게 그가 홍해의 물을 그들의 얼굴들 위에 넘쳐흐르게 했는지,
그들이 너희 뒤를 추격했을 때,
그리고 아도나이께서 그들을 멸망시켰다, 이 날까지,
5 그리고 그가 광야에서 너희를 위하여 행하신 일을, 너희가 이 장소로 오기까지,
6 그리고 그가 다단과 아비람에게, 엘리압의 아들들, 르우벤의 아들, 행하신 일을,
그 땅이 입을 열었을 때, 그것은 삼켰다, 그들과 그들의 집들과 그들의 천막들,
그리고 그들을 따랐던 모든 살아있는 것을, 온 이스라엘 가운데서.
7 그러나 너희 눈들이 그가 행하신 아도나이의 모든 큰일을 보았다.

주해

1 그리고 너는 아도나이 너의 하나님을 사랑해야 한다,
그리고 너는 그의 의무[1)]와[2)] 그의 법규들과 그의 법령들과
그의 계명들을[3)] 모든 날들에 지켜야 한다.

본문 비교

1) 마소라, 쿰란 사본들(4QPhyl[k], 8QMez), 사마리아 오경은 단수인데 반하여 70인경, 벌게이트, 시리아 역은 복수 "그의 의무들"이다. 쿰란 사본(8QPhyl)은 "그의" 없이 그냥 "의무"로 읽는다.

2) 사마리아 오경은 "그리고"가 없다.

3) 70인경의 랄프 편집과 베버 편집은 서로 다르다. 랄프 편집은 τὰ φυλάγματα αὐτοῦ καὶ τὰ δικαιώματα αὐτοῦ καὶ τὰς κρίσεις αὐτοῦ인데 반하여 베버 편집은 τὰ φυλάγματα αὐτοῦ καὶ τὰ δικαιώματα αὐτοῦ καὶ τὰς ἐντολὰς αὐτοῦ τὰς κρίσεις αὐτοῦ이다. 히브리어와 비교하면 랄프 편집은 ἐντολὰς를 생략했다. 오리겐의 헥사플라는 베버 편집과 일치한다. 헥사플라는 히브리어 어순과 일치시키기 위하여 단어를 τὰς κρίσεις αὐτοῦ καὶ τὰς ἐντολὰς로 바꾸어 놓았다.

사마리아 오경은 마소라 사본과 단어의 어순이 다르다. 사마리아 오경은 ומצותיו ומשפטיו이다.

"그리고"는 문맥상 앞 절과 관련해서 '그러므로'의 뜻을 갖는다. 하나님은 이집트로 내려간 이스라엘의 족속이 70명이었는데 하늘의 별과 같이 많게 해 주셨다(10:22). 약속을 지키신 것이다. '그러므로' 이스라엘은 "아도나이 너의 하나님을 사랑해야 한다." 더 나아가 이 구절은 10:12의 아도나이께서 이스라엘에게 요구하신 것의 결론이다.

앞 장에서 계속 '사랑'이라는 단어가 반복 사용되고 있다(10:12, 15, 18). 아도나이께서 이스라엘에게 요구하는 것은 아도나이를 사랑하는 것이다(10:12).

히브리어에서는 두 동사 "너는 사랑해야 한다"(ואהבת)와 "너는 지켜야 한다"(ושמרת)가 평행을 이루어 문장 서두에 나오고 있다(한글 어순상 동사 "사랑해야 한다"와 "지켜야 한다"가 뒤로 갔다). 두 동사 모두 칼 완료이다. 형태는 완료형이지만 명령형으로 번역이 가능하다. '그러므로 너는 아도나이 너의 하나님을 사랑하라 그리고 너는 지켜라.' 이렇게 명령형으로 번역하는 현대 역본들이 있다(NAB, NIB, NIV, TNK). 개역 개정 역시 "사랑하여…지키라"로 번역한다.

아도나이를 사랑하는 방법은 그의 명령을 지키는 것이다. 사랑은 형이상학적인 것이 아니며 감정적인 것만은 아니다. 사랑은 이성적이며 실천적인 것이다. 아도나이의 법을 알아야 하며 그것을 삶 속에서 지켜야 한다. 신약에서도 이와 유사하게 나타난다. 예수님은 나를 사랑하는 자가 나의 계명을 지키며 나를 사랑하지 않는 자는 나의 계명을 지키지 않는다고 말씀하셨다(요 14:23-24). 사랑은 실천을 동반한다. 아도나이를 사랑하는 것은 그의 말을 실천하는 것이다.

앞 장에서 아도나이는 나그네를 사랑하신다고 말씀하신다. 그리고 이스라엘에게 명령하신다. 이스라엘 역시 나그네를 사랑해야 한다고(10:18-19). 이것을 보면 사랑은 아도나이를 닮아가는 것이며 아도나이를 모방하는 것이다.

"그의 의무"는 "그의 명령"의 뜻도 갖는다. "너는 그의 의무를 지켜야 한다"는 신명기에서 여기서만 나온다. 민수기에서 성막과 관련하여 의무와 책임을 다하는 뜻으로 자주 사용되었다(민 1:53; 3:7; 8:26; 9:19; 31:30). 사실 이스라엘은 시내 산에서 언약을 맺을 때 하나님의 명령을 지키겠다고 동의했다(출 19:8; 24:3, 7). 이스라엘은 하나님의 말씀을 지켜야 할 의무와 책임이 있다.

"그의 법규들과 그의 법령들과 그의 계명들." 이 단어들은 신명기에서 자주 나오는 단어들이다(4:1, 5, 8, 14, 40, 45; 5:1, 31; 6:1, 2, 17). "법규들과 법령들"에 대해서는 4:1을 그리고 "계명들" 또는 '명령들'은 6:17의 주해를 참고하라.

"모든 날들에"는 '항상'이라는 의미로 사는 평생을 의미한다. 하나님이 주신 법을 평생 지키면서 살라는 것이다. 이것이 아도나이를 사랑하는 방법이다.

2 그리고 너희는 오늘날 알아야 한다, 너희 아들들과 함께 하지 않았다는 것을,
그들은 알지도 못했고 보지도 못했다 아도나이 너희 하나님[1]의 훈계를,
그의 위대함을,[2] [3]그의 강한 손과 그의 뻗은 팔을,[4]

본문 비교

1) 70인경은 "너의 하나님"이다.
2) 쿰란 사본(4QPhyl[k])는 "그의 영광을 그리고 그의 위대함을"로 읽는다. 이는 신명기 5:24과 유사하다. 70인경은 "그의 위대함들을"로 복수이다.
3) 히브리어 사본들, 카이로 게니자 단편, 쿰란 사본, 70인경, 사마리아 오경, 시리아 역, 탈굼 역들 그리고 벌게이트는 "그리고"를 첨가한다.
4) 사마리아 오경은 "그리고 ~을"(ואת)이라는 목적어를 넣어준다.

상반절의 히브리어는 번역하기 까다롭다. 먼저 "그리고 너희는 오늘날 알아야 한다"는 문맥상 명령형 '알라'로 번역할 수도 있다.

"그리고 너희는 오늘날 알아야 한다"의 다음 단어는 '키'(כי)이다. 이것은 동사 '알아야 한다'의 목적절 '~을'로 번역할 수 있다(필자의 번역). 또한 '왜냐하면'으로도 번역이 가능하다: "너희는 오늘날 알아야 한다, 왜냐하면 너희 아들들과 함께 하지 않았기 때문이다."

또한 "너희 아들들과 함께 하지 않았다는 것을"(כי לא את־בניכם) 역시 번역하기 어렵다. 여기서 문제는 את를 목적어로 보아 "너희 아들들을"로 볼 것인가 아니면 전치사로 "너희 아들들과 함께"로 해석할 것인가 하는 것이다. 목적어로 보면 문제는 목적어를 지배하는 동사가 없다는 것이다. 필자는 동사be를 넣어서 "너희 아들들과 함께 하지 않았

다는 것을"로 번역했다. 아도나이는 이스라엘의 후손들과 함께 하지 않았다. 임의적으로 동사를 넣어서(이탤릭체) '내가 너희 아들들과 말하지 않았다'로 번역하는 역본들도 있다. "Know today that I *do* not *speak* with your children"(NKJ); "And know this day that I *am* not *speaking* with your sons"(NAS); And know ye this day; for I speak not with your children(JPS). 유대인의 번역(JPS)는 이탤릭체로 표기하지 않았다. 이러한 해석은 라시Rashi, 베버와 드라이버에게서 찾아볼 수 있다(Driver, 127; Wevers, 187).

"그들은 알지도 못했고 보지도 못했다." "그들"은 "너희 아들들"이다. 이스라엘의 후세대를 의미한다. "알지도 못했고 보지도 못했다'는 것은 앞으로 올 후세대들은 출애굽 때의(3절) 이적과 기적들을 경험하지 못한 것을 뜻한다. 장차 올 후세대들은 출애굽 때의 역사적 현장에 없었기 때문이다.

"훈계"는 하나님의 단련 또는 훈련을 뜻한다. 하나님이 이스라엘을 출애굽과 광야 여행을 통하여 이스라엘을 훈련하심으로 이스라엘에게 주신 교훈이다. 이스라엘은 이러한 훈련을 받고 교정을 받았다. 이 훈련은 엄격한 훈련으로 질책 또는 징벌의 의미도 담고 있다(참고. 신 8:2-5).

"그의 위대함"은 기본적으로 '크다'를 의미한다. 즉 하나님의 크심 또는 위대하심을 말한다. 유대인 번역은 "그의 위엄"(His majesty: TNK)으로 해석한다.

"그의 강한 손과 그의 뻗은 팔"은 출애굽 사건과 관련하여 자주 사용되었다. 하나님의 능력을 표현하는 관용어구이다. 출애굽 사건과 관련하여 '강한 손과 뻗은 팔'이 함께 나타나는 곳은 신명기 4:34; 5:15; 7:19; 9:29; 11:2; 26:8이다. '강한 손'만 발견되는 곳은 신명기 6:21; 7:8; 9:26이다. 이스라엘이 하나님의 능력으로 이집트를 탈출하는 사건이 기록된 출애굽기에는 '강한 손'이 주로 나타나며(3:19; 6:1; 13:9; 32:11)

'뻗은 팔'은 6:6에 사용되었다.

3 그리고[1)] 그의 징조들을, 그리고 그가 이집트 가운데서 행하신 그의 행위들을, 이집트의 왕[2)] 바로에게 그리고 그의 모든 땅에게,

본문 비교

1) 일부 히브리어 사본들, 사마리아 오경 그리고 벌게이트는 "그리고"를 생략한다.

2) 사마리아 오경은 "이집트의 왕"을 생략한다.

3절은 2절의 연속이다. 히브리어는 목적어 '그리고 ~을'(ואת)이 먼저 나와서 잘 연결되고 있다. 이스라엘의 후손들은 "그의 위대함을, 그의 강한 손과 그의 뻗은 팔을, 그리고 그의 징조들을, 그리고 그가 이집트 가운데서 행하신 그의 행위들을" 알지도 못했고 보지도 못했다.

"징조들"은 신적 현존의 증거로서의 이적을 의미한다. 4절에서 알 수 있듯이 하나님께서 이스라엘을 이집트에서 구원하기 위해서 행하신 놀라운 이적과 기사들을 말한다(신 4:34).

"그의 행위들"은 "그의 징조들"과 유사 동의어이다. 하나님이 이집트와 바로에게 행하신 열 가지 재앙들과 홍해 사건을 뜻한다. 이스라엘의 하나님은 역사 속에서 행동하신 분이다. 이스라엘을 구원하기 위해 하나님은 직접 역사 속으로 들어오셔서 행동하셨다. 하나님의 이런 행동들이 이집트 땅에 사는 모든 백성과 왕에게 나타났다.

특히 하나님은 이집트의 바로 왕에게 열 재앙을 통해서 자신을 알리셨다. 바로는 아도나이를 알지 못한다고 말하면서 이스라엘을 이집트에서 보내지 않았다(출 5:2). 아도나이를 알지 못한다고 하는 바로에게 하나님은 열 가지 이적을 통해서 자신이 누구인지를 알려 주셨다(출 7:5; 8:10). 파리 재앙 때에 하나님은 이스라엘과 이집트를 구별하여 이

스라엘이 거주하는 고센 땅에는 파리 재앙이 없도록 하심으로 자신을 이집트 백성들에게도 알리셨다(출 8:22). 이런 재앙들을 통해서 이집트 사람들 가운데는 아도나이의 말씀을 두려워하는 자들이 있었다(출 9:20).

[4] 그리고 그가 이집트의 군대에게, 그의 말들과 병거에게,[1] 행하신 일을,
어떻게 그가 홍해의 물을 그들의 얼굴들 위에 넘쳐흐르게 했는지,
그들이 너희[2] 뒤를 추격했을 때,
그리고 아도나이께서 그들을 멸망시켰다, 이 날까지,

본문 비교

1) 70인경은 "그들의 병거들과 그들의 말"(τὰ ἅρματα αὐτῶν καὶ τὴν ἵππον αὐτῶν)이다. 히브리어 본문과 단어의 순서가 바뀌었을 뿐 아니라 단수와 복수의 차이도 있다.
2) 일부 히브리어 사본들은 "그들"로 읽는다.

4절 역시 3절과 연결되어 있다. 다시 아도나이께서 이집트의 군대에게 행하신 일들을, 홍해 바다에서의 구원 사건을 설명하고 있다. 홍해 바다에서의 구원 사건은 출애굽의 절정이다.

아도나이께서 이집트에게 행하신 행위(3절)가 무엇인지를 여기서 더 구체적으로 설명한다. 아도나이는 이집트의 군대와 말들 그리고 병거에 대항하여 싸우셨다. 모세는 홍해 바다에서 이스라엘에게 아도나이께서 오늘 너희를 위하여 행하시는 구원을 보라고 설교했다(출 14:13). 아도나이는 이스라엘을 "위하여" 이집트와 싸우셨다(출 14:14). 이집트의 군대, 특히 말과 병거는 이스라엘에게 위협적이었다. 출애굽기는 이집트의 말과 병거를 강조하며 병거 600대라고 분명하게 밝히고 있다(출 14:6, 7, 9). 이집트의 군대가 뒤쫓아 오는 것을 보고 이스라엘은 두

려움에 사로잡혀 모세를 원망했다(출 14:10-12).

"어떻게 그가 홍해의 물을 그들의 얼굴들 위에 넘쳐흐르게 했는지"는 이스라엘의 하나님 아도나이께서 이스라엘을 위하여 행하신 구체적인 행동이다. 아도나이는 이집트의 말과 병거 그리고 군인들 위에 물을 넘쳐흐르게 하셨다. "넘쳐흐르게"는 히필형(사역 능동)으로 아도나이께서 하신 행위를 설명한다. 아도나이는 홍해의 물을 가르시고 이스라엘을 건너게 하셨다. 그리고 그 물이 다시 넘쳐흐르게 만든 것이다. 즉 서 있던 홍해의 물이 아도나이의 능력으로 다시 흐른 것이다. "홍해"(ים סוף)는 70인경을 따른 번역이다(자세한 설명은 1:40을 참고).

5 그리고 그가 광야에서 너희를 위하여 행하신 일을, 너희가 이 장소로 오기까지,

5절 역시 4절과 연결되어 있다. 4절이 출애굽 과정에서 행하신 아도나이의 행위를 설명한다면 5절은 광야 여정에서 행하신 아도나이의 행위를 설명한다. 이스라엘이 시내 산에서 금송아지를 만들어 아도나이를 분노하게 했지만 아도나이는 신실하게 자신의 약속을 지키셔서 이스라엘을 이 장소까지 인도하셨다. 신명기에 따르면 "이 장소"는 "모압 땅"을 의미한다(신 1:5). 광야에서 이스라엘이 아도나이를 격노하게 한 사건들은 민수기에 잘 기록되어 있다(민 11-14, 16, 20, 25장을 보라).

"너희가 이 장소로 오기까지"는 전치사 "까지"(עד)로 인도되는 구로서 4절의 "이 날까지"와 평행을 이룬다(1:31; 9:7).

6 그리고 그가 다단과 아비람에게, 엘리압의 아들들, 르우벤의 아들, 행하신 일을, 그 땅이 입을 열었을 때, 그것은 삼켰다,[1] 그들과 그들의 집들과 그들의 천막들, 그리고 그들을 따랐던 모든 살아있는 것을, 온 이스라엘 가운데서.[2]

본문 비교

1) 사마리아 오경은 여기에 "그리고 고라의 모든 사람을"을 덧붙인다.

2) 마소라, 쿰란 사본(4QDeut[k]), 70인경, 시리아 역, 벌게이트는 전치사 '베'(ב)를 갖고 있지만 쿰란 사본(4QDeut[j])은 전치사 '민'(מ)이다.

6절도 5절과 연결되어 있다. 민수기 16장에 나오는 고라의 반역 사건을 말한다. 특이한 것은 고라의 이름이 나오지 않는다(사마리아 오경은 고라를 언급한다. 참고. 본문 비교 1). 고라와 함께 반역에 참여했던 다단과 아비람만을 언급한다. 민수기에 따르면 레위인 고라는 르우벤 지파의 다단, 아비람과 온과 함께 반역한다. 특이하게 레위인과 르우벤 사람이 함께 했다. 이스라엘이 광야에서 행군할 때, 레위인인 고핫 가문은 성막의 남쪽 편에 장막을 쳤다. 그리고 남쪽 편 고핫 가문 바로 뒤에 르우벤 지파가 장막을 쳤다. 아마도 이들은 가까운 위치에 있어서 서로 이 일을 모의하게 된 것 같다. 회중가운데 유명한 족장 250명이 고라를 따랐다. 고라는 모든 회중과 각 개인이 거룩하고 아도나이께서 회중 가운데 계시는데 너희가 왜 회중보다 높은 위치를 차지해야 하는가 하고 묻는다. 고라는 모세와 아론의 지도력에 도전한다. 모세와 아론이 스스로 회중 위에 높아졌다고 주장한다.

이 반역 사건 때에 모세는 고라와 함께 한 다단과 아비람을 불렀다. 그러나 그들은 모세의 부름을 거절한다. 오히려 모세를 향하여 비난의 말을 쏟아 놓는다. 이집트에서 우리를 이끌어 내어 광야에서 죽게 한다. 그들은 모세가 젖과 꿀이 흐르는 땅으로 인도하지 않으면서 모세는 왕 노릇을 한다고 비난한다(민 16:12-14).

모세는 이때 이스라엘에게 반역자들로부터 떨어지라고 말한다. 그리고 하나님께 땅이 갈라져 반역자들의 모든 것을 집어 삼키게 해 달라고 요청한다. 하나님은 모세의 요구를 받아들여 땅을 갈라지게 하였다.

"그 땅이 입을 열었을 때, 그것은 삼켰다." 더 정확한 번역은 "그 땅이 그녀의 입을 열었을 때, 그녀는 삼켰다"이다. "땅"(ארץ)이 여성 명사이기 때문에 주어가 3인칭 여성 단수이다. 땅이 입을 열어 다단과 아비람에게 속한 모든 것들을 집어삼켰다.

"그들을 따랐던 모든 살아있는 것을"은 "그들을 따랐던 모든 존재를"이다. "존재"(יקום)는 살아있는 사람들을 의미한다. 하지만 70인경은 "물질"(τὴν ὑπόστασιν) 즉, 그들이 소유한 물건들로 해석한다. 민수기는 고라에게 속한 사람뿐만 아니라 재물까지 모두를 말하고 있다(민 16:32-33).

7 그러나 너희 눈들이 그가 행하신[1] 아도나이의 모든 큰[2]일을 보았다.

본문 비교

1) 70인경은 여기에 "너희에게 오늘날"(ὑμῖν σήμερον)을 덧붙인다.
2) 마소라, 사마리아 오경, 쿰란 사본(8QPhyl), 탈굼 옹켈로스, 탈굼 프쉬도 요나단은 단수 인데 반하여 쿰란 사본(4QDeut[jk] 4QPhyl[k] 8QMez), 70인경, 벌게이트, 시리아 역, 탈굼 네오피티는 복수이다.

"그러나"(כי)는 '왜냐하면...때문이다'로도 번역할 수 있다. "왜냐하면 너희 눈들이 그가 행하신 아도나이의 모든 큰일을 보았기 때문이다." 70인경은 이렇게 번역하고 있다. "왜냐하면"으로 번역하면 2절의 "너희는 오늘날 알아야 한다"에 대한 이유를 제시하는 것이다. 즉 너희는 알아야 한다. 왜냐하면 너희가 이 모든 큰일을 경험했기 때문이다. 이런 번역을 취하는 현대 역본들이 있다(LEI, LUV, NBG, SVV, ESV, ELO, LUO).

또한 "그러나"로 번역하면 2절과 대조를 이룬다. 2절에서 "그들(너희 아들들)은 알지도 못했고 보지도 못했다"라고 강조했었기 때문이다. 즉 아도나이의 큰일을 본 것은 이스라엘의 후손들이 아니라 "너희 눈들" 즉, 그 시대의 사람들이었다(ASV, CJB, KJV, NAS, NIB, NIV, NJB, NKJ, TNK, YLT, ELB). 모세와 함께한 그 시대 사람들이 아도나이의 모든 큰 일을 직접 목격했었다. 그렇기 때문에 이스라엘은 아도나이를 사랑해야 하며 그의 모든 계명을 지켜야 한다(1절). "그러나"로 번역하는 것은 다음 구절(8절)과도 자연스럽게 연결된다.

"아도나이의 모든 큰 일"은 문맥상 출애굽 때에 이집트 바로에게 행하신 일(3절), 홍해 바다에서의 구원(4절), 그리고 고라 반역 사건 때에 행하신 일(6절)을 의미한다.

2. 이집트 땅과 가나안 땅의 비교(11:8-12)

아도나이의 요구인 "모든 명령을 지켜야 한다"(8)를 실행할 때 이스라엘은 강해지며 가나안 땅을 정복할 수 있다. 더 나아가 그 땅에서 그들의 삶은 길어진다. 번영을 약속한다. 이스라엘이 하나님의 말씀을 실행할 때 말씀의 결실을 맺는다(참고. 사 55:9-11; 히 4:2).

이스라엘이 정복하려고 하는 가나안 땅을 이집트 땅과 비교한다. 이집트는 이스라엘이 노예로 있었던 땅이다. 그곳은 나일강 때문에 비옥하여 항상 곡식이 있었다. 이집트는 농사를 짓기 위해 인간의 기술을 사용한다. 농토에 발로 물을 댄다. 하지만 가나안 땅은 하늘의 비를 의지하는 땅이다. 즉 하나님이 비를 주실 때 농사가 가능한 땅이다. 이 땅은 하나님이 이스라엘 후손에게 주시기로 맹세한 땅이며(9) 하나님이 항상 관심을 갖고 보시는 땅이다(12).

번역

8 그리고 너희는 내가 오늘날 너에게 명령하는 모든 명령을 지켜야 한다,

너희가 강해지고 들어가고 점령하기 위하여,

너희가 그것을 점령하기 위해 거기로 건너가려는 그 땅을.

9 그리고 너희가 그 흙 위에서 날들을 연장하기 위하여,
아도나이께서 너희의 조상들에게, 그들과 그들의 후손에게 주기로 맹세하셨던,
젖과 꿀이 흐르는 땅.

10 네가 그것을 점령하기 위해 거기로 들어가는 그 땅은
이집트의 땅과 같지 않기 때문이다,
너희가 거기로부터 나왔던 그곳은, 네가 너의 씨를 뿌리고
너의 발로 물을 주었다, 채마밭과 같이.

11 그러나 너희가 그것을 점령하기 위해 거기로 들어가는 그 땅은,
산들과 계곡들의 땅이다,
하늘의 비로 이것은 물을 마실 수 있다.

12 아도나이 너의 하나님이 찾으시는 땅,
계속 너의 하나님 아도나이의 눈들이 그것 위에 있다, 년 초부터 년 말까지.

주해

8 그리고 너희는 내가 오늘날 너에게 명령하는[1] 모든 명령을[2] 지켜야 한다,
너희가 강해지고[3] 들어가고 점령하기 위하여,
너희가 그것을 점령하기 위해 거기로 건너가려는[4] 그 땅을.

본문 비교

1) 사마리아 오경, 쿰란 사본(8QMez), 일부 70인경 사본들, 벌게이트, 시리아 역, 탈굼 프쉬도 요나단, 탈굼 네오피티는 "너희에게 명령하는"이다.

2) 70인경, 벌게이트, 시리아 역, 탈굼 네오피티는 "그의 계명들"로 읽는다. 쿰란 사본(8QMez)은 여기에 "그 법규들과 그 법령들"을 덧붙인다.

3) 쿰란 사본(4QDeut^k 8QMez)은 "너희가 많아지고"로 번역한다. 70

인경은 "살고 많아지기 위하여"(ζῆτε καὶ πολυπλασιασθῆτε)로 번역한다(8:1과 유사하게). 아퀼라와 심마쿠스는 마소라 사본과 같이 "강해지고"(ἰσχύσητε)로 번역한다.

4) 쿰란 사본(8QPhyl)과 사마리아 오경 그리고 벌게이트는 마소라의 "건너가려는"(עברים)을 "가는"(באים)으로 읽는다. 여기에 쿰란 사본(4QDeut[k] 4QPhyl[ak])과 70인경은 "요단"을 덧붙인다.

"그리고"는 '그러므로'의 뜻으로 7절과 관련해서 다음과 같은 의미이다. "너희 눈들이 그가 행하신 아도나이의 모든 큰일을 보았다. 그러므로 너희는 …명령을 지켜야 한다."

"너희는 지켜야 한다"는 형태는 완료형 동사이지만 문맥상 명령형 "지켜라"로 번역할 수 있다. 개역 개정을 비롯하여 영어 성경 NIB, NIV, NRS, TNK 등이 이렇게 해석한다.

"내가 오늘날 너에게 명령하는 모든 명령을"은 모세가 출애굽 후세대에게 선포하는 율법을 뜻한다("오늘"에 대해서는 신명기 I. 서론 '9. 오늘'을 참고하라).

"~위하여"는 이스라엘이 율법을 지켜야 하는 목적을 설명하고 있다. 세 개의 동사 "강해지고 들어가고 점령하기"가 "~에 위하여"에 걸려서 목적을 말한다. "점령하기 위하여"는 뒤에 나오는 목적절을 갖고 있다. "너희가 그것을 점령하기 위해 거기로 건너가려는 그 땅을 점령하기 위하여"이다. "점령하다"는 동사가 두 번이나 나와서 이스라엘이 현재 처한 상황을 설명한다. 이스라엘은 지금 약속의 땅을 점령하기 위하여 요단을 건너가려고 준비하고 있다. 약속의 땅을 점령하기 위해서 이스라엘은 강해져야 한다. 그러기 위해서는 모세가 전한 율법을 지켜야 한다. 이것은 여호수아서에서 잘 볼 수 있다. 이스라엘이 아도나이의 명령에 순종했을 때에 그들은 하나님의 도우심으로 여리고 성을 쉽게 정복할 수 있었다(수 6장). 하지만 아간이 아도나이의 명령을 지키지 않고 여리고 성에서 탈취한 물건을 도둑질 했을 때, 삼천 명만 올라가서 싸워도 점령할 수 있는 아이 성을 정복하지 못해 전쟁에서 패하고 말았다(수 7장). 이 두 사건은 이스라엘이 아도나이의 명령에 순종할 때 약속의 땅을 정복할 수 있다는 사실을 잘 보여주고 있다. 이스라엘이 아도나이의 명령을 지킬 때, 가나안 땅을 정복할 수 있도록 강해질 수 있다.

9 그리고 너희가 그 흙 위에서 날들을 연장하기 위하여,[1)]
아도나이께서 너희의 조상들에게, 그들과[2)] 그들의 후손에게 주기로 맹세하셨던,
젖과 꿀이 흐르는 땅.[3)]

본문 비교

1) 마소라, 사마리아 오경, 쿰란 사본(4QDeut[k] 4QPhyl[k]), 70인경, 벌게이트, 시리아역, 탈굼 옹켈롯, 탈굼 네오피티는 "너희가 날들을 연장하기 위하여"인데 반하여 쿰란 사본(8QPhyl)은 "너희의 날들이 많아지기 위하여"(למען ירבו ימיכם)로 읽는다.
2) 사마리아 오경은 "그들에게"를 생략한다. 위의 마소라 번역 "그들과"는 '그들에게 그리고'이다. 뒤에 "그들의 후손에게"가 있어서 전치사 "~에게"를 생략했다.
3) 탈굼 옹켈로스는 "젖과 꿀을 생산하는 땅"으로 해석하며 탈굼 네오피티는 "젖과 같이 깨끗하고 꿀과 같이 달고 맛있는, 좋은 과일을 생산하는 땅"으로 해석한다.

"날들을 연장하기 위하여"는 8절의 "점령하기 위하여"와 같이 평행을 이루어 명령을 지키는 목적을 8절에 이어서 설명한다.

"날들을"은 '너희의 날들'의 뜻이다(참고. 11:21). 쿰란 사본(8QPhyl)은 "너희의 날들"로 해석한다. "그 흙 위에서 날들을 연장하기 위하여"는 개인적으로는 이스라엘 사람들이 오래 산다는 장수의 의미이며 국

가적으로는 이스라엘이 그 약속의 땅위에서 오래 동안 존속될 것을 말한다. 즉 국가의 안위가 보장된다는 것이다.

히브리어로 "흙"(אדמה)은 "땅"(ארץ)과 단어가 다르지만 의미상 별 차이가 없다. "그 흙 위에서"는 관계 대명사 절의 수식을 받아 "아도나이께서 너희의 조상들에게, 그들과 그들의 후손에게 주기로 맹세하셨던 그 흙 위에서"라는 의미이다.

아도나이께서는 이스라엘의 조상들에게, 아브라함과 이삭과 야곱에게, 그리고 그들의 후손들에게 가나안 땅을 주시겠다고 계속 약속하셨다(신명기 I. 서론 '10. 땅'을 참고).

"젖과 꿀이 흐르는 땅"에 대해서는 6:3의 주해를 참고하라. 가나안 땅에 대한 설명은 신명기 8:7-10과 11:10-17에 나타난다.

10 네가[1)] 그것을 점령하기 위해 거기로 들어가는 그 땅은
이집트의 땅과 같지 않기 때문이다,
너희가[2)] 거기로부터 나왔던 그곳은, 네가 너의 씨를 뿌리고
너의 발로[3)] 물을 주었다, 채마밭과 같이.

본문 비교

1) 쿰란 사본(4QDeut[k]), 사마리아 오경, 70인경, 시리아 역, 벌게이트, 탈굼 네오피티는 복수 "너희"이다.
2) 쿰란 사본(4QPhyl[k])는 단수 "너"이다.
3) 쿰란 사본(4QDeut[c] 4QDeut[k] 4QPhyl[a]), 심마쿠스, 사마리아 오경과 70인경은 복수 "발들"이다.

이 구절은 9절의 젖과 꿀이 흐르는 땅을 설명한다. 우선 모세는 하나님이 이스라엘의 조상들에게 주시기로 약속한 가나안 땅을 이스라엘이 노예로 있었던 이집트의 땅과 비교한다. 이집트는 나일 강이 있기 때문

에 비옥한 땅이다. 이집트 땅은 "아도나이의 동산"과 같은 곳으로 여겨졌다(창 13:10). 아브라함 때에 가나안 땅에 기근이 들자 아브라함이 양식을 찾아 내려갔었던 곳이다(창 12:10). 이스라엘 백성은 이집트에 있었을 때에 고기와 빵을 만족하게 먹었다고 말하며(출 16:3) 모세와 아론에게 반역했던 다단과 아비람은 이집트를 일컬어 젖과 꿀이 흐르는 땅이라고 말했다(민 16:13). 이스라엘은 이집트 땅에 거주했었기 때문에 그 땅을 잘 알고 있다. 그래서 하나님은 먼저 가나안 땅을 이집트의 땅과 비교하면서 이집트의 땅과 같지 않다고 선언하신다.

이스라엘이 이집트 땅에 있을 때에 씨를 뿌리고 발로 물을 주었다. 관개수로가 잘 되어 있는 땅으로 각종 푸른 식물을 심어 경작했었다. 이집트는 각종 식물이 자랄 수 있는 곳이다.

11 그러나 너희가[1] 그것을 점령하기 위해 거기로 들어가는[2] 그 땅은,
산들과 계곡들의[3] 땅이다,
하늘의 비로 이것은 물을 마실 수 있다.

본문 비교

1) 10절의 히브리어는 단수였는데 반하여 11절은 복수이다. 하지만 70인경은 단수이다. 하지만 70인경의 다른 사본들(O Byz)은 복수이며 오리겐의 헥사플라 역시 복수로 간주한다.
2) 마소라의 "들어가는"(עברים)을 쿰란 사본(4QPhyl[k] 8QMez)는 "가는"(באים)으로 읽는다.
3) 70인경은 단수 "산과 계곡"으로 읽는다.

접속사 "그러나"는 10절과 대조되는 절을 인도한다. 이스라엘이 점령하려고 들어가는 가나안 땅은 "산들과 계곡들의 땅"이다. 이스라엘의 지도를 펴놓고 보면 실제 요단강이 흐르는 지역과 지중해에 가까운

지역은 지대가 낮다. 그리고 가나안 땅 가운데는 산과 계곡들이 있다. "하늘의 비로 이것은 물을 마실 수 있다"에서 "이것은" 3인칭 여성 단수로 "땅"을 의미한다.

이스라엘이 점령하려고 하는 가나안 땅은 이집트의 땅과 다르다. 가나안 땅은 산들과 계곡들의 땅이며 하늘로부터 비를 흡수하는 땅이다. 이집트의 땅은 발로 물을 대는 채마밭과 같은 땅이며 나일강으로부터 발로 물을 대는데 반하여 가나안 땅은 하늘에서 물이 내린다. 하늘에서 내리는 비는 인간의 노력으로 이룰 수 있는 것이 아니라 하나님의 호의와 은혜이다. 인간의 노력과 하나님의 은혜를 대조시키고 있다.

12 아도나이 너의 하나님이 찾으시는 땅,[1)]

계속 너의 하나님 아도나이의 눈들이 그것 위에 있다,[2)] 년[3)] 초부터[4)] 년[5)] 말까지.

본문 비교

1) 사마리아 오경, 쿰란 사본(4QPhyl^{k}), 시리아 역 일부 사본들 그리고 탈굼 요나단은 "그 땅"이다.
2) 탈굼 네오피티는 이곳에 "그것을 관찰(잘 생각)하고 계시는"을 첨가한다.
3) 미소라는 정관사 "그"(ה)가 있는데 반하여 일부 히브리어 사본들과 쿰란 사본(4QDeut^{k} 4QPhyl^{k} 8QMez)은 정관사를 생략한다.
4) 마소라 사본의 "초부터"(מרשית)를 일부 히브리어 사본들과 사마리아 오경은 철자를 다르게 מראשית로 읽는다.
5) 마소라 사본은 정관사 "그"(ה)가 없는데 반하여 사마리아 오경, 70인경, 시리아 역, 탈굼은 정관사를 덧붙인다.

"찾으시는"(דרשׁ)은 칼 현재 분사로 '찾으시는' 또는 '보고 계시는'이다. 70인경은 이 단어를 '돌보시는' 또는 '지켜보고 계시는'(ἐπισκοπεῖται: 아퀼라와 테오도치온은 문자적으로 ἐκζητεῖ)으로 번역했다. 가나안 땅은 하나님이 보고 계시는 땅이다. 즉 하나님이 감독하시며 돌보시는 땅이다. 하나님의 돌보시는 행위는 "계속"이라는 단어에 잘 나타난다. 하나님의 관심과 돌보심은 단회적인 것이 아니라 '항상'이다. 하나님은 늘 가나안 땅을 보고 계신다.

"그것 위에"는 땅 위에를 의미한다. 하나님의 눈이 항상 가나안 땅위에 있다. '항상'은 더 구체적으로 "년 초부터 년 말까지"로 설명하고 있다. 한 해가 시작하고 끝날 때까지 하나님은 그 땅에 대하여 관심을 갖고 계신다.

가나안 땅의 가장 큰 특징은 하나님의 관심이다. 하나님이 보고 계시는 땅이기 때문이다. 이것이 이집트의 땅과 가장 큰 차이이다. 하나님이 아브라함을 부르실 때부터 가나안 땅은 하나님의 관심이 집중된 곳이었다. 하나님은 아브라함에게 보여주실 땅이 있음을 처음부터 말씀하셨고(창 12:1) 아브라함을 그 땅으로 인도하셨다. 가나안 땅은 하나님의 구속의지가 드러나는 장소이며 하나님의 구속행동이 펼쳐지는 곳이다. 더 나아가 하나님이 나타나시는 신현의 장소였다.

"아도나이의 눈들이 그것 위에 있다." 아도나이의 눈들이 가나안 땅 위에 있다는 것이다. 가나안 땅은 약속의 땅으로 아도나이의 관심이 머무르는 땅이다. "아도나이의 눈들"(עיני יהוה)은 가나안 땅만이 아니라 온 땅을 두루 보고 계신다. "여호와의 눈은 어디서든지 악인과 선인을 감찰하시느니라"(잠 15:3). "여호와의 눈은 온 땅을 두루 감찰하사 전심으로 자기에게 향하는 자들을 위하여 능력을 베푸시나니"(대하 16:9). 아도나이의 눈은 온 세계를 지켜보고 계신다(슥 4:10; 암 9:8). 그렇지만 특별히 가나안 땅을 보시며 돌보신다. 그래서 그 약속의 땅 안에 일어나는 일들에 관심을 갖고 계시며 이스라엘의 왕들의 행위를 눈여겨 보고 계신다. 이러한 사실은 "아도나이의 눈들"이라는 표현이 열왕기에서 두드러지게 사용되었다는 것에서 알 수 있다. 열왕기 서에서 "아도나이의 눈"은 왕들의 행위를 보며 선악을 평가하는 기준이다. 어떤 왕이 아도나이의 눈에 옳은 것을 행하는지 어떤 왕이 아도나이의 눈에 악을 행하는지를 보고 계신다(왕상 11:6; 15:5, 11, 26, 34; 16:19, 25, 30; 21:20, 25; 22:43, 52; 왕하 3:2; 8:18, 27; 13:2, 11; 14:3, 23; 15:3, 9, 18, 24, 28; 16:2; 17:2). 개역 개정은 대부분 "아도나의 눈"을 "여호와 보시기에"로 번역했다(더 자세한 설명은 김영욱, "좋은 왕과 나쁜 왕에 대한 열왕기 저자의 평가 기준," 『열왕기 상. 어떻게 설교할 것인가』, 두란노 HOW주석, 50-54를 참고하시오).

3. 가나안 땅 안에서 번영과 멸망(11:13-17)

가나안 땅에서의 미래는 아도나이의 명령과 연결되어 있다. 이스라엘이 아도나이의 명령을 지키면 가나안 땅에서 농업과 목축이 번창한다. 이스라엘이 온 마음과 영혼으로 아도나이를 사랑하면 하나님은 그들에게 농업과 목축에 필요한 비를 적당한 때에 주신다. 곡식과 유실수는 풍성한 수확을 거둘 것이다. 목초도 잘 자라서 가축을 위한 양식을 제공한다.

하지만 이스라엘이 변심하여 아도나이를 떠나 다른 신을 섬기면 가나안 땅의 상황이 달라진다. 하늘에서 비가 오지 않는다. 가뭄으로 인하여 이스라엘은 농업과 목축에 타격을 받고 그 땅에서 망할 수밖에 없다.

아도나이의 명령은 이스라엘의 농업과 목축에 막대한 영향을 끼친다. 아도나이의 명령에 대한 순종과 불순종이 이스라엘의 경제 상황을 좌우한다. 이스라엘의 경제는 아도나이의 명령의 통치 아래 놓여 있다.

번역

13 그리고 이것이 있을 것이다,
만일 너희가 내가 오늘날 너희에게 명령하는 나의 명령들을 확실히 듣는다면,
아도나이 너희 하나님을 사랑하고, 그를 너희 온 마음과 온 영혼으로 섬기며,
14 그리고 내가 너희의 땅에 비를, 그의 때에 이른 비와 늦은 비를, 줄 것이다,
그리고 네가 너의 곡물과 너의 포도주와 너의 새 기름을 거둘 것이다.
15 그리고 내가 너의 들에 너의 가축을 위하여 풀을 줄 것이다,
그리고 네가 먹을 것이고 만족할 것이다.
16 너희 자신을 조심하라, 너희 마음이 유혹되고
너희가 돌아서서 다른 신들을 섬기며 그들에게 절하지 않도록.
17 그리고 아도나이의 진노가 너희에 대하여 타오를 것이다,
그리고 그가 하늘을 닫아서 비가 없고 흙은 그녀의 산물을 주지 않을 것이다,
그리고 너희는 아도나이께서 너희에게 주시는 그 좋은 땅에서 속히 망할 것이다.

주해

13 그리고 이것이 있을 것이다,
만일 너희가 내가 오늘날 너희에게[1] 명령하는 나의 명령들을[2] 확실히 듣는다면,
아도나이 너희[2] 하나님을 사랑하고, 그를 너희[2] 온 마음과 온 영혼으로 섬기며,

본문 비교

1) 70인경은 단수 "너"이다.
2) 70인경은 "그의 모든 명령들을"(πάσας τὰς ἐντολὰς αὐτου)로 읽는다.

히브리어는 "그리고 이것이 있을 것이다" 또는 '일어날 것이다'(והיה)로 시작하며 다음에 조건절 "만일~하면"(אם)이 나온다(8:19; 11:13; 21:14; 24:1; 25:2; 28:1,15 그리고 והיה כי는 신 6:10; 11:29; 15:16;

26;1; 30:1; 31:21에 나온다). 조건이 충족되면 일어날 현상은 귀결절인 14-15절에 나온다.

"만일 확실히 듣는다면"은 부정사 절대용법으로 '만일 부지런히(또는 열심히) 듣는다면'의 뜻이다. 여기서 "듣는다면"은 "지킨다면," "순종한다면"의 의미이다. 모세가 이스라엘 자손들에게 주는 하나님의 명령을 잘 따른다면 이스라엘이 가나안 땅에서 축복을 받을 것을 약속한다(14-15절).

"내가 너희에게 명령하는"는 신명기에서 11번 나온다(신 4:2 2번; 11:13, 22, 27, 28; 12:11; 13:1; 27:1, 4; 28:14). 이 중에서 "내가 오늘날 너희에게 명령하는"은 6번 사용되었다(신 11:13, 27, 28; 27:1, 4; 28:14). 여기서 "내가"는 모세를 그리고 "너희에게"는 출애굽 후세대를 뜻한다("오늘"에 대해서는 신명기 I. 서론 "9. 오늘"을 보라).

하나님의 명령을 따르며 순종하는 것이 바로 하나님을 사랑하는 것이다. 말씀을 지키는 것이 하나님을 사랑하는 구체적인 방법이다. 더 나아가 이스라엘은 온 마음과 온 영혼으로 하나님을 사랑해야 한다. 하나님은 100퍼센트 순종과 사랑을 요구하신다(참고. 신 6:5의 주해). 개역 개정은 "너희 온 마음과 온 영혼으로"를 "마음을 다하고 뜻을 다하여"로 번역한다.

14 그리고 내가[1] 너희의 땅에[2] 비를, 그의 때에 이른 비와 늦은 비를,[3] 줄 것이다. 그리고 네가 너의 곡물과 너의 포도주와 너의 새 기름을 거둘 것이다.

본문 비교

1) 마소라, 쿰란사본(4QPhyl[c] 8QPhyl), 심마쿠스, 테오도치온, 벌게이트, 시리아역은 "내가 줄 것이다"인데 반하여, 사마리아 오경, 70인경 그리고 쿰란 사본(8QMez)은 "그가 줄 것이다"(ונתן)로 읽는다. 고대 사본들을 따라 "그가"로 번역하는 현대 역본들이 있다

(LEI, ESV, NAS, NAU, NLT, NRS).

2) 사마리아 오경과 70인경은 "너의 땅"(ארצך)이다.

3) 탈굼 프쉬도 요나단은 "Marheshwan에 이른 비 그리고 Nisan에 늦은 비"로 읽는다. Sifre Deut. 86도 "이른 비는 Marheshwan에 내린다" 그리고 "늦은 비는 Nisan에 내린다"고 말한다. Marheshwan(8월)은 현대의 10-11월이며 Nisan(1월)은 3-4월에 해당한다.

"그리고"는 '그러면'의 뜻으로 13절의 조건, 명령에 순종하는 것에 대한 결과를 나타내는 귀결절이다. 13절의 "이것이 있을 것이다"를 설명하고 있다.

이스라엘이 하나님의 명령에 잘 순종할 때, 하나님이 가나안 땅에 비를 주실 것을 약속하신다. 이집트 땅에서 사람들은 발로 채마밭에 물을 대었지만(10절) 이스라엘은 하나님이 하늘에서 주시는 비로 농사를 지을 수 있다(11절). 하늘에서 내리는 비는 하나님의 관심의 표시이며 하나님의 돌보심을 보여준다(12절).

"이른 비"는 10월 마지막부터 12월 초까지 내리는 비이다. 이 비는 여름 동안 갈라지고 메마른 땅을 부드럽게 적셔준다. 농부는 이때 땅을 갈고 파종한다. "늦은 비"는 3~4월에 내리는 비이다. 작물이 성장하며 익도록 내리는 비이다.

"그의 때에"는 쟁기질을 하고 씨를 뿌리고 곡물이 성장하고 열매를 맺을 수 있는 적기를 말한다. 비가 너무 늦게 오거나 빨리 오면 농사를 짓는데 소용이 없다. 씨를 뿌리고 곡식과 열매가 익을 때 비가 와야 한다. 농사를 짓기에 적당한 때에 비가 와야 곡물과 포도주와 새 기름을 추수할 수 있다.

하나님은 "내가" 비를 준다고 말씀하신다. 가나안 땅의 신화에 따르면 바알은 폭풍의 신으로 비를 주관한다. 가나안 사람들은 바알이 땅에 비를 내린다고 믿었다. 그래서 엘리야는 바알숭배를 하는 이스라엘의 아합 왕에게 이스라엘의 하나님 아도나이의 이름으로 비가 오지 않을 것을 예언한 것이다(왕상 17:1). 이스라엘은 엘리야의 예언대로 비가 오지 않아 큰 어려움을 겪었다. 엘리야는 갈멜 산에서 바알 선지자들과의 대결에서 이긴 후에 아합 왕에게 비가 올 것이라고 말한다. 엘리야가 아도나이께 비를 달라고 간절히 기도하자 아도나이께서 큰비를 내려 주셨다(왕상 18:41-46). 이스라엘의 하나님 아도나이께서 가나안 땅에 비를 주신 것이다.

하나님이 가나안 땅에 이른 비와 늦은 비를 주심으로 이스라엘은 "너의 곡물과 너의 포도주와 너의 새 기름을 거둘" 수 있다. 하나님이 먹을 것을 주시며 풍요를 주시는 분이다.

15 그리고 내가[1] 너의 들에 너의 가축을 위하여 풀을 줄 것이다,
그리고 네가 먹을 것이고 만족할 것이다.

본문 비교

1) 사마리아 오경, 쿰란사본(4QPhyl[a] 8QMez), 70인경은 "그가 줄 것이다"(ונתן)이다. 일부 70인경 사본들(A F M O)은 2인칭 "네가 줄 것이다"(δώσεις)로 읽는다

14절에 이어 하나님의 명령에 순종할 때 하나님이 주시는 복을 설명한다. 하나님은 곡식과 열매를 위하여 비를 주실 뿐 아니라 가축들을 위하여 풀이 잘 자라도록 비를 주신다. 가축이 잘 성장하도록 좋은 풀을 주시는 것이다. 이로 인해 이스라엘은 먹을 우유와 고기를 얻을 수 있다.

이스라엘은 하나님이 주신 곡물과 열매 그리고 우유와 고기를 먹고 만족해한다. 이것은 광야 40년 생활과 대조된다. 이스라엘은 광야에서

먹을 것이 없어서 하나님을 향하여 원망했다. 하나님이 만나를 주시자 고기가 먹고 싶다고 불평을 터뜨렸었다. 광야는 모든 것이 부족한 곳이었다. 하지만 하나님이 주시는 가나안 땅은 하나님의 돌보심으로 인하여 모든 것이 풍족한 땅이다. 먹을 것에 부족함이 없는 땅이다. 이러한 모든 축복을 누리는 방법은 하나님의 명령에 순종하는 것이다.

16 너희[1] 자신을 조심하라, 너희[2] 마음이 유혹되고
너희가 돌아서서 다른 신들[3]을 섬기며 그들에게 절하지 않도록.

본문 비교

1) 마소라 히브리어는 15절 하반절의 2인칭 단수 "너"에서 2인칭 복수 "너희"로 변했다. 그러나 70인경은 2인칭 단수 "너"이다.
2) 70인경은 단수 "너의"이다.
3) 탈굼 옹켈로스와 탈굼 프쉬도 요나단은 "민족들의 신들"(טעוות עממיא)로 읽는다. 즉 다른 신은 이스라엘 주변의 이방 민족들의 신이라는 것을 명확하게 밝힌다.

"조심하라"는 니팔 명령형으로 '주의하라,' '지켜라'는 의미이다. '너희 자신을 지켜라'는 것은 자신이 변하지 않도록 '너희 자신을 유지하라, 보존하라'는 것이다. 조심해야 할 것은 다름 아닌 "너희 마음"이다. 마음이 변하지 않도록 유지, 보존해야 한다.

"유혹되고"(פתה)는 '열린 마음이 되는 것' 또는 '단순해지는 것'이다. 열린 마음은 긍정적인 의미가 아니라 다른 신을 섬기자는 다른 사람의 제안에 대하여 '마음이 열리는 것'이다. 다른 신을 섬기자는 말에 아무런 생각 없이 '단순하게' 따라가는 것이다. 부정적인 의미로서 유혹되는 것이다. 70인경은 "너의 마음이 넓어지지(팽창되지, 부풀이 오르지) 않도록"으로 번역한다. 다른 신을 섬기자는 제안에 마음이 넓어지

지 말라는 것이다. 마음이 유혹받는 것은 이스라엘이 가나안 땅의 풍성한 소산을 먹고 만족할 때 올 수 있다(15).

"너희 마음이 유혹되고 너희가 돌아서서 다른 신들을 섬기며 그들에게 절하지 않도록." 이스라엘이 아도나이를 떠나 다른 신을 숭배하게 되는 배교의 순서를 말하고 있다. 먼저 다른 신에 대하여 '마음이 열려서' 방향을 돌이키게 된다. 하나님에게서 다른 신으로 '돌아서서' 그 다른 신을 '섬기게' 된다. 다른 신을 섬기는 행위는 구체적으로 그 신들에게 '절하는 것'으로 나타난다.

위의 순서를 보면 마음에서부터 모든 것이 시작한다. 따라서 "너희 자신을 조심하라"는 명령은 '마음을 지키는 것'에서부터 시작해야 한다. 잠언의 말씀이 여기에 잘 맞는다. "모든 지킬 만한 것 중에 더욱 네 마음을 지키라 생명의 근원이 이에서 남이니라"(잠 4:23).

17 그리고 아도나이의 진노가 너희에 대하여 타오를 것이다,
그리고 그가 하늘을 닫아서 비가 없고 흙[1]은 그녀의 산물을 주지 않을 것이다,
그리고 너희는 아도나이께서 너희에게 주시는 그 좋은 땅[1]에서 속히 망할 것이다.

본문 비교

1) 히브리어는 "흙"(אדמה)과 "땅"(ארץ)을 구분한다. 하지만 70인경은 두 단어를 구분하지 않고 γῆ로 번역한다.

"그리고"는 문맥에 따라 '너희가 그렇게 하면,' '그러면'이라는 뜻을 갖는다. 즉 이스라엘이 조심하지 않고 마음이 유혹되어 다른 신을 섬기면 17절과 같은 일들이 발생할 것이다.

"아도나이의 진노"는 이스라엘이 다른 신을 섬길 때 드러나는 하나님의 감정이다(신 6:15; 7:4). "아도나이의 진노"는 이스라엘을 대항하

여 타오른다. 마치 불길이 치솟는 인상을 준다. 확실히 아도나이는 우상을 섬기는 이스라엘에게 질투하시는 하나님이며 소멸하는 불이시다(신 4:24; 6:15). 아도나이는 이스라엘에게 시내 산에서 불 가운데 나타나셔서 이스라엘과 언약을 맺으셨다. 그 언약으로 이스라엘은 다른 신을 섬기지 않고 아도나이 하나님만을 섬길 것을 약속했다. 이 언약을 어길 때 하나님은 이스라엘에게 진노하시며 불같은 진노를 쏟으실 것이다.

아도나이의 진노는 먼저 비를 주지 않는 것으로 나타난다. 가나안 땅은 철저하게 하늘의 비를 의지하는 땅이다(11절). 그런데 하늘에서 적당한 때에 비가 오지 않는다면 농사를 지을 수가 없다. 땅이 농작물을 내지 못한다면 이스라엘은 먹을 것이 없다. 하나님의 명령을 지킬 때 하나님이 주시는 복(14-15절)과 정반대의 현상이 일어나는 것이다.

"그녀의 산물"은 "흙의 산물"을 의미한다. 땅이 곡식과 과일 그리고 목초를 주지 않는 것이다.

"망할 것이다"는 이스라엘이 먹을 양식이 없어 망하는 것이다. 아도나이께서 이스라엘에게 주시는 "좋은 땅"에서 일어날 비극적인 현상이다. "속히"라는 단어가 인상적이다. 이스라엘의 멸망이 속히 일어날 것을 말한다. 이스라엘의 존속은 철저하게 아도나이의 명령에 순종 하는가 순종하지 않는가에 달려 있다(참고. 신 8:20). 이스라엘이 다른 신을 섬길 때, 이스라엘은 그 좋은 땅에 망한다. 우상숭배는 이스라엘을 멸망으로 인도한다(참고. 신 4:26; 8:19; 28:20).

4. 말씀을 손목의 기호와 미간의 표로 삼아야 한다(11:18-21)

아도나이의 말씀에 순종하는 것은 이스라엘의 경제와 직접적으로 연결되었다. 이스라엘은 그들의 경제에 직접적인 영향을 미치는 아도나이의 말씀을 소중히 다루어야 한다. 무엇보다도 이스라엘은 말씀을 기억하며 마음에서 떠나지 않게 해야 한다. 말씀을 잘 기억하기 위하여 그들이 할 수 있는 최상의 방법은 그들의 눈에 말씀을 잘 보이도록 하는 것이다. 눈에 잘 띠도록 손에 기호로 묶어 놓고 미간에 표로 붙여 놓는다.

이스라엘은 그들의 후손들에게 말씀을 교육해야 한다. 교육은 항상 어느 곳에서나 이루어질 수 있도록 해야 한다. 그리고 온 가족이 볼 수 있는 장소에 말씀을 써 놓음으로 항상 말씀을 기억하도록 노력해야 한다. 이러한 노력은 그들에게 장수와 번영으로 돌아 올 것이다.

번역

18 그리고 너희는 이 나의 말들을 너희 마음과 너희 영혼 위에 둘 것이다,
그리고 너희는 그것들을 너희 손 위에 기호로서 묶을 것이다,
그리고 그것들이 너희 눈들 사이에 표로 있을 것이다.
19 그리고 너희는 그것들을 너희 아들들에게 가르쳐야 한다, 그것들을 말함으로,
네가 너의 집안에 앉아 있을 때와 네가 길에 걸을 때와
네가 누워 있을 때와 네가 일어 날 때.
20 그리고 너는 그것들을 너의 집 문기둥들 위에와 너의 문들에 기록해야 한다.
21 너희 날들과 너희 아들들의 날들이 많아지도록,
아도나이께서 그들에게 주기로 너희 조상들에게 맹세했던 땅 위에서,
땅 위의 하늘의 날들과 같이.

주해

18 그리고 너희는 이 나의 말들[1]을 너희 마음과 너희 영혼 위에 둘 것이다,
그리고 너희는 그것들을 너희 손[2] 위에 기호로서 묶을 것이다,
그리고 그것들이 너희 눈들 사이에 표로 있을 것이다.

본문 비교

1) 70인경은 "이 말들"이다. 6:6의 히브리어는 "이 말들"이다.
2) 사마리아 오경, 시리아 역, 일부 70인경 사본들, 벌게이트는 "너희 손들"로 복수이다. 탈굼 프쉬도 요나단은 "왼쪽 팔 위쪽"으로 해석한다.

"그리고"는 문맥에 따라 '그러므로'의 뜻을 가진다. "나의 이 말들"은 13절의 "나의 명령들"을 의미한다(8절). "너희 마음"은 이스라엘이 다른 신을 섬기자는 유혹에 스스로 지켜야 할 마음(16절)이다. 하나님의 명령이 마음에 있을 때 이러한 유혹으로부터 자신을 지킬 수 있다. 마음을 지킬 수 있는 비결은 하나님의 명령을 마음에 담아 두는 것이다.

"너희 마음과 너희 영혼"은 쌍을 이루어 유사 동의어로 사용되었지만 다른 의미를 갖는다. 신명기에서 자주 나타나는 표현이다(4:29; 10:12; 11:13; 13:3; 26:16; 30:2, 6, 10). 개역 개정은 "영혼"을 "뜻"으로 번역했다. 하나님을 사랑하고 그를 섬기는데 마음과 영혼을 다하여야 한다(13절). 이를 위해서 하나님의 명령이 마음과 영혼에 있어야 한다.

"그리고 너희는 이 나의 말들을 너희 마음과 너희 영혼 위에 둘 것이다"는 신명기 6:6과 유사하다. 6:6에서는 "너희 영혼"이 생략되어 있다(하지만 70인경은 "너희 영혼"이 있다).

"손 위에 기호"와 "눈들 사이에 표"는 신명기 6:8의 주해와 본문 비교를 참고하라.

19 그리고 너희는 그것들을 너희 아들들에게 가르쳐야 한다, 그것들을 말함으로,
네가 너의 집안에[1] 앉아 있을 때와[2] 네가 길에 걸을 때와[2]
네가 누워 있을 때와[2] 네가 일어 날 때.

본문 비교

1) 마소라 사본과 쿰란 사본(8QPhyl 8QMez)은 "너의 집안에" (בביתך)인데 반하여 일부 히브리어 사본들은 "너의 집들 안에" (בביתיך)이다. 카이로 게니자 단편은 **בבאתיך**로 읽는다. 사마리아 오경, 쿰란 사본(4QPhyl[i])과 70인경은 "집 안에"이다.

2) 사마리아 오경은 접속사 "그리고"가 없다.

"그리고 너희는 그것들을 너희 아들들에게 가르쳐야 한다"는 피엘 와우 연속 완료형이지만 명령으로 "그리고 그것들을 너희 아들들에게 가르치라"로 번역할 수 있다(LEI, LUV, SVV, NAB, NIB, NIV, NJB, NRS, TNK, SCH). 동사 "가르쳐야 한다"(למד)는 신명기 4:1을 참고하라.

"그것들을 말함으로"을 유대인 성경은 반복해서 암송하는 것으로 reciting 해석한다(TNK). 이것은 암송뿐만 아니라 대화를 통해서 자녀들을 가르치는 것이다. 물론 아버지가 가정에서 교육의 책임을 져야한다 (참고. 신 4:10).

"너의 집안에 앉아 있을 때," "길에 걸을 때," "누워 있을 때" 그리고 "일어날 때"는 토라 교육은 항상 어느 곳에서나 이루어져야 한다는 것을 보여준다. 이 구절은 신명기 6:7과 유사하다. 자세한 설명은 6:7을 침고하라.

20 그리고 너는[1)] 그것들을 너의 집[2)] 문기둥들 위에와 너의[3)] 문들에 기록해야 한다.

본문 비교

1) 70인경, 시리아 역, 탈굼 요나단은 2인칭 복수이다.

2) 사마리아 오경, 70인경, 시리아 역, 탈굼 요나단은 "너의 집들"이다.

3) 70인경은 복수 "너희의"이다.

동사 "기록해야 한다"는 칼 와우 연속 완료형이지만 명령형 '기록하라'로 번역하는 역본들이 있다(LEI, LUV, SVV, NAB, NIB, NIV, NJB, NRS, TNK, SCH)). 이 구절에 대한 자세한 설명은 신명기 6:9을 참고하라.

21 너희 날들[1]과 너희 아들들의 날들이 많아지도록,
아도나이께서 그들에게 주기로 너희 조상들에게 맹세했던 땅 위에서,
땅 위의 하늘의 날들과 같이.

본문 비교

1) 70인경은 "너희 날들이 많아지도록"을 자유롭게 "너희가 오래 살기 위하여" 또는 "너희가 많은 날들을 경험하기 위하여"(ἵνα πολυημερεύσητε)로 번역한다.

목적을 표현하는 전치사 '~위하여'(למען)가 문두에 나와서 이스라엘이 하나님의 명령을 마음에 두고 자녀들을 잘 가르칠 때 얻는 유익을 말한다(18-20절). "너희 날들"은 출애굽 후세대의 시대를 말하며 "너희 아들들의 날들"은 출애굽 후세대 이후 오는 세대들을 의미한다. 이스라엘이 하나님의 법에 순종할 때 개인은 장수의 복을 누리며 국가는 가나안 땅에서 번영을 누리게 된다.

"아도나이께서 그들에게 주기로 너희 조상들에게 맹세했던 땅 위에서"는 개인의 장수와 국가의 번영이 어디에서 이루어질 것인가를 보여준다. 하나님이 이스라엘에게 주시는 약속의 땅은 이스라엘이 하나님의 명령을 실천해야할 무대이다.

"땅위의 하늘의 날들과 같이"는 '땅위에 하늘이 있는 동안'을 의미할 수도 있다. 하늘이 존재하는 동안 날들이 많아지는 것으로 자세한 시간을 설명한다. 또는 "땅위의 하늘의 날들과 같이" "너희 날들과 너희 아들들의 날들이 많아" 지는 것을 의미할 수도 있다. 어느 해석을 취하든

지 의미는 같다.

5. 가나안 땅 정복(11:22-25)

아도나이의 요구는 이스라엘의 경제 상황뿐만 아니라 군사적인 상황에도 영향을 미친다. 이스라엘이 아도나이의 말씀을 지키면 하나님이 군사적인 행동을 취하신다. 하나님이 가나안 정복 전쟁에 주도권을 잡고서 가나안 민족들을 쫓아내신다. 그 결과 이스라엘이 가나안 땅을 정복할 수 있다.

가나안 민족들이 이스라엘 보다 전력 면에서 우월하지만 그들은 이스라엘을 당해낼 수 없다. 하나님이 이스라엘을 위해 싸우시기 때문이다. 하나님은 이스라엘에게 심리적인 평안을 주시지만 적군들에게는 이스라엘의 두려움을 옮겨 놓으신다.

번역

22 왜냐하면, 만일 너희가 내가 너희에게 명령하는 이 모든 명령을 확실히 지키면,
그것을 행하며, 너희 하나님 아도나이를 사랑하며,
그의 모든 길들 안에 걸으며 그리고 그에게 붙어 있으며,
23 그리고 아도나이께서 너희 앞에서 이 모든 민족들을 쫓아내실 것이다,
그리고 너희는 너희 보다 더 강하고 큰 민족들을 점령할 것이다.
24 너희 발바닥이 그 안에서 밟는 모든 장소는 너희에게 속할 것이다,
그 광야로부터 그리고 레바논, 그 강에서부터, 유브라데 강,
서쪽 바다까지, 너희 영토가 될 것이다.
25 아무도 너희 앞에 설 수 없을 것이다,
아도나이 너희 하나님이 너희의 공포와 너희의 두려움을 둘 것이다,

너희가 밟는 모든 땅 위에, 그가 너희에게 말씀하셨던 것 같이.

주해

22 왜냐하면,[1] 만일 너희가 내가 너희에게[2] 명령하는[3] 이 모든 명령을 확실히 지키면,[4]
그것을 행하며,[5] 너희[6] 하나님 아도나이를 사랑하며,[7]
[8]그의 모든 길들 안에 걸으며[9] 그리고 그에게 붙어 있으며,[10]

본문 비교

1) 히브리어는 "왜냐하면"(כי)인데 반하여 70인경은 "그리고 이것이 있을 것이다"(καὶ ἔσται)로 시작한다.
2) 70인경은 단수 "너에게"이다.
3) 사마리아 오경, 70인경과 시리아 역은 여기에 "오늘날"을 첨가한다.
4) 히브리어는 부정사 절대형 용법을 사용하는데 반하여 אם שמר תשמרון 70인경은 ἐὰν ἀκοῇ ἀκούσητε로 명사를 사용하고 있다. 아퀼라와 테오도치온은 히브리어를 문자적으로 φυλάσσοντες φυλάξητε번역한다. 심마쿠스는 διατελεσητε φυλάσσοντες이다.
5) 히브리어는 "그것을 행하며"(לעשתה)의 여성 3인칭 접미사가 있는데 반하여 70인경은 이것을 생략한다(ποιεῖν). 헥사플라는 αυτας를 표기한다.
6) 70인경의 일부 사본들은(M Θ L O min) "우리의 하나님"(τὸν θεὸν ἡμῶν)이다. 베버 편집은 τὸν θεὸν ὑμῶν이지만 랄프 편집 τὸν θεὸν ἡμῶν이다.
7) 탈굼 네오피티는 "아도나이의 율법의 교훈을 사랑하며"로 해석한다.
8) 카이로 게니자 단편, 70인경의 일부 사본(B min), 시리아 역, 벌게이트는 "그리고"가 있다.

9) 탈굼 옹켈로스, 네오피티는 "그 앞에 있는 옳은 모든 길들 안에 걸으며"이다. 탈굼 요나단은 "그가 그 앞에 세운 모든 길들 안에 걸으며"이다.

10) 탈굼 옹켈로스는 "그의 두려움에 가까이 가며"로 해석한다. 탈굼 요나단은 "너는 너 자신을 그의 두려움에 가까이 데려가기 위하여"로 해석한다.

"왜냐하면, 만일~면"(כי אם)은 조건문으로 "만일, 그렇다면"(if, then, TNK) 또는 "왜냐하면, ~때"(Denn, wenn)로도 번역할 수 있다(독일어 성경들이 이렇게 번역한다. ELB, LUT, SCH).

22절은 조건을 말하고 있고 그 조건이 충족되어질 때 그 결과가 23-25절에 나타난다.

"확실히 지키면"은 부정사 절대형 용법으로 행위를 강조하고 있다. 성실하게, 부지런히 하나님의 명령을 지키는 것을 말한다. 이스라엘이 모세가 지금 말하는 하나님의 모든 명령을 성실하게 지킨다면 23-25절에서 말하는 결과가 올 것이다.

4개의 부정사 연계형 "행하며, 사랑하며, 걸으며, 붙어 있으며"를 사용하여 하나님의 명령을 확실히 지키는 방법에 대하여 더 구체적으로 말한다.

"그것을 행하며"는 '명령을 행하며'이다. 명령을 지키는 것은 구체적인 행동이 수반되는 것이다.

"너희 하나님 아도나이를 사랑하며"는 신명기에서 계속 반복되고 있는 사상이다(신 5:10; 6:5; 7:9; 10:12; 11:1, 13; 13:3; 19:9; 30:6, 16, 20). 하나님을 사랑하라는 것은 하나님만을 사랑하며 그에게 충성할 것을 요구한다.

"그의 모든 길들 안에 걸으며"는 하나님이 명령하는 길을 따라 살아가는 삶을 의미한다. "길"은 인생길을 비유적으로 말한다. 말씀을 따라 사는 삶의 모든 것을 포함한다.

"그에게 붙어 있으며"는 하나님께 붙어있는 것이다. 하나님께 가까이 있는 것이며 하나님과 연합하여 머무는 것이다(참고. 신 4:4).

위의 조건문 "만일 너희가 내가 너희에게 명령하는 이 모든 명령을 확실히 지키면"을 "그에게 붙어 있으며"까지 확장하여 '그에게 붙어 있다면' 하는 의미로 읽을 수 있다.

23 그리고 아도나이께서 너희 앞에서[1] 이 모든 민족들을 쫓아내실 것이다,
그리고 너희는 너희 보다[2] 더 강하고 큰 민족들을 점령할 것이다.

본문 비교

1) 사마리아 오경은 단수 "너 앞에서"이다.

2) 사마리아 오경은 단수 "너 보다"이다.

"그리고"는 문맥상 '그러면'의 뜻이다. 22절은 조건을 그리고 23절은 약속이다. 하나님의 명령을 잘 지키면(22절), 하나님께서 먼저 행동하실 것이다. 아도나이께서 가나안 민족들을 "쫓아내실 것이다." 동사 "쫓아내실 것이다"(ירשׁ)는 히필(사역)형으로 하나님의 사역을 강조하고 있다. 이스라엘이 하나님의 명령을 지키면 하나님이 행동하시며 일하신다.

"이 모든 민족들"은 가나안 땅에 살고 있는 민족들을 의미한다(7:1의 주해를 참고하라). 가나안 민족들은 이스라엘과 비교해 볼 때 "더 강하고 큰 민족들"이다. 이스라엘이 첫 가나안 정복에 나섰을 때 가나안 민족의 강하고 많음을 보고 낙심했었다(민 13:28-33; 신 1:28).

"점령할 것이다"(칼형)는 "쫓아내실 것이다"(히필형)와 히브리어로 같은 단어(ירשׁ)이다. 아도나이께서 쫓아내심으로 이스라엘이 그 땅을 점령할 수 있는 것이다. 가나안 땅 정복은 철저하게 하나님과 함께 할

때 이루어진다. 하나님의 명령에 순종할 때, 하나님이 이스라엘을 위해 일하신다. 그 결과로 이스라엘이 가나안 땅을 점령할 수 있다. 이 약속은 여호수아서에서 성취되었다.

24 너희 발바닥이 그 안에서[1] 밟는 모든 장소는 너희에게 속할 것이다,
그 광야로부터 그리고 레바논,[2] 그 강[3]에서부터,[4] 유브라데 강,
서쪽 바다까지, 너희 영토가 될 것이다.

본문 비교

1) 70인경은 "그 안에서"(בו)를 생략한다. 오리겐의 헥사플라는 ἐν αὐτῷ를 표기하고 있다.
2) 탈굼 네오피티와 탈굼 요나단은 "성소의 산"으로 읽는다.
3) 일부 히브리어 사본들, 카이로 게니자 단편, 70인경, 탈굼 네오피티, 탈굼 프쉬도 요나단, 벌게이트는 "큰 강"이다.
4) 일부 히브리어 사본들, 사마리아 오경, 70인경, 시라아 역은 "그리고 그 강에서부터"이다.

24절 역시 23절과 같이 이스라엘이 하나님의 명령에 순종할 때(22절), 이스라엘에게 주어지는 하나님의 약속이다. 23절은 가나안 땅 정복을 말하고 24절은 이스라엘이 점령할 가나안 땅의 경계를 말한다.

히브리어는 "모든 장소"가 먼저 나와 강조하고 있다. "모든 장소"는 이스라엘이 밟는 곳이다. 이스라엘이 행진해 나아가는 장소들이다.

"그 광야로부터 그리고 레바논"에서 "그 광야로부터"는 가나안 땅의 남쪽과 동쪽에 있는 광야를 의미한다. "그리고 레바논"에 전치사가 없다. 그래서 "레바논까지"로 해석하는 역본들이 있다(NBG, NAS, NAU, NIB, NIV, NJB, NRS, TNK). 왜냐하면 레바논은 가나안 땅 북쪽에 위치하고 있기 때문이다.

"서쪽 바다"는 문자적으로 '뒤쪽 바다'를 의미한다. 70인경은 "서쪽"(δυσμῶν)으로 명확하게 표기한다. 즉 지중해이다.

"너희 영토"는 '너희 경계'로도 번역할 수 있다. 하나님이 이스라엘에게 주실 약속의 땅의 경계는 가장 먼저 아브라함의 언약에서 나타났다(창 15:18-21). 그 후 약속의 땅의 경계는 계속 반복되어 나타난다(출 23:31; 신 1:7; 수 1:3-4). 약속의 땅의 확실한 경계는 민수기 34:1-15에 기록되었다. 약속의 땅을 다 점령한 때는 다윗과 솔로몬 시대이다. 애굽 강에서부터 유프라데 강까지 이스라엘이 정복했다.

25 아무도 너희 앞에[1] 설 수 없을 것이다,
아도나이 너희 하나님이 너희의 공포와 너희의 두려움을 둘 것이다,
너희가 밟는 모든 땅 위에, 그가 너희에게 말씀하셨던 것 같이.

본문 비교

1) 마소라 사본은 בפניכם으로 전치사 ב이지만 사마리아 오경은 לפניכם로 전치사 ל이다.

"설 수 없을 것이다"는 히트파엘(재귀) 형으로 '그 자신을 이스라엘 앞에 세울 수 있는 사람이 없을 것이다'는 뜻이다. 이스라엘을 대적할 적이 없을 것을 말한다. 탈굼 네오피티는 "왕 또는 통치자가 너희를 대항하여 설 수 없을 것이다"로 해석한다.

"너희 앞에"는 문자적으로 '너희의 얼굴에 대항하여'이다. 아도나이께서 가나안 땅에서 이스라엘을 쫓아내심으로(23절) 이스라엘의 얼굴을 마주보고 대항하여 설 사람이 없다.

"아도나이 너희 하나님이 너희의 공포와 너희의 두려움을 둘 것이나, 너희가 밟는 모든 땅 위에"는 '아도나이 너희 하나님이 너희의 공포와 너희의 두려움을 너희가 밟는 모든 땅 위에 둘 것이다'라는 뜻이다

(참고. 신 2:25).

히브리어는 "너희의 공포와 너희의 두려움"이 먼저 나와서 강조하고 있다. 이스라엘은 가나안 정복 전쟁을 앞두고 마음에 두려움이 있다. 특히 가나안 땅 백성들은 이스라엘 보다 많고 강하기 때문이다. 아도나이께서 전쟁 전에 이스라엘이 갖고 있는 공포심과 두려움을 가나안 땅 위에 옮기실 것이다. 아도나이는 먼저 이스라엘의 심리 상태를 두려움과 공포로부터 평안으로 인도하신다. 두려움이 있으면 전쟁의 결과에 많은 영향을 미칠 뿐 아니라 두려움이 마음에 가득 차 있으면 하나님을 온전히 신뢰할 수도 없기 때문이다.

"너희가 밟는"은 문자적으로 '너희가 그것을 밟는'이다. '그것을'은 전치사 '베'에 3인칭 여성 단수 대명사 접미사가 있어 '땅'을 의미한다. 앞에 "모든 땅"("땅"은 여성 명사)이 있기 때문에 생략하고 번역했다.

"모든 땅 위에"는 문자적으로 '그 모든 땅의 얼굴들 위에'이다. 하나님은 이스라엘의 두려움과 공포를 가나안 백성에게 옮겨 주신다. 그 결과로 이스라엘은 평안하며 안정적이지만 가나안 백성은 두려움과 공포에 떨 것이다. 이러한 모습은 여호수아에서 볼 수 있다. 이스라엘이 가나안 땅을 정복하러 요단을 건너갔을 때, 가나안 백성은 이스라엘을 두려워하며 그들의 마음이 녹아 내렸다(수 2:9, 11, 24; 5:1).

하나님은 이스라엘을 위해 가나안 땅 백성과 싸우신다. 구체적인 전투에 앞서 하나님은 심리전부터 시작하신다. 이스라엘에게는 두려움을 제거해 주시고 적군인 가나안 백성에게는 두려움을 심어주신다.

하나님께서 이렇게 이스라엘의 군사 정복 작전을 도우시는 이유를 "그가 너희에게 말씀하셨던 것 같이"가 잘 설명하고 있다. 하나님이 이스라엘에게 약속하셨던 대로 행동하시는 것이다. 하나님은 자신이 한 말씀을 잊지 않고 성취하시는 분이시다.

6. 그리심 산에서 축복을 에발 산에서 저주를 선언하라(11:26-32)

모세는 지금 모압 평지에서, 가나안 땅 밖에서 아도나이의 명령을 이스라엘에게 설명한다. 모세는 가나안 땅에 들어갈 수 없다. 이스라엘은 여호수아의 지도하에 가나안 땅에 들어갈 것이다. 그들은 가나안 땅에 들어가서 그리심 산과 에발 산에 찾아가야 한다. 그곳에서 하나님의 율법을 선포해야 한다. 특별히 그리심 산에서 복을 그리고 에발 산에서 저주를 확실하게 선포해야 한다. 이것은 약속의 땅이 하나님의 율법의 통치를 받는다는 것을 선언하는 의식이다. 약속의 땅은 하나님이 통치하시는 곳이다. 하나님의 말씀이 살아서 영향력을 행사한다. 이스라엘이 말씀에 순종하면 그 결과로 복을 누린다. 하지만 말씀을 거역하며 불순종할 때 그들은 그곳에서 저주를 받는다. 선택은 이스라엘의 몫이다.

번역

26 보라, 내가 너희 앞에 오늘 복과 저주를 둔다.

27 그 복을, 너희가 너희 하나님 아도나이의 명령들에 순종하면,
내가 오늘 너희에게 명령하는.

28 그리고 그 저주를, 만일 너희가 너희 하나님 아도나이의 명령들에 순종하지 않고,
내가 오늘 너희에게 명령하는 그 길에서 떠나면,
너희가 알지 못하는 다른 신들을 따라 걷기 위해.

29 그리고 이것이 있을 것이다, 너의 하나님 아도나이께서 너를 들여보낼 때,
네가 그것을 점령하려고 그곳에 들어가려는 그 땅에,
너는 복을 그리심 산 위에 그리고 저주를 에발 산 위에 둘 것이다.

30 그것들은 요단 건너편에, 태양의 가는 길 뒤에,
아라바에 거하는 가나안 인들 땅에,
길갈 맞은편, 모레 상수리나무 옆에, 있지 않느냐?

31 왜냐하면 너희는 요단을 건너려고 하기 때문이다,
너희 하나님 아도나이께서 너희에게 주시는 그 땅을 점령하기 위해, 들어가기 위해,
그리고 너희는 그것을 점령할 것이고 너희는 그 안에서 살 것이다.
32 그리고 너희는 모든 법규들과 법령들을 행하는데 주의해야 한다,
내가 오늘 너희 앞에 두는.

주해

26 보라,[1] 내가 너희 앞에 오늘 복과 저주를 둔다.

본문 비교

1) 마소라는 "너는 보라"로 단수이다. 시리아 역 사본들과 탈굼 옹켈로스, 탈굼 네오피티, 탈굼 프쉬도 요나단은 복수 "너희는 보라"이다. 개역 개정은 "보라"를 생략했다. 히브리어 일부 사본($V^{Ken\ 69}$)도 생략했다.

히브리어는 명령형 "보라"(ראה)로 시작한다. 청중들의 주의를 집중시켜서 강조하기 위함이다.

"두다"는 칼 분사로 현재 진행이다. 모세는 지금 복과 저주를 이스라엘 앞에 두고 있다. 복과 저주에 대한 구체적인 내용은 11장의 문맥에서 볼 수 있다.

복은 하나님의 명령에 순종하며 마음을 다하여 아도나이를 사랑하며 섬기면 받는 것이다. 가나안 땅에서 곡식과 과일, 포도주와 기름 그리고 목축을 통하여 우유와 고기를 받을 것이다. 이스라엘은 가나안 땅에서 풍족하고 만족한 삶을 누릴 수 있다(13-15). 하지만 반대로 이스라엘이 여호와의 명령에 불순종하며 다른 신을 섬기면 하나님의 진노를 받을 것이다. 하늘이 비를 주지 않아 양식을 얻지 못하여 아름다운 땅

인 가나안에서 멸망할 것이다(16-17).

27 그 복을, 너희가 너희 하나님 아도나이의 명령들에 순종하면,
내가 오늘 너희에게 명령하는.

조건과 결과가 나오고 있다. 조건문으로 "너희가 내가 오늘 너희에게 명령하는 너희 하나님 아도나이의 명령들에 순종하면" 하는 뜻이다.

히브리어는 "그 복을"이 먼저 나와서 강조하고 있다. 동사가 없지만 '복을 받을 것이다'는 의미이다. 복을 받을 수 있는 방법은 "~ 면"(אשר)으로 나타난다. "~면"(אשר)은 '~때'로도 번역할 수 있다. 이런 번역을 취하는 역본들은 다음과 같다(YLT, ELB, LUT, SCH). "순종하면"은 '듣는다면'이다.

"명령들"은 '계명들'로도 번역할 수 있다. 아도나이의 명령은 모세가 오늘 이스라엘에게 가르치고 있는 것이다. "내가 오늘 너희에게 명령하는"에서 알 수 있듯이 아도나이의 명령이 모세를 통해서 주어지고 있다.

28 그리고 그 저주를, 만일 너희가 너희 하나님 아도나이의 명령들에 순종하지 않고,
내가 오늘 너희에게 명령하는 그 길에서 떠나면,
너희가 알지 못하는 다른 신들[1]을 따라 걷기 위해.

본문 비교

1) 탈굼 옹켈로스와 탈굼 프쉬도 요나단은 "민족들의 신들"(טעות עממיא)이다.

이 구절 역시 조건과 결과가 함께 나오고 있다. 27절과 반대되는 상황이 나온다. 히브리어는 "그 저주를"이 먼저 나와 강조하고 있다. 동

사가 나오지 않지만 '그 저주를 받을 것이다'라는 의미이다. 여기서는 조건 "만일 ~면"(אם)이 나온다. 저주를 당하는 경우는 불순종 때문이다. "순종하지 않고"는 불순종으로 '듣지 않고'를 의미한다. 이스라엘이 하나님의 명령을 듣지 않았던 경우를 다음의 예들에서 볼 수 있다. 스가랴 선지자는 이스라엘 백성들이 하나님의 말씀을 듣기 싫어하여 등을 돌리며 귀를 막고 마음을 금강석 같이 하였다고 고발한다(슥 7:11-12). 스데반이 설교할 때, 유대인들은 스데반의 말을 듣기 싫어하여 귀를 막고 그에게 달려들어 돌로 쳤었다(행 7:57).

불순종은 먼저 "그 길에서 떠나면"으로부터 시작한다. 하나님이 말씀하시는 길로부터 돌이키는 것이다. 하나님은 이스라엘이 하나님의 명령을 따라 살기를 바라신다. 하지만 이스라엘은 그들이 걸어가야 할 하나님의 길로 가지 않는다. 그 길에서 떠나 "너희가 알지 못하는 다른 신들을 따라 가는" 것은 배교이다. "알지 못하는"은 '경험해 보지 못한' 것을 의미한다. 이스라엘이 경험하지 못한 다른 신들이 있다. "다른 신들"은 십계명의 1계명에서 말하는 신들이다. 이스라엘의 하나님 아도나이와 반대되는 신들로 이스라엘 주변의 국가들이 섬기는 이방 신들, 외국 신들을 의미한다(신 6:14). 이스라엘이 다른 신들을 따라 걸어갈 때 저주를 받는다. 이러한 경우는 이스라엘 역사 속에서 솔로몬과 이스라엘의 왕들에서 그 실례를 찾아볼 수 있다. 선지자들은 이스라엘과 유다가 망할 것을 예언했는데, 그 이유는 우상숭배 때문이었음을 지적했다.

29 그리고 이것이 있을 것이다, 너의 하나님 아도나이께서 너를 들여보낼 때,
네가 그것을 점령하려고 그곳에 들어가려는 그 땅에,
너는 복을 그리심 산 위에 그리고 저주를 에발 산 위에 둘 것이다.

하나님께서 이스라엘을 가나안 땅에 들어가게 하실 때에 있을 일을 설명한다. 이스라엘은 가나안 땅에 들어가면 그리심 산에서 복을 그리

고 에발 산에서 저주를 선포해야 한다. "둘 것이다"(נתן)는 '선언(선포)해야 할 것이다'는 의미이다.

이 명령은 신명기 27:11-14에 다시 반복되어 나온다. 복을 받는 것은 신명기 28:1-14 그리고 저주를 받는 것은 28:15-68에 설명되었다.

여호수아는 이스라엘을 이끌고 가나안 땅에 들어갔을 때 이 명령을 실행했다. 이스라엘이 가나안 땅에서 첫 정복 대상은 여리고 성이었다. 하나님의 명령대로 여리고 성을 하루에 한 바퀴씩 돌고 일곱째 날에 일곱 번 돌았다. 제사장들은 나팔을 불고 이스라엘 백성이 힘껏 소리를 지르자 여리고 성이 무너져 버렸다. 하나님의 말씀에 순종할 때, 이스라엘은 여리고 성을 쉽게 정복할 수 있었다(수 6장). 하지만 여리고 성보다 작은 아이 성을 정복할 때는 상황이 달랐다. 이, 삼천 명만 올라가서 싸울 정도로 아이 성은 작았으나 전투 결과는 달랐다. 이스라엘의 참패였다. 그 원인은 아간의 범죄 때문이었다. 이스라엘은 아도나이께 여리고 성의 전리품을 바쳤다. 그러나 아간이 이 바쳐진 물건을 훔쳐갔다. 이 죄 때문에 이스라엘이 아이 성 전투에서 졌다. 아간의 범죄를 해결하고 다시 전투를 치렀을 때 이스라엘은 아이 성을 정복할 수 있었다(수 7-8장). 이스라엘이 여리고 성에서 승리하여 성공을 거두었지만 아이 성에서 패배하여 실패를 체험했다. 이 두 사건은 서로 대조를 이루어 이스라엘이 아도나이의 명령에 순종하면 복을 받고 불순종하면 저주를 받는다는 것을 보여준다. 이 두 사건 후에 이스라엘은 그리심 산과 에발 산에 가서 율법을 낭독하며 복과 저주를 선언했다(수 8:30-35).

그렇다면 모세는 왜 그리심 산에서 복을 그리고 에발 산에서 저주를 선포하라고 했는가 하는 점이 궁금하다. Gevaryahu는 랍비들의 문헌을 인용하여 그리심 산에는 물이 흐르고 에발 산에는 물이 흐르지 않는다고 설명한다. 그리심 산에 샘물이 있어서 물이 흐르는 그리심 산은 꽃이 피지만 물이 흐르지 않는 에발 산은 황량하다. 이래서 그리심 산에서 복을, 에발 산에서 저주를 선포했다고 말한다(G. Gevaryahu, "Why was Mount Gerizim Chosen for the Blessing Ceremony?" *JBQ* 43 (2015), 122-125).

그리심 산과 에발 산은 세겜을 가운데 두고 왼쪽과 오른쪽에 있다. 이곳은 특히 아브라함이 하나님의 말씀을 따라 가나안 땅에 들어와서 처음으로 도착한 곳이며 하나님께 제단을 쌓은 곳이다(창 12:6-7). 이스라엘의 조상 아브라함이 하나님의 말씀에 순종하여 가나안 땅에 도착하여 제단을 쌓은 곳에서 이스라엘은 율법의 복과 저주를 선언해야 한다. 아브라함이 하나님의 명령에 순종했던 것처럼 이스라엘도 이제 가나안 땅에서 율법에 순종해야 할 것을 요구받고 있다.

30 [1)]그것들은[2)] 요단 건너편에, 태양의 가는 길 뒤에,
아라바에 거하는 가나안 인들 땅에,
길갈 맞은편, 모레[3)] 상수리나무[4)] 옆에, 있지 않느냐?

본문 비교

1) 70인경은 "보라"(ἰδοὺ)를 첨가한다.
2) 마소라는 "그것들은 있지 않느냐?"(הלא המה)인데 반하여 사마리아 오경은 הלוא הם로 읽는다.
3) 마소라는 "모레"(מרה)로 읽는데 반하여 한 히브리어 사본($V^{\text{ken }9}$)과 사마리아 오경은 מורא로 읽는다. 사마리아 오경은 여기에 "세겜 맞은편"(מול שׁכם)을 첨가한다.
4) 마소라는 "상수리나무들"(אלוני)로 복수이다. 사마리아 오경과 70인경은 단수이다(창 12:6의 "상수리나무"는 단수이다). 70인경은 "높은 상수리나무"로 "높은"(τῆς ὑψηλῆς)을 첨가했다.

마소라의 "모레 상수리나무"를 탈굼 옹켈로스는 "모레의 평지들"(מישרי מורה)로, 탈굼 네오피티는 "환상의 평지들"(מישרי חזווה)로, 탈굼 프쉬도 요나단은 "마므레의 환상"(חזוי ממרא)으로 해석한다.

그리심 산과 에발 산의 위치를 자세하게 설명한다. "그것들"은 '그곳들'로 두 산을 의미한다. 이스라엘은 아직 요단강을 건너지 않았다. 현재 모압 평지에 있다(신 1:5). 따라서 "요단 건너편에"는 가나안 땅을 의미한다.

"태양의 가는 길 뒤에"는 '태양의 입구의 길 뒤에'로 태양이 지는 길 즉, 서쪽을 의미한다. 70인경은 직접 "태양의 서쪽 길 뒤에"(ὀπίσω ὁδὸν δυσμῶν ἡλίου)로 해석한다.

"길갈"은 이스라엘이 요단강을 건넌 후에 첫 번째로 캠프를 친 곳이다. 이스라엘이 요단을 건넌 후에 강에서 열두 돌을 가져다가 기념으로 세운 곳이다. 여리고 성 동쪽에 있다(수 4:19-20). "길갈 맞은편"은 길갈에서 북쪽을 바라보고 맞은편이다.

"모레 상수리나무." 아브라함이 하나님의 약속을 따라 가나안 땅에 처음 도착한 곳은 세겜 땅 모레 상수리나무 있는 곳이다(창 12:6). 세겜을 사이에 두고 왼쪽에 그리심 산이 있고 오른쪽에 에발 산이 있다.

아람어 성경 네오피티는 "모레 상수리나무"를 흥미롭게도 "환상(비전)의 평지들"로 해석한다. 아마도 아브라함이 하나님이 그에게 지시하신 땅에 들어와서 거할 때, 하나님이 그에게 나타나셔서 "내가 이 땅을 네 자손에게 주리라"하신 곳이 바로 세겜 땅 모레 상수리나무라는 것을 염두에 둔 것 같다(창 12:6-7).

31 왜냐하면 너희는 요단을 건너려고 하기 때문이다.
너희 하나님 아도나이께서 너희에게[1] 주시는 그 땅을 점령하기 위해, 들어가기 위해,
그리고 너희는 그것을 점령할 것이고 너희는 그 안에서 살 것이다.

본문 비교

1) 70인경은 여기에 "몫으로 모든 날들에"(ἐν κλήρῳ πάσας τὰς

ἡμέρας)를 첨가한다.

이스라엘이 왜 그리심 산에서 복을 그리고 에발 산에서 저주를 선언해야 하는지를 설명한다. 이스라엘은 가나안 땅을 정복하기 위해 지금 요단강을 건너가려고 한다. 그들은 요단강을 건너 가나안 땅을 정복할 것이며 그곳에서 살 것이다.

그런데 그 땅은 "너희 하나님 아도나이께서 너희에게 주시는 그 땅"이다. 따라서 그 땅에서는 아도나이께서 주권을 갖고 계신다. 아도나이는 그 땅에서 이스라엘이 아도나이의 명령과 계명을 지키기 원하신다. 가나안 땅은 아도나이의 명령을 따라 살아야 하는 곳이다. 땅과 명령이 밀접하게 연관되었다.

32 그리고 너희는 모든 법규들과 법령들을 행하는데 주의해야 한다,
내가 오늘 너희 앞에 두는.

히브리어는 동사가 먼저 나온다. "너희는 주의해야 한다"(שְׁמַרְתֶּם) 또는 '지켜야 한다,' '조심해야 한다'는 완료형이지만 이것은 명령형 '주의(조심)하라'로도 번역할 수 있다(TNK, YLT).

"법규들과 법령들"은 4:1의 주해를 보라.

"내가 오늘 너희 앞에 두는"(אנכי נתן לפניכם היום)은 26절의 "내가 너희 앞에 오늘 … 둔다."와 히브리어로 표현이 같다. 26절의 목적어 "복과 저주를"이 "법규들과 법령들을"로만 변했을 뿐이다. 하나님이 주시는 복과 저주는 법규들과 법령들과 밀접한 관련이 있다는 것을 여기서 알 수 있다. 이스라엘의 번영 또는 실패는 아도나이의 명령 준수에 달려 있다.

"오늘"이라는 표현이 모세가 이스라엘 출애굽 후세대에게 율법을 설명해 주는 시점을 말한다. 모세는 "오늘"이라는 표현을 통해 시내 산에

서 받았던 율법을 출애굽 후세대에게 현재화시키고 있다(신명기 I. 서론 "9. 오늘"을 참고).

26절: 내가 너희 앞에 오늘 복과 저주를 둔다.

32절: 내가 너희 앞에 오늘 모든 법규들과 법령들을 둔다.

위의 두 구절을 비교해 보면 복과 저주는 법규들과 법령들과 밀접한 관련이 있다. 법규들과 법령들을 지키면 복이 임하지만 지키지 않으면 저주가 오기 때문이다. 그래서 이 법규들과 법령들을 "행하는데 주의해야 한다."

참고 문헌

Bowman, J., "The Exegesis of the Pentateuch among the Samaritans and among the Rabbis," *OTS* 8 (1950), 220-262.

Brentjes, B., "Studien zum Bewässerungsackerbau des Vorderen Orients," Alt-Orientalische Forschungen (1974), 43-54.

Carmichael, C. M., "A Common Element in Five Supposedly Disparate Laws,"*VT* 29 (1979), 129-142.

Carroll, R. P., "Rebellion and Dissent in Ancient Israelite Society," *ZAW* 89 (1977), 176-204.

Childs, B. S., "Deuteronomic Formulae of the Exodus Traditions," in *Hebräische Wortforschung*, Leiden, 1967, 30-39.

Couroyer, B., "La Tablette du Ceur," *RB* 90 (1983), 416-434.

Eslinger, L., "Watering Egypt (Deuteronomy xi 10-11)," *VT* 37 (1987), 85-90.

Firth, D. G., "Passing On the Faith in Deuteronomy," *Interpreting Deuteronomy*, Downers Grove, 2012, 157-176.

Gevaryahu, G., "Why was Mount Gerizim Chosen for the Blessing Ceremony?" *JBQ* 43 (2015), 122-125.

Goldin, J., "Not by Means of an Angel and Not by Means of a Messenger," in *Religious in Antiquity*, Leiden, 1970, 412-423.

Hammer, R., "Section 38 of Sifre Deuteronomy: An Example of the Use of Independent Sources to Create a Literary Unit," *HUCA* 50 (1979), 165-178.

Jenni, E., "Faktitiv und Kausativ von עבד 'zugrunde gehen'," in *Hebräische Wortforschung*, Leiden, 1967, 143-157.

Jericke, D., "Der Berg Garizm im Deuteronomium," *ZAW* 124 (2012), 213-228.

Meek, T. J., "Old Testament Notes," *JBL* 67 (1948), 233-239.

Na'aman, N., "The Law of the Altar in Deuteronomy and the Cultic Site Near Shechem," in *Rethinking the Foundations: Historiography in the Ancient World and in the Bible*, Berlin, 2000, 141-161.

Ned, J., "Diodorus, Deuteronomy, and Egyptian Agriculture," *VT* 62 (2012), 646-651.

Nicol, G. G., "Watering Egypt (Deuteronomy xi 10-11) Again," *VT* 38 (1988), 347-348.

Scharbert, J., "Das 'Schilfmeerwunder' in den Texten des Alten Testaments," in *Melanges bibliques et orientaux en l'honneur de M. Henri Cazelles*, Neukirchen-Vluyn, 1981, 395-417.

Schmidt, W., "Zum Baumbestand des Garizim," *ZDPV* 78 (1962), 89-90.

Seebass, H., "Garizim und Ebal als Symbole von Segen und Fluch," *Bib* 63 (1982), 22-31.

Steymans, H. U., "DtrbB und die *ad*□ zur Thronfolgereglung Asarhaddons. Bundestheologie und Bundesformular im Blick auf Deuteronomium 11," in *Deuteronomium - Torah für eine neue Generation*, Wiesbaden, 2011, 161-192.

Talstra, E., "Texts for Recitation. Deuteronomy 6:7; 11:19," in *Unless some one guide me*, Maastricht, 2001, 67-76.

Zenger, E., "Tradition und Interpretation in Exodus xv 1-21," in *Congress Volume Vienna 1980*, Leiden, 1981, 452-483.

Zertal, A., "A Cultic Center with a Burnt-Offering Altar from Early Iron Age I Period at Mt. Ebal," in *Wünschet Jerusalem Frieden IOSOT Congress Jerusalem 1986*, Frankfurt am Main, 1988, 137-147.

DEUTERO
NOMY

신명기 | 12장

A New Translation with
Introduction
and Commentary

DEUTERONOMY

D E U T E R O N O M Y

신명기 12장

Deuteronomy 12

내용/구조

신명기의 전체 구조에서 알 수 있듯이 12-26장은 중앙에 있는 핵심 법전이다. 12장은 핵심 법규들을 시작하는 장으로 중앙 성소 법이라고 부른다.

12장은 두 부분으로 나눌 수 있는 단순한 구조를 가지고 있다. 1-28절은 하나님이 선택하신 한 장소에 대해서 설명하고 29-32절은 가나안 민족의 우상 숭배를 본받지 말 것을 말한다.

1절은 12장의 표제어 역할을 하고 있다. 2-3절은 가나안 민족들이 행하는 제의에 대해서 기술한다. 그들은 원하는 아무 장소에서나 제단을 쌓고 주상을 설치하고 우상들을 세우고 그들의 신들에게 경배한다. 그들은 장소에 제재를 받지 않고 아무 장소에서나 제사를 드릴 수 있다. 이스라엘은 가나안 땅에 입성하면 이러한 가나안 민족의 제의 장소들을 파괴하여 그들의 신의 이름을 기억할 수 없도록 제거해야 한다(1-3절).

가나안 민족들의 예배 방법과는 달리 하나님은 이스라엘에게 가나안 민족들이 행하던 방법으로 하나님을 섬기지 말라고 하신다. 하나님은 먼저 약속의 땅 가운데 하나님이 선택하신 한 장소가 있다고 선언하신다. 열 두 지파들이 거하는 곳에서 한 장소를 선택하여 아도나이의 이름을 두시며 그곳에 거하신다. 이스라엘 백성은 하나님이 선택하신 장소로 그들의 각종 예물을 가지고 가서 예배드릴 수 있다. 그 장소에서 하나님께 예물을 드리고 온 가족과 함께 기뻐할 수 있다(4-7절).

이스라엘은 트랜스 요르단 지역인 모압 땅에서는 마음대로 장소에 구애받지 않고 제사를 드릴 수 있었다. 하지만 가나안 땅에서는 장소의 제한이 있다. 아무 장소에서나 번제를 드릴 수 없다. 하나님이 선택하신 장소로 번제와 희생과 십일조를 가지고 가야 한다. 온 가족이 그곳에서 하나님이 주신 모든 것들로 즐거워 할 수 있다. 이때 종들과 레위인도 함께 참여할 수 있다(8-14절).

이스라엘은 하나님이 선택하신 장소에서만 희생 제사를 드릴 수 있다. 하지만 고기를 먹기 위한 도살은 아무 장소에서나 할 수 있다. 가축을 도살한 후에 그 피는 먹을 수 없다. 그 피는 물 같이 땅에 쏟아야 한다. 고기는 원하는 장소에서 먹을 수 있지만 하나님께 드리는 예물은 반드시 하나님이 선택하신 곳에 가서 먹어야 한다(15-19절).

다시 고기를 먹을 수 있는 장소를 언급한다. 이스라엘은 원하는 장소에서 언제나 고기를 먹을 수 있다. 하지만 피는 먹을 수 없다. 피는 생명이기 때문이다. 피를 먹을 수 없는 이유에 대하여 설명한 후에, 이스라엘이 가나안 땅에서 이 명령을 지키면 복을 받을 것을 약속한다(20-28절).

중앙 성소에 관한 법이 주어지고 난 후에 이스라엘이 가나안 땅에 들어가 살 때에 가나안 민족들이 섬겼던 신들을 섬기지 말라고 당부한다. 이스라엘은 가나안 민족의 우상 숭배를 연구하지 말고 그들의 행위를 본받지 말아야 한다. 왜냐하면 하나님이 가나안 민족의 제의를 혐오하시기 때문이다(29-31절).

마지막으로 모세는 이스라엘에게 명령하는 이 말씀에서 빼거나 더

하지 말 것을 당부한다(32절). 이 구절은 개역 개정역에 12:32로 포함되어 있지만 히브리어 본문은 13:1로 나온다. 하지만 70인경에는 12:32로 나온다.

위의 설명에 근거하여 단락을 나누어보면,

1. 가나안 제의를 파괴하라(12:1-3)
2. 선택하신 장소에서 예배드려라(12:4-7)
3. 가나안 땅에서는 하나님이 선택하신 장소에서 번제를 드려라(12:8-14)
4. 고기는 각 성에서 그러나 하나님의 예물은 선택한 곳에서 먹어라(12:15-19)
5. 피는 먹지 말라(12:20-28)
6. 가나안 민족의 신을 섬기지 말라(29-32)

12장은 언뜻 읽어보면 같은 말이 자꾸 반복되는 것 같다. 하지만 자세하게 읽어보면 같은 주제를 반복하면서 확장하는 모습을 볼 수 있다. 이런 기술은 히브리 내러티브의 한 기법이다.

가나안 민족은 아무 장소에서나 예배한다(1-3절). 그러나 이스라엘은 하나님이 선택한 장소에서 예배를 드려야 한다(4-7절)는 것을 대조시키고 있다. 8-14절은 4-7절의 하나님이 선택하신 장소에서의 예배를 반복, 확장하여 자세하게 설명하고 있다. 이스라엘은 가나안 땅에 도달하기 전에 아무 장소에서나 제사를 드렸다. 하지만 약속의 땅에서는 그렇게 해서는 안 된다.

이스라엘은 약속의 땅에서는 아무 장소에서나 제사를 드릴 수 없다(13-14절). 그러나 고기는 아무 장소에서나 두살하여 먹을 수 있다(15-16절). 그렇지만 하나님께 드리는 희생의 고기는 꼭 하나님이 선택하신 장소에서 먹어야 한다(17-19절). 일반적으로 먹을 수 있는 고기의 도살과 하나님께 드리는 희생 제사의 고기를 잡는 장소를 구별한다.

15-16절에서 이스라엘은 아무 장소에서나 고기를 도살하여 먹을 수

있다고 설명했다. 이것을 20-28절에서 반복하며 확장한다. 이스라엘은 원하는 장소에서 아무 때나 고기를 먹을 수 있다. 그러나 피는 먹을 수 없다. 피를 먹지 못하는 이유를 설명하고 이 명령을 지키면 복을 받는다고 선언한다.

이 장은 전체적으로 한 주제, 가나안 땅에서 아도나이께서 선택하실 장소에 대하여 언급한다. 먼저 이 주제가 바로 가나안 땅에서 지킬 법임을 밝히고(1절) 이 법은 사람의 생각에서 나온 것이 아니라는 것을 지적한다(8절). 그리고 이 법에 더하거나 빼지 말 것을 당부한다(32절).

중앙 성소

하나님은 개인, 한 집안, 지파 그리고 이스라엘 백성을 선택하신다. 그런데 신명기 12장에서는 흥미롭게도 하나님이 한 장소를 선택하신다. 하나님이 이스라엘에게 주실 약속의 땅 안에서 한 장소를 뽑으시는 것이다. 신명기에서 동사 '선택하다'(בחר)는 장소와 관련해서 21회가 사용되었다. 신명기는 하나님이 약속의 땅 안에서 한 특별한 예배 장소를 마련하신다는 사실을 강조한다. 그 장소는 하나님이 준비하시는 특별한 예배 장소로 관계 대명사에 의해 수식되어 '선택하다'라는 동사가 뒤따라 나온다. '그가(아도나이) 선택하실 장소'(מקום אשר יבחר)는 20회가 나타나며(12:5, 11, 14, 18, 21, 26; 24:23, 24, 25; 15:20; 16:2, 6, 7, 11, 15, 16; 17:8, 10; 18:6; 26:2; 31:11) 이 형식에서 한 구절이 예외로 지시 대명사가 들어가서 '그가 선택하실 그 장소'(מקום החוא אשר יבחר)가 나타난다(17:10).

예배 장소를 위한 표현 '그가 선택하실 장소'에 아도나이께서 그 장소를 선택하시는 목적을 나타내는 부정사구가 따라온다. 아도나이께서 약속의 땅 안에 한 장소를 선택하시는 목적은 선택하시는 장소에 '그의 이름을 그곳에 두기 위하여'(12:5, 21; 14:24)이다. 부정사구의 단어는 다르지만 목적은 같은 '그의 이름을 그곳에 거하게 하기 위하여'(12:11; 16:2, 6, 11; 26:2)도 나타난다.

아도나이의 '이름'을 두기 위한 장소는 이스라엘이 약속의 땅에 정착하여 살게 될 때, 아도나이께서 모든 지파들 가운데서 한 곳을 선택하실 것이다(12:5). 이 장소는 아도나이를 위한 예배 처소로 사용된다. 각 지파 별로 흩어져 살고 있는 이스라엘 백성은 이 장소로 그들의 희생 제사와 십일조와 각종 예물을 가지고 나아와 예배드릴 것을 말하고 있다(12:6, 11). 더 나아가 이스라엘의 삼대 절기를 지키는 곳이기도 하다. 이스라엘 백성은 유월절 제사를 아도나이께서 선택하실 이 장소에서 드려야 하며(16:5-6) 남자들은 무교절, 칠칠절, 초막절에, 일 년에 세 차례 선택하실 장소에 예물을 가지고 아도나이께 나아가야 한다(16:16-17). 매 칠 년 초막절에 모든 이스라엘은 이 선택된 장소에 모여야 하며 공개적으로 낭독되는 하나님의 법을 들어야 한다(31:10-11). 이곳에서 그들은 신앙을 고백할 수 있다(26:1-11). 그래서 이곳을 중앙 성소라고 부른다.

이 선택된 장소는 예배 장소로만이 아니라 재판 장소로도 쓰인다. 이스라엘 지파들이 각 성에서 판결을 내리기 어려운 소송 사건이 있을 때, 이 사건을 중앙 성소로 가져갈 수 있다. 이 중앙 성소에는 제사장과 재판장이 있어서 지방에서 올라온 사건을 하나님의 법에 따라서 판결 처리할 수 있다. 즉 고등 법원의 역할을 하는 것이다(17:8-13). 광야에서의 재판은 천부장, 백부장, 오십부장 그리고 십부장이 담당했다. 이들은 모세를 도와서 백성들 사이의 다툼과 어려운 문제들을 처리했다. 이 재판관들은 지혜로운 사람들이었으며 이들이 처리하기 어려운 소송 사건은 모세가 처리하였다 즉, 모세가 최고 재판관이었던 것이다(신 1:9-18). 이스라엘이 가나안 땅에 들어가면 모세의 역할을 이제 중앙 성소에 있는 제사장과 재판관이 담당하게 될 것이다.

그런데 흥미롭게도 신명기 12장과 다른 장에서 이 중앙 성소가 어디에 있는지 그 장소를 말하지 않는다. 구체적인 장소를 말하지 않기 때문에 중앙 성소가 어디에 있었는지를 이스라엘 역사에서 추적할 수밖에 없다.

이스라엘 역사 속에서 성소는 여러 곳이 있었다. 일단 아도나이께서 언약궤 위에 임재 하셨기 때문에 언약궤가 머무는 곳은 성소가 되었다. 여호수아의 지도하에 약속의 땅을 점령한 후 처음에 언약궤는 길갈에(수 4:19) 그 후에 실로에(수 18:1; 19:51) 머물렀다. 이후 사사 시대에 벧엘에 언약궤가 있기도 하였다(삿 20:26-27). 언약궤는 휴대하여 이동할 수 있었기 때문에 언약궤는 일시적으로 머문 곳이 있었다. 블레셋과 전투에서 이스라엘이 패하자 언약궤는 블레셋 지역의, 아스돗(삼상 5:3), 가드(삼상 5:8) 그리고 에그론(삼상 5:10)에 잠시 머물렀다. 하나님이 블레셋 사람들에게 재앙을 내리시자 블레셋 사람들은 언약궤를 다시 이스라엘 지역으로 돌려보냈다. 이스라엘 진영에 돌아온 언약궤는 벧세메스(삼상 6:20-21) 그리고 기럇여아림의 아비나답의 집(삼상 7:2)에 머물렀다. 이후 다윗이 언약궤를 다윗 성 즉 예루살렘으로 옮겼고 솔로몬이 예루살렘에 성전을 지은 후 언약궤는 유다가 망하기까지 예루살렘에 머물렀다.

위에서 간략하게 살펴보았듯이 이스라엘 역사 속에서 언약궤가 머무는 곳은, 일시적으로 머문 것이 아닌 장소는 성소가 되었다. 이곳에서 이스라엘이 모여서 예배를 드리며 나라의 대소사를 의논하며 결정하였다. 하지만 이 모든 곳이 중앙 성소가 된 것은 아니다. 신명기에서 말하는 중앙 성소는 언약궤가 머무는 곳이라고 말하지 않고 하나님이 선택하신 장소라고 말한다. 따라서 아도나이께서 선택하신 장소가 중앙 성소이다.

성소와 관련해서 아도나이 하나님이 선택하신 구체적인 장소는 두 곳, 실로와 예루살렘이다. 이스라엘이 가나안 땅을 점령한 후에 실로에 회막을 세웠다(수 18:1). 그리고 그곳에서 땅을 아직도 분배받지 못한 7 지파가 땅을 분배하였다(수 18:10). 사사 시대에도 하나님의 집은 실로에 있었으며(삿 18:31) 매년 아도나이의 절기가 있었다(삿 21:19). 엘리가 제사장으로 있었을 때, 그의 두 아들 홉니와 비느하스가 실로에서 제사장직을 수행했다. 하지만 제사장들의 타락으로 인하여 하나님께서 엘리 집안을 심판하실 것을 말씀하셨다. 하나님의 심판으로 블레셋이 침략하여 실로에 있던 언약궤는 전쟁터로 옮겨졌으나 이스라엘이 블레셋 군에게 져서 궤를 빼앗겼다(삼상 4:11). 그 후 잠시 동안 궤는 블레셋 지역에 머물렀다. 실로에 관하여 유다의 마지막 선지자인 예레미야는 중요한 평가를 남겼다. 그는 예루살렘 성의 멸망을 선언하면서 아도나이의 이름이 처음 있었던 곳은 실로라고 밝혔다(렘 7:12, 14). 실로가 이스라엘의 첫 중앙 성소였던 것이다.

블레셋 지역에서 법궤가 돌아온 후에 법궤는 이곳저곳으로 방랑했지만 최종적으로 안착한 곳은 예루살렘이다. 다윗이 유다와 이스라엘의 왕이 된 후에 예루살렘을 수도로 정했다. 그리고 이곳에 언약궤를 가져왔다(삼하 6장). 그 후에 다윗이 인구조사를 실시하여 죄를 범했다. 하나님이 이스라엘 백성에게 온역을 내리시자 다윗이 오르난의 타작마당을 사서 아도나이께 번제를 드렸다. 이때 하늘에서 불이 내려왔다. 이것을 보고 다윗은 "이는 아도나이 하나님의 전이요 이는 이스라엘의 번제단"이라고 외쳤다(대상 22:1). 하늘에서 불이 떨어지는 것을 보고 그곳을 다윗이 성전 터로 삼은 것이다.

후에 솔로몬은 예루살렘의 오르난의 타작마당에 아도나이의 이름을 위하여 성전을 건축했다(왕상 8:48). 그리고 성전 낙성식을 거행할 때에 그는 성전 봉헌 기도를 드렸다. 그 기도 가운데 하나님은 이스라엘이 출애굽 한 이후에 하나님의 이름을 두기 위한 장소를 이스라엘 가운데 선택하지 않았다고 말한다. 다만 하나님은 다윗을 택하셨다(왕상 8:16). 다윗은 성전을 건축할 마음이 있었으나 결국 성전을 짓지 못했다. 그리고 그의 아들 솔로몬이 그의 후계자가 되어 성전을 지었다. 솔로몬은 성전 봉헌 기도에서 예루살렘 성은 아도나이께서 선택하신 성이며 그는 주의 이름을 위하여 성전을 지었다고 말한다(왕상 8:44, 48).

열왕기 기자는 하나님이 예루살렘 성을 선택했으며(왕상 11:13, 32) 아도나이의 이름을 두기 위하여 예루살렘 성을 선택하셨다고 밝힌다(왕상 11:36; 14:21 왕하 21:7; 23:27). 이후 이스라엘 역사에서 예루살렘 성은 아도나이께서 이스라엘 가운데서 선택하신 장소이며 그의 이름을 두신 장소로 인식되었다.

신명기는 아도나이께서 선택하신 장소가 어디인지 그 지명을 밝히지 않았으나 역사가 진행되면서 그 장소는 예루살렘으로 드러난다. 그런데 흥미로운 사실은 예루살렘의 성전 자리는 아브라함의 이야기와 밀접한 관련이 있다.

아브라함의 이야기 가운데 이삭을 번제로 드리라는 시험은 아주 특이하다. 하나님이 인간을 그것도 아브라함의 외아들인 이삭을 번제로 바치라고 명령한 것이다. 아도나이께서 인신제사를 혐오한 것은 명백하다(신 12:31). 그런데 아브라함에게는 이삭을 번제로 드리라고 명령하신다. 이삭은 아브라함이 오랜 세월 기다려 얻은 외아들이며 하나님의 약속의 아들이었다. 하나님은 이삭을 통하여 하늘의 별과 같이 바닷가의 모래와 같이 많은 후손을 주시겠다는 하나님의 약속이 성취될 것을 말씀하셨다. 하지만 아브라함이 이삭을 번제로 드리면 이 약속은 성취될 수 없다. 따라서 이 시험은 하나님 편에서도 부담을 갖고 있었다.

그럼에도 불구하고 하나님은 아브라함에게 자신이 지정해 놓은 장소에서 이삭을 번제로 드릴 것을 명령하셨다. 그곳은 모리아 땅에 있는 산들 가운데 하나님이 지정하신 한 산이었다. 약속의 아들은 하나님이 정해 놓은 한 장소에서 번제로 드려져야 했다. 우리는 아브라함의 시험 이야기 속에서 장소에 대한 강조가 있음을 쉽게 발견할 수 있다(창 22:2, 3, 4, 9, 14). 하나님이 특별히 지정하시고 준비하신 한 장소이었다.

아브라함이 이삭을 번제로 드리려고 했던 장소는 '모리아 땅'에 있는 한 산이었다. 그런데 모리아라는 이름은 이 후에 창세기부터 열왕기하까지 단 한 번도 등장하지 않는다. 이 이름이 다시 거론된 것은 역대기하 3:1이다. 여기서는 "모리아 산"으로 나온다. 역대기 기자는 이 산이 바로 성전이 세워진 장소라고 밝힌다. 다윗이 후에 이 장소를 성전 터로 지정했다고 설명한다.

중앙 성소는 신명기의 주제인 "한 하나님," "한 장소," "한 백성 이스라엘"과 밀접한 관련이 있다. 신명기는 유일하신 한 하나님을 강조하며(6:4) 또한 하나님에 의해 선택된 한 백성 이스라엘을 말한다(7:6-8). 이 선택된 백성은 약속의 땅 안에서 아도나이께서 선택한 한 장소에서 유일하신 하나님께 예배드려야 한다. 이러한 사상은 '한 하나님,' '한 백성 이스라엘,' '한 중앙 성소'로 표현한다.

구약은 하나님께 예배드릴 한 장소에 초점을 맞춘다. 그러나 신약은 그렇지 않다. 신약은 구약처럼 예배 장소에 얽매이지 않는 시대가 올 것이라고 말한다. 사도 요한은 예수님이 사마리아 여인과 대화하면서 말한 것을 우리에게 전해준다(요 4장).

사마리아 여인이 예수님과 대화하면서 예배 장소에 관한 말을 한다. 사마리아 여인의 조상들은 "이 산에서 예배하였는데 당신들의 말은 예배할 곳이 예루살렘에 있다"고 말한다(요 4:20). 사마리아 사람들이 중요하게 여긴 장소는 분명히 그리심 산이다. 그러나 유대인들은 그리심 산을 중앙 성소로 인정하지 않았다. 그들은 예루살렘이 중앙 성소라고 주장했다. 사마리아 여인의 말에 예수님은 "이 산에서도 말고 예루살렘에서도 말고 너희가 아버지께 예배할 때가 이르리라"고 대답하신다(요 4:21). 그리심 산과 예루살렘에 얽매이지 않는, 중앙 성소가 필요 없는 시대가 왔다고 선언하신다. "한 장소"에 얽매이는 시대가 아니라 "영과 진리로 예배"하는 시대가 도래 했다고 말씀하신다(요 4:23).

예수님의 이 말씀은 신명기 12장의 중앙 성소 법을 염두에 두고 하신 것이다. 신약 시대는 하나님이 선택하신 "한 장소"에서만 예배를 드리는 것이 아니다. 영과 진리로 장소에 제한을 받지 않고 예배를 드리는 시대이다.

1. 가나안 제의를 파괴하라(12:1-3)

이스라엘이 점령하고자 하는 땅 안에서 지켜야 할 명령이 주어진다. 이스라엘은 가나안 땅에서 사는 동안에 가나안 민족들이 섬겼던 예배 장소를 파괴해야 한다. 그들은 높은 산, 작은 산 그리고 푸른 나무 아래에서 자유롭게 그들의 신들을 섬겼다. 이스라엘은 그 예배 장소들을 파괴하여 그 신들의 이름을 지워야 할 명령을 부여받았다.

번역

1 이것들은 너희가 행하는데 주의해야 할 법규들과 법령들이다,
너의 조상들의 하나님 아도나이께서 너에게 그것을 점령하도록 주시는 그 땅에서,
너희가 그 토지 위에서 사는 모든 날들에.
2 너희는 그 민족들이 거기서 섬기는 그 모든 장소들을 확실히 멸망시켜야 한다,
너희는 그들을 그들의 신들과 함께 쫓아내려 한다,
높은 산들 위에, 그리고 산시들 위에, 그리고 모든 푸른 나무 아래에.
3 그리고 너희는 그들의 단들을 헐 것이며 너희는 그들의 주상들을 깨뜨릴 것이며,

너희는 그들의 아세라들을 불로 태울 것이며 너희는 그들의 신들의 새긴 상들을 자를 것이며,
너희는 그 장소에서 그들의 이름을 멸망시킬 것이다.

주해

1 [1)]이것들은 너희가 행하는데 주의해야[2)] 할 법규들과 법령들이다,
너의[3)] 조상들의 하나님 아도나이께서 너에게[4)] 그것을 점령하도록 주시는 그 땅에서,
너희가 그 토지 위에서 사는[5)] 모든 날들에.

본문 비교

1) 쿰란사본(4QPaleoDeut[r])과 70인경은 "그리고"로 시작한다.
2) 70인경의 베버(Wevers) 편집은 φυλάξεσθε ποιεῖν으로 '너희는 행하는데 주의해야 한다' 중간태로 읽는 반면 랄프(Rahlfs) 편집은 φυλάξετε τοῦ ποιεῖν으로 능동태로 읽는다. 부정사 τοῦ ποιεῖν은 사본 B z+에 나오며 ποιησαι는 사본 A F M V에 나온다.
3) 70인경과 시리아 역과 탈굼 프쉬도 요나단은 2인칭 복수이다. 70인경의 A B는 1인칭 복수로 읽는다.
4) 70인경과 시리아 역과 탈굼 프쉬도 요나단은 2인칭 복수로 읽는다.
5) 탈굼 네오피티는 "너희가 살고 생존하는"으로 읽는다.

히브리어는 동사 없이 "이것들은 법규들과 법령들"로 나온다. 여기에 동사 '~이다'를 넣어서 '이것들은 법규들과 법령들이다'로 번역할 수 있다.

신명기에 나오는 6개의 표제어(1:1; 4:44; 6:1; 12:1; 29:1; 33:1) 가운데 하나이다(서론의 "3. 신명기의 문학적 형식과 구조" 참고). 12-26장은 신명기의 핵심 법전이다. "이것들은 법규들과 법령들이다"는 표제어로

신명기의 핵심적인 법 조항들을 시작한다.

"법규들과 법령들"(4:1 주해 참고. 개역 성경은 단수 "규례와 법도"로 번역)은 관계대명사(אשׁר)로 인도받는 절 "너희가 행하는데 주의해야 할"(אשׁר תשׁמרון לעשׂות)을 갖고 있다. 히브리어 לעשׂות + שׁמר는 신명기에서 자주 사용되는 구문이다(5:32; 6:3,25; 8:1; 11:32; 12:1; 13:1; 17:10; 24:8; 28:58; 31:12). "행하는데"(לעשׂות)는 '하다'(עשׂה)칼 부정사 연계형이다. "주의해야 할"(תשׁמרון)은 '주의하다,' '지키다'(שׁמר)의 칼 미완료 2인칭 남성 복수이다. 개역 개정은 "지켜 행할"으로 번역한다. 이스라엘은 행동을 조심하며 주의해야 한다. 그들은 하나님이 주신 법규들과 법령들을 따라서 행동해야 하며 이 법령에 맞추어 그들의 행동 가짐을 주의해야 한다. "법규들과 법령들"이 이스라엘의 삶의 기준이며 규범이다.

이스라엘이 그들의 행동을 조심해야 할 장소는 "그 땅에서"이다. 전치사 '~안에'를 갖고 있어서 더 정확하게 '그 땅 안에서'(בארץ)이다. "그 땅"은 가나안 땅이다. 히브리어의 직역은 '너희는 그 땅 안에서 행하는데 주의해야 한다'이다. "그 땅 안에서"가 관계 대명사 절을 받고 있기 때문에 붙여서 번역하면 다음과 같다. "이것들은 너희가 너의 조상들의 하나님 아도나이께서 너에게 그것을 점령하도록 주시는 그 땅에서 행하는데 주의해야 할 법규들과 법령들이다."

이스라엘이 하나님이 주신 법들을 지켜야 할 장소는 하나님이 이스라엘의 조상들, 아브라함, 이삭과 야곱에게 주시기로 약속한 땅 안에서 이다(신명기 I. 서론 "10. 땅"을 참고). 하나님이 이스라엘에게 주시는 법들은 가나안 땅 안에서 지켜야 한다. 율법은 가나안 땅, 약속의 땅과 밀접한 관련을 갖는다. 율법도 하나님이 주신 것이며 땅도 하나님이 주신 것이다. 이스라엘은 하나님이 선택하신 백성이다. 하나님의 백성인 이스라엘은 하나님이 주신 땅에서 하나님이 주신 법에 따라 살아야 한다. 하나님이 주신 땅은 하나님이 주신 법이 통치하는 곳이다.

"너희가 그 토지 위에서 사는 모든 날들에." 이스라엘은 "그 토지 위에서 사는 모든 날들" 동안 그 법을 지켜야 한다. "그 토지"는 "그 땅" 가나안을 말한다. "모든 날들"이 인상적이다. 하나님의 법을 지키는 것은 이스라엘이 살아 있는 동안에 힘써야 한다. 이스라엘의 개개인에게는 '평생'이며 이스라엘에게는 국가로서 존속하는 동안을 의미한다.

2 너희는 그 민족들이 거기서[1] 섬기는 그 모든 장소들을 확실히 멸망시켜야 한다,
너희는 그들을 그들의 신들과 함께 쫓아내려 한다,
높은 산들 위에, 그리고 산지들 위에, 그리고 모든[2] 푸른 나무[3] 아래에.

본문 비교

1) 70인경의 랄프Rahlfs 편집은 "그 민족들"을 생략하여 '거기서'(ἐκεῖ)로 읽는데 반하여 베버Wevers 편집은 '그 민족들이 거기서'(ἐκεῖ τὰ ἔθνη)로 읽는다. 오리겐의 헥사플라Hexapla도 이것을 지적한다.
2) 70인경은 "모든"을 생략한다. 오리겐의 헥사플라Hexapla는 별표로 "모든"(πάντος)을 덧붙인다.
3) 탈굼 프쉬도 요나단은 "아름다운 형태의 나무"로 그리고 탈굼 네오피티는 "칭찬할 만한 나무"로 번역한다.

이스라엘이 가나안 땅에서 지켜야 할 법은 먼저 가나안 민족들이 섬기는 제의 장소를 파괴하는 것이다. "확실히 멸망시켜야 한다"는 피엘 부정사 절대형 용법으로 강조를 나타낸다. 이스라엘이 가나안 땅에서 꼭 실행해야 할 명령이다. 파괴의 대상은 가나안 사람들이 그들의 신들을 예배하는 "모든 장소들"이다.

"너희는 그들을 그들의 신들과 함께 쫓아내려 한다"는 다음 구들과 연결되어 있다. "너희는 그들을 높은 산들 위에, 그리고 산지들 위에,

그리고 모든 푸른 나무 아래에 (있는) 그들의 신들과 함께 쫓아내려 한다"이다.

"높은 산들 위에, 그리고 산지들 위에, 그리고 모든 푸른 나무 아래에." 이스라엘이 파괴해야 할 "모든 장소들"이 어디인지 명확하게 말한다. 가나안 민족들은 높은 산, 작은 산지 그리고 푸른 나무 아래서 그들의 신들을 위해 제사를 행했다. 그들은 장소에 제한을 받지 않고 마음에 드는 아무 장소에서나 그들의 신들을 섬겼다. "푸른 나무"는 '울창한 나무' 또는 '잎이 무성한 나무'로 그 나무 밑에서 종교적인 의식을 거행한 장소를 뜻한다. 가나안 사람들이 이렇게 푸른 나무 아래에서 그들의 신들을 섬긴 이유는 나무 그늘이 좋기 때문이다(호 4:13).

이스라엘 왕들은 가나안 민족들의 제의를 본받았는데 르호보암 때에 산지와 푸른 나무 아래에 우상과 아세라 상을 세웠고(왕상 14:23) 아하스 왕 때에는 산지와 푸른 나무 아래에서 제사를 드리며 분향하였다(왕하 16:4). 이렇게 이스라엘이 산지와 푸른 나무 아래에서 제사를 드린 것은 가나안 종교를 따른 것으로 이스라엘 하나님 아도나이의 노를 격발하는 행위이며 이스라엘이 망한 이유 가운데 하나이다(왕하 17:10-11). 이래서 선지자들은 높은 산과 푸른 나무 아래서의 음란한 행위와 자녀를 죽여서 바치는 행위를 신랄하게 비판했다(사 57:5; 렘 2:20; 3:2, 6, 13; 호 4:13).

3 그리고 너희는 그들의 단들을 헐 것이며 너희는 그들의 주상들을 깨뜨릴 것이며,
너희는 그들의 아세라들을 불로 태울 것이며 너희는 그들의 신들의 새긴 상들을 자를 것이며,
너희는 그 장소에서 그들의 이름을 멸망시킬 것이다.

이스라엘이 가나안 종교를 '확실히 멸망시킬' 방법을 설명한다. 동사들 "헐 것이며," "깨뜨릴 것이며," "태울 것이며," "자를 것이며"는 이

스라엘이 가나안 종교를 대해야 할 구체적인 태도를 설명한다. 이스라엘이 파괴해야 할 신적 대상은 단들, 주상들, 아세라들 그리고 새긴 상들 즉 우상들이다. 모두 복수형으로 나오는 것이 특징이다. 이것들에 대한 자세한 설명은 7:5을 참고하라.

가나안 종교와 이스라엘의 아도나이 신앙의 가장 큰 차이점이 여기서 나타난다. 가나안 종교는 신들을 눈으로 볼 수 있도록 주상, 아세라 그리고 신들의 새긴 상으로 형상화했다. 이방 종교의 특징은 신들을 사람의 눈으로 볼 수 있다는 것이다. 반면에 이스라엘의 하나님은 눈에 보이는 형상을 금지하고 있다. 시내 산에서 하나님이 이스라엘에게 임재 하셨을 때 하나님은 이스라엘이 들을 수 있도록 말씀하셨지만 이스라엘은 하나님의 형상을 볼 수 없었다(신 4:12). 이스라엘은 불 가운데서 말씀하시는 아도나이의 목소리를 들었을 뿐이지 형상은 보지 못했다.

"그들의 이름"은 가나안 민족들이 섬기는 신들의 이름이다. 여기서는 '아세라'가 나오고 있다. "그들의 이름을 멸망시킬 것이다"는 그들의 이름을 지우는 것을 의미한다. 그들이 예배했던 신들의 존재를 기억나게 하는 제단, 우상, 주상 등을 파괴함으로서 그들의 신들의 존재를 지우는 것이다. 기억나지 않도록 하는 것을 말한다(참고. 슥 13:2). 모세는 약속의 땅에서 우상 숭배를 근절할 것을 명령한다.

2. 선택하신 장소에서 예배드려라(12:4-7)

이스라엘과 가나안 민족들과 종교의 차이점은 첫째 장소에 있다. 가나안 민족들은 아무 장소에서나 그들의 신들에게 예배를 드린다. 그러나 이스라엘은 그렇게 할 수 없다. 둘째 가나안 민족들은 눈으로 볼 수 있는 주상, 아세라 상 그리고 조각한 신상이 있었다. 이스라엘은 이러한 신상을 세워서는 안 된다. 가나안 민족들의 주상, 아세라 상 그리고 조각한 신상과 이스라엘이 아도나이께 드려야 할 예물의 목록들 번제, 희생, 십일조, 예물, 서원, 자유 의지 제물, 양과 소의 첫 것이 대조를 이룬다.

번역

4 너희는 너희의 하나님 아도나이께 그렇게 행해서는 안 된다.
5 그러나 너희의 하나님 아도나이께서 너희의 모든 지파들로부터 선택하시는 그 장소에,
그의 이름을 그곳에 두기 위하여,
그의 거주지에 너희는 찾아가야 하며 너는 거기에 가야한다.
6 그리고 너희는 거기로 가져가야 한다 너희의 번제들과 희생들을,
그리고 너희의 십일조들과 너희의 손의 예물을,
그리고 너희의 서원들과 너희의 자유 의지 제물들을,
그리고 너희의 양 떼와 소 떼의 첫 것을.
7 그리고 너희는 거기서 너희의 하나님 아도나이 앞에서 먹을 것이다,
그리고 너희는 너희의 손의 취한 모든 것을 기뻐할 것이다,
너희와 너희의 가족, 아도나이 너의 하나님이 너를 축복하셨다.

주해

4 너희는 너희의 하나님 아도나이께 그렇게 행해서는 안 된다.

이스라엘의 아도나이께 예배하는 방법을 설명한다. "너희 하나님 주님께 그런 방법으로 예배하지 말라"로도 번역할 수 있다(TNK). "그렇게 행해서는 안 된다"는 2절과 3절의 내용과 관련해서 해석할 수 있다. 가나안 종교는 높은 산, 산지 그리고 푸른 나무 아래에서 신들을 섬겼다. 그들은 장소에 제재를 받지 않았다. 그리고 그들은 주상이나 아세라와 같은 신들의 형상을 세워놓고 예배했다. 이스라엘은 이러한 가나

안 종교의 제의처럼 아도나이를 섬길 수 없다.

모세는 이스라엘의 아도나이 신앙과 가나안 종교 사이에 선을 긋고 있다. 아도나이 신앙은 가나안 종교와 구별된 예배 제도를 갖고 있다.

5 그러나 너희의 하나님 아도나이께서 너희의 모든 지파들로부터 선택하시는[1]
그 장소에,
그의 이름을 그곳에 두기 위하여,[2]
그의 거주지에[3] 너희는 찾아가야 하며 너는[4] 거기에 가야 한다.

본문 비교

1) 마소라 사본은 יבחר로 미완료인데 반하여 사마리아 오경은 בחר 완료로 읽는다.
2) 마소라 사본은 לשום인데 반하여 사마리아 오경은 לשים이다. 70인경은 "그의 이름을 그곳에 명명하기 위하여"(ἐπονομάσαι τὸ ὄνομα αὐτοῦ ἐκει)로 번역한다. 탈굼 옹켈로스과 탈굼 프쉬도 요나단은 "그의 세키나(임재)를 그곳에 두기 위하여"로 번역한다. 탈굼 네오피티는 "그의 세키나(임재)의 영광을"로 번역한다.
3) 마소라 사본의 "그의 거주지에"(לשכנו)를 70인경은 "불리어지기 위하여"(ἐπικληθῆναι)로 번역한다. 즉 '그곳에서 그의 이름을 불리어지기 위하여'to be invoked his name there이다. 탈굼 옹켈로스와 탈굼 프쉬도 요나단은 "그의 세키나의 집에"(לבית שכינתיה)로 번역한다(탈굼 네오피티 역시). 이것은 예루살렘의 성전을 의미한다.
4) 사마리아 오경, 시리아 역, 탈굼과 70인경은 2인칭 복수 "너희"이다.

"그러나"(כי־אם)는 2-3절에서 나타난 가나안 종교와의 대조를 보여준다. 가나안 종교와 이스라엘의 아도나이 신앙과의 가장 중요한 차이는 장소에서부터 나타난다. 가나안 종교는 예배자들이 좋아하는 장소,

그들이 선택한 아무 장소에서나 가서 그들의 신들을 섬겼다. 하지만 이스라엘은 그렇게 할 수 없다. 이스라엘은 아도나이께서 "선택하시는 그 장소"에 집중해야 한다. 가나안 민족들이 그들의 신들을 섬기기 위하여 자유롭게 선택한 "모든 장소들"(2절)과 아도나이께서 "선택하시는 그 장소"가 대조를 이룬다. "선택하다"(בחר)에 대해서는 신명기 I. 서론 "12. 이스라엘, 하나님의 선택된 백성"을 참고하라.

하나님은 이스라엘에게 가나안 땅을 주셨다. 그 땅은 하나님이 약속하신 땅이다. 그리고 그 땅 가운데 하나님이 특별히 "선택하시는 그 장소"가 있다. 이 장소는 이스라엘의 모든 지파들 가운데서 선정하신 한 장소이다. 각 지파들마다 아도나이께서 선택한 장소가 있는 것이 아니라 12지파들 가운데서 선택한 한 장소이다.

아도나이께서 특별한 예배 장소를 선택하시는 목적은 "그의 이름을 그곳에 두기 위하여"이다. 하나님은 이스라엘에게 땅을 주시기로 약속하셨다. 그 약속의 땅에서 또한 특별한 장소를 선택하신다. 그의 이름을 두기 위하여 한 장소를 구별하신다. 아도나이의 이름을 둔다는 것은 그 땅에 대한 아도나이의 소유권과 아도나이께서 함께 하신다는 것을 의미한다. 또한 아도나이의 통치와 지배를 보여주기도 한다. 아도나이의 이름을 두기 위한 장소는 이스라엘이 가나안 민족이 우상을 섬기는 "그 장소에서 그들의 이름을 멸망"(3절)시켜야 하는 것과 대조를 이룬다.

"그의 거주지에 너희는 찾아가야 하며 너는 거기에 가야 한다." 2인칭 동사의 주어 복수와 단수의 변화가 자유롭다. "너희는"은 이스라엘 공동체를 의미하며 "너"는 이스라엘 공동체에 속한 개개인을 지칭한다. 모세는 이스라엘 공동체에게 말씀을 주고 있지만 그 말씀은 개개인들이 지켜야 한다.

"그의 거주지에"(לשכנו)는 아도나이께서 그의 이름을 두기 위하여 선택하시는 장소이다. 아도나이께서 거주하시는 장소이다. 영은 흥미롭게도 "그의 장막"His tabernacle으로 번역한다(YLT). 이것은 의역이다.

왜냐하면 하나님의 이름을 두기 위해 선택하신 장소에 하나님이 거주하신다. 여기에 법궤가 있고 그 궤위에 아도나이께서 임재해 계시기 때문이다. 하지만 신명기는 단순히 거주하는 장소로만 언급하고 있고 구체적으로 궤가 머무는 곳으로 말하지 않는다.

"너희는 찾아가야 하며 너는 거기에 가야 한다." 이스라엘은 아도나이께서 선택하시는 장소를 찾아가야 한다. 아도나이께서 그곳에 거하시기 때문이다. 그곳은 하나님이 거하시는 장소이며 예배의 장소이다. 12지파들 가운데 있는 한 장소이기 때문에, 12지파에 속한 모든 백성들이 그 장소로 나아가서 예배해야 하기 때문에 중앙 성소로 불리기도 한다. 이곳이 예배의 장소라는 사실은 다음 구절들에서 더 확실하게 밝혀진다.

> 6 그리고 너희는 거기로 가져가야 한다 너희의 번제들과 희생들을,[1]
> 그리고 너희의 십일조들과[2] 너희의 손의[3] 예물을,[4]
> 그리고 너희의 서원들과 너희의 자유 의지 제물들을,
> 그리고 너희의 양 떼와 소 떼의 첫 것을.

본문 비교

1) 탈굼 옹켈로스, 탈굼 네오피티, 탈굼 프쉬도 요나단은 "거룩한"을 덧붙여 "거룩한 희생들"로 번역한다.
2) 70인경은 "너희 십일조들"을 생략한다. 오리겐의 헥사플라Hexapla는 "너희의 십일조"(τὰς δέκατας ὑμῶν)를 넣어준다.
3) 70인경은 "너희의 손"을 생략한다.
4) 사마리아 오경과 70인경은 "너희의 예물들"이다.

하나님이 선택하신 장소는 예배드리는 곳이다. 모세의 명령 "너희는 거기로 가져가야 한다"가 그곳이 예배 장소라는 것을 잘 보여준다. 하

나님이 계시는 곳이 예배 처소이다. 그곳에 먼저 "번제들을" 가져간다. "번제"(עלה)는 짐승(소, 양, 염소)이나 새 전부를 번제 단 위에서 불에 태워 드리는 제사를 의미한다. 번제 단 위의 불꽃 가운데 제물의 연기가 하늘로 '올라가는' 것이다. 이것은 하나님께 예배가 올라가는 것을 보여준다. "희생들"(זבח)은 일반적이고 모든 희생 제사를 일컫는다. 기름과 피를 하나님께 드리고 고기를 먹을 수 있다. 다양한 희생 제사들이 있지만 여기서는 모든 희생 제사를 포함하여 사용하고 있다(참고. 레 1-7장).

"십일조"는 땅에서 나는 것 즉, 곡식이나 나무 열매의 십분의 일과 소와 양 같은 가축의 열 번째 것을 말한다. 여호와는 십일조를 "여호와의 것"이라고 말하며 "여호와의 성물(거룩한 것)"이라고 부른다(레 27:30, 32). 하나님은 백성들의 십일조를 레위인에게 기업으로 주었다. 백성의 십일조를 취하는 것은 레위인의 영원한 권리이다. 하나님이 레위인에게 십일조를 몫으로 주었기 때문이다. 이스라엘의 12지파로부터 레위인이 십일조를 취하기 때문에 레위인은 기업이 없다. 이스라엘 백성은 십일조를 아도나이께서 그의 이름을 두시기 위하여 택하신 장소로 가서 드려야 한다. 아도나이께서 택하신 장소에는 제사장과 레위인이 있었다(신 12:18; 17:8-9). 물론 각 지파에 거하는 레위인들도 있었다.

레위인이 백성들의 십일조를 취할 수 있는 권리가 있지만 그들 역시 십일조를 드려야 한다. 백성들에게서 받은 십일조에서 십일조를 아도나이께 바쳐야 한다(민 18:26). 레위인들은 농사를 짓지 않지만 백성들의 십일조에서 십일조를 바치는 것을 아도나이는 레위인들이 농사를 지어 수확한 것처럼 받으신다.

레위인들이 드린 십일조는 아론이 취할 수 있다(민 18:28). 레위인들도 아도나이께 십일조를 드릴 때에 가장 좋은 것을 드려야 했다. 아도나이께 드리는 짐승은 흠이 있거나 절거나 눈이 먼 것을 드릴 수 없다. 흠이 있거나 문제가 있는 짐승을 아도나이께 드리는 행위는 가증한 일이다(신 15:21; 17:1). 예배자가 이러한 예물을 드리는 것은 하나님을 무시하는 행위이다. 하나님은 이러한 사람을 몹시 싫어하시며 이러한 제물과 예배를 받지 않으신다(말 1:7-8).

레위인은 가장 좋은 것으로 십일조를 드리고 남은 것을 먹을 수 있다. 이들은 농사를 짓지 않았지만 마치 농사를 지어 수확한 것처럼 그들의 소유가 된다. 레위 집안에 속한 사람들은 이것을 어디서든지 먹을 수 있다.

레위인이 십일조를 드리지 않으면 이스라엘이 아도나이께 드린 성물이 더럽게 된다. 이렇게 되면 레위인은 죄를 짓고 죽임을 당하게 된다. 레위인이 이스라엘의 십일조를 받았기 때문에 레위인이 십일조를 드려야 이스라엘이 아도나이께 십일조를 온전하게 드린 것이 된다.

하나님은 말라기를 통하여 흥미로운 말씀을 하신다. 온전한 십일조를 드리고 하나님이 복을 주시는지 하나님을 시험해 보라고 하신다. "너희의 온전한 십일조를 창고에 들여 나의 집에 양식이 있게 하고 그것으로 나를 시험하여 내가 하늘 문을 열고 너희에게 복을 쌓을 곳이 없도록 붓지 아니하나 보라"(2:10). "온전한 십일조"는 '모든 십일조'이다. "나를 시험하여"는 명령형으로 '너희는 나를 시험해 보라'이다. 하나님이 법으로 말씀하신 모든 십일조를 다 드린 후에 하나님이 복을 주시는지 주시지 않는지를 시험해 보라고 하신다. 십일조는 하나님의 복을 받을 수 있는 통로이다. 하나님은 십일조를 드리는 자를 축복하실 것을 약속하신다.

신약시대에 십일조를 드려야 하는가 하는 질문이 제기된다. 예수님은 특별히 구약의 많은 법들 가운데 십일조를 언급하신다. 십일조에 관한 말씀은 바리새인들과 서기관들을 비판하는 말씀 가운데 나타난다. "화 있을진저 외식하는 서기관들과 바리새인들이여 너희가 박하와 회향과 근채의 십일조는 드리되 율법의 더 중한 바 정의와 긍휼과 믿음은 버렸도다. 그러나 이것도 행하고 저것도 버리지 말아야 할지니라"(마 23:23). 예수님은 신약시대에도 십일조를 드려야 한다고 말씀하신다. 예수님은 산상설교에서 자신이 이 땅에 오심으로 율법이 완전하게 되었다고 말씀하셨다(마 5:17). 그리고 여섯 개의 반제를 말씀하셨다(마 5:21-48). 이는 구약의 율법들 가운데 속한 계명들이다. 그 가운데에서 살인과 간음은 더 강화하셨다. 외적 행위와 더불어 내적 동기까지 정죄하신다. 이혼은 음행 외에는 이혼할 수 없다고 못 박으신다. 맹세는 아예 맹세하지 말라고 하심으로 맹세를 금지시킨다. 보복은 구약에서 허락되었으나 예수님은 금지시키신다. 원수를 미워하라는 것은 원수를 사랑하라는 것으로 변화시키신다. 예수님은 여섯 반제에서 계명들을 개별적으로 말씀하신다. 살인과 간음은 여전히 유효하다. 이혼은 이혼할 수 있는 이유가 달라진다. 맹세와 복수는 무효화된다. 마지막으로 원수를 미워하라는 계명은 완전히 달라졌다(김영욱, 『신현의 책』, 솔로몬, 2014, 96-115). 이것을 보면 예수님께서 십일조를 특별히 언급하신 것은 의미가 있다. 신약시대에도 여전히 십일조를 드려야 한다는 것이다.

"너희 손의 예물"에서 "예물"(תרומה)은 생명을 대속하기 위하여 드리는 반 세겔을(출 30:15) 그리고 하나님께 자원하여 드리는 예물을 가리킬 때도(출 35:5, 24) 사용한 단어이다. 또한 이 예물은 하나님께 높이 들어 올린 거제물을 가리킬 때도 사용되었다(출 29:27; 민 15:20; 18:11). 여기서는 하나님께 드리는 예물을 포괄적으로 지칭하는 것 같다(개역개정은 "거제"로 번역했다).

"서원들"은 '서약'과 '맹세'이다. 하나님께 이렇게 하겠다고 약속하는 것이다. 야곱은 벧엘에서 하나님이 자기를 지켜주셔서 평안히 고향 집에 돌아오게 되면 하나님께 십일조를 드리겠다고 서원했었다(창 28:20-22). 잘못된 서원의 대표적인 예는 입다이다. 입다는 암몬과의 전쟁에 나갈 때 서원했다. 하나님이 암몬에 대한 승리를 주셔서 집에 돌아올 때, 자기 집에서 나와서 자기를 영접하는 자를 번제물로 드리겠다고 서원했다. 입다가 승리하고 집에 돌아왔을 때 입다의 딸이 먼저 나와 영접했다. 입다는 그의 딸에게 서원대로 행했다(삿 11:29-40). 그는 인신제사를 드린 것이다. 구약은 서원 또는 맹세를 허락한다. 그러나 예수님은 맹세 자체를 금지시켰다(마 5:33-37).

"자유 의지 제물들"은 자발적인 제물을 말한다. 자유의지로 자원하는 마음으로 드리는 예물이다. 하나님께 드리는 서원제물과 자원 제물에 대한 규례는 레위기 22:17-25에 잘 나타나있다.

"양 떼와 소 떼의 첫 것"은 하나님의 것이기 때문에 하나님께 바쳐야 한다(출 34:19; 레 27:26). 첫 것에 대한 자세한 설명은 신명기 15:19-23을 보라.

> 7 그리고 너희는 거기서 너희의 하나님 아도나이 앞에서 먹을 것이다,
> 그리고 너희는 너희의 손의[1] 취한 모든 것을 기뻐할 것이다,
> 너희와 너희의 가족, 아도나이 너의 하나님이 너를 축복하셨다.

본문 비교

1) 사마리아 오경, 시리아 역 그리고 70인경은 복수 "손들"이다. 70인경의 베버Wevers 편집은 복수 "손들"(τὰς χεῖρας)인데 반하여 랄프Rahlfs 편집은 단수 "손"(τὴν χεῖρα)이다. 70인경은 "너희의"를 생략한다. 오리겐의 헥사플라Hexapla는 별표로 ὑμῶν을 첨가한다.

"거기서"는 여호와께서 선택하신 장소이다. "거기서"는 다시 "너희 하나님 아도나이 앞에서"로 설명되어진다. 이 장소는 하나님이 거하시는 곳이기 때문이다.

이스라엘은 그곳에서 그들이 가져온 각종 예물(6절)을 먹을 수 있다. 여기서 특별한 구별을 하지 않지만 번제는 먹을 수 없을 것이다. 왜냐하면 다 태워드리는 제사이기 때문이다. 예배자와 그의 가족들이 먹을 수

있는 제물은 아마도 희생제물과 서원 제물과 자유 의지 제물일 것이다.

그리고 이스라엘은 그들의 손으로 취한 모든 것을 기뻐한다. 하나님 앞에서 먹고 마시며 기뻐하며 즐거워한다. 하나님이 주신 소산을 기뻐하는 것이다. 이들이 기뻐하고 즐길 수 있는 것은 하나님이 그들을 축복하셨기 때문이다. 하나님이 축복하심으로 하나님께 드릴 예물과 십일조를 가지고 나올 수 있었다.

이스라엘이 하나님께 가지고 나온 번제, 희생, 십일조, 예물, 서원물, 자유의지 예물 그리고 첫 것은 하나님이 주신 축복의 결과였다.

"너희의 가족"은 자녀와 노비를 포함한다(12, 18절). 가족에는 아내도 포함한다. 사무엘 서에 따르면 엘가나는 한나와 브닌나와 그녀의 자녀들과 함께 여호와께서 계신 실로로 예배하러 갔다(삼상 1:3-5). 여성들도 제사에 참여할 수 있었다.

"너희와 너희의 가족, 아도나이 너의 하나님이 너를 축복하셨다."에서 히브리어는 "너희와 너희의 가족"과 "아도나이 너의 하나님이 너를 축복하셨다" 사이에 관계 대명사가 있다. 이 관계 대명사를 어떻게 번역할 것인가가 관건이다. 첫째, "아도나이 너의 하나님이 너를 축복하셨던 너희와 너희의 가족은 너희의 손의 취한 모든 것을 기뻐할 것이다"로 번역할 수 있다(ESV, KJV, NAS, NAU, NKJ). 개역 개정은 "너희의 하나님 여호와께서 너희의 손으로 수고한 일에 복 주심으로 말미암아 너희와 너희의 가족이 즐거워할지니라"로 번역했다. 둘째, "너희와 너희의 가족은 너희의 손의 취한 모든 것을 기뻐할 것이다 왜냐하면 아도나이 너의 하나님이 너를 축복하셨기 때문이다"로도 번역한다(NIB, NIN, NJB). 첫째 번역이 더 나은 것 같다.

3. 가나안 땅에서 하나님이 선택하신 장소에서 번제를 드려라 (12:8-14)

이스라엘은 아직 기업의 땅에 도착하지 않았다. 그들은 지금 모압 땅에 거주하고 있다. 모압 땅에서는 아무 장소에서나 아도나이께 희생 제사를 드릴 수 있었다. 그러나 이스라엘이 요단을 건너 약속의 땅에 들어가면 모압 땅에서 했던 방식대로 행할 수 없다. 가나안 땅에서는 하나님이 선택하신 장소에 가서 예배를 드려야 한다. 하나님께 드려야 할 각종 예물을 그 장소로 가지고 가서 아들과 딸 그리고 남종과 여종 그리고 레위인들과 함께 즐거워할 수 있다.

번역

8 너희는 우리가 오늘날 여기서 행한 모든 것을 따라 행해서는 안 된다,
각자 그의 눈에 옳은 모든 것을 (행한 것처럼).
9 왜냐하면 너희는 지금까지 그 쉼에 이르지 못했기 때문이다,
그리고 아도나이 너의 하나님이 너에게 주시는 그 기업에.
10 그리고 너희는 요단을 건널 것이며
아도나이 너희의 하나님이 너희에게 상속하게 할 그 땅 안에서 살 것이다,
그리고 그는 너희에게 주위의 모든 너희 적들로부터 안식을 주실 것이며
너희는 안전하게 살 것이다.
11 그리고 아도나이 너희의 하나님이 선택할 그 장소가 있을 것이다,
그의 이름을 그곳에 거주하게 하기 위하여,
그곳으로 너희는 내가 너희에게 명령하는 모든 것을 가져 갈 것이다,
너희의 번제들과 너희의 희생들, 너희의 십일조들과 너희의 손의 예물을,
그리고 너희가 아도나이께 서원한 너희 서원 제물들의 모든 선택한 것을.
12 그리고 너희는 아도나이 너희의 하나님 앞에서 즐거워 할 것이다,
너희와 너희의 아들들과 너희의 딸들, 그리고 너희의 남종들과 너희의 여종들,

그리고 너희의 문들 안에 있는 그 레위인,

왜냐하면 그에게 너희와 함께 몫과 기업이 없기 때문이다.

13 너 자신을 조심하라, 너는 네가 보는 모든 장소에서 너의 번제들을 드리지 않도록.

14 그러나 아도나이께서 너의 지파들의 하나에서 선택하실 그 장소에서,

거기서 너는 너의 번제들을 드려야 한다,

그리고 거기서 너는 내가 너에게 명령하는 모든 것을 행해야 한다.

주해

8 너희는 우리가 오늘날 여기서 행한 모든 것을 따라[1] 행해서는 안 된다,

각자 그의 눈에 옳은[2] 모든 것을 (행한 것처럼).

본문 비교

1) 70인경은 "따라"(כ)를 생략한다. 70인경의 한 사본(Byz)은 κατὰ를 넣어준다.

2) 탈굼 네오피티는 "선하고 옳은 것"으로 해석한다.

7절의 "거기서"와 대조를 이루는 "여기서"에 주목해야 한다. "거기서"는 하나님이 그의 이름을 두기 위해서 그리고 거하시기 위해서 선택하신 장소이다. 반면에 "여기서"는 9절과 10절을 읽어보면 요단 동편 모압 땅을 의미한다.

하나님이 선택하신 장소는 이스라엘에게 특별한 주의를 요구한다. 모압 땅에서 행동한 것처럼 행동해서는 안 되는 곳이다. 히브리어는 "각자 그의 눈에 옳은 모든 것을"로 "행한 것처럼"이란 표현이 없다. 문맥의 의미를 살리기 위해서 넣어준 표현이다. "여기서"는 각 사람의 생각이 기준이다. "그의 눈에 옳은" 것을 따라 행동한다. 각 사람이 보기에 좋다고 생각하는 대로, 그가 기뻐하는 대로 행동하며 산 것이다.

자기가 기준이다.

그렇다면 여기서 각기 소견에 옳은 대로 행동한 것은 무엇인가? 13절을 읽어 보면 이것은 자기가 원하는 곳에서 번제를 드린 것을 의미한다. 하지만 가나안 땅에서는 그렇게 살아서는 안 된다. 하나님이 제시하는 기준이 있기 때문이다. 약속의 땅에서는 하나님이 선택하신 한 장소에 가서 제사를 드려야 한다(14절).

9 왜냐하면 너희는 지금까지 그 쉼에[1] 이르지 못했기 때문이다,
그리고 아도나이 너의[2] 하나님이 너[2]에게 주시는 그 기업에.[3]

본문 비교

1) 탈굼 옹켈로스와 탈굼 프쉬도 요나단은 "그 집"으로 해석한다. 탈굼 프쉬도 요나단과 시프레에 따르면 이 집은 예루살렘 성전을 의미한다.
2) 사마리아 오경, 70인경, 탈굼 네오피티와 탈굼 프쉬도 요나단은 2인칭 복수 "너희"이다.
3) 탈굼 프쉬도 요나단은 "그 땅의 기업에"이다.

이 구절은 다음과 같이 번역할 수도 있다. "왜냐하면 너희는 지금까지 그 쉼에 그리고 아도나이 너의 하나님이 너에게 주시는 그 기업에 이르지 못했기 때문이다." 관계 대명사에 인도되는 "아도나이 너의 하나님이 너에게 주시는"이 "그 기업"를 수식한다. 그래서 위와 같이 번역할 수 있다. 히브리어는 두 개의 전치사 구 "그 쉼에 그리고 그 기업에"가 평행을 이룬다.

"왜냐하면"은 "여기서"(8절)를 "거기서"(7절)와 비교하는 이유를 설명하고 있다. 개역 성경은 접속사 "왜냐하면… 때문이다"(כִּי)의 번역을 생략했다. 이스라엘은 "지금까지" 즉, 아직 하나님이 약속하신 땅에 곧

"그 쉼에 그리고 그 기업에" 이르지 못했기 때문이다. 하나님이 주시는 기업의 땅은 이스라엘이 쉴 안식의 땅이다. 이스라엘은 오랜 노예의 생활을 했으며 오랜 세월을 광야에서 보냈다. 하나님이 주시는 가나안 땅은 그들에게 쉼을 주는 장소이다. 광야 유랑의 세월을 끝내고 진정한 쉼을 얻을 수 있는 곳이다.

> 10 그리고 너희는 요단을 건널 것이며
> 아도나이 너희의 하나님이 너희에게 상속하게 할 그 땅 안에서 살 것이다.
> 그리고 그는 너희에게 주위의 모든 너희 적들로부터 안식을 주실 것이며
> 너희는 안전하게 살 것이다.

"그리고"(ו)를 '그러나' 또는 '-할 때'로 번역하는 역본들이 있다(NBG, ASV, JPS, NAS, NRS, TNK, EIN). 개역 성경은 "거주하게 될 때"로 번역했다. 9절과 연결해서 생각하면 '그러나'의 의미도 담겨있다. 이스라엘은 아직 그 쉼에 도착하지 못했다. '그러나' 그들은 요단강을 건널 것이며 그 땅에 살 것이다.

흥미로운 것은 이스라엘의 행동과 하나님의 행위의 대조이다. 이스라엘은 "요단을 건널 것이다." 이스라엘이 요단강을 건너는 것은 그 땅을 점령하고 그 안에서 사는 것을 의미한다. 그렇지만 가나안 땅을 주시는 분은 하나님이다. "아도나이 너희의 하나님이 너희에게 상속하게 할 그 땅 안에서 살 것이다." 동사 "상속하게 할"은 히필형(사역 능동)으로 하나님의 사역을 말하고 있다. 하나님이 이스라엘에게 땅을 상속해 주실 것이다. 하나님이 주도권을 가지고 계신다. 이스라엘에게 기업을 주시는 분이 하나님이시지만 이스라엘은 하나님이 상속해 주실 땅을 받기 위해서는 요단강을 건너야 하며 정복 전쟁을 치러야 한다. 이스라엘은 순종해야 한다. 이스라엘은 땅이 없는 민족으로 오랜 세월 광야를 방랑했다. 그러나 이제 하나님이 그들에게 약속하신 대로 땅을 주

실 것이다.

하나님의 사역은 땅을 주시는 데에서 그치지 않는다. 하나님은 더 나아가 이스라엘에게 "주위의 모든 너희 적들로부터 안식을 주실 것이다." 하나님은 이스라엘 주위의 모든 적들, 즉 이집트, 가나안, 모압, 암몬, 블레셋, 아람 등으로부터 안식을 주신다. 동사 "안식을 주실 것이다"는 히필형(사역 능동)으로 하나님의 행동을 강조한다. 하나님이 땅을 주실 뿐만 아니라 안식도 주신다. 그 결과 이스라엘은 그 땅에서 "안전하게 살 것이다." 안식은 단순한 쉼만을 의미하지 않는다. 안식에는 안전과 평안이 포함된다.

이스라엘이 요단강을 건널 것이다. 요단강을 건너는 것은 하나님의 약속의 땅에 들어가는 것이다. 신명기는 이스라엘이 요단강을 건너가는 것을 강조한다(2:29; 4:22, 26; 9:1; 11:31; 27:2, 4, 12; 30:18; 31:13; 32:47). 요단강은 광야와 약속의 땅의 상징적 경계이다. 이스라엘이 요단강을 건너는 것은 불순종의 세월을 보냈던 광야의 기간을 끝내고 약속의 땅에 들어가는 것으로 이스라엘의 순종을 의미한다. 이스라엘은 요단강을 건너갈 것이지만 이스라엘의 지도자 모세는 요단강을 건너지 못한다(신 3:25, 27; 4:21; 31:2).

이스라엘은 하나님의 말씀을 따라 요단강을 건너야 한다. 또한 이스라엘은 가나안 민족들과 전쟁을 해야 한다. 이스라엘이 해야 할 일이다. 하지만 그들은 혼자가 아니다. 하나님이 함께 하신다. 그들이 전쟁을 하지만 하나님이 그들에게 땅을 정복하게 하시며 안식을 주신다. 이스라엘의 군사적 활동에 하나님이 함께 하신다. 모세는 이스라엘의 군사적 활동에 하나님이 함께 하시며 활동하신 것을 히필형(사역 능동)을 통해 분명히 하고 있다. 이것을 보면 믿음은 행동을 요구한다. 하나님의 말씀을 따라 행동할 때 하나님이 함께 하신다. 순종할 때, 하나님의 능력을 경험할 수 있다.

11 그리고 아도나이 너희의 하나님이 선택할[1] 그 장소가 있을 것이다,
그의 이름을[2] 그곳에 거주하게 하기 위하여,[3]
그곳으로 너희는 내가[4] 너희에게 명령하는 모든 것을 가져 갈 것이다,
너희의 번제들과 너희의 희생들,[5] [6]너희의 십일조들과 너희의 손의 예물을,[7]
그리고 너희가 아도나이께[8] 서원한 너희 서원 제물들의 모든 선택한 것을.

본문 비교

1) 마소라 사본은 יבחר로 미완료인데 반하여 사마리아 오경은 בחר 완료로 읽는다.
2) 사마리아 오경은 목적어 את를 덧붙인다. 탈굼 옹켈로스와 탈굼 프쉬도 요나단은 "그의 세키나(임재)" 그리고 탈굼 네오피티는 "그의 세키나(임재)의 영광"으로 해석한다.
3) 마소라 사본의 "거주하게 하기위하여"(לשכן)를 70인경은 "불리어지기 위하여"(ἐπικληθῆναι)로 번역한다. 즉 '그곳에서 그의 이름을 불리어지기 위하여'to be invoked his name there이다.
4) 70인경은 "오늘"(σήμερον)을 덧붙인다.
5) 탈굼 역들(옹켈로스, 네오피티, 프쉬도 요나단)은 "너희의 거룩한 희생들"(ונכסת קודשיכון)이다.
6) 두 개의 히브리어 필사본, 70인경, 사마리아 오경, 시리아 역 그리고 벌게이트는 "그리고"를 첨가한다.
7) 사마리아 오경은 "너희의 예물들을"이다. 그리고 사마리아 오경은 여기에 "그리고 너희의 자유 의지 제물들"(ונדבתיכם)을 첨가한다(6절을 참고하라). 히브리어의 "너희의 손의 예물"을 70인경은 "너희의 손들의 첫 것들 그리고 너희의 예물들"(τὰς ἀπαρχὰς τῶν χειρῶν ὑμῶν καὶ τὰ δόματα ὑμῶν)로 번역한다. "너희의 예물들"은 사마리아 오경의 "너희의 자유의지 제물들"을 번역한 것이다.
8) 70인경은 "너희의 하나님께"이다. 탈굼 옹켈로스는 "아도나이 앞

에"이며 탈굼 네오피티는 "아도나이의 이름께"이다.

이 구절을 이해하기 쉽게 번역하면 다음과 같다. "그리고 아도나이 너희의 하나님이 그의 이름을 그곳에 거주하게 하기 위하여 선택할 그 장소가 있을 것이다. 그곳으로 너희는 내가 너희에게 명령하는 모든 것을, 너희의 번제들과 너희의 희생들, 너희의 십일조들과 너희의 손의 예물을, 그리고 너희가 아도나이께 서원한 너희 서원 제물들의 모든 선택한 것을 가져 갈 것이다."

관계 대명사 절 "아도나이 너희 하나님이 선택할"은 "그 장소" 뒤에 위치하여 수식하고 있다. 히브리어는 "그 장소"가 먼저 나와 두드러진다. 하나님이 약속하신 땅에 특별한 장소가 있다. 그 장소는 아도나이께서 선택하실, 뽑으실 곳이다. 하나님의 선택은 모세와 아론 그리고 다윗과 솔로몬 같은 개인이나 한 집안, 레위 집안이나 다윗 집안 그리고 이스라엘과 같은 민족에게 나타났다. 주로 아도나이의 일과 직분을 위해 사람을 선택하는 것이었다. 하지만 여기서는 장소가 선택되었다. 특이한 경우이다(5절의 설명을 보라).

아도나이께서 한 장소를 선택하시는 목적은 "그의 이름을 그곳에 거주하게 하기 위하여"에 잘 나타난다. 아도나이의 이름이 그 선택한 장소에 머물러 즉, 거주하고 있는 것이다. 영Young은 "거주하게 하기 위하여"를 "장막에"to tabernacle로 번역한다(YLT).

"그의 이름"은 네 자음문자 아도나이(יהוה)를 의미한다. 아도나이는 이스라엘 하나님의 고유한 이름이다. 하나님은 아브라함에게 가나안 땅을 주실 것이라고 약속하면서 자신의 이름을 "나는 아도나이이다"(אני יהוה)라고 소개하셨다(창 15:7). 뿐만 아니라 하나님은 야곱에게도 나타나셔서 자신을 아브라함의 하나님, 이삭의 하나님으로 말씀하신다. 그리고 가나안 땅을 주겠다고 약속하시며 자신의 이름을 "나는 아도나이이다"라고 소개하셨다. 하나님은 모세에게도 나타나셔서 이스라엘을 이집트에서 해방하여 약속의 땅으로 인도할 것을 말씀하셨다. 그리고 하나님은 모세에게 "나는 아도나이이다"라고 자신의 이름을 계시하셨다(출 6:2-8). 아도나이는 이스라엘에게 가나안 땅을 주시기로 약속한 하나님이며 그 약속을 성취하는 이름이다. "나는 아도나이이다"는 문장은 하나님의 자기소개이며 하나님의 자기계시의 이름이다.

아도나이는 이스라엘을 이집트에서 해방시킨 하나님의 이름을 기념하는 한 장소를 약속의 땅에서 선택하실 것이다. 아도나이는 자신의 이름을 머물러 두는 특별한 장소가 있을 것을 말한다. 하나님이 그곳에 거주하신다. 그 장소로 이스라엘 모든 사람들은 찾아가서 예배를 드려야 한다. 이곳은 이스라엘 사람들이 모여서 아도나이께 예배를 드리는 곳으로 이스라엘의 중앙 성소이다.

12 그리고 너희는 아도나이 너희의 하나님 앞에서 즐거워 할 것이다,
너희와 너희의 아들들과 너희의 딸들, 그리고[1] 너희의 남종들과 너희의 여종들,
그리고 너희의 문들[2] 안에 있는 그 레위인,
왜냐하면 그에게 너희와 함께 몫과 기업이 없기 때문이다.

본문 비교

1) 사마리아 오경, 70인경과 벌게이트는 "그리고"를 생략한다.
2) 탈굼 역들(옹켈로스, 네오피티, 프쉬도 요나단)은 "성들"로 읽는다.

"즐거워 할 것이다"는 '기뻐할 것이다'이다. 이스라엘 사람들이 기뻐할 수 있는 것은 그들이 하나님께 가져온 번제들, 희생들, 십일조들, 예물 그리고 서원 제물들 때문이다. 이스라엘 백성이 하나님께 이러한 예물들을 가져올 수 있었던 것은 아도나이께서 그들에게 복을 주셨기 때문이다(7절). 아도나이의 복 때문에 그들은 아도나이 앞에서 즐거워 할 수 있는 것이다.

"아도나이 너희의 하나님 앞에서"는 하나님이 선택한 장소를 의미한다(7절). 이곳은 아도나이께서 그의 이름을 두시는 곳으로 그의 거주지이다(5절). 아도나이께서 임재하여 거주하시는 곳은 아도나이의 법궤위이기 때문에 이곳을 법궤가 있는 곳으로 추측할 수 있다. 하지만 법궤는 이 장소에서 저 장소로 이동할 수 있기 때문에 법궤가 머무는 곳을 모두 다 아도나이께서 선택한 장소라고 말하지는 않는다.

하나님이 선택하신 중앙 성소에서 즐거워하는 사람들은 집안 식구들과 남 녀 종들이 포함된다. 여기에 레위인들이 추가된다. "너희의 문들"은 성문을 의미한다. 레위인이 추가되는 이유를 "왜냐하면 그에게 너희와 함께 몫과 기업이 없기 때문이다."가 설명하고 있다. 레위인들은 따로 기업의 땅을 분배받지 못했다. 대신에 그들은 이스라엘 지파들이 받은 기업의 땅에서 그들이 거할 성읍들과 목초지를 받았다(수 21장). 이리하여 레위인들은 이스라엘 12지파의 기업의 땅에서 흩어져 살게 되었다.

레위인은 이스라엘 백성의 십일조를 취할 권리가 있다(6절 설명 참고). 백성들이 하나님의 선택하신 곳에 십일조를 가지고 갈 때, 레위인들과 함께 기뻐해야 할 근거가 바로 여기에 있다(11절). 신명기는 계속 레위인들에 대한 특별한 관심을 당부하고 있다(12:18, 19; 14:27, 29; 16:11, 14; 18:6 8).

13 너 자신을 조심하라, 너는 네가 보는 모든 장소[1]에서 너의 번제들을 드리지 않도록.

본문 비교

1) 일부 히브리어 사본(V^ken 69^), 사마리오 오경, 탈굼 옹켈로스와 탈굼 프쉬도 요나단은 정관사가 있어 '그 장소'이다.

"너 자신을 조심하라"는 니팔 명령형으로 '주의하라 너에게'이다. 이것은 '너 자신을 지켜라,' 또는 '주의하라,' '조심하라'로 재귀적인 의미가 있다. 70인경은 "너에게"(לְךָ)를 '너 자신을'(σεαυτῷ)로 번역한다. 개역 성경은 명령형 "조심하라"를 '삼가서'로 모호하게 번역한다.

이스라엘이 조심해야 할 것은 아무 장소에서나 번제를 드리지 않는 것이다. "네가 보는 모든 장소에서"는 가나안 사람들이 선호하는 방식이다. 그들은 높은 산, 작은 산 그리고 푸른 나무 아래서 그들의 눈에 좋은 장소인 아무 곳에서나 그들의 신에게 제사를 드렸다. 하지만 모세는 약속의 땅에서 이러한 방법을 금한다.

14 그러나 아도나이께서[1] 너의 지파들의 하나에서 선택하실[2] 그 장소에서,
거기서 너는 너의 번제들을 드려야 한다,
그리고 거기서 너는 내가 너에게[3] 명령하는 모든 것을[4] 행해야 한다.

본문 비교

1) 70인경은 "너의 하나님"(ὁ θεός σου)을 덧붙인다.
2) 마소라 사본은 יבחר로 미완료인데 반하여 사마리아 오경은 בחר 완료로 읽는다.
3) 70인경은 여기에 "오늘"이 있다.
4) 일부 히브리어 사본들(V^Ken 69,107)과 사마리아 오경은 목적어 את를 가지고 있다.

13절과 대조를 이루고 있다. 이스라엘은 그들이 보는 아무 장소에서나 제사를 드릴 수 없다(8절 참고). 약속의 땅에서는 아도나이께서 선택한 장소에서만 번제를 드릴 수 있다. 아도나이는 이스라엘의 12지파들 가운데 한 지파에서 한 장소를 선택하실 것이다. 12장은 계속 아도나이께서 선택하실 한 장소가 있다는 사실을 말한다(5, 11, 14, 21절). 그

러나 그 장소가 어느 지파에게 속했는지, 그 장소가 어디인지 구체적인 지명을 밝히지 않는다.

"너의 지파들의 하나에서 선택하실 그 장소에서"는 정관사가 있어 "그 장소에서"이다. 히브리어는 "그 장소에서"가 먼저 나와 강조하고 있다. 이것은 더 구체적으로 '너의 지파들의 하나 안에서 선택하실 장소 안에서'이다. '하나 안에서'는 12지파들 가운데 한 지파 안에서를 말한다. 장소에 대한 강조는 "거기서"가 두 번이나 나와서 강조한다.

"명령하는"은 아도나이께서 이스라엘에게 의무와 책임을 부여하는 것이다. 그들은 아도나이께서 선택하신 장소에서 예배를 드려야 할 책임을 부여받았다(5-7, 11-12절).

4. 고기는 각 성에서 그러나 하나님의 예물은 선택한 곳에서 먹어라(12:15-19)

고기를 먹는 문제를 다루고 있다. 이스라엘은 각 성에서 마음대로 고기를 잡아먹을 수 있다. 고기를 먹는 데는 어떤 자격이 필요한 것이 아니라 부정한 자나 정한 자나 다 고기를 먹을 수 있다. 단지 피는 먹지 못한다. 그러나 아도나이께 드리는 고기는 아무 장소에서나 먹는 것이 아니다. 오직 아도나이께서 택하신 장소에서만 먹을 수 있다.

번역

15 단지 너의 영혼의 원하는 모든 것으로 너는 죽일 수 있고 고기를 먹을 수 있다,
아도나이 너의 하나님이 너에게 주신 복을 따라서, 너의 모든 문들 안에서,
부정한 자나 정한 자나 그것을 먹을 수 있다, 영양 같이 그리고 수사슴 같이.
16 단지 너희는 그 피를 먹지 말아야 한다,
너는 그것을 땅 위에 물 같이 쏟아야 한다.

17 너는 너의 문들 안에서 먹을 수 없다,
너의 곡식과 너의 새 포도주와 너의 기름의 십일조를,
그리고 너의 양 떼와 너의 소 떼의 첫 것들을,
네가 서원한 너의 서원들의 모든 것을,
그리고 너의 자유 의지 제물들을, 그리고 너의 손의 예물을.
18 그러나 너의 하나님 아도나이 앞에서 너는 그것을 먹을 것이다,
아도나이 너의 하나님이 선택한 그 장소 안에서,
너와 너의 아들과 너의 딸과 너의 남종과 여종과 너의 문들 안의 그 레위인은,
그리고 너의 하나님 아도나이 앞에서 네 손의 취한 모든 것을 너는 기뻐할 것이다.
19 너 자신을 조심하라, 네가 그 레위인을 저버리지 않도록,
너의 땅 위에서 너의 모든 날들에.

주해

15 단지[1] 너의 영혼의[2] 원하는 모든 것으로 너는 죽일 수 있고 고기를 먹을 수 있다,
아도나이 너의 하나님이 너에게 주신 복을 따라서, 너의 모든 문들 안에서,[3]
부정한 자나[4] 정한 자나[5] 그것을 먹을 수 있다, 영양 같이 그리고 수사슴[6] 같이.

본문 비교

1) 70인경은 "단지"(רק)를 "그러나" (ἀλλ' ἤ)로 번역한다. 데오도치온은 더 정확하게 πλην으로 번역한다.
2) 70인경은 "영혼"을 생략하지만 오리겐의 헥사플라Hexapla는 "영혼"을 넣어준다.
3) 70인경은 "모든 성 안에"(ἐν πάσῃ πόλει)이다. 탈굼 역들 역시 "성들"로 번역한다.
4) 70인경은 여기에 "너 가운데"(ἐν σοὶ)를 덧붙인다.
5) 70인경은 여기에 "함께"(ἐπὶ τὸ αὐτὸ)를 첨가한다.

6) 탈굼 역들은 더 정확하게 "고기"라고 번역한다.

"단지"는 제한적인 의미를 갖는다. 희생 제사를 위해서 짐승을 도살하는 것이 아닌 고기를 먹기 위해서 짐승을 도살하는 것을 말한다.

"너의 영혼의 원하는 모든 것으로"는 '네가 원하는 무엇이나'(NAS, NKJ) 또는 '네가 원하는 아무 때나'(NRS, TNK)를 의미한다. 이스라엘 사람들이 원하는 아무 때나 어느 장소에서나 고기를 먹을 수 있다.

"너는 죽일 수 있고"는 '너는 도살할 수 있다'이다. 이것은 희생 제사를 위한 도살을 의미하지 않고 고기를 먹기 위한 도살을 의미한다. 거룩한 제사를 위한 도살이 아니라 일반적인 도살이다.

고기를 먹는 장소는 "너의 모든 문들 안에서"이다. 즉 그들이 사는 성 안에서 고기를 먹을 수 있다. 고기를 먹는 것은 꼭 하나님이 선택한 장소에서만 먹는 것은 아니다.

"부정한 자나 정한 자나"는 고기를 먹을 수 있는 사람을 의미한다. "부정한 자"와 "정한 자"는 더럽고 깨끗한 것을 의미하는 것이 아니라 의식적인 것이다. 아이를 낳은 여인, 월경 중에 있는 여인, 나병 환자(레 12-13장), 시체를 만진 사람(민 19:11), 진중에서 몽설한 사람(신 23:10)은 부정하다. 이러한 사람들은 여호와의 예배에 참여하는데 일정 기간 제재가 따른다. 그러나 고기를 먹는 것에는 아무런 제재를 받지 않는다. 하지만 화목 제물의 고기는 정한 자만 먹을 수 있다. 만일 부정한 사람이 화목 제물의 고기를 먹으면 백성 중에서 끊어진다(레 7:19-20).

16 단지 너희는[1)] 그 피를 먹지 말아야 한다,

너는[2)] 그것을 땅 위에 물 같이 쏟아야 한다.

본문 비교

1) 일부 히브리어 사본들, 사마리아 오경 그리고 벌게이트는 단수 "너"로 읽는다. "너희는 먹지 말아야 한다"(תאכלו)를 일부 히브리

어 사본은 "너는 그것을 먹지 말아야 한다"(תאכלנו)로 읽는다.

2) 70인경은 2인칭 복수(ἐκχεεῖτε)이다.

15절과 같이 "단지"가 먼저 나와 제한적인 의미를 갖는다. 이스라엘 백성이 고기를 먹을 때 한 가지 제한이 있다. 고기의 피는 먹을 수 없다. 노아의 홍수 후에 하나님은 사람에게 고기 먹는 것을 허락하신다. 그러나 피를 먹는 것은 금지 되었다(창 9:3-5). 이스라엘 내에서 어느 피든지 피를 먹는 것은 철저하게 금지 되었다(레 3:17; 7:26-27; 17:11-14). 모세는 이스라엘이 고기를 먹으려고 짐승을 잡을 때, 피를 땅에 쏟을 것을 명령한다.

17 너는 너의 문들 안에서 먹을 수 없다,
너의 곡식과 너의 새 포도주와[1] 너의 기름의 십일조를,
그리고 너의 양 떼와 너의 소 떼의 첫 것들을,
네가 서원한 너의 서원들의 모든 것을,
그리고 너의[2] 자유 의지 제물들을, 그리고 너의[2] 손의 예물을.

본문 비교

1) 일부 히브리어 사본들($V^{Ken\ 69,107}$), 사마리아 오경, 탈굼 네오피티와 탈굼 프숴도 요나단은 접속사 "그리고"(ו)가 없다.

2) 70인경은 2인칭 복수 "너희의"이다.

"너의 문들 안에서"는 성 안을 의미한다. 고기는 이스라엘의 성중 안에서 자유롭게 먹을 수 있다. 그러나 그들이 성의 문 안에서 자유롭게 먹을 수 없는 것들이 있다. 바로 하나님께 드려야 할 것들이다.

"너의 곡식과 너의 새 포도주와 너의 기름의 십일조를"은 곡식의 십일조와 새 포도주의 십일조와 기름의 십일조를 말한다. 농산물의 십일

조이다. 기름은 올리브 기름을 의미한다.

하나님은 양 떼와 소 떼의 처음 난 것들에 대해서 권리를 주장하시며 첫 것을 바치라고 명하신다(레 27:26). 하나님은 이것을 제사장의 몫으로 주셨다(민 18:15).

"서원들"은 6절을 참고하라.

18 그러나 너의 하나님 아도나이 앞에서 너는 그것을 먹을 것이다,
아도나이 너의 하나님이 선택한 그 장소 안에서,
너와 너의 아들과 너의 딸과[1] 너의 남종과 여종과 너의 문들 안의[2] 그 레위인은,[3]
그리고 너의 하나님 아도나이 앞에서 네 손의[4] 취한 모든 것을 너는 기뻐할 것이다.

본문 비교

1) 사마리아 오경과 70인경은 접속사 "그리고"(ו)가 없다.
2) 70인경과 탈굼 역들은 "너희의 성들 안"으로 읽는다.
3) 70인경은 "그 레위인"이 아니라 유대교로 개종한 "그 개종자"(ὁ προσήλυτος)이다. 대중적인 사본들인 A F M V는 "그 개종자" 앞에 "그 레위인"(ὁ Λευίτης)을 가지고 있다. 사본 Byz는 "그 개종자"를 "그 레위인"으로 변경했다. 오리겐의 헥사플라(Hexapla)는 히브리어 사본 "그 레위인"과 헬라어 사본 "그 개종자"의 차이를 지적하고 있다.
4) 사마리아 오경은 "너의 손들"(ידיך)로 복수이다.

하나님께 드리는 십일조, 소와 양의 첫 것, 자유 의지 예물, 서원 예물은 각 성에서 고기를 먹듯이 먹을 수 없다. 이것들은 "아도나이 앞에서" 먹어야 한다. "아도나이 앞에서"는 두 번이나 나와서 강조하고 있

다. 즉 아도나이께서 12지파들 가운데서 선택한 장소에서, 중앙 성소에서 먹어야 한다. 하지만 신명기는 이 장소가 어디인지 구체적인 지명을 말하지 않는다.

19 너 자신을 조심하라, 네가 그 레위인을 저버리지 않도록,
너의 땅 위에서[1)] 너의 모든 날들에.

본문 비교

1) 70인경, 시리아 역, 벌게이트는 히브리어의 "너의 땅 위에서"를 "그 땅위에서"로 읽는다.

"너 자신을 조심하라"(השמר)는 니팔 명령형으로 '주의하라 너에게'이다. '너 자신을 지켜라,' 또는 '주의하라,' '조심하라'로 재귀적인 의미가 있다. "너 자신을 조심하라 ~ 하지 않도록"(השמר לך פן)이라는 구문이 계속 나온다(신 6:12; 8:11; 12:13, 19, 30; 15:9).

"저버리지 않도록"은 '남겨 놓지 않도록'으로 방치해 놓지 말라는 것이다. 이스라엘은 레위인을 돌봐야 할 의무가 있다. 하나님께 드리는 예물을 레위인과 함께 먹음으로 레위인을 저버리지 않는 것이다. 레위인을 돌봐야 하는 이유는 12절에 나와 있다. 이스라엘은 그들을 무시하거나 잊어버리지 않도록 신경을 써야 한다.

70인경은 "너의 땅 위에서 너의 모든 날들에"를 "네가 그 땅 위에 살아 있는 모든 시간에"로 번역한다. 이 명령은 이스라엘이 약속의 땅 안에 사는 동안에, 평생토록 지켜야 할 말씀이다. 왜냐하면 레위인들은 이스라엘에서 기업의 땅이 없기 때문이다.

5. 피는 먹지 말라(12:20-28)

이스라엘은 고기는 마음대로 원하는 때에 아무 장소에서나 먹을 수 있다. 그렇지만 고기와 함께 피를 먹을 수 없다. 피는 생명이기 때문이다. 피를 먹을 수 없는 이유에 대하여 길게 설명한다. 또한 희생 제물의 피는 제단 위에 드릴 것을 명령한다.

번역

20 너의 하나님 아도나이께서 너의 경계를 넓히실 때에,
그가 너에게 말씀하셨던 대로, 그리고 네가 말한다, "내가 고기를 먹을 것이다,"
왜냐하면 너의 영혼이 고기 먹기를 원하기 때문이다,
너의 영혼이 원하는 때에 너는 고기를 먹을 수 있다.
21 만일 그 장소가 너에게서 멀다면,
아도나이 너의 하나님이 그의 이름을 거기에 두시려고 선택하신 (그 장소가),
아도나이께서 너에게 주신 너의 양 떼와 너의 소 떼로부터 잡을 수 있다,
내가 너에게 명령했던 대로,
그리고 너는 너의 문들 안에서 너의 영혼이 원하는 모든 것을 먹을 수 있다.
22 확실히, 그가 영양을 그리고 수사슴을 먹을 수 있는 것 같이,
이같이 너는 그것을 먹을 것이다,
부정한 자나 정한 자가 함께 그것을 먹을 것이다.
23 다만 그 피를 먹지 않도록 확실히 하라,
왜냐하면 그 피는 생명이기 때문이다,
그리고 너는 그 생명을 고기와 함께 먹지 못한다.
24 너는 그것을 먹지 못한다,
너는 그것을 땅 위에 물 같이 쏟아야 한다.
25 너는 그것을 먹지 못한다,
이것이 너에게와 너의 후에 너의 아들들에게 잘 되기 위하여,

왜냐하면 네가 아도나이의 눈에 옳은 것을 행하기 때문이다.

26 다만 너에게 있는 너의 거룩한 것들과 너의 서원 예물들을
너는 아도나이께서 선택하신 그 장소에 가지고 가야 한다.

27 그리고 너는 너의 번제들, 고기와 피를 드려야 한다, 너의 하나님 아도나이의 제단 위에,
그리고 너의 희생들의 피는 쏟아져야 한다, 너의 하나님 아도나이의 제단 위에,
그리고 너는 그 고기를 먹을 수 있다.

28 지켜라 그리고 너는 들어야 한다, 내가 너에게 명령하는 이 모든 말씀들을,
이것이 너에게와 너의 후에 너의 아들들에게 영원히 잘 되기 위하여,
왜냐하면 네가 너의 하나님 아도나이의 눈에 선과 옳은 것을 행하기 때문이다.

주해

20 너의 하나님 아도나이께서 너의 경계를 넓히실 때에,
그가 너에게 말씀하셨던 대로, 그리고 네가 말한다, "내가 고기를 먹을 것이다,"
왜냐하면 너의 영혼이 고기 먹기를 원하기 때문이다,
너의 영혼이 원하는 때에 너는 고기를 먹을 수 있다.

"너의 경계"는 '너의 영토'이다. 가나안 땅을 의미한다. 하나님께서 이스라엘의 영토를 크게 하실 때에 이스라엘은 원하는 대로 고기를 먹을 수 있다.

"너의 하나님 아도나이께서 너의 경계를 넓히실 때에, 그가 너에게 말씀하셨던 대로"는 하나님께서 이스라엘에게 약속하신 대로 이스라엘에게 약속의 땅을 주실 때 즉, 이스라엘이 요단강을 건너 가나안 땅을 정복하고 정착하고 살 때를 의미한다. "그가 너에게 말씀하셨던 대로"는 '그가 너에게 말씀하셨던 것 같이'로 하나님이 이스라엘에게 약속하신 것을 말한다. 개역 개정은 "네게 허락하신 대로"로 의역했다.

"내가 고기를 먹을 것이다"는 이스라엘 사람들이 심중에 말하는 것

으로 고기를 먹겠다는 미래의 의지를 말한다. "왜냐하면"은 이스라엘 사람들이 고기를 먹겠다고 말하는 이유를 설명한다. 가나안 땅에서 이스라엘은 원하는 때에 마음대로 고기를 먹을 수 있다.

"너의 영혼이 원하는 때에"는 '너의 영혼이 원하는 모든 것 안에서'이다. 이것은 '네가 원하는 때'를 의미한다. 개역 개정은 "네가 언제나 마음에 원하는 만큼 고기를 먹을 수 있으리니"로 의역했다.

21 만일 그 장소가 너에게서 멀다면,[1)]

아도나이 너의 하나님이 그의 이름을[2)] 거기에 두시려고[3)] 선택하신 (그 장소가),

아도나이께서 너에게 주신[4)] 너의 양 떼와 너의 소 떼로부터 잡을 수 있다,

내가 너에게 명령했던 대로,

그리고 너는 너의 문들[5)] 안에서 너의 영혼이 원하는 모든 것을 먹을 수 있다.

본문 비교

1) 70인경은 "그러나 만일 그 장소가 너로부터 멀다면"(ἐὰν δὲ μακρότερον ἀπέχῃ σου ὁ τόπος)로 읽는다. 불변화사 "그러나"(δὲ)는 히브리어에 없다. 아마도 20절과 21절을 의미상 반대되기 때문에 이렇게 번역한 것 같다. σου는 더 정확하게 히브리어 ממך를 번역하면 ἀπὸ σου이다.

2) 탈굼 옹켈로스와 프쉬도 요나단은 "그의 세키나(임재)"로 그리고 탈굼 네오피티는 "그의 세키나의 영광"으로 번역한다.

3) 마소라 사본의 "그의 이름을 두시려고"(לשׂום שׁמו)를 사마리아 오경은 "그의 이름을 거주하게 하기 위하여"(לשכן את שׁמו)로 읽는다.

4) 70인경은 히브리어 נתן יהוה לך "아도나이께서 너에게 주신"을 δῷ σοι ὁ θεός σου "너의 하나님이 너에게 주신"으로 읽는다(Wevers 편집). 하지만 랄프Rahlfs 편집은 δῷ ὁ θεός σοι이다.

5) 70인경과 탈굼 역들은 "너의 성들"이다.

"만일 ~면"(כי)은 '~할 때'로도 번역할 수 있다. "만일 그 장소가 너에게서 멀다면"은 중앙 성소에서 멀리 떨어져 사는 이스라엘 지파 사람들에게 해당하는 법이다. "그 장소가"(המקום)의 히브리어는 두 번 나오지 않고 한 번 나온다. 그 장소를 수식하는 관계대명사를 끊어서 번역해서 두 번 나오게 되었다. 관계 대명사를 이어서 번역하면 "만일 아도나이 너의 하나님이 그의 이름을 거기에 두시려고 선택하신 그 장소가 너에게서 멀다면"이다.

"잡을 수 있다"는 '도살할 수 있다'로 고기를 먹기 위하여 양과 소를 잡는 것을 의미한다. 희생 제사를 위한 도살이 아니라 일반적인 도살이다.

"내가 너에게 명령했던 대로"는 '내가 너에게 명령했던 것 같이'의 뜻으로 모세가 이스라엘에게 가르쳤던 것을 의미한다. 모세가 이스라엘에게 중앙 성소 법을 교훈한 사람임을 밝히고 있다.

"너의 영혼이 원하는 모든 것을 먹을 수 있다"는 '너의 영혼이 원하는 모든 것으로 먹을 수 있다'(בכל אות נפשך)이다. "모든 것을"은 '모든 것을 따라'로 해석하기도 한다(70인경). 이것은 또한 '너의 영혼이 원하는 때에 먹을 수 있다'로도 해석할 수 있다.

22 확실히,[1] 그가 영양을 그리고 수사슴을[2] 먹을 수 있는 것 같이,
이같이 너는 그것을 먹을 것이다,
부정한 자나[3] 정한 자가 함께 그것을 먹을 것이다.[4]

본문 비교

1) 70인경은 "확실히"를 생략한다.
2) 히브리어는 "영양을 그리고 수사슴을"으로 목적격인데 반하여 70인경은 "영양과 수사슴"으로 주격이다.

3) 70인경은 "너 가운데 부정한 자나"로 15절과 같이 "너 가운데"(ἐν σοὶ)를 첨가한다. 사마리아 오경도 "너 가운데"(בך)가 있다. 하지만 15절에서는 없다.

4) 히브리어는 "그것을 먹을 것이다"로 목적어가 있다. 하지만 70인경은 목적어가 없다(ἔδεται). 오리겐의 헥사플라Hexapla는 별표로 목적어 αὐτὸ를 첨가한다.

"그가 먹을 수 있는 것 같이"(כאשׁר יאכל)에서 동사 '그가 먹을 수 있다'(יאכל)는 니팔 미완료 3인칭 남성 단수이다. 니팔형은 수동이나 재귀의 의미를 갖는데 여기서는 재귀의 의미를 갖는다. 그가 자신을 위해서 먹을 수 있는 것이다. 그러나 70인경은 이것을 수동의 의미로 "영양이나 수사슴이 먹혀질 수 있는 것 같이"(ὡς ἔσθεται ἡ δορκὰς καὶ ἡ ἔλαφος)로 번역한다. "영양과 수사슴"이 주격이다. 현대 역본들도 수동의 의미로 취하는 번역이 많다(SVV, ASV, JPS, KJV, NAS, NKJ, NRS, TNK, YLT, ELO). 하지만 수동으로 취하면 문제가 발생한다. 히브리어는 동사 '그가 먹을 수 있다'는 목적어 "영양을 그리고 수사슴을" 가지고 있기 때문이다. 따라서 이것을 재귀의 의미로 번역하는 것이 좋다. 부버Buber의 독일어 번역은 "사람이 영양과 사슴을 먹을 수 있는 것 같이"wie man die Gazelle und den Hirsch isst로 번역한다. 이와 같은 번역을 취하는 화란어와 독일어 역본은 다음과 같다(LEI, LUV, LUO, LUT, SCH).

"부정한 자나 정한 자"는 15절을 보시오.

23 다만[1)] 그 피를 먹지 않도록 확실히 하라,[2)]

왜냐하면 그 피는 생명이기 때문이다,

그리고 너는 그 생명을 고기와 함께 먹지[3)] 못한다.

본문 비교

1) 70인경은 "다만"을 번역하지 않는다.
2) 70인경은 "다만 확실히 하라"를 "강하게 주의하라"(πρόσεχε ἰσχυρῶς)로 번역한다. 심마쿠스는 "너 자신을 확실히 하라"(ἀσφαλίζου)로 번역한다. 오리겐의 헥사플라Hexapla도 이 번역의 차이를 지적하고 있다.
3) 히브리어 "너는 먹을 것이다"(תאכל)은 칼(능동) 미완료 2인칭 남성 단수인데 반하여 70인경은 βρωθήσεται로 미래 수동태 3인칭 남성 단수이다.

"다만"(רק) 또는 '단지'(15, 16절)는 피를 먹지 말라는 제한의 의미를 갖는다. "그 피를 먹지 않도록 확실히 하라"는 명령형으로 '너는 그 피를 먹지 않도록 확실히 하라'이다(16절 참고). 개역 개정은 "다만 크게 삼가서 그 피는 먹지 말라"로 번역하는데 "먹지 말라"는 명령형이 아니라 부정사이며 여기에 전치사와 함께 "먹지 않도록"(לבלתי אכל)으로 번역할 수 있다. "확실히 하라"(חזק)가 칼 명령형 남성 단수로 '너는 확실히 하라' 또는 '너는 강하게 하라'이다.

"왜냐하면 ~ 때문이다"(כי)가 피를 먹을 수 없는 이유를 설명하고 있다. "그 피는 생명이기 때문이다." "생명"(נפש)은 '영혼,' '살아 있는 존재,' '인격' 등의 뜻을 갖는다. 생명을 피와 동일시하고 있다는 점에 주목해야 한다. 레위기는 "육체의 생명은 그 피안에 있다"고 설명한다(레 17:11,14). 여기서 "육체"(בשר)는 '고기'를 의미한다. 모든 살아 있는 생물의 영혼 즉, 생명은 육체 안에 있는 피에 있다.

피와 함께 고기를 먹는 것은 생명을 먹는 것이기 때문에 피를 먹는 것을 강하게 금지하고 있다. 육식은 홍수 후에 허락되었다. 하지만 하나님은 고기와 함께 피를 먹는 것을 금지하셨다(창 9:4).

24 너는[1] 그것을[2] 먹지 못한다,
너는[1] 그것을[3] 땅 위에 물 같이 쏟아야 한다.

본문 비교

1) 히브리어는 단수 "너"인데 반하여 70인경은 복수 "너희"이다.
2) 70인경과 벌게이트는 "그것을" 생략한다.
3) 벌게이트는 "그것을" 생략하여 "너는 쏟아야 한다"fundes로 번역한다.

피를 먹지 말라는 것을 계속 강조하고 있다. 더 나아가 고기를 먹기 위해 도살한 고기의 피를 처리하는 방법을 설명한다. 피는 물처럼 땅에 쏟으라고 명령한다.

25 너는 그것을 먹지 못한다,
이것이 너에게와 너의 후에 너의 아들들에게 잘 되기 위하여,
왜냐하면[1] 네가 아도나이의 눈에[2] 옳은 것을[3] 행하기 때문이다.

본문 비교

1) 탈굼 역들은 접속사 '키'(כי)를 '만일 ~면'(ארום)으로, 70인경은 ἐὰν(if, when)으로 번역한다.
2) 탈굼 역들은 히브리어 "아도나이의 눈에"를 "앞에"(קדם)로 번역한다. 70인경과 시리아 역은 "너의 하나님 주님 앞에"(ἐναντί κυρίου τοῦ θεοῦ σου)로 읽는다.
3) 70인경은 "옳고(선하고) 유쾌한 것"(τὸ καλὸν καὶ τὸ ἀρεστὸν)으로 읽는다(V[ken 146] 역시). 탈굼 네오피티와 쿰란 사본(11QT[a])은 "선하고 옳은 것"으로 번역한다.

24절에서와 같이 피를 먹지 못한다는 사실을 다시 강조한다. 주동사는 "너는 그것을 먹지 못한다."이다. 동사 뒤에 목적을 나타내는 불변화 전치사 "~하기 위하여"(למען)가 나오면서 절을 이끌고 있다.

이스라엘은 고기와 함께 피를 먹을 수 없다. 이 명령을 잘 지키면 이스라엘과 그 후손들이 '잘 되는' 복을 받는다. 모든 상황이 잘 되어가는 즉 좋게 되는 것을 말한다. 잘 되는 이유는 이스라엘이 하나님 앞에서 옳은 것을 행하기 때문이다.

이유를 설명하는 접속사 "왜냐하면~ 때문이다"(כי)는 '~면' 또는 '~때'로도 번역할 수 있다: '네가 아도나이의 눈에 옳은 것을 행하면' 또는 '네가 아도나이의 눈에 옳은 것을 행할 때.' 현대 번역본들은 이 문맥에서 '키'(כי)를 because 또는 when으로 주로 번역하고 있다.

"아도나이의 눈에"는 '아도나이의 눈들 안에'로 아도나이께서 이스라엘이 피를 먹지 말라는 명령을 지키고 있는지 보고 있다는 것을 표현한다. "옳은 것"은 이 문맥에서 이스라엘이 고기와 함께 피를 먹지 않는 행위를 의미한다.

[26] 다만 너에게 있는 너의 거룩한 것들과[1)] 너의 서원 예물들을
너는 아도나이께서 선택하신 그 장소에[2)] 가지고 가야 한다.

본문 비교

1) 탈굼 프쉬도 요나단은 "거룩한 것들"을 십일조로 해석한다.
2) 70인경은 "아도나이"를 "너의 하나님 주님"으로 확장형을 가지고 있으며 여기에 "그의 이름을 거기에 두기 위하여"를 덧붙인다.

"다만"(רק)을 여러 현대 역본들이 번역한 것처럼(NIB, NIV, NJB, NRS, TNK) 문맥상 '그러나'로 이해할 수 있다. 20-25절은 각 성에서 고기를 먹는 것을 말하고 있고 26절은 이스라엘이 중앙 성소로 가져가야 할 것

들을 말하고 있기 때문이다. 문맥상 26절은 위의 구절들과 반대의 의미를 가진다.

“거룩한 것들”은 17절에서 열거한 곡식과 포도주와 기름의 십일조, 양과 소 떼의 첫 것들, 자유 의지 예물과 예물을 의미한다.

“가지고”는 ‘취하다’ 또는 ‘운반하다’의 뜻이다. 이스라엘은 하나님께 드려야 할 예물을 중앙 성소로 운반하여 가야 한다. 이스라엘이 지켜야 할 의무를 말한다. 개역 개정은 명령형 “가지고 가라”로 번역한다. 하지만 히브리어는 명령형이 아니라 칼 완료형이다.

27 그리고 너는 너의 번제들, 고기와 피를[1] 드려야 한다, 너의 하나님 아도나이의 제단 위에,

그리고[2] 너의 희생들의 피는 쏟아져야 한다, 너의 하나님 아도나이의 제단 위에,[3]

그리고[2] 너는 그 고기를 먹을 수 있다.

본문 비교

1) 70인경은 “그 피”를 생략했다.
2) 70인경은 “그리고”를 “그러나”(δέ)로 이해한다.
3) 70인경은 “제단 위에”를 “제단의 기초에”로 번역한다. 70인경에 따르면 고기는 제단 위에 그리고 피는 제단 기초에 드려야 한다.

다 태워 드리는 번제의 고기는 먹을 수 없다. 마소라 사본은 번제의 고기와 피를 제단 위에 드려야 한다고 말한다. 하지만 70인경은 피를 생략하고 있다. 레위기에 따르면 번제와 화목제와 속건제의 피는 “제단 위 사방에” 뿌린다(1:5, 11; 3:2, 8; 7:2).

“너의 희생들의 피는 쏟아져야 한다.” 히브리어 “쏟아져야 한다”(ישׁפך)

는 동사 '쏟다,' '붓다'(שׁפד)의 니팔(수동) 미완료이다. 피는 먹을 수 없다. 마소라 사본은 피는 제단 위에 쏟아져야 한다고 말하는 반면 70인경은 "제단의 기초에"로 해석한다. 레위기에 따르면 속죄제의 피는 "제단 기초에" 쏟는다(4:7, 18). 피를 제단 위 사방에 뿌리는 것과 제단 기초에 쏟는 것은 다르다. '쏟다'라는 동사를 사용한 것을 보면 70인경의 해석이 맞는 것 같다.

번제 외에 다른 희생 제물들의 고기는 먹을 수 있다. 속죄제와 속건제와 화목제와 서원 제물은 먹을 수 있다. 속죄제와 속건제의 고기는 제사장이, 화목제나 서원제물은 예배자와 제사장이 먹을 수 있다(레 6:26; 7:6, 15-21, 28-34). 이 구절의 "너는 그 고기를 먹을 수 있다"에서 "너"가 제사장을 말하는지 아니면 예배자를 말하는지 구체적이지 않다. 또한 이 구절에서는 기름과 내장에 대한 언급은 없다.

28 지켜라 그리고 너는 들어야 한다,[1] 내가 너에게 명령하는[2] 이 모든 말씀들을,[3]
이것이 너에게와 너의 후에[4] 너의 아들들에게 영원히 잘 되기 위하여,
왜냐하면 네가 너의 하나님 아도나이의 눈에 선과 옳은 것을[5] 행하기 때문이다.

본문 비교

1) 70인경은 "너는 들어야 한다"를 명령형 "들으라"로 이해한다(탈굼 네오피티와 탈굼 프쉬도 요나단 역시 명령형). 더 나아가 "들으라" 후에 "그리고 너는 행할 것이다"(καὶ ποιήσεις)라는 동사를 첨가한다. 사마리아 오경도 "그리고 너는 행할 것이다"를 첨가한다.
2) 한 히브리어 사본, 사마리아 오경, 70인경의 일부 사본들과 시리아 역은 여기에 "오늘"을 첨가한다.
3) 70인경은 "모든 말씀들"이다. 오리겐의 헥사플라Hexapla는 별표로 "이것들"을 첨가한다.
4) 70인경은 "너의 후에"를 생략한다. 오리겐의 헥사플라Hexapla는

별표로 "너의 후에"(μετὰ σε)를 첨가한다.

5) 사마리아 오경은 단어의 순서가 바뀌었다. 70인경은 "옳은 것"(ישר)를 '유쾌한 것,' '만족한 것,' '즐거운 것'(ἀρεστὸν)으로 번역한다. 아퀼라는 히브리어를 문자적으로 εὐθές로 번역한다.

"지켜라"는 명령형으로 '주의하라,' '준수하라'의 뜻이다. 명령형 다음에 동사 "너는 들어야 한다"는 칼 와우 연속법 완료형이기 때문에 '들으라'로도 번역할 수 있다. 70인경은 두 동사가 다 명령형으로 나온다. 70인경을 따라 명령형으로 번역하는 현대 역본들이 있다(LUV, SVV, ASV, JPS, KJV, NAB, NKJ, EIN, ELO, LUO, LUT, SCH).

"내가 너에게 명령하는 이 모든 말씀들을"은 모세가 이스라엘에게 명령하는 말씀들이다. 이스라엘이 지키며 들어야 할 것은 모세가 이스라엘에게 교훈하는 말씀들이다.

"이것이 너에게와 너의 후에 너의 아들들에게 영원히 잘 되기 위하여"는 "영원히"만 빼고 25절의 구문과 똑같다(25절 참고). 이스라엘이 모세의 명령을 지키는 목적을 말한다. 가나안 땅에 들어간 이스라엘과 후손들이 번성하고 복을 받기 위해서 모세가 이스라엘에게 명령하는 교훈들을 지켜야 한다.

"왜냐하면 네가 너의 하나님 아도나이의 눈에 선과 옳은 것을 행하기 때문이다." 이 문장 역시 "선과"와 "너의 하나님"만 빼면 25절과 똑같다(25절 참고). "왜냐하면~ 때문이다"(כי)는 '~면' 또는 '~때'로도 번역할 수 있다. 70인경은 '만일~면'으로 번역했다. 개역 개정도 "네 하나님 여호와의 목전에 선과 의를 행하면"으로 번역했다. 여기서 "의"는 오역이다. "아도나이의 눈에 선과 옳은 것"은 이스라엘이 모세를 통해 주어지는 하나님의 교훈을 잘 듣고 지키는 것이다. 문맥에서 이 교훈은 일반고기를 먹을 때와 희생 제물을 드릴 때에 관한 말씀을 의미한다(20-27절).

6. 가나안 민족의 신을 섬기지 말라(12:29-32)

이 구절들은 중앙 성소와 다른 주제를 말한다. 이스라엘이 가나안 땅에 들어가서 살 때, 그들은 가나안 민족들이 어떻게 그들의 신들을 섬겼는지에 관심을 두지 말아야 한다. 하나님께서 가나안 민족들의 제의를 혐오하시기 때문이다. 이 단락은 12장 보다는 13장에 더 어울린다.

번역

29 아도나이 너의 하나님이 자르실 때,
네가 그들을 점령하기 위하여 거기로 들어가는 그 민족들을 너 앞에서,
네가 그들을 점령하고 그들의 땅 안에 거주할 것이다.
30 너 자신을 조심하라, 네가 밀어 넣어지지 않도록, 그들을 따라,
너 앞에서 그들이 멸망되어진 후에,
그리고 네가 그들의 신들을 추구하지 않도록,
말하기를 어떻게 이 민족들이 그들의 신들을 섬겼는가?
그리고 내가 그와 같이 행할 것이다, 나 역시.
31 너는 너의 하나님 아도나이에게 그와 같이 행해서는 안 된다,
그들은 그가 싫어하는 아도나이의 혐오스러운 모든 것을 그들의 신들을 위해 행했기 때문이다,
심지어 그들은 그들의 아들들과 그들의 딸들을 그들의 신들을 위해 불로 살랐기 때문이다.
32 내가 너희에게 명령하는 그 모든 말을,
그것을 너희는 행하기 위해 지켜야 한다,
너는 그것에 더해서는 안 된다 그리고 너는 그것에서 빼서도 안 된다.

주해

29 아도나이 너의 하나님이 자르실 때,

네가 그들을[1] 점령하기 위하여 거기로 들어가는 그 민족들을 너 앞에서, 네가 그들을 점령하고 그들의 땅 안에 거주할 것이다.

본문 비교

1) 70인경은 "그들의 땅을"이다.

29절은 문장 서두의 접속사 '키'(כִּי) '~때'로 인도함을 받는 조건절이다. 하나님께서 그 민족들을 자르실 때, 이스라엘이 그들을 점령하고 그 땅에서 거주할 것이다. 동사 "거주할 것이다"도 접속사 '키'에 걸린다. 따라서 '거주할 때'로 해석할 수 있다. "아도나이 너의 하나님이 네가 그들을 점령하기 위하여 거기로 들어가는 그 민족들을 너 앞에서 자르시고, 네가 그들을 점령하고 그들의 땅 안에 거주할 때"이다. 개역 개정은 "거기에 거주하게 하실 때에"로 번역한다. NIB와 NIV는 '~때'when를 문장 전반부에 붙이지 않고 후반부에 붙였다. "The LORD your God will cut off before you the nations you are about to invade and dispossess. But when you have driven them out and settled in their land."

"자르실 때"에서 '자르다'(כרת)는 언약을 자르다 할 때에도 사용하는 동사이다. 이 문맥에서는 '멸망시키다'의 의미를 갖고 있다. 이 동사는 히필형(사역 능동)으로 하나님이 행하실 일을 잘 보여준다. 하나님이 가나안 땅에 있는 "그 민족들"을 멸망시킬 것이다.

"네가 그들을 점령하기 위하여"는 이스라엘이 가나안 땅에 들어가는 목적을 잘 보여준다. 하나님이 그 민족들을 멸망시키시며 이스라엘은 가나안 땅을 점령하기 위하여 그곳에 들어간다. 분명히 이스라엘은 약속의 땅에 들어가 전쟁을 하며 점령할 것이다. 그렇지만 하나님이 그 민족들 자르시는 것이다. 하나님이 가나안 정복 전쟁에 주도적인 역할을 하신다. 그때 이스라엘은 가나안 민족들을 점령하며 그 땅에 거주할 수 있다. 하나님의 행동의 결과로 이스라엘이 그 땅을 차지할 수 있다.

30 너 자신을 조심하라, 네가 밀어 넣어지지[1)] 않도록,[2)] 그들을 따라,
너 앞에서 그들이 멸망되어진 후에,
그리고 네가 그들의 신들을[4)] 추구하지 않도록,[3)]
말하기를 어떻게 이 민족들이 그들의 신들을[4)] 섬겼는가?
그리고 내가 그와 같이[5)] 행할 것이다, 나 역시.

본문 비교

1) BHS의 본문 비평 장치는 히브리어 동사 나카쉬(נקשׁ)의 뜻이 명확하지 않기 때문에 7:25을 따라 아마도 동사 "올가미에 걸리다"(יקשׁ)일 것이라고 추측한다.
2) 70인경은 히브리어의 '~않도록'(פן)을 '~아니다'(μὴ)로 그리고 "밀어 넣어지지"를 '추구하다'로 번역하여 "너는 그들을 따르는 것을 추구해서는 안 된다"(μὴ ἐκζητήσῃς ἐπακολουθῆσαι αὐτοῖς)로 번역한다.
3) 70인경은 히브리어의 "네가 그들의 신들을 추구하지 않도록"을 직접 금지인 "너는 그들의 신들을 결코 추구해서는 안 된다"(οὐ μὴ ἐκζητήσῃς τοὺς θεοὺς αὐτῶν)로 번역한다. 오리겐의 헥사플라 Hexapla는 μὴ 뒤에 ποτε를 넣어준다.
4) 탈굼 역들은 "신들"을 "우상들"로 이해한다.
5) 70인경은 "그와 같이"를 생략한다. 오리겐의 헥사플라는 별표로 οὕτως를 넣어준다.

29절의 조건절과 관련이 있다. 하나님이 그 민족들을 멸망시키시고 이스라엘이 가나안 땅에 들어가서 거수할 때, 이스라엘은 조심해야 한다. "너 자신을 조심하라"는 '너 자신을 주의하라'이다(19절 참고). 히

브리어 문장은 “조심하라 너 자신을 ~하지 않도록”이다. “너는 조심하라”는 니팔 명령형이다. 개역은 “너는 스스로 삼가”로 번역했다.

“네가 밀어 넣어지지 않도록”에서 동사 ‘네가 밀어 넣어지다’(תִּנָּקֵשׁ)는 니팔(수동) 미완료이다. 동사 나카쉬(נָקַשׁ)의 뜻이 명확하지 않다. 그래서 7:25의 “올가미에 걸리다”(יָקֹשׁ), ‘미끼에 의해 잡히다’로 수정하려고 한다(참고. 본문 비교 1). 이렇게 수정해서 번역하는 현대 역본들이 많다(ASV, JPS, KJV, NAS, NIB, NIV, NKV, NRS, YLT). 개역 역시 “올무에 걸리지 말라”로 번역했다.

하지만 이 구절에서는 수동의 의미로 ‘강제로 밀어 넣어지는 것’을 뜻한다. 문맥에 따르면 이스라엘이 가나안 땅에 살 때 조심해야 한다. 이스라엘이 가나안 민족들이 멸망당했던 상태로 밀어 넣어지지 않도록 주의해야 한다. 즉 가나안 민족들이 멸망당했던 상태, 우상 숭배에 빠지지 않도록 조심하라는 뜻이다.

“그들을 따라”는 ‘그들을 본받아’를 의미한다. 개역은 “그들의 자취를 밟아”로 의역했다. 가나안 민족은 하나님이 혐오하시는 우상 숭배로 인하여 망했다. 이스라엘은 그들을 본받아 망하지 말라는 것이다. 가나안 민족의 우상 숭배를 따라가지 말라는 의미이다.

다시 ‘~ 하지 않도록’이 나오고 있다. “그리고 네가 그들의 신들을 추구하지 않도록”은 이스라엘이 가나안 민족들의 신들을 찾고 따르지 말 것을 의미한다. 이스라엘이 ‘추구하는 것’은 연구하는 것을 포함한다(개역 개정 “탐구하여”). 이스라엘이 가나안 민족들을 연구하여 “어떻게 이 민족들이 그들의 신들을 섬겼는가?” 하고 질문을 던지지 말아야 한다. 이스라엘은 가나안 민족의 신들에 대한 관심 자체를 갖지 말아야 한다.

“어떻게”는 ‘어떤 방법으로’를 말한다. 가나안 민족들이 신들을 섬긴 방법을 연구하여 배우지 말아야 한다. ‘추구하는 것’은 또한 이스라엘이 구체적으로 그 신들을 섬기지 말 것까지를 말한다. 이스라엘이 그들의 신들을 연구하여 "그리고 내가 그와 같이 행할 것이다, 나 역시" 하고 말하지 않도록 조심해야 한다.

31 너는 너의 하나님 아도나이에게[1] 그와 같이 행해서는 안 된다,
그들은 그가 싫어하는[2] 아도나이의[1] 혐오스러운 모든 것을[3] 그들의 신들을[5]
위해 행했기 때문이다,
심지어[4] 그들은 그들의 아들들과 그들의 딸들을 그들의 신들을[5] 위해 불로
살랐기 때문이다.

본문 비교

1) 탈굼 옹켈로스, 탈굼 네오피티, 탈굼 프쉬도 요나단은 "아도나이 앞에"(קדם יי)로 해석한다.
2) 탈굼 네오피티는 "그가 싫어하는 ~것"을 "그가 싫어하고 몹시 증오하는 것"(די סני ורחיק)으로 덧붙여 해석한다.
3) 70인경은 "모든 것"(כל)을 생략한다.
4) 70인경은 "심지어"(גם)를 생략한다.
5) 아람어 탈굼 역들은 "우상들"이다.

이스라엘이 아도나이께 해서는 안 되는 행동을 설명한다. "그와 같이"는 이방 민족들이 그들의 신들을 섬겼던 방법을 말한다. 이스라엘은 가나안 민족들이 그들의 신들을 섬겼던 방법을 본받지 말라는 것이다.

이스라엘이 "그와 같이 행해서는" 안 되는 이유를 두 개의 접속사 '키'(כי) "~때문이다"가 설명하고 있다. "그들은"은 이스라엘이 점령해야 할 가나안 민족들을 의미한다. 아도나이는 가나안 민족의 종교를 싫어하시며 혐오하신다.

"아도나이의 혐오스러운"은 아도나이께서 싫어하는 것, 증오하는 것을 말한다(7:25의 주석을 참고하라). 지긋지긋하게 싫어하는 행위와 행

동이다. 이스라엘이 연구하여 본받지 말아야 할 구체적인 이방 민족의 우상 숭배를 말한다. 아들과 딸을 불로 태워 그들의 신들에게 드리는 행위(왕하 16:3; 17:17, 31) 즉, 인신 제사를 말한다(신 18:9-12 참고).

32 내가 너희에게[1] 명령하는[2] 그 모든 말을,
그것을 너희는[3] 행하기 위해 지켜야 한다,
너는[4] 그것에 더해서는 안 된다 그리고 너는[4] 그것에서 빼서도 안 된다.

본문 비교

1) 쿰란 사본(11QT[a]), 70인경, 사마리아 오경, 시리아 역, 벌게이트는 단수 "너에게"이다.
2) 쿰란 사본(11QT[a]), 70인경과 사마리아 오경은 여기에 "오늘"을 덧붙인다.
3) 쿰란 사본(11QT[a]), 70인경, 시리아 역, 벌게이트는 단수 "너"이다.
4) 한 히브리어 사본, 사마리아 오경, 탈굼 옹켈로스, 네오피티 그리고 프쉬도 요나단은 복수 "너희"이다.

개역 개정은 이 절을 12:32로 계산하는데 반하여 히브리어 마소라 사본은 13:1로 간주한다. "내가 너희에게 명령하는 그 모든 말을"은 모세가 이스라엘에게 명령하는 모든 말씀이다. "그 모든 말"에는 여호와께서 싫어하시는 이방 제의를 본받지 않는 것을 포함한다.

"그것을"은 모세가 이스라엘에게 명령하는 "그 모든 말을" 의미한다. 모세의 말은 지켜져야 할 명령이다. 어떤 추상적인 이론과 철학이 아니다. 이스라엘이 가나안 땅에 들어가서 삶속에서 지켜야 할 실천적인 것이다. 모세가 이스라엘에게 말하는 아도나이의 명령은 행동할 것을 촉구하고 있다.

"행하기 위해"(לַעֲשׂוֹת)는 '하다'(עשׂה)의 칼 부정사 연계형으로 '행하

도록,' '하기 위하여,' '준행하도록'의 뜻을 갖는다. 모세의 말은 이스라엘이 행하도록 주어진 것이다. 지켜져야 할 말씀이다. "지켜야 한다"는 '주의해야 한다'로 말씀을 지켜야 할 당위성을 말한다.

모세가 이스라엘에게 교훈한 말에 정경성이 부여된다. "너는 그것에 더해서는 안 된다 그리고 너는 그것에서 빼서도 안 된다." 모세가 말한 모든 말에 어떤 것도 덧붙여서도 안 되며 빼서도 안 된다. 모세의 교훈은 정경성과 함께 규범성이 부여되고 있다(4:2의 주해를 참고하시오).

참고 문헌

Block, I. D., "The Joy of Worship: The Mosaic Invitation to the Presence of God"(Deut. 12:1-14), *BS* 162 (2005), 131-149.

Braulik, G., "Die Abfolge der Gesetze in Deuteronomium 12-26 und der Dekalog," in *Das Deuteronomium*, Leuven, 1985, 252-272.

-----------, "Were women, too, allowed to offer sacrifices in Israel? Observations on the meaning and festive form of sacrifice in Deuteronomy," *HTS* 55 (1999), 909-942.

-----------, "Von der Lust Israels vor seinem Gott: Warum Kirche aus dem Fest lebt," in *Den Himmel Offen Halten. Ein Plädoyer für Kirchenentwicklung in Europa*," Vienna," 2000, 92-112.

Christensen, D. L., "The Numeruswechsel in Deuteronomy 12," in *A Song of Power and the Power of Song*, Indiana, 1993, 394-402.

Clements, R. E., "The Deuteronomic Law of Centralization and the Catastrophe of 587 B.C.E," in *After the Exile*, Georgia, 1996, 5-25.

-----------, "Deuteronomy and the Jerusalem Cult Tradition," *VT* 15 (1965), 300-312.

Dumermuth, F. "Zur deuteronomischen Kulttheologie und ihren Voraussetzungen," *ZAW* 70 (1958), 59-98.

Giercke, A., "Zwischen Verheißung und Realität. Inkrafttreten und Einschränkung der Kultgesetzgebung in Dtn 12," *PzB* 14 (2005), 141-148.

Halpern, B., "The Centralization Formula in Deuteronomy," *VT* 31 (1981), 20-38.

Hagedorn, A. C., "Placing (A) God: Central Place Theory in Deuteronomy 12 and at Delphi," in *Temple and Worship in Biblical Israel*, London, 2005, 188-211.

Houston, W. J., "rejoicing before the Lord: the Function of the Festal Gathering in Deuteronomy," in *Feasts and Festivals*, Oxford, 2008, 1-13.

Hundley, M., "To Be or Not To Be: A Reexamination of Name Language in Deuteronomy and the Deuteronomic History," *VT* 59 (2009), 533-555.

Levinson, B. M., "The First Constitution: Rethinking the Origins of the Law and Separation of Power in Light of Deuteronomy," *Cardozo Law Review* 27 (2006), 1853-1888.

Lohfink, N., "Zur deuteronomischen Zentralisationsformel," *Bib* 65 (1984), 297-329.

-----------, "Die *huqqim umispatim* im Buch Deuteronomium und ihre Neubegrenzung durch Dtn 12,1," in *Studien zum Deuteronomium und zur deuteronomistischen Literatur* II, Stuttgart, 1991, 229-256.

-----------, "Dtn 12,1 und Gen 15,18: Das dem Samen Abrahams geschenkte Land als der Geltungsbereich der deuteronomischen Gesetze," in *Studien zum Deuteronomium und zur deuteronomistischen Literatur* II, Stuttgart, 1991, 257-285.

-----------, "Zum rabbinischen Verstaendnis von Dtn 12,1," in *Studien zum Deuteronomium und zur deuteronomistischen Literatur* II, Stuttgart, 1991, 287-292.

McConville, J. G., "Singular Address in the Deuteronomic Law and the Politics of Legal Administration," *JSOT* 97 (2002), 19-36.

Milgrom, J. "The Alleged Demythologization and Secularization in Deuteronomy," *IEJ* 23 (1973), 157.

Morrow, W., "To Set the Name in the Deuteronomic Centralization Formular: A Case of Cultural Hybridity," *JSS* 55 (2010), 365-383.

Nicholson, E., "The Centralization of the Cult in Deuteronomy," *VT* 13 (1963), 380-389.

Oestreicher, Th., "Dtn 12 13f im Licht von Dtn 23 16f," *ZAW* 43 (1925), 246-249.

Otto, E. "Vom Bundesbuch zum Deuteronomium," in *Biblische Theologie und gesellschaftlicher Wandel*, Freiburg, 1993, 260-265.

Pakalla, J., "The Date of the Oldest Edition of Deuteronomy," *ZAW* 121 (2009), 388-401.

Perlitt, L. "Der Staatsgedanke im Deuteronomium," in *Language Theology and the Bible*, Oxford, 1994, 182-198.

Reventlow, H. G., "Gebotskern und Entfaltungsstufen in Deuteronomium 12," in *Gottes Wort und Gottes Land*, Göttingen, 1965, 174-185.

Rüterswörden, U., "Die Dekalog-struktur des Deuteronomium. Fragen an einer alten Annahme," in *Die Zehn Worte. Die Dekalog als Testfall der Pentateuchkritik*, Freiburg, 2005, 109-121.

-----------, "Deuteronomium 12,20-28 und Leviticus 17," in "*Gerechtigkeit und Recht zu üben" (Gen 18,19): Studien zur altorientalischen und biblischen Rechtsgeschichte, zur Religionsgeschichte Israels und zur Religionssoziologie*, Wiesbaen, 2010, 217-226.

Schunck, K. D., "Zentralheiligtum, Grenzheiligtum und 'Höhenheiligtum' in Israel," *Numen* 18 (1971), 132-140.

Voigt, P. T., "Centralization and Decentralization in Deuteronomy," *Interpreting Deuteronomy*, Downers Grove, 2012, 118-138.

Weinfeld, M., "Cult Centralization in Israel in the Light of A Neo-Babylonian Analogy," *JNES* 23 (1964), 202-212.

-----------, "On Demythologization and Secularization in Deuteronomy," *IEJ* 23 (1973), 230-35.

Weippert, H., "Der Ort, den Jahwe erwaehlen wird, um dort seinen Namen wohnen zu lassen. Die Geschichte einer alttestamentlichen Formel," *BZ* 24 (1980), 76-94.

DEUTERO
NOMY

신명기 13장

A New Translation with
Introduction
and Commentary

DEUTERONOMY

DEUTERONOMY

신명기 13장

Deuteronomy 13

내용/구조

이 장은 다른 신을 섬기지 말라는 내용을 담고 있다. "다른 신"이라는 표현이 2, 6, 13절에 나타난다. 먼저 이스라엘 중에 선지자나 꿈꾸는 자가 일어나서 이스라엘에게 다른 신을 섬기자고 유혹하는 일이 발생하면 이스라엘은 그들을 죽여야 한다(13:1-5). 또한 형제자매나 아내 또는 친구가 다른 신을 쫓아가서 섬기자고 유혹해도 그들을 불쌍히 여기지 말고 죽여야 한다. 비록 그들이 집안 식구일지라도 이스라엘을 이집트에서 구원해내신 아도나이를 배교하게 했기 때문에 제거해야 한다(13:6-11). 더 나아가 이스라엘 지파들 가운데 한 성 전체가 아도나이를 떠나 다른 신을 섬기면 그 성을 철저하게 조사한 후에 그 일이 사실로 판명되면 그 성을 진멸해야 한다. 그 성은 진멸의 대상이다(13:12-18).

1. 다른 신을 섬기자는 선지자나 꿈꾸는 자를 죽일 것(13:1-5)
2. 다른 신을 섬기자는 집안 식구들을 죽일 것(13:6-11)
3. 다른 신을 섬기는 성을 진멸할 것(13:12-18)

13장은 세 부분으로 나눠진다. 다른 신을 섬기자고 유혹하는 자들은 선지자나 꿈꾸는 자, 집안 식구들이나 가까운 친구 또는 한 성의 불량배들이다. 이들은 하나같이 죽여야 한다. 불쌍히 여기거나 살려두어서는 안 되는 자들이다.

이스라엘은 하나님이 선택하신 하나님의 백성이다. 이스라엘은 아도나이만을 섬길 것을 약속하였다. 하나님과 언약을 맺은 언약의 파트너이다. 따라서 이들이 아도나이를 떠나 다른 신을 섬기는 것은 언약을 파기하는 것이다. 언약을 파기하면 언약의 저주를 따라 죽임을 당한다. 다른 신을 섬긴 자는 비록 언약의 백성이지만 언약을 어겼기 때문에 진멸의 대상이다. 진멸(헤렘)은 이스라엘이 가나안 땅을 정복할 때 사용하는 전쟁방식이다. 가나안 땅에 거주하는 민족들은 여자나 어린아이들 하나도 남김이 없이 진멸해야 한다(참고. 2:26-37; 7:1-5; 20:16-18). 이스라엘 백성 가운데 언약을 어기는 자들은 비록 그들이 인종적으로 이스라엘 백성이지만, 가나안 족속과 같은 헤렘의 대상으로 간주하는 것이다.

1. 다른 신을 섬기자는 선지자나 꿈꾸는 자를 죽일 것(13:1-5)

이스라엘 가운데 백성을 아도나이 신앙에서 떠나게 하려는 자들이 나타난다. 이적과 기사를 행하는 선지자와 꿈꾸는 자이다. 이들의 말이 이루어지는 놀라운 역사가 일어난다. 이들은 이스라엘을 유혹하여 이집트에서 이스라엘을 구원하신 아도나이 신앙에서 떠나게 하려고 한다. 이때 이스라엘은 유혹자들을 죽여야 한다. 왜냐하면 유혹자들이 이스라엘을 아도나이 신앙에서 배교를 하도록 시도했기 때문이다.

번역

1 만일 한 선지자나 꿈을 꾸는 자가 네 가운데서 일어나고
너에게 징조나 기적을 주며,
2 그가 너에게 말한 징조나 기적이 일어나며, 말하기를,
네가 알지 못하는 다른 신들을 따라 우리가 쫓아가자 그리고 그것들을 섬기자 하면,
3 너는 그 선지자의 말에 또는 그 꿈을 꾸는 자에게 귀를 기울이지 말아야 한다,
왜냐하면 아도나이 너희의 하나님이 너희를 시험하시기 때문이다,
너희가 아도나이 너희의 하나님을 사랑하고 있는지 알기 위하여,
너희의 온 마음으로 그리고 너희의 온 영혼으로.
4 너희의 하나님 아도나이를 따라 너희는 걸어야 하며 그를 두려워해야 한다,
그리고 너희는 그의 명령들을 지켜야 하며 그의 음성을 들어야 한다,
그리고 너희는 그를 섬겨야 하며 그에게 붙어 있어야 한다.
5 그리고 그 선지자나 그 꿈꾸는 자는 죽여야 한다,
왜냐하면 그가 너희의 하나님 아도나이에 대하여 배교를 말했기 때문이다,
너희를 이집트의 땅에서 데려온 자 그리고 종들의 집에서 너를 구속한 자,
너의 하나님 아도나이께서 그 안에서 걷도록 너에게 명령한 길로부터 너를 밀어내기 위하여,
그리고 너는 그 악을 너 가운데로부터 제거해야 한다.

주해

1 만일 한 선지자나[1)] 꿈을 꾸는 자가 네 가운데서 일어나고
너에게 징조나 기적을 주며,

본문 비교

1) 탈굼 네오피티와 탈굼 프쉬도 요나단은 "거짓 선지자"로 해석한다.

개역 개정은 이 절을 13:1로 간주하지만 히브리어 마소라 사본은 13:2로 계산한다. 1-2절은 조건절이며 3-4절이 귀결절이다. "만일~면"(כי)은 한 상황을 가정하고 있다. 접속사 '키'(כי)는 '~때'로 번역할 수도 있다.

"한 선지자"는 '어떤 선지자'의 의미로 신의 계시를 전달하는 자이다(참고. 신 18:15-22). "선지자"(נביא)는 '말하는 자'로서 다른 사람을 위하여 대언 하는 자이다. 성경에서 선지자는 하나님의 '대변인'(spokesman, mouthpiece)이다. 모세와 아론과의 관계(출 4:10-16)에서 선지자가 어떤 일을 하는지 쉽게 알 수 있다. 모세는 이스라엘을 구원하라는 하나님의 소명을 받는다. 그때 그는 말을 못한다고 하면서 그 사명을 거절한다. 그러자 하나님은 그에게 "내가 네 입과 함께 있어서 할 말을 가르치리라"(12절)고 하신다. 다시 모세가 하나님의 사명을 거절하자 하나님은 아론을 모세와 같이 보내실 것을 말씀하신다. "내가 너를 바로에게 신같이 되게 하였은즉 네 형 아론은 네 대언자(נביאך)가 되리니"(출 7:1). "네 대언자"는 '너의 선지자'이다. 아론은 모세의 입이 되어 모세가 하나님께 받아 말한 것을 전하는 자이다. 즉 아론은 모세의 대변인이었다. 이것이 선지자의 일이다. 신명기 13:1에서 선지자는 하나님을 위한 대변인이 아니라 다른 신을 위한 대변인이다.

"꿈을 꾸는 자." 꿈은 신의 계시를 전달하는 매개이다. 요셉과 다니엘은 꿈을 꾸며 그 꿈을 해석하는데 능한 사람들이었다. 요셉과 다니엘은 다른 사람의 꿈을 해석해 주는데도 탁월한 지혜를 소유한 사람들이었다. 이들은 꿈을 통하여 하나님의 계시를 받은 자들이었다. 하지만 여기서 "꿈을 꾸는 자"는 하나님의 계시를 전달하는 꿈을 꾸는 사람이 아니다.

"네 가운데서"는 이스라엘 중에서를 의미한다. 이스라엘 백성가운데서 선지자나 꿈꾸는 자가 일어날 것을 가정하고 있다.

"징조나 기적"은 하나님이 이스라엘을 위하여 행하시는 것이 아니라 거짓 선지자가 이스라엘을 유혹하기 위하여 행하는 것이다.

2 그가 너에게 말한 징조나 기적이 일어나며, 말하기를,
네가 알지 못하는 다른 신들을[1] 따라[2] 우리가 쫓아가자 그리고 그것들을 섬기자[3] 하면,

본문 비교

1) 탈굼 옹켈로스와 탈굼 프쉬도 요나단은 "그 민족들의 우상들"이며 탈굼 네오피티는 "다른 우상들"이다.
2) 70인경은 "따라"(אחרי)를 번역하지 않는다. 오리겐의 헥사플라 Hexapla는 별표로 ἀκολουθήσωμεν을 넣어준다.
3) 쿰란 사본(11QT[a])는 "그것을 섬기자"이다.

2절은 1절과 연결되어 있는 조건절이다. 그래서 "~섬기자 하면" 하고 번역해 주었다. "그가 너에게 말한 징조나 기적이 일어나며"는 문맥상 '그가 너에게 말한 징조나 기적이 일어날지라도'라는 의미이다. "일어나며"는 선지자가 이스라엘에게 말한 것이 발생하는 것을 말한다. 선지자의 말이 실제로 이루어져서 징조와 기적이 행해지는 것이다. 모세는 참 선지자와 거짓 선지자를 구분할 수 있는 지침을 주었다. 참 선지자와 거짓 선지자의 기준은 선지자가 말한 것이 이루어지느냐 이루어지지 않느냐 하는 것이다(신 18:22). 그런데 거짓 선지자의 말도 성취될 수 있다는 사실을 여기서 알 수 있다. 거짓 선지자의 말이 이루어진다 하더라도 섬기는 대상이 누구이냐를 잘 봐야 한다. 여기서 선지자나 꿈꾸는 자는 아도나이가 아닌 "다른 신"을 섬김의 대상으로 제시한다.

"네가 알지 못하는 다른 신들"은 '네가 경험하지 못한 다른 신'을 의미한다(TNK). 이스라엘이 전혀 알지 못하는 신이다. "다른 신들"은 이스라엘 주위의 다른 민족들이 섬기는 이방 신들을 뜻한다(6:14). 즉 이

스라엘이 알지 못하는 외국 신들이다.

"우리가 쫓아가자 그리고 그것들을 섬기자"는 권고법cohortative이다. 선지자나 꿈꾸는 자가 이스라엘 백성을 권고하는 것이다. 즉 유혹하는 말이다. "그것들을 섬기자"의 주어 역시 "우리"이다.

3 너는[1] 그 선지자의[2] 말에 또는 그 꿈을 꾸는 자에게[3] 귀를 기울이지 말아야 한다,
왜냐하면 아도나이 너희의[4] 하나님이 너희를 시험하시기 때문이다,
너희가 아도나이 너희의 하나님을 사랑하고 있는지[5] 알기 위하여,
너희의 온 마음으로 그리고 너희의 온 영혼으로.

본문 비교

1) 쿰란 사본(1QDeut[a]), 70인경, 탈굼 네오피티와 탈굼 프쉬도 요나단은 2인칭 복수이다.
2) 탈굼 프쉬도 요나단과 네오피티는 "거짓 선지자"로 해석한다.
3) 마소라 사본은 חולם인데 반하여 사마리아 오경은 החלם로 읽는다.
4) 70인경은 "너희의"를 생략한다.
5) 히브리어 "너희가 사랑하고 있는지"(הישכם אהבים)를 70인경은 εἰ ἀγαπᾶτε로 단순하게 번역한다. 오리겐의 헥사플라Hexapla는 히브리어 본문과 같게 하기 위하여 ὑμεῖς를 넣어준다.

3-4절은 귀결절이다. "너는 귀를 기울이지 말아야 한다"는 '듣지 말라' 또는 '순종하지 말라'는 의미이다(개역 개정은 "청종하지 말라"이다). 귀를 기울여 듣는 것은 그들의 말에 주의를 기울이며 순종할 준비가 되어 있는 상태이다. 가나안 민족들의 신을 쫓아가 섬길 마음을 갖지 말라는 것이다(2절).

"그 선지자의 말"은 2절에서 말한 것과 같이 다른 신들을 따라 섬기자는 것이다. 이스라엘의 하나님 아도나이를 배반하게 하는 말이다. 시내 산에서 하나님과 맺은 언약을 어기게 하는 말이며 십계명의 1계명을 어기게 하는 말이다.

꿈은 신적 계시의 한 수단이다. 하나님께서도 선지자에게 꿈을 통하여 자신의 뜻을 밝히신다(민 12:6-7). 하지만 여기서 꿈은 거짓 계시의 수단이다. 다른 신을 섬기도록 백성을 미혹하기 때문이다(참고. 렘 23:25, 28).

"왜냐하면"은 백성들이 거짓 선지자와 꿈을 꾸는 자의 말에 귀를 기울이지 말아야 할 이유를 설명한다. "하나님이 너희를 시험하시기 때문이다." 하나님께서 거짓 선지자와 꿈꾸는 자의 말이 성취되게 허락하시는 이유이다. 백성들을 시험하시기 위해서이다. 이 땅에 왜 이렇게 많은 이단과 거짓 목자들이 존재하는 이유를 설명해 주고 있다.

하나님의 시험의 목적은 부정사구 "너희가 아도나이 너희의 하나님을 사랑하고 있는지 알기 위하여"가 설명해 준다. 하나님을 사랑하는 것은 다른 신을 섬기지 않는 것을 포함한다. 하나님께 충성을 다하는 것이다. 이스라엘은 시내 산에서 아도나이만을 섬길 것을 약속했다. 아도나이께 충성과 순종을 다하기로 서약을 맺은 것이다. 하나님을 사랑하는 구체적인 방법은 언약의 법에 충성하는 것이다.

아도나이를 사랑하는 방법은 "너희의 온 마음으로 그리고 너희의 온 영혼으로" 섬기는 것이다. "영혼"은 살아 있는 존재 또는 인격(person)을 의미한다(더 자세한 내용은 6:5 참고).

4 너희의 하나님 아도나이를 따라 너희는 걸어야 하며[1] 그를 두려워해야 한다,[2]
그리고 너희는 그의 명령들을 지켜야 하며[3] 그의 음성을 들어야 한다,
그리고 너희는 그를 섬겨야 하며[4] 그에게 붙어 있어야 한다.

본문 비교

1) 히브리어는 תלכו 칼 미완료인데 반하여 70인경은 πορεύεσθε 명령형이다.
2) "너희는 걸어야 하며 그를 두려워해야 한다"의 마소라 사본은 תלכו ואתו תיראו인데 사마리아 오경은 תלכון ואתו תיראון이며 쿰란(1QDeut[a])은 תלכון ואותו תעב이다.
3) 마소라 사본의 복수 "너희는 지켜야 하며"(תשמרו)를 쿰란은 תשמר 단수로 읽는다.
4) 70인경은 "너희는 그를 섬겨야 한다"를 생략한다. 오리겐의 헥사플라Hexapla는 καὶ αὐτῷ λατρεύσετε를 넣어준다.

계속 동사가 연이어 나오는 것이 인상적이다. 문자적으로 번역해 보면 '너희의 하나님 아도나이를 따라 너희는 걸어야 한다, 그리고 너희는 그를 두려워해야 한다, 그리고 너희는 그의 명령들을 지켜야 한다, 그리고 너희는 그의 음성을 들어야 한다, 그리고 너희는 그를 섬겨야 한다, 그리고 너희는 그에게 붙어 있어야 한다.'이다.

거짓 선지자는 "다른 신들을 따라 우리가 쫓아가자"고 백성을 유혹한다. 그러나 이스라엘은 그들의 유혹을 버리고 "너희의 하나님 아도나이를 따라 너희는 걸어야 한다." "다른 신들을 따라"(2절)와 "너희의 하나님 아도나이를 따라"가 대조를 이룬다. "쫓아가자"(2절)와 "너희는 걸어야 한다"는 '걷다'(הלך)로 같은 단어이다. 이스라엘은 누구를 따라 걸어가야 할 것인가? 다른 신인가 아니면 아도나이인가 하는 것이다.

이스라엘은 하나님의 백성으로 "아도나이를 따라" 순종의 길을 걸어야 한다. 그것도 영구적으로 걸어야 할 길이다. 인생의 삶을 걸어가야 할 길로 비유하고 있다. 그들이 걸어야 할 길은 다른 신이 아니라 아도나이의 길이다. 아도나이가 기준이다. 아도나이를 따라 걷는 것은 그의 명령을 지키는 것이며 그의 목소리를 듣는 것이다.

"그를 두려워해야 한다"는 '그를 경외해야 한다'이다. 아도나이를 두려워하는 감정은 신앙의 근본적인 것이다. 아도나이를 두려워해야 그의 명령을 지키며 그의 음성에 순종할 수 있다. 예수님은 사람을 두려워할 것이 아니라 하나님을 두려워하라고 말씀하신다. 하나님은 사람이 죽은 후에도 지옥에 던져 넣을 수 있기 때문이다(눅 12:4-5).

"명령들"은 '계명들'을 의미한다. 이스라엘이 모세에게 들었던 하나님의 명령들이다. 이는 언약의 법을 의미한다.

"그의 음성을 들어야 한다"는 이스라엘이 시내 산에서 직접 들었던 아도나이의 음성을 의미하지는 않는다. 모세를 통하여 주어졌던 언약의 법의 말씀들을 듣는 것이다.

"너희는 그를 섬겨야 하며"는 거짓 선지자와 꿈꾸는 자가 '다른 신을 섬기자'(2절)하고 유혹했던 것과 대조를 이룬다.

"그에게 붙어 있어야 한다"(참고. 신 4:4)는 '꽉 붙잡고 있어야 한다,' '가까이 있어야 한다,' '들러붙다'의 뜻이다. 개역 성경은 "그를 의지하며"로 모호하게 번역한다. 아도나이께 붙어 있는 것이 생명을 얻는 것이다(신 4:4).

5 그리고 그 선지자나[1] 그 꿈꾸는 자는 죽여야 한다,
왜냐하면 그가 너희의 하나님 아도나이에 대하여 배교를 말했기[2] 때문이다,
너희를[3] 이집트의 땅에서 데려온 자 그리고 종들의 집[4]에서 너를 구속한 자,
너의 하나님 아도나이께서 그 안에서 걷도록 너에게 명령한 길로부터 너를 밀어내기 위하여,
그리고 너는 그 악을[5] 너 가운데로부터 제거해야 한다.

본문 비교

1) 탈굼 프쉬도 요나단과 네오피티는 "거짓 선지자"로 해석한다.

2) 히브리어 "그가 ~에 대하여 배교를 말했다"(דבר סרה על)를 70인

경은 부정사 구 "그가 너를 ~로부터 타락(미혹)시키기 위하여 말했다" ἐλάλησεν πλανῆσαί σε ἀπὸ로 번역한다. 아퀼라는 히브리어 סרה על를 문자적으로 αποστασιν επι로 번역한다.

3) 사마리아 오경과 70인경은 단수 "너"이다. 마소라 사본은 이 구절에서 2인칭 복수 "너희"에서 2인칭 단수 "너"로 변한다. 그러나 70인경은 계속 2인칭 단수 "너"를 사용한다.
4) 70인경은 "집"을 생략한다. 오리겐의 헥사플라Hexapla는 별표로 οἰκου를 넣어준다.
5) 70인 역과 탈굼 역들은 더 구체적으로 "악한 자"로 번역한다. 탈굼 옹켈로스와 탈굼 프쉬도 요나단은 단수이고 탈굼 네오피티는 복수이다. 시프레 신명기도 "악한 자들"로 이해한다(Sifre Deut 138).

다른 신을 섬기자고 유혹하는 선지자와 꿈꾸는 자에게 이스라엘이 취할 태도를 말한다. "죽여야 한다"는 호팔(사역 수동)으로 '죽임을 당해야 한다'는 의미이다. 이스라엘은 이런 자들을 처형해야 할 의무가 있다. 비록 그가 하나님이 선택한 백성의 구성원이지만 그는 죽어야 한다. "왜냐하면"이 그 이유를 설명하고 있다. "아도나이에 대하여"는 '아도나이에 대항하여'이다. 다른 신을 섬기자는 것은 곧 아도나이를 대항하는 것이다. "배교"는 '변절'을 의미한다. 아도나이께 거역하는 것으로 불충성이다. 반역을 말한다. "말했기 때문이다"는 거짓 선지자와 꿈꾸는 자가 다른 신을 좇아 섬기자고 말한 것을 가리킨다(2절).

"너희를 이집트의 땅에서 데려온 자 그리고 종들의 집에서 너를 구속한 자"는 거짓 선지자와 꿈꾸는 자가 이스라엘에게 배교하도록 말한 "너희의 하나님 아도나이"에 대한 설명이다.

"왜냐하면 그가 너희의 하나님 아도나이, 너희를 이집트의 땅에서 데려온 자 그리고 종들의 집에서 너를 구속한 자에 대하여 배교를 말했기 때문이다"는 뜻이다. "너희의 하나님 아도나이"는 먼저 이스라엘을 "이집트의 땅에서 데려온 자"이다. "데려온 자"는 히필(사역 능동) 분사로 '인도한 자,' '나오게 한 자'이다. "이집트의 땅에서"는 다시 "종들의 집에서"로 구체적인 설명이 주어진다. 이집트의 땅은 이스라엘이 종들로 있었던 곳이다. 노예 생활을 했던 장소이다. "데려온 자" 역시 다시 "구속한 자"로 자세하게 설명한다. "구속한 자"는 칼(능동) 분사로서 포로로 잡힌 자를 위하여 정해진 가격을 주고 자유를 주는 것이다. 하나님이 이집트에서 노예로 있는 이스라엘을 구원한 것을 말한다. 구약에서 말하는 구원 사상의 기본적인 설명이다. 이스라엘 신앙의 근본은 출애굽이다(신 26:5-9). 출애굽은 민족적 구원 사건으로 구약의 구원을 말한다.

부정사구 "너의 하나님 아도나이께서 그 안에서 걷도록 너에게 명령한 길로부터 너를 밀어내기 위하여"는 "그가 너희의 하나님 아도나이에 대하여 배교를 말했기 때문이다"에 대한 목적이다. "왜냐하면 그가 너희의 하나님 아도나이, 너희를 이집트의 땅에서 데려온 자 그리고 종들의 집에서 너를 구속한 자에 대하여, 너의 하나님 아도나이께서 그 안에서 걷도록 너에게 명령한 길로부터 너를 밀어내기 위하여 배교를 말했기 때문이다." 거짓 선지자와 꿈꾸는 자는 아도나이께서 명령한 길로부터 "너를 밀어내기 위하여" 배교를 말했다. "밀어내기 위하여"는 히필(사역 능동) 부정사로 '몰아내기 위하여' 또는 '내쫓기 위하여'로 강제로 움직이게 하는 것을 말한다. 하나님은 이스라엘에게 "그 안에서 걷도록 너에게 명령한 길"이 있다. 순종의 길이다. 그런데 거짓 선지자와 꿈꾸는 자는 하나님이 "명령한 길"에서 이스라엘을 밀어내려고 시도한다. 이스라엘로 하여금 하나님을 멀리 떠나 길을 잃게 만들려고 하는 것이다.

"그 악"이 '악한 자'를 지칭하는지 모호하지만(참고. 본문 비교 5) 문맥으로 볼 때, 거짓 선지자와 꿈꾸는 자가 이스라엘을 하나님이 "명령한

길"에서 밀어내려는 시도를 말한다. 여기서 악은 하나님의 명령에 불순종하는 것이다. "제거해야 한다"는 "죽여야 한다"에 대한 설명이다.

2. 다른 신을 섬기자는 집안 식구들을 죽일 것(13:6-11)

가족 식구들 가운데서 또는 아주 친한 친구가 다른 신을 섬기자고 제안을 할 때 이스라엘이 취해야 할 행동을 말한다. 가족 식구와 친한 친구는 자신의 생명과 바꿀 수 있는 소중한 사람들이다. 하지만 아도나이 신앙과는 바꿀 수 없다. 만일 이들이 아도나이 신앙을 떠나도록 유혹하면 이들과 결별해야 한다. 유혹자들에게 일말의 동정심을 보이지 말고 그들을 죽여야 한다.

번역

6 그가 너를 유혹한다면, 너의 어머니의 아들인 너의 형제나 너의 아들이나
너의 딸이나 너의 품 안의 아내나 너의 영혼과 같은 친구가 은밀히 말하기를,
우리가 가서 우리가 섬기자, 너나 너의 조상들이 알지 못하는 다른 신들을
7 너희 주위의 백성들의 신들을, 너에게 가깝거나 너로부터 멀거나,
그 땅의 끝에서 그리고 그 땅의 끝까지.
8 너는 그에게 동의하지 말며 너는 그에게 듣지도 말며,
너의 눈이 그를 불쌍히 여기지도 말며,
너는 아껴두지 말며 너는 그를 덮어 두어서도 안 된다.
9 그러나 너는 확실히 그를 죽여야 한다,
너의 손이 먼저 그에 대항하여 있어야 한다 그를 죽이기 위하여,
그리고 그 모든 백성의 손이 후에.
10 그리고 너는 돌들로 그를 쳐야 한다 그리고 그는 죽어야 한다,
왜냐하면 그가 너를 너의 하나님 아도나이로부터 밀어내려고 시도하였기 때

문이다,

이집트의 땅에서, 종들의 집에서 너를 데리고 나온 자.

11 그리고 모든 이스라엘이 들을 것이며 두려워 할 것이며

너 가운데서 이 악한 일과 같은 행함을 더하지 않을 것이다.

주해

6 그가 너를 유혹한다면,[1] 너의 어머니의 아들인 너의 형제나[2] 너의 아들이나 너의 딸이나[3] 너의 품 안의 아내나[4] 너의 영혼과 같은 친구가 은밀히 말하기를,

우리가 가서 우리가 섬기자, 너나 너의 조상들이 알지 못하는 다른 신들을.[5]

본문 비교

1) 70인경은 "그가 너를 유혹한다면"을 "그러나 그가 너를 초청한다면"(ἐὰν δὲ παρακαλέσῃ σε)으로 번역한다. 오리겐의 헥사플라Hexapla도 별표로 이 점을 지적한다. 아퀼라와 심마쿠스는 '유혹하다,' '부추기다'(ἀναπείσῃ)로 번역한다.

2) 사마리아 오경과 쿰란 사본들(4QDeut[c], 11QT[a])은 "너의 어머니의 아들이나 너의 아버지의 아들인 너의 형제"로 읽는다. 70인경은 "너의 어머니의 또는 너의 아버지의 너의 형제"로 해석한다. 탈굼 프쉬도 요나단도 "너의 아버지의 아들"을 덧붙인다. 시프레 신명기는 "너에게 약혼한 자의 아들"로 해석한다(Sifre Deut. 138).

3) 쿰란 사본(4QDeut[c])는 "너의 딸"을 생략한다.

4) 탈굼 옹켈로스는 "너의 언약의 아내"로 해석하며 탈굼 프쉬도 요나단은 "너의 품 안에서 잠자는 여자"로 읽는다.

5) 탈굼 옹켈로스와 프쉬도 요나단은 "그 민족들의 우상들"이며 네오피티는 "다른 우상들"이다.

6절 초두(히브리어 7절)에 '키'(כִּי)가 나와 6-7절은 조건절 "만일 ~

면"이다. "유혹한다면"은 '부추긴다면,' '선동한다면'이다. 형제, 아들, 딸 그리고 아내인 집안 식구들 가운데서 다른 신을 섬기자고 유혹하는 사람이 나온다면 하는 상황을 전제하고 있다. "너의 영혼과 같은 친구"는 '너의 생명과 같은 친구'로서 아주 가까운 벗을 의미한다. 너 자신과 같은 친구를 말한다. "은밀히 말하기를"은 '비밀히 말하기를'이다. 남의 눈을 피해 몰래 말하는 것이다.

"우리가 가서 우리가 섬기자"는 두 개의 권고형 동사로 "우리가 가자 그리고 우리가 섬기자"이다(3절 참고). 이들은 유혹하여 말한다. "너나 너의 조상들이 알지 못하는 다른 신을 우리가 가서 우리가 섬기자."

"너나 너의 조상들"의 히브리어는 2인칭 단수 "너"를 강조한다. "너, 너나 너의 조상들"이다. "알지 못하는 다른 신"은 이스라엘이 경험하지 못한 다른 신 즉, 이방 신들을 의미한다. 이스라엘 주변의 국가들이 섬기는 외국 신들이다.

7 너희 주위의 백성들의 신들[1]을, 너에게 가깝거나 너로부터 멀거나,
그 땅의 끝에서 그리고 그 땅의 끝까지.

본문 비교

1) 탈굼 역들은 "우상들"로 해석한다. 탈굼 프쉬도 요나단은 "주위의 백성들"을 일곱 민족들로 해석하고 있다.

7절은 6절의 이스라엘이 알지 못하는 "다른 신"을 수식한다. "너희 주위의 백성들"은 이스라엘이 가나안 땅에 들어가서 땅의 경계를 맞대고 살아가는 민족들을 말한다. 그 민족들이 섬기는 신들을 섬기자고 부추기는 사람이 나올 때(6절)를 조건으로 한다.

"다른 신"의 출처가 여기서 밝혀진다. 이스라엘 주위 민족들이 섬기는 신들이다. "그 땅의 끝에서 그리고 그 땅의 끝까지"는 이스라엘이

점령하고 사는 땅의 경계 끝에서 끝까지를 뜻한다.

8 너는 그에게[1] 동의하지 말며[2] 너는 그에게 듣지도 말며,[3]
너의 눈이 그를 불쌍히 여기지도 말며,
너는 아껴두지 말며[4] 너는 그를 덮어 두어서도 안 된다.[5]

본문 비교

1) 마소라 사본은 לו인데 반하여 사마리아 오경은 אליו로 읽는다. 한 히브리어 사본(V[Ken 80])은 לא로 읽는다.
2) 탈굼 네오피티와 탈굼 프쉬도 요나단은 "너는 기뻐하지(원하지) 말며"(לא תצבון)로 해석한다.
3) 탈굼 옹켈로스는 "너는 그로부터 받아들이지 말며"(לא תקביל מיניה)로 해석한다. 탈굼 네오피티는 "너는 그의 말들을 듣지도 말며"이다.
4) 70인경은 "너는 그를 동경하지 말며"(οὐκ ἐπιποθήσεις ἐπ᾽ αὐτῷ)로 해석한다. 심마쿠스는 "너는 긍휼을 보여서는 안 된다"(οὐκ σπλαγχνισθήσῃ)로 번역한다. 오리겐의 헥사플라Hexapla도 이것을 별표로 지적한다.
5) 70인경은 "너는 그를 숨겨서는 안 된다"(οὐδὲ μὴ σκεπάσῃς αὐτόν)로 번역한다. 즉 피난처를 제공해서는 안 된다는 것이다. 아퀼라는 히브리어를 κατακαλύψης로 문자적으로 번역한다.

6-7절은 조건절이며 8-11절이 귀결절이다. 이스라엘이 다른 신을 섬기자고 유혹하는 가장 가까운 가족 식구들과 친구에게 어떻게 대해야 하는지를 설명한다. 첫째는 "너는 그에게 동의하지 말며"이다. 강한 금지의 의미를 갖고 있기 때문에 명령형으로 번역하는 현대 역본들이 있다(NAB, NIB, NIV, TNK, LUO; 뒤따르는 동사들을 모두 명령으로 번역한

다). 유혹하는 자의 말에 찬성하거나 그를 인정하지 말라는 것이다. 유혹하는 자에게 양보하여 굴복하지 말 것을 말한다. 둘째는 "너는 그에게 듣지도 말며"이다. 이것은 유혹하는 자들의 말을 듣지 말라는 것이다. 듣는 것은 순종하는 것을 포함한다. 그의 말에 순응하여 따르는 것이다. 아람어 탈굼 네오피티는 "그의 말들을" 듣지 말라고 명확하게 번역한다. 셋째는 "너의 눈이 그를 불쌍히 여기지도 말며"이다. 이것은 '동정심을 갖고 바라보지 말라는 것'이다. 동정심을 갖고 바라보면 그의 말을 용인하게 되거나 동의하지 않더라도 그냥 놔두게 된다. 자연스럽게 넷째로 연결된다. "너는 아껴두지 말며"이다. 유혹하는 자를 불쌍히 여기면 아껴두게 된다. 아껴두는 것은 그를 묵인하거나 용서하는 것을 포함한다. 사람이 너무 좋아도 문제이다. 사람이 너무 좋으면 죄를 행하는 사람이 불쌍해서 그냥 두게 된다. 인간적으로 불쌍해서 하나님의 명령을 어기는 것이다. 하나님의 말씀을 따르려면 강해져야 한다. 마지막으로 "너는 그를 덮어 두어서도 안 된다"이다. '덮어 두는 것'은 '숨겨 주는 것'이다. 비밀로 해 두는 것을 의미한다.

9 그러나 너는 확실히 그를 죽여야 한다,[1)]
너의 손이[2)] 먼저 그에 대항하여 있어야 한다[3)] 그를 죽이기 위하여,
그리고 그 모든 백성의 손이[2)] 후에.

본문 비교

1) 70인경은 "그러나"(כי)를 생략한다. 더 나아가 "너는 그에 대하여 확실히 말해야 한다"(*ἀναγγέλλων ἀναγγελεῖς περὶ αὐτοῦ*)로 번역한다. 베버는 이것을 고발, 고소의 의미로 해석한다(Wevers, 232).
2) 70인경, 탈굼 네오피티와 탈굼 프쉬도 요나단은 복수 "손들"이다.
3) 70인경은 동사 역시 복수형이다.

"그러나"는 8절과 대조를 이루면서 더 강력한 명령을 인도한다. 8절에서 9절로 나아갈 때, 유혹하는 자를 대하는 태도가 점진적으로 더 강해진다.

"너는 확실히 그를 죽여야 한다"는 부정사 절대형 용법으로 강조를 한다. '반드시 죽여야 한다'는 것이다. 개역 개정은 부정사 강조 용법을 "용서 없이"로 번역하는데 이것은 의역이다. 아무리 하나님의 명령이지만 사실 가족 식구들을 죽이라는 명령을 실행하는 것은 쉽지 않다. 그러나 하나님은 이런 자들을 헤렘의 대상으로 간주하시며 진멸할 것을 명령하신다. 다른 신을 섬기면 비록 그가 하나님이 선택한 하나님의 백성일지라도 진멸(헤렘)의 대상이다. 다른 신을 따르는 것은 사망을 따르는 것이다.

"너"는 형제나 아들과 딸 그리고 가까운 친구가 유혹하는 말을 들은 사람을 의미한다. 아도나이를 떠나 다른 신을 섬기자는 유혹의 말을 들은 사람은 그를 불쌍히 여기지 말고 확실히 죽여야 할 책임이 있다(참고. 신 17:7).

그 유혹하는 자를 죽일 때 그 유혹의 말을 들은 사람이 먼저 행동해야 한다. 그 후에 백성이 행동을 취한다. 다른 신을 섬기자고 유혹하는 사람을 죽이는 순서를 보면 유혹하는 말을 들은 사람은 백성에게 알려야 할 책임이 있다는 것을 알 수 있다. 유혹하는 자를 죽이는 데에 백성이 함께 하기 때문이다.

10 그리고 너는[1] 돌들로 그를 쳐야 한다 그리고 그는 죽어야 한다,
왜냐하면 그가 너를 너의 하나님 아도나이로부터[2] 밀어내려고[3] 시도하였기 때문이다,
이집트의 땅에서, 종들의 집에서 너를 데리고 나온 자.[4]

본문 비교

1) 70인경은 3인칭 복수 "그들"이다. 아마도 9절의 너와 그 모든 백성이 유혹자를 죽이는데 동참하기 때문이다. 시리아 역은 "너희"로 2인칭 복수이다.
2) 탈굼 옹켈로스와 탈굼 프쉬도 요나단은 "너의 하나님 아도나이의 경외로부터"로 해석한다. 탈굼 네오피티는 "너희의 하나님 아도나이의 말씀을 따라"로 번역한다.
3) 70인경은 "배교하게 하기 위하여"(ἀποστῆσαί)로 번역한다.
4) 탈굼 네오피티와 프쉬도 요나단은 여기에 "구속한"을 덧붙인다.

9절에서 "그를 죽여야 한다"고 말하고 "그의 손"과 "백성의 손"을 언급했다. 10절에서는 더 구체적으로 유혹자에게 어떻게 손을 대야 하는지를 설명한다. 다른 신을 섬기자고 유혹하는 자를 어떻게 다룰 것인지를 점진적으로 밝히고 있다. 돌로 쳐 죽일 것을 명령한다. 다른 신을 섬기자고 유혹하는 것은 사형이라는 가장 무거운 형벌을 받는다. 십계명의 1계명을 어기는 것이기 때문이다.

"왜냐하면 ~때문이다"는 유혹하는 자를 돌로 쳐 죽여야 하는 이유를 설명한다. 유혹하는 사람이 이스라엘 백성을 "너의 하나님 아도나이로부터 밀어내려고 시도하였기 때문이다." "밀어내려고"는 강제로 내쫓는 것을 말한다. 70인경은 배교하는 것으로 번역했고 아람어 역들은 길을 잃게 하는 것으로 해석했다. 유대인 번역 성경도 길을 잃게 하는 것, 탈선하는 것으로 번역했다(TNK "to make you stray").

"이집트의 땅에서, 종들의 집에서 너를 데리고 나온 자"는 다른 신과 대조를 이루며 "너의 하나님 아도나이로부터"가 누구인지를 구체적으로 설명한다(5절 참고). 즉 "이집트의 땅에서, 종들의 집에서 너를 데리고 나온 자, 너의 하나님 아도나이로부터"이다. 이스라엘의 하나님 아도나이는 출애굽의 하나님이다. 이스라엘이 이집트에서 종살이를 하고 있을 때, 그들을 구원하신 자이다. 유혹하는 자는 이스라엘을 이집트로부터 구원하신 하나님을 떠나게 하는 자이다.

11 그리고 모든 이스라엘이 들을 것이며[1] 두려워 할 것이며[2]
너[3] 가운데서 이 악한 일과 같은 행함을[4] 더하지 않을 것이다.

본문 비교

1) 70인경은 히브리어의 동사 "그들이 들을 것이다"(ישמעו)를 분사 πᾶς Ισραηλ ἀκούσας "듣는 모든 이스라엘"로 번역한다.
2) 히브리어 동사는 '그들이 두려워 할 것이다'(יראון)로 3인칭 복수인데 반하여 70인경은 3인칭 단수이다. 히브리어는 "모든 이스라엘"을 3인칭 복수로 해석하지만 70인경은 3인칭 단수로 즉 집합적으로 이해한다.
3) 70인경은 복수 "너희"이다.
4) 사마리아 오경, 70인경, 히브리어 사본($V^{Ken\ 69}$), 벌게이트는 여기에 "다시"(עוד)를 덧붙인다.

세 동사들의 주어는 3인칭 복수 '그들'로서 "모든 이스라엘"을 받는다. '그리고 모든 이스라엘, 그들이 들을 것이며 그들이 두려워 할 것이며 … 그들이 더하지 않을 것이다.'(참고. 본문 비교 2).

다른 신을 섬기자고 유혹한 자를 어떻게 처리했는가를 듣는 이스라엘 사람들의 반응을 설명한다. 유혹하는 자를 돌로 쳐 죽였다는 소식을 듣는 모든 이스라엘은 두려워 할 것이다. "이 악한 일과 같은 행함"은 다른 신을 섬기러 가자는 유혹을 의미한다. 여기서 악은 여호와 하나님을 떠나서 다른 신을 섬기는 것이다. "더하지 않을 것이다"는 다른 신을 섬기는 악한 행동이 다시 발생하지 않을 것이라는 뜻이다(참고. 본문 비교 4).

3. 다른 신을 섬기는 성을 진멸할 것(13:12–18)

한 성에서 품행이 나쁜 자들이 일어난다. 이들이 성 사람들에게 강제로 다른 신을 섬기도록 압력을 행사한다. 만일 그 성의 주민들이 다른 신을 쫓아 섬기는 것이 드러나면 이스라엘은 그 성 사람들을 모두 죽여야 한다. 또한 그 성에 속한 모든 물건을 광장에 모아서 불로 태워 버려야 한다. 이렇게 행할 때, 아도나이의 진노가 멈추고 아도나이의 복이 이스라엘에게 임한다.

번역

12 만일 네가 너의 성들의 하나에서 듣는다면,
너의 하나님 아도나이께서 너에게 거기에 살도록 주신, 말하기를,
13 너 가운데서 남자들, 품행이 나쁜 아들들이 나온다,
그리고 그들이 그들의 성의 거주자들을 밀어내며 말하기를,
우리가 가자 그리고 너희가 알지 못하는 다른 신들을 우리가 섬기자.
14 그리고 너는 찾고 조사하고 철저하게 물어야 한다,
그리고 보라 사실, 그 말이 세워지며, 이 혐오가 너 가운데서 행해졌다.
15 너는 그 성의 거주자들을 칼날로 확실히 쳐야 한다,
그것을 그리고 그 안의 모든 것을 그리고 그것의 가축을 칼날로 진멸하라.
16 그리고 너는 그것의 모든 전리품을 그것의 광장 가운데로 모을 것이며,
너는 불로 그 성과 그것의 모든 전리품을 완전히 너의 하나님 아도나이께 태울 것이며,
그것은 영구히 폐허 더미가 될 것이며 다시 건축되지 않을 것이다.
17 그리고 그 바쳐진 것으로부터 어떤 것도 네 손안에 남아 있어서는 안 된다,
아도나이께서 그의 코의 화로부터 돌아오게 하며,
그가 너에게 자비를 주시며 너를 긍휼히 여기며 너를 많게 하기위하여,
그가 너의 조상들에게 맹세하신 것같이.

18 네가 너의 하나님 아도나이의 음성을 듣는다면,
내가 오늘 너에게 명령하는 그의 모든 명령들을 지키기 위하여,
너의 하나님 아도나이의 눈에 그 옳은 것을 행하기 위하여.

주해

12 만일 네가 너의 성들의 하나에서 듣는다면,
너의 하나님 아도나이께서 너에게 거기에[1] 살도록 주신, 말하기를,

본문 비교

1) 70인경은 여기에 "너를"(σε)을 덧붙인다.

문장 처음에 나오는 '만일 ~면' 또는 '~때'(כי) "네가 너의 성들의 하나에서 들을 때"는 12-13절을 조건절으로 인도한다. 가나안 땅을 점령하고 사는 이스라엘의 성들 가운데서 발생할 수 있는 한 상황을 가정하고 있다. 이스라엘의 성들 가운데 한 성에서 소문이 들려 올 때를 말한다.

위의 번역은 관계 대명사를 끊어서 번역한 것이다. 이어서 번역하면 "만일 네가 너의 하나님 아도나이께서 너에게 거기에 살도록 주신 너의 성들의 하나에서 듣는다면, 말하기를"이다.

13 너[1] 가운데서 남자들, 품행이 나쁜[2] 아들들이 나온다,
그리고 그들이 그들의 성의 [3]거주자들을 밀어내며 말하기를,
우리가 가자 그리고 너희가 알지 못하는 다른 신들을 우리가 섬기자.

본문 비교

1) 70인경과 탈굼 프쉬도 요나단은 2인칭 복수 "너희"이다.
2) 70인경은 "품행이 나쁜"(בליעל)을 "법이 없는 자들"(παράνομοι)로 해석한다. 즉 불법적인 자들이며 법에 대항하여 행동하는 자들

을 의미한다. 탈굼 옹켈로스는 "악한 자들"(רישׁעא)로 그리고 탈굼 네오피티는 "악한 조언자들"(עיצן בישׁן)로 그리고 탈굼 프쉬도 요나단은 "거만한 자들"(זידנין)로 해석한다. 어떤 유대인 학자들(Sifre와 Rashi)은 이 단어를 "멍에가 없는"으로 이해한다. 하나님이 지워주신 멍에를 벗어버리려는 자들이다.

3) 70인경은 "모든 거주자들"로 "모든"(πάντας)을 덧붙인다. 쿰란 사본(11QT[a])도 כול이 있다.

"품행이 나쁜"(בליעל)은 두 단어 בלי '~없는' + יעל '가치', '소용'의 합성으로(*HAL* I, 128) '가치가 없는,' '쓸모없는,' '무익한'이다. 품행이 나쁜 이들은 성안의 주민들을 강제로 유혹하여 다른 신을 섬기게 하는 자들이다. 자신들만 아도나이 신앙에서 떠나는 것이 아니라 다른 사람들도 강제로 아도나이 신앙을 떠나게 하는 자들이다. 아도나이 신앙의 배교자들이다.

이 단어는 구약에서 27회 나오고 어원은 불확실하며 토론거리이다(참고. *TWAT* I, 654-658). 이 단어는 다양하게 사용되었다. 이들은 아도나이 경외를 거부하는 자들로 깡패, 불량배를 지칭하기도 한다. 이 단어는 기브아 성의 불량배들을 지칭할 때도 사용되었다. 사사 시대에 레위 사람이 첩을 데리고 베냐민 지파의 기브아 성에 도착했다. 그때 기브아 성의 깡패들이 나와서 레위 사람과 성관계를 갖고자 한다. 동성애를 하고자 한 자들이다(삿 19:22). 결국 이들 때문에 이스라엘에 큰 내전이 일어났다. 또한 이 단어는 엘리 제사장의 아들들 홉니와 비느하스를 지칭할 때도 사용되었다(삼상 2:12). 이들은 제사장의 아들들이었음에도 불구하고 아도나이를 알지 못했다. 아도나이의 예배를 무시했고 성막에서 일하는 여인들과 성관계를 가졌다. 이들은 제사장으로서 아무짝에도 쓸모없는 자들이었다. 또한 사무엘이 사울을 왕으로 세웠을 때, 사울이 왕이 되는 것을 반대했던 자들을 지칭할 때도 사용되었다

(삼상 10:27). 이 단어는 또한 다윗에게 수모를 주었던 나발에게도 사용되었다. 하인들은 그 주인을 "불량한 사람"이라고 부른다(삼상 25:17). 다윗의 통치를 반대하여 백성을 선동했던 세바를 지칭할 때도 사용하였다(삼하 20:1). 이 단어는 신약에서 그리스도와 대적하는 자의 이름(Βελίαρ)으로 나온다(고후 6:15). 성경 후의 문헌들은 이 단어를 일반적으로 사탄으로 해석한다. 악한 자들은 사탄에 의해 지배를 받는다고 생각한다. 쿰란 문헌에서 약 40여회 나오는데 사탄을 지칭하기도 한다.

"밀어내며"는 '그들이 밀어 낸다'(참고. 5, 10)로 품행이 나쁜 자들이 그 성의 주민들을 강제로 밀어내는 것을 의미한다. 압력을 행사하여 주민들에게 다른 신을 섬기자고 강요하는 것이다. "너희가 알지 못하는"은 '경험해 보지 못한'의 뜻으로 품행이 나쁜 자들은 이스라엘에게 경험해 본 적이 없는 다른 신을 섬기자고 강권한다.

"우리가 가자...우리가 섬기자"는 권고형이다(참고. 2, 6). 아도나이의 신앙에서 떠난 불량배들이 다른 신을 섬기자고 주민들을 선동하는 것이다. 12절 초두의 '만일 ~면'(כי)에 이 구절도 지배를 받기 때문에 '우리가 섬기자 하면'으로 조건절로 해석해 주어야 한다.

14 그리고 너는 찾고 조사하고 철저하게 물어야 한다,[1]

그리고 보라 사실, 그 말이 세워지며, 이 혐오가 너 가운데서[2] 행해졌다.

본문 비교

1) 히브리어는 세 동사가 있다. 70인경의 한 사본(B+)은 첫 동사 ἐτάσεις(너는 조사할 것이다)를 생략한다. Rahlfs의 편집 역시 ἐτάσεις를 생략한다. 그러나 Wevers의 편집은 세 동사가 다 있다.
2) 70인경과 탈굼 프쉬도 요나단은 2인칭 복수이다. 벌게이트는 "너 가운데서"를 생략한다.

"그리고"는 문맥상 '그때에' 또는 '그렇다면'의 의미를 갖는다. 다른 신을 섬기자는 말이 들리면 그때에 이스라엘은 그 소문에 대한 조사를 해야 한다. 철저한 조사가 이루어져야 한다는 것을 세 동사가 표현하고 있다. "너는 찾고 조사하고 물어야 한다." 소문의 근원지를 찾아 나서는 것이다. 그리고 그 근원지를 찾았으면 확인을 해야 한다. 우선은 들리는 소문이 사실인지를 확인한 다음에 철저한 검증이 있어야 한다.

"보라"는 들리는 말이 확증되어지는 것을 강조한다. "보라 사실, 그 말이 세워지며"는 번역하기가 어렵다. "보라 그것이 사실이다, 그 말이 세워지며"(EIN)인지, "보라, 그것이 사실로 발견될 때"(SCH)인지 "보라 그것이 사실이며 그 말이 세워질 때"(SCL)인지 명확하지 않다. 12절의 "만일 ~면"을 여기까지 확장(많은 현대 번역들이 이렇게 해석한다. ASV, CJB, ESV, KJV, NAS, NAU, NIB, NIV, NJB, NKJ, NRS)하기에는 "보라"의 번역이 어렵다. 이 구절은 12절의 조건절에 연결시키는 것 보다는 15절과 관련지어서 읽는 것이 더 나은 것 같다. "보라"는 들리는 말이 사실로 확인되는 것을 강조하기 때문이다.

하나님이 싫어하시는 "이 혐오가 너 가운데서 행해졌는지"에 대한 증거를 잡아야 한다. "혐오"는 가증한 것으로 다른 신을 섬기는 우상숭배를 말한다.

15 너는 그 성의 거주자들을[1] 칼날로 확실히 쳐야 한다,
그것을 그리고 그 안의 모든 것을 그리고 그것의 가축을 칼날로[2] 진멸하라.[3]

본문 비교

1) 쿰란 사본(11QT[a])과 70인경은 "모든 거주자들을"이다.
2) 70인경은 "그리고 그것의 가축을 칼날로"를 생략한다. 오리겐의 헥사플라(Hexapla)는 καὶ τὰ κτήνη αὐτῆς ἐν στόματι μαχαίρας를 넣어준다. 벌게이트는 "칼날로"를 생략한다.

3) 70인경은 히브리어의 명령형 2인칭 남성 단수 "진멸하라"를 직설법 미래 능동태 2인칭 복수 ἀναθεματιεῖτε "너희는 저주할 것이다"로 그리고 탈굼 네오피티도 미완료형 동사 2인칭 복수 תשיצון "너희는 진멸할 것이다"로 번역한다.

12-14절에 대한 귀결절이다. 다른 신을 섬긴다는 소문이 확실하면 이스라엘이 그 성에 대해서 취해야 할 태도를 설명한다. 이스라엘은 다른 신을 섬기는 성을 완전히 멸망시켜야 한다.

"그 성의 거주자들"은 유혹하는 자에게 넘어가서 다른 신을 섬긴 주민들을 말한다. "칼날"은 문자적으로 '칼의 입'이다. "확실히 쳐야 한다"는 히필(사역 능동) 부정사 절대형 용법으로 강조를 나타낸다. '반드시', '꼭' 칼로 죽여야 한다.

"그것을"은 "그 성"을 그리고 "그 안의 모든 것을"은 '그 성 안의 모든 것'을 그리고 "그것의 가축"은 '그 성의 가축'을 의미한다. 다른 신을 섬긴 그 성의 모든 것을 죽여야 한다.

"진멸하라"(החרם)는 동사 하람(חרם) '금지하다', '바치다', '파괴하다'의 히필(사역 능동) 명령형이다. 하나님께서 금지하신 우상숭배를 행하는 자들을 진멸함으로서 그 성의 모든 것을 하나님께 바치는 것이다. 이것은 이스라엘이 가나안 땅을 점령할 때 사용해야 하는 헤렘 전쟁 방법이다. 하나님은 가나안 민족을 다 진멸하실 것을 명령한다. 그들이 우상을 숭배하기 때문이다(참고. 2:34; 7:2). 그렇지만 이스라엘 백성 가운데서도 헤렘의 대상이 있다(아도나이의 언약을 어긴 아간. 수 7장). 비록 이스라엘이 언약의 백성이며 하나님의 선택한 백성이지만 아도나이를 떠나서 다른 신을 섬기는 자는 진멸(헤렘)의 대상이다.

16 그리고 너는 그것의 모든 전리품을 그것의 광장 가운데로[1] 모을 것이며,
너는 불로 그 성과 그것의 모든 전리품을 완전히[2] 너의 하나님 아도나이께 태

울 것이며,

그것은 영구히 폐허 더미[3]가 될 것이며 다시 건축되지 않을 것이다.

본문 비교

1) 70인경은 "통로(길)들 안으로"(εἰς τὰς διόδους)로 번역한다.

2) 70인경은 "전부"(πανδημεὶ)로 번역한다(아퀼라는 ὁλοτελῶς). 오리겐의 헥사플라Hexapla는 별표로 이것을 지적한다.

3) 70인경은 "폐허 더미"를 "사람이 살지 않는"(ἀοίκητος)으로 번역한다. 아퀼라는 히브리어를 문자적으로 번역한다(χῶμα). 오리겐은 헥사플라Hexapla는 별표로 이것을 지적한다.

다른 신을 섬긴 성을 처리하는 방법이 점진적이다. 먼저 조사해야 하고(14절) 다음에 칼로 진멸해야 하고(15절) 전리품을 모아 불로 태워야 한다(16절).

"그것의 모든 전리품"은 '그 성의 모든 전리품(약탈품)'으로 다른 신을 섬긴 성의 모든 물건을 말한다. 마치 전쟁에서 탈취한 전리품처럼 말하고 있다. "그것의 광장"은 '그 성의 열린 장소'를 말한다.

"완전히"(כליל)는 때때로 완전히 태워 드리는 번제로 이해되기도 한다. 이 단어를 전체를 태워드리는 번제로 번역하는 역본들이 있다(LUV, NBG, NAB, NAS, NIB, NIV, NRS, TNK, EIN, LUT). 이렇게 번역하면 불로 태워 버리는 모든 물건들은 '하나의 번제로서' 하나님께 바쳐지는 예물이다. 드라이버는 번제로 번역을 하며 이것을 비유적인 하나의 번제로 이해한다(Driver, 155; Tigay, 135).

17 그리고[1] 그 바쳐진 것으로부터 어떤 것도 네 손안에 남아 있어서는 안 된다,
아도나이께서 그의 코의 화로부터 돌아오게 하며,
그가 너에게 자비를 주시며 너를 긍휼히 여기며 너를 많게 하기 위하여,

그가 너의 조상들에게 맹세하신[2] 것같이.

본문 비교

1) 70인경은 "그리고"를 생략한다.

2) 70인경은 주어 "주님"을 가지고 있다.

다른 신을 섬긴 성의 전리품에 대한 태도를 설명한다. "그 바쳐진 것"(חרם)은 '금지', '헌신된 것'을 의미한다. 전리품은 금지된 것이다. 불에 태워 하나님께 드려진 것으로 사람들이 소유할 수 없다.

"남아 있어서는 안 된다"는 '가까이 하지 말라', '달라붙게 하지 말라'는 의미로 소유하지 말 것을 뜻한다. 전리품에 손을 대지 말 것을 당부하는 것이다. 전리품에 손을 대면 그 손을 댄 사람을 바치면 된다. 이러한 경우를 아간에게서 볼 수 있다(수 7장). 아간은 이스라엘 사람이었음에도 불구하고 여리고 성의 전리품을 취함으로 언약을 어겼다. 아간과 그의 모든 소유물이 함께 돌로 침을 당하고 불로 태워졌다. 헤렘의 대상이 된 것이다.

목적을 나타내는 불변화 전치사 "~하기 위하여"(למען)가 하반절을 지배한다. 4개의 동사 '돌아오다', '주다', '긍휼히 여기다'와 '많게 하다'는 모두 이 전치사의 지배를 받는다. '아도나이께서 그의 코의 화로부터 돌아오게 하기 위하여, 그가 너에게 자비를 주기 위하여, 너를 긍휼히 여기기 위하여, 너를 많게 하기 위하여'의 의미를 갖는다. 이러한 하나님의 복은 이미 그의 조상들에게 약속하신 것이다. 약속하신 대로 하나님은 이스라엘에게 복을 주신다.

"그의 코의 화로부터"는 '그의 맹렬한 진노로부터', '그의 불타는 성냄으로부터'이다. 맹렬한 진노로부터 돌이키는 것은 화를 멈추는 것이다. 다른 신을 섬긴 성의 전리품에 손을 내지 않으면 하나님은 이스라엘에게 긍휼과 복을 주신다.

"그가 너에게 자비를 주시며 너를 긍휼히 여기며"는 "자비"(רחמים)는 명사이며 "긍휼히 여기며"(רחם)는 동사이다. 하나님께서 이스라엘에게 동정심을 베푸는 것이다. "너를 많게 하기 위하여, 그가 너의 조상들에게 맹세하신 것같이"는 어순을 바꾸면 "그가 너의 조상들에게 맹세하신 것같이 너를 많게 하기 위하여"이다. 하나님이 아브라함과 이삭과 야곱에게 약속한 것을 뜻한다. 이스라엘이 헤렘의 명령을 잘 지킬 때에 조상들에게 약속하신 것이 성취될 것을 뜻한다. 이스라엘이 번성할 것이다.

18 네가 너의 하나님 아도나이의 음성을 듣는다면,
내가 오늘 너에게 명령하는 그의 모든 명령들을 지키기 위하여,
너의 하나님 아도나이의 눈에 그 옳은 것을[1] 행하기 위하여.

본문 비교

1) 사마리아 오경과 쿰란 사본들(4QpaleoDeut[r], 11QT[a])은 "옳은 것과 선한 것"이다. 70인경은 "옳고(선하고) 유쾌한 것"(τὸ καλὸν καὶ τὸ ἀρεστὸν)으로 읽는다. 탈굼 네오피티는 "선하고 옳은 것"으로 번역한다.

문장 서두에 '만일 ~면', '~때'(כי)가 나와서 조건절이다. "네가 너의 하나님 아도나이의 음성을 듣는다면"은 '네가 너의 하나님 아도나이의 음성을 들을 때'로도 번역할 수 있다. 이 조건절은 17절의 약속과 관련이 있다. 아도나이는 자비를 베풀며 긍휼히 여기실 것이며 이스라엘의 조상들에게 이스라엘의 숫자를 많게 해 주실 것이다. 이스라엘이 많아지는 것은 아도나이의 음성에 순종하는 것을 조건으로 한다. 아도나이의 음성에 순종할 때, 이스라엘은 번성할 것이다.

아도나이의 음성을 듣는 것은 두 개의 부정사구가 설명해 준다. 첫

째는 "내가 오늘 너에게 명령하는 그의 모든 명령들을 지키기 위하여"이다. 모세가 이스라엘에게 설명해 주는 명령들을 지키는 것이 아도나이의 음성을 듣는 것이다. 둘째는 "너의 하나님 아도나이의 눈에 그 옳은 것을 행하기 위하여"이다. "아도나의 눈에"는 더 정확하게 번역하면 '아도나이의 눈들 안에'이다. 아도나이의 음성을 듣고 순종하는 것은 아도나이의 눈에 옳은 것을 행하는 것이다. 아도나이의 음성이 옳은 것이다. 세상의 윤리와 도덕이 옳음의 기준이 아니라 아도나이의 명령이 옳음의 기준이다.

참고 문헌

Barstad, H. M., "The Understanding of the Prophets in Deuteronomy," *SJOT* 8 (1994), 236-251.

Brett, M. G., "Genocide in Deuteronomy: Postcolonial Variations on Mimetic Desire," in *Seeing Signals, Reading Signs*, Edinburgh, 2004, 75-89.

Dion, P. E., "Deuteronomy 13: The Suppression of Alien Religious Propaganda in Israel During the Late Monarchical Era," in *Law and Ideology in Monarchic Israel*, Sheffield, 1991, 147-216.

Dohmen, C and Oeming, M., *Biblischer Kanon warum und wozu?* Freiburg, 1992.

Hoffman, Y., "Prophecy and Soothsaying," in *Tehillah le-Moshe*, Indiana, 1997, 221-243.

Jeppesen, K., "Is Deuteronomy Hostile towards Prophets?" *SJOT* 8 (1994), 252-256.

Köckert, M., "Zum literargeschichtlichen Ort des Prephetengesetzes Dtn 18 zwischen dem Jeremiabuch und Dtn 13," in *Liebe und Gebot: Studien zum Deuteronomium*, Göttingen, 2000, 80-100.

Levinson, B. M., "Recovering the Lost Original Meaning of ולא תכסה עליו (Deuteronomy 13:9)," *JBL* 115 (1996), 601-620.

----, ""But You Shall Surely Kill Him!" The Text-Critical and Neu-Assyrian Evidence for MT Deuteronomy 13;10," in *Budesdokument und Gesetz*, 37-64.

----, "Die neu-assyrischen Ursprünge der Kanonformel in Deuteronomium 13,1," *Viele Wege zu dem Einen. Historische Bibelkritik-Die Vitalität der Glaubensüberlieferung in der Moderne,* Neukirchen-Vluyn, 2012, 23-59.

----, "Textual Criticism, Assyriology, and the History of Interpretation: Deuteronomy 13:7a as a Test Case in Method," *JBL* 120 (2001), 211-243.

Levinson, B. M. and Stackert, J., "Between the Covenant Code and Esarhaddon's Succession Treaty. Deuteronomy 13 and the Composition of Deuteronomy," *JAJ* 3 (2012), 123-140.

Morrow, W., "The Paradox of Deuteronomy 13: A Post-Colonial Reading," in *"Gerechtigkeit und Recht zu üben" (Gen 18,19): Studien zur altorientalischen und biblischen Rechtsgeschichte, zur Religionsgeschichte Israels und zur Religionssoziologie*, Wiesbaen, 2010, 227-239.

Nissinen, M., "Falsche Prophetie in neuassyrischer und deuteronomistischer Darstellung," in *Das Deuteronomium und seine Querbeziehungen*, Göttingen, 1996, 172- 195.

Pakkala. J., "Der lieterar - und religionsgeschichtliche Ort von Deuteronomium 13," in *Die derteronomistischen Geschichtswerke*, Berlin, 2006, 125-137.

Rüterswörden, U., "Dtn 13 in der neueren Deuteronomiumsforschung," in *Congress Volume Basel 2001*, 185-203.

Seebass, H., "Noch einmal zu Dtn 13,10 in Dtn 13,7-12," *ZABR* 5 (1999), 186-192.

Tengstroem, S., "Moses and the Prophets in the Deuteronomic History," *SJOT* 8 (1994), 257-266.

Vasholz, R. I., "A Legal 'Brief' on Deuteronomy 13:16-17," *Presbyterion* 16 (1990), 128-129.

Veijola, T., "Wahrheit und Intoleranz nach Deuteronomium 13," *ZThK* 92 (1995), 287-314.

Zimmerli, W., "Der 'Prophet' im Pentateuch," in *Studien zum Pentateuch*, Wien, 1977, 197-211.

DEUTERO
NOMY

신명기 14장

A New Translation with
Introduction
and Commentary

DEUTERONOMY

D E U T E R O N O M Y

신명기 14장

Deuteronomy 14

내용/구조

거룩한 하나님의 백성이 지켜야 할 규례들을 말한다. 거룩의 개념은 이스라엘이 죽은 자를 위해 애도하는 방법과 음식을 먹는 방법에까지 영향을 미친다. 거룩은 이스라엘과 이방인을 구별시켜 주는 기준이다.

거룩한 백성은 이방인들과 같이 죽은 자를 위하여 애도하는 행동을 할 수 없다. 죽은 자를 위하여 몸에 상처를 입히거나 눈 사이에 털을 미는 것을 금하고 있다(14:1-2).

거룩 개념은 이스라엘 백성이 먹는 음식에도 관련이 있다. 이스라엘은 아무 것이나 먹을 수 없다. 짐승과 어류 그리고 조류 가운데 먹을 수 있는 것들이 있는가 하면 먹을 수 없는 것들이 있다. 무엇보다도 하나님의 백성인 이스라엘은 죽은 짐승의 시체를 먹을 수 없다. 이방인은 먹어도 좋지만 이스라엘은 먹을 수 없다(14:3-21).

음식법 후에 십일조에 관한 법이 주어진다. 십일조는 두 가지이다. 매년 드리는 십일조가 있다. 매년 드리는 십일조는 아도나이께서 선택하실 장소에 가서 드려야 한다(14:22-27). 그리고 삼 년마다 드리는 십일조가 있다. 이 십일조는 각 성에서 소비한다. 삼 년 십일조는 가난하고 소외된 자들, 레위인, 체류자, 고아와 과부를 위해 사용하는 십일조이다(14:28-29).

14장은 크게 다음과 같이 나눌 수 있다.

1. 죽은 자를 위한 애도(14:1-2)
2. 음식법(14:3-21)
3. 십일조(14:22-29)

음식법

음식법은 이스라엘 백성이 먹을 수 있는 짐승과 먹을 수 없는 짐승을 말한다. 이러한 음식법은 레위기 11장과 신명기 14장에 나온다. 레위기 11장의 구분은 크게 네 부분으로 나눌 수 있다. 먹을 수 없는 짐승은 부정하며 가증하다.

1) 짐승: 3-8절.

먹을 수 있는 짐승은 두 개의 기준이 있다. - 굽이 갈라져 쪽발이 되고 새김질 하는 짐승이다. 하지만 짐승의 이름에 대한 정보를 제공해주지 않는다.

먹지 못하는 짐승 - 위의 두 개의 기준에 맞지 않는 짐승으로 낙타, 사반, 토끼, 돼지이다.

2) 어류: 9-12절.

물에 있는 것은 지느러미와 비늘이 있는 것은 먹을 수 있지만 지느러미와 비늘이 없는 것은 먹을 수 없다. 이것은 가증한 것이다. 먹을 수 있는 것과 먹지 못하는 것에 대한 구체적인 이름이 나오지 않는다.

3) 새: 13-19절.

새 중에서 먹을 수 없는 새 이름들이 주어진다. 독수리, 솔개, 물수리, 말똥가리, 말똥가리 종류, 까마귀 종류, 타조, 타흐마스, 갈매기, 새매 종류, 올빼미, 가마우지, 부엉이, 흰 올빼미, 사다새, 너새, 황새, 백로 종류, 오디새, 박쥐이다.

4) 곤충: 20-23절.

날개가 있고 네 발로 기어 다니는 곤충은 먹을 수 없다. 먹을 수 없는 곤충의 이름은 주어지지 않는다. 그러나 곤충 중에서 땅에서 뛰는 곤충들, 메뚜기 종류, 베짱이 종류, 귀뚜라미 종류, 팥중이 종류는 먹을 수 있다.

5) 기는 것: 29-30, 42.

이 네 종류에 기는 것이 추가된다. 먹지 못하는 것은 두더지, 쥐, 큰 도마뱀 종류, 도마뱀붙이, 육지 악어, 도마뱀, 사막 도마뱀, 카멜레온이다.

신명기 14장의 목록은 위의 레위기 11장에 비해 더 짧다. 레위기는 곤충과 파충류에 대해서도 먹을 수 있는 것과 없는 것이 무엇인지 이름을 나열하지만 신명기는 생략한다.

1) 짐승: 3-8절.

굽이 갈라지고 새김질을 하는 짐승, 소, 양, 염소, 사슴, 노루, 불그스름한 사슴, 산염소, 볼기가 흰 노루, 뿔이 긴 사슴, 산양들은 정한 짐승으로 먹을 수 있다. 먹지 못하는 짐승, 낙타, 토끼, 사반, 돼지는 부정하여 먹을 수 없다. 신명기는 레위기에 나오지 않는 먹을 수 있는 짐승의 이름을 제공한다.

2) 어류: 9-10절.

지느러미와 비늘이 있는 어류는 정한 것으로 먹을 수 있으나 지느러미와 비늘이 없는 것은 부정한 것으로 먹을 수 없다. 레위기와 마찬가지로 이름이 나오지 않는다.

3) 새: 11-20절.

정한 새는 먹을 수 있지만 이름은 나오지 않는다. 먹을 수 없는 새들은 독수리, 솔개, 물수리, 매, 새매, 매의 종류, 까마귀 종류, 타조, 타흐마스, 갈매기, 새매 종류, 올빼미, 부엉이, 흰 올빼미, 당아, 올응, 노자,

학, 황새 종류, 대승, 박쥐이다(개역 개정의 번역 이름).

4) 곤충과 파충류: 19절.

곤충과 기는 것은 레위기와 달리 신명기에는 이름이 나오지 않는다.

이스라엘 백성은 사체를 먹을 수 없다. 하지만 이방인들은 먹을 수 있다(신 14:21). 레위기는 여기에 더 자세한 설명이 있다. 이스라엘 백성은 부정한 짐승의 시체를 만지거나 닿으면 부정하게 된다. 또한 부정한 짐승의 시체가 닿는 물건들도 부정하게 된다. 부정한 짐승을 먹는 사람도 부정하게 된다. 부정한 사람은 옷을 빨고 저녁까지 기다려야 한다(레 11:31-44).

그렇다면 정한 짐승과 부정한 짐승의 기준이 무엇인가 하는 것이다. 왜 소, 양, 염소는 정한 짐승이며 낙타, 토끼, 돼지, 개는 부정한가? 왜 지느러미와 비늘이 있는 것은 정하고 없는 것은 부정한가? 왜 맹금류의 새들은 부정한가? 정한 짐승은 먹어도 되는데 왜 부정한 짐승은 먹을 수 없는가 하는 질문이 나온다.

그동안 학자들은 이 질문에 다양한 답변들을 제시하였다. 먼저 위생적인 설명이다. 부정한 짐승은 독성이 있어서 질병을 유발하며 박테리아를 옮겨서 건강에 좋지 않다는 것이다. 이 견해는 유대인들 내에서 중세 시대부터 제시되어 왔다(Ramban, Rashbam, Maimonides). 이 설명은 현대 학자들에게도 꾸준히 인기를 끌었다(R. E. Clements, "Leviticus" in *The Broadman Bible Commentary II*, London, 1970, 34; R. K. Harrison, *Introduction to the Old Testament*, Grand Rapids, 1975, 603-607; D. I. Macht, "An Experimental Pharmacological Appreciation of Leviticus 11 and Deuteronomy 14," *Bulletin of the History of Medicine* 27 (1953), 444-450). 하지만 이 해석은 설득력이 없어 보인다. 왜냐하면 본문 자체에서 부정한 짐승의 사체는 이방인들은 먹어도 되기 때문이다(신 14:21). 또한 죽은 정한 짐승을 먹은 자는 옷을 빨고 저녁까지 기다리는

의식을 통해서 정하게 되기 때문이다(레 11:40). 이것을 보면 부정한 짐승이나 부정해진 죽은 짐승을 먹어도 건강에 아무런 이상이 없다는 사실을 알 수 있다.

다음으로 흥미를 끄는 해석은 부정한 짐승들이 타 종교와의 관련이 있다는 것이다. 부정한 짐승들 특히 돼지와 뱀 그리고 쥐는 이방제의의 제물이었다는 것이다(참고. ANET, 351; Driver, 164; M. Noth, *Gesammelte Studien zum Alten Testament*, München, 1957, 78ff). 성경에서도 돼지는 이방 민족의 제물이었다(사 65:4; 66:3). 물론 이러한 주장을 하는 학자들도 이방 종교와의 관련만으로 음식법을 만족스럽게 설명할 수 없다는 것을 인정한다. 왜냐하면 위에 언급한 짐승들뿐만 아니라 이스라엘에서 제물로 사용된 양, 소, 염소 역시 이방 제사의 제물로도 사용되었기 때문이다. 이방인들도 그들의 신에게 제사를 드릴 때 양, 소, 염소를 제물로 드렸기 때문에 이 설명 역시 부정한 짐승에 대한 설명으로는 부족하다.

여러 제안들 가운데 메리 더글라스의 설명이 가장 합리적인 것 같다. 그녀의 이론은 웬함과 밀그롬의 레위기 주석에서도 소개되고 있다(G. J. Wenham, *The Book of Leviticus*, Grand Rapids, 1985, 18-25, 169-170; J. Milgrom, *Leviticus 1-16*, New York, 1991, 718-736; M. Douglas, *Purity and Danger*, London, 1966). 그녀는 먼저 거룩과 정결은 완전과 온전 그리고 정상의 개념에 근거한다. 거룩은 또한 창조의 범주를 구분한다. 이러한 개념에 근거하여 생물을 세 범주, 물, 하늘 그리고 땅으로 나눈다. 이러한 구분은 창세기 1장에 근거한다. 새는 공중에서 날고 짐승은 땅위에서 걷고 물고기는 바다에서 헤엄친다. 각 범주는 이동 수단을 갖고 있다. 새는 두 날개로 난다. 땅의 짐승은 두 발로 걷고 또는 네 발로 걷고 뛰기 위해 굽을 갖고 있다. 굽을 갖고 있는 짐승들 가운데서 되새김질이 정상 생활로 간주된다. 물고기는 지느러미와 비늘로 헤엄친다. 정결한 짐승은 이러한 표준에 합당하다. 정상적인 기준에 맞다. 그러나 이러한 표준에서 벗어나는 짐승은 변칙적이며 부정하다. 또한 이동 형태가 불확실 것은 부정하다고 설명한다. 하지만 더글라스의 설명 역시 모든 것을 만족스럽게 설명해주지는 않는다. 더글라스에 따르면 종을 모호하게 하며 경계를 위반하는 짐승은 부정하다고 하는데 사실 토끼와 낙타는 종을 모호하게 하거나 경계를 위반하는 짐승은 아님에도 불구하고 부정하다. 이런 점을 생각해 보면, 그녀의 설명도 완전하지는 않다.

밀그롬의 제안도 아주 흥미롭다(J. Milgrom, *Levutucys 1-16*, New York, 1991, 704-742). 밀그롬은 레위기 11장의 음식법과 관련하여 거룩을 윤리적 개념으로 이해한다. 정한 짐승은 먹을 수 있고 부정한 짐승은 먹을 수 없는 이유는 윤리적이라는 것이다. 그 근거로 밀그롬은 4가지를 제시한다. 첫째, 피의 금지이다. 음식법은 피를 먹지 말라는 계명과 관련이 있다. 피는 생명이기 때문이다. 둘째, 의식적 도살Ritual Slaughter이다. 제사 외에 먹을 수 있는 짐승을 도살할 때에 고통 없이 죽여야 한다. 이런 태도는 짐승의 생명에 대한 존중이다. 셋째, 금지된 짐승들을 언급한다. 먹을 수 있는 네 발 짐승은 고기를 위해 사육된 짐승들이다. 넷째, 새끼 금지이다. 이 근거를 위해서는 레위기에 나타나지 않는 새끼를 어미젖과 함께 삶지 말라는 계명을 언급한다(출 23:19, 34:26; 신 14:21). 밀그롬이 이 네 가지를 언급하는 이유는 생명 존중이다. 그는 이 모든 금지를 생명 대 죽음life-verse-death 이론으로 제시한다. 생명과 죽음 이론이 인도적인 이 모든 금지를 설명해준다고 말한다. "이 금지들의 모든 공통분모는 동시에 생명과 죽음의 융합 그리고 혼동이다"(Milgrom, *Levutucys 1-16*, 741). 짐승의 생명도 존중해야 한다는 밀그롬의 견해에는 동의하지만 그러나 필자의 생각으로는 고기를 먹는 것이 그렇게 윤리적이어야 하는가에 대해서는 의문이 든다. 정한 짐승과 부정한 짐승의 분류가 윤리적인 문제인지 의문이다. 더 나아가 짐승의 생명을 존중하기 위해 고통 없이 짐승을 죽여서 먹는 것보다는 죽이지 않고 잡아먹지 않는 것이 더 짐승의 생명을 존중하는 것으로 보이기 때문이다. 밀그롬이 이런 해석을 하는 것은 거룩을 너무 윤리적으로만 설명하기 때문인 것 같다(참고. 김경열, 『레위기의 신학과 해석』, 서울, 2016, 357-358).

이 외에도 티가이는 하나님이 이스라엘을 많은 민족들로부터 선택했기 때문이라고 설명한다. 하나님이 이스라엘을 구별하셨고 하나님이 정한 것과 부정한 것을 정하셨다. 티가이는 이스라엘을 많은 민족들로부터 구별하신 하나님의 행동에서 그 이유를 발견한다(Tigay, 137). 톰슨은 정한 것을 먹고 부정한 것을 먹지 말라는 음식 법을 순종과 충성의 문제로 해석한다. 이스라엘의 하나님 아도나이에 대한 순종과 사랑의 태도로 이해한다(Thompson, 178; 참고. J.H. Hertz, *Leviticus*, London, 1932, 93).

음식법은 이스라엘의 세계관이다. 이스라엘은 거룩과 속된 것으로 모든 것을 분류한다. 속된 것은 일반적인 것으로 다시 정한 것과 부정한 것으로 나뉜다. 이러한 구분은 음식법 뿐만 아니라 출산(레 12장)과 질병(피부병과 유출병, 레 13-15장)에도 적용되었다. 이것을 보면 음식법의 정한 짐승을 먹고 부정한 짐승을 먹지 말라는 규례는 순종을 요구한다. 이스라엘은 거룩한 백성으로서 하나님의 법에 순종해야 한다는 것이다. 이러한 견해는 신약을 보면 더 확실해진다.

흥미롭게도 신약은 이방인을 부정한 짐승에 비유하고 있다. 복음이 유대와 사마리아를 넘어서 나아갈 때, 하나님은 이방인 고넬료를 하나님의 백성으로 부르신다. 이때 하나님은 사도 베드로에게 고넬료의 집에 가서 복음을 증거 할 것을 말씀하신다. 그리고 하나님은 베드로가 갖고 있는 인식 "유대인으로서 이방인과 교제하며 가까이 하는 것이 위법"(행 10:28)이라는 것을 깨기 위하여 환상을 보여주신다. 베드로가 기도할 때 하늘에서 한 그릇이 내려온다. 그 안에는 "각종 네 발 가진 짐승과 기는 것과 공중에 나는 것들"이 있었다(행 10:12). 부정한 짐승들이 담겨 있었다. 하나님은 베드로에게 그 짐승들을 잡아먹으라고 하신다. 그러자 베드로는 "주여 그럴 수 없나이다 속되고 깨끗하지 아니한 것을 내가 결코 먹지 아니 하였나이다"라고 대답한다(행 10:14). 베드로의 말에 따르면 그 그릇 안에 있는 짐승들은 부정한 것들이다. 유대인의 음식법에서 부정하다고 먹지 말라고 규정하는 음식들이다. 그래서 베드로는 먹지 않으려고 했다. 하지만 하나님은 "하나님께서 깨끗하게 하신 것을 네가 속되다 하지 말라"고 말씀하신다(행 10:15). 하나님은 이제 구약의 음식법이 더 이상 효력이 없음을 선언하신다. 하나님은 더 이상 정한 음식과 부정한 음식의 구분이 없다고 하신다. 사실 예수님도 입으로 들어가는 "모든 음식물을 깨끗하다"(막 7:19)고 선언하셨다. 하나님은 부정한 짐승도 먹을 수 있다고 하셨다. 이것을 보면 구약의 음식법에서 부정한 짐승으로 분류한 것은 어떤 특별한 이유가 있어서 먹지 못하게 한 것은 아니다. 하나님의 명령에 순종하는가 하는 것을 보는 것이다. 더 나아가 하나님은 이방인들이 복음을 듣고 회개하며 구원받는 것을 음식법에 비유하신다. 구약에서 거룩한 백성이 아니었던 이방인들이 이제 구원의 복음을 듣고 하나님의 자녀로 인정되는 것이다.

1. 죽은 자를 위한 애도(14:1-2)

죽은 자를 위하여 애도하는 방법을 말한다. 죽은 자를 위하여 이렇게 애도하라는 긍정적인 방법은 없고 두 개의 부정어를 사용하여 이렇게 애도하지 말라는 부정적인 방법을 언급한다. 죽은 자를 위하여 애도 방법을 금지하는 이유는 단순하다. 이스라엘은 하나님의 거룩한 백성이기 때문이다. 하나님이 세상의 모든 백성들로부터 이스라엘을 구별하여 선택했기 때문에, 하나님께 속했기 때문에 세상의 다른 백성들의 애도 방법을 따라가지 말라는 것이다.

번역

1 너희는 너희 하나님 아도나이의 아들들이다,
너희는 자신을 베어서는 안 된다,
그리고 너희는 죽은 자를 위하여 너희 눈들 사이를 밀어서는 안 된다.
2 왜냐하면 너는 너의 하나님 아도나이에게 거룩한 백성이기 때문이다,
그리고 아도나이는 너를 선택하셨다, 그에게 보배로운 백성이 되도록,
지면 위에 있는 모든 백성들로부터.

주해

1 너희는 너희 하나님 아도나이의[1] 아들들[2]이다,
너희는 자신을 베어서는 안 된다,[3]
그리고 너희는 죽은 자를 위하여 너희 눈들 사이를 밀어서는 안 된다.

본문 비교

1) 히브리어는 전치사 '~의', '~속한', '~에게'(ל)인데 반하여 탈굼 옹켈로스, 탈굼 네오피티, 탈굼 프쉬도 요나단은 '~앞에'(קדם)이다.
2) 탈굼 네오피티는 "아들들"이란 단어가 없고 "너희는 너희 하나님 아도나이 앞에서 사랑 받는다"(חביבין אתון קדם ייי אלהכון)이다. 탈굼 프쉬도 요나단은 "너희는 사랑하는 아들들 같다"이다.
3) 70인경은 "너희는 깨끗하게 하지 말 것이다"(οὐ φοιβήσετε)이다. 죽은 자를 위하여 너희는 깨끗하게 하지 말라는 의미이다. 아퀼라, 심마쿠스, 테오도치온은 οὐ κατατεμεῖσθε이다.

히브리어는 "아들들 너희는"의 어순으로 나온다. 동사가 없는 명사

문장 "너희는 아들들"로 여기에 동사 "이다"를 넣어주었다. "아도나이의"는 '아도나이께 속한'이란 뜻으로 이스라엘 백성의 신분을 말해준다. 이스라엘은 아도나이께 속한, 아도나이의 아들들이다. 일찍이 하나님은 모세를 통하여 바로에게 "이스라엘은 나의 아들, 나의 장자"라고 하셨다(출 4:22). 모세는 하나님과 이스라엘 사이를 부자관계로 설명한다.

이스라엘은 아도나이의 아들로서 지켜야 할 의무와 책임이 있다. 아들들이 해서는 안 될 행위들이다. 먼저 "너희는 자신을 베어서는 안 된다"는 '너희는 너희 자신을(너희의 몸을) 베지 말라'는 뜻이다. 이것은 죽은 자를 위하여 자신의 몸을 베는 이방 종교의 관습이다. 몸을 베는 이방인의 행동은 엘리야 선지자 시대에서 볼 수 있다. 엘리야가 바알 선지자들과 갈멜산에서 대결을 벌일 때, 바알 선지자들이 칼과 창으로 자신의 몸을 베었다(왕상 18:28). 바알 선지자들은 신을 섬기는 의식으로 규례를 따라 몸을 베었지만 여기서는 죽은 자를 위하여 애도하는 방법으로 몸을 베지 말라고 한다.

또한 이스라엘 백성은 죽은 자를 위하여 "너희 눈들 사이를 밀어서는 안 된다." 이것은 앞이마를 대머리로 만들지 말라는 뜻이다(참고. 레 21:5). 이것은 죽은 자를 위하여 슬픔의 표로서 머리를 미는 것이다. 고대근동의 사람들은 슬픈 일이 있을 때에 머리를 밀었다(참고. 사 15:2, 렘 47:5, 48:37, 겔 7:18, 27:31, 암 8:10). 이스라엘은 이방 민족의 종교적 관습을 배워서는 안 된다. 왜냐하면 이스라엘은 하나님께 속한 백성이기 때문이다.

2 왜냐하면 너는 너의 하나님 아도나이에게 거룩한 백성이기 때문이다,
그리고 아도나이는[1] 너를 선택하셨다, 그에게 보배로운 백성이[2] 되도록,
지면 위에 있는 모든 백성들로부터.

본문 비교

1) 벌게이트는 "아도나이"를 생략한다. 그러나 일부 히브리어 사본들, 사마리아 오경, 70인경, 시리아 역은 "아도나이 너의 하나님"으로 읽는다. 오리겐의 헥사플라Hexapla는 별표로 이것을 지적하고 있다.

이 구절은 7:6과 몇 단어 외에는 거의 같은 문장이다. 차이점은 7:6에는 "아도나이 너의 하나님이 너를 선택하셨다"로 "너의 하나님"이 더 있고 14:2에는 "그리고"가 첨가 되어 있다.

2) 탈굼 옹켈로스와 탈굼 프쉬도 요나단은 "사랑하는 백성"(עם חביב)이며(Sifre Deut. 145 역시) 탈굼 네오피티는 "그의 이름을 위한 한 특별한 소유 같은 사랑받는 백성"으로 해석한다. 70인경은 히브리어의 "보배로운 백성"을 "특별한(περιούσιον) 백성"으로 읽는다(심마쿠스는 ἐξαίρετον).

"왜냐하면"은 이스라엘이 왜 자신의 몸을 베어서는 안 되는지 그리고 왜 앞이마를 밀어서는 안 되는지를 설명한다. 이스라엘은 하나님께 속한 거룩한 백성이기 때문에 이방 종교의 풍습을 따라서는 안 된다. 하나님은 이스라엘을 지상 모든 민족들로부터 하나님의 보배로운 백성으로, 거룩한 백성으로 선택하셨다. 따라서 그들은 이방 민족들을 따라가는 것이 아니라 하나님을 따라가야 한다. 이스라엘의 애도 방법의 기준은 세상이 아니라 그들의 하나님 아도나이이다.

"보배로운 백성"은 '특별한 백성'의 뜻도 있다. 개역 개정은 "기업의 백성"으로 번역한다. 이 구절은 7:6과 거의 같은 문장이다(참고. 본문 비교 1). 단어들에 대한 자세한 주석은 7:6을 참고하라.

2. 음식법(14:3-21)

이스라엘이 먹을 수 있는 짐승과 먹을 수 없는 짐승에 대한 목록이다. 이스라엘은 거룩한 백성이기 때문에 먹는 것도 주의해야 한다. 특이하게 "아도나이에게 거룩한 백성"이라는 표현이 2절과 21절에 나와서 음식법을 둘러싸고 있다.

음식법은 다시 세 부분으로 나뉠 수 있다. 첫째, 땅위에 있는 짐승 가운데 먹을 수 있는 것과 먹을 수 없는 것을 말한다(3-8). 굽이 갈라지고 새김질을 하는 짐승은 먹을 수 있다. 하지만 이 두 조건을 충족시키지 못하는 짐승은 먹을 수 없다. 둘째, 물에 있는 어류로서 먹을 수 있는 것과 먹을 수 없는 것을 말한다(9-10). 땅위의 짐승들의 이름은 나오는 반면에 물고기의 자세한 이름은 나오지 않는다. 다만 지느러미와 비늘이 있는 것을 먹을 수 있다. 셋째, 하늘을 나는 조류에 대해서 말한다. 정한 새는 먹을 수 있다. 그러나 정한 새의 이름은 나오지 않는다. 단지 먹을 수 없는 부정한 새의 이름이 길게 나온다(11-20). 레위기는 곤충과 파충류까지도 더 자세하게 언급하는데 반하여 신명기는 이들을 생략한다. 한 가지 더 지적해야 할 것은 여기에 나열되어 있는 짐승들과 조류들의 모든 이름이 정확한지 확신할 수 없다는 사실이다. 동식물에 정통한 한 학자는 레위기 11장과 신명기 14장의 짐승 목록에 대하여 약 40% 정도만 확신할 수 있다고 말한다(G. J. Wenham, *The Book of Leviticus*, 164).

음식법에 덧붙여서 21절에서 죽은 짐승을 먹지 말 것과 염소 새끼를 그 어미의 젖에 삶지 말라는 명령을 주고 있다.

번역

3 너는 어떤 혐오스러운 것을 먹어서는 안 된다.

4 이것은 너희가 먹을 수 있는 짐승이다.

소, 양들의 한 양 그리고 염소들의 한 염소,
5 수사슴과 영양과 암사슴과 들 염소와 야생 염소와 뿔 갈라진 영양과 산 양,
6 그리고 모든 짐승, 발굽이 갈라지고 두 개의 발굽으로 틈이 벌어진,
짐승 중에서 새김질을 하는, 너희는 그것을 먹을 것이다.
7 확실히 너희는 이것을 먹지 못한다,
새김질을 하는 것들에서, 그리고 갈라진 발굽을 가진 것들에서,
낙타를 그리고 산토끼를 그리고 바위너구리를,
왜냐하면 이들은 새김질은 하나 그들은 발굽이 갈라지지 않았기 때문이다.
이들은 너희에게 부정하다.
8 그리고 돼지를, 왜냐하면 그것은 갈라진 발굽은 있으나 새김질은 없기 때문이다,
그것은 너희에게 부정하다, 너희는 그것들의 고기를 먹을 수 없다,
너희는 그것들의 사체도 만질 수 없다.
9 너희는 물에 있는 모든 것에서 이것을 먹을 수 있다,
너희는 그에게 지느러미와 비늘이 있는 모든 것을 먹을 수 있다.
10 그러나 그에게 지느러미와 비늘이 없는 모든 것을 너희는 먹을 수 없다,
그것은 너희에게 부정하다.
11 너희는 깨끗한 모든 새를 먹을 수 있다.
12 그러나 너희는 그것들로부터 이것을 먹을 수 없다,
독수리와 콘도르와 까만 독수리,
13 그리고 매와 솔개를 그리고 그것의 종류에 속한 매,
14 그리고 그것의 종류에 속한 모든 까마귀를,
15 그리고 타조를 그리고 올빼미를 그리고 갈매기를 그리고 그것의 종류에 속한
매를,
16 큰 올빼미를 그리고 작은 올빼미를 그리고 흰 올빼미,
17 그리고 펠리컨과 독수리를 그리고 가마우지를,
18 황새와 그깃의 종류에 속한 왜가리와 후투티와 박쥐,
19 그리고 날개 있고 기는 모든 것, 그것은 너희에게 부정하다,

그것들은 먹을 수 없다.
20 깨끗한 모든 새를 너희는 먹을 수 있다.
21 너희는 모든 사체를 먹을 수 없다,
너의 문들 안에 있는 체류자에게 너는 그것을 줄 수 있고
그는 그것을 먹을 수 있다, 또는 외국인에게 팔 수 있다,
왜냐하면 너는 너의 하나님 아도나이에게 거룩한 백성이기 때문이다,
너는 새끼염소를 그의 어미의 우유로 삶을 수 없다.

주해

3 [1]너는[2] 어떤 혐오스러운 것을 먹어서는 안 된다.

본문 비교

1) 탈굼 네오피티는 "나의 백성, 이스라엘의 아들들아"를 덧붙인다.
2) 사마리아 오경, 70인경, 시리아 역, 벌게이트, 탈굼 네오피티와 프쉬도 요나단은 2인칭 복수 "너희"이다.

이 구절을 개역 개정과 같이 명령으로 번역하는 역본들이 있다. '너는 어떤 혐오스러운 것을 먹지 말라'(NIB, NIV). 이 구절은 금지로서 이어서 나오는 구절들(3-20)의 표제어 역할을 한다. 레위기에는 이런 표제어가 나오지 않는다(참고. 레 11:2-23). 거룩한 백성은 먹는 것도 주의해야 한다. 아무거나 먹을 수 없다.

"혐오스러운 것"을 먹지 못하도록 규정한다. 이 단어는 '지겨운 것,' '몹시 싫은 것,' '가증한 것'으로 주로 우상 숭배와 관련해서 사용하였지만(더 자세한 것은 신 7:25의 주해 참고) 여기서는 먹는 것과 관련하여 말한다. 하나님과 언약을 맺은 거룩한 백성은 거룩을 유지하기 위하여 먹는 자유를 제한 받는다.

4 [1]이것은[2] 너희가[3] 먹을 수 있는 짐승이다,
소,[4] 양들의 한 양 그리고 염소들의 한 염소,

본문 비교

1) 두 개의 히브리어 사본들과 사마리아 오경은 "그리고"를 가지고 있다.
2) 70인경은 "이것들은 짐승들"로 복수형이다.
3) 한 히브리어 사본과 V[Ken 9, 69]는 단수 주어 "네가 먹을 수 있는"이다.
4) 70인경은 "소들로부터 한 소"이다.

하나님의 거룩한 백성 이스라엘은 혐오스러운 짐승을 먹을 수 없다. 그러나 그들이 먹을 수 있는 짐승이 있다. 여기서 먼저 먹을 수 있는 가축으로 소, 양, 염소를 언급한다.

"양들의 한 양 그리고 염소들의 한 염소"는 양떼 가운데서 한 마리의 양 또는 어린 양을 그리고 염소 떼 가운데서 한 마리의 염소 또는 염소 새끼를 의미한다.

5 수사슴과 영양과 암사슴과 들 염소와[1] 야생 염소와 뿔 갈라진 영양과[2] 산 양,

본문 비교

1) 사마리아 오경과 두 개의 히브리어 사본은 "그리고"를 생략한다.
2) 사마리아 오경은 "그리고"를 생략하여 תאי인데 반하여 마소라 사본은 ותאו이다.

먹을 수 있는 짐승의 목록은 7개로 나온다. "수사슴과 영양"은 잘 알려진 짐승으로 먹을 수 있는 짐승으로 언급되었다(신 12:15, 22). "암사슴"은 여기와 열왕기상 4:23(히브리어는 5:3)에만 나온다. 나머지 네 짐

승들은 구약에서 한번 사용된 단어들이다. "야생 염소"는 아마도 영양의 한 종류인 것으로 추정된다.

4-5절에 먹을 수 있는 짐승으로 열 가지가 나오는데 소, 양, 염소, 수사슴, 영양은 잘 알려진 짐승들이지만 나머지 암사슴, 들 염소, 야생 염소, 뿔 갈라진 영양, 산 양은 구약 성경에서 거의 나타나지 않는다. 또한 신명기의 먹을 수 있는 짐승 목록 열 가지는 레위기(11장)에는 나오지 않는다.

6 그리고[1] 모든 짐승, 발굽이 갈라지고 두 개의 발굽으로 틈이 벌어진,
짐승 중에서 새김질을 하는,[2] 너희는 그것을 먹을 것이다.

본문 비교

1) V$^{\text{Ken 107}}$,사마리아 오경, 70인경, 시리아 역, 벌게이트는 "그리고"를 생략한다.
2) 70인경과 벌게이트는 여기에 접속사 "그리고"가 있다.

우리 말 어순에 따라서 번역해 보면 "그리고 너희는 발굽이 갈라지고 두 개의 발굽으로 틈이 벌어진, 짐승 중에서 새김질을 하는 모든 짐승, 그것을 먹을 것이다."이다.

먹을 수 있는 짐승들의 특징을 기술한다. 먹을 수 있는 짐승은 3개의 분사 "갈라지고"와 "벌어진" 그리고 "~질을 하는"으로 설명한다. "발굽이 갈라지고 두 개의 발굽으로 틈이 벌어진 새김질을 하는" 모든 짐승을 먹을 수 있다. "틈이 벌어진"은 '틈이 쪼개진' 또는 '틈이 분열된'이다. "새김질을 하는"은 '새김질 감을 올려 보내는'이다. 즉 먹이를 게워 내어 다시 씹는 반추 동물을 말한다. 거룩한 백성이 먹을 수 있는 짐승은 발굽이 갈라져 틈이 있고 새김질을 하는 동물이다.

"너희는 그것을 먹을 것이다." "그것을"은 앞에 "모든 짐승"을 받는

다(이 구절은 레 11:3과 거의 유사하다).

7 확실히 너희는 이것을 먹지 못한다,
새김질을 하는 것들에서,[1] 그리고 갈라진 발굽을 가진 것들에서,[2]
낙타를 그리고 산토끼를 그리고 바위너구리를,
왜냐하면 이들은 새김질은[3] 하나 그들은 발굽이 갈라지지 않았기 때문이다.
이들은 너희에게 부정하다.

본문 비교

1) 마소라 사본은 ממעלי인데 반하여 몇몇 히브리어 사본들과 몇몇 사마리아 오경 사본들은 ממעלה이다.
2) 마소라 사본은 וממפריסי הפרסה השסועה인데 반하여 사마리아 오경은 וממפריסי הפרסה이다.
3) 마소라 사본은 מעלה인데 반하여 사마리아 오경, V^Ken 9^, 일부 히브리어 사본들은 מעלי이다.

"확실히"는 뒤이어 나오는 문장을 강조하면서 제한의 의미를 갖는다. 4-6절에서 먹을 수 있는 짐승을 언급했다. 이제는 먹을 수 없는 짐승을 언급한다. 새김질을 하거나 발굽이 갈라져 있는 짐승 가운데서 먹을 수 없는 짐승들은 낙타와 산토끼 그리고 바위에서 사는 너구리이다. "바위너구리"(TNK)가 어떤 짐승을 의미하는지 정확하지 않다. "토끼"(ASV "hare", CJB, KJV, NIB, NIV, NJB "coney", YLT "rabbit"), "바위오소리"(ESV, NAS "rock badger")로 번역하기도 한다. 개역 개정은 "사반"으로 히브리어를 그냥 음역하고 있다(NAU 역시). "왜냐하면"은 이 세 짐승이 왜 먹을 수 없는지를 설명한다. 새김질은 하지만 발굽이 갈라지지 않았기 때문이다. 이 짐승들을 "부정하다"고 선언한다. 깨끗하지 않은 짐승이다.

8 그리고 돼지를, 왜냐하면 그것은 갈라진 발굽은 있으나 새김질은 없기[1] 때문이다,
그것은 너희에게 부정하다, 너희는 그것들의 고기를 먹을 수 없다,
너희는 그것들의 사체도 만질 수 없다.

본문 비교

1) 마소라 사본은 "새김질이 없다"(לא גרה)인데 반하여 사마리아 오경은 "발굽의 틈이 갈라졌으나 그것은 새김질을 하지 못한다"(שסע שסע פרסה והוא גרה לא יגור)이다. 사마리아 오경은 마소라 사본의 레위기 11:7과 거의 같다. 70인경도 사마리아 오경을 따르고 있다. 오리겐의 헥사플라Hexapla도 별표로 이것을 지적하고 있다.

돼지 역시 먹을 수 없는 짐승이다. "왜냐하면"이 그 이유를 설명하고 있다. 특별히 돼지는 이방 제사의 제물이었다. 이사야 선지자는 돼지고기를 먹는 것에 대하여 강하게 비판한다(사 65:4; 66:3). 부정한 짐승의 고기는 먹지 못한다. 더 나아가 부정한 짐승의 죽은 사체도 만져서는 안 된다. 먹을 수 있는 짐승은 열 가지인데(4-5절) 반하여 먹을 수 없는 짐승은 네 가지이다(7-8절).

"그것들의 사체"에서 "그것들"은 7절의 "낙타", "산토끼", "바위너구리" 그리고 "돼지"를 의미한다. 이 짐승들의 죽은 것은 만져서도 안 된다.

9 [1]너희는 물에 있는 모든 것에서 이것을[2] 먹을 수 있다,
너희는 그에게[3] 지느러미와 비늘이[4] 있는 모든 것을 먹을 수 있다.

본문 비교

1) V$^{Ken 69}$, 사마리아 오경, 70인경, 시리아 역은 문장 서두에 "그리고"가 있다.
2) 70인경은 복수 "이것들"이다.

3) 70인경은 복수 "그들"이다.

4) 마소라 사본은 단수 "지느러미와 비늘"로 집합적이다. 하지만 70인경과 탈굼 옹켈로스, 탈굼 네오피티, 탈굼 프쉬도 요나단은 복수 "지느러미들과 비늘들"이다.

9절은 먹을 수 있는 어류에 관하여 그리고 10절은 먹을 수 없는 어류에 대해서 말한다. 이 구절들의 평행 본문은 레위기 11:9-12에 나온다. 레위기의 설명이 더 길고 자세하다. 먹을 수 있는 어류의 기준은 지느러미와 비늘이 있는 물고기들이다.

10 그러나 그에게[1)] 지느러미와 비늘이[2)] 없는 모든 것을 너희는 먹을 수 없다,
그것은 너희에게 부정하다.

본문 비교

1) 70인경은 복수 "그들"이다.

2) 70인경, 탈굼 옹켈로스, 네오피티, 프쉬도 요나단은 복수 "지느러미들과 비늘들"이다.

9절과 반대로 먹을 수 없는 어류를 말한다. 지느러미와 비늘이 없는 것은 식용 어류가 아니다. 먹을 수 없는 이유는 부정하기 때문이다. 땅 위의 짐승과 하늘의 새는 목록이 나오는데 반하여 물속의 어류는 목록이 나오지 않는다.

11 너희는 깨끗한 모든 새를 먹을 수 있다.
12 그러나 너희는 그것들로부터 이것을 먹을 수 없다,
독수리와 콘도르와 까만 독수리,

11-20절은 먹을 수 있는 조류와 먹을 수 없는 조류에 대해서 말한다. 깨끗한 또는 정한 새는 먹을 수 있다. 하지만 깨끗한 새에 대한 목록이 나오지 않는다. 그 대신 먹을 수 없는 새들이 계속 나오고 있다. 먹을 수 없는 새는 다음과 같다. "독수리와 콘도르와 까만 독수리"는 다 독수리의 종류이다. "콘도르와 까만 독수리"는 여기와 레위기 11:13에서만 사용되었다. 개역 개정은 "솔개와 물수리"로 번역한다.

13 그리고 매와[1] 솔개를 그리고 그것의 종류에 속한 매,[2]

본문 비교

1) "매"로 번역한 히브리어 הראה는 잘못 표기한 것으로 הדאה로 읽어야 한다. 사마리아 오경, $V^{Ken\ 1}$, 일부 히브리어 사본들, 70인경은 הדאה로 읽는다. 사마리아 오경은 직접 목적어 "그리고 매를"(ואת) 갖고 있다. 마소라 사본의 레위기 11:14은 ואת הדאה이다.
2) "그의 종류에 속한 매"에서 "매"(הדיה)는 사마리아 오경과 70인경에는 나오지 않는다. 레위기 11:14에서도 나오지 않는다. 오리겐의 헥사플라Hexapla는 이것을 지적하고 있다.

14 그리고 그것의 종류에 속한 모든 까마귀를,[1]
15 그리고 타조를 그리고 올빼미를 그리고 갈매기를 그리고 그것의 종류에 속한 매를,[2]

본문 비교

1) 70인경은 "그리고 모든 까마귀 그리고 그와 같은 종류들"로 번역한다.
2) 70인경은 히브리어의 "그것의 종류에 속한 매를" "매 그리고 그와 같은 종류들"로 번역한다. Wevers의 편집은 "매 그리고 그와

같은 종류들"이 있지만 Rahlfs의 편집은 이것을 생략한다. 오리겐의 헥사플라도 이것을 지적한다.

70인경은 "타조"를 "참새"로 번역한다. "올빼미"는 아마도 밤에 활동하는 매를 의미할 것이다. 개역 개정은 "올빼미"를 그냥 원어 "타흐마스"를 음역하고 있다. "갈매기"는 바다 갈매기이다.

16 큰 올빼미를 그리고 작은 올빼미를 그리고 흰 올빼미,

17 그리고 펠리컨과[1] 독수리를 그리고 가마우지를,

18 황새와 그것의 종류에 속한 왜가리와 후투티와 박쥐,

본문 비교

1) Rahlfs 편집의 70인경은 여기에 "매 그리고 그와 같은 종류들"을 덧붙인다.

"큰 올빼미, 작은 올빼미, 흰 올빼미" 모두 올빼미의 종류들로 간주한다. "흰 올빼미"를 '백조'로도 번역하기도 한다.

"펠리컨"은 물고기를 잡기 위해 물 속에 다이빙을 하는 새 종류를 의미한다. "독수리를"은 '썩은 고기를 먹는 독수리'를 의미한다. 어떤 독수리인지 명확하지 않다. 영은 이집트 산 독수리 the gier eagle로 번역하지만 확실하지 않다(YLT). 70인경은 "가마우지"를 밤에 활동하는 "까마귀"로 번역한다. 개역 개정은 "펠리컨, 독수리, 가마우지"를 "당아, 올응, 노자"로 번역한다.

많은 역본들이 הדוכיפת를 "후투티," 유럽 새의 한 종류로 번역하는데 알려지지 않은 새이다. 영은 "댕기물떼새"lapwing로 번역한다(YLT). 개역 개정은 "대승"으로 번역한다.

19 그리고[1] 날개 있고 기는 모든 것, 그것은[2] 너희에게 부정하다,
그것들은 먹을 수 없다.[3]

본문 비교

1) 70인경은 "그리고"를 생략한다.
2) 70인경은 복수 "그것들"이다. 오리겐의 헥사플라도 이것을 지적한다.
3) 2개의 히브리어 사본과 벌게이트는 "그것은 먹을 수 없다"(לא יאכל)이며 쿰란 사본(4QpaleoDeut^{r})은 "너는 먹을 수 없다"(לא תאוכל)이며 사마리아 오경과 70인경은 "너희는 그것들을(그것들로부터) 먹을 수 없다"(לא תאכלו מהם)이다. 오리겐의 헥사플라는 이것을 지적하고 있다.

여기서는 날기도 하지만 기는 것들을 말한다. 조류인지 곤충인지 파충류인지 경계가 불분명하다. 이스라엘은 이것들을 먹을 수 없다. "날개 있고 기는 모든 것"은 곤충을 의미하는 것 같다. 예를 들면 벌떼와 같은 곤충이 여기에 속한다. "기는"(שרץ)은 떼를 지어 다니는 무리를 말한다. 작은 파충류나 네발가진 것을 의미한다. "날개 있고"(העוף)는 나는 생물로 곤충을 뜻한다.

20 깨끗한 모든 새를 너희는 먹을 수 있다.

"새"는 19절에서 "날개 있고"로 번역한 עוף이다. 이 단어는 '날개 있는 생물' 또는 '새'를 의미한다.

21 너희는 모든 사체를 먹을 수 없다,
너의 문들 안에 있는 체류자에게[1] 너는 그것을 줄 수 있고

그는 그것을 먹을 수 있다, 또는 외국인에게 팔 수 있다.[2)]

왜냐하면 너는 너의 하나님 아도나이에게 거룩한 백성이기 때문이다,

너는 새끼염소를[3)] 그의 어미의 우유로 삶을 수 없다.[4)]

본문 비교

1) 70인경은 "체류자"(גר)를 "외국인(παροίκῳ)"으로 번역한다. 아퀼라는 προσηλύτῳ로 번역한다. 히브리어 גר는 신명기 22번 나오는데 70인경은 이 단어를 거의 "개종자"(προσηλύτος)로 번역한다. 이곳과 23:7만 "외국인"으로 번역한다. 탈굼 프쉬도 요나단은 "할례 받지 않은 이방인"으로 해석한다.

2) 마소라 사본의 "팔 수 있다"(מכר)를 사마리아 오경과 시리아 역은 מכרה로 읽는다.

3) 70인경은 "새끼염소"를 "양"(ἄρνα)으로 번역한다. 아퀼라는 "새끼염소"(ἔριφον)로 번역했다.

4) 탈굼 옹켈로스는 "너희는 고기를 우유로(함께) 먹을 수 없다"로 해석하며 탈굼 네오피티는 "너희는 고기와 우유를 함께 혼합하여 요리하거나(삶거나) 먹지 말라"이며 탈굼 프쉬도 요나단은 "너희는 고기와 우유를 그 둘을 함께 혼합하여 삶거나 먹는 것이 허락되지 않았다"로 이해한다.

"너는 새끼염소를 그의 어미의 우유로 삶을 수 없다."는 출애굽기 23:19에도 나오는데 사마리아 오경은 출애굽기 23:19에 다음 문장을 덧붙인다. "왜냐하면 그가 이것을 망각의 제사같이 행하고 그것은 야곱의 하나님께 진노가 되기 때문이다"(כי עשה זאת כזבח שׁכח ועברה היא לאלהי יעקב)를 덧붙인다. 이러한 해석은 일부 70인경의 사본들에게서도 발견된다(ὅς γὰρ ποιεῖ τοῦτο, ὡσεὶ ἀσπάλακα θύσει ὅτι μίασμά (μήνιμα) ἐστι τῷ θεῷ Ἰακώβ).

"사체"는 죽은 사람의 시체를 의미하기도 하지만 여기서는 문맥상 죽은 짐승의 시체를 말한다. 스스로 죽은 짐승의 시체이다. 이스라엘은 죽은 시체를 먹을 수 없지만 그들과 함께 거하는 체류자나 외국인은 먹을 수 있다. 음식법이 이스라엘 사람에게만 해당된다는 것을 알 수 있다. 이것을 보면 음식법은 건강상 먹지 말라는 것은 아니다. 체류자나 외국인은 먹어도 되기 때문이다. 또한 율법은 국가적인 성격을 띤다. 이스라엘 국가를 위한 법이다. 음식법은 외국인들에게 적용되지 않기 때문이다.

"체류자"(גר)는 객지에서 잠시 머무르는 사람을 의미한다. 여기서 체류자는 이스라엘 사람과 대조를 이룬다. 이 단어에 대한 자세한 설명은 신명기 1:16을 참고하라.

"왜냐하면 너는 너의 하나님 아도나이에게 거룩한 백성이기 때문이다." 접속사 "왜냐하면"은 이스라엘이 죽은 사체를 먹을 수 없는 이유를 설명한다. 이스라엘은 하나님의 거룩한 백성이기 때문이다. 거룩한 백성은 죽은 사체를 만질 수도 없고(8절) 먹을 수도 없다(21절). 거룩한 백성은 죽은 자를 위하여 몸을 베지 말아야 하며 눈썹 사이의 털을 밀지 말아야 한다(신 14:2). 또한 이스라엘이 왜 죽은 시체를 먹어서는 안 되는가 하는 문제에서도 거룩한 백성이 해답을 주고 있다. 거룩한 백성은 먹는 것도 조심해야 한다. "거룩한 백성"은 신명기 7:6을 참고하라.

음식법을 말하다가 갑자기 "너는 새끼염소를 그의 어미의 우유로 삶을 수 없다."는 규정이 나온다. "삶을 수 없다"는 '끓일 수 없다'는 것을 말한다.

새끼염소를 그의 어미의 젖으로 삶지 말라는 이 규정은 이해하기 아주 어렵다. 이 규정은 출애굽기에 두 번(출 23:19과 34:26) 더 나온다. 학자들은 이 규정과 다른 구절들과의 관계를 먼저 생각한다. 소, 양, 염소의 새끼로 번제를 드릴 때, 가축의 새끼가 나면 칠일 동안 어미와 함께 있게 하고 팔일 후에 잡아서 아도나이께 번제로 드려야 한다. 그리고 어미와 새끼를 한 날에 같이 잡지 말라고 말한다(출 22:30; 레 23:27-28). 이 구절들과 더불어서 사람이 길을 가다가 알이나 새끼를 품은 새를 발견하면, 어미 새와 새끼를 한꺼번에 취하지 말라고 권한다(신 22:6-7). 이 구절들은 인도주의적인 목적이 있다. 짐승에 대한 인간의 잔혹한 행동과 무감각을 금지하는 것이다(Philo, *De virtutibus* § 124-144; Josephus, *Contra Apionem* II, 213f.).

이러한 주장에서 더 나아가 어미와 새끼의 관계는 창조질서로서의 관계이며 사랑과 온화의 모델이다. 어미와 새끼의 관계는 생명의 연속에 대한 자연의 관심을 반영한다는 것이다(O. Keel & S. Schroer, *Studien zu den Stempelsiegeln aus Palaestina/Israel*, I, Freiburg, 1985. 25-38).

어떤 학자들은 우가릿 문헌에 근거하여 새끼염소를 어미의 젖으로 삶는 것은 가나안 종교의 일반적인 관습이었다고 말한다. 이러한 가나안 종교의 관습은 이스라엘 종교 내에서 행해서는 안 된다는 것이다(Craigie, 232-233을 보라).

필자의 생각으로는 새끼염소를 어미젖으로 삶지 말라는 이 규정은 새끼를 잡을 때 칠일을 어미와 함께 두고 팔일 후에 잡으라는 것과 어미 새와 새끼를 함께 취할 수 없다는 규정들과는 관련이 없는 것 같다(출 22:30; 레 23:27-28; 신 22:6-7). 왜냐하면 새끼염소를 어미젖으로 삶지 말라는 것은 요리에 관한 것이기 때문이다. 여기서 먹을 수 있는 짐승과 먹을 수 없는 짐승의 본문 다음에 나오는 것을 보면 알 수 있다.

특이하게도 이 규정은 출애굽기에 두 번(출 23:19과 34:26) 그리고 여기에 한 번 나온다. 출애굽기와 신명기에 나오는 이 규정은 우선 문맥이 다르다는 것을 염두에 두어야 한다. 많은 학자들은 출애굽기와 신명기의 문맥이 서로 다르다는 사실을 간과한다. 출애굽기는 절기에 관한 법들이 주어지는 가운데, 토지의 첫 소산을 아도나이께 드리라고 명령한 후에 새끼염소를 어미의 젖으로 삶지 말라고 한다. 절기 때에 제물의 피를 드리는 것과 토지소산의 처음 것을 드리는 것을 말한 후에 새끼염소를 어미젖으로 삶지 말라는 규정이 나온다. 출애굽기는 아마도 이방인들의 축제 때의 제의 관습을 염두에 두고 말한 것 같다. 이방인들이 새끼염소를 어미의 젖으로 삶아 제사 드리는 관습을 염두에 두고 그것에 반대하기 위하여 이 규정을 준 것 같다. 즉 아도나이의 제사와 관련해서 새끼염소를 어미젖으로 삶지 말 것을 말한다.

하지만 신명기는 문맥이 다르다. 새끼염소를 어미의 우유로 삶는 것은 먹기 위한 것이다. 이 규정을 이해하기 위해서는 이방인들은 죽은 고기를 먹을 수 있지만 이스라엘 사람은 죽은 고기를 먹을 수 없다는 규정에 이어서 나오고 있다는 사실에 주목해야 한다. 신명기의 문맥은 먹는 문제에 관한 것이다. 아마도 이방인들이 고기를 더 부드럽게 하기 위해서 우유로 새끼염소를 요리했다는 것을 염두에 두고 말했을 것이다. 먹기 위해서 새끼염소를 어미의 젖과 함께 삶는 것을 금했을 것이다(본문 비교 4의 탈굼 해석을 참고하라). 유대인들은 이 말씀에 근거하여 식사하는 동안에는 고기와 우유를 함께 제공하지 않는다(여기에 대한 자세한 토론은 다음 참고문헌들을 보라. C. Houtman, *Das Bundesbuch*, Leiden, 1997, 304-305, 323-325. B. Daube, "A Note on a Jewish Dietary Law," *JTS* 37 (1936), 289-291. 라부샤흐네는 새끼염소를 어미젖으로 삶은 것을 먹는 것은 피와 함께 고기를 먹는 것이라고 말한다(Labuschagne, *Deuteronomium deel* II, 70-71). 이 견해는 피를 먹지 말라는 계명에 많은 강조가 있다. 우유가 피를 담고 있다고 확대 해석하는 것 같다. 하지만 여기서는 새끼염소를 어미젖으로 삶아 먹지 말라고 말하고 있다는 사실을 기억해야 한다. 새끼염소와 어미젖과의 관계에 초점이 있다.

3. 십일조(14:22-29)

십일조의 규정을 말한다. 십일조는 두 가지로 구분한다. 매년 드리는 십일조(22-27)와 삼 년마다 드리는 십일조이다(28-29). 십일조 규정은 15장에 나오는 면제년과 관련이 있다. 면제년은 칠 년마다 돌아온다. 일 년, 삼 년 그리고 칠 년으로 나아가고 있기 때문이다.

번역

22 너는 확실히 너의 씨의 모든 소산의 십일조를 드려야 한다,
매년 그 토지에서 나오는 것.
23 그리고 너는 너의 하나님 아도나이 앞에서 먹어야 한다,
그가 그의 이름을 거기에 두기 위하여 선택하실 그 장소에서,
너의 곡식, 너의 새 포도주와 너의 기름의 십일조를,
너의 소와 너의 양의 처음 난 것들을,
네가 모든 날들에 너의 하나님 아도나이를 경외하기를 배우기 위하여.
24 그러나 그 길이 너에게서 너무 멀다면,
네가 그것을 가져갈 수 없다면,
왜냐하면 너의 하나님 아도나이께서 선택하실 그 장소가 너에게서 멀기 때문이다,
거기에 그의 이름을 두기 위하여,
왜냐하면 너의 하나님 아도나이께서 너에게 복을 주실 것이기 때문이다.
25 그리고 너는 돈으로 둘 것이며 너는 너의 손으로 그 돈을 쌀 것이며,
너는 너의 하나님 아도나이께서 선택하실 그 장소에 갈 수 있다.
26 그리고 너는 그 돈을 너의 영혼이 원하는 모든 것으로 둘 것이다,
소와 양으로, 그리고 포도주와 독주로,
너의 영혼이 너에게 요구하는 모든 것으로,
그리고 너는 거기서 너의 하나님 여호와 앞에서 먹을 것이다,

그리고 너는 즐거워할 것이다, 너와 너의 집이.
27 너의 문들 안에 있는 레위인, 너는 그를 버릴 수 없다,
왜냐하면 그에게 몫이나 너와 함께 기업이 없기 때문이다.
28 삼 년 끝에 너는 그 해의 너의 소산물의 모든 십일조를 가져와야 한다,
그리고 너는 너의 문들 안에 두어야 한다.
29 그리고 레위 인이 올 것이다, 그에게 몫이나 너와 함께 기업이 없기 때문에,
그리고 너의 성들 안에 있는 체류자와 고아와 과부,
그리고 그들은 먹을 것이며 만족할 것이다,
너의 하나님 아도나이께서 너를 축복하기 위하여,
네가 하는 너의 손의 모든 일에.

주해

22 너는 확실히 너의 씨의 모든 소산의 십일조를[1] 드려야 한다,
매년 그 토지[2]에서 나오는 것.[3]

본문 비교

1) 히브리어의 목적어 את를 살려서 다시 번역하면 "너는 확실히 너의 씨의 모든 소산을"로 해야 한다. 이 번역은 '너는 확실히 너의 씨의 모든 소산을 십일조로 드려야 한다'는 의미이다. 위의 나의 번역은 70인경을 따른 것이다. 70인경은 히브리어 목적어 את를 소유격 *εκάτην ἀποδεκατώσεις παντὸς γενήματος τοῦ σπέρματός σου*으로 번역한다.
2) 70인경은 "너의 그 토지"로 '너의'를 넣어 주었다. 오리겐의 헥사플라는 이것을 지적한다.
3) 마소라 사본은 정관사가 היצא있지만 사마리아 오경은 정관사가 יוצא없다.

히브리어 어순은 피엘 강조 부정사 용법이 나와서 십일조를 꼭, 확실히 또는 마땅히 드려야 할 것을 강조한다. "너는 확실히 십일조를 드려야 한다." 십일조의 대상은 "너의 씨의 모든 소산"이다. 즉 농사를 짓는 모든 것에서 십분의 일을 드려야 할 것을 말한다. 이것은 다시 "매년 그 토지에서 나오는 것"이라고 설명한다. 십일조는 한 두 해 드리고 마는 것이 아니다. 매년 십일조를 드리는 것이다. 십일조에 대해서는 신명기 12:6을 참고하라.

23 그리고 너는 너의 하나님 아도나이 앞에서 먹어야 한다,[1)]

그가[2)] 그의 이름을 거기에 두기 위하여 선택하실[3)] 그 장소에서,

너의 곡식, 너의 새 포도주와 너의 기름의 십일조를,[4)]

너의 소와 너의 양의 처음 난 것들을,

네가 모든 날들에 너의 하나님 아도나이를 경외하기를 배우기 위하여.

본문 비교

1) 사마리아 오경과 70인경은 '너는 그것을 먹어야 한다'이다. "그것을"은 22절의 "그 토지에서 나오는 것"을 말한다.
2) 70인경은 "너의 하나님 주님"(κύριος ὁ θεός σου)을 덧붙인다. 오리겐의 헥사플라도 덧붙여진 것을 지적한다.
3) 마소라 사본은 미완료 '그가 선택할 것이다' יבחר인데 반하여 사마리아 오경은 완료 '그가 선택했다' בחר이며 그 뒤에 주어로 "너의 하나님 아도나이"가 나온다.
4) 70인경은 "너의 곡식, 너의 새 포도주와 너의 기름의 십일조를"에 동사 "너희는 가져올 것이다"(랄프 편집은 복수 οἴσετε(B) 베버 편집은 단수 οἴσεις)를 덧붙인다. 탈굼 네오피티와 탈굼 프쉬도 요나단은 "두 번째 십일조"라고 밀한다(Sifre Deut. 150 역시). 유대인의 해석에 따르면 십일조의 종류가 있다. 첫 번째 십일조는 민수

기(18:21-32)에 나오며 레위인에게 주는 것이다. 두 번째 십일조는 남아 있는 90퍼센트에서 취해진 십일조이다. 이 십일조는 신명기 14:21-27과 레위기 27:30-31에 언급되었다. 세 번째 십일조는 안식년 주기에 따라 삼 년 그리고 육 년에 드리는 가난한 자를 위한 십일조이다. 신명기 14:28-29에 나온다(Tigay, 141을 보라). 탈굼 성경들이 "두 번째 십일조"라고 말하는 것은 이러한 해석을 근거로 한 것으로 보인다.

여기서 말하는 십일조는 매년 드리는 것으로 28-29절에서 말하는 삼 년마다 드리는 십일조와 구별된다. 매년 드리는 십일조는 중앙 성소로 가져가야 한다. 그곳에서 십일조를 드리고 먹을 수 있다(자세한 설명은 신 12:5-6을 참고).

"아도나이 앞에서"는 더 구체적으로 "그가 선택하실 그 장소에서"이다. 즉 중앙 성소를 의미한다. 이스라엘이 중앙 성소에서 십일조와 소와 양의 처음 난 것을 먹어야 하는 목적을 "네가 모든 날들에 너의 하나님 아도나이를 경외하기를 배우기 위하여"가 설명하고 있다. 이 규례를 지킴으로 아도나이를 경외하는 것을 배우는 것이다. "모든 날들에"는 '항상' 또는 '영원히'를 의미한다.

24 그러나 그 길이 너에게서 너무 멀다면,[1]
[2]네가 그것을 가져갈 수[3] 없다면,
왜냐하면 너의 하나님 아도나이께서 선택하실 그 장소가 너에게서 멀기 때문이다,
거기에 그의 이름을 두기 위하여,[4]
왜냐하면 너의 하나님 아도나이께서 너에게 복을 주실 것이기 때문이다.

본문 비교

1) 마소라 사본은 주어가 남성 단수 ירבה인데 반하여 Sebir는 여성 단수 תרבה로 읽는다.
2) 70인경은 '그리고'를 첨가한다.
3) 마소라 사본, 사마리아 오경, 70인경은 שאתו인데 반하여 쿰란 사본(1QDeut[a])은 לשתו로 읽는다.
4) 마소라 사본은 לשום인데 반하여 사마리아 오경은 לשכן את로 '그의 이름을 거하게 하기 위하여,' 다른 단어이며 목적어를 갖고 있다.

이 절에서 접속사 '키'(כי)가 네 번이나 나오기 때문에 번역이 쉽지 않다. 현대 영어나 독일어의 번역들을 비교해 보면 번역이 얼마나 다양한지 금방 알 수 있다. 다음 세 개의 번역본을 비교해 보라.

NKJ - But if the journey is too long for you, so that you are not able to carry the tithe, or if the place where the LORD your God chooses to put His name is too far from you, when the LORD your God has blessed you.

TNK - Should the distance be too great for you, should you be unable to transport them, because the place where the LORD your God has chosen to establish His name is far from you and because the LORD your God has blessed you.

YLT - And when the way is too much for thee, that thou art not able to carry it - when the place is too far off from thee which Jehovah thy God doth choose to put His name there, when Jehovah thy God doth bless thee.

필자는 앞의 두 번의 '키'는 '만일 ~면'으로 그리고 뒤의 두 번의 '키'는 '왜냐하면 ~때문이다'로 번역했다(70인경이 이렇게 번역한다. 앞의 두 개의 '키'를 ἐὰν...καὶ로 그리고 뒤의 '키' 두 개를 ὅτι로 번역했다). 24절 전체가 조건절이고 25-27절이 귀결절이다.

"그러나"(ו)는 앞 절들과 대조를 이룬다. "그러나 그 길이 너에게서 너무 멀다면"은 십일조를 드리러 가야 할 예배자가 사는 곳에서 중앙 성소까지의 거리가 먼 것을 의미한다. 개역 개정은 "너무 멀고 행로가 어려워서"로 의역했다.

"네가 그것을 가져갈 수 없다면." 히브리어는 "그리고" 없이 접속사 '키'(כִּי)가 나와서 접속사 절로 평행을 이룬다. "그것을"은 앞 절에서 나오는 십일조와 양과 소의 처음 난 것을 의미한다. 예배자가 왜 십일조를 중앙 성소로 가져 갈 수 없는지 다음 두 개의 접속사 '키'가 설명한다.

십일조와 처음 난 것을 가져 갈 수 없는 이유를 설명하는 첫 접속사 '키'(כִּי)가 나온다. "왜냐하면 너의 하나님 아도나이께서 선택하실 그 장소가 너에게서 멀기 때문이다." 아도나이께서 약속의 땅에서 그의 이름을 위해 선택하실 그 장소를 말한다. "왜냐하면 너의 하나님 아도나이께서 거기에 그의 이름을 두기 위하여 선택하실 그 장소가 너에게서 멀기 때문이다." 중앙 성소에 대해서는 신명기 12:5을 참고하라.

두 번째 접속사 '키'(כִּי)가 나와서 십일조를 중앙 성소로 가져 갈 수 없는 이유를 설명하고 있다. "왜냐하면 너의 하나님 아도나이께서 너에게 복을 주실 것이기 때문이다." 아도나이께서 이스라엘에게 많은 복을 주실 것이기 때문에 그 십일조를 가지고 갈 수 없다는 뜻이다. 이래서 개역 개정은 "그 풍부히 주신 것을 가지고 갈 수 없거든"으로 번역한다.

25 그리고 너는 돈으로 둘 것이며[1] 너는 너의 손으로[2] 그 돈을 쌀 것이며,
너는 너의 하나님 아도나이께서 선택하실 그 장소에 갈 수 있다.

본문 비교

1) 70인경은 "너는 그것들을 돈을 위해 팔 수 있을 것이다"로 번역하며 "그것들을"(αὐτὰ) 덧붙인다. 오리겐의 헥사플라는 이것을 지적한다. 탈굼 옹켈로스 역시 "그것들을" 덧붙이며 탈굼 네오피티는 "두 번째 십일조"를 그리고 벌게이트는 omina를 덧붙인다.

2) 70인경은 복수 "손들"이다.

"그리고 너는 돈으로 둘 것이며"에서 "돈"은 '은'이다. 은이 돈으로 사용된 것이다. '두다'는 '바꾸다,' '교환하다'의 의미를 갖는다. 즉 하나님이 복으로 주신 십일조와 처음 난 것이 너무 많아서 중앙 성소로 가져갈 수 없을 경우, 돈으로 바꾸라는 것이다. 70인경은 그것을 팔라고 한다.

"너는 너의 손으로 그 돈을 쌀 것이며." 십일조와 처음 난 것을 돈으로 바꾼 후에 그 돈을 손으로 싸서 여호와께서 선택하실 장소로 가져갈 것을 말한다.

십일조와 초태생을 드리는 방법이 상당히 유연하다. 곡식을 가지고 양과 소를 몰고 중앙 성소가 있는 곳까지 먼 길을 가야 한다고 생각해 보라. 얼마나 힘들고 어렵겠는가! 돈으로 교환해서 가져가라는 명령은 중앙 성소로부터 멀리 사는 사람들에게 합리적이며 편리하다.

26 그리고 너는 그 돈을 너의 영혼이 원하는 모든 것으로 둘 것이다,
소와 양으로, 그리고 포도주와[1] 독주로,[2]
너의 영혼이 너에게 요구하는 모든 것으로,
그리고 너는 거기서 너의 하나님 여호와 앞에서 먹을 것이다,
그리고 너는 즐거워할 것이다, 너와 너의 집이.[3]

본문 비교

1) 사마리아 오경은 "그리고"를 생략한다.
2) 아람어 성경들, 탈굼 옹켈로스, 탈굼 네오피티, 탈굼 프쉬도 요나단은 "독주"를 '묵은 포도주'로 번역한다.
3) 탈굼 옹켈로스는 "너의 집의 백성들과 함께"로 그리고 탈굼 네오피티는 "나의 백성, 너 그리고 너의 집들의 사람들"로 번역한다.

동사 "너는 둘 것이다"는 문맥상 '바꿀 수 있다,' 또는 '살 수 있다'의 의미이다. 즉 '너는 그 돈을 너의 영혼이 원하는 모든 것으로 바꿀 수 있다'이다. 예배자가 고향에서 십일조와 처음 난 것을 돈으로 교환해 왔다. 중앙 성소에 도착해서 그 돈으로 예배자가 원하는 대로 하나님께 드릴 예물을 살 수 있다는 것이다. "너의 영혼이 원하는 모든 것"은 다시 소와 양 그리고 포도주와 독주로 나온다.

"너의 영혼이 원하는 모든 것으로"와 "너의 영혼이 너에게 요구하는 모든 것으로"는 평행을 이루며 동사 "너는 둘 것이다"에 걸린다. 개역 개정은 "네 마음에 원하는 모든 것"으로 똑같이 번역했다. 개정역은 "네 마음에 좋아하는 것" 그리고 "네 마음에 원하는 것"으로 구분해서 번역했다. "너의 영혼이 너에게 요구하는 모든 것"은 '너의 영혼이 너를 위하여 요구하는 모든 것'이다. 예배자가 돈으로 구입하기 원하는 것으로 마음에 드는 것, 기뻐하는 것, 원하는 것이다.

"거기서 너의 하나님 여호와 앞에서"는 중앙 성소를 의미한다. 신명기는 아도나이께서 약속의 땅에서 선택하실 장소는 언급하지만 구체적인 지명은 나오지 않는다. 아도나이의 이름이 있는 곳이며 아도나이께서 거하실 곳이다. 그곳에서 예배자는 십일조와 초태생을 드리고 먹고 마실 수 있다.

27 너의 문들[1] 안에 있는 레위인, 너는 그를 버릴 수 없다,[2]
왜냐하면 그에게 몫이나 너와 함께 기업이[3] 없기 때문이다.

본문 비교

1) 한 히브리어 사본은 단수 "너의 문"으로 읽는다.
2) 히브리어 필사본 $V^{ken\ 69}$와 70인경은 "너는 그를 버릴 수 없다"를 생략한다. 오리겐의 헥사플라는 별표와 함께 *οὐκ ἐγκαταλείψεις αὐτόν*을 넣어준다.
3) 탈굼 네오피티는 "그들은 그 땅의 분배에 너와 함께 기업이나 몫이 없기 때문이다"로 번역한다.

"너의 문들 안에 있는 레위인"은 이스라엘 영토 안에 흩어져 살고 있는 레위인들을 의미한다. 레위인들은 이스라엘의 모든 지파로부터 48개의 성읍들과 목초지를 받았다. 유다, 시므온, 베냐민 지파에게서 13성읍을 받았고 에브라임, 단, 므낫세 반 지파에게서 10성읍을 받았고 잇사갈, 아셀, 납달리, 바산에 있는 므낫세 반 지파에게서 13성읍을 받았고 르우벤, 갓, 스불론에게서 12성읍을 받았다(수 21:1-42).

"너는 그를 버릴 수 없다"는 이스라엘이 레위인을 돌보지 않고 버려두지 말라는 것이다. 레위인을 잊어버리거나 무시하지 말라는 것이다. 다음 28-29절을 읽어보면 레위인을 돌보지 않는 행위는 십일조를 주지 않는 것이다.

"왜냐하면"은 이스라엘 백성이 레위인을 저버릴 수 없는 이유를 설명한다. 레위인은 이스라엘의 다른 지파들처럼 가나안 땅에서 기업의 땅을 받지 못했기 때문이다. "몫"은 분배 재산의 한 부분을 그리고 "기업"은 소유로서 물림 재산 즉, 상속 재산을 뜻한다. 더 자세한 설명은 신명기 10:9을 참고하시오.

28 삼 년 끝에 너는 그 해의[1] 너의 소산물의 모든 십일조를 가져와야 한다,
그리고 너는 너의 문들 안에 두어야 한다.[2]

본문 비교

1) 탈굼 네오피티는 "그 해의"를 "삼 년에"로 번역하며 "그것은 가난한 자의 십일조의 해이다"를 덧붙여 해설한다.
2) 70인경과 사마리아 오경은 "너는 너의 문들 안에 두어야 한다"에 목적어 "그것을" 첨가한다. 오리겐의 헥사플라는 70인경이 목적어 "그것을" 첨가한 것을 지적한다.

22-27절은 매년 십일조를 말한다. 그리고 28-29절은 삼 년마다 드리는 십일조이다. "삼 년 끝에"는 매 삼 년 끝으로 삼 년마다 드리는 십일조를 의미한다. "그 해의 너의 소산물의 모든 십일조"는 삼 년 째의 토지 소산물의 십일조를 뜻한다. "너의 문들"은 성들의 문으로 예배자가 사는 성읍을 뜻한다. 70인경은 "성들"로 번역한다(아람어 성경 역시 "성들"이다).

매년 드리는 십일조는 중앙 성소로 가져가야 한다(22-23절). 그러나 삼 년마다 드리는 십일조는 예배자가 사는 성읍 안에 두어야 한다. 십일조를 드리는 곳이 다르다.

29 그리고 레위 인이 올 것이다, 그에게 몫이나 너와 함께 기업이 없기 때문에,
그리고 너의 성들 안에 있는 체류자와[1] 고아와 과부,
그리고 그들은 먹을 것이며 만족할 것이다,
너의 하나님 아도나이께서 너를 축복하기 위하여,
네가 하는 너의 손의[2] 모든 일에.

본문 비교

1) 70인경은 "개종자"로 번역한다.

2) 70인경은 "너의 손의"를 생략한다. 오리겐의 헥사플라는 "너의 손들의"를 별표 아래에 덧붙인다. 몇 개의 히브리어 사본들 V[ken 1. 9]과 시리아 역과 벌게이트는 "너의 손들"이다.

레위인, 체류자, 고아와 과부는 "올 것이다" 그리고 "그들은 먹을 것이며 만족할 것이다." 동사 "올 것이다"의 주어는 단수이며 "그들은 먹을 것이며 만족할 것이다"는 복수이다.

삼 년 십일조는 성안에 쌓아둔다. 그러면 레위인과 체류자와 고아와 과부가 와서 그 십일조를 먹는다. 레위인은 이스라엘 각 지파에 흩어져 살고 있다. 이들은 이스라엘의 다른 지파들처럼 기업의 땅을 받지 못했다. 체류자는 잠시 머무르는 외국인을 의미한다(신 1:16을 참고). 고아와 과부는 아버지와 남편이 없는 자들이다. 가부장적인 사회에서 아버지와 남편이 없다는 것은 보호자가 없다는 것을 뜻한다. 삼 년 십일조는 가난한 자들, 소외된 자들을 위해서 사용한다.

삼 년 십일조를 이렇게 사용하는 것은 결국 이스라엘을 위한 것이다. 가난하고 소외된 자들을 돌보면 아도나이께서 이스라엘을 돌보신다. "너의 하나님 아도나이께서 너를 축복하기 위하여"는 이러한 사상을 잘 보여준다. 아도나이께서 삼 년 십일조를 드리는 이스라엘 사람들의 모든 일을 돌보시며 축복하신다.

삼 년 십일조는 사회에 환원되는 기능을 갖는다. 체류자와 고아와 미망인은 사회의 최하층 사람들이다. 하나님은 이들을 위해 십일조를 사용할 것을 명령한다. 즉 사회정의를 실현하라는 것이다.

참고 문헌

김경열, 『레위기의 신학과 해석』, 서울, 2016.

Bennett, H. V., "Triennial Tithes and the Underdog: A Revisionist Reading of Deuteronomy 14:22-29 and 26:12-15," in *Yet with a Steady Beat*, Boston, 2003, 7-18.

Clements, R. E., "Leviticus" in *The Broadman Bible Commentary II*, London, 1970.

Daube, B., "A Note on a Jewish Dietary Law," *JTS* 37 (1936), 289-291.

Douglas, M., *Purity and Danger: An Analysis of the Concepts of Pollution and Taboo*, London, 1966.

——, "The Forbidden Animals in Leviticus," *JSOT* 59 (1993), 3-23.

Harrison, R. K., *Introduction to the Old Testament*, Grand Rapids, 1975.

Hertz, J. H., *Leviticus*, London, 1932.

Hoppe, L. J., "Deuteronomy om Tithing," *TBT* 40 (2002), 278-283.

Houston, W., *Purity and Monotheism: Clean and Unclean Animals in Biblical Law*, Sheffield, 1993.

Houtman, C., *Das Bundesbuch*, Leiden, 1997.

Hübner, U. "Schweine, Schweineknochen und ein Speiseverbot im Alten Israel," *VT* 39 (1989), 225-236.

Keel, O. & S. Schroer, *Studien zu den Stempelsiegeln aus Palaestina/Israel*, I, Freiburg, 1985.

London, G., "Why Milk and Meat Don't Mix," *BARev* 34 (6, 2008), 66-69.

Macht, D. I., "An Experimental Pharmacological Appreciation of Leviticus 11 and Deuteronomy 14," *Bulletin of the History of Medicine* 27(1953), 444-450.

Mayes, A. D. H. "Deuteronomy 14 and the Deuteronomic World View," in *Studies in Deuteronomy*, Leiden, 1994, 165-182.

Milgrom, J., *Leviticus 1-16*, Doubleday, 1991.

——, "Ethics and Ritual: The Foundations of the Biblical Dietary Laws," in *Religion and Law: Biblical-Judaic and Islamic Perspectives*, Winona Lake, 1990, 160-191.

Noth, M., *Gesammelte Studien zum Alten Testament*, München, 1957.

Schaper, J., "Geld und Kult im Deuteronomium," *JBT* 21 (2006), 45-54.

Venter, P. M., "The dietary regulations in Deuteronomy 14 within its literary context," *HTS* 58 (2002), 1240-1262.

Wenham, G. J., *The Book of Leviticus*, Grand Rapids, 1979.

Wittenberg, G., "The Tithe-An Obligation for Christians? Perspectives from Deuteronomy," *JTSoA* 134 (2009), 82-101.

Wright, D. P., "Observations on the Ethical Foundations of the Biblical Dietary Laws: A Response to J. Milgrom," in *Religion and Law: Biblical-Judaic and Islamic Perspectives*, Winona Lake, 1990, 193-198.

DEUTERO
NOMY

신명기 15장

A New Translation with
Introduction
and Commentary

DEUTERONOMY

D E U T E R O N O M Y

신명기 15장

Deuteronomy 15

내용/구조

이 장은 먼저 면제년에 대한 주제를 길게 서술한다. 면제년에 대한 규례가 1-18절에 나오고 19-23절은 처음 난 수컷 짐승에 관한 규례이다.

매 칠 년마다 돌아오는 면제년에 대해서 말한다. 앞 장에서 매년 십일조(14:22-27)와 삼 년 십일조(14:28-29)를 언급한 후에 이어서 칠 년 면제년을 설명한다. 면제년은 이웃에게 꾸어준 빚을 탕감해 주는 해이다. 이 법은 같은 이스라엘 동포에게 적용된다. 칠 년 끝에 형제에게 꾸어준 돈을 면제해 주어야 한다. 그러나 이방인에게는 해당되지 않는다. 이스라엘 사람은 이방인에게는 돈을 갚으라고 독촉할 수 있다.

이스라엘은 하나님이 명령하시는 이 법을 가나안 땅에서 지켜 행하면 이스라엘 내에 가난한 사람이 없을 것이다. 이 법은 가난한 형제를 위한 것이다. 가난한 자에게 다시 재기할 수 있는 기회를 주는 법이다. 이스라엘이 이 법을 잘 지켜 살 때 하나님이 그들에게 복을 주신다. 복을 주시는 분이 하나님이심을 반복해서 강조한다.

하나님이 주시는 복은 구체적으로 경제적인 면에서 니타난다. 하나님이 주시는 복으로 인하여 이스라엘은 여러 나라에게 빌려 주는 위치에 선다. 더 나아가 경제적인 부로 인하여 국력이 강해진다. 그 결과 다른 나라를 통치할 수 있는 강대국이 된다.

이스라엘은 같이 사는 가난한 형제에게 악한 마음을 품지 말아야 한다. 악한 마음은 가난한 형제가 필요로 하는 것을 꾸어주지 않는 것이다. 특히 면제년이 가까이 왔을 때 꾸어주면 곧 다가 올 면제년에 탕감해 주어야 한다. 이때 경제적인 손실이 있을 것이다. 이러한 경제적인 손실을 계산하여 면제년이 가까이 왔을 때 꾸어주지 않는 행위는 아도나이 앞에서 죄악이다. 가난한 형제가 아도나이께 호소하면 그것이 죄가 된다(1-11).

이스라엘은 면제년에 종으로 육 년 동안 일한 사람을 자유롭게 보내주어야 한다. 자유인으로 해방을 선언해야 한다. 그 종을 내보낼 때 빈손으로 보내면 안 된다. 그 종에게 반드시 먹을 것과 쓸 것을 주어야 한다. 모세가 종의 해방을 명령할 수 있는 이유는 출애굽에 근거한다. 이스라엘은 이집트에 있을 때 종으로 있었다. 이때 아도나이께서 이스라엘에게 해방을 주셨기 때문이다.

또한 면제년에 발생할 수 있는 한 상황을 가정한다. 면제년에 종을 내보낼 때, 종이 주인의 집을 나가지 않겠다고 말할 수 있다. 종이 주인의 집을 좋아하기 때문이다. 이럴 때는 송곳으로 종의 귀를 뚫는다. 그러면 종은 그 집의 영원한 종이 된다(12-18).

면제년을 언급한 후에 처음 난 소와 양의 새끼를 말한다. 처음 난 새끼들은 아도나이께 구별하여 드려야 한다. 소의 첫 새끼는 일을 시키지 말아야 한다. 그리고 양의 첫 새끼는 털을 깎지 말아야 한다. 그 짐승을 중앙 성소로 가져와서 아도나이 앞에서 먹어야 한다. 그러나 첫 새끼에 흠이 있다면 그 짐승은 아도나이께 드릴 수 없다. 그 처음 난 짐승은 성중에서 먹을 수 있다(19-23).

이 장은 주제에 따라 크게 세 부분으로 나눌 수 있다.

1. 빚을 탕감해 주는 면제년(15:1-11)

2. 면제년에 종을 보내는 방법(15:12-18)

3. 처음 난 소와 양 새끼(15:19-23)

1. 빚을 탕감해 주는 면제년(15:1-11)

이 단락은 면제년에 대한 설명이다. 먼저 1-6절은 칠 년이 되면 빚을 탕감해 주라고 말한다. 이 법을 잘 지키면 이스라엘 내에 가난한 자가 없을 것이다. 또한 이스라엘은 하나님께 큰 복을 받을 것이다. 하나님이 주신 복으로 인하여 이스라엘은 주위의 나라들에서도 강대국의 위치를 차지할 것이다.

7-11절은 면제년을 맞아 이스라엘 사람들이 가난한 형제에게 취할 마음과 태도에 대해서 설명한다. 가난한 형제에게 마음을 강퍅하게 하지 말 것을 요구한다. 가난한 형제의 요구를 거부하는 것은 아도나이께 죄가 되기 때문이다. 이스라엘은 가난한 이웃에게 언제나 손을 펴서 도와주어야 한다.

가난한 형제에게 면제해 주어야 할 것을 강조한다. 빚을 탕감해 줄 수 있는 근본적인 이유는 하나님께서 복을 주시기 때문이다. 하나님이 복을 주신다는 사실을 계속 강조하고 있음을 주목하라(4, 6, 10). 빚을 탕감해 주면 당연히 경제적인 손실을 입는다. 그러나 이스라엘은 가난해지지 않는다. 아도나이께서 그 손실을 채워주시기 때문이다. 이스라엘이 면제년을 지킬 수 있는 이유는 아도나이 하나님 때문이다.

이 법은 아주 독특하다. 왜냐하면 원금을 탕감해 주기 때문이다. 현대 사회에서 빚을 지면 원금과 이자를 갚아야 한다. 원금을 갚지 못하면 계속 이자를 갚아야 한다. 특별한 소득이 없는 경우 원금을 갚을 수 없는 것이 현실이다. 또한 이자를 내지 못하면 이자에 이자를 내야 한다. 결국 가난한 사람은 이자를 갚다가 원금을 갚을 엄두를 내지 못한다. 가난한 사람은 계속 가난의 굴레를 벗어나지 못한다. 그런데 고대 이스라엘의 면제년 법은 원금에 대한 탕감을 명령하고 있다. 육 년이 지나 칠 년이 오면 원금을 탕감해 주라고 한다. 아주 혁신적인 법이다. 가난한 자를 생각하는 아도나이의 마음이 나타난다. 아도나이는 가난한 자들에게 특별한 관심을 갖고 있다(사 25:4; 습 3:12)는 사실(U. Berges, "Die Armen im Buch Jesaja. Ein Beitrag zur Literaturgeschichte des AT," *Bib* 80(1999), 153-177을 보라)이 이 면제년의 법에서 드러난다. 이 법은 현대 사회에서 빈부의 격차를 줄이기 위한 한 방법을 제시한다는 점에서도 많은 시사성을 갖고 있다. 하지만 과연 이러한 법을 준행하여 자발적으로 빚을 탕감해 주려고 하는 사람들이 누가 있겠는가? 인간의 욕심과 탐욕은 고대 이스라엘에서나 현대 사회에서도 여전히 맹위를 떨치고 있지 않는가? 좋은 제도가 있어도 그 법을 실행할 의지가 없다는 것이 문제이다.

면제년은 칠 년마다 돌아온다. 칠 년은 또한 안식년이다. 이스라엘은 육 년 동안 땅을 경작하여 소출을 거둘 수 있다. 그리고 칠 년이 되면 그 땅을 쉬게 해야 한다. 땅을 쉬게 하는 안식년이다(레 25:1-7). 면제년은 이 안식년 끝에 빚을 탕감해 주는 것이다.

번역

1 칠 년 끝에 너는 면제해야 할 것이다.

2 그리고 이것은 면제의 말씀이다, 모든 주인은 면제할 것이다,
그가 그의 이웃을 향하여 들었던 그의 손의 대부를,
그는 그의 이웃이나 그의 형제에게 강요하지 못 할 것이다,
왜냐하면 이것은 아도나이의 면제로 부르기 때문이다.

3 너는 외국인에게 강요할 수 있다,
그러나 너의 손은 너의 형제에게 너에게 속한 것을 면제해야 한다.

4 그러나 너 가운데 가난한 자가 없을 것이다,
왜냐하면 아도나이께서 확실히 너를 복주시기 때문이다,
너의 하나님 아도나이께서 점령하도록 기업으로 너에게 주시는 그 땅 안에서.
5 다만 네가 확실히 너의 하나님 아도나이의 음성을 듣는다면,
지키기 위하여, 내가 오늘 너에게 명령하는 이 모든 명령을 행하기 위하여.
6 왜냐하면 너의 하나님 아도나이께서 너를 복주시기 때문이다.
그가 너에게 말씀하셨던 대로,
그리고 너는 많은 민족들에게 빌려 줄 것이나 너는 빌리지 않을 것이다,
그리고 너는 많은 민족들을 지배할 것이나 그들은 너를 지배하지 못할 것이다.
7 만일 너 가운데 가난한 자가 있다면, 너의 형제들의 한 사람으로부터,
너의 하나님 아도나이께서 너에게 주시는 너의 땅 가운데, 너의 문들의 하나 가운데,
너는 너의 마음을 단단하게 하지 말 것이며
너는 너의 가난한 형제로부터 너의 손을 닫지 말 것이다.
8 그러나 너는 확실히 그에게 너의 손을 펴야 한다,
그리고 너는 확실히 그에게 그가 부족해 하는 그의 필요를 충분히 빌려주어야 한다.
9 너 자신을 조심하라, 너의 마음에 한 말이, 무가치한, 있지 않도록, 말하기를,
칠 년이 다가왔다, 면제년, 그리고 너의 눈이 너의 가난한 형제에게 악하다,
그리고 너는 그에게 주지 않는다.
그리고 그는 너에 대하여 아도나이께 부르짖는다, 그리고 이것이 너에게 죄가 될 것이다.
10 너는 반드시 그에게 줄 것이며,
네가 그에게 줄 때, 너의 마음은 악을 품지 말 것이다,
왜냐하면 이 일 때문에 너의 하나님 아도나이께서 너에게 복을 주실 것이기 때문이다,
너의 모든 행동과 너의 손의 모든 일에.

11 왜냐하면 가난한 자는 그 땅 가운데서 그치지 않을 것이기 때문이다,
그러므로 내가 너에게 명령한다, 말하기를,
너는 너의 손을 확실히 펴야 한다,
너의 형제에게, 너의 궁핍한 자에게 그리고 너의 가난한 자에게, 너의 땅에서.

주해

1 칠 년 끝에 너는 면제해야 할 것이다.

"칠 년 끝에"는 '매 칠 년마다' 즉, '매 칠 년 끝에'를 의미한다. "년"의 히브리어는 복수로 '년들'이다. 앞 장에서 십일조 규정을 말할 때, 매년 드리는 십일조와 매 삼 년마다 드리는 십일조를 언급했다. 그리고 이제 매 칠 년마다 면제해야 할 것을 말한다.

"면제해야 할 것이다"는 명령형 아니지만 '면제하라'는 의미이다. 빚과 채무로부터 해방시켜 주라는 것이다. 빚의 탕감, 면제를 말한다.

2 그리고 이것은 면제의 말씀이다, 모든 주인은[1] 면제할 것이다,
그가 그의 이웃을 향하여 들었던 그의 손의[2] 대부를,
그는 그의 이웃이나[3] 그의[4] 형제에게 강요하지 못 할 것이다,
왜냐하면 이것은 아도나이의[5] 면제로 부르기 때문이다.

본문 비교

1) 70인경은 "너는 면제할 것이다"(ἀφήσεις)로 주어가 2인칭 단수이다.
2) 탈굼 옹켈로스는 "그의 이웃"으로 번역한다.
3) 쿰란 사본(4QDeut^{c})과 70인경은 "그의 이웃이나"를 생략한다. 오리겐의 헥사플라는 마소라 사본과 같이 별표로 τὸν πλησίον σου를 넣어준다. 여기서 "~이나"로 번역된 단어는 "그리고"(ו)이다.

사마리아 오경은 이것을 생략한다.

4) 70인경은 "너의"이다.

5) 70인경은 "너의 하나님 아도나이에게"로 읽는다. 오리겐의 헥사플라는 "너의 하나님"이 덧붙여졌음을 별표로 지적한다.

마소라 사본은 "아도나이의" 또는 "아도나이에게"로 읽는데 반하여 탈굼 옹켈로스와 탈굼 네오피티는 "아도나이 앞에서"이다.

"그리고 이것은 면제의 말씀이다"는 동사가 없는 문장으로 '~이다'를 넣어주었다. "면제의 말씀"은 '면제의 일' 또는 '면제의 문제'로서 면제의 성격이나 내용 또는 방법을 말한다. "면제"는 채무를 경감 또는 탕감시켜 주는 것이다. 개역 개정은 "면제의 규례"로 번역했다. 70인경은 "면제의 법령"으로 번역한다. 탈굼 프쉬도 요나단은 "면제에 관한 규정의 교훈"이라고 한다.

"모든 주인은 면제할 것이다"에서 "모든 주인"은 채권자를 말한다. 돈이나 어떤 물건을 빌려준 사람이다. "면제할 것이다"는 칼 부정사 절대형이지만 문맥상 동사로 번역할 수 있다. 탈굼 옹켈로스 역시 동사로 번역한다.

"대부"는 빌려 준 것 또는 대부한 것으로 대부금을 의미한다.

"그의 이웃"은 친구나 동료를 의미한다. "강요하지 못 할 것이다"는 '강요하지 말라'는 뜻이다. '강요하는 것'은 '압력을 넣는 것'으로 빚을 빨리 갚으라고 재촉하는 행위이다.

"왜냐하면"은 채권자가 채무자에게 독촉할 수 없는 이유를 설명한다. "아도나이의 면제"는 '아도나이께 속한 면제' 또는 '아도나이에게 면제'를 뜻한다. 칠 년 끝은 아도나이의 면제년이다. 빚을 경감해 주는 해이다. 여기서 빚으로 고통 받는 사람들에 대한 하나님의 관심이 나타난다. 하나님은 빚으로 인하여 어려움을 겪는 사람들을 해방시켜 줄 법적 규례를 말씀하신다. 가난한 자를 구제하기 위한 법적 장치인 것이다. 가난한 자를 위한 사회적인 시스템이다. 이스라엘의 법은 사람을 위한 것으로 특별히 빚으로 인하여 고통 받는 사람에게 자유를 주기 위한 법이다.

3 너는 외국인에게 강요할 수 있다,
그러나 너의 손은 너의 형제에게[1)] 너에게 속한 것을[2)] 면제해야 한다.

본문 비교

1) 70인경은 "그로부터"(παρ' αὐτῷ)를 넣어준다. 오리겐의 헥사플라는 별표로 이것을 지적하고 있다. 탈굼 네오피티는 "너의 히브리인 형제"로 명확하게 해석한다.
2) 70인경은 "너의 빚(부채)을"로 해석한다.
대마소라(Mm)에 따르면 히브리어 직접 목적어(את)가 이 구절처럼 절 시작에 나오는 곳은 열 번이다(신 4:43; 5:22; 6:13; 10:20; 11:27; 13:1; 14:9, 16; 15:3; 26:17).

"외국인"과 "너의 형제"가 대조를 이룬다. 이스라엘 사람은 동족에게 준 빚과 외국인에게 준 빚에 대해 취하는 태도가 다르다. 외국인에게는 "강요할 수 있다." 강요는 압박을 가하는 것이다. 즉 빚을 갚으라고 '독촉할 수 있다' 또는 '요구할 수 있다.' 그러나 이스라엘 사람에게는 빚을 갚으라고 압박을 할 수 없다. 외국인에게는 강요할 수 있지만 형제에게는 면제해야 한다. 칠 년 끝에 이스라엘 사람에게는 빚을 면제, 탕감해 주어야 한다. 그는 형제이기 때문이다. 이스라엘의 하나님 아도나이 앞에서 함께 언약을 맺은 형제, 언약 공동체의 일원이기 때문이다.

4 그러나[1)] 너 가운데 가난한 자가 없을 것이다,
왜냐하면 아도나이께서[2)] 확실히 너를 복주시기 때문이다,

너의 하나님 아도나이께서 점령하도록 기업으로 너에게 주시는 그 땅 안에서.

본문 비교

1) 히브리어 문장의 처음에 나오는 단어 '에페스'(אפס), '중지,' '끝'은 번역하기 어렵다. 슈투트가르트 히브리어 구약성서(BHS)의 본문 비평장치는 이 단어를 지워야 하나(dl?) 하고 의문부호를 붙여 놓고 있다. 히브리어 사전(BDB)은 두 단어 에페스 키(אפס כי)를 '~그 이외는,' '~을 제외하면'save that으로 제안하고 있지만 문맥상 매끄럽지 못하다(KJV은 save when으로 그리고 NKJ는 except when으로 번역한다). 70인경은 첫 단어 에페스를 무시하고 두 번째 단어 키를 '왜냐하면'(ὅτι)으로 번역한다. 처음 두 단어를 무시하고 번역하는 현대 역본들이 있는가 하면(NBG, TNK), 첫 단어를 무시하고 두 번째 단어 '키'를 '그러나'로 번역하는 역본들도 있다(ESV, NAS, NIB, NIV). 현대 역본들의 번역은 제각각이다.

개역 개정은 4절과 5절을 바꾸어 번역한다. 5절을 먼저 번역하여 조건절로 그리고 4절을 결과절로 해석한다. 4절을 결과절로 해석하면서 첫 두 단어 "에페스 키"를 완전히 생략하고 상반절과 하반절도 바꾸어 놓았다. 필자는 첫 단어 "에페스"를 생략하고 두 번째 "키"를 "그러나"로 번역했다.

2) 사마리아 오경과 70인경은 "너의 하나님"을 덧붙인다.

"너 가운데 가난한 자가 없을 것이다"는 이스라엘 공동체 가운데 가난한 사람이 없을 것을 말한다. 이 말씀은 3절과 관련이 있다. 이스라엘이 그의 형제에게 칠 년 끝에 빚을 면제해 줄 때, 가난한 사람이 없을 것이다. 갚을 능력이 없는 사람에게 빚은 이자 때문에 무겁다. 빚으로 인하여 삶이 더 궁핍해질 수 있다. 빚을 면제 받는다면 가난한 사람은 새롭게 출발할 기회를 갖는다.

"왜냐하면"은 이스라엘 가운데 가난한 사람이 없는 궁극적인 이유를 설명한다. 그 이유는 "아도나이께서 확실히 너를 복주시기 때문이다." 이 문장은 피엘 부정사로 이스라엘에 가난한 사람이 없는 이유로 하나님이 주시는 복을 강조하고 있다. 하나님이 복을 주시는데 "확실히," '꼭,' '반드시' 주실 것이기 때문이다. 하나님이 이스라엘에게 부를 얻을 수 있는 능력을 주신다. 이스라엘에게 지혜와 능력이 있어서 부를 얻는 것이 아니다. 모세는 이 점을 강조한다(신 8:17-18).

하나님이 이스라엘에게 복을 주시는 장소는 "그 땅 안에서"이다. 하나님이 이스라엘에게 기업의 땅으로 주시는 장소이다. 이스라엘이 요단강을 건너 점령하려고 하는 땅 안에서 복을 주실 것이다. 면제년의 법과 가나안 땅이 밀접한 관련이 있다(땅에 대해서는 신명기 I. 서론 "10. 땅"을 참고하라).

5 다만 네가 확실히 너의 하나님 아도나이의 음성을 듣는다면,
지키기 위하여,[1] 내가 오늘 너에게 명령하는 이 모든 명령을 행하기 위하여.

본문 비교

1) 마소라 사본은 두 개의 부정사 "지키기 위하여, 행하기 위하여"는 등위접속사 '그리고'가 없이 연달아 나온다. 하지만 일부 히브리어 사본들, V[ken 9], 사마리아 오경, 70인경과 시리아 역은 접속사 '그리고'를 갖고 있다.

이 구절은 '~면'이 있는 조건절이다. 그러나 이 조건절에 대한 귀결절은 명확하게 나타나지 않는다. 어떤 학자는 개역 개정과 같이 5절을 조건절로 보고 4절을 귀결절로 본다(Driver, 176). 그러나 베버는 5절을 조건전로 그리고 6전을 귀결전로 해석한다(Wevers, 256). 이 구절은 시편에 자주 나타나는 추축 양식pivot pattern과 유사하다. 5절은 앞의 4

절과 그리고 뒤의 6절과도 연결하여 읽을 수 있다(참고. Keil-Delitzsch, 370-371).

"다만"은 앞 절과 관련하여 제한적 의미를 갖는다. 하나님께서 이스라엘을 가나안 땅에서 복을 주시는 이유는 이스라엘이 아도나이의 음성을 확실히 들을 때이다. "네가 확실히 듣는다면"도 칼 부정사 용법으로 강조하고 있다. 이스라엘이 아도나이의 음성을 "확실히 듣는다면" 즉 순종한다면 아도나이는 이스라엘에게 복을 주신다.

두 개의 부정사가 나란히 나온다. "지키기 위하여, 내가 오늘 너에게 명령하는 이 모든 명령을 행하기 위하여." 부정사는 아도나이의 음성을 듣는 또는 순종하는 목적을 표현하며 주동사 '듣다'를 수식한다. "네가 확실히 너의 하나님 아도나이의 음성을 지키기 위하여, 행하기 위하여 듣는다면"의 의미이다.

이스라엘이 순종해야 할 "아도나이의 음성"은 구체적으로 "내가 오늘 너에게 명령하는 이 모든 명령"으로 나온다. 모세가 요단강을 건너려고 하는 이스라엘 백성에게, 출애굽 후세대에게 모압 땅에서 설명해 주고 있는 율법이다(신 1:5). "오늘"이라는 표현이 모세가 이스라엘에게 율법을 설명해 주는 시점을 설명한다(서론 "9. 오늘"을 보라).

두 개의 부정사에서 뒤에 나오는 "행하기 위하여"는 앞의 부정사 "지키기 위하여"에 대한 구체적인 방법을 설명할 수 있다. 모세가 이스라엘에게 명령하는 모든 명령을 행함으로 지키는 것이다.

6 왜냐하면 너의 하나님 아도나이께서 너를 복주시기 때문이다.
그가 너에게 말씀하셨던 대로,
그리고 너는 많은 민족들에게 빌려 줄 것이나 너는 빌리지 않을 것이다,
그리고 너는 많은 민족들을 지배할 것이나 그들은 너를 지배하지 못할 것이다.[1)]

본문 비교

1) 마소라 사본은 6절 끝에 세투마(ס)를 두어 단락을 나누고 있다.

5절은 조건절이다. 그런데 6절은 이유를 설명하는 접속사 "왜냐하면"으로 시작되기 때문에 문맥이 매끄럽지 못하다. 그럼에도 불구하고 6절은 5절의 귀결절로 읽을 수 있다.

이 구절은 4절과 관련이 있다. "왜냐하면 너의 하나님 아도나이께서 너를 복주시기 때문이다"(6절)와 "왜냐하면 아도나이께서 확실히 너를 복주시기 때문이다"(4절)는 문장이 두 절에 나오기 때문이다. 아도나이께서 복을 주신다는 것이 주된 사상이다. 마치 샌드위치처럼 4절과 6절은 5절의 조건절을 끼고 있다.

아도나이의 복은 아도나이의 약속의 성취이다. "그가 너에게 말씀하셨던 대로"는 아도나이께서 이스라엘에게 약속하셨던 대로 이루실 것을 말한다.

하나님이 주시는 복은 구체적으로 주위의 국가들과의 관계에서 나타난다. 첫째, 아도나이의 복은 경제적인 면에서 드러난다. "그리고 너는 많은 민족들에게 빌려 줄 것이나 너는 빌리지 않을 것이다." 동사 '빌려주다'가 대조를 이룬다. 이스라엘은 많은 민족들에게 돈을 빌려 줄 것이다. 그러나 이스라엘은 돈을 빌리지 않는다. 하나님이 주신 복으로 인하여 이스라엘은 채무자가 아니라 채권자가 될 것이다. 둘째, 주변 국가들과의 정치적 관계를 말한다. "너"와 "그들"이 대조를 이룬다. 하나님이 복을 주실 때, 이스라엘은 주위 국가들을 통치하는 강대국이 될 것이며 주위 국가들은 이스라엘을 통치하지 못한다.

아도나이께서 주시는 구체적인 복은 히브리어 어순으로 보면 교차 평행법chiasm의 구조를 갖고 있다. 히브리어 어순을 따라 번역해 보면 교차 평행법이 드러난다.

a 너는 빌려 줄 것이다 많은 민족들에게
b 그러나 너는 빌리지 않을 것이다,

a의 "많은 민족들에게"는 b의 "너는"과 a의 "너는 빌려 줄 것이다"는 b의 "빌리지 않을 것이다"와 교차 대조를 이룬다. 다음 문장 역시 교차 평행법이 나타난다.

a 그리고 너는 지배할 것이다 많은 민족들을
b 그러나 너를 그들은 지배하지 못할 것이다

a의 "너는 지배할 것이다"는 b의 "지배하지 못할 것이다"와 a의 "많은 민족들을"은 b의 "너를"과 교차 대조를 이룬다. 동사와 목적어의 어순을 바꾸어 배열함으로 강조하고 있는 것이다.

7 만일 너 가운데 가난한 자가 있다면, 너의 형제들의 한 사람으로부터,[1)]
너의 하나님 아도나이께서 너에게 주시는 너의 땅 가운데,[2)] 너의 문들의 하나 가운데,
너는 너의 마음을 단단하게 하지 말 것이며
너는 너의 가난한 형제로부터 너의 손을 닫지 말 것이다.

본문 비교

1) 70인경은 단순하게 "너의 형제들의"로 읽는다. 오리겐의 헥사플라는 히브리어 마소라 사본(מאחד אחיך)과 일치시키기 위하여 별표로 전치사 '~으로부터'(ἐκ)를 넣어준다. 탈굼 옹켈로스는 "너의 형제들의 한 사람"(חד מאחך), 탈굼 네오피티는 "너희의 형제들로부터 힌 사람"(חד מן אחיכון)으로 읽는다. 시리아 역 역시 "너희의 형제들로부터 한 사람"이다.

2) 일부 히브리어 사본들, 사마리아 오경, 70인경, 시리아 역, 벌게이트는 소유격 접미 "너의"를 생략하여 "땅 가운데"이다.

"너 가운데"는 '너 안에'로 이스라엘 중에서를 뜻한다. "너 가운데"는 다시 "너의 형제들"로 설명한다. 이스라엘 가운데 거하는 외국인은 아니다.

"가난한 자"는 문맥에 따르면 먹을 것과 쓸 것이 없어서 이웃에게 빌리는 자이다. "너의 문들의 하나"는 '너의 성들의 한 성'으로 이스라엘이 거주하는 성들 가운데 한 성을 의미한다.

"단단하게 하지"는 '강하게 하다' 또는 '굳게 하다'로 강조 능동형이다. 형제들 가운데 가난하여 빌리러 온 자를 보고 마음을 단단하게 하는 것이다. 즉 쓸 것을 빌려주지 않으려고 마음을 굳게 먹는 것이다. 모세는 가난한 자에게 이러한 마음을 품지 말 것을 명령한다.

"너의 마음"이 "단단하게" 되는 것은 "너의 손을" 닫게 하는 행동으로 나타난다. 마음의 생각이 행동으로 옮겨진다. 손을 펴서 이웃을 도와주어야 하는데 마음이 단단해지면 손을 닫는 것이다. 손을 닫는다는 것은 손을 움켜쥐는 행위로서 가난한 자들에게 쓸 것을 빌려주지 않는 것이다.

8 그러나[1] 너는 확실히 그에게 너의 손을[2] 펴야 한다,
그리고[3] 너는 확실히 그에게 그가 부족해 하는 그의 필요를 충분히 빌려주어야 한다.

본문 비교

1) 70인경은 히브리어의 첫 단어 '키'(כִּי)를 생략한다. 오리겐의 헥사플라는 별표아래 ὅτι를 넣어준다. 6절부터 8절의 히브리어 첫 단어는 '키'(כִּי)이다. 그렇지만 해석은 각기 다르다. 6절은 "왜냐하

면"으로, 7절은 "만일~면"으로 그리고 8절은 "그러나"로 번역할 수 있다.

2) 쿰란(4QpaleoDeut[r])사본과 사마리아 오경은 "~을"(את)을 생략한다. 70인경은 "너의 손들"로 복수이다.

3) 한 히브리어 사본, 사마리아 오경, 70인경은 "그리고"를 생략한다.

8절은 부정사 절대형 용법이 두 번이나 나와서 강조한다. "너는 확실히 그에게 너의 손을 펴야 한다"는 7절의 "너는 너의 가난한 형제로부터 너의 손을 닫지 말 것이다"와 대조를 이룬다. 이스라엘은 가난한 형제에게 "확실히 너의 손을 펴야 한다." "확실히"는 칼 부정사 절대형으로 '꼭,' '반드시'로 해석하여 부유한 이스라엘 사람들에게 행동해야 할 것을 강조한다.

다시 히필 부정사 절대형 "너는 확실히 빌려 주어야 한다"가 나온다. 히필은 사역 능동형이다. 해야 하는 행동을 설명한다. "손을 펴야 한다"는 다시 "충분히 빌려 주어야 한다"로 나아간다. 여기서 빌려 주는 것은 구체적으로 돈이나 양식을 의미한다.

7절과 8절은 가난한 형제에게 이스라엘이 해야 할 행동을 설명한다. 1) 마음을 단단하게 먹지 말 것, 2) 손을 닫지 말 것, 3) 손을 펼 것 그리고 4) 가난한 형제의 필요한 부분, 돈이나 양식을 빌려 줄 것을 말한다. 마음에서부터 시작해서 행동으로 끝이 난다.

9 너 자신을 조심하라, 너의 마음에 한 말이,[1] 무가치한,[2] 있지 않도록, 말하기를,
칠 년이 다가왔다, 면제년, 그리고 너의 눈이 너의 가난한 형제에게 악하다,
그리고 너는 그에게 주지 않는다,
그리고 그는 너에 대하여 아도나이께 부르짖는다, 그리고 이것이 너에게 죄가[3]
될 것이다.

본문 비교

1) 70인경은 "숨겨진 말"로 번역한다. 마음속에 감춰진 말이다. 오리겐의 헥사플라는 별표로 이것을 첨가된 표현으로 지적한다. 탈굼 네오피티는 "죄 있는 말"로 그리고 탈굼 프쉬도 요나단은 "악한 말"로 번역한다.
2) 70인경은 "법이 없는 행동," "부정"(ἀνόμημα)으로 번역한다. 아퀼라는 "배교," "변절," "탈당"(ἀποστασίας)으로 해석한다.
3) 70인경은 "큰 죄"로 읽는다.

"너 자신을 조심하라"(השמר לך)는 니팔 명령형으로 '주의하라 너에게'이다. 니팔형은 '너 자신을 지켜라, 주의하라, 조심하라'로 재귀적인 의미가 있다. "너 자신을 조심하라 ~하지 않도록"(השמר לך פן)이라는 구문이 계속 나온다(신 6:12; 8:11; 12:13, 19, 30; 15:9).

"너의 마음에 한 말이, 무가치한, 있지 않도록"은 무엇을 주의해야 하는지를 설명한다. 가난한 형제를 대하여 부유한 형제가 마음속에 품을 수 있는 생각이다. 마음속에 '무가치한 말' 즉, 악한 생각이 떠오른다. "무가치한"(בליעל)은 '~없는'(בלי)과 '가치,' '소용'(יעל)의 합성어로 '쓸데없는,' '소용없는'의 뜻이다. 이 생각은 면제년이 가까이 왔다는 것이다. 면제년이 가까웠다는 사실은 경제적인 손실을 입을 수 있다는 유혹을 받을 수 있다.

"너의 마음에 한 말"은 "칠 년이 다가왔다, 면제년"이라는 독백으로 나타난다. 부유한 형제는 가난한 형제의 필요를 빌려 줄 것인가 아닌가에 대한 경제적 득실을 따지고 있다. 마음속의 무가치한 생각은 가난한 형제를 보는 눈으로 나타난다. 경제적 이익을 따라서 형제를 보는 눈이 악한 눈이다. 더 나아가 악한 눈은 가난한 자의 필요를 주지 않는 구체적인 행동으로 나온다.

부유한 형제가 빌려주지 않았을 때, 가난한 형제의 할 일은 아도나이께 부르짖는 것이다. 아도나이께 호소하는 것이다. 물론 이것은 기도의 형태로 나타날 것이다. 가난한 형제가 아도나이께 부르짖으면 이것은 부유한 형제에게 죄가 된다. 70인경은 이것을 "큰 죄"라고 표현한다.

10 너는 반드시 그에게 줄 것이며,[1)]
네가 그에게 줄 때, 너의 마음은 악을 품지 말 것이다,
왜냐하면 이 일 때문에 너의 하나님 아도나이께서 너에게 복을 주실 것이기 때문이다,
너의 모든 행동과 너의 손의 모든 일에.

본문 비교

1) 70인경은 여기에 "너는 그가 필요로 하는 만큼 그에게 대부해 줄 것이요"(베버 편집: *δάνειον δανιεῖς αὐτῷ ὅσον άν ἐπιδέηται*, 랄프 편집: *δάνειον δανιεῖς αὐτῷ ὅσον ἐπιδέεται*)를 덧붙인다. 오리겐의 헥사플라는 별표로 첨가를 지적한다.

"너는 반드시 그에게 줄 것이며"는 칼 부정사 강조용법으로 '너는 꼭 또는 확실히 그에게 줄 것이며'이다.

"너의 마음은 악을 품지 말 것이다"는 면제년이 가까이 왔다고 가난한 자에게 빌려주지 않으려고 하는 생각을 악하다고 말한다. 물론 가난한 자에게 빌려 줄 때, 아까워하거나, 인색하게 구는 것 또는 어떤 조건들을 다는 것들을 포함한다. 하나님은 아무런 조건이나 단서 없이 빌려주기를 원하신다. 아까워하는 마음이나 조건적으로 빌려주는 것도 하나님 앞에 악이다.

"왜냐하면"은 이스라엘이 왜 가난한 자들에게 호의적이어야 하는지를 설명한다. "이 일 때문에"는 '이 말씀 때문에'로도 번역할 수 있다. 즉 가난한 자에게 빌려주라는 이 말씀을 잘 순종할 때 하나님이 복을 주신다.

가난한 자에게 빌려주는 것은 하나님께 복을 받는 일이다. 하나님이 갚아주신다. 하나님은 가난한 자에게 특별한 관심을 기울이고 계시기 때문이다. 삼 년 십일조 규례에서도 하나님은 체류자와 고아와 미망인들에게 십일조로 그들을 먹이라고 명령하셨다(신 14:28-29). 하나님은 지금 면제년이라는 사회적인 제도를 통하여 가난한 자들을 구제하라고 하신다. 하나님은 이스라엘에게 가난한 자를 위한 법을 말씀하신다. 하나님은 법을 통하여 이스라엘의 사회 구조를 사회정의 실현에 맞추고 있다.

"너의 손"이 계속 반복되고 있다(7, 8절). 부유한 자가 가난한 자에게 손을 닫지 않고 손을 펼 때, 하나님이 그 손을 채워주신다. 하나님은 면제년이 가까이와도, 경제적 손실을 계산하지 않고 가난한 사람에게 빌려주는 사람을 축복하신다. 여기서 우리는 두 가지 사실을 말할 수 있다. 첫째, 하나님이 복을 주시는 분이라는 사실이다. 둘째, 복을 받은 사람은 가난한 자를 돌봐야 할 책임과 의무가 있다.

11 왜냐하면 [1]가난한 자는[2] 그 땅 가운데서 그치지 않을 것이기 때문이다,
그러므로 내가 너에게[3] 명령한다, 말하기를,
너는 너의 손을[4] 확실히 펴야 한다,
너의 형제에게, 너의 궁핍한 자에게 그리고 너의 가난한 자에게, 너의 땅에서.[5]

본문 비교

1) 탈굼 네오피티는 여기에 "만일 이스라엘 자손이 율법의 가르침을 지키고 명령들을 행한다면"을 첨가한다.
2) 사마리아 오경, 시리아 역은 정관사 "그"를 갖고 있다. 벌게이트는 "가난한 자들"로 복수이다.
3) 70인경은 여기에 "이 말을 행하기를"(ποιεῖν τὸ ῥῆμα τοῦτο)을 덧

붙인다. 오리겐의 헥사플라는 이것이 덧붙여졌음을 지적한다.

4) 사마리아 오경은 목적어 "을"(את)을 생략한다.

5) 마소라 사본은 11절 끝에 세투마(ס)를 두어 단락을 나누고 있다.

"왜냐하면"은 이스라엘이 가난한 형제에게 호의를 보여야 할 이유를 설명한다. 가난한 자는 가나안 땅에, 비록 약속의 땅이지만, 항상 있을 것이기 때문이다. 약속의 땅 가나안에서도 항상 가난한 사람들이 있을 것을 말한다. 가난은 다양한 경우에 발생한다. 자연 재해(나오미의 경우), 권력자들의 횡포(삼상 8:14; 사 3:14-15), 남편이 일찍 죽은 경우(왕하 4:1-7), 전쟁 그리고 병으로 인하여 생길 수 있다.

가난한 자들이 계속 땅에 있을 것이기 때문에 모세는 이스라엘에게 이 규례를 지킬 것을 명령한다. 이스라엘은 가난한 형제들에게 반드시 빌려 주어야 한다.

"내가 너에게 명령한다"는 모세가 요단 동편 모압 땅에서 출애굽 후 세대에게 말하고 있는 것이다.

2. 면제년에 종을 보내는 방법(15:12-18)

1-11절에서는 가난으로 인하여 빚을 진 사람에 대하여 면제해 주는 방법에 대해서 말했다. 더 나아가 12-18절은 빚으로 인하여 종으로 팔린 사람에 대한 면제 방법을 설명한다. 이스라엘의 남자나 여자가 빚으로 인하여 종이 되어 육 년을 섬겼으면 제 칠 년에 종을 풀어 주어야 한다. 자유를 주라는 것이다. 노예 해방을 뜻한다. 종을 해방시켜 줄 때 또한 먹을 것과 쓸 것을 주어 보내야 한다. 공수로 내 보내서는 안 된다.

종으로 팔린 사람에게 자유를 주라는 명령은 출애굽 사상에 근거한다. 이스라엘의 하나님 아도나이께서 이스라엘을 구원해 주셨기 때문이다. 하지만 종이 자유를 거부하는 경우도 있다. 종이 주인집을 떠나는 것을 싫어하여 주인집에 계속 머무르기를 원한다. 이럴 때 송곳을 가져다가 종의 귀를 뚫으라고 한다. 이것이 증거가 된다.

이 법은 이스라엘 사람 중에서 종으로 팔릴 수 있다는 상황을 가정한다. 종으로 팔린 경우 빚을 갚지 못하면 종의 신분을 벗어날 수 없다. 하지만 빚을 갚을 능력이 없는 사람은 육 년이 지나면 자유 할 수 있다. 육 년 동안 종이 제공한 노동력이 그 빚을 갚을 만큼 된다는 것이다. 합리적인 계산이다. 종의 제도를 인정하면서도 종이 자유롭게 새로운 출발을 할 근거를 마련해 주고 있다.

면제년은 빚으로 인하여 종으로 팔린 히브리 사람을 자유하게 하는 해이다. 종에게 자유를 주는 해는 면제년과 희년이 있다. 안식년을 일곱 번 계수하고 그 다음 해는 오십 년으로 희년이다. 희년에 자유를 선포한다. 빚으로 종이 된 사람이 자유를 얻을 수 있는 해이다. 그러나 희년은 종의 자유보다는 땅의 자유를 더 강조한다. 빚으로 인하여 기업의 땅을 팔았던 사람이 땅을 다시 찾을 수 있는 해이다(레 25:8-55).

번역

12 만일 너의 형제가, 한 히브리 남자 또는 한 히브리 여자, 너에게 팔려서
그가 너를 육 년을 섬겼으면,
그리고 칠 년에 너는 그를 자유롭게 너로부터 보낼 것이다.
13 그리고 네가 그를 너로부터 자유롭게 보낼 때,
너는 그를 빈 채로 보내지 말 것이다.
14 너는 그에게 확실히 목에 두어야 한다,
너의 양떼로부터 그리고 너의 타작마당으로부터 그리고 너의 포도주 통으로부터,
아도나이 너의 하나님이 너를 축복하셨던 것에서 너는 그에게 줄 것이다.
15 그리고 너는 기억해야 한다 네가 이집트의 땅에서 종이었으며

아도나이 너의 하나님이 너를 구원하셨다는 것을
그러므로 내가 너에게 오늘 이 말씀을 명령한다.
16 그리고 이것이 있을 것이다, 그가 너에게 말할 때,
내가 당신으로부터 나가지 않을 것이다,
왜냐하면 그가 너와 너의 집을 사랑하기 때문이다,
왜냐하면 너와 함께 있는 것이 그에게 좋기 때문이다.
17 그리고 너는 송곳을 취할 것이며, 너는 그의 귀에 그리고 문에 둘 것이다,
그리고 그는 너에게 영원히 종이 될 것이다,
그리고 또한 너는 너의 여종에게 그같이 행할 것이다.
18 이것이 너의 눈에 어렵지는 않을 것이다, 네가 그를 너로부터 자유롭게 보낼 때,
왜냐하면 그가 너를 육 년 동안 일꾼의 두 배의 임금만큼 섬겼기 때문이다,
그리고 너의 하나님 아도나이께서 네가 행하는 모든 것에 너를 복 주실 것이다.

주해

12 만일 너의 형제가, 한 히브리 남자 또는 한 히브리 여자, 너에게 팔려서
그가 너를 육 년을 섬겼으면,
그리고 칠 년에 너는 그를 자유롭게 너로부터[1)] 보낼 것이다.

본문 비교

1) 탈굼 옹켈로스는 "한 자유인으로"(בר חירין)를 덧붙인다.

"만일 ~면"(כי)으로 시작하는 조건문이다. 마소라 사본은 이 문장을 아트나흐로 "만일 너의 형제가, 한 히브리 남자 또는 한 히브리 여자, 너에게 팔려서 그가 너를 육 년을 섬겼으면"과 "그리고 칠 년에 너는 그를 자유롭게 너로부터 보낼 것이다."로 둘로 나누고 있다. 첫 문장은 조건절이며 두 번째 문장은 귀결절이다. 70인경은 "그러나 만일 너의 형제가, 한 히브리 남자 또는 한 히브리 여자, 너에게 팔렸으면, 그가 너

를 육 년을 섬길 것이며 칠 년에 너는 그를 자유롭게 너로부터 보낼 것이다"로 읽는다.

이스라엘 동포 중의 한 형제나 자매가 종으로 팔려온 상황을 가정하고 있다. 어떻게 팔려 왔는지에 대한 구체적인 상황설명은 없다. 하지만 히브리 사람도 경제적 어려움 때문에 종이 될 수 있다는 상황을 가정하고 있다(참고. 왕하 4:1-7). "너의 형제"는 "히브리 남자 또는 히브리 여자"임을 명확하게 한다. 형제는 혈연적이고 인종적인 관계이다. 형제는 아브라함의 후손이라는 민족성을 갖는다.

종으로 팔려온 형제가 육 년을 섬겼다. 육 년 동안 종으로 주인에게 노동력을 제공한 것이다. 칠 년이 되면 그를 또는 그녀를 자유롭게 놓아 주어야 한다. 해방시켜 주는 것이다. 칠 년은 아도나이의 면제년이다(1-2). 아도나이의 면제는 빚만 탕감해 주는 것이 아니라 종으로 팔려온 사람도 해방시켜 주는 해이다. 이스라엘 사람은 같은 동포가 종으로 팔렸을 경우 종의 몸값을 받지 않아도 칠 년에 자유를 선언해야 한다. "자유롭게"가 어떤 조건이나 제재가 없다는 것을 보여준다.

13 그리고 네가 그를[1] 너로부터 자유롭게 보낼 때,
너는 그를 빈 채로 보내지 말 것이다.

본문 비교

1) 탈굼 옹켈로스는 "한 자유인으로"(בר חירין)를 덧붙인다.

12절의 두 번째 문장의 연장이다. 종으로 육 년을 섬긴 히브리 동포를 집으로 돌려보낼 때 조건이 있다. "빈 채로"는 '텅 빈'으로 빈손을 의미한다. 육 년 동안 종으로 섬긴 사람을 빈손으로 돌려보내면 안 된다. "너는 그를 빈 채로 보내지 말 것이다"는 '너는 그를 빈 채로 보내지 말라'는 명령의 의미가 있다.

14 너는 그에게 확실히 목에 두어야 한다,

너의 양떼로부터 그리고 너의 타작마당으로부터[1] 그리고 너의 포도주 통으로부터,

아도나이 너의 하나님이 너를 축복하셨던 것에서[2] 너는 그에게 줄 것이다.

본문 비교

1) 70인경은 "너의 밀로부터"이다. 이것은 타작마당에서 나온 소산물을 구체적으로 설명한다. 오리겐의 헥사플라 역시 70인경이 마소라 사본과 다르다는 것을 지적한다.

2) 마소라 사본은 관계 대명사 아쉐르(אשר)인데 반하여 사마리아 오경은 관계 대명사에 전치사 '카'(כאשר)를 붙인다. 70인경은 관계 대명사 없이 καθὰ로 읽는다. 사마리아 오경과 70인경을 번역하면 "아도나이 너의 하나님이 너를 축복하셨던 것을 따라 너는 그에게 줄 것이다"이다.

필자의 번역 "너를 축복하셨던 것에서"은 전치사 "~에서"는 히브리어에 없다. 이것은 문맥을 매끄럽게 하기 위해 넣어준 표현이다. 관계 대명사 절은 앞의 전치사 구를 수식한다. 이를 붙여서 번역해보면 "아도나이 너의 하나님이 너를 축복하셨던 너의 포도주 통으로부터"이다. 그러나 히브리어 악센트 아트나흐는 "너의 포도주 통으로부터"에서 끊어 읽기를 추천하고 있다. 따라서 필자의 "너를 축복하셨던 것에서"는 앞의 전치사 구들을 염두에 둔 표현이다.

이 구절은 13절의 "너는 그를 빈 채로 보내지 말 것이다"가 무슨 뜻인지 자세하게 설명한다. "너는 그에게 확실히 목에 두어야 한다"는 번역하기 까다롭다. 동사 '사람의 목에 두다,' '목걸이를 만들다'(ענק)는 마치 목걸이 같이 선물로 목에 두르는 것이다. 이 동사의 히필 부정사와 히필(사역 능동) 미완료 동사가 나오는 문장이다. 아람어 번역들

도 각기 다른 단어로 해석한다. 탈굼 옹켈로스는 '챙겨주다'(פרש), 탈굼 네오피티는 '제공하다'(זוד), 탈굼 프쉬도 요나단은 '떼어주다'(דחר)로 번역한다. 현대 역본들도 다양하게 번역한다. "너는 그에게 후하게 지급해야 한다"(NKJ), "그에게 공급하라"(TNK), "너는 확실히 그에게 에워싸야 한다"(YLT), "너는 그에게 충분하게 지워주어야 한다"(ELB, ELO), "너는 그를 부유하게 해야 한다"(SCL). 개역 개정은 "그에게 후히 줄지니"로 번역한다.

육 년을 섬기고 칠 년에 나가는 종에게 주인은 그의 양과 곡식과 포도주를 주어야 한다. 즉 제공하라는 것이다. 이것을 목에 두라고 표현한다. 즉 목걸이가 되게 하라는 것이다. 그에게 양과 곡식과 포도주가 자랑이 되게 하라는 뜻이다. 육 년 동안 주인을 위해 일하고 자유를 얻어 나가는 형제에게 양식을 주어 위로하는 것이다.

세 개의 전치사 구들이 평행을 이루고 있다. "너의 양떼로부터 그리고 너의 타작마당으로부터 그리고 너의 포도주 통으로부터." 목축과 농업에서 나온 소산물들이다.

주인이 칠 년에 나가는 종에게 주는 모든 것들은 아도나이께서 주신 것들이다. 주인의 것이 아니다. 주인은 아도나이께서 복을 주셨음을 명심해야 한다. 자신의 수고와 노력으로 이런 부를 얻었다고 생각하면 종에게 자신의 부를 나눠주기 어렵다. 하지만 하나님이 복을 주셨다고 생각하면 나눠주기가 쉽다. 왜냐하면 하나님이 또 복을 주실 것이기 때문이다. 결국 복을 주시는 분은 하나님이시다.

15 그리고 너는 기억해야 한다 네가 이집트의 땅에서 종이었으며,
아도나이 너의 하나님이[1] 너를 구원하셨다는 것을,
그러므로 내가 너에게 오늘[2] 이 말씀을[3] 명령한다.

본문 비교

1) 70인경은 "거기로부터"(ἐκεῖθεν)를 덧붙인다. 오리겐의 헥사플라는 이것이 덧붙여졌음을 지적한다.
2) 70인경은 "오늘"을 생략한다. 오리겐의 헥사플라는 마소라 사본과 같게 하기 위하여 "오늘"(σήμερον)을 넣어준다.
3) 쿰란 사본(1QDeut[b])과 70인경은 "행하기를"(לַעֲשׂוֹת)을 넣어준다. 오리겐의 헥사플라 역시 70인경에 "행하기를"(ποιεῖν)이 덧붙여졌음을 별표로 지적한다.

"너는 기억해야 한다"는 칼 와우 연속 완료형이지만 명령의 의미를 갖는다. 개역 개정처럼 '기억하라'로 번역할 수 있다. 다수의 현대 역본들도 명령으로 이해한다(LEI, LUO, LUV, NIV, NJB, NLT, SCL, TNK).

모세는 이스라엘에게 '기억'을 강조한다(신 5:15; 8:2, 18; 15:15; 16:12; 24:18, 22). 특히 과거를 잘 기억할 것을 요구한다. 이 구절은 신명기 5:15과 유사하다. 이스라엘이 기억해야 할 것은 두 가지이다. 첫째, 이스라엘은 이집트의 땅에서 종이었다. 이스라엘이 가난한 형제에게 제 칠 년에 왜 자유를 주어야 하는지 그 이유를 설명한다. 이스라엘은 이집트의 땅에서 노예로 있었기 때문이다. 둘째, 아도나이께서 이스라엘을 구원하셨다. 아도나이께서 이스라엘 백성을 이집트에서 해방시켜서 자유를 주었다. "구원하셨다"(פדה)는 '포로를 몸값을 주고 되찾다'이다(신 7:8 참고). 구약의 구원 사상은 하나님이 이집트에서 노예로 있던 이스라엘을 해방시켜 준 출애굽 사건이 근본적이다. 역사적이며 현실적인 구원 개념이다. 이에 반하여 신약의 구원 사상은 예수를 믿음으로 구원받는 것이다. 예수를 믿음으로 죄를 용서받고 의롭게 된다는 사상으로 역사적이며 영적이다. 신약과 구약의 구원 사상의 차이를 볼 수 있다. 하지만 하나님이 구원의 주체라는 점은 동일하다.

아도나이에 의해서 자유를 얻은 이스라엘은 이제 같은 동포, 가난한 형제에게 자유를 주어야 할 책임이 있다. 아도나이께서 이스라엘 백성에게 자유를 주셨기 때문에 이러한 명령을 내릴 수 있는 자격이 있다.

"그러므로"는 위의 두 가지 사실에서 나온 결론이다. 모세가 이스라엘 백성에게 가난한 형제를 위한 행동 지침 명령을 내릴 수 있는 근거이다. "오늘"이라는 표현이 생동감을 더해준다. "내가 너에게 오늘 이 말씀을 명령한다." "오늘"은 늘 "오늘"이기 때문이다.

16 그리고 이것이 있을 것이다, 그가 너에게 말할 때,
내가 당신으로부터 나가지 않을 것이다,
왜냐하면 그가 너와 너의 집을 사랑하기 때문이다,
왜냐하면 너와 함께 있는 것이 그에게 좋기 때문이다.

신명기에서 "그리고 이것이 있을 것이다"(והיה)로 시작하는 문장이 자주 발견된다(70인경은 "그러나 만일 그가 너에게 말한다면"으로 ἐὰν δὲ λέγῃ πρὸς σέ이다. 히브리어 "그리고 이것이 있을 것이다"를 생략한다). 그 가운데 והיה כי로 시작하는 문장은 6:10; 11:29; 15:16; 26:1; 30:1; 31:21이며 והיה אם로 시작하는 문장은 8:19; 11:13; 20:11; 21:14; 24:1; 25:2; 28:1, 15이 있다.

이 구절에서 세 개의 접속사 '키'(כי)가 나온다. 첫째는 "~때"로 두 번째와 세 번째는 "왜냐하면"으로 번역했다.

"그리고 이것이 있을 것이다"는 한 상황을 가정하고 있다. 제 칠 년에 종을 자유하게 했을 때 일어날 수 있는 일을 가정한다. "그가 너에게 말할 때"에서 "그"는 가난한 형제로 종으로 팔린 자를 그리고 "너"는 부유한 형제로 주인을 의미한다.

"내가 당신으로부터 나가지 않을 것이다"는 종이 주인에게 자신의 의지를, 주인의 집으로부터 나가지 않겠다는 뜻을 말하는 것이다. 즉 제 칠 년에 자유하게 되는 것을 거부하는 것이다. 종이 주인의 집에서

나가는 것을 거부하는 이유를 두 개의 접속사 "왜냐하면"이 설명한다. 이유는 두 가지이다. 첫째, 종이 주인과 그의 집을 사랑하기 때문이다. "집"은 집안 사람들을 의미한다(탈굼 옹켈로스와 네오피티는 집안 사람들로 이해한다). 둘째, 종이 주인과 함께 하기를 원하기 때문이다. 종이 주인의 집을 나가지 않겠다고 밝히는 것은 전적으로 종의 자유의지이다. 주인의 강압이나 강요에 의한 것이 아니다.

17 그리고 너는 송곳을 취할 것이며, 너는 그의 귀에 그리고 문에[1] 둘 것이다,
그리고 그는 너에게 영원히[2] 종이 될 것이다,
그리고 또한 너는 너의 여종에게 그같이 행할 것이다.

본문 비교

1) 탈굼 네오피티와 탈굼 프쉬도 요나단은 이 문을 법정 문으로 해석한다.
2) 탈굼 프쉬도 요나단은 "영원히"를 "희년까지"로 해석한다(참고. *Sifre Deut*. 168).

자원해서 주인의 집에 종이 되겠다고 말한 종에게 행할 일을 설명한다. 주인은 송곳을 취하여 종의 귀를 뚫는다. "너는 그의 귀에 그리고 문에 둘 것이다"는 문맥상 '너는 그의 귀에 그리고 문에 그것을 둘 것이다'로 '그것을'(송곳을) 넣어 주어야 한다. "둘 것이다"는 '뚫을 것이다'란 의미이다. 주인이 종의 귀를 문에 대고 뚫는 것이다. 이렇게 한 후에 그 종은 영원히 주인을 섬기게 될 것이다. 이러한 행동은 여종에게도 똑같이 해당된다. 여종이 자원해서 주인의 집에 남아 있겠다고 할 때 여종의 귀를 뚫는다. 종들이 자발적으로 원할 때 이러한 의식을 행한다.

신명기는 종이 왜 자유 하는 것을 거부하는지에 대한 구체적인 상황을 말하지 않지만 출애굽기는 종이 주인의 집을 나가지 않겠다고 말하

는 더 자세한 상황이 나온다. 만일 주인이 종에게 아내를 주어 결혼해서 자녀를 낳았을 경우를 가정한다. 이럴 경우에는 종만 나가고 종의 아내와 자녀는 주인에게 속한다. 종이 주인과 그의 아내와 자녀를 사랑하여 자유하지 않겠다고 말하면 주인이 그 종을 재판관에게 데리고 간다. 그리고 그 종의 귀를 뚫는다(출 21:4-6).

18 [1]이것이 너의 눈에[2] 어렵지는 않을 것이다, 네가 그를 너로부터 자유롭게 보낼 때,[3]
왜냐하면 그가 너를 육 년 동안 일꾼의 두 배의[4] 임금만큼 섬겼기 때문이다,
그리고 너의 하나님 아도나이께서 네가 행하는 모든 것에 너를 복 주실 것이다.[5]

본문 비교

1) 히브리어 사본들, 사마리아 오경, 70인경 소문자 사본들, 고대 라틴어 역본, 시리아 역은 "그리고"를 갖고 있다.
2) 히브리어 사본들, 사마리아 오경은 "너의 눈들"로 복수이다.
3) 70인경은 "그들이 너로부터 자유롭게 보내질 때"이다. 히브리어와 주어가 다르다. 탈굼 옹켈로스와 탈굼 프쉬도 요나단은 "자유인"으로 해석한다.
4) 70인경은 히브리어의 "두 배"를 "매년"으로 읽는다.
5) 마소라 사본은 18절 끝에 페투카(פ)를 두어 단락을 나누고 있다.

이 구절은 12-15절의 연속이다. 육 년을 섬긴 종을 칠 년에 자유를 주는 것을 말한다. "이것이 너의 눈에 어렵지는 않을 것이다"는 히브리인 형제가 종이 되었을 때, 칠 년이 되면 자유를 주는 것 그리고 그가 자유를 얻어 나갈 때에 주인이 그를 빈손으로 보내지 않고 주인의 재물을 나누어주이 보내는 것이 어렵지 않다는 것이다.

주인이 종을 자유롭게 보내는 것이 어렵지 않을 것이라는 이유를

"왜냐하면"이 설명한다. 종이 주인에게 육 년 동안 "일꾼의 두 배의 임금만큼" 섬겼기 때문이다. 여기서 "만큼"은 히브리어에 없는 표현이다. 이해를 돕기 위해 넣어준 것이다. 종은 주인에게 육 년 동안 충분한 노동력을 제공했다는 것이다.

마지막 절은 신적 약속을 담고 있다. "그리고 너의 하나님 아도나이께서 네가 행하는 모든 것에 너를 복 주실 것이다." 여기서 "그리고"는 '그러면,' '그리하면'의 뜻을 갖는다. 하나님은 종에게 자유를 주어 내보내는 주인에게, 하나님의 명령을 따르는 주인에게 축복하실 것을 약속하신다. 하나님의 명령을 잘 지키는 자에게 하나님의 축복의 약속이 주어진다.

3. 처음 난 소와 양 새끼(15:19-23)

1-18절은 면제년의 규례이다. 그러나 19-23절은 면제년과 관련이 없는 처음 난 짐승 새끼에 관한 규례이다. 소와 양의 처음 난 수컷은 아도나이께 구별하여 드려야 한다. 처음 난 짐승의 새끼를 중앙 성소로 가져가야 한다. 그러나 흠이 있는 새끼는 드릴 수 없고 흠이 있는 것은 각 성중에서 먹을 수 있다.

처음 난 짐승 새끼를 아도나이께 드리는 것은 출애굽 사건에서 기인한다. 출애굽의 마지막 재앙은 사람과 짐승의 처음 난 것을 치는 재앙이었다. 이집트의 바로 왕의 장자부터 짐승의 처음 난 것이 다 죽었다(출 12:29). 이때 이스라엘의 장자와 짐승의 처음 난 것은 무사하였다. 아도나이는 이 일을 근거로 사람이나 짐승의 처음 난 것은 모두 자신의 것이라고 소유권을 주장하셨다(출 13:2, 12). 신명기의 이 본문은 짐승 가운데 양과 소의 처음 난 것에 대해서만 언급하고 있다.

양과 소의 처음 난 새끼를 아도나이께 드리라는 명령은 앞에 나오는 면제년(1-18)과 상관이 없는 것같이 보이지만 두 본문 모두 다 출애굽 사건에 기초하고 있다는 점에서 관련성이 있다. 면제년에 히브리 종을 자유하게 하는 법은 아도나이께서 이스라엘을 이집트에서 구원한 일에 기초하고 있기 때문이다(15). 더 나아가 면제년(15:1-18)과 처음 난 소와 양 새끼(15:19-23)는 다음 장의 신명기 16:1-8의 출애굽 절기인 유월절 본문과도 잘 어울린다.

번역

19 너의 양떼에서 그리고 너의 소떼에서 낳는 모든 처음 난 것,
그 수컷을 너는 너의 하나님 아도나이에게 구별해야 한다,
너는 너의 소의 처음 난 것으로 일해서는 안 된다,
그리고 너는 너의 양의 처음 난 것을 깎아서는 안 된다.
20 너의 하나님 아도나이 앞에서 너는 매년 그것을 먹을 것이다,
아도나이께서 선택하실 그 장소에서, 너와 너의 집이.
21 그러나 그에게 흠이, 절름발이 또는 눈 먼, 있다면, 어떤 악한 흠,
너는 그것을 너의 하나님 아도나이께 드리지 못한다.
22 너의 문들 안에서 너는 그것을 먹을 수 있다,
부정한 자나 정한 자가 함께, 영양같이 그리고 수사슴같이,
23 다만 너는 그의 피를 먹을 수 없다,
땅위에 너는 그것을 물같이 쏟을 것이다.

주해

19 너의 양떼[1]에서 그리고 너의 소떼[1]에서 낳는 모든 처음 난 것,
그 수컷[2]을 너는 너의 하나님 아도나이에게[3] 구별해야 한다,
너는 너의 소의 처음 난 것으로 일해서는 안 된다,
그리고 너는 너의 양의 처음 난 것을 깎아서는 안 된다.

본문 비교

1) 마소라 사본은 단수인데 반하여 70인경은 복수로 읽는다.
2) 마소라 사본은 단수인데 반하여 70인경은 복수이다.
3) 탈굼 옹켈로스와 탈굼 프쉬도 요나단은 "아도나이 앞에서" 그리고 탈굼 네오피티는 "아도나이의 이름에게"이다.

짐승의 처음 태어난 것에 대한 규정이다. 처음 난 것의 모든 수컷은 하나님께 구별되어야 한다. "너는 구별해야 한다"는 '너는 거룩하게 해야 한다'로 거룩하게 구별하여 아도나이께 바쳐야 하는 것이다.

이스라엘이 소와 양의 첫 새끼에게 해서는 안 되는 행동을 설명한다. 첫 새끼는 아도나이께 구별되었기 때문이다. 아도나이께 구별하는 방법으로 먼저 부정적인 설명이 주어진다. "너는 너의 소의 처음 난 것으로 일해서는 안 된다"는 처음 난 수컷 소로 '일하지 말라'는 의미이다. 젊은 소는 일반적으로 일하는데 사용되기 때문이다. 그러나 아도나이께 바쳐지는 소는 일을 시켜서는 안 된다. "너는 너의 양의 처음 난 것을 깎아서는 안 된다"는 처음 난 수컷 양의 '털을 깎지 말라'는 의미이다. 양은 털과 고기를 위해서 양육되기 때문이다. 하지만 아도나이께 바쳐지는 처음 난 수컷 양은 털을 깎아서는 안 된다.

20 너의 하나님 아도나이 앞에서 너는 매년 그것을 먹을 것이다.
아도나이께서[1] 선택하실 그 장소에서, 너와 너의 집[2]이.

본문 비교

1) 70인경은 "너의 하나님 아도나이"이다. 오리겐의 헥사플라는 별표로 "너의 하나님"이 덧붙여졌음을 지적한다.
2) 탈굼 옹켈로스와 탈굼 네오피티 그리고 탈굼 프쉬도 요나단은 "너의 집 사람들"로 읽는다.

19절은 처음 난 짐승을 어떻게 구별해야 하는지에 대한 부정적인 설명이라면 20절은 긍정적인 설명이다. "아도나이에게 구별해야 한다"(19)는 "아도나이 앞에서" 매년 처음 난 것을 먹는 것으로 더 나아간다(참고. 신 12:6). 먹는 장소 "아도나이 앞에서"에 강조가 있다. 이는 다시 "아도나이께서 선택하실 장소"로 명확해진다. 아도나이께서 선택하실 장소는 이스라엘 열 두 지파들 가운데서 선택하실 한 장소로 아도나이께서 그의 이름을 두실 곳이며 거주하실 곳이다. 이스라엘은 이곳에 나아가서 번제와 화목제를 드리며 처음 난 것을 먹을 수 있다. 이스라엘의 모든 제의가 집중되는 곳으로 중앙 성소라고 부른다. "아도나이께서 선택하실 장소"에 대한 더 자세한 설명은 신명기 12:5 이하를 보라.

21 그러나 그에게 흠이, 절름발이 또는 눈 먼, 있다면, [1]어떤 악한 흠,
너는 그것을 너의 하나님 아도나이께 드리지 못한다.

본문 비교

1) 사마리아 오경, 시리아 역, 벌게이트는 "또는"를 갖고 있다. 70인경은 "또는 심지어"(ἢ καὶ)로 읽는다.

아도나이께 드릴 처음 난 짐승에게 흠이 있는 경우를 말한다. 흠이 있는 첫 새끼는 아도나이께 드릴 제물로 불완전하다. 어떤 경우의 흠인지를 "절름발이 또는 눈 먼"이 설명한다. 이러한 흠이 있다면 아도나이께 드릴 제물로는 아주 중대한 또는 심각한 결점이다. 이러한 짐승은 아도나이께 드릴 수 없다(참고. 레 22:21-24, 말 1:8). "너는 그것을 드리지 못한다."는 '너는 그것을 제사 드릴 수 없다'이다.

22 너의 문들[1] 안에서 너는 그것을 먹을 수 있다,
부정한 자[2]나 정한 자가 함께,[3] 영양같이 그리고 수사슴같이,[4]

본문 비교

1) 70인경은 "너의 성들"로 읽는다(πόλεσίν 아퀼라는 πυλασίς). 탈굼 역들 역시 "너의 성들"이다.

2) 70인경은 "너 안에"(ἐν σοὶ)를 덧붙인다. 오리겐의 헥사플라는 이것이 덧붙여졌음을 지적한다. 탈굼 네오피티는 "거룩한 것들을 위한 부정한 자" 그리고 탈굼 프쉬도 요나단은 "성소에 접근하기에 부정한 자"로 해석한다.

3) 70인경은 "그가 먹을 것이다"(φάγεται)를 첨가한다. 랄프 편집은 동사가 다르다(ἔδεται). 오리겐의 헥사플라도 이 점을 지적한다.

4) 탈굼 옹켈로스, 네오피티 그리고 프쉬도 요나단은 "영양과 수사슴의 고기 같이"로 읽는다.

처음 난 것 중에 흠이 있는 짐승은 아도나이께 제물로 드릴 수 없다. 흠이 있는 짐승은 예배자가 사는 성중에서 먹을 수 있다. 흠이 없는 처음 난 것은 아도나이께서 선택하실 장소로 가는데 반하여 흠이 있는 처음 난 짐승은 제물을 드리는 자의 성중에서 먹을 수 있다. 장소가 대조를 이룬다.

흠이 있는 처음 난 짐승을 먹는데 자격 조건이 없다. 정한 자나 부정한 자나 다 먹을 수 있다. 그것은 영양과 수사슴과 같이 먹을 수 있다.

23 다만 너는 그의 피를 먹을 수 없다,
땅위에 너는 그것을 물같이 쏟을 것이다.[1)]

본문 비교

1) 마소라 사본은 23절 끝에 페투카(פ)를 두어 단락을 나누고 있다.

"다만"은 흠이 있는 처음 난 짐승을 먹는데 한 가지 제한을 둔다. 피를 먹지 말라는 것이다. 피를 먹는 것을 금하는 것은 노아 홍수 이후부터이다. 하나님은 노아 홍수 후에 고기 먹는 것을 허용하신다. 하지만 피를 먹는 것은 금지되었다(창 9:3-4).

참고문헌

Braulik, G., "Zwei Kleinformen im Buch Deuteronomium," in *L'Ecrit et L'Esprit*, Göttingen, 2005, 38-57.

Crüsemann, M. and Crüsemann, F., "Das Jahr, das Gott gefällt. Biblische Traditionen vom Erlass-und Jobeljahr," *BK* 55 (2000), 19-24.

Hamilton, J., M. "*HA'ARES* in the Shemitta Law," *VT* 42 (1992), 214-222.

Houston, W., "'You Shall Open Your Hand to Your Needy Brother': Ideology and Moral Formation in Deut. 15:1-18," in *The Bible in Ethics,* Sheffield, 1995, 296-314.

Kaufman, S. A., "Deuteronomy 15 and Recent Research on the Dating of P," in *Das Deuteronomium*, Leuven, 1985, 273-276.

Kessler, R., "Das Erlassjahrgesetz Dtn 15,1-11. Ein Gebot und seine Umsetzung," *TGl* 100 (2010), 15-30.

Lindenberger, J. M., "How Much for A Hebrew Slave? the Meaning of Misneh in Deut 15:18," *JBL* 110 (1991), 479-498.

Lohfink, N., "Fortschreibung? Zur Technik von Rechtsrevisionen im deuteronomischen Bereich, eroertert an Deuteronomium 12, Ex 21,2-11 und Dtn 15,12-18," in *Das Deuteronomium und seine Querbeziehungen*, Göttingen, 1996, 127-171.

Niehaus, J., "The Central Sanctuary: Where and When?" *TynB* 43 (1992), 3-30.

Kessler, R., "Die Rolle des Armen fuer Gerechtigkeit und Suende des Reichen," in *Was ist der Mensch?* München, 1992, 153-163.

Otto, E., "Wirtschaftsethik im Alten Testament," in *Kontinuum und Proprium*, Wiesbaden, 1996, 331-341.

---, "Gerechtigkeit und Erbarmen im Recht des Alten Testaments und seiner christlichen Rezeption," *Kontinuum und Proprium*, Wiesbaden, 1996, 342-357.

Pruitt, B. A., "The Sabbatical Year of Release: The Social Location and Practice of Shemittah in Deuteronomy 15:1-18," *ResQ* 52 (2010), 81-92.

Sauer, G., "Israels Feste und ihr Verhaeltnis zum Jahweglauben," in *Studien zum Pentateuch*, Wien, 1977, 135-141.

Scheffler, E., "Deuteronomy 15:11-18 and Poverty in (South) Africa," in *A Critical Study of the Pentateuch: An Encounter between Europe and Africa*, Münster, 2005, 97-115.

Tsevat, M., "The Hebrew Slave According to Deuteronomy 15:12-18: His Lot and the Value of His Work, with Special Attention to the Meaning of מִשְׁנֶה," *JBL* 113 (1994), 587-595.

Veijola, T., "'Du sollst daran denken, dass du Sklave gewesen bist im Lande Ägypten' - zur literarischen Stellung und theologischen Bedeutung einer Kern aussage des Deuteronomiums," in *Gott und Mensch im Dialog*, Berlin, 2005, 353-373.

Vogt, P. T., "Social Justice and the Vision of Deuteronomy," *JETS* 51 (2008), 35-44.

Wenham, G. J., "Deuteronomy and the Central Sanctuary," in *A Song of Power and the Power of Song*, Indiana, 1993, 94-108.

Zipporah, G. G., "Land, Slave Labor and Law: Engaging Ancient Israel's Economy," *JSOT* 91 (2000), 27-39.

DEUTERO
NOMY

신명기 16장

A New Translation with
Introduction
and Commentary

DEUTERONOMY

D E U T E R O N O M Y

신명기 16장

Deuteronomy 16

내용/구조

이 장은 앞 장들과 긴밀한 관련이 있다. 매년 십일조(14:22-27)와 삼년 십일조(14:28-29)을 말한 후에 칠 년마다 빚을 탕감해주는 면제년이 나왔다(15:1-18). 그리고 매년 소와 양의 처음 난 것의 제사를 설명한(15:19-23) 후에 16장에서 이스라엘의 삼대 절기를 설명한다. 매년 세 차례 절기는 유월절(16:1-8), 칠칠절(16:9-12) 그리고 초막절(16:13-17)이다. 따라서 신명기 14:22부터 16:17을 정기적인 절기 법으로 함께 묶을 수 있다.

먼저 이스라엘이 이집트에서 구원받은 유월절을 설명한다(16:1-8). 유월절과 무교절을 함께 설명하고 있다. 칠일 동안 절기를 지키며 무교병을 먹는다. 유월절 제사는 이스라엘이 거주하는 각 성에서 드릴 수 없다. 아도나이께서 선택하실 장소에서 드려야 한다는 점을 강조한다.

두 번째는 칠칠절을 설명한다(16:9-12). 첫 보리 추수를 할 때부터 칠 주를 계산하여 칠칠절을 지킨다. 보리 추수를 끝내면 밀 추수를 시작한다. 따라서 칠칠절은 밀 추수 때이다. 칠칠절 역시 아도나이께서 선택하실 장소에서 지켜야 한다.

세 번째는 초막절이다(16:13-17). 곡식과 과일의 모든 추수를 마치고 칠일 동안 지키는 절기이다. 초막절 역시 아도나이께서 선택하실 장소에서 지킬 것을 강조하고 있다.

아도나이께서 선택하실 장소에서 이 세 절기를 지킬 것을 계속 강조하고 있다(16:2, 6, 7, 11, 15, 16). 이스라엘 남자는 일 년에 세 번 아도나이 앞에 나아와 얼굴을 보여야 하는데, 그 장소가 바로 아도나이께서 선택하실 장소이다. 이곳에 모든 제의가 집중되고 있다(12:5-6). 십일조를 가져가는 곳이며(14:23) 절기를 지키는 장소이다.

이스라엘의 삼대 절기는 모두 출애굽과 관련이 있다. 유월절과 무교절은 출애굽 때 제정된 절기이다(16:1). 칠칠절은 가나안 땅에 들어와서 지키는 절기이다. 이스라엘이 칠칠절을 지키는데 이집트에서 종이었다는 것을 기억하면서 지키라고 명령한다(16:12). 초막절은 이스라엘이 이집트에서 구원받은 후에 초막에 거한 것을 기념하여 지키는 절기이다(레 23:43). 하지만 하나님의 구원은 출애굽에서만 끝나는 것이 아니다. 칠칠절과 초막절이 가나안 땅, 약속의 땅에서의 추수와 안식을 보여주듯이 하나님의 구원사역은 출애굽에서 시작하여 가나안 땅에 들어와 안식하는 것으로 나아간다. 하나님의 구원은 출애굽에서 시작하여 가나안 땅 정복과 그 땅에서의 안식을 포함하고 있다.

이스라엘의 삼대 절기를 말한 후에 사법제도를 설명한다(16:18-20). 주기적인 절기를 말하는 본문과 다른 주제이다. 이 본문은 이스라엘이 가나안 땅에 들어가서 세울 사법제도이다. 각 성에 지방법원을 둘 것을 명령한다. 각 성에 재판관들을 세우고 그들은 공의로 재판해야 한다. 이스라엘이 공의를 추구할 때, 이스라엘은 살 수 있고 가나안 땅을 점령할 수 있다.

마지막은 이스라엘에게 금지된 이방 제의들을 설명한다. 아도나이 제단 옆에 아세라 상을 세우지 말 것과 주상을 세우지 말 것을 권면한다(16:21-22). 이 본문은 자연스럽게 17장과 연결된다. 따라서 우리는

16장을 다음과 같이 나눌 수 있다.

1) 유월절과 무교절(16:1-8)
2) 칠칠절(16:9-12)
3) 초막절(16:13-17)
4) 사법제도(16:18-20)
5) 금지된 이방 제의(16:21-22)

1. 유월절과 무교절(16:1-8)

유월절에 대한 설명은 출애굽기 12:1-13:16; 레위기 23:5-8; 민수기 28:16-25; 신명기 16:1-8에 나온다. 출애굽기는 유월절의 기원에 대하여 잘 설명하고 있다. 유월절을 설명하는 출애굽기 본문은 유월절(출 12:1-14)과 무교절(출 12:15-20)로 나눠서 설명하는데 반하여 신명기 본문은 유월절과 무교절을 함께 묶어서 보도한다. 유월절에 관한 설명은 16:1-2, 4b-7절에서 그리고 무교절은 16:3-4a, 8절에서 하고 있다. 유월절 저녁부터 무교병을 먹기 때문에(출 12:6-8, 18) 신명기는 유월절과 무교절을 분리하지 않고 함께 다루는 것 같다.

출애굽기는 유월절 제물로 양과 염소를 말하는데 반하여(출 12:5) 신명기는 양과 소를 언급한다(신 16:2). 출애굽기는 이스라엘이 이집트를 빠져 나오는 상황에서 가족 별로 유월절 짐승을 잡아야 했기 때문에 양과 염소와 같이 작은 짐승을 택했을 것이다. 그러나 신명기는 가나안 땅에 정착한 후에 아도나이께서 선택한 장소에서 가족들이 모여서 유월절 제사를 드리기 때문에 큰 제물인 소를 언급했을 것 같다(Tigay, 153-154).

출애굽기는 유월절의 어린양의 피를 강조하고 있다. 어린양의 피는 표적이다. 아도나이께서 이집트의 장자를 칠 때, 어린양의 피가 있는 집을 넘어가실 것이다. 어린양의 피가 그 집의 장자를 보호하는 것이다(출 12:13, 23). 그러나 신명기는 유월절을 지키는 장소에 대한 강조가 있다. 유월절 제사는 아도나이께서 선택하실 장소에서 드려야 한다(16:2, 5-7). 출애굽기는 유월절 사건이 발생한 상황에서 어린양의 피의 역할을 설명한 반면 신명기는 후대에 이스라엘이 가나안 땅에 들어간 후에 유월절 제사를 어디에서 지킬 것인가를 말하고 있다.

유월절 제사를 드린 후에 무교절에 드리는 희생제사는 민수기 28:16-25에 나온다. 무교절에 드리는 희생제사는 매월 초하루에 드리는 희생제사의 번제 예물과 소제와 같다. 수송아지 두 마리, 숫양 한 마리, 일 년 된 흠 없는 숫양 일곱 마리를 번제로 드린다. 소제는 수송아지 한 마리에 고운 가루 십 분의 삼에 기름을 섞고, 숫양 한 마리에 고운 가루 십 분의 이에 기름을 섞고, 어린 양 한 마리에 고운 가루 십 분의 일을 기름에 섞어 드린다. 그리고 속죄제로 숫염소 한 마리를 드린다. 아침 상번제에 이어서 무교절 희생 제사를 하나님께 드리는데 위와 같은 방법으로 이레 동안 날마다 희생 제사를 드린다. 물론 전제도 함께 드린다. 무교절의 첫째 날과 일곱째 날은 성회로 모이며 안식일과 같이 아무 일도 하지 않는다.

유월절과 무교절을 지키라는 명령은 출애굽기 12:1-28, 43-51; 13:1-10; 23:15, 34:18-20, 25; 레위기 23:5-8; 신명기 16:1-8에 나온다. 위의 본문들에서 유월절 희생 제사는 설명되어 있지만 무교절에 구체적인 희생 제사 방법은 나오지 않는다. 레위기에서 단지 "너희는 이레 동안 여호와께 화제를 드릴 것이요"라고 명령한다(레 23:8). 민수기 28:16-25은 무교절의 이레 동안 공적으로 화제를 드리는 방법을 자세하게 언급하고 있다.

번역

1 아빕월을 지켜라 그리고 너는 너의 하나님 아도나이께 유월절을 행해야 한다,
왜냐하면 아빕월에 너의 하나님 아도나이께서 너를 이집트에서 밤에 데리고
나왔기 때문이다.
2 그리고 너는 너의 하나님 아도나이께 유월절 제사를 드려야 한다, 양과 소를,
아도나이께서 그의 이름을 거기에 두기 위하여 선택하실 장소에서.
3 너는 그것과 함께 발효된 것을 먹을 수 없다,
칠일 동안 너는 그것과 함께 누룩 없는 고난의 빵을 먹을 것이다,
왜냐하면 너는 급하게 이집트의 땅에서 나왔기 때문이다,
네가 이집트의 땅에서 네가 나온 날을 기억하기 위하여, 너의 삶에 모든 날들
에.
4 그리고 누룩이 너의 모든 경내에서 칠일 동안 너에게 보이지 않아야 한다,
그리고 첫날 저녁에 네가 제사 드린 고기로부터 어떤 것이 아침까지 남아 있어
서는 안 된다.
5 너는 유월절 제사를 드릴 수 없다,
너의 하나님 아도나이께서 너에게 주시는 너의 문들의 하나에서.
6 그러나 너의 하나님 아도나이께서 그의 이름을 두기 위하여 선택하실 그 장소
에서,
거기서 너는 저녁에 유월절 제사를 드릴 것이다,
해가 질 때, 네가 이집트에서 나온 시각에.
7 그리고 너는 요리하고 먹을 것이다, 너의 하나님 아도나이께서 선택하실 그 장
소에서,
그리고 너는 돌아설 것이다 아침에 그리고 너는 갈 것이다 너의 장막들로.
8 육일 동안 너는 누룩 없는 빵을 먹어야 한다,
칠일에 너의 하나님 아도나이께 성회이다, 너는 일을 할 수 없다.

주해

1 아빕월을 지켜라 그리고 너는 너의 하나님 아도나이께 유월절을[1] 행해야 한다, 왜냐하면 아빕월에 너의 하나님 아도나이가[2] 너를 이집트에서 밤에[3] 데리고 나왔기 때문이다.

본문 비교

1) 70인경은 유월절(פסח)을 τὸ πασχα로 번역한다. 그러나 아퀼라는 φεσέ로 심마쿠스는 φεσεκ로 번역한다. 벌게이트는 Phase이다.
2) 70인경은 "너의 하나님 아도나이"를 생략한다(하지만 Byz 사본은 ἐξῆγαγεν σε κύριος ὁ θεός σου이다). 오리겐의 헥사플라는 이것을 지적한다.
3) 탈굼 옹켈로스는 "그가 너를 위하여 밤에 이적들을 행했다"를 덧붙인다. 탈굼 네오피티 역시 "그가 너를 위하여 이적들과 강한 행위들을 행했다"로 옹켈로스와 유사하다.

"지켜라"(שָׁמוֹר)는 부정사 절대형이지만 명령형으로 번역할 수 있다(신 5:12 참고). 70인경도 명령형으로 번역하며 현대 역본들도 대부분 명령형으로 번역한다. "월"은 '새로운 달'로 월, 달을 의미한다. "아빕"은 '새로운 보리(곡물)의 이삭'이라는 뜻으로 곡식이 새로 익는 때이다. 3-4월에 해당한다. 보리와 같은 아직 익지 않은 곡식들의 줄기가 자라는 때이다. 보리(대맥)가 밀(소맥)보다 한 달 정도 빨리 추수한다. 아빕월은 이스라엘이 이집트에서 탈출한 달이며(출 13:3) 이스라엘 달력의 첫 번째 달이다(출 12:2). 바벨론 포로 후기에 바벨론의 달력을 받아들인 후에 아빕월을 니산Nisan이라고 부른다.

"유월절"은 이스라엘이 이집트에서 탈출한 달에 생긴 절기이다. 아도나이께서 바로의 장자부터 짐승의 처음 난 것을 다 치시는 장자 재앙이 있었을 때, 아도나이는 어린양의 피가 발라져있는 이스라엘 집을 넘어가셨다. "내가 애굽 땅을 칠 때에 그 피가 너희가 사는 집에 있어서 너희를 위하여 표적이 될지라 내가 피를 볼 때에 너희를 넘어가리니 재앙이 너희에게 내려 멸하지 아니하리라"(출 12:13). 여기서 동사 "넘어가리니"(פסח, 파싸흐)에서 나온 명사가 "유월절"(פסח, 페싸흐)이다. 아도나이께서 피를 보고 넘어간다는 것은 아도나이께서 멸하는 자로부터 그 집의 장자를 보호해 준다는 의미이다. 아도나이께서 멸하는 자를 그 집에 들어가지 못하도록 하셨기 때문이다(출 12:23).

유월절을 지키는 방법으로는 각 가족의 수대로 흠 없고 일 년 된 양, 염소 또는 소를 10일에 취하여 14일까지 간직한다. 해질 때, 양을 잡아서 피를 그 양을 먹을 집의 문 좌우 설주와 인방에 바른다. 고기는 불에 구워 무교병과 쓴 나물과 함께 먹어야 한다. 아침까지 그 고기를 남겨 놓아서는 안 되고 허리에 띠를 띠고 발에 신을 신고 손에 지팡이를 잡고 급히 먹어야 한다. 밤에 아도나이께서 이집트 땅의 사람과 짐승의 처음 난 것을 칠 때에, 피가 있는 집을 넘어간다. 이 장자 재앙에서 어린양의 희생의 피가 중요한 역할을 한다(출 12:1-14).

"너는 행해야 한다"는 칼 완료 와우 연속법이다. "행하라"는 명령형으로도 번역할 수 있다(대다수의 현대 역본들은 명령형으로 번역한다. 개역 개정 역시 "유월절을 행하라"이다).

"왜냐하면"은 이스라엘이 아빕월에 유월절을 지켜야 하는 이유를 설명하고 있다. "왜냐하면 아빕월에 너의 하나님 아도나이가 너를 이집트에서 밤에 데리고 나왔기 때문이다." 아도나이께서 이스라엘을 이집트에서 데려 나온 것은 이스라엘 백성에게 정치적, 사회적, 경제적으로 자유를 준 것을 의미한다. 이스라엘은 이집트에서 노예의 신분이었다. 출애굽은 이스라엘을 노예에서 자유인으로 만들었다.

이 구절은 이스라엘의 구원을 말한다. 주어가 "너의 하나님 아도나이"임에 주목하라. 하나님이 구원의 주체이다. 이스라엘은 이집트의 노예로 있다가 아도나이의 개입으로 인하여 구원을 받았다. 이스라엘의 구원은 아도나이께서 역사 속에서 행하신 구원행위에 근거한다. 이 점은 이스라엘이 자녀들에게 유월절 제사를 설명하는 구절에서 잘 나타난다. "너희는 이르기를 이는 여호와의 유월절 제사라 여호와께서 애굽 사람에게 재앙을 내리실 때에 애굽에 있는 이스라엘 자손의 집을 넘으사 우리의 집을 구원하셨느니라 하라 하매 백성이 머리 숙여 경배하니라"(출 12:27).

출애굽은 이스라엘 신앙의 근본이다. 출애굽 사건은 한 개인이 구원받은 사건이 아니라 이스라엘이 민족적으로 구원 받은 사건이다. 이래서 출애굽은 민족적, 국가적인 의미가 있다. 출애굽을 통하여 이스라엘이 역사 속에서 한 나라로서 등장했기 때문이다. 출애굽은 이스라엘을 역사 속에서 하나의 백성, 하나의 나라, 국가로 존재하게 했다. 또한 하나님의 백성이 되게 하였다. 하나님은 출애굽을 통하여 이스라엘을 하나님의 백성으로 선택했기 때문이다(더 자세한 설명은 신명기 I. 서론 "12. 이스라엘, 하나님의 선택된 백성"을 보라).

2 그리고 너는 너의 하나님 아도나이께 유월절 제사를 드려야 한다, 양과 소를,[1) 아도나이께서[2)] 그의 이름을 거기에 두기 위하여 선택하실 장소에서.

본문 비교

1) 탈굼 옹켈로스는 "양으로부터 그리고 너의 소떼로부터 거룩한 제물들을"로 번역한다.
2) 두 개의 히브리어 사본들, 사마리아 오경, 시리아 역 그리고 벌게이트는 "너의 하나님"을 덧붙인다. 70인경은 ὁ θεός σου αὐτὸν을 첨가한다. 오리겐의 헥사플라는 이것이 덧붙여졌음을 별표로 지적한다.

유월절을 어떻게 지키는 지를 더 구체적으로 설명한다. 아도나이께 유월절 제사를 드려야 한다. 유월절 제사의 제물로는 일반적으로 어린 양을 강조한다(출 12:3, 4, 7). 그렇지만 출애굽기는 양과 염소를 유월절 제물로 잡을 것을 말했다(출 12:5). 그런데 신명기는 양과 소를 언급한다. 소도 유월절 제물로 사용했다는 것은 요시야 왕 때 유월절 준수에서 알 수 있다. 요시야는 양, 염소 그리고 소를 유월절 제물로 사용했다(대하 35:7-13).

이스라엘이 유월절 절기를 지켜야 할 장소는 아도나이께서 선택하실 장소이다(신 12:5). 아도나이께서 선택하실 한 장소는 이제 이스라엘 민족의 절기를 지키는 곳이 될 것이다. 온 이스라엘 지파들이 유월절을 지키기 위해서 모이는 장소이다.

3 너는[1] 그것과 함께 발효된 것을 먹을 수 없다,
칠일 동안 너는[1] 그것과 함께 누룩 없는 고난의 빵을 먹을 것이다,
왜냐하면 너는[2] 급하게 이집트의 땅에서[3] 나왔기 때문이다,
네가[2] 이집트의 땅에서 네가[4] 나온 날을 기억하기 위하여, 너의[3] 삶에 모든 날들에.

본문 비교

1) 마소라 사본은 "너는 먹을 수 없다"와 "너는 먹을 것이다"의 주어는 단수이다. 그러나 사마리아 오경의 주어는 복수 "너희"이다.
2) 마소라 사본은 "너는 나왔기 때문이다"와 "네가 기억하기 위하여"에서 주어는 단수 "너"이다. 그러나 70인경은 복수 "너희"를 사용한다.
3) 70인경은 "이집트에서"이다.
4) 마소라 사본은 단수 "너"인데 반하여 70인경은 복수 "너희의"이다.

"먹을 수 없다"와 "먹을 것이다"라는 두 동사가 대조를 이룬다. 유월절에 먹을 수 없는 것이 있다. 바로 "발효된 것"이다. 이스트를 넣어 발효시킨 빵, 유교병을 의미한다. 이스라엘은 유월절에 이스트를 넣어서 발효시킨 어떠한 것도 먹을 수 없다. 발효시킨 것을 먹는 자는 이스라엘 중에서 끊어지게 된다(출 12:19). 이스라엘은 칠일 동안 "누룩 없는" 빵 즉, 무교병을 먹어야 한다. 누룩 또는 효모를 넣은 어떠한 것도 먹을 수 없다. 밀, 보리, 귀리, 호밀 등의 곡식으로 만든 빵을 의미한다.

"고난의 빵"은 '가난의 빵' 또는 '고생의 빵'을 뜻한다. 이는 이스트를 넣지 않아서 부풀어 오르지 않은 빵이다. 일반적으로 예기치 않은 손님이 왔을 때, 부풀리지 않은 빵을 먹었다. 또는 가난한 사람들이나 죄수들이 먹기도 했다.

"고난의 빵"은 일반적으로 이스라엘이 이집트에서 노예로 보낸 세월을 상징적으로 보여준다고 이해한다. 하지만 이것은 이차적이다. 일차적인 설명은 접속사 "왜냐하면"이 유월절에 "누룩 없는 고난의 빵"을 먹는 이유를 설명한다. "왜냐하면 너는 급하게 이집트의 땅에서 나왔기 때문이다." 이스라엘이 "급하게" 이집트 땅을 빠져나왔기 때문이다(아퀼라는 "급하게"를 '놀라서'로 번역한다).

이스라엘이 급하게 이집트를 나온 이유는 아도나이께서 이집트의 모든 장자와 처음 난 짐승을 치셨기 때문이다. 이 열 번째 재앙이 일어났을 때 이집트의 바로는 모세와 아론을 불러서 서둘러서 이스라엘을 쫓아냈기 때문에, 이스라엘은 발효되지 않은 반죽을 가지고 이집트를 빠져 나왔다(출 12:29-34).

"네가 이집트의 땅에서 네가 나온 날을 기억하기 위하여"는 이스라엘이 "누룩 없는 고난의 빵"을 먹는 목적을 설명한다. 이스라엘이 아주 급하게 이집트 땅을 빠져 나온 날을 기억하기 위해서이다. 하나님이 이집트에서 이스라엘을 구원한 출애굽 사건이 무교병을 먹으라는 근거이다. 이 기억은 이스라엘이 사는 모든 날 동안 이루어져야 한다.

4 그리고[1] 누룩이 너의 모든 경내에서 칠일 동안 너에게 보이지 않아야 한다,
그리고 첫날 저녁에[2] 네가 제사 드린 고기로부터 어떤 것이 아침까지 남아 있어서는 안 된다.

본문 비교

1) 두 개의 히브리어 사본들과 70인경은 "그리고"를 생략한다.
2) 사마리아 오경은 "저녁들 사이에"(בין הערבים)로 읽는다.

"보이지 않아야 한다"는 니팔 미완료이지만 '보이지 않게 하라,' '발견되어지지 않게 하라'는 의미가 있다. 즉 모든 "누룩" 즉 이스트, 효모를 치워버리라는 것이다. "경내"는 '경계,' '영토'의 뜻으로 "너의 모든 경내"는 한 개인이 머무르는 모든 지역을 의미한다.

"네가 제사 드린 고기로부터 어떤 것이 남아 있어서는 안 된다"는 "네가 제사 드린 고기로부터" 어떤 부분의 고기도 아침까지 두지 말라는 것이다. 유월절 제사를 드린 고기가 아침까지 남아 있으면 그 고기는 불태워야 한다(출 12:10).

"첫날 저녁에"는 유월절 제사를 드린 14일 저녁을 의미한다. 저녁에 드린 유월절 제물을 식구들이 먹는다. 누룩이 없는 빵을 먹는 날이기도 하다(출 12:3, 6, 15, 18). 시프레 신명기(Sife Deut.)는 "첫날"을 "둘째 날 아침"으로 해석한다. 즉 니산월 16일을 뜻한다. 이것은 유대인들의 날을 세는 방법 때문이다. 저녁 해질 때부터 아침까지를 하루로 계산하기 때문이다.

5 [1]너는 유월절 제사를 드릴 수 없다,
너의 하나님 아도나이께서 너에게 주시는 너의 문들의[2] 하나에서.
6 그러나 너의 하나님 아도나이께서[3] 그의 이름을 두기 위하여 선택하실 그 장소에서,[4]

거기서[5)] 너는 저녁에 유월절 제사를 드릴 것이다,

해가 질 때, 네가 이집트에서 나온 시각에.[6)]

본문 비교

1) 한 히브리어 사본, V[ken 69], 사마리아 오경은 "그리고"를 갖고 있다.
2) 아람어 성경들과 70인경은 "성들"이다.
3) 쿰란 사본(1QDeut[a])은 "그 안에"(בו)를 덧붙인다.
4) V[ken 69]는 "그 장소에서"(אל המקום)를 생략한다. 사마리아 오경, 시리아 역, 벌게이트는 전치사 '~에서'(אל)를 생략하여 המקום으로 읽는다.
5) 사마리아 오경은 "거기서"가 한 번 더 있다(את שמו שם שם).
6) 탈굼 프쉬도 요나단은 "해 질 저녁에, 밤의 중간까지, 이집트로부터 너희의 구원이 시작되었을 때"로 더 자세하게 해석한다.

5절과 6절은 유월절 제사를 드릴 수 있는 장소와 드릴 수 없는 장소에 대해서 언급한다.

a 너는 유월절 제사를 드릴 수 없다,
　b 너의 하나님 아도나이께서 너에게 주시는 너의 문들의 하나에서.
　b' 그러나 너의 하나님 아도나이께서 그의 이름을 두기 위하여 선택하실 그 장소에서,
a' 거기서 너는 저녁에 유월절 제사를 드릴 것이다,
　　c 해가 질 때, 네가 이집트에서 나온 시각에.

a와 a'는 "유월절 제사를 드릴 수 없다"와 "유월절 제사를 드릴 것이다"로 서로 대조를 이룬다. b와 b'는 유월전 제사를 드릴 수 없는 장소와 드릴 수 있는 장소를 서로 대조시킨다. 이스라엘이 거주하는 성들

가운데 한 성에서는 유월절 제사를 드릴 수 없다. 유월절 제사는 아도나이 하나님께서 선택하실 장소에서만 드려야 한다(신 12:5 참고). c는 유월절 제사를 드리는 시간에 대해서 설명한다.

"너의 문들의 하나"는 이스라엘 백성이 거주하는 성들 가운데 한 성을 의미한다. 이스라엘 백성은 그들이 거주하는 성에서 유월절 제사를 드리는 것이 허용되지 않는다. 이스라엘이 거주하는 성들은 "아도나이께서 너에게 주시는" 곳이다. 가나안 땅을 주시는 분이 아도나이임을 분명히 한다.

유월절 제사를 드릴 수 있는 유일한 곳은 "너의 하나님 아도나이께서 그의 이름을 두기 위하여 선택하실 그 장소"이다. 이곳에 모든 이스라엘의 예배가 집중되고 있다(신 12:5-6). 유월절은 이스라엘의 최대 절기이다. 이스라엘이 이집트에서 구원받은 사건을 기념하여 지키는 절기이다. 이 절기를 아도나이께서 선택하실 장소에서 드림으로 민족적, 국가적인 행사 성격을 갖는다.

유월절 제사를 드리는 시간은 "해가 질 때, 네가 이집트에서 나온 시각에"이다. "해가 질 때"(כבוא השמש)는 부정사 절로서 시간을 의미한다(Waltke-O, 604). 출애굽을 기념하면서 제사를 드리는 것이다.

유월절 제사를 하나님이 선택하실 성소에서 드림으로 이스라엘은 국가적 공동 기억을 갖는다. 아도나이 하나님이 그들을 이집트에서 구원하셨다는 공동 기억이 그들을 언약의 공동체로 묶어준다. 이스라엘을 구원하신 하나님만을 섬기는 하나님의 백성이라는 의식을 새롭게 해준다. 출애굽을 직접 경험하지 않은 후세대도 유월절 제사를 통해서 이스라엘의 출애굽 경험을 간접적으로 한다. 후세대는 유월절 제사를 통하여 출애굽 사건으로 들어가는 것이다. 마치 신약의 성도들이 예수 그리스도의 십자가 사건을 세례와 성만찬을 통해서 간접 경험하는 것과 유사하다. 신약의 성도들은 십자가 경험이 없다. 하지만 세례와 성만찬 의식을 거행함으로 예수의 십자가 사건을 받아들이며 간접적으로 경험한다(롬 6:1-11; 고전 11:26). 신약 성도들은 십자가 사건을 공동으로 기억함으로 하나님 백성임을 확인하는 것이다.

7 그리고 너는 요리하고[1] 먹을 것이다, 너의 하나님 아도나이께서 선택하실 그 장소에서,
그리고 너는 돌아설 것이다 아침에 그리고 너는 갈 것이다 너의 장막들로.[2]

본문 비교

1) 70인경은 히브리어의 "너는 요리할 것이다"(בִּשַּׁלְתָּ)를 두 동사 "너는 삶을 것이며 너는 구울 것이다"(ἑψήσεις καὶ ὀπτήσεις)로 표현한다(참고. 출 12:9). 오리겐의 헥사플라는 동사 "너는 구울 것이다"에 별표로 첨가되었다고 지적한다.
2) 탈굼 옹켈로스는 "거주지"로 그리고 탈굼 프쉬도 요나단은 "거주지, 성"으로 해석한다.

"너는 요리하고"는 '너는 요리할 것이다,' '끓일 것이다'라는 의미이다. 아도나이께서 선택하실 장소에서 유월절 기간 동안 머물면서 요리하며 먹을 수 있다.

"그리고 너는 돌아설 것이다 아침에 그리고 너는 갈 것이다 너의 장막들로"에서 "아침에"는 절기가 끝나는 날 아침을 의미한다. 탈굼 프쉬도 요나단은 "절기 끝에 너는 돌아서 너의 성으로 갈 수 있다"고 해석한다.

8 [1]육일 동안 너는 누룩 없는 빵을 먹어야 한다,[2]
칠일에 너의 하나님 아도나이께 성회[3]이다, 너는 일을[4] 할 수 없다.[5][6]

본문 비교

1) 탈굼 프쉬도 요나단은 다음과 같이 더 구체적으로 설명한다. "첫 날에 너희는 첫 단을 드리고 옛 추수의 무교병을 먹을 것이다, 그러나 남아 있는 육일 동안에 너희는 새로운 추수의 무교병을 먹기 시작할 것이다"(참고. *Sifre Deut*. 177-178).

2) 쿰란 사본(4QDeut[c])은 "너희는 누룩 없는 빵을 먹어야 한다"이다. 이는 출애굽기 12:15과 레위기 23:6과 같다.

3) 마소라 사본의 עצרת "성회"를 사마리아 오경은 חג "절기"로 읽는다. 70인경은 두 단어 ἐξόδιον ἑορτή "절기의 마지막 날"로 번역한다(아퀼라는 ἐπισχεσις). 70인경을 번역해 보면 "육일 동안 너는 누룩 없는 빵을 먹어야 한다, 그리고 절기의 마지막 날 칠일, 너의 하나님 주님께 절기이다"로 읽는다. 탈굼 네오피티는 "기쁨의 모임" 그리고 탈굼 프쉬도 요나단은 "찬양 가운데 모일 것이다"로 해석한다.

4) V[Ken 69], 70인경, 시리아 역은 "어떤 일"로 읽는다. 마소라 사본은 מלאכה이고 사마리아 오경은 כל מלאכת עבדה이다. 쿰란 사본(4QDeut[c])은 וכל에 접속사를 가지고 있다.

5) 70인경은 여기에 πλὴν ὅσα ποιηθήσεται ψυχῇ을 덧붙인다. 오리겐의 헥사플라도 이것이 덧붙여졌음을 지적한다.

6) 마소라 사본은 여기에 세투마(ס)를 두어 단락을 나누고 있다.

"육일 동안"은 흔히 무교절로 불리는 기간으로(출 12:15-20) "누룩 없는 빵" 즉, 무교병을 먹는 기간이다("누룩 없는 빵"은 3절 참고). 칠일에는 성회로 모인다. "성회"는 장엄한 모임 또는 엄숙한 모임을 의미한다. "칠일에 너의 하나님 아도나이께 성회이다"는 동사가 없는 문장으로 "칠일에 너의 하나님 아도나이께 성회가"이다. 여기에 동사 "이다"를 넣어 주었다.

이 날은 안식일처럼 노동을 금지하고 있다(출 12:16). "너는 일을 할 수 없다"는 '너는 일을 하지 말라'는 뜻이다.

2. 칠칠절(16:9-12)

칠칠절에 대한 설명은 출애굽기 23:16; 34:22; 레위기 23:15-21; 민수기 28:26-31; 신명기 16:9-12에 나온다. 칠칠절은 칠 주를 계산한다. 보리 추수를 시작할 때부터 칠 주를 센다. 보리 추수는 한 달 정도 걸리며 보리 후에 밀을 추수하는데 이도 한 달 정도 소요된다. 칠칠절은 보리 추수의 시작부터 밀 추수의 끝 기간이다. 이스라엘은 추수한 첫 단을 가져온 날부터 칠 주를 세기 시작한다. 이 날은 안식일 다음 날이다(레 23:15). 칠 주를 계산한 다음 날, 오십일 째 되는 날에 새 소제를 아도나이께 드린다(레 23:16). 이 날이 칠칠절 또는 오십일로 오순절Pentecost이다. 칠칠절 역시 아도나이께서 선택하실 장소에서 지켜야 한다.

칠칠절에 드리는 희생제사는 민수기 28:26-31에 나온다. 수송아지 두 마리, 숫양 한 마리, 일 년 된 숫양 일곱 마리를 번제로 드린다. 매월 초하루에 드리는 제사 방법이다. 속죄를 위하여 숫염소 한 마리를 드린다. 소제와 전제도 같다. 상번제를 드리고 나서 연이어 칠칠절 희생 제사를 바친다.

오순절은 밀 추수를 기뻐하는 절기이다. 그러나 신약에서는 오순절 날에 성령이 임하심으로 영적 추수가 시작되었음을 말한다. 성령이 임하심으로 이방인들에게 복음이 선포되고 이방인 추수가 시작되었다(행 2장).

번역

9 너는 칠 주를 너에게 계산할 것이다,

서 있는 곡식에 낫의 시작부터, 너는 칠 주를 계수하기 시작할 것이다.

10 그리고 너는 너의 하나님 아도나이께 칠칠절을 지킬 것이다,
네가 드리는 너의 손의 충분한 자원예물로,
너의 하나님 아도나이께서 너에게 축복하실 것을 따라.
11 그리고 너는 너의 하나님 아도나이 앞에서 즐거워할 것이다,
너와 너의 아들과 너의 딸과 너의 종과 너의 여종과
너의 문들 안에 있는 그 레위인과 네 가운데 있는 체류자와 과부와 고아,
너의 하나님 아도나이께서 그의 이름을 거기에 두기 위하여 선택하실 그 장소에서.
12 그리고 너는 네가 이집트에서 종이었다는 것을 기억할 것이다,
그리고 너는 이 법령들을 지킬 것이며 행할 것이다.

주해

9 너는 칠 주를[1] 너에게 계산할 것이다,
서 있는 곡식에[2] 낫의 시작부터,[3] 너는 칠 주를 계수하기 시작할 것이다.

본문 비교

1) 70인경은 여기에 "완전한"(ὁλοκλήρους)을 덧붙인다. 오리겐의 헥사플라는 별표로 이것이 덧붙여졌음을 지적한다.
2) 히브리어의 "서 있는 곡식"을 탈굼 옹켈로스, 탈굼 네오피티, 탈굼 프쉬도 요나단과 시프레 신명기는 더 명확하게 이스라엘이 추수한 곡식의 "한 묶음, 한 단"으로 해석한다. 이는 레위기 23:10, 15절에 근거한 설명이다.
3) 사마리아 오경, 시리아 역 그리고 70인경은 "너의 시작부터"로 읽는다.

"너는 칠 주를 너에게 계산할 것이다"는 '너는 칠 주를 너를 위하여 셀 것이다'로도 번역할 수 있다. "칠 주"는 '일곱 주간'을 의미한다.

"서 있는 곡식에 낫의 시작부터"는 '서 있는 곡식에 낫을 대기 시작할 때부터'라는 뜻이다. 즉 추수를 시작할 때를 말한다. 첫 추수를 시작한 때부터 칠 주를 세라는 것이다. 보리는 밀보다 빨리 추수하기 때문에 보리 추수를 시작할 때부터 계수하라는 것이다. 일반적으로 보리 추수는 한 달 정도이며 밀 추수도 한 달 정도이다(R. De Vaux, *Ancient Israel, Its Life and Instututions*, London, 1962, 184를 보라). 따라서 보리 추수를 시작할 때부터 계산해서 칠 주를 세는 것은 밀 추수의 끝 무렵에 칠칠절을 지킨다. "칠칠절 곧 맥추의 초실절을 지키고"라고 말하는 이유가 여기에 있다(출 34:22). 여기서 "맥추"는 '밀'을 의미한다. 밀 추수 때 칠칠절을 지킨다.

추수를 시작하는 날을 정확하게 말하지 않는다. 강우량과 일기와 지역에 따라 아마도 해마다 날이 다를 수 있기 때문에 정확한 날을 말하지 않는다. 레위기는 더 자세하게 칠칠절을 말한다(23:9-22).

10 그리고 너는 너의 하나님 아도나이께 칠칠절을 지킬 것이다,
네가 드리는[1] 너의 손의[2] 충분한 자원예물로,[3]
너의 하나님 아도나이께서 너에게 축복하실[4] 것을 따라.

본문 비교

1) 마소라, 쿰란 사본(4QDeut^{c}), 사마리아 오경, 시리아역, 벌게이트는 "네가 주다"(תתן)인데 반하여 70인경은 "그가 너에게 주다"(δῷ σοι)이다.
2) 마소라는 ידך인데 반하여 $V^{Ken\ 69}$, 사마리아 오경, 시리아 역은 ידיך이다.
3) 70인경은 "너의 손의 충분한 자원예물로"를 "너의 손이 강한 대로"(베버 편집: καθότι ἰσχύει ἡ χείρ σου, 랄프 편집: καθότι ἡ χείρ σου ἰσχύει)로 번역한다(아퀼라는 επαρσιν εκουσιον χείρος σου). 오

리겐의 헥사플라는 70인경이 마소라 사본과 다르다는 점을 지적한다. 개역 개정은 "네 힘을 헤아려 자원하는 예물을"로 의역한다.

4) 마소라 사본은 미완료 형 "그가 축복하실 것이다"인데 반하여 사마리아 오경, 70인경 그리고 시리아 역은 완료형 "그가 축복하셨다"이다.

"칠칠절"은 '칠 주의 절기'이다. 이스라엘은 처음 난 것과 자원예물을 칠칠절에 드렸을 것이다. "축복하실 것을 따라"는 '축복하신 것을 따라'라는 의미일 것이다(많은 고대 사본들은 완료형이다. 참고. 본문 비교 4). 하나님께 드리는 자원예물의 양은 하나님이 축복하신 것을 따라서 드린다. 강제성이 있는 것이 아니라 자원하여 드리는 예물이다. 추수에 대한 자발적인 감사예물이다. 하나님께 드리는 예물은 "충분한 자원예물"이다. 넉넉하게 아낌없이 드리는 예물이다.

11 그리고 너는 너의 하나님 아도나이 앞에서 즐거워할 것이다,
너와[1] 너의 아들과 너의 딸과[2] 너의 종과 너의 여종과
너의 문들 안에 있는[3] 그 레위인과 네[4] 가운데 있는 체류자와[5] 과부와 고아,
너의 하나님 아도나이께서 그의 이름을 거기에 두기 위하여 선택하실 그 장소에서.

본문 비교

1) 쿰란 사본(4QDeut[c])은 접속사 "그리고"가 없다.
2) 사마리아 오경과 70인경은 접속사 "그리고"가 없다.
3) 쿰란 사본(4QDeut[c+])은 "너의 문들 안에 있는"을 생략한다.
4) 70인경, 벌게이트는 복수 "너희"이다.
5) 70인경은 "개종자"로 해석한다.

칠칠절은 추수로 인한 기쁨이 있다. "너는 너의 하나님 아도나이 앞에서 즐거워할 것이다"에서 "아도나이 앞에서"가 인상적이다. 추수와 수확의 기쁨을 아도나이 앞에서 기뻐한다. 여기서 우리가 잊지 말아야 할 사실은 아도나이께서 이스라엘을 이집트에서 구원하여 가나안 땅으로 인도했다는 것이다. 아도나이께서 이스라엘에게 경작할 수 있는 가나안 땅을 주셨고 아도나이는 그 땅에 관심이 많으셔서 그 땅을 돌보신다. 적당한 때에 이른 비와 늦은 비를 주셔서 이스라엘로 곡식과 과일을 재배할 수 있도록 하신다(신 11:8-15). 이스라엘은 풍성한 수확을 주신 아도나이 앞에서 기뻐하며 즐거워 할 이유가 여기에 있다. 아도나이께서 가나안 땅을 주셨기 때문이다. 이스라엘은 그 땅에서 거둔 수확을 기뻐하는 것이다.

"아도나이 앞에서"는 더 구체적으로 아도나이께서 이스라엘의 지파들 가운데서 선택하시는 한 장소이다. "너의 하나님 아도나이께서 그의 이름을 거기에 두기 위하여 선택하실 그 장소에서." 칠칠절을 어디에서 지켜야 하는 지를 밝히고 있다. 이스라엘이 유월절을 아도나이께서 선택하실 장소에서 지켜야 했듯이(신 16:5-7) 이스라엘은 칠칠절 역시 아도나이께서 선택하실 장소 즉, 중앙 성소에서 지켜야 한다. 중앙 성소에 대한 자세한 설명은 신명기 12장을 참고하라.

추수와 수확에 대한 기쁨을 중앙 성소에서 누린다. 여기에 참여하는 사람은 가족 식구들과 종들, 레위인, 체류자, 고아와 과부이다.

12 그리고 너는 네가 이집트에서[1)] 종이었다는 것을 기억할 것이다,
그리고 너는 이 법령들을 지킬 것이며 행할 것이다.[2)]

본문 비교

1) V[Ken 1, 69]와 일부 히브리어 필사본, 사마리아 오경, 70인경은 "이집트의 땅"으로 읽는다. 오리겐의 헥사플라는 70인경이 "땅"을 덧붙

였음을 지적한다.

2) 마소라 사본은 여기에 페투카(פ)를 두어 단락을 나누고 있다.

"너는 기억할 것이다"는 형태는 미완료 형이지만 명령형 "기억하라"로 번역하는 현대 역본들이 많다(LEI, LUV, NIV, NJB, TNK, LUO, SCL). '기억해야 한다'는 의미이다. 이스라엘이 기억해야 할 것은 그들의 과거 신분이다. 그들은 이집트에 있을 때 종 즉, 노예이었다. 모세는 이스라엘의 과거 신분을 잊지 말라고 권한다(참고. 신 5:15).

이스라엘이 과거의 신분을 기억하는 것이 하나님의 법을 지키는데 도움이 된다. 왜냐하면 그들을 이집트에서 인도하신 분이 하나님이시며 그들에게 땅을 주어서 경작하게 하신 분도 하나님이시기 때문이다. 더 나아가 이 법령들을 지키라고 하시는 분도 하나님이다. 신명기는 계속 하나님의 법을 '지키는 것'(신 4:40; 6:3; 7:11; 8:6; 11:1; 16:12; 17:10; 26:16)과 '행하는 것'(신 3:2; 5:13; 6:18; 10:1; 12:27; 16:1, 10, 12; 17:10; 22:8; 23:24; 26:16; 27:10; 30:8)을 강조하고 있다. 이집트에서 구원받은 백성은 모세가 선포하는 법을 지켜야 한다.

3. 초막절(16:13-17)

초막절에 대한 설명은 출애굽기 23:16; 34:22; 레위기 23:33-43; 민수기 29:12-39; 신명기 16:13-17에 나온다. 초막절 또는 장막절로 불리며 모든 곡식과 과일의 추수를 마치고 절기로 지킨다. 이스라엘이 출애굽 한 후에 광야에서 지낸 것을 기억하며 나무 잎으로 지은 초막에 칠일동안 거한다. 제 칠 년 면제년의 초막절은 특별하다. 이스라엘이 아도나이께서 선택하실 장소에 모였을 때에, 온 이스라엘이 듣도록 율법을 낭독하기 때문이다(신 31:10-11).

초막절은 일곱째 달 열 닷샛날로 날짜가 정해져 있다. 첫날과 여덟째 날에 성회로 모인다. 장막절의 희생 제사는 민수기 29:12-40에 나온다. 이스라엘의 절기는 일곱째 달에 몰려 있다. 이 달에 나팔절, 속죄일 그리고 장막절이 있다. 장막절에는 가장 많은 희생 제사를 드렸다. 칠일 동안 예물을 드리는데 수송아지의 마리 수가 달라지는 것이 큰 특징이며 장막절의 마지막 날에 전체 제물 숫자가 달라진다.

첫날은 수송아지가 열 세 마리, 숫양 두 마리, 일 년 된 숫양 열네 마리를 화제로 드렸다. 소제는 수송아지 한 마리에 고운 가루에 기름을 섞어 십 분의 삼, 숫양 한 마리에는 고운 가루 십 분의 이, 어린 양 한 마리에 고운 가루 십 분의 일을 드렸다. 이 양은 짐승 한 마리에 해당하는 양이기 때문에 수송아지 열세 마리를 드리려면 소제의 양은 더 많아졌다. 여기에 전제도 함께 드렸다. 매일 드리는 상번제와 소제와 전제를 드렸고 숫염소 한 마리를 속죄제로 드렸다. 둘째 날은 수송아지의 예물 숫자가 달라진다. 수송아지 열두 마리, 숫양 두 마리, 일 년 된 흠 없는 숫양 열네 마리를 드렸다. 나머지 희생제사는 첫날과 같다. 셋째 날은 수송아지 열한 마리, 숫양 두 마리, 일 년 된 흠 없는 숫양 열네 마리이고 나머지는 같다. 넷째 날은 수송아지 열 마리, 숫양 두 마리, 일 년 된 흠 없는 숫양 열네 마리이고 나머지는 같다. 다섯째 날은 수송아지 아홉 마리, 숫양 두 마리, 일 년 된 흠 없는 숫양 열네 마리이고 나머지는 같다. 여섯째 날은 수송아지 여덟 마리, 숫양 두 마리, 일 년 된 흠 없는 숫양 열네 마리이고 나머지는 같다. 일곱째 날은 수송아지 일곱 마리, 숫양 두 마리, 일 년 된 흠 없는 숫양 열네 마리이고 나머지는 같다. 여덟째 날은 장막절 마지막 날이다. 전체적인 예물 숫자가 달라진다. 수송아지 한 마리, 숫양 한 마리, 일 년 된 흠 없는 숫양 일곱 마리를 드렸다.

번역

13 너는 너를 위하여 초막절을 칠일 동안 지킬 것이다.

네가 너의 타작마당으로부터 그리고 너의 포도주 틀로부터 거두어들일 때.
14 그리고 너는 너의 절기 중에 기뻐할 것이다,
너와 너의 아들과 너의 딸과 너의 남종과 너의 여종,
그리고 레위인과 너의 문들 안에 있는 체류자와 고아와 과부.
15 칠일 동안 너는 너의 하나님 아도나이께 절기를 지킬 것이다,
아도나이께서 선택하실 그 장소에서,
왜냐하면 너의 하나님 아도나이께서 복을 주실 것이기 때문이다,
너의 모든 소산과 너의 손의 모든 일에,
그리고 너는 확실히 즐거워 할 것이다.
16 일 년에 세 번 너의 모든 남자는 너의 하나님 아도나이 앞에 보일 것이다,
그가 선택하실 그 장소에서, 무교절에 그리고 칠칠절에 그리고 초막절에,
그리고 그는 아도나이 앞에 공수로 보이지 못할 것이다.
17 각 사람은 그의 손의 선물을 따라,
그가 너에게 주신 너의 하나님 아도나이의 복을 따라.

주해

13 너는 너를 위하여 초막절을 칠일 동안 지킬 것이다,
네가 너의 타작마당으로부터 그리고 너의 포도주 틀로부터 거두어들일 때.

초막절은 수풀이나 나무로 임시로 지은 집에 거하는 절기다. 칠월 십오일부터 일주일 동안 지킨다. 이스라엘 사람들은 칠일 동안 초막에 거하면서 출애굽 사건을 기억한다. 아도나이께서 이스라엘을 이집트에서 구원하신 후에 이스라엘이 초막에 거주하였다. 초막절에 대한 자세한 설명은 레위기 23:33-44에 있다.

"네가 너의 타작마당으로부터 그리고 너의 포도주 틀로부터 거두어들일 때"는 초막절은 추수가 끝난 후에 지킨 절기라는 사실을 보여준다. "거두어들일 때"를 "거두어들인 후에"로 번역하기도 한다(개역 개

정, ASV, JPS, KJV, NIV, TNK). 개역 개정은 "너희 타작마당과"로 2인칭 복수로 번역했는데 히브리어는 "너의"로 단수이다.

14 그리고 너는 너의 절기 중에 기뻐할 것이다,
너와 너의 아들과 너의 딸과 너의 남종과 너의 여종,
그리고 레위인과 너의 문들 안에 있는 체류자와 고아와 과부.

절기는 기쁨과 즐거움 가운데 행해진다(탈굼 프쉬도 요나단은 물을 긷는 의식과 플루트의 소리와 함께 하는 절기의 기쁨이 있다고 설명한다). 절기에 참여하는 사람들을 거론한다. 집안의 모든 사람이 다 참여할 수 있다. 더 나아가 레위인과 체류자와 고아와 과부까지 함께 할 수 있다. "체류자"는 객지에서 잠시 머무는 사람이다(자세한 설명은 신 1:17을 참고하라).

15 칠일 동안 너는 너의 하나님 아도나이께 절기를 지킬 것이다,
아도나이께서[1] 선택하실 그 장소에서,
왜냐하면[2] 너의 하나님 아도나이께서 복을 주실 것이기 때문이다,
너의 모든 소산과 너의 손의[3] 모든 일에,
그리고 너는 확실히[4] 즐거워 할 것이다.

본문 비교

1) 한 히브리어 사본, 사마리아 오경, 벌게이트는 "아도나이 너의 하나님"이며 70인경도 이것을 κύριος ὁ θεός σου αὐτόν으로 읽는다. 오리겐의 헥사플라는 이것이 덧붙여졌음을 지적한다. 70인경의 A F M V는 επικληθηναι το ονομα αυτου εκει를 가지고 있다.
2) 70인경은 히브리어 "왜냐하면… 때문이다"(כִּי) 대신에 ἐὰν δὲ "그러나 만일 …면"을 갖고 있다.

3) 마소라는 ידיך인데 반하여 V[Ken 1, 69]와 몇몇 필사본은 ידך이다.

4) 70인경은 "확실히"를 생략한다. 오리겐의 헥사플라는 πλην을 넣어준다.

이 구절은 초막절을 지키는 기간, 장소, 이유와 방법에 대해서 말한다. 초막절은 유월절과 같이 칠일 동안 지킨다. 초막절을 지키는 장소 역시 유월절과 같이 "아도나이께서 선택하실 그 장소에서"이다(2절 참고). 아도나이께서 선택하실 장소는 이스라엘의 삼대 절기, 유월절, 칠칠절, 초막절을 지키는 곳이다(신 16:2, 11, 15).

"왜냐하면 너의 하나님 아도나이께서 복을 주실 것이기 때문이다"는 이스라엘이 초막절을 지켜야 하는 이유를 설명한다. 모든 추수를 마친 후에 지키는 절기라는 점을 감안할 때, 아도나이께서 주신 복은 한 해 농사를 거두게 하신 것을 의미한다.

아도나이께서 주신 복은 "너의 모든 소산과 너의 손의 모든 일에" 나타났다. "모든 소산"은 앞의 13절에 "타작마당"과 "포도주 틀"로부터 거두어들인 것을 의미한다. 한 해 동안 거두어들인 농산물이다.

절기를 지키는 방법은 즐거움이다. "너는 확실히 즐거워 할 것이다."는 14절의 "너는 기뻐할 것이다"와 같은 단어이다. 초막절은 한 해 수확의 기쁨과 즐거움이 있는 절기이다.

16 일 년에 세 번 너의 모든 남자는 너의 하나님 아도나이 앞에 보일 것이다,
그가 선택하실[1] 그 장소에서, 무교절에 그리고 칠칠절에 그리고 초막절에,
그리고 그는[2] 아도나이 앞에[3] 공수로 보이지 못할 것이다.

본문 비교

1) 마소라는 "그가 선택할 것이다"(יבחר)인데 반하여 사마리아 오경은 "그가 그곳을 선택할 것이다"(יבחר בו)이며 70인경은 "주님이

그곳을 선택하실 것이다"(ἐκλέξηται αὐτὸν κύριος)이다. 오리겐의 헥사플라는 κύριος에 별표로 덧붙여졌음을 지적한다.

2) 마소라는 "그는 보이지 못할 것이다"인데 한 히브리어 사본과 사마리아 오경은 "그들은 보이지 못할 것이다"로 복수이다.

3) 70인경은 "너의 하나님 아도나이"이다.

"보일 것이다"는 니팔 미완료형으로 '자신을 보일 것이다,' '자신을 나타낼 것이다'의 의미이다. 아도나이 앞에 보여야 할 의무가 있는 자는 "모든 남자"이다. 남자들은 아도나이 앞에 나아가야 한다. 그럼에도 불구하고 11절과 14절을 보면 여자들과 아이들도 함께 했다는 것을 알 수 있다(참고. Braulik, G., "Were women, too, allowed to offer sacrifices in Israel? Observations on the meaning and festive form of sacrifice in Deuteronomy," *HTS* 55 (1999), 909-942). 온 가족이 절기를 지키려고 나아간 것이다(참고. 신 12:7, 12, 18; 14:26). 온 가족이 아도나이 앞에 나아간 것을 엘가나의 집의 경우에서 볼 수 있다(삼상 1:3-4).

"일 년에 세 번"은 무교절, 칠칠절과 초막절이다. 매년 절기에 이스라엘의 모든 남자는 아도나이 앞에 나아가야 한다. 이사야 선지자는 후에 이러한 의식이 의례적이고 형식적이었음을 비판한다(1:12).

아도나이 앞에 나아오는 자는 "공수로 보이지 못할 것이다." "공수로"는 '빈 채로,' '텅 빈'을 뜻한다. 아도나이 앞에 보이러 오는 사람은 빈손으로 오지 말라는 것이다. 아도나이께 드릴 예물을 가지고 와야 한다.

17 각 사람은 그의 손의 선물을 따라,[1]
그가 너에게 주신 너의 하나님 아도나이의 복을 따라.[2]

본문 비교

1) 70인경은 히브리어의 "그의 손의 선물을 따라"를 "너희의 손들의

능력을 따라"로 읽는다. "선물"을 "능력"(δύναμιν)으로 번역했다. 아퀼라는 문자적으로 "선물"(δόσιν)로 번역한다. 개역 개정은 "그 힘대로 드릴지니라"로 해석한다.

2) 마소라 사본은 여기에 세투마(ס)를 두어 단락을 나누고 있다.

아도나이 앞에 보이러 가는 남자는 빈손으로 갈 수 없다. "그의 손"은 '그의 힘' 또는 '그의 능력'을 의미한다. "그의 손의 선물을 따라"는 '그의 능력의 선물'로 아도나이 앞에 보이러 가는 사람은 그의 능력에 맞게 예물을 가지고 가야 한다.

아도나이 앞에 보이러 가는 사람이 아도나이께 드리는 예물은 "그가 너에게 주신 너의 하나님 아도나이의 복"이다. "그가 너에게 주신"은 아도나이께서 이스라엘 사람에게 주신 것이다. 아도나이께서 주신 복에서 예배자는 예물을 취하여 아도나이 앞에 나아간다. 아도나이의 복을 받은 자는 아낌없이 아도나이께 예물을 드려야 한다.

4. 사법제도(16:18–22)

주기적인 절기 본문이 끝나고 새로운 주제를 말한다. 신명기 16:18부터 18:22까지는 국가 조직을 위한 법 제도를 말한다. 우선 사법 제도를 말하고(신 16:18-17:13) 왕정 제도를 말한 후에(신 17:14-20) 제사장과 레위 사람에 대해서 말하고(신 18:1-8) 선지자 제도를 말한다(신 18:9-22).

사법 제도를 말하는 본문(신 16:18-17:13)은 다시 네 부분으로 나눌 수 있다. 재판관과 관리를 임명하는 부분(신 16:18-20)과 아도나이 예배에 관한 세 가지 금지(신 16:21-17:1)와 다른 신을 섬겨 언약을 어긴 사람에 대한 재판(신 17:2-7)과 고등 법원(신 17:8-13)이다.

재판관과 관리를 임명하는 본문은 가나안 땅에 들어가서 정착한 후를 전제로 한다. 이것은 광야에서 사법 제도를 정비한 것(신 1:9-18)과 관련이 있다. 광야에서 각 지파에서 세운 천부장, 백부장, 오십부장, 십부장은 군사 지도자이자 재판관들이었다. 아마도 이들이 가나안 땅에 들어와서 계속 재판관의 임무를 감당했을 것이다. 여기서 말하는 재판관들은(신 16:18-20) 지방 법원에 속한다.

재판관들은 백성을 공의로 재판해야 할 임무를 갖는다. 이들의 정의로운 재판을 통해서 가나안 땅 정복이 완성된다.

재판관과 관리에게 주어진 임무는 재판하는 것이다. 이 재판은 종교적인 것도 포함한다. 이스라엘은 아도나이 예배를 위해 해서는 안 되는 세 가지를 말한다. 아세라를 세워서는 안 되고 주상을 세워서도 안 된다. 또한 흠 있는 제물을 아도나이께 드릴 수 없다(신 17:1).

번역

18 너는 너를 위해 재판관들과 관리들을 둘 것이다,
너의 하나님 아도나이께서 너에게 주시는 너의 모든 문들 안에, 너의 지파들을 위하여,
그리고 그들은 백성을 공정한 재판으로 재판할 것이다.
19 너는 재판을 굽게 해서는 안 된다, 너는 얼굴을 보아서는 안 된다,
그리고 너는 뇌물을 취해서는 안 된다,
왜냐하면 뇌물은 지혜자들의 눈을 어둡게 만들며 의인들의 말을 왜곡시키기 때문이다,
20 정의, 정의를 너는 추구해야 한다,
네가 살고 너의 하나님 아도나이께서 너에게 주시는 그 땅을 점령하기 위하여.
21 너는 너를 위하여 아세라, 모든 나무를 심을 수 없다,
네가 너를 위하여 세우는 너의 하나님 아도나이의 제단 옆에.
22 그리고 너는 너를 위하여 너의 하나님 아도나이께서 미워하는 주상을 세울 수 없다.

주해

18 너는 너를 위해 재판관들과 관리들을[1] 둘 것이다,

너의 하나님 아도나이께서 너에게 주시는 너의 모든 문들[2] 안에, 너의 지파들을 위하여,[3]

그리고 그들은 백성을 공정한 재판으로 재판할 것이다.

본문 비교

1) 히브리어의 "관리"를 탈굼 옹켈로스는 "법 실행자"로 즉, 법을 시행하는 임무를 맡은 사람으로 해석한다. 히브리어의 "재판관들과 관리들"을 탈굼 프쉬도 요나단은 "정직한 재판관들과 유능한 관리들"로 해석한다.
2) 70인경과 탈굼 옹켈로스와 탈굼 프쉬도 요나단은 "성들 안에"로 읽는다.
3) 70인경은 "지파들을 따라"로 읽는다. 오리겐의 헥사플라는 "너의"(σου)를 덧붙여야 한다고 지적한다. 탈굼 네오피티와 탈굼 프쉬도 요나단은 "너희의 지파들을 위하여"이다. 탈굼 네오피티와 탈굼 프쉬도 요나단은 이 구절에서 계속 2인칭 복수 "너희"를 사용하고 있다.

이스라엘에게 "재판관"과 "관리"를 둘 것을 말한다. 관리들의 역할은 명확하지 않다. 아마도 재판관을 돕는 행정 관리를 의미할 것이다(참고. 본문 비교 1).

재판관이 누구인지 명확하지 않다. 아마도 이스라엘이 광야 여행 중에 선출했던 지혜로운 사람들일 것이다(신 1:9-18). 이스라엘 내부의 분쟁과 다툼을 해결하기 위하여 모세는 "지혜롭고 분별력 있고 지적인 사람들"을 각 지파에서 뽑았다(신 1:13). 이들은 재판관으로 임명되어 형제들 사이의 다툼과 분쟁을 "의로 재판하라"는 명령을 받았다(신

1:16). 광야에서 임명받은 재판관들이 가나안 땅에 들어와 안착한 후에도 그 일들을 계속 했을 것이다.

"너의 하나님 아도나이께서 너에게 주시는 너의 모든 문들 안에, 너의 지파들을 위하여"는 이스라엘이 가나안 땅에 정착할 때를 가정하고 있다. "너의 모든 문들 안에"는 이스라엘이 거주하는 성들을 의미한다(참고. 본문 비교 2). 가나안 땅은 아도나이께서 이스라엘에게 주시는 선물이다. "너의 지파들을 위하여"는 이스라엘이 가나안 땅에서 기업의 땅을 받고 각 지파별로 살 때를 가정한다. 재판관과 관리는 지파별로 두어야 한다. 즉 각 지방에 있는 법원이다. 신명기 16:18-20은 지방 법원을 말하고 신명기 17:8-13은 아도나이께서 선택하실 한 장소에 있는 고등 법원을 말한다.

지파들을 위하여 세운 재판관이 누구인지 명확하지 않지만 하는 일만큼은 명확하다. "그들은 백성을 공정한 재판으로 재판"해야 한다. "공정한 재판"은 '의의 재판', '공의로운 재판'을 뜻한다.

19 너는[1] 재판을 굽게 해서는 안 된다, 너는[1] 얼굴을 보아서는 안 된다,
그리고 너는[1] 뇌물을 취해서는 안 된다,
왜냐하면 뇌물은 지혜자들의 눈을 어둡게 만들며 의인들의 말을 왜곡시키기 때문이다.

본문 비교

1) 쿰란 사본(11QT[a])과 70인경은 3인칭 복수 "그들"로 읽는다.

재판관들이 해서는 안 되는 행동양식이 세 가지로 나온다. 세 번의 "안 된다"(לא)에 주목하라. 먼저 재판관은 "너는 재판을 굽게 해서는 안 된다"는 명령이 주어진다. "굽게 해서는 안 된다"는 '벗어나게 해서는 안 된다' 또는 '비틀게 해서는 안 된다'로 사실을 왜곡시키는 행위

를 금지한다. 둘째는 "너는 얼굴을 보아서는 안 된다"이다. 이것은 '얼굴을 인식해서는 안 된다'라는 뜻으로 재판관이 얼굴을 보고 '편파적이어서 안 된다'는 것이다. 얼굴을 보고 즉, 사람을 보고 불공정하거나 편견을 갖고 대해서는 안 된다. 사실 사람은 외모를 본다. 얼굴이 잘 생긴 사람에게 호감이 가는 것이다. 잘 생긴 사람이나 혹은 아는 얼굴일 경우 또는 힘 있는 사람일 경우에, 재판관도 그 사람에게 유리한 판결을 내릴 수 있다. 모세는 재판관에게 이것을 금지하고 있다. 셋째는 "너는 뇌물을 취해서는 안 된다"고 권면한다. "뇌물"은 '선물'이다. 어느 정도의 선물이 뇌물인지 구분하기 어렵겠지만 재판에 영향을 미치는 선물은 뇌물이다. "왜냐하면"은 뇌물을 취해서는 안 되는 이유를 설명한다. "지혜자들의 눈을 어둡게 만들며"는 뇌물을 받으면 지혜자들은 편파적인 시각을 갖게 되어 사건을 올바로 분간할 수 없다. 뇌물은 지혜자들의 눈을 멀게 만든다. 또한 의인의 말을 왜곡시킨다. 없는 말을 하게 만들거나 거짓말을 하게 하거나 본 것을 보지 않았다고 말할 수 있게 만들 수 있다. 뇌물은 의인의 말을 축소하거나 과장시킬 수 있다.

재판관은 뇌물을 취하는 것을 가장 주의해야 한다. 뇌물을 취해서는 안 되는 이유를 자세하게 설명하고 있는 것을 보면 재판관에게 가장 강한 유혹은 뇌물이다.

20 정의, 정의를[1)] 너는 추구해야 한다,
네가[2)] 살고 너의 하나님 아도나이께서 너에게 주시는 그 땅을 [3)]점령하기 위하여.[4)]

본문 비교

1) 히브리어는 명사를 두 번 "정의, 정의"(צדק צדק) 반복한다. 70인경은 이것을 부사와 명사로 "너는 옳게 정의를 추구할 것이다"(δικαίως τὸ δίκαιον διώξῃ)로 번역했다.

2) 70인경은 "너희가"로 복수이다.
3) 70인경은 분사 "들어가서"(εἰσελθόντες)를 첨가한다. 오리겐의 헥사플라는 이것이 첨가되었다고 지적한다.
4) 마소라 사본은 여기에 세투마(ס)를 두어 단락을 나누고 있다.

히브리어는 "정의" 또는 "의"로 번역할 수 있는 명사(צדק)를 두 번 반복한다. "추구해야 한다"는 '따르다,' '추격하다'의 뜻을 갖고 있다. 마치 사냥꾼이 사냥감을 추격하듯이 이스라엘의 재판관들은 정의를 추격해야 할 책임이 있다.

접속사 "~위하여"(למען)는 목적절을 인도하여 재판관들의 정의 추구의 목적을 잘 설명한다. 재판관들의 정의 추구는 두 가지 목적을 갖는다. 첫째는 "네가 살고"이다. 즉 "네가 살기 위하여" 정의를 따르라는 것이다. 정의를 추구할 때, 생명이 있는 것이다. 둘째는 "땅을 점령하기 위하여"이다. 이스라엘이 가나안 땅에 들어가서 그 땅을 온전히 차지할 수 있는 방법은 정의를 추구하는 것이다. 이스라엘이 정의를 따를 때 하나님이 이스라엘에게 주시는 그 땅을 차지할 수 있다. 이것을 보면 하나님이 이스라엘에게 주시는 가나안 땅은 정의와 공의를 요구하는 땅이다.

"너의 하나님 아도나이께서 너에게 주시는 그 땅"에서 이스라엘의 하나님은 땅을 주시는 분이다. 이스라엘에게 땅을 주시고 의를 따를 것을 요구하신다. 여기서 우리는 이스라엘의 하나님은 의, 정의를 기뻐하신다는 사실을 알 수 있다.

5. 금지된 이방 제의(16:21-22)

사법 제도 후에 이스라엘에게 금지된 이방 제의들이 나온다. 세 가지 금지 사항이 나오는데 두 개는 16장에 그리고 다른 하나는 17장에 나온다. 첫째는 아도나이 제단 옆에 아세라 상을 세우지 말라는 것이다. 둘째는 주상을 세우지 말라는 것이다.

> 21 너는 너를 위하여 아세라, 모든 나무를 심을 수 없다,
> 네가 너를 위하여 세우는 너의 하나님 아도나이의 제단 옆에.[1]

본문 비교

1) 마소라 사본은 여기에 세투마(ס)를 두어 단락을 나누고 있다.

모세는 이스라엘 백성에게 아세라를 세우는 것을 금지한다. "아세라"는 여신의 이름으로 예배 장소에 서 있는 나무 대상물이다. 행운을 상징하는 가나안 여신의 상징이다. 우가릿 문헌에 따르면 아세라Ashera는 최고 신인 엘El의 아내이다. 아세라는 선지자들이 있었고(왕상 18:19) 아세라를 섬기기 위한 거룩한 용기들과 집이 있었다(왕하 23:4, 7). 아세라는 자주 바알과 같이 언급된다(삿 6:25; 왕하 17:16).

"모든 나무를 심을 수 없다"는 '어떤 나무도 세울 수 없다'는 의미이다. 즉 어떤 종류의 나무로 만들어진 아세라를 뜻한다(Waltke-O, 231). 이것을 보면 아세라는 나무로 만들어 세운 대상물임을 알 수 있다.

특히 이스라엘은 아세라를 아도나이의 제단 옆에 세울 수 없다. 이것은 십계명의 1계명과 관련이 있을 수 있다. 아도나이는 "다른 신이 너에게 있어서는 안 된다, 내 앞에서"(신 5:7)라고 하셨다. 여기에 장소적인 의미도 있다. 아도나이 앞에 다른 신의 형상을 세워 놓는 것을 금하고 있다. 이것은 아도나이의 예배에도 적용할 수 있을 것이다. 아도나이께 제사를 드리는 제단 옆에 아세라 상을 세우는 것은 아도나이께 죄를 범하는 것이다.

"너를 위하여"(לְךָ)가 두 번 나와서 대조를 이루고 있는 것이 인상적이다. 한 번은 자신을 위해 아세라를 만든 것에 다른 한 번은 자신을 위

해 세운 아도나이의 제단에 사용되었다.

19절에서 재판관들이 해서는 안 되는 행동양식이 세 가지로 나왔다. 세 번의 부정어 "안 된다"(לא)를 사용하였다. 이스라엘 백성들 역시 아도나이 예배에 해서는 안 되는 행동이 세 가지로 나온다. 세 번의 "안 된다"(לא)가 사용되었다. 아도나이 제단 옆에 아세라 나무를 세울 수 없고(21) 아도나이께서 미워하시는 주상을 세울 수 없다(22). 아도나이께 흠 있는 제물을 드릴 수 없다(17:1). 이 문맥을 살펴보면 재판관들은 이스라엘의 종교적인 행위들도 잘 살펴서 관리하며 재판해야 한다.

22 그리고 너는 너를 위하여 너의 하나님 아도나이께서 미워하는 주상을 세울 수 없다.[1)]

본문 비교

1) 마소라 사본은 여기에 세투마(ס)를 두어 단락을 나누고 있다.

"주상"은 세워진 돌기둥을 의미한다(자세한 설명은 신 7:5의 주해를 보라). 이 구절은 21절의 더 자세한 설명으로 볼 수 있다. 아도나이의 제단 옆에 아세라 목상을 세우는 것과 주상을 세우는 것은 철저하게 금지된다. 주상은 아도나이께서 미워하시는 것이라고 분명히 못 박고 있다.

아도나이 제단 옆에 아세라 상과 주상을 세우는 행위는 혼합주의 신앙을 뜻한다. 이스라엘은 아도나이도 섬기고 다른 신도 섬기는 것이다. 모세는 이러한 혼합주의 신앙을 금하고 있다.

참고 문헌

Braulik, G., "Zur Abfolge der Gesetze in Deuteronomium 16,18-21,23. Weitere Beobachtungen," *Bib* 69 (1988), 63-91.

———, "Die Ablehnung der Goettin Aschera in Israel," in *Der eine Gott und die Götin,* Freiburg, 1991, 106-136.

———, "The Political Impact of the Festival-Biblical Statements," *SK* 20 (1999), 326-339.

———, "Were women, too, allowed to offer sacrifices in Israel? Observations on the meaning and festive form of sacrifice in Deuteronomy," *HTS* 55 (1999), 909-942.

———, "Von der Lust Israels vor seinem Gott: Warum Kirche aus dem Fest lebt," in *Den Himmel Offen Halten. Ein Plädoyer für Kirchenentwicklung in Europa*, Vienna, 2000, 92-112.

Gertz, J. C., "Die Passa-Massot-Ordnung im deuteronomischen Festkalender," in *Das Deuteronomiu und seine Querbeziehungen*, Göttingen, 1996, 56-80.

Gesundheit, S., "Der deuteronomische Festkalender," in *Das Deuteronomium*, Frankfurt am Main, 2003, 57-68.

Gispen, W. H., "De Oorsprong van het Pascha en van het Massoth-Feest," *GThT* 44 (1943), 35-64.

Halbe, J., "Erwägungen zu Ursprung und Wesen des Massotfestes," *ZAW* 87 (1975), 324-346.

———, "Passa-Massot im deuteronomischen Festkalender. Komposition, Entstehung und Programm von Dtn 16,1-8," *ZAW* 87 (1975), 147-168.

Johnstone, P. S., "Civil Leadership in Deuteronomy," *Interpreting Deuteronomy*, Downers Grove, 2012, 139-158.

Levinson, B. M., "The Hermeneutics of Tradition in Deuteronomy: A Reply to J. G. McConville," *JBL* 119 (2000), 269-286.

Lohfink, N., "Die Sicherung der Wirksamkeit des Gotteswortes durch das Prinzip der Schriftlichkeit der Tora und durch das Prinzip der Gewaltenteilung nach den Aemtergesetzen des Buches Deuteronomium (Dt 16, 18-18, 22)," in *Studien zum Deuteronomium und zur deuteronomistischen Literatur* 1, Stuttgart, 1990, 305-323.

———, "Gesetz, Gerechtigkeit und Erbarmen in Alten Testament und im Alten Orient," *Euntes Docete* 52 (1999), 251-265.

Lundbom, J. R., "Wisdom Influence in the Book of Deuteronomy," in *Raising Up a Faithful Exegete*, Winona Lake, 2010, 193-209.

McConville, J. G., "Deuteronomy's Unification of Passover and Massot: A Response to Bernard M. Levinson," *JBL* 119 (2000), 47-58.

McDonald, R., "The 'Altar of the Lord Your God' in Deuteronomy 16,21: Central Altar or Local Altar?" *JSOT* 37 (2013), 453-472.

O'Brien, M., "Deuteronomy 16:18-18:22: Meeting the Challenge of Towns and Nations," *JSOT* 33 (2008), 155-172.

Otto, E., "Von der Gerichtsordnung zum Verfassungsentwurf. Deuteronomische Gestaltung und deuteronomistische Interpretation im Ämtergesetz Dtn 16,18-18,22," in *Wer ist wie du, Herr, unter den Goettern?* Göttingen, 1994, 142-155.

———, "Die Aktualität des biblischen Fremden-Rechts," in *Kontinuum und Proprium*, Wiesbaden, 1996, 317-321.

Rofe, A., "The Organization of the Judiciary in Deuteronomy (Deut. 16.18-20; 17.8-13; 19.15; 21.22-23; 24.16; 25.1-3)," in *The World of the Aramaeans I*, Sheffield, 2001, 92-11.

Rueterswoerden, U., "Der Verfassungsentwurf des Deuteronomiums in der neueren Diskussion," in *Altes Testament. Forschung und Wirkung*, Frankfurt am Main, 1994, 313-328.

Veijola, T., "'Du sollst daran denken, dass du Sklave gewesen bist im Lande Ägypten' - zur literarischen Stellung und theologischen Bedeutung einer Kern aussage des Deuteronomiums," in *Gott und Mensch im Dialog*, Berlin, 2005, 353-373.

Wacker, M. T., "Aschera oder die Ambivalenz des Weiblichen. Anmerkungen zum Beitrag von Georg Braulik," in *Der eine Gott und die Goettin*, Freiburg, 1991, 137-150.

Wagner, V., "Das Pesach ist 'zwischeneingekommen'(Dtn 16,1-8)," *Bib* 91 (2010), 481-498.

Weimar, P., "Pascha und Massot. Anmerkungen zu Dtn 6,1-8," in *Recht und Ethos im Alten Testament. Gestalt und Wirkung*, Neukirchen-Vluyn, 1999, 61-72.

DEUTERO NOMY 신명기 17장

A New Translation with
Introduction
and Commentary

DEUTERONOMY

D E U T E R O N O M Y

신명기 17장

Deuteronomy 17

내용/구조

이 장은 16장 후반부와 연결된다. 사법 제도(신 16:18-20)를 논한 후, 이스라엘 예배에 금지된 세 가지를 말한다(신 16:21-17:1). 그 세 가지 가운데 마지막은 흠 있는 제물을 하나님께 가지고 오지 말라는 것이다(신 17:1). 그 후에 다른 신을 섬기는 자를 어떻게 처벌할 것인지를 다루고 있다(신 17:2-7). 다른 신을 섬기는 자 즉, 우상 숭배자를 사형에 처하는 방법을 자세히 설명하는데 이는 신명기 16장의 사법 제도와 관련이 있다. 그 후에 중앙 성소에서의 재판을 말한다(신 17:8-13). 지방 법원에서 판결하기 어려운 사건은 중앙 성소로 가져온다. 중앙 성소에는 제사장과 재판관이 있다. 이들이 율법에 따라서 지방 법원에서 올라온 사건을 처리한다. 중앙 성소는 고등 법원 역할을 한다.

이렇게 사법 제도를 논한 후에 왕정 제도를 말한다(신 17:14-20). 이스라엘 내에 왕을 세우려는 시도가 있을 때 어떻게 해야 하는지를 다룬다. 이스라엘 왕의 자격, 조건, 해서는 안 되는 행동들 그리고 임무를 자세히 설명한다. 이스라엘의 이상적인 왕권 사상이다.

따라서 17장은 다음과 나눌 수 있다.

1) 금지된 제물(17:1)

2) 다른 신을 섬긴 자를 처형하는 방법(17:2-7)

3) 중앙 성소에서의 재판(17:8-13)

4) 왕정 제도(17:14-20)

신명기의 왕권 사상

신명기 17:14-20은 모세오경에서 왕권 사상의 주제를 다루고 있는 유일한 법전이라는 점에서 의미가 있다. 이 본문은 이상적인 왕의 조건, 그가 지켜야 할 행동 양식, 그리고 왕의 임무를 말한다. 이러한 왕권 사상은 왕정 시대에 나타난 유다와 이스라엘의 왕들을 평가하는 지침이 될 수 있다(이 부분은 필자의 박사 학위 논문 *The Ideal King according to Deuteronomy* 17:14-20, Kampen, 2000, 8-31에서 발췌 번역한 것이다).

흥미롭게도 이스라엘에서 왕정 제도는 하나의 가능성으로 나타난다. 14-15절에 따르면, 이스라엘이 가나안 땅을 점령하고 살 때, 그들이 왕을 세우기를 원한다면 그들은 왕을 세울 수 있다는 것이다. 왕을 세우기를 원하지 않는다면 왕을 세우지 않아도 된다. 왕을 세우는 것은 의무가 아니라 하나의 가능성이다. 이스라엘에서 왕정은 필수가 아니라 하나의 선택으로 나타난다. 이래서 왕이 될 사람에게는 조건들이 있다.

이스라엘에서 왕은 아무나 될 수 있는 것이 아니라 아도나이에 의해 선택된 한 진정한 이스라엘 사람이어야 한다. 왕은 말, 여자들, 많은 은금을 둘 수 없다. 독자들의 주목을 끄는 것은 그의 임무에 관한 규정인데, 18-20절에 나타난다. 이 왕은 마치 한명의 율법 학자같이 묘사 되며, 그의 주 임무는 토라 연구로 나타난다. 더욱이 그는 일종의 민주적인 왕으로 그려진다. 왜냐하면 그의 마음이 그의 형제들보다 높아져서는 안 되기 때문이다.

이스라엘에게 왕정 제도는 필수적인 것이 아니기 때문에, 왕정 제도의 설립은 다음과 같은 조건을 필요로 하게 된다.

주요 조건

이스라엘이 왕을 세우고 싶다고 해서 아무나 왕으로 세울 수 있는 것은 아니다. 15절에 따르면, 하나님이 선택한 사람만이 이스라엘에서 왕이 될 수 있다. 이상적인 왕은 "아도나이 너의 하나님이 선택한 사람"이다. 이 선택 사상은 이스라엘 역사 이해에 중요하다. 이스라엘의 초기 왕들, 사울과 다윗은 카리스마적인 지도자들로서 하나님이 선택한 왕들이었다. 유다 왕국에서는 하나님이 선택한 다윗 왕과 하나님이 그와 맺은 언약으로 인해서 왕위가 계속 다윗의 후손에게 세습제로 물려졌었다(참고. 삼하 7장). 하지만 이스라엘 왕국에서는 계속되는 반란으로 하나님이 선택하지 않은 왕들이 왕 위에 등극했다. 그래서 하나님은 북왕국 이스라엘의 왕들을 인정하지 않았다(호 8:4).

그렇다면 하나님은 어떻게 왕을 선택하시는가? 하나님은 그의 선택을 그의 대리자인 선지자를 통해서 드러내신다. Nachmanides는 우림의 판단을(민 27:21) 그리고 Keil은 우림과 둠밈을 언급한다(Ramban. Nachmanides, *Commentary on the Torah. Deuteronomy*, New York, 1976, 208. Keil-Delitzsch, 493). 하지만 신명기 본문은 명확하게 우림과 둠밈을 말하지 않는다.

하나님의 선택이 어떻게 나타났는지를 보려면, 신명기 본문이 명확하게 말하지 않기 때문에, 이스라엘의 역사 속에서 왕들의 선택이 이루어진 과정을 살펴보아야 한다. 초기 왕들이 세워지는 과정을 보면 하나님의 선택은 선지자의 행위인 기름부음을 통해서 이루어졌다. 사울은 사무엘에 의해서(삼상 9:16-17), 다윗도 사무엘에 의해서(삼상 16:1-13), 솔로몬은 제사장 사독과 선지자 나단에 의해서(왕상 1:39,45), 여로보암은 기름부음이 없이 아히야에 의해서(왕상 11:29-39), 예후는 엘리사가 보낸 선지자에 의해서(왕하 9:1-13) 왕으로 선택되었다. 기름부음은 그 관련된 사람을 카리스마적인 지도자로 세우는 의식이었다.

또한 이 선택된 사람은 이스라엘의 한 자유 시민이어야 한다. 로핑

크는 이 왕을 "전형적인 이스라엘 사람"(Musterisraelit)이라고 말한다(N. Lohfink, "Diese Worte sollst du summen," in *Studien zum Deuteronomium und zur deuteronomistischen Literatur* III, Stuttgart, 1995, 181-203). 순수한 이스라엘 사람은 왕이 될 수 있는 자격을 갖춘 것이다. 이스라엘 사람이 아닌 외국인은 이스라엘의 왕이 될 수 없다(15절). 확실히 외국인은 아도나이의 거룩한 백성이 아니다(참고. 신 14:21). 외국인은 이스라엘의 왕의 후보로서 적절하지 않다. 왜냐하면 그는 이스라엘 공동체에 결속력이 부족하고 이스라엘 공동체 예배에 관련이 적기 때문이다.

왕의 행동 양식

아도나이에 의해 선택된 이스라엘 왕이 준수해야 할 행동 양식들이 16-17절에 기록되었다. 이 행동 양식들은 세 가지로서 부정적인 금지 형식으로 나타난다. 세 가지 금지 모두 많이 가질 수 없다고 말하는데 문제는 얼마가 많은가 하는 것이다.

첫째, 왕은 말을 많이 가져서는 안 된다. 아람어 성경인 탈굼 프쉬도 요나단은 2마리 이상의 말을 가져서는 안 된다고 말한다. 라시는 왕은 운송을 위해서 충분한 말을 가질 수 있다고 말한다(Rashi's Commentary. *Deuteronomy*, trans. M. Rosenbaum and A. M. Silbermann, Jerusalem, 1934, 91). 말은 고대 전쟁에서 중요한 역할을 했다. 잠언 21:31에 따르면, "말은 전쟁의 날을 위해 준비"되었다고 한다. 신명기 17:14-20을 담고 있는 11Qtemplea col. LVI 16-17에 따르면 왕은 전쟁을 위해 말을 더 모으기 위해서 백성들을 이집트로 보내서는 안 된다고 말한다. 고대 전쟁에서 말은 기마 부대로 사용되며, 군인들은 말을 전차를 끄는데 사용한다. 이스라엘 주변의 나라들은 전차들을 가지고 있었다. 그래서 말과 전차는 자주 함께 언급된다(출 14:9, 신 20:1, 수 11:4). 이스라엘이 이집트에서 출애굽 할 때, 이스라엘을 공포에 몰아넣은 것은 바로의 말들과 전차들이다(출 14:9, 23, 15:1, 19, 21, 신 11:4). 따라서 많은 말들은 그 왕과 왕국의 강력한 군사력을 의미한다.

그렇다면 왜 많은 말을 가져서는 안 되는가? 구약 신앙의 관점에서 보면, 말은 환영 받지 못하는 동물이다. 왜냐하면 말과 전차는 인간의 권세와 자랑의 상징이기 때문이다. 그래서 여호수아는 전쟁에서 사로잡은 말 뒷발의 힘줄을 끊고 전차들을 불살랐다(수 11:6, 9. 참고. 삼하 8:4). 이것은 여호수아가 율법에 순종했다는 것을 보여준다.

둘째, 아내를 많이 두어서는 안 된다. 아람어 성경인 탈굼 프쉬도 요나단은 18명 이상은 안 된다고 말하지만 왜 18명 이상인지는 구체적으로 말하지 않는다. 이스라엘 왕들은 많은 후궁들과 아내들을 가지고 있었고 사울은 한 명의 첩이 있었고(삼하 3:7) 몇 명의 아내들이 있었다(삼하 12:8). 다윗에게도 많은 첩들과 아내들이 있었다(삼하 3:2-5, 5:13). 그 중에서 특히 밧세바는 다윗이 사랑하는 아내였다. 르호보암은 18명의 아내와 60명의 첩들이 있었고(대하 11:21) 아비야는 14명의 아내가 있었다(대하 13:21). 아가서의 왕은 60명의 아내와 80명의 첩들이 있었고(아가 6:8) 솔로몬은 바로의 딸 외에 700명의 아내와 300명의 첩들이 있었다(왕상 11:3). 고대 근동의 왕들도 많은 아내들과 첩들을 두었다. 옛 바빌로니아 왕 Zimrilim은 175-200명의 아내를 두었고 이집트의 바로 왕 Ramesses Ⅱ도 5명의 공식적인 아내들과 수백 명의 첩들을 두었다(A. Malamat, *Mari and the Bible*, Leiden, 1998, 173; K. A. Kitchen, *Pharaoh Triumphant*, Warminster, 1982, 97-100). 그렇다면 왜 왕은 많은 아내를 두어서는 안 되는가? 그 이유는 왕의 마음이 미혹되지 않기 위함이다. 즉 아내들이 이스라엘의 하나님을 의지하며 신뢰하는 왕의 마음을 돌이키게 할 것을 막기 위함이다. 여기에 대해서 일부 학자들은 이스라엘 왕이 외국 여자들과 정치적인 결혼으로 오는 위험성을 지적하고 있다(Craigie, 256; Labuschagne, 125; Ehrlich, 302;

G. E. Gerbrandt, *Kingship according to the Deuteronomistic History*, Georgia, 1986, 111; C. Vonk, De Voorzeide Leer. *De Heilige Schrift Numeri, Deuteronomium*, Barendrecht, 1966-1968, 610). 하지만 신명기 본문은 여자들의 국적에 관해서는 아무런 언급을 하지 않는다.

셋째, 은과 금을 많이 두어서는 안 된다. 특히 이스라엘에서 은은 돈으로도 사용되었다. 은과 금은 귀한 가치를 가지고 있는 금속이다. 세 가지의 행동 양식 가운데 은과 금에 대해서는 "매우"라는 단어가 함께 사용되었다. 왕에게 부는 허용되지만 과도한 부는 허용되지 않는다. 과도한 부는 왕이 하나님을 잊어버리게 할 수 있었던 것이다(참고. 신 8:15).

왕의 임무

신명기의 이상적인 왕의 임무는 토라 연구이다. 그가 왕의 보좌에 등극했을 때, 그는 자신을 위해서 이 토라의 한 복사본을 두루마리 위에 써야 하며, 그의 평생에 그것을 읽고 지켜야 한다. 어떤 학자는 왕이 공개적으로 그 토라를 읽어야 한다고 주장한다. 왕은 율법 강연자(der Gesetzessprecher)이다(O. Bächli, *Israel und die Völker*, Zürich and Stuttgart, 1962, 90). 하지만 다른 이들은 이 견해에 반대한다(W. L. Moran, "Review of Israel und die Voelker by O. Bächli," *Bib* 44(1963), 375-377; E. W. Nicholson, *Deuteronomy and Tradition*, Oxford, 1967, 93). 또한 Thompson과 Steuernagel은 왕의 토라연구는 개인적인 것이라고 말한다(Thompson, 206; Steuernagel, 67).

왕이 토라 연구를 계속할 때, 그의 마음이 그의 동료들보다 높아지지 않는 민주적인 왕이 될 수 있다. 그의 지위는 동료 중의 제 일 인자 *primus inter pares*이다. 더 나아가 그가 토라 연구에 매달리고 이 토라의 권위 아래에 자신의 삶을 놓아 둘 때, 그와 그의 아들들은 확실한 왕권을 보장 받을 수 있다. 필립스는 이 구절이 다윗과 그의 계승자들을 의미한다고 주장한다(Phillips, 122). 하지만 우리는 여기서 그러한 사상을 발견할 수 없다. 이 약속은 모든 왕에게 적용 될 수 있을 것이다 (Schneider, 176-177; Labuschagne, 127).

1. 금지된 제물(17:1)

이스라엘에게 금지된 이방 제의는 아도나이의 제단 옆에 아세라 상을 세우는 것과 주상을 세우는 것이다(16:21-22). 이것들은 이방 제의를 본받는 것으로 아도나이께서 미워하시는 행위이다. 여기에 덧붙여서 아도나이께서 혐오하시는 것이 또 있다. 아도나이께 드리는 희생 제물로 흠이 있는 것을 가져오는 행위이다. 아도나이는 깨끗한 제물, 흠이 없는 제물을 원하신다(참고. 말 1:6-14).

번역

[1] 너는 너의 하나님 아도나이께 드릴 수 없다, 그에게 흠이 있는 소나 양을, 어떤 악한 것,
왜냐하면 그것은 너의 하나님 아도나이께 가증하기 때문이다.

주해

[1] 너는 너의 하나님 아도나이께 드릴 수[1)] 없다, 그에게 흠이 있는 소나 양을, 어떤 악한 것,[2)]
왜냐하면 그것은 너의 하나님 아도나이께 가증하기 때문이다.[3)]

본문 비교

1) 70인경은 동사 θύσεις를 사용하는데 반하여 다른 사본들(A F)은 προσοίσεις이다.
2) 탈굼 옹켈로스와 탈굼 프쉬도 요나단은 "어떤 부족(결핍)한 것"이

며 탈굼 네오피티는 "어떤 결함 있는 것"이다.

3) 마소라 사본에는 세투마(ס)가 있어 단락을 나누고 있다.

아도나이께 드리는 일반적인 희생 제사의 제물의 상태를 규정하고 있다. "드릴 수 없다"는 '희생 제사를 드릴 수 없다'는 것을 의미한다. 아도나이께 희생 제물로 드릴 수 없는 짐승은 "흠이 있는 소나 양을, 어떤 악한 것"이다. 이것은 다시 번역하면 "흠이 있는 소나 양을, 어떤 악한 것이 있는"이다. "흠"은 희생 제물로 드릴 양과 소의 상태에 어떤 결함이 있는 것을 의미하는데, 질병이 있는 것이나 상처가 있는 것 또는 불구를 뜻한다(참고. 레 22:22-24; 신 15:21). 이러한 흠은 "악한 것" 또는 "나쁜 것"이다.

"왜냐하면"은 흠이 있는 희생 제물을 드리지 못하는 이유를 설명한다. 흠이 있는 제물은 "아도나이께 가증하기 때문이다." "가증"은 '몹시 싫음,' '혐오'를 뜻한다.

양이나 소떼 가운데 흠이 있는 것, 저는 것이나 눈먼 것을 하나님께 드릴 제물로 가져온다는 것은 마음 상태가 좋지 않다는 것이다. 양이나 소떼 가운데 좋은 것들이 있는데 굳이 흠이 있는 것을 희생 제물로 드린다는 것은 하나님께 드리는 제사를 중요하게 생각하지 않았다는 것을 보여준다. 이러한 태도는 하나님을 무시하는 처사이며 하나님께 드리는 제사를 경홀히 여기는 것이다.

2. 다른 신을 섬긴 자를 처형하는 방법(17:2-7)

십계명의 1계명은 "다른 신이 너에게 있어서는 안 된다, 내 앞에서"(신 5:7)이다. 하나님은 시내 산에서 나타나셔서 직접 십계명을 말씀하시고 직접 써 주셨다. 하나님이 제일 먼저 말씀하신 것은 그만큼 중요하다는 것이다. 사실 이스라엘은 하나님만을 섬기기로 언약을 맺었다. 시내 산에서 언약을 맺음으로 "아도나이는 이스라엘의 하나님이 되고 이스라엘은 하나님의 백성이 되었다." 하나님의 백성은 하나님만을 섬겨야 한다. 다른 신을 섬기는 행위는 언약을 어기는 것이며 율법에 불순종하는 것이다. 따라서 다른 신을 섬기는 행위는 중범죄로 다뤄진다. 그래서 모세는 다른 신을 섬기는 자를 처형하는 방법을 자세하게 설명한다. 다른 신을 섬기는 자 즉, 우상 숭배자를 재판하는 방법이다. 다른 신을 섬긴다는 소문을 들으면 먼저 사실을 조사해야 하며 그것이 사실로 밝혀지면 두, 세 사람의 증인을 세운 후에 돌로 쳐 죽일 수 있다.

번역

2 만일 이것이 발견되어지면, 너의 가운데서,
너의 하나님 아도나이께서 너에게 주신 너의 문들의 하나에서
어떤 남자 또는 여자가 너의 하나님 아도나이의 눈들 안에 악을 행하고, 그의 언약을 어김으로,
3 그가 가고 다른 신을 섬기고 그가 그것들에게 절하고, 태양에게
또는 달에게 또는 내가 명령하지 않은 하늘의 모든 군대에게.
4 그리고 그것이 너에게 말해지고 네가 듣는다,
그리고 너는 자세히 조사할 것이다,
그리고 보라, 그 말이 굳게 세워지며, 이 가증한 일이 이스라엘 내에서 행해졌다.
5 그리고 너는 이 악한 일을 행한 그 남자 또는 그 여자를 끌어내야 한다,
너의 문들로 그 남자를 또는 그 여자를,
그리고 너는 그들을 돌들로 쳐야 한다, 그리고 그들은 죽어야 한다.
6 두 증인들 또는 세 증인들의 입 위에 그 죽는 자는 죽여져야 한다,
그는 한 증인의 입 위에 죽여질 수 없다.
7 증인들의 손이 그를 죽이기 위하여 먼저 그에게 있을 것이고 후에 모든 백성의 손이,

그리고 너는 너 가운데서 그 악을 제거할 것이다.

주해

2 만일 이것이 발견되어지면, 너의 가운데서,
너의 하나님 아도나이께서 너에게 주신 너의 문들의 하나에서[1)]
어떤 남자 또는 여자가 너의 하나님 아도나이의 눈들 안에 악을[2)] 행하고, 그의 언약을 어김으로.

본문 비교

1) 마소라 사본의 באחד를 일부 히브리어 사본들과 사마리아 오경은 באחת로 읽는다.
2) 탈굼 네오피티는 "악"을 "혐오스럽고 몹시 싫은 것"으로 번역한다.

"만일(כי, 70인경은 "그러나 만일 ~면" ἐὰν δὲ) 이것이 발견되어지면"은 "이것이 발견되어질 때"로도 번역할 수 있다. 개역 개정은 "발견되어지면"을 생략하고 있다. 동사 '이것이 발견될 것이다'(니팔)는 "어떤 남자 또는 여자가 악을 행하"는 것이다. 이스라엘이 가나안 땅에 들어가서 살 때, 이스라엘 중의 어떤 사람이 악을 행하는 것을 발견할 때를 가정하고 있다.

"아도나이의 눈들 안에 악을 행하"(자세한 설명은 신 6:18; 9:18 주해 참고)는 것은 "그의 언약을 어기"는 것을 뜻한다. "어김으로"는 '넘어가는 것'을 의미한다. 하나님과 이스라엘 사이에 맺은 언약을 넘어가는 것 즉 위반하는 것, 범하는 것이다. "악을 행하는 것"과 "언약을 어기는 것"이 무엇인지는 더 구체적으로 다음 절들(3-4절)에서 우상숭배로 설명하고 있다. 하나님과 이스라엘 사이에 맺은 언약에서 가장 중요한 것이 우상 숭배 금지였다. 십계명의 1, 2계명은 다른 신을 만들어 섬기는 것을 분명히 금하고 있다.

1절의 "악"은 여호와께 흠이 있는 희생제물을 드리는 것이었으나 2절의 "악"은 우상숭배를 의미한다.

3 그가[1)] 가고 다른 신을[2)] 섬기고 그가 그것들에게 절하고,[3)] 태양에게[4)]
또는 달에게 또는 내가 명령하지[5)] 않은 하늘의 모든 군대에게.

본문 비교

1) 70인경은 "그들이"로 복수로 "그들이 가서 섬기고 그들이 절하고"이다(벌게이트 역시). Christensen은 70인경을 따라 복수로 번역한다(Christensen, 366).
2) 탈굼 옹켈로스와 탈굼 프쉬도 요나단은 "민족들의 우상들"로 읽는다. 이방 민족들이 섬기는 신들 즉, 우상을 의미한다.
3) 히브리어 사본들 사이에 차이가 있다. 마소라 사본은 וישתחו로, 사마리아 오경은 וישתחוי로 읽고 일부 히브리어 필사본들은 וישתחוו로 읽는다. 그래서 이 단어의 어근에 대하여 שחה 또는 חוה로 읽을 것인지에 대한 토론이 있다. 하지만 어느 단어로 보든지 뜻은 변함이 없다.
4) 일부 히브리어 필사본들, 70인경, 그리고 벌게이트는 "그리고"를 생략한다. 필자의 번역은 "절하고"에 "그리고"가 있다. 쿰란 사본(11QT[a])은 "그리고"(ו)를 "또는"(או)으로 읽는다(70인경의 Byz 사본 역시).
5) 70인경은 "그가 명령하지"로 3인칭이다(Rahlfs 편집). 그러나 Wevers 편집은 마소라를 따라 1인칭이다.

2절에서 말한 아도나이 앞에서 악을 행하는 것이 무엇인지, 그의 언약을 어기는 것이 무엇인지를 자세하게 설명한다. 계속 나오는 동사들 "가고, 섬기고, 절하고"는 이스라엘의 악한 행동들을 설명한다. 우상숭배를 말하는 구체적인 단어들이다.

"다른 신"은 십계명의 1계명에서 금지한 신이다. 하나님은 이스라엘과 시내 산에서 언약을 맺음으로 여호와 하나님만을 섬기는 하나님의 백성이 되었다. 따라서 "다른 신이 너에게 있어서는 안 된다, 내 앞에서"(신 5:7)라는 말씀에 순종해야 할 의무와 책임이 있다. "다른 신"은 이스라엘의 주변 국가들이 섬기는 신들 즉 이방 신들, 외국 신들이다(신 6:14). 이스라엘이 "다른 신"을 섬기는 것은 언약을 파기하는 행동이며(신 17:2) 율법에 불순종하는 것이다.

"그것들에게"는 "태양에게, 달에게, 하늘의 모든 군대에게"를 의미한다. 전치사 "에게"(ל)가 계속 나오고 있다. 하늘에 있는 해와 달 그리고 별들을 뜻한다.

4 그리고 그것이[1] 너에게 말해지고 네가 듣는다,[2]
그리고 너는 자세히 조사할 것이다,[3]
그리고 보라, 그 말이 굳게 세워지며, 이 가증한 일이 이스라엘 내에서 행해졌다.

본문 비교

1) 마소라 사본은 3인칭 단수인데 반하여 사마리아 오경은 3인칭 복수이다.
2) 70인경은 "네가 듣는다"를 생략한다. 오리겐의 헥사플라는 별표로 "네가 듣는다."를 더해주고 있다.
3) 탈굼 프쉬도 요나단과 시프레 신명기(*Sifre Deut.*)는 조사를 증인들을 찾는 것으로 해석한다.

2절에서 시작된 조건절(כִּי)은 4a까지이다. 번역 상 "발견되어지면"으로 했지만 직접 동사들만 연결해 보면 "만일 이것이 발견되어지고 … 악을 행하고 …그가 가고 … 섬기고 … 절하고 … 이것이 너에게 말해지고 네가 들으면"이다.

"이것이 너에게 말해지고 네가 듣는다"는 '이것이 너에게 전해지고 네가 들으면'으로 이스라엘의 한 성중에서 어떤 남자나 여자가 우상숭배를 한 소식이 전해지는 것이다.

"그리고 너는 자세히 조사할 것이다"는 '그때, 너는 자세히(철저하게) 조사해야 한다'는 뜻이다. 소문의 진상을 추적하는 것이다. 이스라엘 내에 우상 숭배가 있었는지를 추적하여 사실 여부를 확인하라는 것이다.

"그리고 보라, 그 말이 굳게 세워지며"는 '그리고 보라, 진리, 그 말이 세워지며'이다. 여기서 "굳게"는 '진리로' 또는 '사실로' 번역할 수 있다. 이스라엘 내에 들렸던 그 소문이 사실로 밝혀지는 것이다. 실제 이스라엘 내에 우상숭배가 행해진 것이다. 다른 신을 섬기며 천체 숭배가 이루어진 것이다. 이런 우상숭배는 "가증한 일"이다. 하나님이 극히 싫어하시는, 아주 혐오하시는 일이다.

5 그리고 너는 이 악한 일을 행한[1] 그 남자 또는 그 여자를 끌어내야 한다,
너의 문들로[2] 그 남자를 또는 그 여자를,
그리고 너는[3] 그들을 돌들로 쳐야 한다, 그리고 그들은 죽어야 한다.[4]

본문 비교

1) 70인경과 쿰란 사본(11QT[a])은 마소라의 "이 악한 일을 행한, 너의 문들로 그 남자를 또는 그 여자를"을 생략한다. 오리겐의 헥사플라는 마소라 사본과 동일하게 하기 위하여 별표로 이 문장을 넣어주고 있다.
2) 탈굼 옹켈로스와 탈굼 프쉬도 요나단은 더 구체적으로 "너의 법정의 문들"이다.
3) 70인경과 시리아 역은 2인칭 복수 "너희"로 읽는다.
4) 벌게이트는 "그리고 그들은 죽어야 한다"를 생략한다.

"악한 일"은 이스라엘 사람들 가운데 "다른 신"을 섬기거나 일월성신에게 절을 한 것이다. 여기서 "악한 일"은 우리가 보통 생각하는 살인, 간음, 도둑질과 같은 윤리적인 악이 아니라 종교적, 신앙적인 의미의 악이다. 아도나이 하나님을 떠나 다른 신을 섬기는 것을 "악한 일"이라고 규정한다.

"너의 문들로"는 '너의 문들 밖으로'라는 의미이다. 성 밖에서 우상숭배를 한 자들을 돌로 쳐서 죽일 것을 명령하고 있다. 우상숭배를 한 대가가 엄청나다. 이것은 언약을 파기한 행동에 대한 대가이다. 언약은 언약 당사자들이 지켜야 할 의무와 책임이 있다. 이스라엘은 하나님과 시내 산에서 언약의 피를 뿌리면서 언약을 맺었다(출 24:6-8). 그때 모세는 언약의 피의 반을 제단에 그리고 반을 백성에게 뿌렸다. 언약의 피로서 언약의 당사자들인 하나님과 이스라엘 백성이 하나가 된 것이다. 언약의 당사자들은 시내 산 언약을 지켜야 할 의무와 책임이 있는 것이다. 만일 이 언약을 어기면 짐승의 피가 뿌려진 것처럼 언약을 어긴 당사자가 피를 볼 것이라는 즉, 죽어야 한다는 의미가 함축되어 있다. 이래서 언약에는 언약의 저주가 있다(신 28:15-68).

6 두 증인들[1] 또는 세 증인들의 입 위에[2] 그 죽는 자는 죽여져야 한다,
그는 한 증인의 입 위에 죽여질 수 없다.

본문 비교

1) 70인경은 마소라 사본의 "두 증인들 입 위에"를 "두 증인들 위에"(ἐπὶ δυσὶν μάρτυσιν)로 읽는다. 그러나 아퀼라는 마소라와 같다(ἐπὶ στόματος δύο μάρτυων).
2) 마소라 사본은 "입 위에"를 한 번만 사용한다. 그러나 일부 히브리어 필사본들, 사마리아 오경, 탈굼 네오피티, 일부 70인경 사본들과 시리아 역은 두 번 나온다. "두 증인들의 입 위에 또는 세 증

인들의 입 위에"이다.

이스라엘 내에 우상 숭배를 한 사람이 있다는 소문이 사실로 밝혀지면 그 사람을 처형해야 한다. 하나님과 맺은 언약을 어겼기 때문이다. 우선 법정에서 그 사람의 죄가 입증되어야 한다. 우상 숭배자의 죄를 증언할 증인들이 필요하다. 증인은 우상숭배를 직접 본 목격자이다. 우상 숭배자를 죽일 때에 두 명이나 세 명의 증인들이 있어야 사형시킬 수 있다. "입 위에"는 "입에 근거하여" 또는 "입에 의하여"로 증인들의 입에서 나온 말이다. 증인들의 구체적인 증언을 뜻한다. "그 죽는 자"는 우상 숭배자이다.

개역 개정은 동사를 "죽일 것이요," "죽이지 말 것이며"로 능동태로 번역하는데 히브리어는 수동태(호팔형)이다.

7 [1]증인들의 손이 그를 죽이기 위하여 먼저 그에게 있을 것이고 후에 모든 백성의 손이,

그리고 너는 너[2] 가운데서 그 악을[3] 제거할 것이다.[4]

본문 비교

1) 70인경은 "그리고"로 시작한다.
2) 70인경, 시리아 역은 복수 "너희"이다.
3) 탈굼 옹켈로스, 탈굼 네오피티, 탈굼 프쉬도 요나단은 "행악자"로 읽는다.
4) 마소라 사본에는 페투카(פ)가 있어 단락을 나누고 있다.

우상 숭배를 한 사람을 처형하는 구체적인 방법을 말한다. 우상 숭배자를 돌로 칠 때에 누가 먼저 돌로 칠 것인지 순서를 정하고 있다. "먼저"는 두, 세 사람의 증인을 말한다. 증인들이 돌로 친다. "후에"는 증

인들 그 다음에 백성들이 돌로 칠 것을 명한다. 증인들이 "먼저" 돌로 치는 것은 증인들의 책임을 말한다. 우상 숭배자를 죽이면 피를 흘려야 한다. 증인들은 그 피에 대한 책임을 지는 것이다. 증인들은 그 죽을 사람의 피가 유죄하다는 것을 증언한 사람들이기 때문이다.

"너는 너 가운데서 그 악을 제거할 것이다." "너 가운데서"는 이스라엘 내에서를 의미한다. "제거하다"의 다른 의미로는 "태우다"의 뜻이 있다(참고. 신 13:1-18).

3. 중앙 성소에서의 재판(17:8-13)

이스라엘의 사법 제도는 지방 법원과 고등 법원으로 나누어져 있다. 이스라엘의 각 지파들의 성들에는 재판관들이 있었다(신 16:18). 각 성에서 판결하기 어려운 소송 사건이 생길 경우에는 고등 법원으로 나아갈 수 있다. 고등 법원은 하나님이 약속의 땅에서 선택하실 그 장소에 있다. 하나님이 선택하실 그 장소는 이스라엘의 모든 예배가 집중되는 중앙 성소일 뿐만 아니라 그곳에 제사장과 재판관이 있어서 고등 법원의 역할도 감당했다. 지방 법원에서 판결하기 어려운 사건이 고등 법원으로 올라오면 제사장과 재판관이 율법을 따라서 처리해 주었다.

번역

8 재판을 위한 어떤 문제가 너에게 어려울 때, 피와 피 사이에, 소송과 소송 사이에, 그리고 구타와 구타 사이에, 너의 문들 안에 다툼의 문제들,

너는 일어나서 올라갈 것이다, 너의 하나님 아도나이께서 그곳에 선택하실 그 장소로.

9 그리고 너는 레위 사람 제사장들과 그 날들에 있는 재판관에게 갈 것이다,

그리고 너는 물을 것이고 그들은 너에게 그 재판의 말을 고할 것이다.

10 그리고 너는 그들이 너에게 선언하는 그 일의 입 위에 행해야 한다,
아도나이께서 선택하실 그 장소에서,
너는 그들이 너에게 가르치는 모든 것을 따라 지켜 행해야 한다.
11 그들이 너에게 가르치는 그 법의 입 위에,
그리고 그들이 너에게 말하는 그 판결 위에 너는 행해야 한다,
너는 그들이 너에게 선언하는 그 말로부터 좌로나 우로 치우치지 말아야 한다.
12 그리고 무례히 행하는 그 사람, 듣지 않고,
너의 하나님 아도나이를 섬기기 위해 거기 서있는 그 제사장에게 또는 재판장에게
그리고 그 사람은 죽어야 한다, 그리고 너는 그 악을 이스라엘에서 제거해야 한다.
13 그리고 모든 백성이 듣고 두려워할 것이다,
그리고 그들이 다시는 거만하게 행동하지 않을 것이다.

주해

8 재판을 위한 어떤 문제가 너에게 어려울 때,[1] 피와 피 사이에, [2]소송과 소송 사이에,
그리고[3] 구타와 구타 사이에,[4] 너의 문들 안에 다툼의 문제들,
너는 일어나서 올라갈 것이다, 너의 하나님 아도나이께서 그곳에[5] 선택하실 그 장소로.

본문 비교

1) 70인경은 "너에게 불가능하다면"으로 '네가 처리할 수 없는'의 의미로 번역한다.
2) 일부 히브리어 필사본들, 사마리아 오경, 70인경, 탈굼 프쉬도 요나단, 시리아 역은 "그리고"를 갖고 있다.
3) 일부 히브리어 필사본들, 탈굼 네오피티는 "그리고"를 생략한다.

4) 탈굼 옹켈로스, 탈굼 네오피티, 탈굼 프쉬도 요나단은 여기에 "나병과 나병 사이"를 덧붙인다. 나병의 발병, 감염 그리고 치료 선언에 대한 문제를 뜻한다. 나병의 의식적인 부정과 정결에 대한 규례는 레위기에 자세하게 나온다(13장).
5) 사마리아 오경은 "그곳에"(בו)를 생략하며 70인경은 "거기에"(ἐκεῖ)이며 "거기에 그의 이름을 두기 위하여"를 덧붙인다. 오리겐의 헥사플라는 "거기에"(ἐκεῖ)를 "그곳에"(ἐν αὐτῷ)로 고치며 70인경이 "그의 이름을 두기 위하여"를 덧붙였다고 별표로 표기하고 있다.

"재판을 위한 어떤 문제가"는 '재판을 위한 일이' 또는 '재판의 사건이'로 번역할 수 있다. "어려울 때"는 '이상할 때' 또는 '당혹스러울 때'이다. 지방 법원에 있는 재판관이 다루기에는 아주 복잡한 사건으로 재판하기 어려운 사건이 생겼을 때를 말한다.

"피와 피 사이에"는 살인 사건에 대한 논쟁을(탈굼 네오피티는 "처녀성의 피와 살인의 피 사이로" 그리고 탈굼 프쉬도 요나단은 "부정한 피와 깨끗한 피 사이로" 해석한다), "소송과 소송 사이에"는 고소사건을 그리고 "구타와 구타 사이에"는 폭행사건을 뜻한다.

"너의 문들 안에 다툼의 문제들"은 이스라엘의 각 지파들에 있는 성들 안에서 생긴 논쟁과 법정 다툼의 문제들을 의미한다. 이것은 가나안 땅에 흩어져 살고 있는 이스라엘 지파들 내에서 즉, 지방 법원에서 일어난 판결하기 어려운 사건들이다.

각 지방에서 판결하기 어려운 사건이 일어날 때는 아도나이께서 선택한 장소로 그 문제를 가지고 나아가야 한다. 여기서 아도나이께서 선택한 장소는 고등법원 역할을 하고 있다. 아도나이께서 선택한 장소는 중앙 성소를 뜻한다(참고. 신 12장).

9 그리고 너는 레위 사람 제사장들과 그 날들에 있는 재판관에게[1] 갈 것이다,
그리고 너는 물을 것이고[2] 그들은 너에게 그 재판의 말을[3] 고할 것이다.

본문 비교

1) 탈굼 옹켈로스, 탈굼 네오피티, 탈굼 프쉬도 요나단은 복수형 "재판관들"이다.
2) 사마리아 오경은 "그들은 물을(조사할) 것이고"로 인칭이 복수형이다. 70인경도 3인칭 복수형이다.
3) 70인경은 히브리어의 "말"을 생략하여 "재판"으로 읽는다. 오리겐의 헥사플라는 이것을 지적하고 있다.

"레위 사람 제사장들"은 "레위 사람들 제사장들"이다. 중앙 성소에 있는 레위인 제사장들을 말한다. "그 날들에 있는" 그 당시에 재직하고 있는 재판관을 의미한다. 여기 중앙 성소에 있는 재판관은 지방 법원에 있는 재판관과 구별된다(신 16:18).

"너는 물을 것이고"는 각 성에서(지방 법원) 판결하기 어려운 재판 사건을 중앙 성소(고등 법원)에 가지고 온 것이다. 각 성에서 일어난 살인 사건, 폭행 사건들을 가지고 와서 중앙성소에 있는 제사장들과 재판관에게 재판을 요구하는 것이다(신 17:8).

"재판의 말"은 제사장들과 재판관이 내린 판결을 뜻한다. "고할 것이다"는 '말할 것이다' 또는 '선언할 것이다'이다.

10 그리고 너는 그들이 너에게 선언하는 그 일의 입[1] 위에 행해야 한다,
아도나이께서 선택하실 그 장소에서,[2]
너는 그들이 너에게 가르치는 모든 것을 따라[3] 지켜 행해야 한다.

본문 비교

1) 70인경은 "그 말"이다. 베버Wevers 편집은 "그 말"(τὸ ῥῆμα)이며 랄프Rahlfs 편집은 "그 문제(사건)"(τὸ πρᾶγμα)이다. 오리겐의 헥사플라는 이 차이를 지적하고 있다.
2) 70인경은 "그의 이름을 거기에 두기 위하여 너의 하나님 아도나이께서 선택하실 그 장소에서"이다.
3) 70인경은 여기에 "주의 깊게"를 덧붙이고 있고 "그들이 너에게 가르치는"을 "그가 너에게 법을 제정하는"(νομοθετηθῇ σοι)이다.

"너는 그들이 너에게 선언하는 그 일의 입 위에 행해야 한다." 중앙 성소에 있는 제사장과 재판관이 지방 법원에서 해결하지 못한 사건에 대한 판결을 내리면 순종할 것을 명하고 있다. "그 일의 입 위에"는 중앙 성소에 있는 제사장과 재판관이 내리는 판결을 뜻한다. "위에"는 '의하여' 또는 '따라서'이다.

"너는 그들이 너에게 가르치는 모든 것을 따라"는 중앙 성소에 있는 제사장과 재판관이 내리는 구체적인 판결이다. 위에서 언급한(신 17:8) 살인, 고소, 폭행 사건들에 대한 구체적인 해결 방안들이다. "가르치는"은 율법에 근거한 '가르침' 또는 '교훈'을 뜻한다(신 17:11).

히브리어 단어는 서로 다르지만 "행해야 한다"가 두 번이나 나와서 순종을 강조한다. 이스라엘은 중앙 성소에 있는 제사장과 재판관의 판결에 순종할 의무를 지니고 있다. 그들은 하나님의 대리인으로서 이스라엘에게 율법에 근거한 구체적인 하나님의 뜻을 가르쳐 주는 자들이다.

11 그들이 너에게 가르치는 그 법의 입[1] 위에,
그리고 그들이 너에게 말하는 그 판결[2] 위에 너는 행해야 한다,
[3]너는 그들이 너에게 선언하는 그 말로부터 좌로나 우로 치우치지 말아야 한다.

본문 비교

1) 70인경은 "입"을 생략한다. 오리겐의 헥사플라도 이것을 지적하고 있다. 더 나아가 70인경은 "너에게 가르치는"도 생략한다(벌게이트 역시 생략). 오리겐의 헥사플라는 마소라 사본과 동일시하기 위해서 ὅν ἂν φωτίσω(아퀼라는 φωτίσωσι) σοι를 넣어준다.
2) 사마리아 오경과 시리아 역은 "그리고 그 판결의 입 위에"이다. 하지만 벌게이트는 이것을 생략한다.
3) 일부 히브리어 필사본, 사마리아 오경 그리고 시리아 역은 "그리고"를 넣어준다.

평행이 돋보인다. "그들이 너에게 가르치는 그 법의 입 위에"와 "그들이 너에게 말하는 그 판결 위에." "법"은 히브리어 토라로서 개역 개정은 일반적으로 "율법"으로 번역한다. 토라는 "교훈" 또는 "가르침"으로도 번역할 수 있다(토라에 대한 자세한 설명은 신 1:5을 참고하라). "법의 입"은 '법의 말' 또는 '법의 판결'로 율법이 지시하는 방향을 말한다. "판결"(미쉬파트)은 다른 단어 "재판," "법령"으로 번역할 수 있다. 여기서 "법"과 유사 동의어로 평행을 이루고 있다는 것을 보여준다("판결," "법령"에 대한 자세한 설명은 신 4:1을 참고하라). "그 법의 입 위에"와 "그 판결 위에"는 '그 법의 입을 따라' 그리고 '그 판결을 따라' 또는 '그 재판을 따라'이다. "그 판결 위에"(그 재판을 따라)는 법정이 사건을 해석하는 것을 따라 행동하라는 것이다.

이스라엘이 행동해야 할 근거는 율법 위에서이다. 율법이 지시하고 판결하는 내용을 따라야 한다. "너는 행해야 한다"가 계속 나오고 있는 것(신 17:10)에 수복해야 한다. 율법에 순종해야 할 것을 강조한다.

세 개의 동사가 우리의 주의를 끌고 있다. "그들이 너에게 가르치는," "그들이 너에게 말하는," "그들이 너에게 선언하는." 이 번역은 마치 분사처럼 보이지만 동사이다. 히브리어 관계 대명사가 뒤이어 나오기 때문에 이렇게 번역했지만 세 동사 모두 미완료로서 "그들이 너에게 가르칠 것이다," "그들이 너에게 말할 것이다" 그리고 "그들이 너에게 선언할 것이다."이다. "그들이"는 중앙 성소에 있는 제사장들과 재판관을 그리고 "너"는 지방 법원에서 해결하지 못한 사건을 중앙 성소로 가지고 올라온 사람을 의미한다. 일반적으로 이스라엘 사람을 뜻한다.

"그 말"은 중앙 성소에 있는 제사장과 재판관이 선언하는 판결이다. "그 법의 입"과 "그 판결"과 평행을 이루고 있다.

"치우치지 말아야 한다"는 '옆으로 돌아서지 말아야 한다'이다. 즉 좌측으로 돌아서거나 우측으로 돌아서지 말라는 의미이다. 제사장과 재판관이 가르치는 교훈에서 벗어나지 말라는 뜻이다.

12 그리고 무례히 행하는 그 사람, 듣지 않고,
너의 하나님 아도나이를 섬기기 위해 거기[1] 서있는 그 제사장에게 또는[2] 재판장에게[3]
그리고 그 사람은 죽어야 한다, 그리고 너는 그 악을[4] 이스라엘에서 제거해야 한다.

본문 비교

1) 70인경은 "너의 하나님 주님의 그 이름을 섬기기 위해"로 번역한다.
2) 일부 사마리아 오경 필사본과 벌게이트는 "또는"을 "그리고"로 읽는다.
3) 70인경은 "그 날들에 있는 재판장에게"이다.
4) 탈굼 옹켈로스, 탈굼 네오피티, 탈굼 프쉬도 요나단은 "행악자"이다.

이 구절의 의미는 이렇다. "너의 하나님 아도나이를 섬기기 위해 거기 서있는 그 제사장에게 또는 재판장에게 듣지 않고 무례히 행하는 그 사람, 그리고 그 사람은 죽어야 한다. 그리고 너는 그 악을 이스라엘에서 제거해야 한다."

"무례히 행하는"은 '건방지게,' '오만하게(뻔뻔하게),' '함부로 행하다'이다. 건방진 행동은 중앙 성소에 있는 제사장과 재판관의 말을 듣지 않는 것이다. 즉 제사장과 재판관이 소송 사건의 판결을 내린 것에 불순종하는 것이다. 그래서 "듣지 않고" 하고 말한다.

"거기"는 아도나이께서 선택하실 그 장소를 의미한다(신 17:8). 즉 중앙 성소이다. 그곳에서 제사장은 하나님을 섬기는 일을 한다.

제사장과 재판관의 말에 순종하지 않는 사람은 사형에 처해야 한다. 불순종의 대가가 엄청나다. 이런 불순종을 "악"이라고 부르고 있다. 왜냐하면 제사장과 재판관이 율법에 근거하여 판결을 내려주기 때문이다(신 17:11). 즉 악은 율법에 불순종하는 것이다. "제거해야 한다"는 '없애버리다,' '태워버리다,'의 뜻이다.

13 그리고 모든 백성이 듣고 두려워할 것이다,[1]
그리고 그들이[1] 다시는 거만하게[2] 행동하지 않을 것이다.[3]

본문 비교

1) 70인경은 히브리어의 복수 "그들이"를 단수 "그가"로 번역한다. 마소라는 "모든 백성"을 복수로 읽었지만 70인경은 단수로 읽었다.
2) 70인경은 "그가 다시는 불경하게(신앙심 없이) 행동하지 않을 것이다"(οὐκ ἀσεβήσει ἔτι)로 번역한다. 아퀼라는 마소라와 같이 읽는다. 오리겐의 헥사플라는 이 차이를 별표로 지적하고 있다.
3) 마소라 사본에는 세투마(ס)가 있어 단락을 나누고 있다.

"그리고"는 '그러면'의 의미를 갖는다. "듣고"는 '그들이 들을 것이다'로 이스라엘 모든 백성이 제사장과 재판관에게 불순종한 사람이 죽임을 당했다는 사실을 듣는 것이다. "두려워할 것이다"는 '그들이 두려워할 것이다.'로 그 소식을 듣는 이스라엘이 두려워한다. 불순종의 대가가 무섭다는 것을 깨닫는 것이다. 그 결과로 이스라엘이 다시는 불순종하지 않을 것이다. "거만하게 행동하지 않을 것이다."는 '주제넘게(뻔뻔하게) 행동하지 않을 것이다.'이다.

4. 왕정 제도(신 17:14-20)

이스라엘은 한 국가로서 사법 제도와 왕정 제도를 갖고 있다. 앞에서 사법 제도를 논한 후에 이제 왕정 제도를 설명하고 있다. 이스라엘 주변 국가들은 이미 왕정 정치 제도이다. 그러나 이스라엘은 하나님과 시내 산에서 언약을 맺었다. 이스라엘은 하나님의 백성으로서 하나님만을 섬기기로 언약을 세운 것이다. 하나님의 백성이라는 표현에서 알 수 있듯이 이스라엘의 왕은 하나님이다. 신정정치 제도는 시내 산 언약에서 나온 것이다. 하나님이 이스라엘을 다스리는 제도이다. 하나님이 이스라엘을 다스리는 신정정치는 대리인이 있다. 대리인으로서 사사, 선지자, 제사장 그리고 왕이 있다. 이스라엘에서 왕 역시 신정정치의 대리인이다. 그래서 이스라엘의 왕은 하나님의 율법 아래에 있어야 한다. 율법에 순종하는 것이 그의 임무이다.

번역

14 네가 너의 하나님 아도나이께서 너에게 주시는 그 땅에 들어갈 때,
그리고 네가 그것을 점령하고 그 안에 거주할 것이다,
그리고 너는 말할 것이다, 내가 한 왕을 내 위에 세울 것이다,
내 주위에 있는 모든 민족들 같이.
15 너는 반드시 네 위에 왕을 세울 것이다,

너의 하나님 아도나이께서 선택하실 그를,
너의 형제 가운데로부터 너는 너 위에 왕을 세울 것이다,
그가 너의 형제가 아닌 외국인을 너는 네 위에 둘 수 없을 것이다.
16 단 그는 그를 위하여 말들을 많게 하지 말 것이다,
그리고 그는 말을 많게 하기 위하여 백성을 이집트로 돌아가게 하지 말 것이다,
그리고 아도나이께서 너희에게 말했다, 너희는 이 길로 다시는 돌아가지 말라.
17 그리고 그는 그를 위하여 여자들을 많게 하지 말 것이다,
그리고 그의 마음이 돌아서게 하지 말 것이다,
그리고 은과 금을 그가 그를 위하여 매우 많게 하지 말 것이다.
18 그리고 이것이 있을 것이다, 그가 그의 나라의 보좌 위에 앉을 때에,
그는 그를 위하여 이 토라의 한 복사를 한 두루마리 위에 써야 한다,
레위 제사장들의 면전에 있는.
19 그리고 그것은 그와 함께 있어야 한다,
그리고 그는 그것을 그의 일생의 모든 날들에 읽어야 한다,
그가 그의 하나님 아도나이를 두려워하는 것을 배우기 위하여,
이 토라의 모든 말씀들과 이 법규들을 준수하는 것을,
그리고 그것들을 행하는 것을.
20 그의 마음이 그의 형제들보다 높아지지 않기 위하여,
그리고 그가 그 계명으로부터 우 그리고 좌로 돌아서지 않기 위하여,
그와 그의 아들들이 이스라엘 가운데서 그의 나라 위에 날들을 길게 하기 위하여.

주해

14 [1]네가 너의 하나님 아도나이께서[2] 너에게 주시는 그 땅에 들어갈 때,
그리고 네가 그것을 점령하고 그 안에 거주할 것이다,[3]
그리고 너는 말할 것이다, 내가 한 왕을[4] 내 위에 세울 것이다,
내 주위에 있는 모든 민족들 같이.

본문 비교

1) 70인경은 히브리어 '키'(כי)를 ἐὰν δὲ "그러나 만일 ~한다면"으로 번역한다.
2) 70인경은 "아도나이 하나님"이다(Wervers 편집 그러나 Rahlfs 편집은 "아도나이 너의 하나님"). 베버는 필사본 848에 근거하여 "하나님"이 70인경의 원래 독법이라고 주장한다(*THGD*, 78).
3) 마소라는 **ישבתה**로 읽는데 반하여 사마리아 오경은 **ישבת**이다.
4) 70인경은 "통치자"(ἄρχοντα)로 번역한다(아퀼라는 βασιλέα).

이스라엘이 가나안 땅에 들어가는 상황을 가정하고 있다. "때"(**כי**)는 "~한다면"으로도 번역할 수 있다. 70인경은 "만일 ~한다면"으로 번역한다. "네가 그 땅에 들어갈 때"는 이 본문의 문맥을 형성하며 이 후에 나오는 구절들의 배경이다. "너에게 주시는 그 땅에 들어갈 때, 그리고 네가 그것을 점령하고 그 안에 거주할 것이다"는 '너에게 주시는 그 땅에 들어가고 네가 그것을 점령하고 그 안에 거주할 때'이다. 이스라엘이 가나안 땅에 들어가 땅을 점령하고 오래 살 때를 가정하고 있다.

동사 "들어가다"(**בוא**)는 땅과 관련하여 자주 사용되었다(신 4:1,5,21, 6:18, 7:1, 8:1, 9:5, 10:11, 11:8,10,31, 18:9, 26:1,3, 27:3). 출애굽 한 이스라엘의 목표는 가나안 땅에 들어가는 것이다. 가나안 땅이 이스라엘 여행의 목적지이다. 이스라엘은 가나안 땅을 향해 가는 하나님의 백성이라는 정체성을 가지고 있다.

신명기는 계속 가나안 땅을 하나님이 "주시는" 선물로 강조한다(서론의 "10.2 하나님의 선물인 땅"을 보라). 이것은 동사 "주다"가 잘 보여준다(신 1:8, 20, 25, 35, 2:29, 3:20, 4:1, 38, 6:10). "너의 하나님 아도나이께서 너에게 주시는 그 땅"이란 표현은 계속 나온다(신 8:10, 12:15, 21, 16:17, 18:14, 20:14, 26:11, 28:52, 53).

땅을 주시는 분은 하나님이지만 그 땅을 점령하고 거주하는 것은 "너"

즉, 이스라엘이다. 하나님이 땅을 선물로 주시지만 실제 이스라엘은 그 땅을 정복해야 한다. 이스라엘은 땅을 주시려는 하나님의 약속에 실제로 반응해야 한다. 땅을 정복하라는 것은 이스라엘의 구체적인 행동을 요구한다. 하나님의 약속을 믿는 믿음은 실제 행동으로 나와야 한다.

"너는 말할 것이다." 이스라엘이 가나안 땅에 살 때, 왕을 세워야겠다는 필요성을 느낄 때 말하는 것이다. 개역 개정은 "생각이 나거든" 하고 의역했다. "왕"(מלך)은 신명기에서 26회 나오는데 이스라엘과 관련해서는 세 본문에서 사용되었다(신 17:14-20, 28:36, 33:5). 이스라엘 주변 국가들은 이미 왕정정치 제도를 갖고 있다는 사실은 이스라엘이 출애굽 할 때, 주변 나라들의 왕, 이집트 왕 바로, 아모리 왕 시혼, 바산 왕 옥을 보면 알 수 있다.

이스라엘 주변 국가들이 왕정 제도를 취하고 있다는 사실은 다음 표현 "내 주위에 있는 모든 민족들 같이"를 보면 알 수 있다. 이스라엘은 신정정치 제도이다. 이스라엘은 하나님과 시내 산에서 언약을 맺음으로 아도나이는 이스라엘의 하나님이 되고 이스라엘은 하나님의 백성이 되었다. 이스라엘이 하나님의 백성이라는 사실에서 알 수 있는 것은 하나님이 이스라엘의 왕이라는 것이다. 신정정치의 기원은 시내 산 언약이다.

"내가 한 왕을 내 위에 세울 것이다." 이스라엘이 다른 나라들과 같이 인간 왕을 세우려고 시도하는 것은 이스라엘의 특별한 신분, 하나님의 백성을 저버리고 다른 나라들과 같이 되는 것이다. 왕정을 세우려는 시도는 하나님과 이스라엘 사이에 맺은 언약 관계에 위기를 가져오는 것이다.

이스라엘 역사 속에서 왕을 세우고자 하는 요구는 사사 기드온 때(삿 8:22-23)와 선지자 사무엘 때(삼상 8:4-22)이다. 실제 왕이 세워진 것은 사무엘 때이다. 이스라엘 역사에 왕정 정치 제도가 늦게 나오고 있다. 신명기는 가나안 땅에 정착해서 살 때, 왕정 제도의 필요성을 느끼면 세울 수 있다고 전제하고 있다.

이스라엘은 왕을 세울 필요성을 느낄 때, 세울 수 있다. 이 말은 곧 왕을 세울 필요성이 없으면 세우지 않아도 된다는 의미이다. 왕정 제도는 이스라엘에게 있어서 선택이지 필수는 아니다. 모세가 이 말을 하는 것을 보면 이스라엘에게 왕정이 필요하다는 것을 전제하고 있다.

15 [1]너는 반드시 네 위에 왕을 세울 것이다,[2]
너의 하나님 아도나이께서 선택하실 그를,[3]
너의 형제 가운데로부터 너는 너 위에 왕을 세울 것이다,
그가 너의 형제가 아닌 외국인을[4] 너는 네 위에 둘 수 없을 것이다.[5]

본문 비교

1) 탈굼 프쉬도 요나단은 이 구절 처음에 확장된 표현이 있다. "너희는 아도나이 앞에서 교훈을 구해야 하며 그것을 따라 너희는 너희 위에 한 왕을 세울 수 있다."
2) 히브리어 사본들 사이에 차이가 있다. 마소라와 쿰란 사본(2QDeut[b])는 שׂוּם, 사마리아 오경은 שׂים, 쿰란 사본(11QT[a])은 שׂם 이다.
3) 탈굼 네오피티와 탈굼 프쉬도 요나단은 "너의 하나님 아도나이께서 선택하실 그를"을 생략한다.
4) 탈굼 네오피티는 "너의 형제들, 이스라엘의 아들이 아닌 민족들의 한 아들"로 읽는다. 히브리어의 "외국인"을 "민족들의 한 아들"로 읽는데, 이는 뒤이어 나오는 "이스라엘의 아들"과 대조를 이룬다.
5) 탈굼 옹켈로스, 탈굼 네오피티, 탈굼 프쉬도 요나단은 히브리어의 "너는 ~ 수 없을 것이다"를 "너희는 허락되지 않았다"로 읽는다.

이스라엘이 가나안 땅에 살 때, 왕을 세워야겠다는 생각이 들 때 그들은 왕을 세울 수 있다. 그렇지만 조건이 있다. 하나님이 선택한 사람을 왕으로 세워야 한다. "너는 반드시 네 위에 왕을 세울 것이다, 너의 하나님 아도나이께서 선택하실 그를." 하나님의 선택이 왕을 세울 수 있는 주요 조건이다. 이것은 왕을 세울 수 있는 가능성이다. 유대인의 번역 성서(TNK)는 이것을 흥미롭게 번역한다. "you shall be free to set a king over yourself, one chosen by the LORD your God." 또한 주옹-무라오카 역시 이 구절을 다음과 같이 번역한다. "you may freely put."(Joüon-M, 113). 왕을 세우는 것은 자유라는 것이다. 즉 왕정은 필수가 아니라 선택이다.

왕을 세울 때 조건은 "반드시" 하나님이 선택한 사람을 세워야 한다. 이것은 부정사 절대형 용법으로 "너는 확실히(반드시, 꼭)" 하나님이 선택한 왕을 세워야 한다는 의미이다.

왕이 될 자격을 갖춘 사람은 하나님이 선택하실 사람이다. "너의 하나님 아도나이께서 선택하실 그를." 동사 "선택하다"(בחר)는 신명기에서 31회 나오며 아도나이께서 선택의 주체일 때 중요성을 갖는다. 신명기에서 하나님은 한 특별한 장소를 선택하실 것을 말씀하신다. 그곳은 아도나이께 예배가 집중되는 곳이다(신 12:5, 11, 14, 18, 21, 26). 아도나이는 또한 조상들의 후손을 선택하셨고(신 4:37, 10:15) 이스라엘을 하나님의 백성으로 선택하셨다(신 7:6, 7, 14:2. 더 자세한 설명은 서론의 "12. 이스라엘, 하나님의 선택된 백성"을 보라). 레위인은 아도나이를 섬기기 위해 선택받았다(신 18:5, 21:5).

아도나이의 선택은 이스라엘 사람들 가운데서 있을 것이다. 아도나이의 선택은 선지자에 의해 기름부음을 통해서 나타났다. 이스라엘이 왕으로 세울 수 있는 사람은 "너의 형제 가운데로부터"이며 왕으로 세울 수 없는 사람은 "너의 형제가 아닌 외국인"이다. 형제와 외국인이 대조를 이룬다. 외국인은 아도나이 예배에 유대감과 선택된 백성이라는 연대감이 없는 사람이다. 외국인을 왕으로 세울 수 없다는 조건은 이스라엘 역사 속에서 아합 왕의 아내 이세벨이 좋은 예가 될 수 있다. 이세벨은 왕은 아니라 왕비였다. 그녀는 이스라엘 사람이 아니라 외국인으로서 바알 종교를 이스라엘 내에서 부흥시켰다. 그녀는 아합 왕을 충동하여 아도나이 예배를 황폐화시켰고 아도나이의 선지자들을 많이 죽였고 핍박하였다(왕상 16:29-30, 18:22, 19:1-10).

16 단[1] 그는 그를 위하여 말들을[2] 많게 하지 말 것이다,
그리고 그는 말을 많게 하기 위하여[3] 백성을 이집트로 돌아가게 하지 말 것이다,
그리고 아도나이께서 너희에게[4] 말했다, 너희는 이 길로 다시는 돌아가지 말라.

본문 비교

1) 70인경은 히브리어 רַק "단," "단지"를 διότι "왜냐하면"으로 번역한다. 오리겐의 헥사플라는 이것을 지적하고 있다.
2) 70인경은 단수 "말"로 읽는다.
3) 쿰란 사본(11QT[a])과 70인경은 "그는 그를 위하여 말을 많게 하기 위하여"로 읽는다. 오리겐의 헥사플라도 "그를 위하여"가 덧붙여졌음을 지적한다. 탈굼 옹켈로스, 탈굼 네오피티, 시리아 역, 벌게이트 역시 "그를 위하여"를 덧붙인다.
4) 히브리어 필사본(V[Ken 9])과 일부 70인경 사본들(B Θ min)은 "너희에게"를 생략한다. 다른 히브리어 필사본들(V[Ken 1, 107])은 "나에게"로 읽는다.

왕이 해서는 안 되는 행동이 나온다. "단"은 "단지"로서 왕의 행동을 제한하고 있다. 왕은 "그를 위하여" 말을 많이 두어서는 안 된다. 왕은 말을 많이 가져서는 안 된다. 그런데 몇 마리가 많은 것인가 하는 것이 문제이다. 탈굼 프쉬도 요나단은 2마리 이상 가져서는 안 된다고 설명

한다. 하지만 본문은 몇 마리가 많은 수인지를 밝히지 않는다.

그렇다면 왕은 왜 말을 많이 가져서는 안 되는가? "말"은 군사력을 의미하기 때문이다. 고대 전투에서 말은 기마부대를 구성하며 병거를 끄는 역할을 한다. 현대전에서의 탱크와 같은 역할을 하는 것이다. 고대 전투에서 기마부대와 병거를 어떻게 활용하느냐 하는 것에 따라 전쟁의 승패가 크게 달라질 수 있다. 말이 많다는 것은 군사력이 강하다는 의미이다. 군사력이 강하면 왕이 하나님을 의지하지 않을 수 있기 때문이다.

왕은 말을 많게 하기 위하여 백성을 이집트로 돌아가게 해서는 안 된다(참고. 출 13:17, 신 28:68). 왜냐하면 이집트는 말의 땅으로서 자주 언급되었기 때문이다(창 47:17, 왕하 18:24, 사 31:1, 렘 46:2,4. 겔 17:15,17). 솔로몬 왕은 이집트에서 말을 수입해 왔다(왕상 10:28-29, 대하 1:16-17, 9:28). 이스라엘 왕은 말을 구하기 위해 이집트로 사절단을 보내기도 하였다(겔 17:15). 이집트로 다시 돌아간다는 것은 출애굽에 반하는 것이다. 하나님은 이스라엘을 노예로 있던 이집트의 땅에서 이끌어내셨다. 그런데 다시 이집트로 말을 구하러(군사력을 증가시키러) 간다는 것은 하나님이 행하신 능력을 믿지 않는 행동이다. 왕은 군사력을 의지할 것이 아니라 하나님의 능력을 의지해야 한다(참고. 사 30:16, 31:1,3, 호 14:4, 시 20:7, 33:17, 147:10, 잠 21:31).

이런 관점에서 보면 말은 환영받지 못하는 짐승이다. 하나님을 믿는 신앙과 대조를 이룬다. 말은 인간 권세의 자랑이기 때문이다. 그래서 여호수아는 말을 사로잡았을 때 말의 힘줄을 끊었다(수 11:6,9). 다윗 왕 역시 말을 사로잡았을 때 말의 힘줄을 끊었다(삼하 8:4). 이것은 군사력을 의지하지 않고 하나님을 의지한다는 신앙의 표현이며 율법에 순종하는 것이다. 이런 점에서 다윗은 이상적인 왕이다.

하나님은 왕에게 말은을 많이 갖지 말라고 하신다. 왕이 군사력이 강하면 하나님을 의지하지 않기 때문이다. 하나님은 왕이 말을 갖는 것을 원하지 않지만 그렇다고 하나님에게 말이 없는 것은 아니다. 엘리야는 하늘로 승천할 때에 "불 수레와 불 말들"을 타고 올라갔다(왕하 2:11). 아람 군대가 엘리사를 사로잡으려고 "말과 병거와 많은 군사"를 보냈지만 하나님은 아람 군대보다 더 많은 "불 말과 불 병거"를 보내셨다(왕하 6:17). 이것을 보면 하나님은 강력한 군대를 보유하고 계신다는 것을 알 수 있다. 모세는 이스라엘 왕에게 많은 말을 갖지 말라고 한다. 즉 강한 군사력을 소유하지 말라는 것이다. 왜냐하면 하나님이 이스라엘의 왕이시기 때문이다. 하나님이 왕이시기 때문에 하나님이 이스라엘의 전쟁을 주도하신다. 이러한 사상은 전쟁법에서 잘 나타난다(신 20장). 이스라엘이 전쟁에 나가서 적군의 군사력이 우세한 것을 보고 두려워할 필요가 없다. 하나님이 이스라엘과 함께 하시기 때문이다. 그래서 이스라엘은 포도원을 짓고 포도열매를 먹지 못한 사람, 새집을 짓고 낙성식을 행하지 못한 사람, 약혼을 하고 결혼을 하지 못한 사람 그리고 두려워 떠는 사람을 돌아가라고 한다. 전쟁에서 이런 사람들을 면제시켜 준다. 왜냐하면 하나님이 이스라엘의 왕으로서 전쟁의 승리를 주시기 때문이다.

17 그리고 그는 그를 위하여 여자들을 많게[1] 하지 말 것이다,
그리고 그의 마음이 돌아서게 하지 말 것이다[2]
그리고 은과 금을 그가 그를 위하여 매우 많게 하지 말 것이다.[3]

본문 비교

1) 탈굼 프쉬도 요나단은 "18명 이상"이라고 설명한다.
2) 탈굼 네오피티는 "그들이(아내들이) 그의 마음을" 돌아서게 하지 않도록 하라고 한다(탈굼 프쉬도 요나단 역시). 일부 70인경 사본들(A F M V)은 목적절로 읽는다. "돌아서게 하지 않도록"(ἵνα μὴ μεταστῇ). 70인경은 οὐδὲ μεταστήσεται이다. 오리겐의 헥사플라

는 이것을 별표로 지적하고 있다.

3) 탈굼 프쉬도 요나단은 "그의 마음이 크게 높아지지 않고 그가 하늘의 하나님에 대항하여 반역하지 않도록"이라는 설명을 달고 있다.

이 구절에서는 부정어 "~하지"(לא)가 세 번이나 나오고 있다. 왕이 해서는 안 되는 두 번째 행동은 여자를 많이 두는 것이다. "여자들"은 "아내들"로도 번역할 수 있다. 여자들을 많이 두지 말라는 이유는 "그의 마음이 돌아서게 하지 말 것이다."에 나타난다. 여기서 왕의 마음이 "돌아서는" 것은 배교를 의미한다. 여인들은 왕의 마음을 하나님으로부터 떠나 다른 곳으로 향하게 할 수 있다. 즉 우상에게로 향하게 하는 것이다. 실제 이런 일은 솔로몬에게서 일어났다. 이방 여인들이 솔로몬의 마음을 하나님에게서 떠나게 했다(왕상 11:3-4). 솔로몬의 경우에는 이방 여인들이지만 이 본문에서는 이방 여인이라는 표현은 나오지 않는다.

왕이 해서는 안 되는 세 번째 행동은 "은과 금을 매우 많게" 하는 것이다. "매우" 또는 "크게"는 세 개의 행동 금지에서 여기서만 나온다. 왕은 어느 정도의 부를 가질 수 있지만 과도한 부를 금지하는 것이다. 왕정 시대에 왕들에게 은금이 많으면 용병을 사올 수 있고(아사 왕) 은금으로 우상을 제조하기도 했다(여로보암 왕).

말을 많게 하는 것, 여자를 많게 하는 것 그리고 은과 금을 많게 하는 것은 모두 "그를 위하여" 하지 말라고 한다. 왕은 군사력 증강과 왕 위를 이어받을 후사가 많아지는 것 그리고 경제적인 부를 추구하고자 하는 유혹을 받을 수 있다. 그러나 하나님은 이러한 군사력과 왕의 집안의 번성 그리고 경제적 부를 추구하지 말라고 하신다. 하나님만을 의지하라는 것이다.

왕이 해서는 안 되는 세 가지 금지 말, 여자 그리고 부는 순서상의 의미가 있다. 이는 위험도에 따른 것이다. 군사력 증강이 아도나이 신앙에 가장 위험하다. 왕은 권력이 강하면 아도나이를 떠날 수 있다. 여자가 많은 것은 여자들이 왕의 마음을 돌려놓는 것과 더불어 왕위 계승자 사이의 왕권 다툼도 배제할 수 없다. 실제 다윗 왕의 아들들 압살롬과 아도니야를 보면 왕권 경쟁이 치열했다는 것을 알 수 있다. 경제적인 부는 그나마 말과 여자들에 비하면 아도나이 신앙에 위험도가 떨어진다. 그렇지만 부의 많음은 아도나이를 의지하지 않고 경제력을 의지하게 만드는 요인이 된다. 이스라엘 역사에서 왕에게 은금이 많았을 때, 왕은 우상을 만들기도 했고 용병을 사오기도 했다.

18 그리고 이것이 있을 것이다, 그가 그의 나라의 보좌 위에 앉을 때에,[1]
그는 그를 위하여 이 토라의 한 복사를[2] 한 두루마리 위에 써야 한다,[3]
레위 제사장들의 면전에 있는.

본문 비교

1) 70인경은 "그가 그의 시작의 자리 위에 앉을 때"(ὅταν καθίσῃ ἐπὶ τοῦ δίφρου τῆς ἀρχῆς αὐτοῦ)로 읽는다(Wevers 편집. 그러나 Rahlfs 편집은 ὅταν καθίσῃ ἐπὶ τῆς ἀρχῆς αὐτοῦ이다). 오리겐의 헥사플라는 이 차이를 별표로 지적하고 있다.
2) 70인경은 "이 두 번째 법," "법의 반복"(τὸ δευτερονόμιον τοῦτο)으로 번역한다. 여기서 신명기 명칭이 나왔다(자세한 설명은 서론의 "1. 명칭"을 보라). 탈굼 옹켈로스와 탈굼 프쉬도 요나단은 "복사"를 "법령"의 의미로 그리고 탈굼 네오피티 역시 "규정"의 의미로 번역한다. 유대인 문헌은 이 "복사"를 "두 개의 두루마리"로 해석한다. 하나는 왕의 보물 창고에 보관하며 하나는 왕이 어디를 가든지 가지고 다닐 수 있는 작은 두루마리이다(b. Sanh. 21b).
3) 탈굼 프쉬도 요나단은 히브리어의 "그는 써야 한다"를 "장로들은 그를 위하여 써야 한다"로 해석한다.

"그리고 이것이 있을 것이다"는 왕의 임무를 말한다. "그가 그의 나라의 보좌 위에 앉을 때에"는 아도나이께서 선택한 왕이 왕으로서 취임했을 때, 왕이 보좌에 앉아 통치를 시작할 때를 의미한다. 왕이 해야 할 일은 율법을 쓰는 것이다. 손으로 써서 율법의 한 복사본을 만드는 것이다. 왕은 마치 율법 학자 같다. 신명기는 왕에게 통치자로서 군사, 정치, 외교, 경제, 재판에 관한 왕의 임무를 말하는 것이 아니라 율법을 쓰라고 교훈한다. 특이한 가르침이다.

"이 율법"은 레위 제사장들 앞에 있는 것이다. 이것을 보면 제사장들이 율법을 보관, 관리하는 책임을 맡고 있다는 사실을 알 수 있다. 여기 제사장들은 하나님의 집에 있는 즉, 중앙 성소에 있는 레위인들이다.

19 그리고 그것은 그와 함께 있어야 한다,
그리고 그는 그것을[1] 그의 일생의 모든 날들에 읽어야 한다,
그가 그의 하나님[2] 아도나이를 두려워하는 것을 배우기 위하여,
이 토라의 모든 말씀들과[3] 이 법규들을[4] 준수하는 것을,
그리고 그것들을 행하는 것을.

본문 비교

1) 히브리어는 남성 단수 ובּ인데 반하여 사마리아 오경, 쿰란사본(4QDeutc), 탈굼 옹켈로스, 탈굼 네오피티, 탈굼 프쉬도 요나단은 여성 단수 הבּ이다. "그것을"은 3인칭 여성 단수로 읽는 것이 좋다. 여성 단수로 읽을 때 "율법"을 가리키고 남성 단수로 읽으면 "두루마리"를 말한다.
2) 일부 히브리어 사본들(V[Ken 69, 107]), 몇몇 70인경 사본들(B Θ min)은 "너의 하나님"이다.
3) 70인경은 "이 모든 계명들을"이다.
4) 히브리어 사본(V[Ken 69])은 목적어 "~을"(את)를 "모든"(כל)으로 읽

는다(탈굼 프쉬도 요나단도 "모든"을 갖고 있다).

"그것은"은 3인칭 여성 단수로 앞 구절의 "토라"를 의미한다. "그와 함께"는 "왕과 함께"이다. 왕은 율법을 항상 소유해야 한다. 더 나아가 왕은 그 율법을 날마다 읽어야 한다. 이것이 왕의 임무이다. 왕이 율법을 읽는 것이 공개적인 것인가 개인적인 것인가에 대한 토론이 있기도 하다. 모세는 제사장들과 장로들에게 매 칠 년 면제년 초막절에 율법을 공개적으로 읽을 것을 명하기도 했다(신 31:11). 하지만 여기서는 왕이 개인적으로 율법을 읽는 것을 의미한다. 이것은 하나님께서 여호수아에게 하신 말씀과 유사하다(수 1:8).

왕이 평생 율법을 읽어야 하는 목적이 있다. "배우기 위하여"가 그 목적을 설명해준다. 뒤에 세 개의 부정사 구들 "두려워하는 것," "준수하는 것," "행하는 것"은 모두 "배우기 위하여"에 걸린다. "그가 그의 하나님 아도나이를 두려워하는 것을 배우기 위하여, 이 토라의 모든 말씀들과 이 법규들을 준수하는 것을 (배우기 위하여), 그리고 그것들을 행하는 것을 (배우기 위하여)." 동사 "배우다"(למד)는 칼 형이다. 피엘 형일 때는 "가르치다"의 뜻이다(여기에 대한 자세한 설명은 신 4:1을 보라).

왕이 평생에 걸쳐 배워야 하는 것은 첫째, "그의 하나님 아도나이를 두려워하는 것"이다. 왕과 하나님 사이를 "그의 하나님"이 잘 설명하고 있다. 왕은 하나님의 대리인이다. 즉 하나님이 선택한 신정정치의 대리인으로서 하나님을 두려워해야 한다. 두려워하는 것이 바로 신앙의 근본적인 감정이다. 하나님을 두려워해야 하나님의 말에 순종할 수 있다.

왕이 평생에 걸쳐 배워야 하는 것은 둘째, "이 토라의 모든 말씀들과 이 법규들을 준수하는 것"이다. "준수하다"는 "지키다"이다. "이 토라" 즉 "이 법"은 모세의 설교 형식으로 선포된 신명기를 의미한다(자세한 설명은 신 1:5을 보라). 율법에 순종하는 것은 왕에게 부과된 임무이다. 왕은 신정정치의 대리인으로 하나님의 법 아래에 있어야 한다.

왕이 평생에 걸쳐 배워야 하는 것은 셋째, "그것들을 행하는 것"이다. 둘째와 셋째 모두 율법에 순종하는 것을 강조한다. 이는 모든 이스라엘 사람들에게 부과된 것이다. 모세는 요단강을 건너 가나안 땅으로 들어가려고 하는 이스라엘에게 계속 율법에 순종할 것을 강조하고 있다(신 4:1-2, 5-613-14, 40). 이것을 보면 왕 역시 이스라엘 사람 가운데 한 사람이라는 것을 알 수 있다. 이스라엘에서 왕이 될 수 있는 사람은 형제 가운데 한 사람이었다(신 17:15). 그 역시 하나님의 율법 아래에 있어야 하며 하나님의 목소리에 순종해야 한다.

모세는 이스라엘 왕에게 토라의 권위 아래에 있을 것을 강조한다. 즉 아도나이의 목소리를 듣고 순종하라는 것이다. 이래서 이스라엘의 왕은 아도나이께서 선택한 사람이 되어야 한다. 아도나이께서 선택한 사람이어야 그만큼 아도나이의 목소리에 순종할 확률이 높기 때문이다. 하지만 이스라엘 역사 속에서 드러나듯이 아도나이께서 선택한 왕들(사울, 솔로몬)도 아도나이의 목소리에 순종해야 할 의무를 어기는 모습을 볼 수 있다.

20 그의 마음이 그의 형제들보다 높아지지[1) 않기 위하여,[2)
그리고 그가 그 계명으로부터[3) 우 그리고 좌로 돌아서지[4) 않기 위하여,
그와 그의 아들들이 이스라엘 가운데서[5) 그의 나라 위에[6) 날들을 길게 하기 위하여.[7)

본문 비교

1) 마소라 사본은 רום인데 반하여 사마리아 오경은 רם이다.
2) 탈굼 네오피티는 "그가 그의 마음을 단단하게 하지 않기 위하여"로 읽는다.
3) 70인경은 복수 "계명들"이다.
4) 마소라 사본은 סור인데 반하여 사마리아 오경은 סר이다.

5) 70인경은 "이스라엘의 아들들 가운데서"로 읽는다.

6) 사마리아 오경은 "그의 나라의 보좌 위에"이며 70인경은 "그의 시작 위에"이다(ἐπὶ τῆς ἀρχῆς αὐτοῦ). 아퀼라는 βασιλείας "나라"이다. 오리겐의 헥사플라는 이러한 차이를 지적하고 있다.

7) 마소라 사본에는 세투마(ס)가 있어 단락을 나누고 있다.

왕이 그의 평생에 율법을 읽고 지켜야 하는 목적을 부정적으로 말하고 있다. "그의 마음이 그의 형제들보다 높아지지 않기 위하여." 마음이 일어나는 상태이다. 마음이 높아지는 것으로 거만한 생각 또는 건방진 마음을 갖는 것이다. 다음 두 번역은 직역은 아니지만 흥미롭다. 유대인 번역(TNK)은 "그가 그의 동료들을 향하여 건방지게(거만하게) 행동하지 않을 것이다"로 그리고 다른 영어 번역(NJB)은 "그가 그 자신을 그의 형제들보다 더 뛰어나게 생각하지 않을 것이다"로 번역한다.

교만하지 않도록 율법을 읽고 지키라는 것이다. 왕의 직분이 주는 위엄과 권세가 있다. 왕의 직분으로 인하여 그의 마음이 그의 형제들보다 높아질 수 있다. 이스라엘 형제들보다 뛰어난 위치에 있기 때문이다. 이런 마음을 다스릴 수 있는 것은 율법에 순종하는 것이다. 율법을 읽고 지킬 때 그의 마음이 높아지지 않을 수 있다.

왕 역시 이스라엘 형제들 가운데 한 사람이라는 것을 기억해야 한다. 그래야 마음이 교만해지지 않는다. 그러기 위해서는 하나님의 율법을 읽고 지키는 것이다. 하나님의 권위 아래 있을 때 왕은 겸손해질 수 있다.

"그가 그 계명으로부터 우 그리고 좌로 돌아서지 않기 위하여." 율법의 계명이 기준이다. 계명을 벗어나 우로나 좌로 치우치는 것은 다 기준을 벗어나는 것이다. 사람이 길을 따라 걸어가는 것처럼 하나님의 계명을 따라 살아가라는 의미이다(신 2:27, 5:32, 28:14). 율법이 기준이라는 것은 하나님이 기준이라는 것이다. 레위기는 가나안 땅의 관습도 따르지 말고 이집트 땅의 관습도 따르지 말라고 명령한다. 이스라엘은 오직 하나님의 규례를 따라야 한다(레 18:1-5).

왕이 이렇게 율법을 읽고 잘 순종할 때 좋은 결과가 있다. "그와 그의 아들들이 이스라엘 가운데서 그의 나라 위에 날들을 길게 하기 위하여." 왕의 가문이 계속 이스라엘 나라를 다스릴 수 있는 것이다. 비슷한 사상이 신명기 5:32-33에 나타난다. 이스라엘이 하나님의 명령에서 좌로나 우로 치우치지 않고 잘 살아가면, 이스라엘은 복을 받고 가나안 땅에서 날들이 길어질 것이다. 하지만 반대로 이스라엘이 가나안 땅에서 하나님을 떠나 다른 신을 섬기면 그들의 날들이 길지 못할 것이다(신 4:26). 왕이 율법에 순종하면 그의 통치는 길어진다. "그와 그의 아들들"이라는 표현을 보면 세습제를 의미한다.

모세는 이스라엘이 왕을 세울 때에 지켜야 할 법을 말한다. 이것은 왕을 세워야 할 필요성이 있다는 것이다. 하지만 이스라엘 왕이 해서는 안 되는 행동들과 의무를 말하는 것을 보면 왕이 아도나이께 순종하지 않을 위험성도 있다는 것을 보여준다. 이스라엘에게 왕정은 필요성이 있지만 동시에 그만큼 위험한 제도라는 사실을 여기서 알 수 있다.

참고 문헌

Ausloos, H., "The 'Law of the King' (Deut 17,14-20) in the Septuagint. Between Ideal and Reality," *Sem* 55 (2013), 157-172.

Block, D. I., "The Burden of Leadership: The Mosaic Paradigm of Kingship (Deut. 17:14-20)," *BS* 162 (2005), 259-278.

Braulik, G., "Zur Abfolge der Gesetze in Deuteronomium 16,18-21,23. Weitere Beobachtungen," *Bib* 69 (1988), 63-91.

Daube, D., "The Culture of Deuteronomy," *ORITA* 3 (1969), 27-52.

Dutcher-Walls, P., "The Circumscription of the King: Deuteronomy 17:16-17 in Its Ancient Social Context," *JBL* 121 (2002), 601-616.

Galling, K., "Das Königsgezets im Deuteronomium," *ThLZ* 76 (1951), 133-138.

Hagedorn, A. C., "Deut 17,8-13. Procedure for Cases of Pollution," *ZAW* 115 (2003), 538-556.

Johnstone, P. S., "Civil Leadership in Deuteronomy," *Interpreting Deuteronomy*, Downers Grove, 2012, 139-158.

Kalugila, L., *The Wise King. Studies in Royal Wisdom as Divine Revelation in the Old Testament and Its Environment*, Lund, 1980.

Knoppers, G. N., "The Deuteronomist and the Deuteronomic Law of the King: A Reexamination of a Relationship," *ZAW* 108 (1996), 329-346.

Kline, M. G., *Treaty of the Great King*, Grand Rapids, 1963.

Levinson, B. M., "The reconceptualization of kingship in Deuteronomy and the Deuteronomistic History's Transformation of Torah," *VT* 51 (2001), 511-534.

Lohfink, N., Unsere großen Wörter. *Das Alte Testament zu Themen dieser Jahre*, Herder Freiburg. Basel. Wien, 1985.

———, "Hos XI. 5 als Bezugstext von Dtn. XVII 16," *VT* 31 (1981), 226-228.

———, "Die Sicherung der Wirksamkeit des Gotteswortes durch das Prinzip der Schriftlichkeit der Tora und durch das Prinzip der Gewaltenteilung nach den Ämtergesetzen des Buches Deuteronomium (Dt 16,18-18,22)," in *Studien zum Deuteronomium und zur deuteronomistischen Literatur I*, Stuttgart, 1995, pp. 305-323.

———, "Gesetz, Gerechtigkeit und Erbarmen in Alten Testament und im Alten Orient," *Euntes Docete* 52 (1999), 251-265.

McConville, J. G., "King and Messiah in Deuteronomy and the Deuteronomistic History," in *King and Messiah in Israel and the Ancient Near East*, Sheffield, 1998, 271-295.

Nicholson, E., "'Do Not Dare to Set a Foreigner over You': The King in Deuteronomy and 'the Great King'," *ZAW* 118 (2006), 46-61.

Perlitt, L., "Ein einzig Volk von Brüdern. Zur deuteronomischen Herkunft der biblischen Bezeichnung Bruder," in *Deuteronomium-Studien*, Tübingen, 1994, 57-62.

Phillips, A., *Ancient Israel's Criminal Law*, Oxford, 1970.

Preuß, H. D., *Theologie des Alten Testament. JHWHs erwählendes und verpflichtendes Handeln I*, Stuttgart, 1991.

Ramban. Nachmanides, *Commentary on the Torah. Deuteronomy*, trans. Charles B. Chavel, New York, 1976.

Rofe, A., "The Organization of the Judiciary in Deuteronomy (Deut. 16.18-20; 17.8-13; 19.15; 21.22-23; 24.16; 25.1-3)," in *The World of the Aramaeans I*, Sheffield, 2001, 92-11.

Scheffler, E., "Criticising Political Power: The Challenge of Deuteronomy 17:14-20," *OTE* 20 (2007), 772-785.

Schenker, A., "Zeuge, Bürge, Garant des Rechts," *BZ* 34 (1990), 87-90.

Suzuki, Y., "Deuteronomic Reformation in View of the Centralization of the Administration of Justice," *AJBI* 13 (1987), 22-58.

Valiyakunnumpurathe, C., "The Kingship of Yahweh and the Covenant Renewer Character of the King in the Second Temple Period," *BibBh* 41 (2015), 58-88.

Vriezen, Th. C., *De Verkiezing van Israël volgens het Oude Testament*, Amsterdam, 1974.

Weinfeld, M. "Judge and Officer in Ancient Israel and in the Ancient Near East," *IOS* 7 (1977), 65-88.

______, "The King as the Servant of the People: The Source of the Idea," *JJS* 33 (1982), 189-194.

Young Uk, Kim, *The Ideal King according to Deuteronomy 17:14-20*, Kampen, 2000.

DEUTERO
NOMY

신명기 18장

A New Translation with
Introduction
and Commentary

DEUTERONOMY

D E U T E R O N O M Y

신명기 18장

Deuteronomy 18

내용/구조

신명기 16:18부터 18:22까지는 국가 조직을 위한 법전으로 불린다. 여기에 사법제도(16:18-17:13), 왕정 제도(17:14-20) 그리고 종교 제도(18:1-22)가 나오기 때문이다. 신명기가 국가 법전이라고 불리는 이유이기도 하다.

18장은 크게 두 부분으로 나눌 수 있다. 제사장과 레위 사람에 관한 법(18:1-8) 그리고 가나안 점쟁이와 선지자에 관한 법(18:9-22)이다. 이 두 부분도 더 자세히 나누면 다음과 같다. 먼저 레위 사람과 제사장은 분깃이 없다는 것을 선언한다. 아도나이께서 그들의 기업이 되시기 때문이다. 그리고 제사장이 받을 몫에 대하여 자세하게 언급한다(18:1-5). 레위인들은 이스라엘 전 지역에 흩어져 살았다. 한 지방에 있는 레위인이 마음의 소원이 있어서 고향을 떠나 하나님이 선택한 장소로 올 수 있다. 이때 이 레위인은 중앙 성소에서 섬길 수 있으며 자신의 몫도 받을 수 있다(18:6-8).

이스라엘은 가나안 땅에 들어가서 살 때, 그들은 가나안 땅의 이방 제의를 본받지 말아야 한다. 가나안 땅에는 점쟁이들이 많다. 가나안 민족들은 점쟁이들의 말을 듣는다. 그러나 하나님은 이러한 행위들을 가증히 여기신다(18:9-14). 가나안 땅의 점쟁이들과 반대로 하나님은 이스라엘 가운데 선지자를 세우신다. 특별히 모세와 같은 선지자를 세울 것인데 이스라엘은 그에게서 하나님의 말씀을 들어야 한다(18:15-22). 18장의 구조는 다음과 같다.

1. 제사장의 몫(18:1-5)
2. 고향을 떠나 중앙 성소로 온 레위인(18:6-8)
3. 가나안 땅의 점쟁이들(18:9-14)
4. 나와 같은 선지자(18:15-22)

참 선지자와 거짓 선지자

신명기는 흥미롭게도 참 선지자와 거짓 선지자를 구별할 수 있는 방법을 제시한다. 참 선지자의 기준은 "나와 같은 선지자"(18:15) 또는 "너와 같은 선지자"(18:18)이다. 즉 모세와 같은 선지자를 의미한다. 하나님은 모세와 같은 선지자를 이스라엘 가운데서 일으킬 것이다. 이스라엘은 그에게서 하나님의 말씀을 들어야 한다. 모세는 선지자의 기준으로 나오는 데 특별히 그는 시내 산에서 하나님과 이스라엘 사이에 중보 역할을 감당했기 때문이다. 하나님께서 이스라엘과 언약을 맺기 위해 시내 산에 임재하셨다. 하나님이 직접 나타나셔서 직접 십계명을 말씀하시자 이스라엘은 두려워 떨었다. 하나님이 직접 말씀하시는 것을 감당하지 못한 것이다. 그래서 이스라엘은 모세에게 중보의 역할을 해 달라고 요청했다. 하나님이 더 이상 말씀하시지 않고 모세가 하나님께 가서 하나님의 말씀을 듣고 와서 이스라엘에게 말해 달라는 것이다. 모세는 이스라엘의 요청을 듣고 이런 역할을 감당했다. 하나님은 이런 모세와 같은 선지자를 이스라엘 가운데서 일으킬 것을 약속하신다.

그런데 신명기는 마지막에서 이렇게 말한다. "그 후에는 이스라엘에 모세와 같은 선지자가 일어나지 못하였나니 모세는 여호와께서 대면하여 아시던 자요"(신 34:10). 이스라엘 역사 가운데서 모세와 같은 선지자가 일어나지 못했다고 선언한다. 그렇다면 하나님께서 모세와 같은 선지자를 이스라엘 가운데 일으키실 것이라는 약속은 아직 남아 있었다. 이러한 사실로 인하여 메시야 사상이 발전한 것이다. 이스라엘은 모세와 같은 선지자가 일어나기를 기다린 것이다.

세례 요한이 이스라엘 역사에 등장하여 "회개하라 천국이 가까이 왔느니라"(마 3:2) 하고 선언하며 요단강에서 백성들에게 세례를 주었다. 그러자 유대 사회가 소동하며 세례 요한의 신분에 대해 질문하기 시작하였다. 특히 예루살렘의 제사장들과 레위인들이 세례 요한에게 와서 "네가 그 선지자냐"(요 1:21) 하고 물었다. 그러자 요한은 자신은 그 선지자가 아니라고 답변했다. 그러자 그들은 다시 그리스도도 아니고 엘리야도 아니고 그 선지자도 아닌데 왜 세례를 주느냐고 질문했다(요 1:25). 유대인들의 질문에서 알 수 있는 사실은 그 선지자를 종말론적인 인물로 생각하고 있었던 것이다.

세례 요한 후에 예수님이 오셔서 오병이어의 기적을 행하셨다. 보리떡 다섯 개와 물고기 두 마리로 남자만 오천 명이 되는 사람을 먹이셨다. 이 놀라운 광경을 본 유대인들은 "이는 참으로 세상에 오실 그 선지자라"(요 6:14) 하고 고백했다. 다시 예수님께서 초막절 끝 날에 설교를 하셨다. 그 설교를 들은 어떤 사람이 "이 사람이 참으로 그 선지자라"(요 7:40) 하고 말했다. 예수님이 행하신 이적을 본 사람들과 예수님의 설교를 들은 사람들 가운데 예수님을 그 선지자로 인식한 사람들도 있었다.

후에 사도 베드로와 요한이 성전에 기도하러 올라 갈 때에, 성전 미문에서 구걸하는 걷지 못하는 사람을 보았다. 베드로와 요한이 예수 그리스도의 이름으로 그 사람을 고쳐 주는 놀라운 이적을 행하자 사람들이 놀라서 모여들기 시작하였다. 베드로는 이때 예수 그리스도에 대하여 설교한다. 예수 그리스도는 모세가 예언한 "나 같은 선지자 하나"(행 3:22)라는 것이다. 이 선지자의 말을 듣지 않는 사람은 망할 것이라고 설교하였다(행 3:23). 베드로는 예수 그리스도를 구약에서 예언한 "그 선지자"로 밝힌 것이다.

히브리서 기자는 예수 그리스도와 모세와 비교하며 예수 그리스도를 하나님과 사람 사이의 중보자로 제시한다. 특별히 예수 그리스도는 자신의 "몸을 단번에 드리심으로"(히 10:10) "죄를 위하여 한 영원한 제사"(히 10:12)를 드렸다. 예수님께서 십자가에서 자신을 희생하심으로 "더 좋은 언약의 보증"(히 7:22)과 "더 좋은 언약의 중보자"(히 8:6)가 되셨다. 즉 예수님은 새 언약의 중보자가 되신 것이다. 예수 그리스도의 십자가와 부활을 믿는 사람들의 죄를 씻어 주며 그들에게 영생을 주시는 것이다.

신명기는 모세와 같은 선지자를 말한 후에 거짓 선지자를 말한다. 거짓 선지자는 첫째, 아도나이의 이름으로 거짓을 예언하는 자이며 둘째, 다른 신들의 이름으로 말하는 자이다. 이 거짓 선지자의 예언의 기원은 그들의 마음이다(신 18:20). 모세와 같은 참 선지자는 하나님으로부터 말씀이 나온 반면에(신 18:18) 거짓 선지자들의 예언은 그들의 마음으로부터 나왔다. 예언의 기원이 어디로부터인가를 아주 중요하게 대조하고 있다.

이스라엘 사람들이 선지자의 예언을 들을 때에 마음에 의심이 일어날 수 있다. 이 예언이 하나님으로부터 왔는지 아니면 사람으로부터 왔는지 회의하는 것이다. 그 선지자가 참 선지자인가 거짓 선지자인가 하는 것이다. 이때 먼저 누구의 이름으로 예언을 하는가를 살펴보아야 한다. 다른 신의 이름으로 예언하는 자는 확실히 거짓 선지자이다. 그는 죽임을 당해야 한다(신 18:20). 하지만 선지자들이 모두 아도나이의 이름으로 예언을 할 때, 분별하기가 쉽지 않다. 이때 예언을 분별하는 시금석은 예언의 성취 여부이다. 아도나이의 이름으로 말한 예언이 역사 속에서 성취될 때, 그는 참 선지자이다. 그러나 역사 속에 그 예언이 이루어지지 않으면 그는 거짓 선지자이다(신 18:21-22).

신명기는 참 선지자와 거짓 선지자를 분별할 수 있는 시금석을 제시한다. 그리고 참 선지자와 거짓 선지자에 대한 첨예한 대립은 예레미야에게서 볼 수 있다. 예레미야는 참 선지자와 거짓 선지자의 특징에 대한 것들을 더 자세하게 밝히고 있다.

일반적으로 선지자들은 하나님의 대변자로서 하나님의 백성들을 향하여 하나님의 뜻과 계획을 말하는 자이다. 예레미야는 북방에서 오는 재앙 즉 유다는 바벨론에 의해 멸망할 것이라고 예언했다. 하지만 예레미야의 시대에 다른 선지자들도 있었다. 같은 선지자임에도 불구하고 예레미야는 다른 선지자들을 향하여 하나님의 심판을 선언했다. 다른 선지자들은 왕, 족장, 제사장과 함께 수치를 당할 것이며(렘 2:26) 칼로 멸망당할 것이다(렘 2:30). 선지자들 역시 북방에서 오는 재앙의 희생자들이 될 것이다(렘 4:5-9). 예레미야는 이렇게 하나님의 심판을 받을 선지자를 가리켜 거짓 선지자라고 규정한다. 예레미야에 따르면 거짓 선지자들의 특징은 다음과 같다.

1) 바알의 이름으로 예언하는 자들이다(렘 2:8). 그들은 하나님의 백성 이스라엘에게 길을 잃게 만들었다(렘 23:13).

2) 재앙을 당하는 선지자들은 말씀이 없다. “선지자들은 바람이라 말씀이 그들의 속에 있지 아니한즉 그같이 그들이 당하리라”(렘 5:13). “바람”은 ‘루아흐’(רוח)로 ‘바람’ 또는 ‘영’으로 번역된다. 여기에 묘한 말장난Word Play이 있다. 참된 선지자는 “아도나이의 영”(루아흐)이 임한 자다. 아도나이의 영이 임해서 하나님의 선지자로 세움을 받는다. 그런데 재앙을 당하는 선지자들에게도 ‘루아흐’가 있다. 그런데 이들의 ‘루아흐’는 ‘영’이 아니라 ‘바람’이다. 같은 ‘루아흐’를 소유하고 있는데,

한 사람은 '영'이고 다른 사람은 '바람'이다. 어디서 와서 어디로 가는지를 모르는 바람이다. 바람을 소유한 자는 거짓 선지자이다. 예레미야는 이들이 거짓 선지자인 것은 "말씀"(דבר)이 없기 때문이라고 밝힌다. 여기서 참된 선지자의 다른 표징이 나오는데, 참 선지자는 "아도나이의 말씀"이 임한 자이다. 그런데 말씀이 없는 선지자가 있다. "말씀"이 없는 선지자는 참 선지자가 아니다. 말씀이 없는 선지자는 진리를 선언할 수가 없기 때문에 그들은 거짓을 예언한다. 그런데 신기한 것은 백성들이 그것을 좋게 여긴다(렘 5:31). 기이한 현상이다.

3) 윤리적으로 타락한 예루살렘의 선지자들이 있다. 간음을 행하며 거짓 안에 걸으며 악한 자의 손을 강하게 해주는 자들이다(렘 23:14). 그들은 악인의 편에 서 있다. 이들의 행위는 소돔과 고모라 거민의 행위와 비교된다.

4) 윤리적으로 타락한 선지자들은 백성들을 회개하게 하는 사역의 열매가 없다. "사람으로 그 악에서 돌이킴이 없게 하였은즉"(렘 23:14). 거짓 선지자들에게는 백성들을 악에서 '돌아오게' 하는 사역이 없다. 악에서 돌아오는 것은 회개이다. 그런데 거짓 선지자들에게는 회개가 없다.

5) 예레미야는 칼과 기근과 재앙이 임할 것이라고 선언한다. 그러나 다른 선지자들은 하나님의 이름으로 이 땅에 칼과 기근이 임하지 않고 평강이 있을 것이라고 예언한다. 재앙과 평강은 정 반대이다. 평강을 예언하는 그들을 향하여 하나님은 이렇게 말씀하신다. "선지자들이 내 이름으로 거짓 예언을 하도다 나는 그들을 보내지 아니하였고 그들에게 명령하거나 이르지 아니하였거늘 그들이 거짓 계시와 점술과 헛된 것과 자기 마음의 거짓으로 너희에게 예언하는도다"(렘 14:14). 하나님의 이름으로 말하는 그들의 말은 거짓 예언으로 규정된다. 바알의 이름으로 예언하는 선지자는 백성들이 쉽게 분별할 수 있었을 것이다. 그러나 하나님의 이름으로 예언을 하는 선지자는 쉽게 분별하기가 어렵

다. 하나님의 이름으로 예언을 한다면 그들의 예언 내용을 듣고 분별해야 한다. 예레미야는 '재앙'을 선언하고 하나님의 이름으로 예언하는 다른 선지자들은 '평강'을 선언한다. 똑같이 하나님의 이름으로 예언을 한다. 그러나 내용은 정 반대다. 하나님은 평강을 예언하는 자들을 보내지 않았다고 강조한다. 히브리어에는 '-않다'(לא)는 부정어가 세 번이나 강조되었다. '내가 그들을 보내지 않았다 그리고 내가 그들에게 명령하지 않았다 그리고 내가 그들에게 말하지 않았다.' 하나님은 거짓 선지자들의 예언에 대하여 강하게 부정하신다. 그렇다면 그들의 예언은 어디에서 나온 것인가? 그들의 예언은 '거짓 이상, 점, 헛됨, 그들 마음의 거짓'에서 나왔다. 선지자는 이상을 보는 자다. 그런데 그들은 거짓 이상을 보았다. 이러한 거짓 이상은 헛된 것이며 무익한 것이다. 이것은 그들의 마음을 속이는 것이다. 그들은 거짓 이상으로 스스로를 속이며 백성들을 속인다.

평안을 선언하는 선지자들의 예언은 하나님의 입에서 나온 것이 아니라 그들의 마음에서 나온 것이다(렘 23:16-17). 하나님은 이들을 보내지 않았으나 그들은 하나님의 이름으로 거짓을 예언하며 내가 꿈을 꾸었다고 주장한다(렘 23:21, 25). 하나님이 보내지 않았어도 그들은 열심히 예언한다.

거짓 선지자들은 예레미야의 예언과 상반되는 주장을 한다. 거짓 선지자들은 그 시대의 상황에서 시드기야 왕에게 바벨론 왕을 섬기지 않을 것이라고 말하며, 바벨론으로 옮겨간 아도나이의 집 기구들을 속히 돌아오게 할 것이라고 예언한다(렘 27:14, 16).

특별히 거짓 선지자들 중에 하나냐는 예레미야를 정면으로 대적한 사람이다. 예레미야는 목에 멍에를 매고(상징적인 행위로) 유다가 바벨론의 멍에를 맬 것을 선언한다. 그런데 하나냐는 예레미야의 목에서 멍에를 꺾어 버리며 하나님이 바벨론의 멍에를 꺾어 버리셨으며 아도나이의 전의 기구들도 두 해가 차기 전에 돌아오게 할 것이라고 평화를 예언한다(렘 28:2-9).

예레미야는 하나냐의 예언에 대하여 말씀이 성취되어야 한다고 주장한다. "평화를 예언하는 선지자는 그 예언자의 말이 응한 후에야 그가 진실로 여호와께서 보내신 선지자로 인정받게 되리라"(렘 28:9). 예레미야가 하나냐에게 한 말은 신명기의 법에 근거를 두고 있다. 선지자의 예언이 참이냐 거짓이냐는 역사 속에서 예언이 성취되느냐 성취되지 않느냐에 달려 있다(신 18:21-22). 역사 속에서 말씀의 성취 여부가 참 선지자인지 거짓 선지자인지를 구별해 준다. 따라서 선지자의 말이 이루어지는지를 기다려야 한다.

그렇다면 선지자의 말이 이루어진다고 해서 다 참된 선지자인가? 왜냐하면 선지자의 말이 성취되어도 거짓 선지자들이 있기 때문이다(신 13:1-4). 선지자의 말이 성취되고 기적이 일어나도 그들이 아도나이를 섬기는 법에서 떠나면 그들은 거짓 선지자다. 아도나이의 법이 참 선지자인지 거짓 선지자인지를 판단하는 기준이다(신 13:3-4). 이사야 선지자도 이것을 말한다. "마땅히 율법과 증거의 말씀을 따를지니 그들이 말하는 바가 이 말씀에 맞지 아니하면 그들이 정녕 아침 빛을 보지 못하고"(사 8:20).

하나냐는 예레미야의 예언을 정면으로 반박하면서 예레미야의 목에 있는 멍에를 꺾었다. 여기에 대하여 하나님은 나무 멍에 대신 쇠 멍에를 만들었다고 말씀하신다. 그리고 모든 나라들이 바벨론 왕을 섬길 것이라고 선언하신다. 그러자 예레미야는 하나냐에게 와서 "여호와께서 너를 보내지 아니하셨거늘 네가 이 백성에게 거짓을 믿게 하는도다"고 선언한다(렘 28:15). 그리고 하나냐가 금년에 죽을 것이라고 예언한다. 예레미야의 예언대로 하나냐는 그 해에 죽었다(렘 28:16-17).

거짓 선지자와 반대되는 참 선지자는 예레미야이다. 예레미야는 하나님의 부르심을 받았고 아도나이의 말씀을 받은 선지자이다. 참된 선지자의 특징은 하나님의 말씀을 받은 사람이다. 하나님은 예레미야의 입에 하나님의 말씀을 두셨다(렘 1:9).

참 선지자는 성실함으로 하나님의 말씀을 전하는 자이다. "꿈을 꾼 선지자는 꿈을 말할 것이요 내 말을 받은 자는 성실함으로 내 말을 말할 것이라 겨가 어찌 알곡과 같겠느냐"(렘 23:28). "성실함"은 '성실,' '충실,' '진리'의 뜻이다.

참 선지자가 전하는 그 말씀은 "불"과 같은 능력이 있다. "내 말이 불 같지 아니하냐 바위를 쳐서 부스러뜨리는 방망이 같지 아니하냐"(렘 23:29). 아도나이의 말씀을 불에 비유한다(렘 5:14). 시내 산에 임하여 말씀하신 하나님은 불 가운데서 말씀하셨다는 사실을 우리는 기억해야 한다(신 4:12, 24, 33, 36; 5:4, 25, 26).

하나님의 말씀을 전하는 참 선지자는 말씀으로 인하여 오는 고통을 감내하는 자이다. 예레미야는 유다와 예루살렘이 멸망할 것이라고 외쳤기 때문에 사람들의 모욕과 조롱을 받는다. 매를 맞고 옥에 갇힌다(렘 20:2). 백성들의 반대로 인해 그는 다시는 하나님의 이름으로 예언하지 않으리라고 다짐하며 번민한다. 이러한 번민과 갈등 속에 휩싸일 때 그의 마음은 불붙는 것 같이 타오른다. 예언을 하지 않고는 견딜 수 없는 마음을 갖게 된다. 그는 하나님의 말씀을 받아서 먹은 사람이기 때문이다. 하나님의 말씀이 그 사람의 기쁨과 즐거움이기 때문에(렘 15:16-17) 그는 갖은 고난을 참고. 인내한다(렘 20:7-9). 말씀이 주는 기쁨이 현실의 삶의 고통을 이기게 한다. 또한 참 선지자는 하나님의 회의에 참석해서 회의를 보고 듣고 한 자이다(렘 23:18, 22, 참고. 왕상 22장. 예레미야에 관한 이 부분은 필자의 『대망의 책』, 솔로몬, 2015, 433-437에서 가져온 것이다).

1. 제사장의 몫(18:1-5)

이스라엘의 12지파 중에 세 번째 지파인 레위 지파와 레위 지파의 제사장 집안에 대한 규정이다. 레위 지파는 이스라엘 가운데서 하나님을 섬기도록 선택을 받았다. 따라서 레위는 가나안 땅에 들어갔을 때에 기업이 없다. 다른 지파들은 가나안에서 각기 기업의 땅을 받았다. 하지만 레위는 땅 대신에 이스라엘이 아도나이께 드리는 제물을 그들의 기업으로 받았다.

번역

1 레위인 제사장들에게, 모든 레위 지파, 이스라엘과 함께 몫과 기업이 없을 것이다,
그들은 아도나이의 화제물과 그의 기업을 먹을 것이다.
2 그리고 기업이 그에게 그의 형제들 가운데서 없을 것이다,
아도나이 그가 그의 기업이다, 그가 그에게 말한 것과 같이.
3 그리고 이것이 제사장들의 법규이다, 그 백성으로부터, 그 희생제사의 제물들로부터,
소나 양이든지, 그리고 그는 다리와 두 볼과 위를 제사장에게 줄 것이다.
4 너의 첫 곡식, 너의 새 포도주 그리고 너의 새 기름,
그리고 너의 양의 처음 깍은 양털을 너는 그에게 줄 것이다.
5 왜냐하면 너의 하나님 아도나이께서 그를 너의 모든 지파들로부터 선택하셨기 때문이다,
그와 그의 아들들이 모든 날들에 아도나이의 이름으로 섬기도록 서기 위하여.

주해

1 레위인 제사장들에게, 모든 레위 지파,[1] 이스라엘과 함께 몫과 기업이 없을 것이다,
그들은 아도나이의 화제물[2]과 그의[3] 기업을 먹을 것이다.[4]

본문 비교

1) 시리아 역은 "제사장과 레위에게"로 읽는다.

2) 마소라 사본은 복수 연계형 אִשֵּׁי "화제물" 또는 "불로 사르는 제물"인데 반하여 사마리아 오경과 일부 히브리어 필사본들은 단수 명사 אשׁה로 읽는다. 70인경은 히브리어 "화제물"을 καρπώματα로 번역한다. 이는 "열매 예물"의 의미를 갖고 있다. 하지만 아퀼라는 히브리어 마소라를 따라 πυρὰ로 번역한다. 오리겐의 헥사플라도 70인경과 아퀼라의 차이를 지적하고 있다.

3) 70인경은 "그들의"로 복수이다.

4) 70인경은 문장 끝에 "그것들을"(αὐτά)을 덧붙인다. 오리겐의 헥사플라는 이것을 별표로 지적하고 있다.

"레위인 제사장들"은 레위 사람인 제사장들 또는 레위 지파 출신의 제사장들을 의미한다. 여기서 "레위인 제사장들에게"와 "모든 레위 지파"는 동일하지 않다. 왜냐하면 "모든 레위 지파" 사람들이 모두 "제사장들"이 되지는 않기 때문이다. 레위 지파 가운데서 아론 집안의 사람들이 제사장이 될 수 있다.

제사장과 레위 지파 사이의 관계는 민수기 18장에 자세하게 나온다. 민수기 문맥에 따르면 아론 집과 레위 인들 사이의 역할 분담은 고라의 반역 사건 후에 더 선명해졌다. 하나님이 아론을 선택하셨음을 밝히 보이셨기 때문에 아론과 그의 아들들이 하나님께 가까이 갈 수 있으며 제사장 직분을 감당할 수 있다. 그리고 하나님은 아론 집과 레위 지파 사람들을 구별하여 할 일을 말씀하신다.

아론과 그의 집은 성소의 일을 그리고 제사장 직분의 일을 담당한다. 아론의 집과 형제들의 집은 역할이 서로 다르다. 아론의 형제 지파인 레위는 아론을 도와주어야 한다. 레위인은 아론의 일과 성막의 모든 일을 시중들어야 한다. 하지만 레위인은 성막의 기구들과 제단에 가까이 갈 수 없다. 레위인이 이 계명을 어길 때는 죽을 수 있다(민 18:3).

하나님이 이스라엘 지파들 가운데서 아론을 선택하셨음을 확인시켜 주심으로 레위 지파에 질서가 잡혔다. 외부 사람은 제사장과 성막 일에 가까이 할 수 없다. 하나님이 이스라엘 지파 가운데서 레위인들을 취하여 그들에게 아론을 섬기라고 명하신다. 성막의 일을 하기 위함이다.

하나님은 이스라엘 백성들 가운데서 아론과 그의 아들들, 레위인 그리고 외부인을 구별하신다. 이러한 구별은 누가 하나님께 가까이 갈 수 있는가 하는 순서이며(참고. 민 16:5) 거룩의 등급을 나타낸다.

이스라엘 백성이 아도나이께 예물을 드린다. 그러면 하나님은 그 예물을 제사장에게 선물로 주신다. 이것이 제사장의 몫이며 수입이다. 이 법칙을 영구한 몫으로 부른다. 왜냐하면 제사장은 아도나이를 섬기도록 기름부음을 받았기 때문이다. 제사장은 아도나이를 섬기기에 다른 일을 하지 않는다. 따라서 수입이 없다.

이스라엘 백성이 아도나이께 드리는 소제, 속죄제 그리고 속건 제물들에서 불태우지 않은 것들은 제사장의 몫이다. 이 예물들은 거룩한 것으로 제사장과 그의 아들들에게 주어진다. 지극히 거룩한 곳에서 제사장들은 이 예물을 먹어야 한다(민 18:9).

땅에서 난 첫 소산(민 18:12-18)으로 하나님께 드려진 것들, 기름, 포도주, 곡식, 그리고 밭의 첫 열매는 다 제사장의 몫이다. 제사장 집안의 정결한 자들이 먹을 수 있다. 처음 난 것으로 아도나이께 드려진 것 가운데 사람은 돈으로 속량해야 한다. 1개월 후에 성소의 세겔로 은 다섯 세겔을 내야 한다. 소와 양 그리고 염소의 처음 난 것으로 드리는 예물은 속량할 수 없다. 그것들은 거룩한 것이므로 피는 제단에 뿌리고 기름은 아도나이께 태워 드려야 한다. 그 고기는 제사장들이 취할 수 있다.

하나님은 이스라엘 백성이 아도나이께 드리는 예물을 제사장과 그 자녀들에게 주신다. 이것은 법으로 정해 놓았기 때문에 제사장들이 취할 수 있는 영원한 몫이다. 아도나이와 제사장 사이에 맺은 소금언약이 다(민 18:19).

하나님은 아론에게 하나님 자신이 제사장의 기업이며 분깃이라고 선언하신다. 제사장은 이스라엘 중에서 기업의 땅을 차지하지 못했기 때문에 그들은 가나안에서 기업이 없다. 하지만 하나님이 그들의 기업이 되신다. 눈에 보이는 기업의 땅은 없었지만 눈에 보이지 않는 하나님이 제사장의 기업이시다.

제사장들과 같이 레위인들도 이스라엘 중에서 기업이 없다. 그래서 하나님은 레위인에게 돌아갈 몫을 설명하신다. 레위인의 기업은 십일조이다. 이스라엘 백성이 드리는 십일조가 레위인들이 성막의 일에 대한 보수이며 기업이다. 이것이 하나님이 레위인에게 세운 영원한 규례이다(민 18:20-24).

레위인은 백성의 십일조를 취할 수 있다. 레위인은 그 취한 십일조에서 다시 그 십분의 일을 거제로 아도나이께 드려야 한다(민 18:25-32). 비록 레위인이 농사를 지어 수확하지 않았지만 하나님은 그들이 드리는 십일조를 마치 타작마당의 곡식이나 포도주 틀에서 나온 포도주스와 같이 여기신다. 레위인이 드리는 십일조의 거제물은 제사장 아론에게 돌아간다.

레위인은 그들이 받은 십일조에서 가장 좋은 부분, 거룩한 부분을 아도나이께 드려야 한다. 레위인 역시 예배자로 아도나이 앞에 서는 것이다. 십일조를 드린 나머지 부분은 레위인에게 타작마당의 소출과 포도주 틀의 즙과 같다. 마치 그들이 심고 거두어 추수한 곡식과 포도주 같이 되는 것이다.

레위인들은 기업의 땅이 없기 때문에 농사를 짓지 못하며 거두지 못한다. 그렇지만 그들은 백성들이 농사지어 얻은 수확의 십일조를 받음으로 농사를 대신한다. 받은 십일조에서 가장 좋은 부분으로 십일조를 하나님께 드리고 나면 남은 부분은 레위집안 사람들이 어디서든지 자유롭게 먹을 수 있다. 제사장들은 먹는 장소가 정해져 있었던 것에 반하여 레위인들은 자유롭다.

레위인들이 그 받은 십일조에서 십일조를 드리면 죄를 짓지 않는다. 이스라엘 백성이 드린 십일조를 더럽히지 않는 것이다. 레위인도 십일조를 드려야 할 의무가 있다.

2 그리고 기업이 그에게 그의 형제들 가운데서 없을 것이다,
아도나이 그가 그의 기업이다, 그가 그에게 말한 것과 같이.[1)]

본문 비교

1) 마소라 사본은 세투마(ס)로 단락을 나누고 있다.

이스라엘의 다른 지파들은 가나안 땅에서 다 기업의 땅을 차지했지만 레위 지파는 기업의 땅을 얻지 못했다. 하지만 레위 지파의 기업이 없는 것은 아니다. "아도나이 그가 그의 기업"이기 때문이다. 하나님은 아론에게 "내가 이스라엘 자손 중에 네 분깃이요 네 기업"이라고 선언하셨고(민 18:20) 레위에게도 말씀하셨다(신 10:9). 이 말씀에 따라 후에 여호수아는 레위에게 기업을 주지 않았다(수 13:14; 참고. 수 18:7). "그가 그에게 말한 것과 같이"는 '아도나이께서 그에게 약속한 것과 같이'라는 의미이다.

3 그리고 이것이 제사장들의 법규이다,[1)] 그 백성으로부터, 그 희생제사의 제물들로부터,
소나 양이든지, 그리고 그는 다리와 두 볼과 위를 제사장에게 줄 것이다.

본문 비교

1) 70인경은 히브리어의 동사 "~이다"(יהיה)를 번역하지 않는다. 70 인경는 명사 문장이다. 오리겐의 헥사플라는 헬라어 동사 "~이다"(ἔσται)를 넣어서 히브리어 본문과 같게 만들고 있다.

여기서 "법규"(משפת)는 제사장들이 받아야 할 정당한 보수 또는 당연한 권리를 뜻한다(개역 개정은 "몫"으로 번역). 백성들이 드리는 희생 제사의 제물로부터 제사장들이 취할 수 있는 권리를 뜻한다. 희생제물은 짐승인 "소나 양"으로 규정된다. "그"는 희생 제사를 드리는 예배자를 뜻한다. 예배자가 제사장에게 줄 것은 "다리, 두 볼, 위"이다(참고. 레 6:26, 7:6, 7:31-34, 10:14-15, 민 6:20).

4 너의[1] 첫 곡식,[2] 너의[1] 새 포도주 그리고 너의[1] 새 기름,
그리고 너의[1] 양의 처음 깍은 양털을 너는 그에게 줄 것이다.

본문 비교

1) 848 텍스트에 근거한 베버Wevers의 편집에 따르면 70인경은 2인칭 소유격 "너의"를 생략한다(*THGD*, 78). 하지만 랄프Rahlfs의 편집본에는 2인칭 소유격 "너의"가 있다.
2) 70인경은 "밀의 첫 열매들"(ἀς ἀπαρχὰς τοῦ σίτου)로 "곡식"이 무엇인지를 확실하게 말한다.

곡식, 포도주, 기름(신 7:13, 11:14, 12:17, 14:23) 그리고 양털에 있는 소유격 "너의"에 주목해야 한다. "너"와 "그"가 대조를 이룬다. 이스라엘 백성은 자기 소유물("너의")에서 제사장("그")의 몫을 떼어서 제사장에게 주어야 한다. 먼저 땅의 소산의 곡식, 포도주 그리고 기름을 언급한다. "새 포도주"는 '신선한 포도주' 그리고 "새 기름" 역시 '신선한 기름'

으로 처음 난 것을 뜻한다(참고. 출 34:26, 민 18:12-13). 기름은 올리브 기름을 말한다. 그리고 양에서 깎은 양털도 제사장에게 주어야 한다.

5 왜냐하면 너의 하나님 아도나이께서[1] 그를[2] 너의 모든 지파들로부터 선택하셨기 때문이다,
그와 그의 아들들이 모든 날들에[3] 아도나이의 이름으로[4] 섬기도록[5] 서기 위하여.[6][7]

본문 비교

1) 베버Wevers의 편집은 "주께서"이나 랄프Rahlfs의 편집은 마소라와 같이 "너의 하나님의 주께서"이다.
2) 탈굼 네오피티는 "그들을"로 읽는다. 이것은 "그와 그의 아들들"을 염두에 둔 해석일 수 있다.
3) 70인경의 랄프Rahlfs 편집은 "모든 날들에"를 생략한다.
4) 70인경과 사마리아 오경은 "그의 이름으로"이며 쿰란 사본(11QT[a])은 "나의 이름으로"이다. 시리아 역은 "너의 하나님"을 덧붙인다. 탈굼 네오피티는 "주의 말씀의 거룩한 이름으로"이다.
5) 70인경은 "섬기고 축복하기 위해"로 "축복하기 위해"를 첨가한다(11QT[a]와 사마리아 오경 역시 이것을 첨가한다). 오리겐의 헥사플라는 별표로 이것을 지적한다. 이것은 아론의 축복을 염두에 둔 것이다.
6) 70인경은 "너의 하나님의 주 앞에 서기 위하여"로 "너의 하나님 주 앞에"를 첨가한다(11QT[a]와 사마리아 오경 역시 이것을 첨가한다). 오리겐의 헥사플라는 별표로 이것을 지적하고 있다.
7) 마소라 사본은 세투마(ס)로 단락을 나누고 있다.

접속사 "왜냐하면"은 위에서 제사장에게 허락된 몫을 설명한다. 하나

님께서 이스라엘의 모든 지파들로부터 제사장으로 선택하셨기 때문이다. "그를"은 문맥상 제사장을 의미한다. 하나님은 모든 민족들 가운데에서 이스라엘을 그의 백성으로 선택하셨다(신 4:37, 7:6-8, 10:15, 14:2). 그리고 이스라엘 백성들 가운데서 하나님은 레위 지파를 선택하셨다(신 21:5, 대상 15:2, 대하 29:11). 더 나아가 레위 지파들 가운데서 아론 집안을 선택하여 제사장으로 삼았다. 하나님께서 아론 집안을 제사장으로 선택한 목적은 "그와 그의 아들들이 모든 날들에 아도나이의 이름으로 섬기도록 서기 위하여"이다. 두 개의 부정사가 연달아 나오는 문장이다. "그와 그의 아들들이 모든 날들에 아도나이의 이름으로 섬기기 위하여, 서기 위하여." 개역 개정은 "서서 섬기게 하셨음이니라"로 번역했다. 우리말로 매끄럽게 번역하면 '서서 섬기기 위하여'가 좋을 것 같다.

2. 고향을 떠나 중앙 성소로 온 레위인(18:6-8)

레위 지파는 이스라엘 지파들 가운데서 거할 성읍을 얻어 흩어져 살았다. 이렇게 흩어져 살던 레위 사람들 가운데서 어떤 레위인이 마음의 소원이 있어서 아도나이께서 선택한 장소로 이주할 수 있는 상황을 전제로 하고 있다. 이렇게 고향을 떠나 중앙 성소로 올라온 레위인도 중앙 성소에서 일을 받을 수 있고 그 일에 대한 몫을 받을 수 있다.

번역

6 그리고 레위 사람이 올 때, 너의 성들의 하나에서,
온 이스라엘에서, 그가 실던 거기서,
그리고 그가 그의 영혼의 모든 바람으로 아도나이께서 선택하실 그 장소로 올 때,
7 그리고 그는 그의 하나님 아도나이의 이름으로 섬길 수 있다,
그의 모든 형제들 같이, 아도나이 앞에 거기 서 있는 레위 사람들.

8 그들은 몫과 같은 몫을 먹을 것이다, 그의 판 것 외에, 그 조상들 위에.

주해

6 그리고 레위 사람이 올 때, 너의 성들의 하나에서,
온 이스라엘에서,[1] 그가 살던 거기서,
그리고 그가 그의 영혼의 모든 바람으로 아도나이께서 선택하실 그 장소로 올 때,[2]

본문 비교

1) 70인경은 "온 이스라엘의 아들들에서"이다.
2) 70인경은 "올 때"를 생략한다.

"때"(כִּי)는 "만일 ~면"으로도 번역할 수 있다(Joüon-M, 372. "if he wants to come"). 헬라어 70인경은 "만일 ~면"으로 번역한다. 영어 성경들은 대부분 "~면"(if)로 번역하는데(ASV, ESV, JPS, KJV, NAS, NIV, NJB) 반하여 독일어(ELB, ELO, LUO, SCL)와 화란어(LEI, LUV, NBG, SVV) 번역들은 대부분 "~때"로 번역한다.

"너의 성들의 하나에서"는 이스라엘 지파들이 거하는 성들 가운데 한 성에서 나온 레위인을 의미한다. 그래서 다음에 "온 이스라엘에서"가 따라 나오고 있다. 레위인들은 이스라엘 각 지파들 가운데 흩어져 살았기 때문에(창 49:5-7, 수 21:1-42) "온 이스라엘"이라는 표현을 사용하고 있다.

"그가 살던 거기서"에서 "그"는 고향을 떠난 레위인을 뜻한다. 어떤 레위인이 자기가 살던 고향을 떠나서 하나님이 선택하신 장소로 나아가는 상황을 말한다. "그의 영혼의 모든 바람으로"는 고향을 떠난 레위인의 소원 또는 원함을 의미한다. 마음의 소원이 있어서 고향을 떠난 레위인이 하나님이 선택하신 장소로 올라가는 상황을 말한다. "아도나

이께서 선택하실 그 장소"는 신명기 12장에서 보았듯이 하나님께서 가나안 땅에서 선택하실 한 장소이다. 이스라엘 전역에 흩어져 살던 이스라엘 사람들이 십일조와 희생제물과 서원제물을 가지고 올라가기 때문에 중앙 성소라 불린다. 쉽게 말하면 지방에서 살던 레위 사람이 서울, 중앙 성소로 올라가는 경우이다.

"올 때"에서 동사 '그가 올 것이다'가 문장 처음에 나온 접속사 "때"(כִּי)에 걸리기 때문에 이렇게 번역했다.

7 그리고[1] 그는 그의 하나님 아도나이의 이름으로 섬길 수 있다,
그의 모든 형제들 같이, 아도나이 앞에 거기 서 있는[2] 레위 사람들.

본문 비교

1) 70인경은 "그리고"를 생략한다. 하지만 랄프Rahlfs 편집본은 "그리고"가 있다.
2) 탈굼 옹켈로스와 탈굼 네오피티는 "섬기기 위하여 서 있는"으로 해석한다.

지방에서 올라 온 레위인은 중앙 성소에서 섬기는 레위인들의 그룹에 들어갈 수 있고 다른 레위인들과 같이 아도나이를 섬길 수 있는 권리가 있다. 지방에서 거주하던 레위인이지만 같은 형제 레위 사람이기 때문이다.

6-7절에서 말하는 레위인이 평범한 레위인인지 아니면 제사장을 의미하는지 명확하지 않다. 유대인들 사이에서도 해석이 나뉜다. 평범한 레위인(Sifre Deut.)으로 해석하는가 하면 제사장(b. Eruchin 11a)으로 해석하기도 한다. 어떤 이는 6절은 평범한 레위인을 그리고 7절은 제사장을 의미한다고 해석한다. 탈굼 역들은 7절에 "섬기기 위하여"가 있기 때문에 제사장을 의미한다고 한다. 하지만 이런 구분은 너무 자의적인

해석이다. 히브리어 본문은 명확한 구분을 하지 않고 있다.

"그의 모든 형제들"이 누구인지는 뒤따르는 구가 설명하고 있다. 이들은 "아도나이 앞에 거기 서 있는 레위 사람들"이다. 레위 사람들은 "아도나이 앞에" 있는 사람들이다. 이스라엘 사람들 가운데 가장 하나님께 가까이 갈 수 있는 사람들이다.

8 그들은[1)] 몫과 같은 몫을[2)] 먹을 것이다, 그의 판 것 외에, 그 조상들 위에.[3)]

본문 비교

1) 마소라 사본, 쿰란 사본(4QDeut^{f}), 사마리아 오경, 시리아 역은 복수인데 반하여 70인경과 벌게이트는 단수 "그는 먹을 것이다"이다.
2) 70인경은 "나누어진 몫"(μερίδα μεμερισμένην)으로 읽는다. 즉 할당된 몫이다.
3) 마소라 사본은 세투마(ס)로 단락을 나누고 있다.

이 구절은 번역하기가 어렵다. "몫"은 아도나이를 섬긴 봉사의 대가로 받는 몫이다. "몫과 같은 몫"은 똑같은 몫을 의미한다. 즉 균등하게 분배된 몫이다. 그래서 개역 개정은 "그 사람의 몫은 그들과 같을 것이요"하고 의역했다. 지방에서 올라온 레위인이라고 해서 차별을 받는 것이 아니라 중앙성소에서 봉사하는 레위인들과 똑같은 몫을 받을 권리가 있다. 아도나이를 섬기는 레위인들 사이에 어떤 차별과 무시가 없다.

하반절의 히브리어 번역 "그의 판 것 외에, 그 조상들 위에."는 명확하지 않다(개역 개정은 "그가 조상의 것을 판 것은 별도의 소유이니라"로 의역한다). 이것은 다음과 같은 의미이다. 지방에서 올라 온 레위인이 조상들에게 물려받은 세습 재산을 판 것은 예외로 할 수 있다는 뜻이다.

탈굼 역들은 히브리어와 아주 다른 해석을 보이고 있다. 탈굼 옹켈로스는 "조상들에 의해 세워진 대로, 안식일에 있을 의무의 배분 외에"로 해석한다. 안식일에 할당된 의무로 이해한다. 탈굼 네오피티는 "그들의 조상들이 유산으로서 그들에게 준 그의 희생제물의 잉여 외에"로 해석한다. 즉 유산을 희생제물로 이해한 것이다. 탈굼 프쉬도 요나단은 "제사장들이 먹는 희생제물의 잉여 외에, 그들의 조상들 엘르아살과 이다말이 물려준 것이다"로 해석한다. 탈굼 역들은 이들을 제사장으로 이해하고 있다.

3. 가나안 땅의 점쟁이들(18:9-14)

이스라엘이 가나안 땅에 들어갔을 때에 해야 할 행동을 설명한다. 이스라엘은 가나안 민족들의 행위를 배우지 말아야 한다. 가나안 민족들은 점쟁이들을 신뢰하고 그들에게 미래의 길흉을 듣는다. 아도나이께서 가나안 민족들을 그 땅에서 쫓아낸 이유는 가나안 민족들이 점쟁이들에게 순종하기 때문이다. 아도나이는 이러한 행위를 혐오하신다.

가나안 민족들은 점쟁이에게서 신탁을 들었지만(신 18:9-14) 이스라엘은 모세와 같은 선지자에게서 하나님의 말씀을 들어야 한다(신 18:15-22).

번역

9 너의 하나님 아도나이께서 너에게 주시는 그 땅에 네가 들어갈 때,
너는 그 민족들의 가증한 것을 따라 행하기를 배우지 말아야 한다.
10 그는 너 가운데서 발견되지 말아야 한다, 그의 아들이나 그의 딸을 불에 지나가게 하는 자,
점치는 자, 예언하는 자, 그리고 징후를 관측하는 자, 그리고 마술을 행하는 자,
11 그리고 주문을 외는 자, 그리고 주술사 또는 친숙한 영에게 묻는 자,
그리고 죽은 자들에게 구하는 자.

12 왜냐하면 이런 일들을 행하는 모든 자는 아도나이의 혐오이기 때문이다,
그리고 이런 혐오들 때문에 아도나이 너의 하나님이 그들을 너 앞에서 쫓아내
신다.
13 너는 너의 하나님 아도나이와 함께 완전해야 한다.
14 왜냐하면 네가 쫓아낼 이 민족들은 예언하는 자들과 점치는 자들에게 듣기 때
문이다,
그러나 너는 그렇게 말라, 너의 하나님 아도나이께서 너에게 주셨다.

주해

9 너의 하나님 아도나이께서 너에게 주시는 그 땅에 네가 들어갈 때,
너는 그 민족들의 가증한 것을 따라 행하기를 배우지 말아야 한다.

"~때"(כִּי)는 이스라엘이 가나안 땅에 들어갔을 때를 의미한다. 가나안 땅은 "너의 하나님 아도나이께서 너에게 주시는 그 땅"이다. 땅은 하나님이 이스라엘에게 주시는 선물이다(가나안 땅에 대해서는 서론의 "10. 땅"을 보라). 이스라엘이 가나안 땅에서 하지 말아야할 행동을 설명한다.

"가증한 것"은 '혐오스러운 것'으로 하나님이 싫어하시는 행위이다. 이 가증한 행위들은 10-12절에서 잘 설명하고 있다. "그 민족들의 가증한 것을 따라"는 '그 민족들의 가증한 것같이'로도 번역할 수 있다. 이스라엘이 가나안 땅에 거하는 민족들의 행위를 본받는 것 또는 모방하는 것을 금하고 있다(이스라엘이 가나안 민족들에게 가져야할 태도에 대해서는 신 7:1-5을 참고하라).

"배우지 말아야 한다"는 '배우지 말라'라는 뜻이다. 이스라엘은 가나안 민족들의 가증한 행위를 배울 것이 아니라 아도나이 경외를 배워야 하며(신 4:10, 14:23), 왕 역시 아도나이 경외를 배워야 하며(신 17:19), 아도나이의 법규들과 법령들을 배워야 한다(신 5:1). 가나안 민족들의

행위를 배울 때, 그 결과는 멸망이지만 아도나이의 법을 배우며 행할 때, 그 결과는 장수와 번영이다.

10 그는 너 가운데서 발견되지 말아야 한다, 그의 아들이나 그의 딸을 불에 지나가게 하는 자,[1)]
점치는 자, 예언하는 자,[2)] 그리고[3)] 징후를 관측하는 자,[4)] 그리고[5)] 마술을 행하는 자,

본문 비교

1) 70인경은 "불로 완전히 정화하는 자"(περικαθαίρων)로 번역한다. 오리겐의 헥사플라는 이 차이를 별표로 지적하고 있다. 아퀼라는 히브리어와 같이 διάγων으로 번역한다.
2) 70인경은 "징조를 찾는 자 또는 받는 자"(κληδονιζόμενος)이다. 오리겐의 헥사플라는 이것을 별표로 지적한다. 심마쿠스는 "징후를 관찰하는 자"(σημειοσκοπούμενος)로 번역한다. 탈굼 네오피티는 특이하게 "흐릿한(또는 침침한) 눈을 가진 자"로 해석한다. 탈굼 프쉬도 요나단은 "사기꾼," 또는 "돌팔이"로 해석한다.
3) 사마리아 오경은 "그리고"를 생략한다.
4) 70인경은 "새의 비행을 해석함으로 점하는 자"(οἰωνιζόμενος)로 해석한다.
5) 사마리아 오경과 70인경은 "그리고"를 생략한다.

"그"는 이스라엘 내에서 발견되면 안 되는 자이다. 가나안 민족들의 행위를 본받는 자로서 하나님이 금지한 행동을 하는 자이다. "그"가 누구인지를 뒤에서 계속 설명하고 있다.

첫째, 그는 "그의 아들이나 그의 딸을 불에 지나가게 하는 자"이다. 이는 사람을 제물로 삼아 제사를 드리는 자이다(겔 16:20-21, 20:31). 하

나님이 혐오하시는 인신제사이다(신 12:31). 인신 제사에 대한 것은 아브라함으로 거슬러 올라갈 수 있다(창 22장). 하나님이 아브라함에게 사랑하는 아들 독자 이삭을 번제로 드릴 것을 요구하셨다. 물론 이것은 하나님이 아브라함을 시험하신 것이다. 아브라함이 이삭을 잡아 번제로 드리려고 할 때, 하나님은 아브라함을 말리신다. 아브라함은 이삭 대신 수풀에 걸려 있는 숫양을 번제로 드렸다. 하나님은 번제물을 미리 예비해 놓으심으로 인신 제사를 원하지 않았다는 것을 밝히 드러내셨다. 인신 제사는 가나안과 이스라엘 주변 국가들 사이에서 행하던 관습이었다. 사사 시대에 입다는 잘못된 서원을 해서 그의 딸을 번제로 드렸다(삿 11:34-40). 아마도 아람 지역인 돕 땅에 살았던 입다는 잘못된 인신 제사를 배웠던 것 같다. 다른 인신 제사 사건은 이스라엘과 유다 그리고 에돔 연합군이 모압을 치러 갈 때 있었다. 연합군이 모압을 칠 때, 모압이 전세가 불리해지자 모압 왕이 맏아들을 취하여 성 위에서 제사를 드렸다. 연합군이 인신 제사를 보고 그 성에서 철수하였다(왕하 3:26-27). 이런 인신 제사는 율법에서 강력하게 금하고 있다. "너는 결단코 자녀를 몰렉에게 주어 불로 통과하게 함으로 네 하나님의 이름을 욕되게 하지 말라 나는 여호와니라"(레 18:21, 20:2-5). 몰렉은 "왕"이라는 뜻으로 암몬과 페니키아의 신이다. 이스라엘은 이런 관습을 본받아서 힌놈 골짜기 도벳에서 인신 제사를 드렸다(왕하 23:10, 렘 32:35). 유다의 아하스 왕(왕하 16:3)과 므낫세 왕(왕하 21:6)이 아들을 불 가운데로 지나가게 하였다. 또한 열왕기 기자는 이스라엘 나라가 망한 이유 가운데 하나로 이 인신 제사를 들고 있다(왕하 17:17). 사람을 우상에게 바치는 것은 하나님의 형상대로 창조함을 받은 사람을 말도 하지 못하고 걷지도 못하고 냄새도 맡지 못하는 나무와 돌에게 드리는 것이다. 하나님의 형상을 나무와 돌 보다 못한 취급을 하는 것이다. 이래서 하나님은 인신 제사를 싫어하신다. 싫어하시는 정도가 아니라 혐오하며 증오하신다.

둘째는 "점치는 자"이다. 일반적으로 점치는 행위를 뜻한다.

셋째는 "예언하는 자" 또는 "점치는 자"이다. 이 단어에 대한 해석은 "길흉을 말하는 자"(개역 개정), 미래의 "운을 말하는 자"(ESV), "예언(점)하는 자"(JPS, NJB, NKJ), "마술하는 자"(NAS)로 다양하다. "예언하는 자"는 "전조를 말하는 자"일 수 있다. 이것의 히브리어 포엘 분사(מעונן)는 "구름"을 뜻하는 명사(עננה)에서 나온 분사로서 "구름을 살피는 자"(YLT)의 의미를 갖는다. 여기서 "때(시기)를 관찰하는 자"(KJV, OKE)라는 해석이 나올 수 있다(참고. 본문 비교 2).

넷째는 "징후를 관측하는 자"로서 '점치는 자' 또는 '징조를 살피는 자'이다(참고. 창 44:5, 15, 레 19:26, 왕하 17:17). 여기서 "징조를 해석하는 자"(ESV, NAS, NIV, NKJ)라는 해석이 나온다.

다섯째는 "마술을 행하는 자"이다(참고. 대하 33:6). 이 단어는 개역 개정에서 "마술사들"(출 7:11) 또는 "무당"으로도 번역되었다(출 22:18[히브리어 17]).

이러한 행위들은 하나님이 이스라엘에게 금지하시는 것이다. 그러나 이스라엘은 하나님의 말씀에 순종하지 않고 이러한 행위들을 행했다. 열왕기 기자는 이스라엘이 망한 이유들을 묘사할 때, "또 자기 자녀를 불 가운데로 지나가게 하며 복술과 사술을 행하고 스스로 팔려 여호와 보시기에 악을 행하여 그를 격노하게 하였으므로" 하고 말한다(왕하 17:17). 여기서 "복술과 사술"은 "점치는 자"와 "징후를 관측하는 자"(신 18:10)와 같은 단어이다.

11 그리고[1)] 주문을 외는 자, 그리고 주술사[2)] 또는 친숙한 영에게 묻는 자,[3)]
그리고 죽은 자들에게 구하는 자.

본문 비교

1) 사마리아 오경, 70인경, 쿰란사본(11QT[a])에는 "그리고"가 없다.

2) 사마리아 오경, 70인경, 쿰란사본(11QT[a])에는 "그리고"가 없다. 70인경은 "복화술사"(ἐγγαστρίμυθος)로 번역한다. 오리겐의 헥사플라는 별표로 이 차이를 지적한다. 아퀼라는 "마법사에게 정보를 얻는 자"(ἐπερωτῶν μάγον)로 그리고 테오도치온은 "마법사"(θελητήν)로 번역한다. 탈굼 프쉬도 요나단은 "뱀들, 전갈들 그리고 모든 파충류의 마법사들"이라고 자세하게 설명한다.

3) 70인경은 "징후의 점쟁이"(τερατοσκόπος)로 읽는다. 아퀼라는 "미래를 아는 척 하는 자"(γνωριστής)로 그리고 심마쿠스는 의미는 같지만 다른 단어 γνώστης로 번역한다. 테오도치온은 "관찰하는 자" 또는 "보는 자"(θεατης)로 읽는다. 탈굼 프쉬도 요나단은 "짐승의 뼈들로 마법을 추구하는 자들"이라고 설명한다. 어떤 이는 "짐승의 뼈"Rashi로 다른 이는 "새의 뼈"Maimonides로 해석한다.

10절에 이어서 하나님이 금하시는 행동이 계속 나오고 있다. 여섯째는 "주문을 외는 자"이다(참고. 사 47:9, 12). 이것은 "주문을 묶는 자" 또는 "마술 매듭을 묶는 자"이다.

"주술사 또는 친숙한 영에게 묻는 자"에서 칼 분사 "묻는 자"(שׁאל)는 두 명사 "주술사"와 "친숙한 영"과 관계한다.

일곱째는 "주술사에게 묻는 자"이다. "주술사"는 혼령과 대화를 나눌 수 있다고 주장하는 자이다. "주술사"의 히브리어(אוב)는 뜻이 모호하다. 이것은 짐승의 가죽으로 만든 와인 부대를 의미하기도 한다. 아마도 주술사는 이것을 매개medium로 해서 접신을 한 것 같다(참고. 레 19:31, 20:27, 왕하 21:6=대하 33:6). 접신을 해서 귀신에게 상담을 하는 것이다("one who consults ghosts," TNK)).

여덟째는 "친숙한 영에게 묻는 자"이다. 이것은 어떤 비밀을 알고 있는 영에게 상담을 구하는 사람이다.

아홉째는 "죽은 자들에게 구하는 자"이다. 죽은 자에게 묻는 자이다

(참고. 엔돌의 신접한 여인, 삼상 28장).

12 왜냐하면 이런 일들을 행하는 모든 자는 아도나이[1]의 혐오이기 때문이다.
그리고[2] 이런 혐오들 때문에 아도나이 너의 하나님이 그들을[3] 너 앞에서 쫓아내신다.

본문 비교

1) 일부 히브리어 사본들, 사마리아 오경과 70인경은 "너의 하나님"을 덧붙인다. 70인경은 "너의 하나님 아도나이께"로 여격으로 읽는다. 탈굼 옹켈로스와 탈굼 네오피티는 "아도나이 앞에서"이다.
2) 70인경은 "그리고"가 없다.
3) 마소라 사본은 **מוריש אותם**로 읽는데 반하여 사마리아 오경은 **מורשם**이다. 뜻은 변함이 없다.

"왜냐하면 이런 일들을 행하는 모든 자는 아도나이의 혐오이기 때문이다." 히브리어는 동사 "~이다"가 없는 문장이나 넣어주면 된다. 개역개정은 "이런 일을 행하는 모든 자를 여호와께서 가증히 여기시나니"로 번역한다. 모세는 10-11절의 아홉 가지 행동들을 "혐오"라고 규정한다.

"왜냐하면"은 위에서 언급한 아홉 가지 행동들을 왜 금지했는지를 말해준다. 이스라엘이 왜 가나안 민족들의 행위를 본받지 않아야 하는지를 설명한다. "이런 일들을 행하는 모든 자"는 위에서 언급한 아홉 가지 행동을 하는 사람들을 의미한다.

"혐오"는 '혐오스러운 것,' '몹시 싫은 것'을 뜻한다. "혐오"는 신명기에서 다양한 행동에 대해서 사용되었다. 우상에 입힌 은이나 금을 탐내는 행위(신 7:25), 가나안 민족들이 우상에게 자녀들을 불살라 드린 행위(신 12:31), 흠이 있는 소와 양을 하나님께 드리는 행위(신 17:1), 남자와 여자가 서로 옷을 바꿔 입는 행위(신 22:5), 창녀의 돈과 개 같이 번 돈을 하나님께 가져오는 행위(신 23:18[히브리어 19]), 불의를 행하는 것(신 25:16), 부어 만든 우상(신 27:15)에게도 사용되었다. 이런 것들은 하나님께서 가증히 여기신다(더 자세한 설명은 신 7:25을 참고하라).

"이런 혐오들 때문에 아도나이 너의 하나님이 그들을 너 앞에서 쫓아내신다."는 하나님께서 가나안 민족들을 그 땅에서 쫓아내시는 이유를 설명한다. 점을 치며 징조를 살피는 행위들을 하나님께서 몹시 싫어하시기 때문이다.

13 너는 너의 하나님 아도나이와 함께[1)] 완전해야 한다.[2)]

본문 비교

1) 70인경은 "앞에서"로 읽는다. 탈굼 옹켈로스와 탈굼 프쉬도 요나단은 "너의 하나님 아도나이의 두려움 안에"이다. 탈굼 네오피티는 "나의 백성, 이스라엘의 자녀들아, 너희는 너희 하나님 아도나이와 함께 선한 행위로 완전해져야 한다"로 해석한다.
2) 마소라 사본은 여기에 세투마(ס)를 두어 단락을 나누고 있다.

개역 개정은 "완전하라" 하고 명령으로 번역한다. 미완료형이지만 명령의 의미가 담겨 있다. "완전"은 '흠이 없는,' '죄가 없는' 또는 '결백한'의 뜻이다. 이 단어는 하나님께 드리는 희생 제물에 대해서 자주 사용되었다. 하나님께 드리는 희생 제물은 흠이 없어야 했다(출 12:5, 레 1:3, 10, 3:1, 6). 이 단어는 또한 사람에게도 사용되었는데 노아는 그 시대에 하나님과 동행한 "완전한 자"로 칭해진다(창 6:9). 하나님은 아브라함에게 나타나셔서 자신을 전능하신 하나님으로 소개하시며 "너는 내 앞에서 행하여 완전하라"고 하셨다(창 17:1). 욥은 자신을 완전하다고 말한다(욥 12:4). 다윗은 자신이 하나님 앞에서 완전하여 죄악을 피하였다고 고백한다(삼하 22:24). 다윗은 또한 하나님은 완전한 자에게는 하나님의 완전함을 보이시며 하나님의 길은 완전하다고 말한다(삼하 22:26, 31). 흠이 없는 사람이 그의 길을 곧게 할 수 있고(잠 11:5) 구원을 받을 수 있으며(잠 28:18) 하나님의 장막에 머무를 수 있다(시 15:2). 완전한 사람이 하나님을 섬긴다(시 101:6).

"너는 너의 하나님 아도나이와 함께 완전해야 한다."에서 전치사 "함께"가 인상적이다(개역 개정은 70인경을 따라 "앞에서"로 번역한다). 완전한 삶, 흠이 없는 삶은 하나님과 함께 할 때 가능하다. 이스라엘이 완전해지려면 일단 유혹을 받는 환경에서 벗어나야 한다. 가나안 민족들의 가증한 행위들을 본받지 말아야 한다. 가증한 행위를 하는 자들을 용납하지 말아야 하며 이들을 다 가나안 땅에 쫓아내야 한다. 그리고 하나님의 법을 따라 살아가는 것이다. 이스라엘이 흠이 없는 완전한 자가 되려면 "아도나이와 함께" 해야 한다. 아도나이와 함께 하는 삶은 아도나이의 음성을 듣는 것이다. 즉 아도나이의 말씀에 순종해야 한다. 이러한 삶은 가나안 땅의 가증한 삶을 따라가는 것이 아니라 아도나이의 선지자의 말을 듣는 것이다(신 18:15-22).

14 [1)]왜냐하면 네가[2)] 쫓아낼 이 민족들은 예언하는 자들과 점치는 자들에게[3)] 듣기 때문이다.
그러나 너는 그렇게 말라, 너의 하나님 아도나이께서 너에게 주셨다.

본문 비교

1) 70인경은 히브리어와 다르게 해석한다. "왜냐하면 네가 그들의 유산을 빼앗으려고 하는 이 민족들은, 이들은 징조들과 점들을 듣기 때문이다, 그러나 너에게 너의 하나님 주님께서 그렇게 허용하지 않았다"이다. 탈굼 네오피티는 이렇게 해석한다. "왜냐하면 너희가 파괴하려고 하는 이 민족들은 흐릿한 눈을 가진 자에게 그리

고 점치는 자에게 듣기 때문이다, 그러나 너의 하나님 주님께서 너에게, 나의 백성, 이스라엘 자녀, 그들과 같이 되는 것을 허락하지 않았다." 탈굼 프쉬도 요나단은 더 자유롭다. "왜냐하면 너희가 쫓아내려고 하는 이 민족들은 돌팔이 의사들과 점쟁이들에게 순종하기 때문이다, 그러나 너희는 그들과 같지 않다. 그러므로 주님께서 너희에게 우림과 둠밈을 추구하는 제사장들과 선지자들의 올바름을 주셨다."

2) 사마리아 오경, 탈굼 네오피티 그리고 탈굼 프쉬도 요나단은 복수 "너희"이다.

3) 사마리아 오경과 시리아 역은 정관사 "그"를 갖고 있다.

이 구절은 번역하기가 어렵다(참고. 본문 비교 1). 상반절을 직역하면 다음과 같다. "왜냐하면 이 민족들, 네가 그들을 쫓아낼 것이다, 그들은 예언하는 자들에게 그리고 점치는 자들에게 듣기 때문이다."

"왜냐하면"은 13절에서 이스라엘이 완전해져야 하는 이유를 설명한다. 이스라엘과 가나안 민족들의 차이점을 말한다. 가나안 민족들은 예언하는 자들과 점치는 자들의 소리를 듣기 때문이다. "그들을"은 "이 민족들"을 뜻한다. "예언하는 자들과 점치는 자들"은 위의 10절을 참고하라.

"그러나 너는 그렇게 말라, 너의 하나님 아도나이께서 너에게 주셨다." 이 번역은 마소라의 분리악센트 자켑 카톤이 위치한 곳에서 끊어 번역했다. 하지만 이렇게 번역하면 뜻이 모호하다. 그래서 "너는"을 생략하기도 하고 히브리어 분리악센트를 무시하기도 한다. 개역 개정은 "네게는 네 하나님 여호와께서 이런 일을 용납하지 아니하시느니라"로 번역했다. 유대인 번역도 "너는"를 생략해서 번역했다. "however, the LORD your God has not assigned the like."(TNK). 영은 "너는"를 끊어서 해석한다. "and thou -- not so hath Jehovah thy God suffered thee."(YLT), 다음 두 번역은 "너에 관해서는," 하고 끊어서 번역했다. "but as for you, the LORD your God has not appointed such for you."(NKJ), "but as for you, the LORD your God has not allowed you *to do* so."(NAS). 하지만 히브리어 분리악센트를 살려서 번역하면 위와 같다.

"너는 그렇게 말라"는 아마도 "너는 그렇게 하지 말라"는 뜻인 것 같다. 즉 가나안 민족들이 행하는 혐오스러운 행동을 하지 말라는 의미이다. 하지만 다음 구절이 문제이다. "너의 하나님 아도나이께서 너에게 주셨다"는 목적어가 없어서 의미가 명확하지 않다. 아마도 상반절과 연결해서 읽으면 "너의 하나님 아도나이께서 (이 민족들, 그들을) 너에게 주셨다" 하는 의미인 것 같다(위의 직역을 참고하라). 하나님께서 이스라엘에게 가나안 민족들을 쫓아낼 수 있도록 주셨다고 읽을 수 있다.

4. 나와 같은 선지자(18:15-22)

이 단락을 더 자세하게 나누면 두 부분으로 나눌 수 있다. 첫째, 하나님은 이스라엘의 미래에 모세와 같은 선지자가 일어날 것을 말씀하신다. 모세는 하나님과 이스라엘 사이에 서서 하나님의 말씀을 전달했던 자이다. 이와 같은 역할을 할 선지자가 이스라엘에서 일어날 것이다. 이스라엘은 그 선지자에게서 하나님의 말씀을 들어야 한다(18:15-19).

둘째, 하나님의 말씀을 전하는 선지자가 참 선지자인지 거짓 선지자인지를 구분하는 방법이다. 하나님의 말씀을 예언하는 선지자는 그 말씀이 역사 속에서 성취되어야 참 선지자로 인정을 받는다. 역사 속에서 하나님의 예언이 이루어지지 않으면 그 선지자는 거짓 선지자이다(18:20-22).

번역

15 너의 형제들에서, 너 가운데서 나와 같은 한 선지자를,
너의 하나님 아도나이께서 너에게 일으킬 것이다,
너희는 그에게 들어야 한다.
16 네가 너의 하나님 아도나이에게 구한 모든 것을 따라, 호렙에서,
회중의 날에, 말하기를,
내가 더 이상 나의 하나님 아도나이의 음성을 듣지 않게 하소서,
그리고 이 큰 불을 내가 더 보지 않게 하소서, 그리고 내가 죽지 않을 것이다.
17 그리고 아도나이께서 나에게 말했다,
그들이 옳다, 그들이 말한 것이.
18 내가 그들에게 너와 같은 한 선지자를 그들의 형제들 가운데에서 일으킬 것이다,
그리고 내가 나의 말들을 그의 입에 줄 것이다,
그리고 그가 그들에게 내가 그에게 명령한 모든 것을 말할 것이다.
19 그리고 그가 나의 이름으로 말한 나의 말들을 듣지 않는 사람이 있을 것이다,
내가, 내가 그에게서 찾을 것이다.
20 그러나 그 선지자, 그는 나의 이름으로 말한다고 간주될 것이다,
내가 그에게 말하라고 명령하지 않은 것을,
그리고 그는 다른 신들의 이름으로 말할 것이다,
그리고 그, 그 선지자는 죽어야 할 것이다.
21 그리고 너는 너의 마음에 말한다면,
어떻게 우리가 아도나이께서 그에게 말씀하지 않은 것을 알겠는가?
22 그 선지자가 아도나이의 이름으로 말할 때,
그러나 그 말씀이 있지 않을 것이다 그리고 그 말씀이 오지 않을 것이다,
그것은 아도나이께서 그에게 말씀하지 않았다, 그 선지자가 건방지게 그것을 말한 것이다,
너는 그를 두려워하지 말라.

주해

15 너의 형제들에서, 너 가운데서[1)] 나와 같은 한 선지자를,
너의 하나님 아도나이께서 너에게 일으킬 것이다,[2)]
너희는 그에게[3)] 들어야 한다.[4)]

본문 비교

1) 70인경은 "너 가운데서"를 생략한다. 오리겐의 헥사플라는 별표로 이것을(ἐκ μέσου σου) 첨가한다. 사마리아 오경은 마소라의 "너의 형제들에서, 너 가운데서"(מקרבך מאחיך)를 "너의 형제들 가운데서"(מקרב אחיך)로 읽는다.
2) 탈굼 프쉬도 요나단은 여기에 "거룩한 영 안에서"를 첨가한다. 하나님께서 거룩한 영으로 모세와 같은 선지자를 세울 것을 말한다.
3) 탈굼 네오피티는 "그의 말씀을"로 읽는다.
4) 탈굼 옹켈로스와 탈굼 프쉬도 요나단은 "인정해야 한다" 또는 "받아들여야 한다"(קבל)이다.

"나와 같은"은 '모세와 같은'을 의미한다. 이것은 시내 산에 하나님과 이스라엘 사이에서 중보자 역할을 했던 모세를 뜻한다. 다음 16절을 계속 읽어보면 확실해 진다. 모세와 같은 선지자가 "너의 형제들에서" 즉 이스라엘에서 나올 것이다. 모세와 똑같지는 않지만 모세와 유사한 두 번째 모세가 올 것이다.

"너의 하나님 아도나이께서 너에게 일으킬 것이다"에서 선지자를 일으키시는 주체는 하나님이시다. "너에게"는 '너를 위하여' 그리고 "일으킬 것이다"는 '세울 것이다'로도 번역할 수 있다. 하나님께서 모세와 같은 한 선지자를 이스라엘에서 미래에 일으킬 것이다. 선지자는 하나님의 소명을 받아 선지자 직분을 맡는다(사[6장], 렘[1장] 그리고 겔[2장] 선지자는 모세[출 3장]와 같이 소명 기사를 가지고 있다). 선지자는 하

나님의 부르심을 받고 하나님의 보내심을 받아 하나님의 말씀을 하는 것이다.

"너희는 그에게 들어야 한다."는 '너희는 그를 들어야 한다'이다. "그에게"는 하나님께서 이스라엘에 세우실 모세와 같은 선지자이다. 그 선지자의 말에 순종해야 한다. 이것은 14절에서 가나안 민족들이 점쟁이에게 들었던 것과 대조를 이룬다. 이스라엘은 하나님께서 세우신 선지자에게 듣는다.

16 네가 너의 하나님 아도나이에게 구한 모든 것을 따라, 호렙에서,
회중의 날에,[1] 말하기를,
내가[2] 더 이상 나의[3] 하나님 아도나이의 음성을 듣지 않게 하소서,
그리고 이 큰 불을[4] 내가[5] 더 보지 않게 하소서, 그리고 내가 죽지 않을 것이다.[6]

본문 비교

1) 탈굼 프쉬도 요나단은 "지파들이 율법을 받기 위해 모였던 그 날에"로 의역한다.
2) 70인경과 탈굼 프쉬도 요나단은 1인칭 복수 "우리"이다.
3) 70인경과 탈굼 네오피티와 탈굼 프쉬도 요나단은 1인칭 복수 "우리의"이다.
4) 사마리아와 오경과 일부 70인경 사본들은 "이 큰 그의 불"이다.
5) 70인경은 "우리가"로 복수이다.
6) 70인경은 "우리가 죽지 않기 위하여"로 해석한다.

"아도나이에게"는 이중 전치사가 "함께"(עִם)와 "에서"(מִן)가 사용되었다. "함께"라는 전치사에서 알 수 있듯이 아도나이는 호렙 산에 현현하셔서 이스라엘과 함께 있었다. "호렙에서"는 모세가 시내 산 사건을

회상하고 있음을 의미한다. 하나님이 시내 산에 임재해서 백성에게 직접 말했을 때에 백성은 모세에게 하나님 대신 말해 달라고 요청했다(출 20:18-19, 신 5:22-27). 이때 모세는 하나님께 가서 하나님의 말씀을 듣고 다시 백성에게 와서 하나님의 말씀을 들려주었다. 15절의 "나와 같은 한 선지자"는 시내 산 사건을 배경으로 하고 있다. 시내 산에서 모세가 했던 역할이다. 모세는 하나님과 이스라엘 사이에 중보 역할을 감당했다.

"회중의 날"은 이스라엘이 시내 산에서 아도나이의 음성을 듣기 위해 모였던 날이다(신 4:10, 15, 5:22). 이때 백성들이 모세에게 한 요구는 "내가 더 이상 나의 하나님 아도나이의 음성을 듣지 않게 하소서, 그리고 이 큰 불을 내가 더 보지 않게 하소서"이다. 하나님께서 직접 시내 산에 임재하셔서 직접 불 가운데서 말씀하셨기 때문이다. "아도나이의 음성"은 청각적인 면을 그리고 "큰 불"은 시각적인 면을 강조한다. 불은 하나님이 나타나실 때 일어났던 동반 현상이며 전형적인 신현의 현상이다(참고. 출 19:18, 24:16-17). 하나님의 음성이 이스라엘 백성의 귀에 직접 들렸다. 그리고 이스라엘 백성은 눈으로 직접 하나님의 영광을 보았다. 이것이 이스라엘 백성에게 큰 두려움을 가져다주었다. 그래서 그들은 모세에게 중재해 줄 것을 요청한 것이다. '불 가운데서 말씀' 하시는 하나님의 모습은 신명기 4-5장에 더 잘 나타났다(신 4:11-12의 주석을 참고하라).

직역인 "그리고 내가 죽지 않을 것이다."에서 "그리고"는 '그러면'의 의미이다. 문맥을 살려 번역을 하면 아마도 '그러면 내가 죽지 않을 것이다,' 또는 '내가 죽지 않도록'이런 의미일 것이다(참고. 본문 비교 6). 영어 성경(ESV, NKJ, TNK)은 "lest I die"로 번역한다.

17 그리고 아도나이께서 나에게 말했다,

그들이 옳다, 그들이 말한 것이.[1)]

본문 비교

1) 70인경은 "그들이 말했던 모든 것이 옳다"(ὀρθῶς πάντα ὅσα ἐλάλησαν) 하고 번역한다. 여기서 "모든"(πάντα)은 히브리어에 없다(아퀼라와 테오도치온은 "모든"을 빼고 히브리어와 같이 번역한다: ἠγαθυσαν ὅσα ἐλάλησαν). 오리겐의 헥사플라는 별표로 이것을 지적한다. 히브리어 필사본(V$^{Ken\ 84}$), 탈굼 네오피티, 시리아 역 그리고 벌게이트도 "모든"을 덧붙인다. 탈굼 네오피티는 "보라, 그들이 말했던 모든 것이 옳고 적절하다"로 번역한다.

이스라엘 백성이 모세에게 말한 것에(18:16) 대한 하나님의 반응이다. 하나님은 이스라엘 백성의 말이 "옳다"(혹은 "좋다")고 하신다(참고. 신 5:28). 하나님은 이스라엘 백성의 말을 받아들이시고 더 이상 직접 이스라엘 백성에게 말씀하지 않으셨다. 이후에 하나님은 모세를 시내산으로 불러서 모세에게 하나님의 말씀을 들려 주셨다(출 20:21 이하).

18 내가 그들에게 너와 같은 한 선지자를[1] 그들의 형제들 가운데에서 일으킬 것이다,
그리고 내가 나의 말들을[2] 그의 입에 줄 것이다,
그리고 그가 그들에게 내가 그에게 명령한 모든 것을[3] 말할 것이다.[4]

본문 비교

1) 탈굼 프쉬도 요나단은 "거룩한 영"이 있는 선지자라고 설명한다.
2) 70인경은 "나의 말"로 단수이다. 탈굼 옹켈로스와 탈굼 프쉬도 요나단은 "나의 예언의 말들"이며 탈굼 네오피티는 "그의 말들"이다.
3) 70인경은 "모든"을 생략한다.
4) 마소라 사본의 "그의 입에…그리고 그가 그들에게 말할 것이다"

를 쿰란 사본은 "그리고 그가 그들에게 그의 입으로 말했다"로 읽는다.

18절과 15절을 비교해 보면 약간의 차이가 있다.

15 너의 형제들에서, 너 가운데서 나와 같은 한 선지자를, 너의 하나님 아도나이께서 너에게 일으킬 것이다.
18 내가 그들에게 너와 같은 한 선지자를 그들의 형제들 가운데에서 일으킬 것이다.

"너의 하나님 아도나이께서"(15)와 "내가"(18), "너의 형제들"(15)과 "그들의 형제들"(18), "나와 같은 한 선지자"(15)와 "너와 같은 한 선지자"(18), 그리고 "너에게"(15)와 "그들에게"(18) - 이 차이는 15절은 모세가 말한 형식이며 18절은 하나님의 말을 인용한 형식이기 때문이다. 15절은 "나와 같은 한 선지자"이며 18절은 "너와 같은 한 선지자"로 나온다. 그리고 18절은 하나님이 직접 말씀하신 형식 "내가"로 시작한다.

"그들에게"는 '그들을 위해'로 그리고 "일으킬 것이다"는 '세울 것이다'로도 번역할 수 있다.

"너와 같은 한 선지자"는 모세와 같은 선지자를 의미한다. 미래의 이스라엘에서 일어날 선지자이다.

"그리고 내가 나의 말들을 그의 입에 줄 것이다." 모세와 같은 선지자의 특징을 말한다. 하나님께서 그 선지자의 입에 "나의 말들을" 즉 하나님의 말들을 "줄"(또는 "둘") 것이다. 선지자는 하나님의 말씀을 가지고 있어야 한다. 참된 선지자의 특징이다.

하나님이 모세를 호렙 산에서 불러 이집트의 바로에게 보내실 때에 모세는 하나님의 부르심을 거절했다. 모세는 그때 하나님께 자신은 입이 둔하고 혀가 둔한 사람이라고 했다. 그러자 하나님이 "이제 가라 내가 네 입과 함께 있어서 할 말을 가르치리라"(출 4:12)하셨다. 모세에게 할 말을 주신 하나님(출 4:10-16)은 미래의 이스라엘에 일어날 선지자에게도 하나님의 말씀을 주실 것을 약속하신다.

"선지자"(נביא)는 '말하는 자'(spokesman, speaker)로서 구약에서 306회 사용되었다. 하나님의 말씀을 대변하는 자이다(참고. 출 4:16, 7:1). 선지자와 제사장 직분을 비교해 보면, 제사장은 하나님이 아론을 선택하심으로 되었다. 후에 아론의 후손들이 제사장 직분을 물려받았다. 제사장 직분은 세습되었다. 하지만 선지자는 하나님의 특별한 소명, 부르심에 의해 세워졌다. 선지자 직분은 세습되지 않았다.

선지자들의 가장 큰 특징인 소명은 다양하게 나타난다. 대 선지자들의 소명 기사를 비교해 보면, 먼저 이사야는 하늘 보좌 위에 앉으신 아도나이와 성전을 본다(사 6장). 스랍들이 노래하는 것을 듣고 본다. 그때 이사야는 자신은 입술이 부정한 자라고 고백한다. 그러자 스랍이 숯을 가져와서 그의 입술을 정결케 해준다. 그 후에 하나님의 독백이 들린다. "내가 누구를 보내며 누가 우리를 위하여 갈꼬." 이사야는 아주 적극적으로 응답한다. "내가 여기 있나이다 나를 보내소서"(사 6:8). 이사야가 자원하며 나서자 하나님은 이사야를 보낸다.

예레미야의 소명은 아도나이의 말씀이 예레미야에게 임함으로 시작되었다(렘 1:4). 이것은 이사야와 에스겔 선지자가 아도나이의 보좌의 환상을 본 것과 대조된다. 더욱 특이한 것은 하나님이 예레미야가 태어나기도 전에 미리 정하신 것이다. 하나님은 예레미야를 어머니의 태에 있기도 전에 미리 알았다고 하시며 그를 미리 구별하시고 열방의 선지자로 세웠다. 하나님의 부르심에 대하여 예레미야는 자기 자신을 부정하는 말을 한다. "슬프도소이다 … 나는 아이라 말할 줄을 알지 못하나이다"(렘 1:6). 예레미야의 고백에 대하여 하나님은 그와 함께 하실 것을 확인시켜 주신다. "너는 아이라 말하지 말고 내가 너를 누구에게 보내든지 너는 가며 내가 네게 무엇을 명령하든지 너는 말할지니라"(렘 1:7). 그리고 하나님은 예레미야의 입에 그의 말씀을 두신다. "보라 내가 내 말을 네 입에 두었노라"(렘 1:9). 이것이 모세의 소명과 비슷하다.

에스겔의 소명은 이사야와 유사한 면이 있다. 그는 하늘이 열리고 하나님의 이상을 본다(겔 1:1). 특히 아도나이의 영광의 형상을 자세하게 본다. 아도나이의 말씀이 임하고 아도나이의 손(능력)이 에스겔에게 임한다(겔 1:3). 에스겔은 네 생물의 영을 보며 영이 에스겔에게 임한다(겔 2:2). 더 나아가 에스겔은 두루마리 책을 먹는다(겔 3:2). 하나님이 이스라엘에게 에스겔을 보내신다(겔 3:4-5). 그러나 이사야나 예레미야와 같이 에스겔 자신의 반응은 나타나지 않는다.

예레미야의 소명은 다른 선지자들 이사야와 에스겔의 소명과 강조점이 다르다. 예레미야는 말씀이 임하는 반면 이사야와 에스겔은 이상을 보기 때문이다. 물론 에스겔에게도 아도나이의 말씀이 임했다. 신명기에서 말하는 모세와 같은 선지자에게 하나님께서 말씀을 주실 것을 약속한 것은 예레미야의 소명 기사와 유사하다.

모세와 같은 선지자가 해야 할 일은 다음과 같다. "그리고 그가 그들에게 내가 그에게 명령한 모든 것을 말할 것이다." 모세와 같은 선지자는 하나님께서 명령한 것만을 전해야 한다(참고. 왕상 22:14, 렘 1:7). 선지자의 책임과 의무를 말한다. 선지자가 어떤 사람인지 여기서 잘 나타난다. 그는 하나님이 명령한 것을 전달하는 자이다.

19 1)그리고 그가2) 나의 이름으로 말한 나의 말들을3) 듣지 않는 사람이 있을 것이다,
내가, 내가 그에게서 찾을 것이다.4)

본문 비교

1) 마소라 사본은 והיה로 시작하는데 반하여 70인경은 καὶ로 시작하며 히브리어 "하야" 동사가 없다.
2) 쿰란 사본(4QTest)과 70인경은 "그 선지자"로 해석한다. 오리겐의 헥사플라는 별표로 이것을 지적한다.

3) 사마리아 오경, 70인경, 벌게이트, 탈굼 네오피티는 "그의 말들"이다. 탈굼 프쉬도 요나단은 "나의 예언의 말들"이다.
4) 70인경과 탈굼 네오피티와 탈굼 프쉬도 요나단은 "복수할 것이다"로 읽는다.

"그가"는 모세와 같은 선지자를 의미한다. "나의 이름으로"는 아도나이의 이름을 뜻한다. 아도나이의 선지자는 아도나이의 이름으로 예언을 했다. 모세와 같은 선지자가 이스라엘의 하나님 아도나이의 이름으로 말씀을 선포했음에도 불구하고 그 말을 믿지 않는 사람이 생길 수 있는 상황을 전제하고 있다. "듣지 않는 사람"은 선지자의 말을 따르지 않는 불순종하는 사람이다. 하나님의 말씀을 듣고도 불순종하는 자이다.

"내가, 내가 그에게서 찾을 것이다." "내가"가 강조되었다. "그에게서"는 불순종하는 사람을 의미한다. 하나님께서 불순종하는 사람을 "찾을 것이다." 사냥꾼이 사냥감을 추격하듯이 찾는 것이다. 찾는 목적은 심판하기 위해서이다(참고. 본문 비교 4). 하나님은 선지자를 통하여 선포된 하나님의 말씀을 듣고도 순종하지 않는 사람을 직접 찾으실 것이다. 하나님께서 직접 행동하실 것을 말한다.

20 그러나 그 선지자,[1] 그는 나의 이름으로 말한다고 간주될 것이다,[2]
내가 그에게 말하라고 명령하지 않은 것을,
그리고 그는 다른 신들의 이름으로[3] 말할 것이다,
그리고 그, 그 선지자는 죽어야 할 것이다.[4]

본문 비교

1) 탈굼 프쉬도 요나단은 "거짓 선지자"라고 설명한다.
2) 70인경은 "그가 불경하게(신앙심 없이) 행동할 것이다"(ἀσεβήσῃ)로 번역한다. 아퀼라는 마소라와 같이 ὑπερηφανεύσηται로 읽는

다. 오리겐의 헥사플라는 이 차이를 지적하고 있다.

3) 탈굼 옹켈로스와 탈굼 프쉬도 요나단은 "민족들의 우상의 이름으로"이며 탈굼 네오피티는 "다른 우상들의 이름으로"이다.

4) 탈굼 프쉬도 요나단은 "그 선지자는 칼로 죽여야 한다."이다.

"그러나"(אַךְ)는 제한적인 강조를 나타낸다. "그 선지자"는 거짓 선지자를 말한다. "간주될 것이다"는 '추정될 것이다' 또는 '가정될 것이다'이다. 거짓 선지자의 두 가지 특징을 말한다. 첫째는 "나의 이름으로" 말하는데 "내가 그에게 말하라고 명령하지 않은 것을" 예언한다. 하나님께서 보내지 않았고 하나님께 예언하라고 하지 않았음에도 불구하고 거짓 선지자는 하나님의 이름으로 말한다(렘 14:14, 23:32). 거짓 선지자는 하나님이 말씀하지 않은 것을 하나님의 이름으로 함부로 말하는 자이다. 건방지게 행동하는 자이다. 둘째는 "다른 신들의 이름으로" 예언하는 것이다(렘 2:8, 23:13). "그리고 그는 다른 신들의 이름으로 말할 것이다"는 관계대명사를 끊어서 번역했는데 관계대명사와 관련해서 "그리고 그는 다른 신들의 이름으로 말하는 그 선지자"로 이해할 수 있다. "다른 신"의 이름으로 예언하는 자는 거짓 선지자임이 분명하다. 거짓 선지자에 대한 심판은 사형이다.

거짓 선지자들은 역사 속에서 계속 출현했다. 참 선지자와 거짓 선지자들의 대결로 유명한 사건들이 있다. 첫째는 엘리야이다. 이스라엘의 아합 왕 때에 엘리야는 갈멜 산에서 바알의 이름으로 예언한 선지자들 450명과 대결했다. 송아지 한 마리씩을 택하여 각을 떠놓고 각기 신의 이름을 불러서 불로 응답하는 신이 진짜 하나님이라는 것이다. 대결 결과 엘리야가 승리했다. 바알은 응답이 없었지만 하나님은 엘리야의 기도에 불로서 응답했다(왕상 18장).

둘째, 이스라엘의 아합 왕과 유다의 여호사밧 왕이 길르앗 라못으로 올라가서 아람 왕과 전쟁하려고 할 때에 그들은 먼저 선지자들에게 전쟁에 관하여 물었다. 아도나이의 이름으로 예언하는 사백 명은 승리를 예언했다. 그 가운데 시드기야는 철로 뿔들을 만들어서 왕이 이것들로 아람을 찔러 승리한다고 장담했다. 이들은 아도나이의 이름으로 예언했지만 거짓 예언이었다. 그러나 미가야 선지자는 이들의 예언이 거짓이며 이스라엘의 아합 왕은 전쟁에서 져서 죽을 것이라고 예언했다. 미가야의 예언대로 아합 왕은 전쟁에서 져서 죽임을 당했다(왕상 22:1-40).

셋째, 유다의 마지막 때에 예레미야를 들 수 있다. 예레미야는 유다가 하나님의 심판을 받아 망한다고 예언했다. 저주와 재앙을 선언한 것이다. 예레미야는 유다가 바벨론으로 포로로 잡혀갈 것을 목에 멍에를 매는 상징적인 행동으로 보여주었다. 그러나 예레미야의 예언과는 반대로 평강을 예언하는 선지자들이 있었다. 그 가운데 하나냐는 예레미야의 목에 있는 멍에를 꺾어 버리며 하나님이 바벨론으로 옮겨진 성전 기구를 이 년 만에 돌아오게 할 것이라고 예언했다. 그러자 예레미야는 하나님이 하나냐를 보내지 않았다고 말하면서 나무 멍에 대신 쇠 멍에를 만들었다. 그리고 하나냐가 거짓 것을 백성에게 믿게 한다고 그의 죽음을 선언했다. 예레미야의 말대로 하나냐는 죽었다(렘 28장).

위의 예들에서 갈멜 산에서 엘리야와 대결을 펼쳤던 선지자들은 바알의 이름으로 예언했다. 그리고 시드기야와 하나냐는 아도나이의 이름으로 거짓 예언을 했다. 다른 신의 이름으로 예언을 하는 선지자들을 금방 식별할 수 있지만 같은 아도나이의 이름으로 예언하는 선지자들의 예언은 거짓인지 참인지 분별하기가 어렵다. 이에 모세는 다음 21-22절에서 아도나이의 참 예언인지를 구분할 수 있는 방법을 제시한다.

21 그리고 너는 너의 마음에[1)] 말한다면,

어떻게[2)] 우리가[3)] 아도나이께서 그에게 말씀하지 않은 것을 알겠는가?

본문 비교

1) 탈굼 네오피티는 "너의 마음의 생각에"로 더 자세하게 말한다.
2) 사마리아 오경은 마소라 사본의 איכה를 איך로 표기한다. 뜻은 변함이 없다.
3) 사마리아 오경, 70인경의 일부 사본들, 시리아 역과 벌게이트는 "내가 알겠는가?"이다.

선지자의 예언에 대한 의심이 일어나는 상황을 가정하고 있다. "너는 너의 마음에 말한다면"은 "만일 ~면"(כי) 또는 "~때"이다. 선지자의 예언을 들은 사람이 속으로 생각하는 것이다. 예언 내용에 의문을 표하는 것이다.

"어떻게 우리가 아도나이께서 그에게 말씀하지 않은 것을 알겠는가?" 관계 대명사가 있는 문장으로 직역하면 "어떻게 우리가 그 말을 알겠는가? 아도나이께서 그에게 말씀하지 않았다는 것을"이다. "알겠는가?"는 여기서 문맥상으로 '분별(구별)하겠는가?' '확인(식별) 하겠는가?'의 의미이다. 선지자가 예언한 내용에 의심이 들어서 확인하기를 원하는 것이다. 아도나이께서 말씀한 것인지, 아닌지를 식별하기를 원한다. 예언의 기원이 하나님께 있는지를 알기 원하는 것이다.

하나님의 말씀을 전하는 선지자가 있는가 하면 하나님께서 말씀하지 않은 것을 예언하는 선지자들이 있다. 자기 마음에서 우러나오는 내로 예언하는 것이다. 20절에서 살펴보았듯이 예레미야를 반대했던 하나냐 선지자는 자기 생각을 예언했다. 예레미야 선지자는 "아도나이의 입"에서 나온 말씀을 선언했다. 유다에 재앙이 임한다는 것이다. 그러나 하나냐는 "자기 마음"에서 나온 것을 예언했다. 그는 유다에 평강을 선언했다(렘 23:16-17). 선지자의 예언의 출처가 중요하다. "아도나이의 입"과 "자기 마음"은 전혀 다르다.

22 그 선지자가 아도나이의 이름으로 말할 때,
그러나[1] 그 말씀이 있지 않을 것이다 그리고 그 말씀이 오지 않을 것이다,
그것은 아도나이께서 그에게 말씀하지 않았다, 그 선지자가 건방지게 그것을 말한 것이다,
너는[2] 그를 두려워하지 말라.[3]

본문 비교

1) 사마리아 오경은 "그러나"(ו)가 없다.
2) 70인경, 쿰란사본(11QT[a]), 시리아 역은 복수 "너희"이다.
3) 마소라 사본은 여기에 세투마(ס)를 두어 단락을 나누고 있다.

히브리어는 첫 단어가 관계 대명사인 아쉐르(אשר)로 시작한다. 이것을 "~때"로 번역한 것이다. "만일 ~면"을 선호하는 번역들도 있지만(NIV, NRS, TNK) 대부분 "~때"로 번역한다(LEI, LUV, SVV, ASV, CJB, ESV, KJV, NAS, NAU, NJB, NKJ, ELB, ELO, LUO, SCL). "그 선지자"는 아도나이의 이름으로 예언을 하는 거짓 선지자이다.

"그러나 그 말씀이 있지 않을 것이다"는 '그러나 그 말씀이 발생하지 않을 것이다'로 예언의 말씀이 사실이 아니라는 것이다. 예언된 말씀이 역사 속에서 발생하지 않는 것 즉, 사건으로 나타나지 않은 것을 의미한다. "그리고 그 말씀이 오지 않을 것이다"는 '그리고 그 말씀이 이루어지지 않을 것이다'라는 의미이다. 거짓 선지자가 예언한 말씀이 현실 속에서 성취되지 않은 것이다. 이것은 선지자가 거짓 선지자인가 아니면 참된 선지자인가를 구별할 수 있는 시금석이다. 선지자가 아도나이의 이름으로 말한 것이 역사 속에서 성취되지 않으면 그 선지자는 거짓 선지자이다.

"그것은 아도나이께서 그에게 말씀하지 않았다." 거짓 선지자가 말한 예언이 역사 속에서 이루어지지 않으면 그것은 아도나이께서 그 선

지자에게 말씀하지 않은 것이다. 하나님이 그 선지자를 보내지도 않았고 그 선지자에게 말하라고 명령하지도 않았다. 그렇다면 그 예언은 어디서 나왔는가?

"그 선지자가 건방지게 그것을 말한 것이다." "건방지게"는 '뻔뻔하게,' 또는 '주제넘게'이다. 하나님께서 그 선지자에게 예언하라고 명령하지 않았는데 그 선지자가 주제넘게 나선 것이다. 그 예언의 기원은 자기 마음에서 나온 것이다.

"너는 그를 두려워하지 말라." 선지자가 예언한 것이 성취되지 않으면 하나님께서 그를 보낸 것이 아니다. 따라서 이스라엘 백성은 그 선지자를 두려워할 필요가 없다.

참고 문헌

Abba, R. "Priests and Levites in Deuteronomy," *VT* 27 (1977), 257-267.

——, "Priests and Levites in Ezekiel," *VT* 28 (1978), 1-9.

Atkins, J. D., "Reassessing the Origins of Deuteronomic Prophecy: Early Moses Traditions in Deuteronomy 18,15-22," *BBR* 23 (2013), 323-341.

Bernhard, K. H., *Prophetie und Geschichte*, Leiden, 1971.

Braulik, G. "Zur Abfolge der Gesetze in Deuteronomium 16,18-21,23. Weitere Beobachtungen," *Bib* 69 (1988), 63-91.

Brookem G. J., "Deuteronomy 18.9-14 in Qumran Scrolls," in *Magic in the Biblical World*, Edinburg, 2003, 66-84.

Broughton, P. E., "The Call of Jeremiah: The Relation of Deut. 18:9-22 to the Call and Life of Jeremiah," *ABR* 6 (1958), 41-46.

Cody, A., *A History of Old Testament Priesthood*, Rome, 1969.

Corss, F. M., *Canaanite Myth and Hebrew Epic*, Cambridge, 1973, 195-215.

Duke, R. K. "The Portion of the Levite: Another Reading of Deuteronomy 18:6-8." *JBL* 106 (1987), 193-201.

Emerton, J. A., "Priests and Levites in Deuteronomy," *VT* 12 (1962), 129-138.

Greenberg, M., "A New Approach to the History of the Israelite Priesthood," *JAOS* 70 (1950), 41-47.

Gressmann, H., "Josia und dea Deuteronomium." *ZAW* 42 (1924) 327-331.

Gunneweg, A. H. J., *Leviten und Priester*, Gütingen, 1965.

Habel, N. C., "Deuteronomy 18 - God's Chosen Prophet," *CTM* 35 (1964) 575-582.

Haran, M., *Temples and Temple-Service in Ancient Israel.* Winona Lake, 1985.

Hoppe, L. J., "The Levitical Origins of Deuteronomy Reconsidered," *BR* 28 (1983) 27-36.

Jepsen, A., "Mose und die Leviten: Ein Beitrag zur Frühgeschichte Israels und zur Sammlung des alttestamentlichen Schrifttums," *VT* 31 (1981) 318-323.

Kaufmann, Y., *The Religion of Israel*, Chicago, 1960.

Kwakkel, G., "Iemand als Mozes. Deuteronomium 18:9-22 en de identiteit van de profeet," in *Wonderlijk gewoon. Profeten en profetie in het Oude Testament*, Barneveld, 2003, 11-27.

Mathias, D., "'Levitische Predigt' und Deuteronomismus," *ZAW* 96 (1984) 23-49.

Meek, T. J., "Moses and the Levites," *AJSL* 56 (1939) 113-120.

Milgrom, J., "First Fruits," *IDBSup*. Nashville, 1976, 336-337.

———, "Profane Slaughter and a Formulaic Key to the Composition of Deuteronomy," *HUCA* 47(1976), 11-12.

Nielsen, E., "The Levites in Ancient Israel," *ASTI* 3 (1964) 16-27.

Nicholson, E., "Deuteronomy 18,9-22, The Prophets, and Scripture," in *Prophecy and the Prephets in Ancient Israe*l, London, 2010, 151-

171.

Nihan, C., " 'Moses and the Prophets': Deuteronomy 18 and the Emergence of the Pentateuch as Torah," *SEA* 75 (2010), 21-55.

Perlitt, L., "Moses als Prophet," *EvT* 31 (1971) 588-608.

Rofe, A., *The Prophetical Stories*, Jerusalem, 1988.

Römer, T., "Das Verbot magischer und mantischer Praktiken im Buch Deuteronomium (Dtn 18,9-13)," in *Diasynchron. Beiträge zur Exegese, Theologie und Rezeption der Hebräischen Bibel*, Stuttgart, 2009, 311-327.

Rowley, H. H., "Early Levite History and the Question of the Exodus," *JNES* 3 (1944) 73-78.

Samuel, H., "Levi, the Levites, and the Law," *Rewriting and Interpreting the Hebrew Bible*, Berlin, 2013, 215-230.

Schmitt, G., "Der Ursprung des Levitentums," *ZAW* 94 (1982) 575-599.

Vaux, R. de., *Studies in Old Testament Sacrifice*, Cardiff, 1964.

Veltri, G., "The False Prophet and the Magician," *Uomini e profeti. Scritti in onore di Horacio Simian-Yofre S. J.*, Rome, 2013, 343-357.

Weinfeld, M., "Ancient Near Eastern Patterns in Prophetic Literature," *VT* 27 (1977) 178-195.

Wilson, R., *Prophecy and Society in Ancient Israel*, Philadelphia, 1980.

Wolff, S. R., "Child Sacrifice at Carthage," *BAR* 10.1 (1984) 30-51.

Wright, G. E., "The Levites in Deuteronomy," *VT* 4 (1954) 325-330..

DEUTERO NOMY

신명기 | 19장

A New Translation with
Introduction
and Commentary

DEUTERONOMY

D E U T E R O N O M Y

신명기 19장

Deuteronomy 19

내용/구조

19장의 내용은 먼저 도피성을 주로 다루고 있다(1-13). 이스라엘이 가나안 땅에 들어갔을 때에, 그곳에서 세 성을 지정하여 도피성으로 삼아야 한다. 의도하지 않은 사고로 인하여 살인을 저지른 사람이 도망하여 살 수 있도록 한 것이다. 계획하지 않은 살인을 저지른 사람이 피하여 생명을 보존할 수 있는 성이다. 하지만 의도적으로 사람을 죽인 사람은 도피성으로 피할 수 없다. 계획적으로 사람을 살해한 사람은 도피성으로 도망할지라도 그 성에서 끌어내어 보복하려는 사람들에게 넘겨주어야 한다.

도피성 후에 이웃의 경계표를 옮기지 말라는 명령이 한 절로 짧게 주어진다(14). 이 구절 후에 재판에 있어서 증인 문제를 다루고 있다. 재판에 있어서 증인은 두 세 사람이 서야 효력이 있다. 그러나 거짓 증언을 하는 사람이 있을 경우 거짓 증언으로 피해를 입히려고 의도했던 것과 같이 그대로 거짓 증인에게 행해야 한다(15-21).

우리는 19장의 구조를 다음과 같이 나눌 수 있다. 다음 구조는 도피성과 두 세 증인 사이에 이웃의 경계표를 옮기지 말라는 명령이 샌드위치처럼 끼어 있다.

1. 도피성(19:1-13)
2. 이웃의 경계표를 옮기지 말라(19:14)
3. 두 세 증인(19:15-21)

1. 도피성(19:1–13)

도피성을 지정하라는 명령은 다음과 같이 나누어진다. 먼저 가나안 땅에 들어가서 살 때에 땅 전체를 세 구역으로 나누어서 세 곳의 성을 지정해야 한다. 그리고 그 성으로 가는 길을 닦아야 한다(1-3). 도피성으로 도망하여 생명을 보존할 수 있는 예는 의도성이 없이 살인을 한 사람이다. 같이 벌목을 하러 숲에 들어가서 나무를 찍다가 도끼날이 빠져서 옆의 사람이 맞아 죽은 사고와 같은 경우이다. 이런 사람은 도피성으로 가서 생명을 보존할 수 있다. 도피성으로 들어가지 않으면 죽은 사람의 가족이 보복할 것이기 때문이다(4-6). 모세는 이러한 사고를 위하여 세 성을 지정하라고 명령한다. 이 명령을 지켜서 가나안 땅에서 무죄한 피를 흘리지 말라고 권면한다(7-10). 하지만 의도적으로 살인한 사람이 도피성으로 도망할 경우에는 그 사람을 불쌍히 여길 필요가 없다. 살인자를 도피성에서 끌어내어 보수자들에게 넘겨주라고 명령한다. 생명은 생명으로 갚아 주어야하기 때문이다(11-13).

번역

1 아도나이 너의 하나님이 그 민족들을 자르실 것이다,
아도나이 너의 하나님이 너에게 그들의 땅을 주시며,
너는 그들을 점령하고 너는 그들의 성들에 그리고 그들의 집들에 살게 될 때,

2 너는 너를 위하여 세 성읍을 구별해야 한다,
아도나이 너의 하나님이 너에게 그것을 점령하도록 주시는 너의 땅 가운데에서.
3 너는 너를 위하여 그 길을 준비해야 한다,
그리고 너는 너의 땅의 영토를 세 부분으로 나눠야 한다,
아도나이 너의 하나님이 너에게 기업으로 주시는,
그리고 모든 살인자가 거기로 도망가게 하기 위해서이다.
4 그리고 이것은 그가 거기로 도망하여 살 수 있는 그 살인자의 경우이다,
그가 그의 이웃을 무의식중에 죽였다,
그리고 그는 그를 이전에 미워하지 않았다.
5 그리고 그가 그의 이웃과 함께 숲에 나무들을 베기 위하여 갔다,
그의 손이 도끼로 나무를 자르려고 찍다가,
도끼날이 그 나무에서 빠져서 그의 이웃을 맞혔고 그가 죽었다,
그는 이 성들의 하나로 도망가서 살 것이다.
6 그 피의 보복하는 자가 그의 마음이 뜨거워졌기 때문에 그 살인자를 따라 추격할 것이다,
그리고 그가 그를 따라잡을 것이다, 그 길이 멀기 때문에, 그가 그를, 영혼을 공격하지 않도록,
그리고 그에게 죽음의 판결이 없었다, 그가 그를 이전에 미워하지 않았기 때문이다.
7 그러므로 내가 너에게 명령한다, 말하기를,
너는 세 성읍을 너를 위하여 구별해야 한다.
8 그리고 만일 너의 하나님 아도나이께서 너의 영토를 넓히신다면,
그가 너의 조상들에게 맹세하셨던 것을 따라,
그리고 그는 너에게 줄 것이다,
그가 너의 조상들에게 주기로 말했던 그 모든 땅을.
9 네가 그것을 행하여 내가 오늘 너에게 명령한 이 모든 계명을 지킬 때,
너의 하나님 아도나이를 사랑하기 위해, 그리고 그의 길들 안에 걷기 위해, 모

든 날에,
그리고 너는 너를 위해 다시 세 성읍을 더할 것이다, 이 셋 위에.
10 그리고 깨끗한 피가 쏟아져서는 안 된다,
아도나이 너의 하나님이 너에게 기업으로 주시는 너의 땅 가운데서,
그리고 피가 너에게 있을 것이다.
11 그리고 만일 이것이 발생한다면, 어떤 사람이 그의 이웃을 미워하여,
그리고 그가 그를 누워 기다리다가 그에게 일어나서,
그리고 그를, 영혼을 쳐서 그가 죽고,
그가 이 성들의 하나로 도망할 것이다.
12 그리고 그의 성의 장로들은 보낼 것이다,
그리고 그들이 그를 거기로부터 취할 것이다,
그리고 그들은 그를 그 피의 보복하는 자의 손에 줄 것이고 그는 죽어야 한다.
13 너의 눈이 그를 불쌍히 여겨서는 안 된다,
그리고 너는 깨끗한 피를 이스라엘에서 제거해야 한다,
그리고 너에게 좋을 것이다.

주해

1 아도나이 너의[1] 하나님이 그 민족들을 자르실 것이다,
아도나이[2] 너의[1] 하나님이 너에게 그들의 땅을 주시며,
너는[3] 그들을 점령하고 너는[3] 그들의 성들에[4] 그리고 그들의 집들에 살게 될 때,

본문 비교

1) 탈굼 네오피티는 복수 "너희의"이다.
2) 70인경과 벌게이트는 "아도나이"를 생략한다.
3) 70인경과 탈굼 네오피티는 2인칭 복수 "너희"이다. 하지만 70인경의 다른 사본들(A F K M V)은 마소라 사본과 같이 단수 "너"를

갖고 있다.

4) 탈굼 네오피티는 "그들의 땅에"로 읽는다.

1절은 1-13절의 도입절로서 전제절이다. 이스라엘이 가나안 땅을 점령하고 살 때를 전제하고 있다. 히브리어에는 접속사 "~때," "만일 ~면"(כי)이 문장 처음에 나오고(70인경은 "그러나 만일 ~면," ἐὰν δὲ으로 번역) 관계 대명사(אשר)는 첫 문장과 두 번째 문장 사이에 나와서 연결해 준다. 필자는 이것을 끊어서 번역했는데, 이것을 이어서 번역해 보면 "아도나이 너의 하나님이 너에게 그들의 땅을 주시는 그 민족들을 아도나이 너의 하나님이 자르실 때"이다. "그 민족들을 자르실 것이다"는 כרת의 히필(사역 능동)형으로 '자르다,' '진멸하다,' '멸망시키다'이다. 가나안 땅에 사는 민족들을 '멸망시킬 것이다'라는 의미이다. 가나안 땅에 사는 민족들에 대해서는 신명기 7:1의 주해를 참고하라. "아도나이 너의 하나님"이 가나안 민족들을 멸망시키는 주체라는 사실에 주목해야 한다.

또한 "아도나이 너의 하나님"은 이스라엘에 땅을 주시는 분이다. "아도나이 너의 하나님이 너에게 그들의 땅을 주시며." 하나님이 땅을 주신다는 사실은 신명기 I. 서론 "10.2 하나님의 선물인 땅"을 참고하라.

하나님이 이스라엘에게 땅을 주시고 그곳에 거하는 백성들을 멸망시킨 결과로 이스라엘이 가나안 땅에 살 수 있다. "그 땅을 주시며"에는 접속사 '그리고'가 나온다. 이것을 이어서 번역해 보면 '그 땅을 주신다. 그리고 너는 그들을 점령할 것이고 너는 그들의 성들에 그리고 그들의 집들에 살게 될 것이다'이다. 하나님이 땅을 주시고 가나안 백성들을 멸망시킨 결과로 이스라엘이 가나안 백성의 성들과 집들에 살 수 있게 된 것이다. "살게 될 때"로 번역한 이유는 문장 처음에 접속사 "~때"가 나오기 때문이다.

2 너는 너를 위하여 세 성읍을 구별해야 한다,
아도나이 너의 하나님이[1] 너에게 그것을 점령하도록[2] 주시는 너의 땅 가운데에서.

본문 비교

1) 70인경은 "너의"를 생략하여 "주 하나님"이다. 그러나 랄프Rahlfs 편집은 "주 너의 하나님"이다.
2) 70인경은 "그것을 점령하도록"을 생략한다. 오리겐의 헥사플라는 별표로 이것을 보충하고 있다.

이 말씀은 가나안 땅에서 도피성 세 곳을 구별하라는 것이다. 이스라엘은 이미 요단 동편을 점령하고 도피성으로 세 성, 르우벤 지파를 위하여 베셀, 갓 지파를 위하여 길르앗 라못, 므낫세 지파를 위하여 바산 골란을 구별했다(신 4:41-43). 이제 모세는 가나안 땅에서 세 성을 도피성으로 구별하라고 한다.

"구별해야 한다"의 히브리어는 히필 형으로 '나눠야 한다'이다. 70인경은 '구별해야 한다'이다. 문맥상 '구별해야 한다'가 더 적절하다.

"아도나이 너의 하나님이 너에게 그것을 점령하도록 주시는 너의 땅 가운데에서." 여기서 "그것을"은 "땅"을 의미한다. 이것을 생략하고 번역해도 의미는 변함이 없다. "아도나이 너의 하나님이 너에게 점령하도록 주시는 너의 땅 가운데에서"이다(개역 개정은 "네 하나님 여호와께서 네게 기업으로 주신 땅 가운데에서"로 번역).

하반절에서 히브리어는 "너의 땅 가운데에서"가 먼저 나온다. 특이하게 "너의 땅"이다. 소유주가 "그들의 땅"(1절)에서 "너의 땅"(2절)으로 즉, 이스라엘로 변했다는 점에 주목해야 한다. 이스라엘이 가나안 땅을 정복하고 살 때(1절)를 전제로 하고 있기 때문이다. 요단강을 건너가면 이스라엘은 이제 가나안 땅의 주인이 될 것이다.

3 너는[1] 너를[1] 위하여 그 길을 준비해야 한다,[2]
그리고 너는[1] 너의 땅의 영토를 세 부분으로 나눠야 한다,
아도나이 너의[1] 하나님이 너에게[1] 기업으로 주시는,
그리고 모든 살인자가[3] 거기로 도망가게 하기 위해서이다.[4]

본문 비교

1) 탈굼 네오피티는 2인칭 복수이다.
2) 70인경은 명령형으로 읽는다. 오리겐의 헥사플라는 이것을 별표로 지적한다. 아퀼라는 마소라와 같이 번역한다. 탈굼 네오피티는 “너는 길을 곧게 만들어야 한다”로 해석한다.
3) 탈굼 네오피티는 “부주의한”을 덧붙인다.
4) 70인경은 “그곳에서 모든 살인자에게 피난처가 될 것이다”(ἔσται καταφυγὴ ἐκεῖ παντὶ φονευτῇ)로 번역한다.

“길을 준비해야 한다”는 도피성으로 가는 길을 만들라는 의미이다. 길을 만들기 위해서는 도피성까지 가는 거리를 계산해야 한다는 것을 전제로 한다(참고. Wevers, 308). 그래서 일부 번역본들은 이렇게 번역한다. “You shall calculate the distances”(NRS). “You shall survey the distances”(TNK).

“세 부분으로 나눠야 한다”는 ‘세 구역으로 나눠야 한다’는 의미이다. 왜냐하면 도피성은 세 곳으로 지정되었기 때문이다. “너의 땅의 영토를”을 ‘너의 땅의 경계를’로 번역할 수 있다. 아도나이께서 주신 기업의 땅을 세 부분으로 나누는 것이다. 물론 이것은 가나안 땅을 뜻한다. “그리고 너는 너의 땅의 영토를 세 부분으로 나눠야 한다, 아도나이 너의 하나님이 너에게 기업으로 주시는”에는 관계 대명사가 있다. 관계 대명사를 연결해서 번역하면 “그리고 너는 아도나이 너의 하나님이 너에게 기업으로 주시는 너의 땅의 영토를 세 부분으로 나눠야 한다.”이다.

"그리고 모든 살인자가 거기로 도망가게 하기 위해서이다"는 가나안 땅을 세 부분으로 나누는 이유를 설명하고 있다. 살인자가 도망할 수 있도록 하기 위해서이다. 이 세 성은 살인자들에게 도피할 곳, 피난처가 되는 것이다.

4 그리고 이것은 그가 거기로 도망하여 살 수 있는 그 살인자의 경우이다.[1]
그가 그의[2] 이웃을 무의식중에 죽였다,
그리고 그는 그를 이전에[3] 미워하지 않았다.

본문 비교

1) 히브리어 어순은 **וזה דבר הרצח** "그리고 이것은 살인자의 경우"가 먼저 나온다. 히브리어는 동사가 없는 명사절이다. 그런데 70인경은 이것을 τοῦτο δὲ ἔσται τὸ πρόσταγμα τοῦ φονευτοῦ "그러나 이것은 그 살인자의 법령일 것이다"로 미래를 위한 법령으로 번역한다. 오리겐의 헥사플라는 이것을 별표로 지적한다.
2) 70인경은 "그의"를 생략한다. 그러나 랄프Rahlfs 편집에는 "그의"가 있다.
3) 70인경은 "어제 전에 그리고 삼 일 전에"(πρὸ τῆς ἐχθὲς καὶ πρὸ τῆς τρίτης)이다.

"그 살인자의 경우"는 3절의 "모든 살인자"가 누구인지를 더 자세하게 설명한다. 히브리어는 "그 살인자의 경우"에 관계 대명사(אשר)가 있어 설명하고 있다. 즉 도피성에 도망하여 살 수 있는 살인자가 누구인지를 말한다. 도피성을 이용할 수 있는 경우이다. "경우"는 '일,' '문제'(דבר)이다. 도피성에 피난할 수 있는 절차, 조건, 법령을 함축하고 있다.

"도망하여 살 수 있는"은 '그가 도망할 것이다 그리고 그가 살 것이다'이다. 살인자는 도피성으로 도망하여 그의 생명을 구원할 수 있다. 도피성은 그 살인자에게 피난처로서 살인자의 생명을 보호할 수 있는 장소이다.

"그가"는 "그 살인자"를 뜻한다. "그의 이웃"은 '그의 친구,' '그의 동료'를 의미한다. "무의식중에"는 '고의가 아닌,' '부지중에,' '모르는 사이에'이다. 즉 이웃을 살해할 의도가 없는 상태에서 죽인 것이다. 살인을 계획하지 않은 상태에서 사고로 죽인 것을 뜻한다. 이전에 살해 의도가 없었다는 것을 "그는 그를 이전에 미워하지 않았다"가 설명한다. "이전에"는 문자적으로 '어제부터, 삼 일 전에'이다. 과거에 어떤 원한도 없었다는 것을 말한다.

5 그리고 그가 그의 이웃과 함께 숲에 나무들을 베기 위하여[1] 갔다,
그의 손이 도끼로 나무를 자르려고 찍다가,[2]
도끼날이 그 나무에서 빠져서 그의 이웃을 맞혔고 그가 죽었다,
그는 이 성들의[3] 하나로 도망가서 살 것이다.

본문 비교

1) 70인경은 "나무들을 모으기 위하여"(συναγαγεῖν ξύλα)이다. 오리겐의 헥사플라는 이것을 지적한다. 아퀼라는 ἐκκόψαι이다.
2) 마소라는 ונדחה인데 반하여 사마리아 오경은 ונדח이다. 마소라는 손의 동작이 앞으로 나아가는데 반하여 70인경은 뒤로 나아간다(ἐκκρουσθῇ). 오리겐의 헥사플라도 이 점을 지적한다.
3) 사마리아 오경은 여기에 전치사 מן을 넣어주었다.

이 구절은 4절과 함께 도피성에 도망가서 살 수 있는 살인자의 경우를 설명한다. 4절의 "그 살인자의 경우"에 관계 대명사(אשר)가 나와서 설명하고 있다. 이 구절에서도 "그리고"와 관계 대명사(ואשר)가 나와

서 4절과 병렬 관계를 보여주고 있다. 4절의 "무의식중에" 살인한 경우를 자세하게 설명하고 있다.

"그가"는 "무의식중에" 이웃을 살인한 사람이다. "그의 이웃"은 '그의 동료,' '그의 친구'를 뜻한다. 살인자는 벌목을 하기 위하여 동료와 함께 숲에 들어갔다. 나무를 찍으려고 움직이다가 도끼날이 빠져서 사고가 났다. 그런데 그의 동료가 죽었다. 이런 경우는 전혀 살인을 의도하지 않은 사고이다.

"이 성들의 하나"는 세 개의 성들 가운데 하나를 의미한다. 신명기는 가나안 땅을 아직 점령하지 않았기 때문에 구체적인 장소의 이름은 나오지 않는다. 후에 여호수아는 이곳을 "납달리의 산지 갈릴리 게데스와 에브라임 산지의 세겜과 유다 산지의 기럇 아르바 곧 헤브론"으로 밝히고 있다(수 20:7). 이 세 장소 외에 요단 동편에는 베셀, 길르앗 라못, 바산 골란이 있다(수 20:8).

"도망가서 살 것이다"는 '그는 도망갈 것이다...그리고 그는 살 것이다'이다. 살인자는 도피성으로 가서 그의 생명을 구원할 수 있다. 하지만 살인자는 자기가 왜 이곳에 오게 되었는지를 도피성의 장로들에게 이야기해야 하며 그 성의 장로들이 그를 받아 줄 때, 그 성에서 살 수 있다(수 20:4-5).

6 그 피의 보복하는 자가[1)] 그의 마음이[2)] 뜨거워졌기 때문에[3)] 그 살인자를 따라 추격할 것이다,
그리고 그가 그를 따라잡을 것이다, 그 길이 멀기 때문에,[4)] 그가 그를, 영혼을 공격하지 않도록,[5)]
그리고 그에게 죽음의 판결이 없었다, 그가 그를 이전에 미워하지 않았기 때문이다.

본문 비교

1) 70인경은 "그 피의 가장 가까운 자"(ὁ ἀγχιστεύων τοῦ αἵματος)이다. 죽은 사람의 가장 가까운 가족 또는 친척을 뜻한다.
2) 70인경은 히브리어의 "그의 마음이"를 "그 마음에게"(τῇ καρδίᾳ)로 번역한다.
3) 탈굼 프쉬도 요나단은 "왜냐하면 그의 마음이 그에 대하여 그의 분노로 가득해졌기 때문이다"로 자세하게 설명한다.
4) 70인경은 "만일 그 길이 멀다면"(ἐὰν μακροτέρα ᾖν ἡ ὁδός)이다.
5) 70인경은 "그리고 그가 죽었다"(καὶ ἀποθάνῃ)를 덧붙인다. 탈굼 네오피티는 히브리어의 '그가 그를, 영혼을 공격할 것이다'를 "그가 그를 죽일 것이고 그가 그의 생명의 죄책감을 갖는다, 왜냐하면 살인자를 위한 사법적 규정이 그에게 적용되지 않았기 때문이다."로 설명한다. 탈굼 네오피티의 "왜냐하면... 때문이다"는 히브리어의 "그에게 죽음의 판결이 없었다"를 설명한 것이다.

이 구절은 3절의 길을 준비하고 가나안 땅을 세 구역으로 나눠서 세 곳의 도피성을 지정해야 하는 구체적인 이유를 제시한다. 히브리어는 "~않도록"(פן)으로 시작한다. 이것은 다른 두 동사 "따라잡을 것이다"와 "공격할 것이다"에 영향을 미쳐서 '추격하여...따라잡아...공격하지 않도록'이라는 의미이다(참고. 본문 비교 5).

"그 피의 보복하는 자"는 '그 피의 구속자,' '그 피의 복수하는 자'로 죽은 사람의 가장 가까운 남자 가족이나 친척이다. 가족이나 친척이 죽임을 당했으면 가장 가까운 가족이 그 죽은 사람의 피를 보복해 주어야 할 책임과 의무가 있다(출 21:23, 레 24:27). 가족의 피를 흘린 사람을 죽이기 위해 추격하는 것이다. '추격하다'는 '뒤쫓다,' '추적하다'의 뜻이다.

접속사 '키'(כי) '~ 때문에'가 세 번이나 나온 것이 인상적이다. "그의 마음이 뜨거워졌기 때문에"는 분노로 마음이 격분되는 상태를 의미한다. 가족이나 친척이 죽었으니 당연히 마음에 슬픔과 분노로 요동치는 것이다. 가족의 피를 복수해 주려는 마음으로 화가 난 것이다. "따라잡을 것이다"는 '추월할 것이다,' '앞지를 것이다'이다. 피 값을 복수해 주려는 일념으로 살인자를 추격해서 엄습하는 것이다.

"그 길이 멀기 때문에"는 문자적으로 '그 길이 크기 때문에'이다. 영은 "because the way is great"(YLT)로 번역한다. 개역 개정은 "가는 길이 멀면"으로 70인경의 번역을 따른다(참고. 본문 비교 4). "그가 그를, 영혼을 공격할 것이다"는 '그가 그를, 영혼을 칠 것이다'이다. 쳐 죽이는 것이다. "영혼"은 '살아 있는 존재,' '생명,' '인격'을 뜻한다. 피의 보수자는 살인자를 죽이기 위하여 그 생명을 공격하는 것이다.

"그리고 그에게 죽음의 판결이 없었다."는 아직 사법적인 판결이 내려지지 않은 상태를 말한다(본문 비교 5의 탈굼 네오피티의 설명을 보라). 재판관의 재판이 있기도 전에 피의 보수자가 그를 죽이려고 시도하는 것이다. 모세는 이러한 보복 때문에 도피성의 필요성을 말한다. 도피성을 만들어야 할 이유이다.

"그가 그를 이전에 미워하지 않았기 때문이다."는 살인자가 살인 의도가 없었다는 것을 보여준다. 살인자는 살인을 계획하지 않았다. 그것은 우발적인 사고였을 뿐이다. 하지만 "그 피의 보복하는 자"는 이러한 사정을 모를 뿐만 아니라 마음의 슬픔과 분노로 인하여 이러한 점을 생각할 여유가 없을 것이다. "이전에"는 문자적으로 "어제부터, 삼 일 전에"이다.

7 그러므로[1] 내가 너에게[2] 명령한다,[3] 말하기를,
너는[2] 세 성읍을 너를[2] 위하여 구별해야 한다.[4]

본문 비교

1) 70인경은 히브리어의 "그러므로"(על כן)를 "이 때문에"(διὰ τοῦτο)

로 번역한다.

2) 탈굼 네오피티는 2인칭 복수 "너희"이다.

3) 70인경은 "내가 너에게 이 말을 명령한다"(ἐγώ σοι ἐντέλλομαι τὸ ῥῆμα τοῦτο)이다.

4) 마소라 사본은 여기에 세투마(ס)를 두어 단락을 나눈다.

"그러므로"는 1-6절에 대한 결론을 말한다. "내가 너에게 명령한다"는 모세가 이스라엘에게 즉, 출애굽 후세대에게 명령하는 것이다. 세 곳의 도피성을 구별하는 것은 "너를 위하여" 즉, 이스라엘을 위하여 지정하여 준비하는 것이다.

8 그리고 만일 너의 하나님 아도나이께서[1] 너의 영토를 넓히신다면,
그가 너의[2] 조상들에게 맹세하셨던 것을 따라,
그리고 그는 너에게[2] 줄 것이다,
그가 너의[2] 조상들에게 주기로 말했던 그 모든 땅을.

본문 비교

1) 70인경은 "너의"를 생략한다(Wevers 편집). 그러나 랄프Rahlfs 편집은 "너의"를 갖고 있다.

2) 탈굼 네오피티는 2인칭 복수 "너희"이다.

히브리어는 "그리고 만일~면"(ואם)이 먼저 나와서 하나님께서 이스라엘의 영토를 확장시켜 주실 때를 가정하고 있다. "영토"는 '경계,' '국경'을 의미한다. 하나님이 아브라함에게 약속한 이스라엘의 영토는 "애굽 강에서부터 그 큰 강 유브라데까지"(창 15:18)로 나온다. 그리고 모세가 말하는 이스라엘의 영토는 "홍해에서부터 블레셋 바다까지, 광야에서부터 강까지"(출 23:31)로 나온다. 신명기는 더 자세하게 "아모

리 족속의 산지, 아라바와 산지, 평지, 네겝, 해변, 가나안 족속의 땅, 레바논, 큰 강 유브라데"(신 1:7, 더 자세한 것은 1:7의 주해를 참고하라) 그리고 "광야에서부터 레바논까지, 유브라데 강에서부터 서해까지"(신 11:24)를 말한다(이스라엘 땅의 경계에 대한 가장 자세한 본문은 민 34:1-12을 보라).

"그가 너의 조상들에게 맹세하셨던 것을 따라"는 아도나이께서 이스라엘이 영토를 확장시키는 것은 이스라엘의 조상들, 아브라함, 야곱, 이삭에게 하신 약속을 이루기 위한 것임을 보여준다. "맹세하셨던 것을 따라"는 아도나이께서는 자신이 하신 말씀을 그대로 성취하는 분이라는 사실을 말한다. 여기서 아도나이의 성품이 나온다. 그는 약속을 지키시는 신실하신 분이며 약속한 것을 기억하시는 정확하신 분이다.

"그리고 그는 너에게 줄 것이다, 그가 너의 조상들에게 주기로 말했던 그 모든 땅을"는 처음 나오는 "만일 ~면"(ואם)의 지배를 받아서 다음과 같은 의미이다. '그리고 그는 너에게 그가 너의 조상들에게 주기로 말했던 그 모든 땅을 준다면'(LUV, SVV, ASV, CJB, ESV, KJV, NAS, NAU, NIB, NIV, NJB, NKJ, NRS, YLT) 또는 '~ 줄 때에'(LEI, NBG, TNK, EIN, ELB, ELO, SCH, SCL)이다. "그는 너에게 줄 것이다"는 아도나이께서 약속을 지키실 것을 보여준다. "그가 너의 조상들에게 주기로 말했던"은 위의 "그가 너의 조상들에게 맹세하셨던 것"과 같은 의미이다. 이 두 표현들 사이에 "그는 너에게 줄 것이다"가 마치 샌드위치처럼 끼여서 나오고 있다.

9 네가 그것을[1)] 행하여 내가 오늘 너에게[2)] 명령한 이 모든 계명을[3)] 지킬 때,
너의 하나님 아도나이를 사랑하기 위해, 그리고 그의 길들 안에 걷기 위해, 모든 날에,
그리고 너는 너를 위해 다시 세 성읍을 더할 것이다, 이 셋 위에.

본문 비교

1) 70인경은 "그것을" 생략한다.

2) 쿰란 사본(4QDeut[k])은 2인칭 복수 "너희에게"이다.

3) 70인경은 "계명들"로 복수이다.

히브리어는 접속사 "~때"(כי)로 시작한다. 이것은 8절의 조건을 더 자세하게 말하는 것이다. 8절과 9절을 연결해서 생각해 보면, 이스라엘이 모세가 명령하는 모든 계명을 성실하게 지킬 때에 아도나이는 이스라엘의 경계를 넓히실 것을 뜻한다.

"그것을 행하여"(לעשתה)는 칼 부정사로 3인칭 여성 단수 대명사 접미사를 가지고 있다. "그것을"은 여성 단수 명사인 "계명"(מצוה)을 받는다. 개역 개정은 "그것을" 생략하여 "이 모든 계명을 지켜 행하여"로 번역한다. 70인경도 "그것을" 생략하고 "만일 네가 이 모든 계명들을 행하여 듣는다면"(ἐὰν ἀκούσῃς ποιεῖν πάσας τὰς ἐντολὰς ταύτας)으로 번역한다.

두 개의 부정사구 "너의 하나님 아도나이를 사랑하기 위해 그리고 그의 길들 안에 걷기 위해"는 "이 모든 계명을 지키"는 목적을 설명하고 있다. 아도나이를 사랑하고(신 11:13, 22, 30:6, 16, 20) 그의 길들 안에 걷기 위해서(신 8:6, 10:12, 11:22, 26:17) 모세가 명하는 계명을 지키는 것이다. 또한 아도나이를 사랑하는 것은 구체적으로 그의 계명을 지키는 것이며 그가 명령하신 길로 행하는 것이다. 즉 아도나이의 계명을 따라 살아가는 것이다. "모든 날에"는 '항상'을 뜻한다. 이것은 인생의 모든 시간에 지속적으로 아도나이를 사랑하며 그의 길을 걷는 것이다.

"그리고 너는 너를 위해 다시 세 성읍을 더할 것이다, 이 셋 위에"는 귀결절이다. 8-9절의 조건이 충족되어지면 "너는 이 셋 위에 세 성읍을 더할" 수 있을 것이다. 이것은 또한 7절의 명령이 실행되는 것이다.

10 그리고 깨끗한[1] 피가[2] 쏟아져서는 안 된다,

아도나이 너의 하나님이 너에게 기업으로 주시는 너의 땅 가운데서,

그리고 피가 너에게 있을 것이다.[3]

본문 비교

1) 마소라는 נקי인데 반하여 사마리아 오경은 נקיא로 표기한다.

2) 70인경은 "무죄한 피"(αἷμα ἀναίτιον)이다. 오리겐의 헥사플라는 이 차이를 지적한다.

3) 70인경은 "너 안에 피에 대한 책임이 있지 않을 것이다"(οὐκ ἔσται ἐν σοὶ αἵματι ἔνοχος)로 번역한다. 탈굼 옹켈로스는 "너 위에 죽음 선고의 책임이 있을 것이다"이며, 탈굼 프쉬도 요나단은 2인칭 복수 외에는 탈굼 옹켈로스와 유사하다. "너희 위에 죽음 선고의 책임이 있을 것이다"이다. 탈굼 네오피티는 "무죄한 피 흘림의 죄가 너희 위에 있지 않도록"이다.

마소라 사본은 여기에 세투마(ס)를 두어 단락을 나누고 있다.

이 구절은 1-9절의 결론이다. "깨끗한 피가 쏟아져서는 안 된다"는 니팔 미완료로서 '깨끗한 피가 흘려져서는 안 된다' 또는 '깨끗한 피가 쏟아지지 않게 하라'는 의미이다. "깨끗한 피"는 '무죄한 피' 또는 '죄가 없는 사람'의 피를 흘려서는 안 된다는 것이다. 무고한 사람이 죽는 일이 없어야 한다는 뜻이다. 특별히 이런 일은 "아도나이 너의 하나님이 너에게 기업으로 주시는 너의 땅 가운데서" 있어서는 안 된다. 이스라엘이 가나안 땅에 들어갔을 때, 무죄한 사람이 죽는 일이 발생해서는 안 된다는 것을 말한다.

"그리고 피가 너에게 있을 것이다"는 의미가 명확하지 않다. 무죄한 피가 땅에 쏟아지지 않고 너에게(너 위에) 있을 것을 말하는 것일 수도 있다. 또한 "그리고"를 "그렇지 않으면 피가 너에게 있을 것이다"로 해

석할 수도 있다. 이렇게 해석하면 피에 대한 책임이 너에게 있다는 것이다. 무죄하게 살해당한 사람의 피에 대한 책임이 있다는 것이다.

이 구절은 명확하지 않기 때문에 고대 번역들도 다양하다(참고. 본문 비교 3). 개역 개정은 "이같이 하면 그의 피가 네게로 돌아가지 아니하리라"로, 크레이기는 "for you would be responsible for bloodshed"(Craigie, 264)로, 크리스텐센은 "and so you will not bring upon yourselves bloodguilt"(Christensen, 416)로 번역한다. 칼 델리취는 "and so blood be upon thee"를 다음과 같이 해석한다. "만일 비의도적 살인자가 피의 보수자에 대하여 보호받지 못했다면, 무죄한 피가 흘려질 것이다. … 만일 이스라엘이 이 의무를 무시한다면, 이것은 피의 책임이 그 자신 위에 이를 것이다."(Keil-Delitzsch, 398).

11 그리고[1] 만일 이것이 발생한다면, 어떤 사람이 그의[2] 이웃을 미워하여,
그리고 그가 그를 누워 기다리다가 그에게 일어나서,
그리고 그를, 영혼을[3] 쳐서 그가 죽고,
그가 이 성들의 하나로 도망할 것이다.

본문 비교

1) 사마리아 오경은 "그리고"를 생략한다.
2) 70인경은 "그의"를 생략한다.
3) 70인경은 "그의 영혼을"이다.

"그리고"는 문맥상 '그러나'의 뜻이 적절하다. 이 구절은 4-5절과 반대의 상황을 말한다. 히브리어는 וכי יהיה "그리고 만일 이것이 발생한다면" 하고 한 상황을 가정하고 있다. 조건 "만일 이것이 발생한다면"는 뒤이어 나오는 상황 전체를 가정하여 "어떤 사람이...미워하여...쳐서… 도망한다면"이라는 뜻이다.

"그의 이웃을 미워하여"는 살인의 동기를 말한다. "그의 이웃"은 '그의 동료,' '그의 친구'를 뜻하기도 한다. "누워 기다리다가 그에게 일어나서"는 아주 계획적이고 의도적인 살인을 설명한다. 그의 이웃이 눈치채지 못하도록 은밀하게 행동한다. 잠복하고 있는 것이다. "그에게 일어나서"는 '그를 대항하여 일어'서는 것이다.

"영혼"은 '살아 있는 존재,' '생명'을 뜻한다. "쳐서"는 공격하는 것이고 "그가 죽고"는 공격당한 사람이 죽은 것이다. 잠복하고 있다가 기습 공격을 가하여 사람을 죽인 것이다.

"그가 이 성들의 하나로 도망할 것이다."는 의도적으로 사람을 죽인 살인자가 가나안 땅에 있는 세 개의 도피성 가운데 하나로 도망하는 경우를 가정하고 있다. 고의적인 살인자가 도피성을 자신의 죄를 가릴 수 있는 도피처, 피난처로 생각하는 것이다.

12 그리고 그의 성의 장로들은[1] 보낼 것이다,
그리고 그들이 그를 거기로부터 취할 것이다,
그리고 그들은 그를 그 피의 보복하는 자의 손에[2] 줄 것이고 그는 죽어야 한다.[3]

본문 비교

1) 70인경은 "장로들의 의회"(ἡ γερουσία)로 번역한다. 탈굼 네오피티와 탈굼 프쉬도 요나단은 "지혜로운 자들"(חכימי)이다.
2) 70인경과 탈굼 프쉬도 요나단은 "손들"로 복수이다.
3) 마소라 사본은 ומת인데 반하여 사마리아 오경은 והומת로 읽는다.

"그리고"는 '그때'를 의미한다. 살인자가 고의적인 살인을 저지르고 도피성으로 피했을 때이다. "그의 성"은 살인자가 도망 온 도피성을 말하는 것이 아니라 살인자의 성을 말한다. 의도적인 살인을 저지른 사람의 성에서 사람들을 보내는 것이다. 개역 개정은 "사람을"을 넣어서 번역했다. "그들은" 아마도 장로들이 보낸 사람들을 그리고 "그를 거기로부터"는 '살인자를 도피하고 있는 성으로부터'를 말한다. "취할 것이다"는 사로잡는 것이다. 도피성에 피해 있는 살인자를 잡아서 피해자의 성으로 데려오는 것이다.

"그 피의 보복하는 자"는 죽임을 당한 사람의 가장 가까운 남자 가족이나 친척들이다. 6절을 참고하라. "손에 줄 것이고"는 보복하는 자들의 세력 아래에 넘겨주는 것이다. 복수를 할 수 있도록 해주는 것이다. "그는 죽어야 한다"는 사람을 의도적으로 살인한 사람은 사형에 처해진다. 사람들에 의해 처형당하는 것이다.

13 너의 눈이 그를 불쌍히 여겨서는 안 된다,
그리고 너는 깨끗한 피를[1] 이스라엘에서 제거해야 한다,[2]
그리고 너에게 좋을 것이다.[3]

본문 비교

1) 마소라는 דם הנקי인데 반하여 사마리아 오경은 הדם הנקיא으로 읽는다. 70인경은 "무죄한 피"이다. 탈굼 옹켈로스, 탈굼 네오피티, 탈굼 프쉬도 요나단은 "무죄한 피를 흘린 사람들을"이다. 옹켈로스는 단수 "사람"이고 네오피티와 프쉬도 요나단은 복수 "사람들"이다. 시프레 신명기는 "행악하는 자"로 해석한다.
2) 70인경은 "너는 깨끗하게 할 것이다"(καθαριεῖς)로 번역한다(테오도치온은 ἐξαρεῖς이다). 오리겐의 헥사플라는 이 차이를 지적한다.
3) 마소라 사본은 세투마(ס)를 두어 단락을 나누고 있다.

"너의 눈이 그를 불쌍히 여겨서는 안 된다"에서 "너의 눈"은 무죄한 사람을 죽인 살인자를 바라보는 이스라엘 사람들의 시선이다. "그를"

은 의도적인 살인자를 의미한다. "불쌍히 여겨서는 안 된다"는 '불쌍히 여기지 말라,' '긍휼히 여기지 말라,' '동정하지 말라'는 의미이다. 살인자에 대한 동정, 불쌍한 감정을 갖지 말라는 것이다.

"너는 깨끗한 피를 이스라엘에서 제거해야 한다"는 아마도 '너는 깨끗한 피를 흘린 죄를 이스라엘에서 제거해야 한다'는 의미일 것이다(참고. 본문 비교 1). 개역 개정은 "무죄한 피를 흘린 죄를"로 번역한다. "제거해야 한다"는 '불태워야 한다'의 뜻도 있다. 이스라엘 내에서 깨끗한 피, 무죄한 피를 흘린 얼룩을 깨끗하게 정화하는 것이다.

"그리고 너에게 좋을 것이다"의 히브리어는 동사가 없어서 동사를 넣어주었다. '그리고 이것이 너에게 좋을 것이다'라는 의미이다. 70인경이 이렇게 번역한다(καὶ εὖ σοι ἔσται). 무죄한 사람의 피를 흘린 죄를 제거하는 것이 아도나이 보시기에 선하다. 아도나이의 눈은 항상 그 땅 위에 있기 때문이다(신 11:12).

무죄한 사람의 피를 흘리면 땅이 더러워진다. 하나님이 임재하시며 하나님의 눈이 있는 땅이 부정해지며 오염되는 것이다. 또한 그 피는 하나님께 복수를 신원한다. 무죄한 사람의 피에 대한 공정한 심판을 요구하는 것이다.

2. 이웃의 경계표를 옮기지 말라(19:14)

번역

14 너는 처음 사람들이 정한 너의 이웃의 경계를 옮겨서는 안 된다,
네가 상속받은 너의 기업 안에서,
너의 하나님 아도나이께서 너에게 그것을 점령하도록 주시는 그 땅 안에서.

주해

14 너는 처음 사람들이[1] 정한 너의[2] 이웃의 경계를[3] 옮겨서는 안 된다,
네가 상속받은 너의 기업 안에서,
너의 하나님 아도나이께서 너에게 그것을 점령하도록[4] 주시는 그 땅 안에서.[5]

본문 비교

1) 마소라, 쿰란 사본(4QDeut^{k}), 사마리아 오경, 벌게이트, 시리아 역과 탈굼 역들은 "처음 사람들"인데 반하여 70인경은 "너의 조상들"(οἱ πατέρες σου)이다.
2) 70인경은 "너의"가 없다(Wevers 편집). 그러나 랄프Rahlfs 편집은 "너의"를 갖고 있다.
3) 마소라는 단수인데 70인경은 복수 "경계들"이다.
4) 70인경은 히브리어 부정사구 "그것을 점령하도록"에서 대명사 접미사 "그것을" 생략한다((κληρονομῆσαι). 하지만 랄프Rahlfs 편집은 "몫으로"(ἐν κλήρῳ)로 다르게 읽는다. 오리겐의 헥사플라는 이 차이를 지적하고 있다.
5) 마소라 사본은 세투마(ס)를 두어 단락을 나누고 있다.

마소라 사본은 13절 끝에 그리고 14절 끝에 세투마(ס)를 두어 단락을 나눈다. 14절은 앞 뒤 단락과 다른 주제를 갖고 있다. 가나안 땅에서 받을 기업의 땅의 경계를 말한다.

"처음 사람들"은 가나안 땅을 점령하고 기업의 땅으로 나눈 사람들을 의미한다. 70인경은 "조상들"로 읽는데 사실 이것도 명확하지는 않다. 왜냐하면 가나안 땅에 정착하기 이전 조상들도 있기 때문이다.

"너의 이웃의 경계." 이스라엘은 가나안 땅을 점령하고 각 지파 별로 땅을 기업으로 받았다. 그리고 각 지파는 각 가정 별로 땅을 소유로 주었다. 이때 지파 사이에 그리고 가족들 사이에 그은 경계선, 경계표를

말한다. 자기 영토가 어디까지인지를 정한 것이다. "옮겨서는 안 된다"는 '변경하지 말라'는 뜻이다. 모세는 이스라엘이 가나안 땅에 들어간 후에 에발 산에서 저주를 선포하라고 하는데, 이때 이스라엘은 이웃의 경계표를 옮기는 자는 저주를 받을 것을 선언한다(신 27:17).

이스라엘이 조상들의 경계표를 옮겨서는 안 되는데, 그 경계표가 어디 있는지를 평행을 이루고 있는 다음 두 개의 전치사 구들이 잘 보여준다. 히브리어는 두 전치사 구를 관계대명사로 수식하는 동사와 분사가 있다.

> 네가 상속받은 너의 기업 안에서,
> 너의 하나님 아도나이께서 너에게 그것을 점령하도록 주시는 그 땅 안에서.

"상속받은"은 칼 미완료로 '네가 상속받을 것이다'이다. 아직 이스라엘이 가나안 땅을 점령하지 않았기 때문에 미래로 나온다. 그런데 이 동사는 앞에 관계대명사에 인도되어 "너의 기업"을 수식한다. 그래서 '물려받은,' '이어받은'의 뜻을 갖고 있다. 기업은 조상들에게서 물려받는 물림가산이라는 사실을 여기서 알 수 있다.

"그것을 점령하도록"은 부정사구로서 '차지하게 하도록,' '소유하도록'이며 "그것을"은 여성 단수 접미사로 "땅"을 받는다. 사실 "그것을"을 번역하지 않아도 의미는 잘 통한다. "그 땅"은 가나안 땅으로서 하나님이 주시는 땅이다. 가나안 땅은 하나님의 선물이다. "너의 하나님 아도나이께서 너에게 주시는 그 땅"이라는 표현이 이러한 사상을 잘 보여준다.

3. 두 세 증인(19:15-21)

재판에서 증인의 문제를 다룬다. 한 사람의 증인은 효력이 없다. 그러나 두 명의 증인은 법적 효력이 있어서 재판에 영향을 미친다. 하지만 이 증언이 위증일 경우에는 위증한 사람이 의도한 대로 갚아줄 것을 명령한다. 눈은 눈으로, 생명은 생명으로 갚아 줄 수 있다.

번역

15 한 증인은 사람에 대하여 일어설 수 없다,
어떤 악에 관하여 그리고 어떤 죄에 관하여, 그가 지은 모든 죄 가운데서,
두 증인의 입에 의해 또는 세 증인의 입에 의해 어떤 일은 일어설 수 있다.
16 만일 잘못된 증인이 사람에 대하여 일어난다면,
그를 대항하여 악을 증언하기 위하여.
17 그리고 그들을 위해 논쟁하는 그 두 사람은 아도나이 앞에 설 것이다,
그 당시에 있는 그 제사장들과 그 재판장들 앞에.
18 그리고 그 재판장들은 잘 조사할 것이다,
그리고 보라, 그 증인은 거짓 증인이다, 그가 그의 형제에 대하여 거짓을 말했다.
19 그리고 너희는 그가 그의 형제에게 행하기를 그가 생각한 대로 행할 것이다,
그리고 너는 너 가운데서 그 악을 제거할 것이다.
20 그리고 그 남은 자들이 들을 것이고 두려워할 것이다,
그리고 그들은 너 가운데에서 이 악한 일을 따라 다시 행하기를 더하지 않을 것이다.
21 그리고 네 눈이 긍휼히 여겨서는 안 된다,
영혼은 영혼으로, 눈은 눈으로, 이는 이로, 손은 손으로, 발은 발로.

주해

15 한 증인은[1)] 사람에 대하여[5)] 일어설 수 없다,[2)]

어떤 악에 관하여[5] 그리고 어떤 죄에[3] 관하여,[5] 그가 지은 모든 죄 가운데서,[4][5]
두 증인의 입에 의해 또는 세 증인의 입에[6] 의해 어떤 일은[7] 일어설 수 있다.

본문 비교

1) 70인경의 랄프Rahlfs 편집은 여기에 부정사 "증언하는 것을"(μαρτυρῆσαι) 덧붙인다.
2) 70인경은 "지속할 수 없다," "계속할 수 없다"(οὐκ ἐμμενεῖ)로 번역한다(아퀼라는 마소라와 같다. ἀναστήσεται).
3) 마소라는 여성 명사 **חטאת**인데 반하여 사마리아 오경은 남성 명사 **חטא**이다. 탈굼 옹켈로스는 "악"과 "죄"를 복수로 표기한다.
4) 쿰란 사본(11QT[a])과 벌게이트는 "모든 죄 가운데서"(**בכל חטא**)를 생략한다.
5) 히브리어의 4개의 전치사구 **באיש לכל עון ולכל חטאת בכל חטא** 를 70인경은 다 같은 전치사 '카타' κατὰ ἀνθρώπου κατὰ πᾶσαν ἀδικίαν καὶ κατὰ πᾶν ἁμάρτημα καὶ κατὰ πᾶσαν ἁμαρτίαν로 번역한다.
6) 탈굼 옹켈로스는 "말"(**מימר**)로 번역한다(탈굼 프쉬도 요나단 역시).
7) 히브리어 "어떤 일"(**דבר**)을 70인경과 벌게이트는 "모든 일" 또는 "모든 말"(πᾶν ῥῆμα)로 번역한다.

"사람에 대하여"는 '어떤 사람에 대항하여'로 반대하는 것을 말한다. 이스라엘 사회에서 다툼이 일어나서 어떤 사람의 죄에 대한 고발을 할 수 있다.

"일어 설 수 없다"는 다른 사람을 반대하여 그 사람의 죄를 고발하는 행동이다. "유죄 판결을 내리기에 충분하지 않다"(CJB, ESV, NIB, NIV, NJB, NRS), "입증할 수 없다"(TNK), "증언(진술)할 수 없다"(NET)의 뜻을 갖는다. 이때 “한 증인”으로는 고소할 수 없다. 70인경(랄프 편집)은 “증언하는 것을 지속할 수 없다”로 번역한다.

“어떤 악에 관하여 그리고 어떤 죄에 관하여, 그가 지은 모든 죄 가운데서”는 “한 증인은 어떤 악에 관하여 그리고 어떤 죄에 관하여 사람에 대하여 일어설 수 없다”이다. 전치사 “관하여”(ל)는 ‘~속한,’ ‘~의,’ ‘~의하여’의 뜻으로 고발당한 사람에게 속한 악과 죄를 뜻한다.

한 사람의 증언은 신뢰할 수 없다. 그가 거짓말을 할 수 있기 때문이다. 좀 더 객관적인 증거가 필요하기 때문에 두, 세 사람의 증인을 요구한다. “두 증인의 입에 의해 또는 세 증인의 입에 의해”는 ‘두 증인의 입 위에 또는 세 증인의 입 위에’로 두, 세 사람의 구체적인 증언, 말을 의미한다(참고. 본문 비교 6). 한 사람 보다는 두, 세 사람이 더 객관적이기 때문이다. 하지만 여기에 두, 세 사람도 거짓말을 할 수 있다는 것을 보여주는 예외적인 사건이 있다. 나봇의 경우가 그렇다. 아합의 아내 이세벨은 나봇의 포도원을 차지하기 위해 두 명의 거짓 증인을 세워서 나봇이 하나님과 왕을 저주하였다고 증언하게 해서 나봇을 죽였다(왕하 21:10).

“어떤 일은 일어설 수 있다”에서 “어떤 일”은 ‘어떤 사건,’ ‘어떤 고발’을 의미한다. “일어 설 수 있다”는 위의 “일어 설 수 없다”와 동사(קום)가 같다. 두. 세 사람의 증언에 의해 그 고발은 “확정”될 수 있다(개역 개정). 두, 세 사람의 증언에 의해 고발 사건이 세워지는 것이다. 두, 세 사람의 증언은 법적 효력을 갖는다.

16 [1]만일 잘못된 증인이[2] 사람에 대하여 일어난다면,[3]
그를 대항하여 악을[4] 증언하기 위하여.

본문 비교

1) 사마리아 오경과 시리아 역은 “그리고”가 있다. 70인경은 “그러

나"를 갖고 있다.

2) 70인경은 "불의한 증인"으로 읽는다. 아람어 성경들(탈굼 옹켈로스, 테오피티, 프쉬도 요나단)은 "거짓 증인"이다.

3) 70인경은 "고발한다면"(καταστῇ)으로 번역한다. 70인경의 번역은 흥미롭다. 이 구절의 "일어난다" 역시 15절에서 두 번 사용된 히브리어 '일어서다'(קום)와 같은 동사이다. 그런데 70인경은 이 단어를 세 곳에서 다르게 번역한다. 15절의 첫 번째는 '지속하다' ἐμμενεῖ로 그리고 두 번째는 '서다' σταθήσεται로 읽는다.

4) 70인경은 히브리어의 "그를 대항하여 악"을 "그의 불경건"(αὐτοῦ ἀσέβειαν)으로 해석한다. 탈굼 네오피티와 탈굼 프쉬도 요나단은 "악"을 "거짓 증거"라고 설명한다(Sifre Deut. 역시).

"만일 ~면," "~때"(כי)으로 시작하는 조건절이다. "잘못된 증인"은 '폭력적인 증인,' '부정한 증인,' '나쁜 증인'의 뜻으로 아람어 성경들의 해석처럼 거짓 증인을 말한다. "사람에 대하여"는 '어떤 사람에 대항하여'이다. "악"(סרה)은 '한쪽으로 돌아서는 것,' '멀리 떨어져 있는 것'으로 여기서 '배교,' '범죄,' '악행,' '반란' 등 다양한 의미가 나온다.

"일어난다"는 '대항하여 서는 것'으로 고발하는 것, 기소하는 것이다. "증언하기 위하여"는 부정사로 '대답하여 위하여,' '말하기 위하여'이다.

17 그리고 그들을 위해 논쟁하는 그 두 사람은 아도나이 앞에 설 것이다,
그 당시에 있는 그 제사장들과 그 재판장들 앞에.[1)]

본문 비교

1) "앞에"는 히브리어로 두 번째 절의 맨 앞에 나온다. 히브리어 어순은 "앞에 그 제사장들과 그 재판장들 그 당시에 있는"이다. 히

브리어 필사본(V^{Ken 17, 69, 80, 84, 158, 184}), 쿰란 사본(11QT^{a})과 70인경은 "앞에"(לפני)에 접속사 "그리고"를 갖고 있다. 70인경은 "그리고 그 제사장들 앞에 그리고 그 재판장들 앞에"(καὶ ἔναντι τῶν ἱερέων καὶ ἔναντι τῶν κριτῶν)이다.

"그들을 위해 논쟁하는 그 두 사람"은 동사가 없고 관계대명사로 수식되는 문장이다. 직역은 '그 두 사람들 관계대명사 그들을 위해 그 논쟁'이다. "논쟁하는"는 명사로서 '논쟁,' '분쟁,' '다툼'으로 동사가 없지만 동사 '~하다,' '~이다'를 넣어 관계대명사와 연결하여 번역한 것이다. "논쟁"은 법적인 다툼을 의미한다. 즉 재판 중에 있는 두 사람이다.

이들이 재판 중에 있다는 것은 "아도나이 앞에 설 것이다"를 보면 알 수 있다. 지방 법원에서 판결이 어려운 사건은 고등 법원으로 가져온다(신 17:8-11). "아도나이 앞에"는 다시 "그 제사장들과 그 재판장들 앞에"와 평행을 이룬다. 신명기 17:9에서 "재판관"은 단수로 나왔는데 여기서는 복수로 나오고 있다. 제사장과 재판장이 있는 곳은 아도나이께서 선택하시는 장소이다. 즉 아도나이께서 이름을 두시며 거주하시는 곳으로 중앙 성소이다. 이 두 사람은 지방에서 판결하기 어려운 사건을 가지고 지금 중앙 성소로 온 것이다.

"그 당시에 있는"에서 "그 당시에"는 문자적으로 '그 날들에'로 '그 당시에 활동하고 있는,' '그 당시에 재직하고 있는'을 의미한다.

18 그리고 그 재판장들은 잘 조사할 것이다,
그리고 보라, 그 증인은[1] 거짓 증인이다, 그가 그의 형제에 대하여 거짓을 말했다.[2]

본문 비교

1) 쿰란 사본(11QT^{a})과 70인경은 마소라 사본의 명사인 "그 증

인"을 동사로, 11QT[a]은 העיד(עוד의 히필형)로 그리고 70인경은 ἐμαρτύρησεν로 읽는다(시리아 역 역시). 동사로 번역한 70인경을 번역해 보면, "보라, 불의한 증인이 불의를 증언했다, 그가 그의 형제에 대하여 반대했다"(ἰδοὺ μάρτυς ἄδικος ἐμαρτύρησεν ἄδικα ἀντέστη κατὰ τοῦ ἀδελφοῦ αὐτοῦ)이다.

2) 탈굼 옹켈로스는 "그리고 재판장들은 철저한 조사를 할 것이다. 만일 증언한 사람이 거짓 증인이라면, 만일 그가 그의 형제에 대하여 거짓으로 증언했다면"으로 해석한다. 탈굼 네오피티 역시 옹켈로스와 비슷하게 번역한다. "그리고 재판장들은 주의 깊게 조사할 것이다, 만일 이 사람이 그의 형제에 대하여 거짓 증언을 제공한 거짓 증인이라면."

"그 재판장들"은 중앙 성소에서 활동하고 있는 자들이다. "잘 조사할 것이다"는 '철저하게,' '주의 깊게,' '정확하게'(개역 개정은 "자세히") 조사하라는 뜻이다. 거짓 증언에 대한 철저한 조사를 명령하고 있다.

"보라"는 조사 결과에 대한 강조를 주고 있다. "그 증인은 거짓 증인이다"는 동사가 없는 문장으로 동사 '~이다'를 넣어주었다. 여기서 끊어서 번역한 이유는 히브리어 단어 העד("그 증인") 위에 분리악센트 자켚 카톤zaqeph qaton이 있기 때문이다. 재판장들의 조사 결과 "그 증인은 거짓 증인"으로 판명이 났다. "거짓을 말했다"는 '거짓을 대답했다,' '거짓을 진술(증언)했다'이다.

"그의 형제"라는 말이 인상적이다. 왜냐하면 15절과 16절에서는 "사람," "남자"(איש)라는 단어를 사용했기 때문이다. 거짓 증언으로 해하려고 했던 사람은 그의 형제이다. 즉 같은 이스라엘 사람이라는 것이다. 거짓 증인은 그 사람이 형제라는 사실을 잊어버렸다. 이것이 그에게 가장 큰 문제이다.

19 그리고 너희는[1] 그가 그의 형제에게 행하기를 그가 생각한 대로 행할 것이다, 그리고 너는[2] 너[3] 가운데서 그 악을 제거할 것이다.

본문 비교

1) 쿰란 사본(11QT[a])은 2인칭 단수로 읽는다.
2) 마소라, 쿰란 사본(4QDeut[f]), 70인경, 벌게이트, 탈굼 옹켈로스는 2인칭 단수로 읽는데 반하여 시리아 역, 탈굼 네오피티, 탈굼 프쉬도 요나단은 2인칭 복수이다.
3) 70인경, 시리아 역, 탈굼 네오피티, 탈굼 프쉬도 요나단은 2인칭 복수이다. 개역 개정도 "너희 중에서"이다.

이스라엘이 거짓 증인에게 행할 태도를 말한다. "그리고"는 '그때' 즉, 거짓 증인의 증언이 거짓으로 드러났을 때이다. "너희는"은 이스라엘 사람들을 의미한다. 특별히 거짓으로 고발당한 자의 가족들이 거짓 증인을 심판하는데 더 나설 것이다.

"그가 그의 형제에게 행하기를 그가 생각한 대로 행할 것이다." "그가"는 거짓 증인을 그리고 "그의 형제"는 거짓으로 고발당한 사람을 말한다. "그가 생각한 대로"는 '거짓 증인이 계획한 대로,' '고안한 대로,' '의도한 대로'이다. 거짓 증인이 그의 형제에게 하려고 계획한 것을 그대로 그 거짓 증인에게 갚아주라고 말한다. 거짓 증인은 그가 심은 대로 거두는 것이다.

"그리고 너는 너 가운데서 그 악을 제거할 것이다." "너는"은 이스라엘을 의미한다. 2인칭 복수 "너희"에서 아무런 설명이 없이 2인칭 단수 "너"로 변하였다. 신명기에는 이런 현상이 어떤 특별한 신학적인 의미를 갖는 것이 아니라 일반적인 현상이다. "그 악"은 거짓 증인을 말한다. "제거할 것이다"는 '불태울 것이다,' '옮길 것이다'로 13절에서 사용된 단어이다.

20 그리고 그 남은 자들이 들을 것이고[1)] 두려워할 것이다,

그리고 그들은 너[2)] 가운데에서 이 악한 일을 따라 다시 행하기를[3)] 더하지 않을 것이다.

본문 비교

1) 70인경은 "그리고"가 없다. 히브리어는 동사 "들을 것이다"인데 70인경의 헬라어는 분사이다.
2) 70인경, 시리아 역, 탈굼 네오피티, 탈굼 프쉬도 요나단은 2인칭 복수이다.
3) 마소라 사본과 쿰란 사본(4QDeut[f])은 לעשות עוד이며 사마리아 오경과 쿰란 사본(11QT[a])은 עוד לעשות로 서로 단어순서가 다르다.

19절의 거짓 증인의 처벌에 대한 결과 또는 영향을 설명한다. "그리고"는 '그래서,' '그 결과로'의 의미이다. "그 남은 자들"은 거짓 증인의 행위에 참여하지 않은 자들이며 거짓 증인에 대한 심판을 들은 자들이다. 이들은 두려움에 사로잡힌다. 왜냐하면 거짓 증인이 제거되었다는 소식을 들었기 때문이다. 위증죄에 대한 심판이 무겁고 중하다는 사실을 인식하는 것이다.

"그들"은 "그 남은 자들"이다. "이 악한 일을 따라"는 '이 악한 일과 같이,' '이 악한 일처럼'의 뜻이다. "이 악한 일"은 거짓 증인이 행한 일이다. "다시 행하기를"는 거짓 증인의 행위를 본받아 행하려는 시도이다. "더하지 않을 것이다"는 '반복하지 않을 것이다'이다. 부정사구 "행하기를"(לעשות)이 없어도 의미는 통한다.

21 그리고[1)] 네 눈이 긍휼히 여겨서는 안 된다,

영혼은 영혼으로,[2)] 눈은 눈으로, 이는 이로, 손은 손으로, 발은 발로.

본문 비교

1) 히브리어 필사본($V^{Ken\ 69}$), 70인경, 쿰란 사본($4QDeut^{f}$), 사마리아 오경, 벌게이트, 시리아 역은 "그리고"를 생략한다.

2) 70인경은 히브리어 전치사 "~으로"(ב)를 '~위하여,' '~대신에'(ἀντί)로 번역한다. 탈굼 프쉬도 요나단은 "영혼은 영혼을 위한 동등한 보상으로"(דמי) 그리고 탈굼 네오피티는 "영혼은 영혼의 지불로"(תשלמי) 설명한다.

이 구절은 복수법(lex talionis)으로 불리는 본문으로 신명기 19장의 결론에 해당한다. 강사문 교수는 "동태복수법," "동태보복법"으로 부른다(강사문, 『구약의 하나님』, 서울, 1999, 356). 언약의 책으로 불리는 본문의 출애굽기 21:23-25과 레위기 24:18, 20에도 나오는 법이다.

"그리고"는 '그러므로'에 해당한다. 15-20절의 거짓 증인에 대한 결론이며 더 나아가 1-13절의 특히 11-13절의 의도적인 살인자에 대한 심판도 포함하는 결론이다. "네 눈이 긍휼히 여겨서는 안 된다"는 '네 눈이 불쌍히 여겨서는 안 된다' 또는 '네 눈이 불쌍히 여기지 말라,' '네 눈이 동정심을 보이지 말라'는 의미이다(13절에서도 나온 문장이다). 거짓 증인에 대한 인간적인 동정과 긍휼을 보이지 말라는 것이다. 인간적인 감정에 휩싸이면 하나님의 말씀에 순종하기가 어렵기 때문이다. 인간적으로 생각하면 거짓 증언을 했다고 해서 그 사람을 제거하는 것은 너무한 것 같기 때문이다. 이런 생각을 하면 하나님이 너무 사랑이 없는 것 같이 느껴지기 때문이다. 하나님의 말씀에 순종하려면 인간적인 감정을 뒤로해야 한다. 하나님은 감정을 절제하라고 명령한다.

"영혼은 영혼으로"은 '생명은 생명으로'도 번역할 수 있다. 여기서 전치사 "~으로"(ב)는 '~위하여,' '~대신에'라는 의미이다. 출애굽기 21:23-25에서는 전치사 '베'(ב) 대신에 '~대신에'(תחת)를 사용한다. 70인경의 헬라어는 '~위하여,' '~대신에'(ἀντί)로 번역한다.

“영혼은 영혼으로, 눈은 눈으로, 이는 이로, 손은 손으로, 발은 발로”는 동사가 없는 문장이다. 위의 출애굽기와 레위기의 본문에서는 동사 ‘주다’(נתן)를 사용한다. 문맥상 “갚을지니라”로 번역하는 것이 좋을 것 같다. 개역 개정의 출애굽기 21:25은 “갚을지니라”이다.

참고 문헌

강사문, 『구약의 하나님』, 서울, 1999.

Alt, A. “Zur Talionsformel,” in *Kleine Schriften zur Geschichte des Volkes Israel* I, München, 1953, 341-344.

Amran, D. W., “Retaliation and Compensation,” *JQR* 2 (1911), 191-211.

Batto, B. F., “The Reed Sea: Resquiescat in Pace,” *JBL* 102 (1983), 27-35.

Blau, J., “Lex Talionis,” *Yearbook of the Central Conference of American Rabbis* 26 (1916), 336-366.

Braulik, G. “Weitere Beobachtungen zur Beziehung zwischen dem Heiligkeitsgesetz und Deuteronomium 19-25,” in *Das Deuteronomiu und seine Querbeziehungen*, Göttingen, 1996, 23-55.

Carmichael, C. M., “Biblical Laws of Talion,” *HAR* 9 (1985), 107-126.

Daube, D., “Direct and Indirect Causation in Biblical Law,” *VT* 11 (1961), 252-257.

Dennison, Jr, J. T., “Deuteronomy 19: Chiasms and Cases,” *Kerux* 19 (1, 2003), 53-65.

Diamond, A. S., “An Eye for an Eye,” *Iraq* 19 (1957), 151-155.

Feinberg, C. R., “The Cities of Refuge,” *BSac* 103 (1946), 411-417.

——, “The Cities of Refuge,” *BSac* 104 (1947), 36-48.

Finkelstein, L., “An Eye for an Eye,” *Menorah Journal* 24 (1936), 207-218.

Fisher, E. J., “LEX TALIONIS in the Bible and Rabbinic Tradition,” *JES* 19 (1982), 582-587.

Geus, C. H. J. de, "De richteren van Israel," *NedTTs* 20 (1965/66), 81-100.

Greenberg, M., "The Biblical Conception of Asylum," *JBL* 78 (1959), 125-132.

Haas, P., "'Then He Shall Surely Die': The Structure of Homicide in Biblical Law," *Semeia* 45 (1989), 67-87.

Jenni, E., "Dtn 19,16: sara "Falschheit'," in *Melanges bibliques et Orientaux en l'honneur de M. Henri Cazelles*, Neukirchen-Vluyn, 1981, 201-211.

Koch, K., "Der Spruch 'Sein Blut bleibe auf seinem Haupt' und die israelitische Auffassung vom vergossenen Blut," *VT* 12 (1962), 396-416.

Mikliszanski, J. K., "The Law of Retaliation and the Pentateuch," *JBL* 66 (1947), 295-303.

Nicholsky, N. M., "Das Asylrecht in Israel," *ZAW* 48 (1930), 146-175.

Otto, E., "Soziale Verantwortung und Reinheit des Landes. Zur Redaktion der kasuistischen Rechtssaetze in Deuteronomium 19-25," in *Prophetie und geschichtliche Wirklichkeit im alten Israel*, Stuttgart, 1991, 290-306.

Pfandl, G., "The Soterioloical Implications of the Cities of Refuge," in *Inicios, paradigmas y fundamentos*, Libertador San Martin, 2004, 229-242.

N. Steinberg, "The Deuteronomic Law Code and the Politics of State Centralization," in *The Bible and the Politics of Exegesis*, Ohio, 1991, 161-170.

DEUTERO
NOMY

신명기 | 20장

A New Translation with
Introduction
and Commentary

DEUTERONOMY

D E U T E R O N O M Y

신명기 20장

Deuteronomy 20

내용/구조

이 장은 전체가 전쟁에 관한 법이다. 이스라엘이 적군과 싸울 때, 지켜야 할 규정들을 다루고 있다. 전쟁을 시작하기 전에 제사장의 설교가 있고 관리들이 전투에서 제외 될 사람들을 말한다. 그리고 가나안 땅에서 먼 지역에 사는 민족들과 전쟁하는 방법과 가나안 땅에 사는 민족들과 전쟁하는 방법을 설명한다. 이 장 전체가 전쟁에 관한 하나의 법전이지만 이것을 좀 더 세분화시켜서 나눠보면 다음과 같다.

1. 제사장의 설교(20:1-4)
2. 관리들이 전투에서 면제될 자를 선정함(20:5-9)
3. 가나안 땅 밖의 민족들과의 전투(20:10-15)
4. 가나안 땅 안의 민족들과의 전투(20:16-18)
5. 성 포위 때의 벌목 규정(20:19-20)

1. 제사장의 설교(20:1-4)

이스라엘이 적군과 전쟁을 하러 나갔을 때에 특이하게도 제사장이 설교를 한다. 제사장은 이스라엘의 군인들에게 두려워하지 말라고 권고한다. 왜냐하면 이스라엘의 하나님 아도나이께서 전투에 그들과 함께 하시기 때문이다.

번역

1 네가 너의 적들에 대항하여 전투에 나갈 것이며,
네가 말과 병거를, 너보다 많은 백성을 볼 때,
너는 그들을 두려워하지 말 것이다,
왜냐하면 아도나이 너의 하나님이 너와 함께 하기 때문이다,
이집트의 땅에서 너를 데려나온 자.
2 그리고 이것이 있을 것이다, 너희가 그 전투에 가까이 갔을 때,
그 제사장은 그 백성에게 나아가서 말할 것이다.
3 그리고 그는 그들에게 말할 것이다, 들으라 이스라엘아,
너희는 오늘 너희 적들에 대항하여 그 전쟁에 나아간다,
너희 마음이 약하게 하지 말라, 너희는 두려워하지 말라,
그리고 너희는 불안해하지 말라, 그리고 너희는 그들 앞에서 떨지 말라.
4 왜냐하면 아도나이 너희의 하나님은 너희와 함께 가시는 자이기 때문이다,
너희를 위하여 너희의 적들과 싸우기 위하여, 너희를 구원하기 위하여.

주해

1 네가 너의 적들에[1] 대항하여 전투에 나갈 것이고,
네가 말과 병거를,[2] 너보다 많은 백성을[3] 볼 때,
너는 그들을 두려워하지 말 것이다,[4]
왜냐하면 아도나이 너의 하나님이[5] 너와 함께 하기 때문이다,

이집트의 땅에서 너를 데려나온 자.

본문 비교

1) 히브리어 마소라 사본들 사이에 차이가 있다. M[L]은 복수 אֹיְבֶיךָ이지만 M[L17], M[S5]는 단수 אֹיִבְךָ이다.
2) 70인경은 "말과 말을 탄 자"(ἵππον καὶ ἀναβάτην)로 읽는다. 탈굼 옹켈로스, 탈굼 네오피티, 탈굼 프쉬도 요나단은 복수 "말들과 병거들"이다.
3) 사마리아 오경, 쿰란 사본(4QDeut[f]), 70인경, 벌게이트는 "그리고 백성"이다.
4) 탈굼 프쉬도 요나단은 여기에 다음과 같은 재미있는 해석을 덧붙인다. "왜냐하면 그들 모두는 아도나이 너희 하나님 앞에서 한 마리의 말과 한 대의 병거로 간주되기 때문이다."
5) 탈굼 옹켈로스는 여기에 "너의 후원자"를 덧붙인다(탈굼 프쉬도 요나단 역시).

히브리어는 접속사 "~때" 또는 "만일 ~면"(כִּי)으로 전쟁의 상황을 가정하고 있다. 이스라엘은 "말, 병거, 백성"으로 구성된 "적들"을 볼 때, 즉 적군의 군사력이 이스라엘 보다 훨씬 강한 것을 경험 할 때이다. 특별히 "말과 병거"가 언급되었다. 이스라엘이 이집트에서 탈출할 때, 이집트의 말과 병거가 이스라엘을 추격했다(출 14:9). 그때 이스라엘은 이집트의 군사력 때문에 두려워했다(출 14:10). 이집트의 말과 병거는 이스라엘에게 큰 위협이었다.

말은 사람이 많은 전쟁터에서, 사람의 고성과 비명 그리고 칼과 창이 교차하는 곳에서 침착함을 잃지 않는 짐승이기 때문에 고대 전투에서 중요한 무기로 간주되었다. 그렇게 혼잡한 전쟁터에서 주인의 말에 잘 순종하는 특이한 짐승이다. 고대 전투에서 말과 병거는 현대전의 탱

크와 같은 역할을 한다. 세계 일차 대전이 일어나기 전까지 말은 전투에서 아주 중요한 무기였다. 세계 1차 대전 이후에 기계화 부대가 말의 역할을 대신함으로 말은 전쟁에서 사라지게 되었다.

접속사 "~때"는 '만일 ~면'으로도 번역하여 "만일 네가 너의 적들에 대항하여 전투에 나갈 것이고 네가 말과 병거를, 너보다 많은 백성을 본다면"으로도 해석할 수 있다.

"너는 그들을 두려워하지 말 것이다."는 '너는 그들을 두려워하지 말라'이다(다음 구절을 참고하라: 신 1:21, 3:2, 7:18, 수 8:1, 10:8, 11:6, 삿 4:18, 6:23, 삼상 22:23, 23:17, 삼하 9:7, 왕하 1:15, 6:16, 19:6, 대상 22:13, 28:20). 모세는 전쟁에 나서는 이스라엘에게 두려워하지 말라고 권고하고 있다.

접속사 "왜냐하면"이 이스라엘이 전쟁에서 두려워할 필요가 없는 이유를 설명한다. "아도나이 너의 하나님이 너와 함께 하기 때문이다." 아도나이께서 이스라엘과 함께 하시기 때문에 이스라엘은 두려워할 필요가 없다. 실제 이스라엘 역사에서 아도나이는 불기둥과 구름기둥으로 함께 하셨다. 그리고 아도나이는 법궤 위에 임재하심으로 이스라엘과 함께 전쟁에 참여하셨다. 그래서 다윗의 군대 장관이었던 우리아는 "언약 궤와 이스라엘과 유다가 야영 중에 있고 내 주 요압과 내 왕의 부하들이 바깥들에 진 치고 있거늘" 하고 말했다(삼하 11:11).

모세는 이스라엘과 함께 하는 하나님이 누구인지를 "이집트의 땅에서 너를 데려나온 자"로 더 자세하게 설명한다. "왜냐하면 아도나이 너의 하나님이 너와 함께 하기 때문이다, 이집트의 땅에서 너를 데려나온 자"는 "왜냐하면 이집트의 땅에서 너를 데려나온 자, 아도나이 너의 하나님이 너와 함께 하기 때문이다."이다. "데려나온 자"는 히필(사역 강조) 분사형으로 '올라오게 하신 자'이다. 이집트에서 이스라엘을 '올라오게 하신 자' 즉, 출애굽 시키신 분으로 이스라엘의 구원자이다(탈굼 옹켈로스는 '지지자,' '후원자'로 설명. 참고. 본문 비교 5).

이스라엘은 전쟁에 나갔을 때 두려워할 필요가 없다. 왜냐하면 이집트에서 이스라엘을 구원하신 하나님이 함께 하기 때문이다. 고대 역사에서 이집트는 팔레스타인의 통치권을 두고 앗수르, 바벨론, 페르시아와 싸우는 강대국이었음을 생각해야 한다. 모세는 이집트를 상대로 승리하신 하나님이 이스라엘과 함께 전쟁에 나가기 때문에 두려워할 필요가 없다고 말한다.

[2] 그리고 이것이 있을 것이다. 너희가[1] 그 전투에 가까이 갔을 때,
그 제사장은 그 백성에게 나아가서 말할 것이다.

본문 비교

1) 70인경은 히브리어의 부정사를 동사로 그리고 히브리어의 복수를 단수로 번역한다. *καὶ ἔσται ὅταν ἐγγίσῃς* "그리고 이것이 있을 것이다. 네가 가까이 갔을 때."

이스라엘이 전쟁에 나가기 전에 치러야 할 의식을 설명한다. 이스라엘은 전쟁에 참전하기 전에 먼저 제사장이 전쟁에 참여한 군인들에게 설교를 한다. 여기서 왕이나 군대 장관이 아니라 제사장이 설교를 하는 것에 주목해야 한다. 아직 왕정 제도가 세워지기 전이라는 사실을 여기서 알 수 있다. 이와 유사한 경우로 여호사밧 선생을 들 수 있다. 여호사밧이 모압과 암몬과 마온 사람들의 연합군과 전쟁할 때에 아도나이의 영이 레위 사람 야하시엘에게 임하였다. 그때 야하시엘이 백성에게 아도나이의 구원을 보라고 설교했다. 그의 설교가 끝나자 그핫 자손과 고라 자손이 아도나이를 찬양했다(대하 20:14-19).

"나아가서 말할 것이다"는 '그는 나아갈 것이고 말할 것이다'이다. 접속사 "그리고"가 있다. 개역 개정은 "그들에게"라는 표현을 넣어주고 있지만 히브리어에는 3절에 있다.

3 그리고 그는 그들에게 말할 것이다,[1] 들으라[2] 이스라엘아,
너희는 오늘 너희 적들에 대항하여 그 전쟁에 나아간다,
너희 마음이 약하게 하지 말라, 너희는 두려워하지 말라,
그리고 너희는 불안해하지 말라, 그리고 너희는 그들 앞에서 떨지 말라.[3]

본문 비교

1) 벌게이트와 시리아 역은 "그리고 그는 그들에게 말할 것이다"를 생략한다.
2) 탈굼 네오피티는 "지금"(כען)을 넣어준다.
3) 사마리아 오경은 마소라 사본의 두 동사 "불안해하다"와 "떨다"를 바꿔서 기록한다.

"그는 그들에게 말할 것이다"는 제사장이 모인 이스라엘 군사들에게 말하는 것이다. "들으라 이스라엘아"는 '쉐마 이스라엘'로 '너는 들으라 이스라엘아'이다. "그들"은 복수인데 반하여 여기서는 단수 '너'이다. 전쟁하기 위해 모인 이스라엘 군사들 각 개인에게 하는 말이다. 설교의 대상은 전체 군인이지만 적용은 각 개인이다.

"너희는 오늘 너희 적들에 대항하여 그 전쟁에 나아간다."는 이스라엘이 처한 상황을 설명한다. 이스라엘이 지금 전쟁에 나간다. 전쟁에 참여하는 군인들이 얼마나 긴장되고 불안하겠는가! 제사장은 지금 불안해하며 떨고 있는 군인들에게 네 개의 부정어(אל)를 사용하여 위로의 설교를 하고 있다. 첫째, "너희 마음이 약하게 하지 말라"는 '부드럽게 하지 말라,' '소심하게 하지 말라,' '머뭇거리게 하지 말라'이다. 적들 앞에서 마음이 약해져서 용기가 없는 행동 즉, 소심한 행동을 하지 말라는 것이다. 둘째, "너희는 두려워하지 말라"는 '무서워하지 말라,' '겁내지 말라'이다. 적들의 우세한 군사력을 보고 즉, 많은 숫자와 말과 병거들을 보고 겁내지 말라는 것이다. 셋째, "너희는 불안해하지 말라"는

'동요하지 말라,' '당황하지 말라'이다. 넷째, "너희는 그들 앞에서 떨지 말라"는 '놀라지 말라,' '겁먹지 말라'이다.

제사장은 전쟁에 참여하는 이스라엘의 군인들에게 용기와 담대함을 주문하고 있다. 군인들의 사기진작을 시키는 것이다. 전투에 참여하는 군인들은 마음이 강해야 하며 적들에 대한 두려움이 없어야 한다. 제사장은 이 전투에 이집트에서 이스라엘을 구원하신 하나님이 함께 하시기 때문에 이스라엘 군인들은 두려워할 필요가 없다고 설교한다. 제사장의 임무는 전쟁에 참여하는 군인들을 격려하며 용기를 북돋우어 주는 것이다.

4 왜냐하면 아도나이 너희의 하나님은 너희와 함께 가시는 자이기 때문이다,
너희를 위하여 너희의 적들과 싸우기 위하여, [1]너희를 구원하기 위하여.

본문 비교

1) 사마리아 오경과 시리아 역은 "그리고"를 가지고 있다.

접속사 "왜냐하면"(כִּי)은 이스라엘이 군사력이 우세한 적군 앞에서 왜 두려워하지 않아도 되는지 그 이유를 설명한다. "아도나이 너희의 하나님은 너희와 함께 가시는 자이기 때문이다"는 동사가 없는 문장이다. 직역은 '왜냐하면 아도나이 너희의 하나님, 너희와 함께 가시는 자,'이다. "가시는 자"(ההלך)는 칼 분사형으로 '그 가시는 자'이다(참고. 신 1:30, 33; 31:6, 8). 마소라 사본은 "아도나이 너희의 하나님"에 자켑 카톤 악센트가 있고 "너희와 함께"에 아트나흐 악센트가 있어서 끊어 읽기를 권하기 때문에 "아도나이 너희의 하나님"이 주어가 되어 위와 같이 번역할 수 있다. "너희와 함께 가시는 자"는 이스라엘을 앞에서 인도하시는 자이다. 이스라엘이 가나안 땅에 진격할 때에, 요단강을 건널 때에 법궤가 앞장섰었다(수 3:6).

아도나이께서 이스라엘과 함께 하시는 목적을 두 개의 부정사 구가 설명한다. 첫째, "너희를 위하여 너희의 적들과 싸우기 위하여"이고 둘째, "너희를 구원하기 위하여"이다. 아도나이께서 전쟁에 참여하는 목적을 잘 설명하고 있다. 특별히 아도나이는 "너희를 위하여" 전쟁을 하신다는 사실이다.

아도나이께서 전쟁에 함께 하셔서 전쟁을 참전하신다. 이것은 아주 중요한 점이다. 왜냐하면 인간 왕의 주 임무는 전쟁 수행이기 때문이다(삼상 8:20). 인간 왕은 백성들을 이끌고 전쟁에 참여하여 백성을 지휘해야 할 책임이 있다(참고. 삼하 11:1). 그런데 신명기의 전쟁 법에서는 아도나이께서 인간 왕의 역할을 하신다. 아도나이께서 이스라엘을 위하여 전쟁을 지휘하셔서 구원하신다. 이것은 아도나이께서 이스라엘의 왕이시라는 사실을 보여준다. 아도나이는 과거에 이스라엘을 이집트에서 구원해 내셔서 그의 백성을 삼으셨다(신 4:20, 34, 37). 출애굽의 하나님께서(신 20:1) 이스라엘의 왕으로서 자기 백성을 구원하기 위하여 전쟁에 참여하신다.

2. 관리들이 전투에서 면제될 자를 선정함(20:5-9)

제사장의 설교가 끝나면 관리들이 나가서 전투에 임할 병사들을 점검한다. 관리들은 전투에서 제외될 병사들을 뽑아낸다. 새 집을 건축하고 낙성식을 하지 못한 군인, 포도원을 만들고 아직 열매를 따 먹지 못한 군인, 약혼을 하고 정식 결혼을 올리지 못한 군인 그리고 마지막으로 두려워하는 군인은 전투에서 제외시킨다. 특별히 전쟁을 두려워하는 군인은 다른 군인들의 사기를 꺾지 못하도록 전투에 참여시키지 않는다.

번역

5 그리고 그 관리들은 그 백성에게 말할 것이다, 이르기를,
새로운 집을 짓고 그것을 봉헌하지 못한 그 사람이 누구냐?
그로 그의 집으로 돌아가게 하라,
그가 그 전투에서 죽고 다른 사람이 그것을 봉헌하지 않도록.
6 그리고 포도원을 만들고 그것을 더럽히지 못한 그 사람이 누구냐?
그로 그의 집으로 돌아가게 하라,
그가 그 전투에서 죽고 다른 사람이 그것을 더럽히지 않도록.
7 그리고 여자와 약혼하고 그녀를 취하지 못한 그 사람이 누구냐?
그로 그의 집으로 돌아가게 하라,
그가 그 전투에서 죽고 다른 사람이 그녀를 취하지 못하도록.
8 그리고 그 관리들은 그 백성에게 말하기를 더할 것이다,
그리고 그들은 말할 것이다, 그 마음이 약하고 두려운 그 사람이 누구냐?
그로 그의 집으로 돌아가게 하라,
그리고 그가 그의 형제들의 마음을 그의 마음같이 녹아지지 않게 하라.
9 그리고 이것이 있을 것이다. 그 관리들이 그 백성에게 말하기를 마쳤을 때,
그리고 그들은 그 백성의 머리로 군대들의 장관들을 세울 것이다.

주해

5 그리고 그 관리들은[1] 그 백성에게 말할 것이다, 이르기를
새로운 집을 짓고 그것을 봉헌하지 못한 그 사람이 누구냐?[2]
그로 그의 집으로 돌아가게 하라,
그가 그 전투에서 죽고 다른 사람이 그것을 봉헌하지 않도록.

본문 비교

1) 70인경은 "서기관들"로 번역한다.

2) 탈굼 네오피티는 "그것을 상식하지 못한 사람"이라고 말한다. 탈

굼 프쉬도 요나단은 "그것을 완공하게 하기 위하여 그 위에 문기둥의 비문을 붙이지 않은 자"라고 설명한다.

"그 관리들"은 문맥상 군대 지휘관들이다. 단어 "관리"(שׁוטר)는 구약에서 25회 나오는데, 그 가운데 7회가 신명기에 나온다. 군사 지휘관으로(신 1:15, 20:5, 8, 9), 재판의 일을 하는 자로(신 16:18), 백성의 지도자로(신 29:10[히브리어 20:9], 31:28)로 나온다. 여기서는 전쟁에 나온 백성들에게 연설을 하는 군대 지휘관으로 나온다. "그 백성"은 전쟁에 나온 군인들이다.

"새로운 집을 짓고 그것을 봉헌하지 못한 그 사람"은 새집을 짓고 집들이를 하지 못한 사람이다. 새집을 짓고 사용을 하지 못한 사람을 의미한다. 즉 새 집을 짓고 낙성식을 행하지 못하고 군대에 나온 남자를 의미한다. 이런 사람은 전쟁에서 제외된다. "그로 돌아가게 하라"는 직역하면 '그로 가게 하라 그리고 그로 그의 집으로 돌아가게 하라'(ילך וישׁב לביתו)이다. 여기서 두 동사(ילך וישׁ)는 '하락크'(הלך)의 칼 미완료 '그는 갈 것이다'와 '슈브'(שׁוב)의 칼 미완료 '그는 돌아갈 것이다'로 번역할 수도 있지만 여기서는 간접 명령Jussive으로도 번역할 수 있다.

"그가 그 전투에서 죽고 다른 사람이 그것을 봉헌하지 않도록"은 새집을 지은 사람이 왜 전쟁에서 제외되는지를 설명해 준다. 만일 그 건축자가 전쟁에서 죽으면 다른 사람이 그 집을 차지하여 집들이를 할 수 있기 때문이다. 여기서 새집을 지은 사람에게는 전투보다 새집이 더 소중하다. 사실 전투에서 지면 새집 역시 적에게 빼앗기게 된다. 그런데도 새집을 짓고 집들이를 아직 하지 않은 사람은 돌아가라고 한다. 세상 사람들의 시각으로 보면 허튼소리로 들릴 수 있다.

6 그리고 포도원을 만들고 그것을 더럽히지[1] 못한 그 사람이 누구냐?
그로 그의 집으로 돌아가게 하라,

그가 그 전투에서 죽고 다른 사람이 그것을 더럽히지[1] 않도록.

본문 비교

1) 70인경은 "그것으로부터 즐기지 못한"(οὐκ εὐφράνθη ἐξ αὐτοῦ)으로 번역한다. 탈굼 옹켈로스와 탈굼 네오피티는 "그것을 구속하지 못한"으로 해석한다. 탈굼 프쉬도 요나단은 "그것을 제사장으로부터 구속하지 못하고 일상적인 사용을 위해 만들지 못한"으로 설명한다.

"포도원을 만들고"는 포도나무를 심은 사람을 의미한다. 그런데 여기서 "더럽히지 못한"은 해석하기가 어렵다. 그래서 개역 개정은 "그 과실을 먹지 못한"으로 번역한다("먹지 못한"으로 번역하는 성경은 KJV, NKJ). 대부분의 번역본들은 70인경을 따라 "즐기지 못한"으로 해석한다(LUV, NBG, SVV, ESV, NIB, NIV, NJB, NRS, LUO). 다른 번역으로는 "사용하지 못한"(LEI, ASV, CJB, NAS, NAU, ELB, ELO), "추수하지 못한"(TNK)이 있다. 영은 "그것을 속된 것으로 만들지 못한"("hath not made it common" YLT)으로 번역한다.

위 번역들 가운데서 히브리어의 뜻에 가장 가까운 번역은 영이다(YLT). 동사 חלל은 '더럽히다,' '오염시키다,' '세속적이다'의 뜻을 가진다. 여기서는 피엘(강조) 완료형으로 '그가 그것을 더럽히지 못했다,' '그가 그것을 속된 것으로 만들지 못했다'이다. 즉 '그가 일반적인 것으로 만들지 못했다'이다(위의 본문 비교를 보라). 이것은 레위기 19:23-25과 연결해서 해석해야 한다. 가나안 땅에서 유실수를 심은 사람은 그 열매를 3년 동안 먹지 못하고 4년째에는 그 열매를 야웨께 드려야 한다. 그리고 5년째에 그 열매를 먹을 수 있다(Wevers, 321-323). 포도원을 만들었으나 아직 그 열매를 일반적으로(세속적으로) 사용을 하지 못한 것이다.

따라서 여기서 포도원을 만들고 전투에 참여한 사람은 5년이 아직 되지 않은 것이다(이래서 아람어 성경들은 "구속하지 못했다"고 해석한 것이다). 그 결과 그 사람은 아직 포도 열매를 먹지 못했다(개역 개정의 번역). 즉 포도원의 소산을 즐기지 못한 것이다(70인경의 번역). 이런 사람은 전투에서 면제받을 수 있다.

이 구절에서 이스라엘의 세계관이 나타난다. 이스라엘은 모든 것을 거룩한 것과 속된 것 즉, 일반적인 것(חל)으로 분류한다. 속된 것(일반적인 것)은 다시 정한 것과 부정한 것으로 나눌 수 있다(레 10:10). 포도원을 만들어 추수하여 아도나이께 첫 열매를 드리고 난 포도 열매는 속된 것이 되어 즉, 더럽힌 것이 되어 주인이 그 열매를 먹을 수 있고 자유롭게 사용할 수 있다.

7 그리고 여자와 약혼하고 그녀를 취하지 못한 그 사람이 누구냐?
그로 그의 집으로 돌아가게 하라,
그가 그 전투에서 죽고 다른 사람이 그녀를 취하지 못하도록.

5절, 6절, 7절은 몇 단어만 빼고 같은 문장으로 구성되어 있다. 이 구절에서는 결혼의 문제를 다룬다. 전투에 참여한 "그 사람"은 약혼을 하고 아직 정식 결혼을 하지 않은 남자를 즉, 성적 결합을 갖지 않은 남자를 의미한다. 이런 남자 역시 전투에서 면제될 수 있다. 만일 그 사람이 전투에서 사망하면 다른 남자가 그 여자를 취할 수 있기 때문이다.

전투에서 제외되는 사람들은 새집을 짓고 낙성식을 행하지 못한 남자, 포도원을 만들고 열매를 아직 먹지 못한 남자, 약혼을 하고 아직 결혼을 하지 않은 남자들이다. 이스라엘의 전쟁법은 일반적인 시각으로 보면 어이가 없다. 고대 전쟁은 백병전이기 때문에 당연히 군사 숫자가 많아야 한다. 어떻게 해서든지 군사 숫자를 늘려야 하는데, 이스라엘은 군사 숫자를 줄이려고 하기 때문이다. 이스라엘이 상대해야 할 적들의 군사는 많은데도 불구하고(신 20:1) 이스라엘은 그 숫자를 줄이려고 한다. 이는 아도나이 하나님께서 이스라엘의 왕으로서 그들을 구원하시기 때문이다(20:4). 전쟁의 승패는 아도나이께 달려 있는 것이지 군사력에 있는 것이 아니기 때문이다.

8 그리고 그 관리들은[1)] 그 백성에게 말하기를 더할 것이다,[2)]
그리고 그들은 말할 것이다, 그 마음이 약하고 두려운[3)] 그 사람이 누구냐?
그로 그의 집으로 돌아가게 하라,
그리고 그가 그의 형제들의 마음을 그의 마음같이[4)] 녹아지지[5)] 않게 하라.

본문 비교

1) 마소라는 "그 관리들"(השטרים)인데(사마리아 오경, 탈굼 역, 시리아 역 역시) 반하여 쿰란 사본(4QDeut[k])은 "그 재판관들"(השופטים)이다. 70인경은 5절과 같이 "서기관들"이며 벌게이트는 "그 관리들"을 생략한다.
2) 마소라는 ויספו로 표기하는데 반하여 사마리아 오경은 ויוסיפו로 표기한다.
3) 탈굼 옹켈로스는 "깨진 마음과 두려운"으로, 탈굼 프쉬도 요나단은 "그의 죄 때문에 두려운"으로 그리고 탈굼 네오피티는 "그의 죄들 때문에 두려운 그리고 그의 입 때문에 약한 마음을"으로 해석한다. 시프레 신명기 역시 탈굼 역들과 같이 "그가 은밀하게 지은 어떤 죄 때문에 두렵고 약한 마음"으로 해석한다(Sifre Deut. 197).
4) 70인경은 "마음"을 생략하고 ὥσπερ ἡ αὐτοῦ로 읽는다.
5) 탈굼 옹켈로스와 탈굼 프쉬도 요나단은 "깨어지지"로 읽는다. 탈굼 네오피티는 "그가 녹게 해서 약해지지 않도록"으로 해석한다.

"그 관리들"은 군사 지휘관들이다. "말하기를 더할 것이다"는 군대 장교들이 마지막 말을 더하는 것이다. 심리적으로 약한 사람들을 향하여 말한다. "그 마음이 약하고 두려운 그 사람이 누구냐?" 전쟁에 나온 백성들 가운데 심리적 상태가 약한 사람들이 있다. 왜냐하면 적군의 군사력이 더 강하기 때문이다(신 20:1). 전투가 발발하면 실제 부상을 당하거나 전사할 우려가 있기 때문이다(신 20:5-7). 실제 자신이 죽으면, 새집을 지었는데 낙성식을 행하지 못할 수도 있으며 포도원에서 열매를 추수하지 못하는 사람도 있을 것이다. 약혼식을 하고 아직 정식 합방을 하지 못한 사람이 죽을 수도 있기 때문이다(탈굼 네오피티는 이래서 "그의 일 때문에"로 해석한다). 전투에 참여한 사람들의 마음이 복잡할 것이다.

"그로 그의 집으로 돌아가게 하라." 위에서 계속 이 말이 반복되었다(5, 6, 7절). 군대 장교들은 많은 적 때문에 또는 자신의 일(새집, 포도원, 약혼녀) 때문에 마음이 약해지며 실의에 빠진 사람을 돌려보낸다.

"그리고 그가 그의 형제들의 마음을 그의 마음같이 녹게 하지 않게 하라."는 '그가 그의 형제들의 마음을 그의 마음같이 녹게 해서는 안 된다'이다. 70인경은 "그가 그의 형제들의 마음을 그의 마음과 같이 두려워하게 하지 않도록"으로 번역한다. 동사 '녹다'(מסס)는 니팔형(수동)으로 사용되었다. 은유적인 표현으로 '절망하다,' '마음을 낙담시키다'의 뜻을 갖는다. 마음을 깨뜨려서 포기하게 만드는 것이다.

용기가 없는 겁쟁이는 전염성이 있어서 다른 군인의 마음도 약하게 만든다. 그래서 담대하지 못한 군인은 집으로 돌아가라고 권한다. 다른 군인들의 사기도 떨어질 것을 염려하는 것이다. 실제 이런 일은 출애굽 세대의 일차 가나안 정복 전쟁 때에 일어났다. 가데스 바네아에서 하나님은 가나안 땅을 정복하라고 하셨다. 그러자 이스라엘이 스파이들을 먼저 올려 보내서 어느 길로 올라가야 할지를 먼저 정탐하게 하자고 했다. 열 두 정탐꾼들이 가나안 땅을 정탐하고 와서 그 땅은 좋다고 보고

했다. 그러나 이스라엘은 그 땅에 올라가기를 싫어했다. 그 땅에 아낙 자손이 살고 있었기 때문이다. 이스라엘은 그 땅의 성은 튼튼하고 그 땅의 백성은 크고 강하다는 말을 듣고 낙심하고 겁을 먹은 것이다(신 1:28). 결국 출애굽 세대는 가나안 정복 전쟁에 실패했다. 그들은 하나님의 말씀에 불순종하여 싸워보기도 전에 먼저 마음이 녹아내렸기 때문이다.

이와 반대의 상황은 출애굽 후세대의 정복 전쟁에서 일어났다. 출애굽 후세대가 요단 동편을 정복하고 모압 땅에서 요단강을 건너가서 가나안 땅을 정복하려고 준비하고 있었다. 그때 여호수아는 먼저 두 명의 정탐꾼을 여리고 성으로 보냈다. 두 명의 정탐꾼은 여리고 성으로 숨어들어가 기생 라합의 말을 들었다. 라합은 여리고 성 사람들이 이스라엘의 하나님 아도나이께서 행하신 일을 듣고 난 반응을 전해 주었다. 여리고 성 사람들은 아도나이께서 이스라엘에게 가나안 땅을 주셨다는 사실을 들었고 출애굽 때에 홍해 바다를 가르신 일과 요단 동편의 아모리 사람의 왕들 시혼과 옥을 멸망시킨 일을 들었다. 여리고 성 사람들은 아도나이께서 이스라엘을 위하여 행하신 이 모든 일을 듣고 마음이 녹아 내렸다(수 2:11). 곧 전의를 상실한 것이다.

기드온 때에는 이런 일이 있었다. 사사 기드온이 미디안과 전쟁할 때에, 나팔을 불어 성공적으로 군사를 모집해서 삼만 이천 명이 모였다. 미디안은 십삼만 오천 명이었다. 이스라엘의 군사력이 절대 부족했다. 그러나 하나님은 군인 숫자가 너무 많다고 돌려보내라고 하신다. 그래서 기드온이 두려워 떠는 자는 집으로 돌아가라 하고 선언했다. 이때 모인 삼만 이천 명 가운데 이만 이천 명이 돌아가고 만 명이 남았다(삿 7:3). 하나님은 이 숫자도 많다고 하셔서 삼백 명만 남고 다 돌아갔다. 하나님은 삼백 명의 군사로 미디안을 쳐서 승리를 주셨다(삿 8:10). 삼백 명의 군사로 십삼만 오천 명과 싸워서 이긴 것이다. 이것은 훗날에 전설이 되어 메시아 시대의 구원의 모형이 되었다(사 9:4).

9 그리고 이것이 있을 것이다. 그 관리들이 그 백성에게 말하기를 마쳤을 때,
그리고 그들은 그 백성의 머리로 군대들의 장관들을 세울 것이다.[1)]

본문 비교

1) 마소라 사본은 여기에 세투마(ס)를 두어 단락을 나누고 있다.

관리들이 군인들에게 연설하는 것(20:5-8)을 마쳤을 때에 있을 일이다. "그리고 그들은"은 '그때, 그 관리들은'이다. 관리들이 군대의 장관들을 세울 것을 말한다(70인경은 이렇게 번역한다). 여기서 "그들은"이 문맥상 "그 관리들"을 의미한다. 그런데 히브리어 문장은 동사 "그리고 그들은 세울 것이다" 뒤에 명사 "군대들의 장관들"이 나온다. "군대들의 장관들"을 동사 "그들은 세울 것이다"의 주어로 보고 번역을 하는 역본들이 있다(NRS, TNK). 하지만 대부분의 번역들은 70인경을 따른다(LUV, SVV, ASV, KJV, NAS, NAU, NIB, NIV, NKJ, YLT, EIN, ELB, ELO, LUO, SCH, SCL).

"군대의 장관들"은 실제 전투에 참여할 천부장, 백부장, 오십부장을 임명하는 것을 말할 것이다. 이제 실제 전투에 참여해야 할 군대 지휘관을 세우고 그 숫자를 점검하는 것이다. 왜냐하면 새집을 지은 사람들, 포도원을 만든 사람들, 약혼한 사람들 그리고 두려워하는 사람들이 집으로 돌아가고 부대에서 빠졌기 때문에 새로운 구성원을 채워 부대의 전열을 가다듬어야 하기 때문이다.

3. 가나안 땅 밖의 민족들과의 전투(20:10-15)

이스라엘이 가나안 땅 밖에 사는 민족들과 전투할 때 지켜야 할 법이다. 이스라엘은 먼저 평화 조약을 맺을 수 있다. 이때 적군이 평화에 응

하면 그들을 노동 인력으로 삼을 수 있다. 하지만 평화에 응하지 않으면 전쟁을 할 수 있다. 전쟁을 하면 남자들은 죽이고 여자들과 아이들을 포로로 사로잡아 올 수 있다.

번역

10 네가 그것에 대항하여 싸우기 위하여 어떤 성에 가까이 갔을 때,
그리고 너는 그것에 평화를 선언할 수 있다.
11 그리고 이것이 일어날 것이다, 그 성이 평화로 화답하고 너에게 문을 열면,
그리고 그 성안에서 발견되어진 그 모든 백성이 있을 것이다,
그들은 너에게 강제노동자로 될 것이고 그들은 너를 섬길 것이다.
12 그러나 만일 그 성이 너와 평화하지 아니하고
그 성이 너와 전쟁을 하려고 한다면,
그리고 너는 그 성을 포위해야 한다.
13 그리고 너의 하나님 아도나이께서 그 성을 너의 손안에 주실 것이다,
그리고 너는 그 성의 모든 남자를 칼날로 칠 것이다.
14 단지 그 여자들과 그 아이들과 그 가축과 그 성안에 있는 모든 것,
너는 너를 위하여 그 성의 모든 전리품을 탈취할 것이다,
그리고 너는 너의 하나님 아도나이께서 너를 위하여 주신 너의 적들의 전리품을 먹을 것이다.
15 너는 너로부터 매우 먼 그 모든 성들에게 이같이 행할 것이다,
그것들은 이 민족들의 성들로부터 속하지 않았다.

주해

10 [1]네가 그것에 대항하여 싸우기 위하여 어떤 성에[2] 가까이 갔을 때,
그리고 너는 그것에 평화를[3] 선언할 수 있다.

본문 비교

1) 쿰란 사본(4QDeut[k]), 70인경, 시리아 역은 접속사 "그리고"를 가지고 있다.
2) 마소라 사본, 쿰란 사본(4QDeut[k] 11QT[a])는 전치사가 אֶל인데 반하여 사마리아 오경은 עַל이다.
3) 탈굼 옹켈로스와 탈굼 네오피티는 "평화의 말들"이다.

"그것에 대항하여"는 '그 성에 대항하여'이다. 이스라엘이 어떤 성과 전투하기 위하여 다가갔을 때의 상황을 설명하고 있다. 이스라엘은 전쟁을 벌이기 전에 먼저 평화를 제안할 수 있다. "너는 그것에 평화를 선언할 수 있다"는 '너는 그 성에 대하여 평화를 부를 수 있다'이다. 즉 먼저 사절단을 보내어 평화를 제안하는 것이다. "평화"는 '안녕,' '완전함,' '건전함'의 뜻으로 여기서는 전쟁을 벌이기 전에 평화를 제안하는 것이기 때문에 전쟁이 없는 평화의 상태를 말한다.

11 그리고 이것이 일어날 것이다,[1] 그 성이[2] 평화로 화답하고 너에게 문을 열면,
그리고[3] 그 성안에서 발견되어진 그 모든 백성이 있을 것이다,
그들은 너에게 강제노동자로 될 것이고 그들은 너를 섬길 것이다.[4]

본문 비교

1) 70인경은 "그리고 이것이 일어날 것이다"(וְהָיָה)를 생략한다. 70인경을 따라 대부분의 현대 역본들도 이 문구를 생략한다(LEI, LUV, NBG, CJB, ESV, NAU, NIB, NIV, NJB, NRS, TNK, EIN, LUO, SCH, SCL, 개역 개정). 하지만 마소라 사본을 따라 번역하는 역본들도 있다(SVV, ASV, KJV, NAS, NKJ, YLT, ELB, ELO).
2) 히브리어는 3인칭 여성 단수 '그녀'로 여성 명사 '성'을 받는다. 그러나 70인경은 3인칭 복수 '그들'이다.

3) 70인경은 "그리고"가 없다.

4) 70인경은 "너의 복종자들"(ὑπήκοοί σου)이 될 것을 말한다. 즉 신하들이 되는 것이다. 하지만 아퀼라, 심마쿠스, 테오도치온은 마소라 사본과 같이 καὶ δουλεύσουσί σου로 번역한다. 오리겐의 헥사플라는 이것을 지적한다.

"그리고 이것이 일어날 것이다."는 이스라엘이 어떤 성과 싸우기 전에 평화를 제안했을 때, 발생할 일을 말한다. "그 성이 평화로 화답하고 너에게 문을 열면"은 '그것이 평화로 화답하고 그것이 너에게 문을 열면'이다. '그것은' 3인칭 여성으로 '성'을 받는다. "평화로 화답하고"는 '평화적으로 대답하고,' '평화를 받아들이고,' '평화를 동의하고'의 뜻을 갖는다. 이스라엘이 제안한 평화 조약을 우호적으로 받아들이는 것이다. "문을 열면"은 그 성이 전쟁을 포기하고 화평하기로 결정하고 성문을 여는 것이다.

"그 성안에서 발견되어진 그 모든 백성"은 그 성안에 사는 주민들, 백성을 뜻한다. "그 성안에서" 역시 문자적으로는 '그 안에서'이다. 개역 개정은 "그 성안에서 발견되어진"을 생략하고 "그 모든 주민들에게"로 번역했다.

"그들은 너에게 강제노동자로 될 것이고 그들은 너를 섬길 것이다." 평화를 받아들인 성 주민들은 사실 항복한 것이다. 왜냐하면 이것은 평화 조약의 내용 때문이다. 그 성 주민들은 사실 공물로서 이스라엘에게 "강제노동자"가 되며 복종자들 즉, 식민지 백성이 되는 것이다(기브온 주민들과 같은 경우이다. 수 9:27). 이런 결과를 보면 이스라엘이 선언한 평화는 사실상 투항할 것을 제안한 것이다(신 20:10).

12 그러나 만일 그 성이 너와 평화하지 아니하고[1]

그 성이 너와 전쟁을 하려고 한다면,

그리고 너는 그 성을 포위해야 한다.[2)]

본문 비교

1) 70인경은 "그러나 만일 그들이 너에게 순종하지 아니하면"(ἐὰν δὲ μὴ ὑπακούσωσίν σοι)으로 번역한다. 그러나 아퀼라는 마소라와 같이 καὶ ἐὰν μὴ εἰρηνεύσωσί σοι 번역한다. 오리겐의 헥사플라는 이것을 지적하고 있다.
2) 70인경은 "너는 그를 몰아내야(제거해야) 한다"(περικαθιεῖς αὐτήν)로 읽는다. 그러나 아퀼라는 περιέξεις αὐτήν로 번역한다. 오리겐의 헥사플라는 이것을 지적한다.

"그러나"는 11절과 반대의 상황을 인도한다. "만일 그 성이 너와 평화하지 아니하고"의 문자적인 번역은 '만일 그것이 너와 함께 평화하지 아니하고'이다. 평화의 조약을 거부하는 것이다. 그 성은 이스라엘의 항복 조건을(20:11-12) 거부하고 결사항전하기로 작정한다. 이스라엘에게 조공을 바치고 강제 노동자가 되느니 차라리 싸우겠다는 것이다. "그리고"는 '그때'를 의미한다. 그 성이 전쟁을 하려고 나온다면 이스라엘은 그 성을 포위하여 점령하는 것이다.

13 그리고 너의 하나님 아도나이께서 그 성을 너의 손안에[1)] 주실 것이다,
그리고 너는 그 성의 모든 남자를 칼날로 칠 것이다.[2)]

본문 비교

1) 다수의 히브리어 필사본, 70인경, 시리아 역은 복수 "너의 손들 안에"이다. 의미는 별 차이가 없다.
2) 탈굼 네오피티는 "죽여야 한다"로 해석한다.

"그 성을"은 '그것을'이다. "너의 손안에"는 '너의 세력 안에'로 이스라엘의 세력 아래를 뜻한다. 이스라엘이 그 성을 포위해서 이길 수 있다는 것이다. 물론 이스라엘이 그 성을 이길 수 있는 이유는 "너의 하나님 아도나이께서" 그 성을 주셨기 때문이다. 하나님의 도우심으로 그 성을 쉽게 정복할 수 있다.

이스라엘은 평화를 거절하는 성읍에 대해서는 포위해서(20:12) 그 성 사람들을 칼로 진멸할 수 있다. 하지만 남자만 다 죽이는 전쟁을 한다.

14 단지 그 여자들과 그 아이들과 그 가축과[1] 그 성안에 있는 모든 것,
너는 너를 위하여 그 성의 모든[2] 전리품을 탈취할 것이다,
그리고 너는 너의 하나님 아도나이께서 너를 위하여 주신 너의 적들의 전리품을 먹을 것이다.

본문 비교

1) 70인경은 "모든 가축"으로 읽는다.
2) 70인경, 심마쿠스, 데오도치온, 시리아 역은 "그리고 모든"이다.

"단지"는 여기서 제한적인 의미를 갖는다. "그 여자들과 그 아이들"은 남자들과 같은 운명을 겪지 않는다. 이들은 그 전쟁에서 살아남는다. "그 가축"은 그 성안에 있는 모든 양, 소, 염소의 떼를 말한다.

"전리품"은 '노략물,' '탈취품'으로 전쟁에서 승리한 군대가 패배한 군대나 성으로부터 취한 물건들이다. 남자들은 다 죽이고 나머지는 전리품으로 빼앗는 것이다. "탈취할 것이다"는 '탈취할 수 있다'는 것으로 전쟁에 참여한 군인들이 취할 수 있는 행동을 설명한다.

"너는 너의 하나님 아도나이께서 너를 위하여 주신"은 전쟁의 승리를 주신 분이 누구인지를 밝히고 있다. 비록 적들의 군사력이 우세하고(20:1) 새집을 건축한 사람, 포도원을 만든 사람, 약혼한 사람들이 전

쟁에서 면제되어도(20:5-7) 특히 전쟁을 두려워하는 사람이 빠졌어도(20:8) 아도나이께서 이스라엘에게 전쟁의 승리를 주신다. 전쟁의 승패는 군사력의 우위에 있는 것이 아니라 아도나이께 달려 있다(삼상 14:6). 이래서 이스라엘은 전쟁에 나와서 적군의 군사력이 우세한 것을 보고 두려워할 필요가 없다. 아도나이께서 이스라엘과 함께 하시기 때문이다(20:1). "먹을 것이다"는 '먹을 수 있다,' '먹어도 된다'는 뜻으로 전쟁에서 승리한 이스라엘 군인들에게 허용된 행동을 설명한다.

15 너는 너로부터 매우 먼 그 모든 성들에게 이같이 행할 것이다,
그것들은[1)] 이 민족들의[2)] 성들로부터 속하지 않았다.

본문 비교

1) "그것들"(הנה)은 인칭대명사 3인칭 여성 복수로 "성들"을 받는다. 하지만 70인경은 주의가 요구되는 감탄사 "보라"(ἰδοὺ)로 읽는다. 히브리어는 15절 끝에 이 단어가 있는데 반하여 70인경은 이 단어를 16절 맨 처음에 두어 16절과 관계시키고 있다.
2) 탈굼 프쉬도 요나단은 "일곱 민족들"이라고 설명한다.

이 구절은 위의 10-14절과 관련이 있다. 남자만 죽이고 여자와 아이들, 가축들을 전리품으로 취할 수 있는 전쟁의 대상이 누구인지를 밝히고 있다. "너로부터 매우 먼 그 모든 성들"은 '너로부터 매우 멀리 떨어져 있는 그 모든 성들'이다. 즉 가나안 땅에 속하지 않은 민족들과 전쟁할 수 있는 방법이다. 가나안 땅에 속하지 않은 백성과 전쟁할 때에는 평화 조약을 맺을 수 있다. 만일 전쟁이 발발하면 남자만 죽이고 여자와 아이들, 가축들은 전리품으로 취하는 전쟁 방식을 취한다.

"너는 너로부터 매우 먼 그 모든 성들에게 이같이 행할 것이다, 그것들은 이 민족들의 성들로부터 속하지 않았다." 이 문장은 관계 대명사로

연결되어 있다. 위 번역은 관계 대명사를 나눠서 번역했는데, 관계 대명사를 붙여서 "너는 너로부터 매우 먼, 그것들은 이 민족들의 성들로부터 속하지 않은 그 모든 성들에게 이같이 행할 것이다."로 번역할 수 있다.

"이 민족들의 성들"은 가나안 땅에 살고 있는 민족들의 성들을 가리킨다. 탈굼 프쉬도 요나단은 그래서 "일곱 민족들"이라고 설명한다(참고. 신 7:1-5).

이스라엘이 가나안 땅을 정복할 때, 기브온 사람들이 언약을 맺자고 여호수아를 찾아왔다. 그때 기브온 거민들은 곰팡이가 핀 떡과 낡은 포도주 가죽 부대를 가지고 왔으며 낡은 옷을 입고 낡은 신을 신고 있었다. 이들은 여행이 길어서 옷과 신이 낡았다고 말하며 "심히 먼 나라"에서 왔다고 했다(수 9:9). 여호수아와 방백들이 그들의 말을 믿고 속아서 언약을 맺었다(수 9:14-15). 그러나 그들은 가나안 땅에 거주하는 족속이었다. 이미 언약을 맺었기 때문에 그들을 진멸할 수가 없었다. 이렇게 여호수아와 이스라엘 지도자들이 아도나이께 묻지 않고 언약을 맺은 이유는 그들이 먼 나라에서 왔다고 했기 때문이다. 가나안 땅에 살고 있지 않은 민족들과는 화평의 조약을 맺을 수 있었기 때문이다. 이것을 보면 기브온 거민들은 신명기 20장의 이 전쟁법을 알고 온 것이다. 그들은 아도나이의 제단을 위해서 나무를 하며 물을 긷는 일을 하면서 가나안 땅에서 살 수 있게 되었다(수 9:27).

4. 가나안 땅 안의 민족들과의 전투(20:16-18)

이스라엘이 가나안 땅을 정복할 때에 가나안 땅에 사는 민족들을 다 죽이는 전쟁을 해야 한다. 남자, 여자 그리고 어린아이들까지 다 진멸하는 헤렘 전쟁이다. 가나안 민족을 다 죽이는 이유는 그들이 살아남아서 이스라엘에게 다른 신을 섬기는 것을 가르치지 못하도록 하는 것이다.

번역

16 오직 너의 하나님 아도나이께서 너에게 기업으로 주시는 이 백성들의 성들로
부터,
너는 모든 호흡을 살려두어서는 안 된다.
17 그러나 너는 확실히 그들을 진멸해야 한다,
헷 인들과 아모리 인들, 가나안 인들과 브리스 인들, 히위 인들과 여부스 인들을,
너의 하나님 아도나이께서 너에게 명령하셨던 대로.
18 그들이 너희를 가르치지 않게 하기 위하여,
그들이 그들의 신들에게 행하는 그들의 모든 가증한 것을 따라 행하도록,
그리고 너희가 너희의 하나님 아도나이께 죄를 짓지 (않게 하기 위하여).

주해

16 오직[1] 너의 하나님 아도나이께서 너에게 기업으로[2] 주시는 이 백성들의 성들
로부터,
너는[3] 모든 호흡을[4] 살려두어서는 안 된다.

본문 비교

1) 히브리어는 "오직"(רַק)으로 시작하는데 반하여 70인경은 "그러나 보라"(ἰδοὺ δὲ)로 시작한다. 15절의 본문 비교 1을 참고하라.
2) 70인경은 "그들의 땅을 상속하기 위하여"(κληρονομεῖν τὴν γῆν αὐτῶν)로 읽는다. 벌게이트는 이것을 생략한다.
3) 70인경은 복수 "너희는"이다.
4) 탈굼 프쉬도 요나단은 여기에 "남종도 안 되고 여종도 안 된다"를 덧붙인다.

10-15절이 가나안 땅에 속하지 않은 민족들과 전쟁하는 방법을 설명했다면 이 구절부터는 가나안 땅에 속하는 민족들과 전쟁하는 방법

을 말한다. "오직"은 제한적인 의미를 띠며 이 구절이 가나안 땅에 속하는 민족들에게 적용된다는 것으로 제한한다.

"너의 하나님 아도나이께서 너에게 기업으로 주시는 이 백성들의 성들로부터"는 가나안 땅에 속한 성들을 말한다. "이 백성의 성들"은 아도나이께서 이스라엘에게 기업으로 주시는 땅에 있는 백성들의 성들이다.

"너는 모든 호흡을 살려두어서는 안 된다." 이 명령은 '너는 어떤 호흡이 있는 자를 살려두지 말라'는 의미이다. '숨을 쉬는 모든 자'이다. 생명이 있는 자로 가나안 땅에 거하는 모든 사람들을 뜻한다. 가나안 땅에 살고 있는 모든 사람을 다 죽이라는 명령이다. 이러한 설명은 17-18절을 계속 읽어보면 알 수 있다. 개역 개정은 "호흡 있는 자를 하나도 살리지 말지니" 하고 번역했다. 이스라엘은 가나안 민족들과 전쟁을 할 때에는 사람을 다 진멸하는 헤렘 전쟁을 해야 한다(신 7:1-5).

그렇다면 여기서 질문이 생긴다. 짐승은 어떻게 하느냐 하는 것이다. 가나안 땅에 속하지 않은 민족들과 전쟁할 때는 가축을 전리품으로 취할 수 있었다. 그럼 가나안 땅에 속한 민족들의 가축도 전리품으로 취할 수 있는가 하는 질문이다. 신명기는 여기서 명확하게 언급하지 않는다. 요단 동편의 땅의 헤스본의 왕 시혼을 칠 때, 호흡이 있는 자들을 다 죽였다. 하지만 가축은 전리품으로 취했다(신 2:34-35). 바산 왕 옥을 칠 때도 마찬가지였다(신 2:6-7). 그러나 가나안 땅의 여리고 성을 점령할 때는 호흡이 있는 자들과 함께 모든 가축도 진멸했다(수 6:21). 그렇지만 아이 성의 경우는 달랐다. 사람들은 다 진멸하고 가축은 전리품으로 취했다(수 8:27). 헤렘 전쟁의 경우 가축은 조건적이라는 것을 여기서 알 수 있다. 하나님은 사울 왕에게 아말렉을 진멸하라고 명령하셨다. 이때 모든 짐승도 포함되었다(삼상 15:3).

17 그러나 너는 확실히 그들을 진멸해야 한다,

헷 인들과 아모리 인들,[1] 가나안 인들과[2] 브리스 인들,[3] 히위 인들과 여부스

인들을,[4]

너의 하나님 아도나이께서 너에게 명령하셨던 대로.

본문 비교

1) 사마리아 오경, 70인경, 벌게이트, 시리아 역은 접속사 "그리고"를 갖고 있다.
2) 사마리아 오경은 순서가 다르다. "가나안 인들과 아모리 인들과 헷 인들"이다.
3) 마소라 사본, 쿰란 사본(11QT[a])과 탈굼 옹켈로스는 접속사 "그리고"가 없는데 반하여 사마리아 오경, 쿰란 사본(4QDeut[k]), 70인경, 벌게이트, 시리아 역, 탈굼 네오피티와 탈굼 프쉬도 요나단은 "그리고"가 있다.
4) 쿰란 사본(11QT[a]), 70인경, 사마리아 오경은 "기르가스 인들"이 있다(참고. 신 7:1).

"너는 확실히 그들을 진멸해야 한다"(החרם תחרימם)는 히필 부정사 절대형과 히필 미완료 형이 나와서 강조하고 있는 용법이다. '너는 완전히(반드시, 꼭) 전멸시켜야 한다'는 뜻이다. 여기서 동사 '하람'(חרם)은 '바치다,' '금지하다,' '파괴하다'의 뜻을 갖고 있다(*TWAT*, 192-213). 완전히 진멸해서 하나님께 바치는 헤렘 전쟁이다(신 2:33-34, 3:6, 7:2). "그들을"은 다음에 이어지는 여섯 민족들이다. 여기서는 여섯 민족들이 나오지만 신명기 7:1에서는 일곱 민족이 나온다(자세한 설명은 7:1 참고). 이들은 가나안 땅에 살고 있는 민족들이다.

"너의 하나님 아도나이께서 너에게 명령하셨던 대로"는 '너의 하나님 아도나이께서 너에게 명령하셨던 것을 따라'이다. 가나안 민족을 진멸하라는 것은 아도나이의 명령을 따르는 것이다. 하나님께서 명령하셨던 방법대로, 말씀을 따라 진멸해야 한다. 아도나이의 명령을 따르기 위해서는 용기가 필요하며 가나안 민족들을 긍휼히 여기는 마음이 없어야 한다. 왜냐하면 가나안 민족들은 아도나이께서 가증하게 여기시는 행위를 하기 때문이다(신 20:18).

18 그들이 너희를[1] 가르치지 않게 하기 위하여,
그들이 그들의 신들에게[2] 행하는 그들의 모든 가증한 것을 따라[3] 행하도록,
그리고 너희가 너희의 하나님 아도나이께[4] 죄를 짓지 (않게 하기 위하여).[5]

본문 비교

1) 시리아 역은 "그들이 너를"이다.
2) 탈굼 옹켈로스, 탈굼 네오피티, 탈굼 프쉬도 요나단은 "우상들에게"이다.
3) 70인경은 전치사 "따라"를 생략한다.
4) 70인경, 탈굼 옹켈로스, 탈굼 네오피티, 탈굼 프쉬도 요나단은 "앞에서"이다.
5) 마소라 사본은 여기에 세투마(ס)를 두어 단락을 나누고 있다.

히브리어는 처음에 불변화 접속사 '~하기 위하여'(למען)가 나와서 문장을 인도하고 있다. "그들이 너희를 가르치지 않게 하기 위하여, 그들이 그들의 신들에게 행하는 그들의 모든 가증한 것을 따라 행하도록"은 문장 순서를 바꿔주면 더 잘 이해가 된다. "그들이 그들의 신들에게 행하는 그들의 모든 가증한 것을 따라 행하도록 그들이 너희를 가르치지 않게 하기 위하여."

17절에서 이스라엘은 가나안 민족들을 다 진멸해야 한다고 했다. 그 이유를 여기서 설명하고 있다. 가나안 민족들이 살아남아서 이스라엘 사람들에게 그들의 신을 섬기는 방법을 가르치지 못하도록 하기 위해서이다. "그들이"는 17절의 가나안 민족들이며 "너희를"은 이스라엘이다.

가나안 민족들이 가르치려고 하는 것은 "가증한 것" 즉, '혐오스러운 것,' '아주 싫은 것'이다. 이것은 가나안 사람들의 우상숭배를 뜻한다는 사실을 "그들의 신들에게 행하는"이라는 표현이 잘 보여주고 있다. 이스라엘의 하나님 아도나이께서는 가나안 민족들이 행하는 우상숭배를 아주 혐오하신다. 그래서 그들을 진멸하라고 명령하신다.

전치사 "~따라"는 '~대로,' '~처럼,' '~같이'의 뜻이다. 이스라엘은 가나안 사람들을 "따라" 행동해서는 안 된다. 즉 그들의 가증한 행동을 본받아서는 안 된다.

"그리고 너희가 너희의 하나님 아도나이께 죄를 짓지 (않게 하기 위하여)." 불변화 접속사'~하기 위하여'(למען)는 한 번 나오지만 동사 '죄를 짓다'를 지배한다. 그래서 괄호에 넣어서 번역해 주었다. 이스라엘이 가나안 민족의 행위를 본받아 따라하면 이것은 아도나이께 죄를 짓는 것이다.

5. 성 포위 때의 벌목 규정(20:19-20)

이스라엘이 어떤 성을 정복하려고 포위했을 때, 벌목 규정을 말하고 있다. 이스라엘은 그 성 주위에 있는 나무들을 무작정 벌목할 수 없다. 나무들은 이스라엘에게 군사적 위협이 되지 않기 때문이다. 다만 이스라엘은 유실수가 아닌 나무들을 벌목해서 성을 공격하는 도구를 만드는데 사용할 수 있다.

번역

19 네가 어떤 성을 많은 날들 동안 포위했을 때,

그것과 대항하여 싸우기 위해, 그것을 사로잡기 위해,

너는 도끼로 그것을 제거하기 위해 그것의 나무를 파괴하지 말라.

너는 그것으로부터 먹을 수 있기 때문이니 너는 그것을 잘라내지 말라,
왜냐하면, 그 밭의 나무가 포위에서 너 앞으로 다가오는 사람이냐?
20 다만 네가 그것이 유실수가 아니라고 아는 나무,
그것을 너는 파괴할 수 있고 너는 자를 수 있다,
그리고 너는 그 성에 대항하여 포위망을 지을 수 있다,
그것이 너와 함께 전쟁을 하고 있다, 그것을 함락시킬 때까지.

주해

19 네가 어떤 성을[1] 많은 날들 동안 포위했을 때,[2]
그것과 대항하여 싸우기 위해, 그것을 사로잡기 위해,
너는 도끼로[3] 그것을 제거하기 위해 그것의 나무를 파괴하지 말라,
너는 그것으로부터 먹을 수 있기 때문이니 너는 그것을 잘라내지 말라,
왜냐하면, 그 밭의 나무가 포위에서 너 앞으로 다가오는 사람이냐?

본문 비교

1) 마소라는 전치사 אל인데 반하여 사마리아 오경은 על이다. 벌게이트는 전치사를 생략한다.
2) 히브리어는 "~때," "~면"(כי)으로 시작하는데 반하여 70인경은 "그러나 ~면"(ἐὰν δὲ)이다. 흥미롭게 탈굼 프쉬도 요나단은 주간의 모든 날들에 포위해서 안식일에 복종시키려 한다고 자세한 설명을 덧붙인다.
3) 70인경은 "철"(σίδηρον)로 해석한다. 탈굼 네오피티와 탈굼 프쉬도 요나단도 "철"이다.

"~때"가 한 상황을 전제하고 있다. 이스라엘이 전쟁에 나가서 한 성을 점령하려고 할 때에 지켜야 할 규례이다. "어떤 성" 또는 "한 성"이 가나안 땅 안에 있는 성인지 아니면 가나안 밖에 있는 성인지에 대한

자세한 설명은 없다. 아마도 두 경우에 다 해당이 되는 것 같다.

"많은 날들 동안"은 '많은 날들에'로 전쟁이 장기전이라는 것을 보여준다. 적의 방어가 견고하기 때문에 전쟁이 길어지고 있다. 두 개의 부정사 구들 "그것과 대항하여 싸우기 위해, 그것을 사로잡기 위해"가 포위의 목적을 설명한다. "그것과"와 "그것을"은 3인칭 여성 단수로 여성명사인 "어떤 성"을 의미한다. "그것을 사로잡기 위해"는 그 성을 점령해서 복종시키기 위한 것이다.

"너는 도끼로 그것을 제거하기 위해 그것의 나무를 파괴하지 말라." 여기서 "그것을"은 3인칭 남성 단수로 남성 명사인 '나무'를 그리고 "그것의"는 3인칭 여성 단수로 여성 명사인 '그 성의'를 의미한다. "제거하기 위해"는 '없애기 위해'이며 "파괴하지 말라"는 '작별하지 말라' 또는 '찍지 말라'이다. 즉 성을 함락시키기 위해서 나무를 잘라내지 말라는 것이다.

"너는 그것으로부터 먹을 수 있기 때문이니 너는 그것을 잘라내지 말라." "그것으로부터"는 '그 나무로부터'이다. 유실수로부터 과일을 얻어먹을 수 있기 때문에 "그것을" 즉 나무를 자르지 말라는 것이다.

다음에 오는 문장들은 처음에 오는 두 개의 접속사 '키'(כִּי)의 인도를 받는다.

(כִּי) 너는 그것으로부터 먹을 수 있기 때문이니 너는 그것을 잘라내지 말라.

(כִּי) 왜냐하면, 그 밭의 나무가 포위에서 너 앞으로 다가오는 사람이냐?

두 개의 접속사를 번역하기가 쉽지 않다. 첫 번째 문장은 '왜냐하면 너는 그것으로부터 먹을 수 있기 때문이다 그리고 너는 그것을 잘라내지 말라'이다. 이것을 필자는 "~때문이니"로 번역해서 두 문장을 연결했다. 두 번째 문장은 '왜냐하면, 그 밭의 나무가 포위에서 너 앞으로 다가오는 사람이냐?'인데 이 번역은 문맥을 어색하게 만드는 것 같이 보인다. 그래서 70인경은 접속사 '키'를 무시하고 번역한다. 하지만 접속사 '키'를 번역해도 크게 어색하지는 않다. '왜냐하면'은 "너는 그것을 잘라내지 말라"에 대한 설명이기 때문이다. '너는 그것을 잘라내지 말라, 왜냐하면, 그 밭의 나무가 포위에서 너 앞으로 다가오는 사람이냐?'이다. 이스라엘이 어떤 성을 포위하고 있을 때, 나무는 사람이 아니기 때문에 이스라엘을 공격하지 않는다는 것이다. 즉 나무는 위협이 되지 않는다는 뜻이다. 이것을 의문문으로 말하고 있다.

20 다만 네가 그것이 유실수가 아니라고 아는 나무,
그것을 너는 파괴할 수 있고 너는 자를 수 있다,
그리고 너는 그 성에 대항하여 포위망을 지을 수 있다,
그것이 너와 함께 전쟁을 하고[1] 있다, 그것을 함락시킬 때까지.[2]

본문 비교

1) 마소라는 **עֹשָׂה**인데 반하여($V^{Ken\ 69}$와 일부 필사본은 **עושה**) 사마리아 오경은 **עשתה**이다.

2) 마소라 사본은 여기에 페투카(**פ**)를 두어 단락을 나누고 있다.

"다만"은 '오직'으로 의미를 제한한다. 19절에서 나무를 찍지 말라고 했지만 유실수가 아닌 나무들은 예외이다. "그것을 너는 파괴할 수 있고 너는 자를 수 있다." 열매를 맺지 못하는 나무들은 잘라내어 전쟁에 사용할 수 있다.

"그리고 너는 그 성에 대항하여 포위망을 지을 수 있다, 그것이 너와 함께 전쟁을 하고 있다, 그것을 함락시킬 때까지." 이 구절은 관계대명사를 나눠서 번역한 것이다. 이어서 번역하면 "그리고 너는 너와 함께 전쟁을 하고 있는 그 성에 대항하여 포위망을 지을 수 있다, 그 성을 함락시킬 때까지"이다.

"포위망"은 성을 정복하기 위해서 나무로 만들 수 있는 공격 도구나 수단이다. 아마도 벌목한 나무로 흉벽을 쌓거나 사다리를 만드는 데에 사용했을 것이다.

참고 문헌

Barr, J., "A Puzzle in Deuteronomy," in *Reading from Right to Left*, London, 2003, 13-24.

Blenkinsopp, J., "Are There Traces of the Gibeonite Covenant in Deuteronomy?" *CBQ* 28 (1966), 207.

Braulik, G., "Die Völkervernichtung und die Rückkehr Israels ins Verheissungsland: Hermeneutische Bemerkungen zum Buch Deuteronomium," in *Deuteronomy and Deuteronomic Literature*, Leuven, 1997, 3-38.

Brett, M. G., "Genocide in Deuteronomy: Postcolonial Variations on Mimetic Desire," in *Seeing Signals, Reading Signs*, Sheffield, 2004, 75-89.

Cairus, A. E., "The Trees Which Are Not People (Deut 20:19): An Ancient Mistranslation?" *AASS* 2 (1999), 19-22.

Gottwald, N. K., "Holy Way in Deuteronomy: Analysis and Critique," *RevExp* 61 (1964), 296-310.

Gurewicz, S. B., "The Deuteronomic Provisions for Exemption from Military Service," *ABR* 6 (1958), 111-121.

Hasel, M. G., "Assyrian Military Practices and Deuteronomy's Laws of Warfare," in *Writing and Reading War*, Atlanta, 2008, 67-81.

Herrmann, W., "Das Aufgebot aller Kräfte: Zur Interpretation von 1 K II 96-103 = IV 184-91 und Dtn 20, 5-7," *ZAW* 70 (1958), 215-220.

Hoffman, Y., "The Deuteronomistic Concept of the Herem," *ZAW* 111 (1999), 196 210.

Hofreiter, C., "Genocide in Deuteronomy and Christian Interpretation," *Interpreting Deuteronomy*, Downers Grove, 2012, 240-262.

Ishida, T., "The Structure and Historical Implications of the Lists of Pre-Israelite Nations," *Bib* 60 (1979), 461-490.

Johnstone, P. S., "Civil Leadership in Deuteronomy," *Interpreting Deuteronomy*, Downers Grove, 2012, 139-158.

Lilley, J. P. U., "Understanding the Herem," *TynB* 44 (1993), 169-177.

Lohfink, N., "The Destruction of the Seven Nations in Deuteronomy," *Contagion* 2 (1994), 102-117.

Murphy, A. J., "Children in Deuteronomy: The Partisan Nature of Divine Justice," *BibInt* 20 (2012), 1-15.

Rofe, A., "The Laws of Warfare in the Book of Deuteronomy: Their Origins, Intent and Positivity," *JSOT* 32 (1985), 23-44.

Schäfer-Lichtenberger, C., "Das gibeonitische Bündnis im Lichte deuteronomischer Kriegsgebote," *BN* 34 (1986), 58-81.

Sherlock, C., "The Meaning of *hrm* in the Old Testament," *Colloquium* 14 (1982), 13-24.

Weinfeld, M., "Divine Intervention in War in Ancient Israel and in the Ancient Near East," in *History, Historiography and Interpretation*, Jerusalem, 1983, 121-147.

Weisman, D. J., "Is It Peace? - Covenant and Diplomacy," *VT* 32 (1982), 311-326.

Wright, J., "Warfare and Wanton Destruction: A Reexamination of Deuteronomy 20:19-20 in Relation to Ancient Siegecraft," *JBL* 127 (2008), 423-458.

Wright, J. L., "Die Zerstörung des Ökosystems als Element der Kriegsführung im Alten Israel," *Disaster and Relief Management/ Katasrophen und ihre Bewältigung*, Tübingen, 2012, 179-203.